오직 스터디 카페 멤버에게만 주어지는 특별 혜택!
이기적 스터디 카페

이기적 스터디 카페

 합격을 위한 기적 같은 선물
또기적 합격자료집

 혼자 공부하기 외롭다면?
온라인 스터디 참여

 모든 궁금증 바로 해결!
전문가와 1:1 질문답변

 1년 내내 진행되는
이기적 365 이벤트

 도서 증정 & 상품까지!
우수 서평단 도전

 간편하게 한눈에
시험 일정 확인

합격까지 모든 순간 이기적과 함께!
이기적 365 EVENT

QR코드를 찍어 이벤트에 참여하고 푸짐한 선물 받아가세요!

1. 기출문제 복원하기

이기적 책으로 공부하고 시험을 봤다면 7일 내로 문제를 제보해 주세요!

2. 합격 후기 작성하기

당신만의 특별한 합격 스토리와 노하우를 전해 주세요!

3. 온라인 서점 리뷰 남기기

온라인 서점에서 책을 구매하고 평점과 리뷰를 남겨 주세요!

4. 정오표 이벤트 참여하기

더 완벽한 이기적이 될 수 있게 수험서의 오류를 제보해 주세요!

※ 이벤트별 혜택은 변경될 수 있으므로 자세한 내용은 해당 QR을 참고해 주세요.

기적의 적중률, 여러분의 참여로 완성됩니다
기출 복원 EVENT

기출 복원하기 ▶

전원 지급

1. 이기적 수험서로 공부하고 시험에 응시했다면 누구나 참여 가능
2. 응시일로부터 7일 이내 복원 문제만 인정(수험표 첨부 필수!)
3. 중복, 누락, 허위 문제는 당첨 대상에서 제외

※ 이벤트별 혜택은 변경될 수 있으므로 자세한 내용은 해당 QR을 참고해 주세요.

도서 인증하면 고퀄리티 강의가 따라온다!
100% 무료 강의

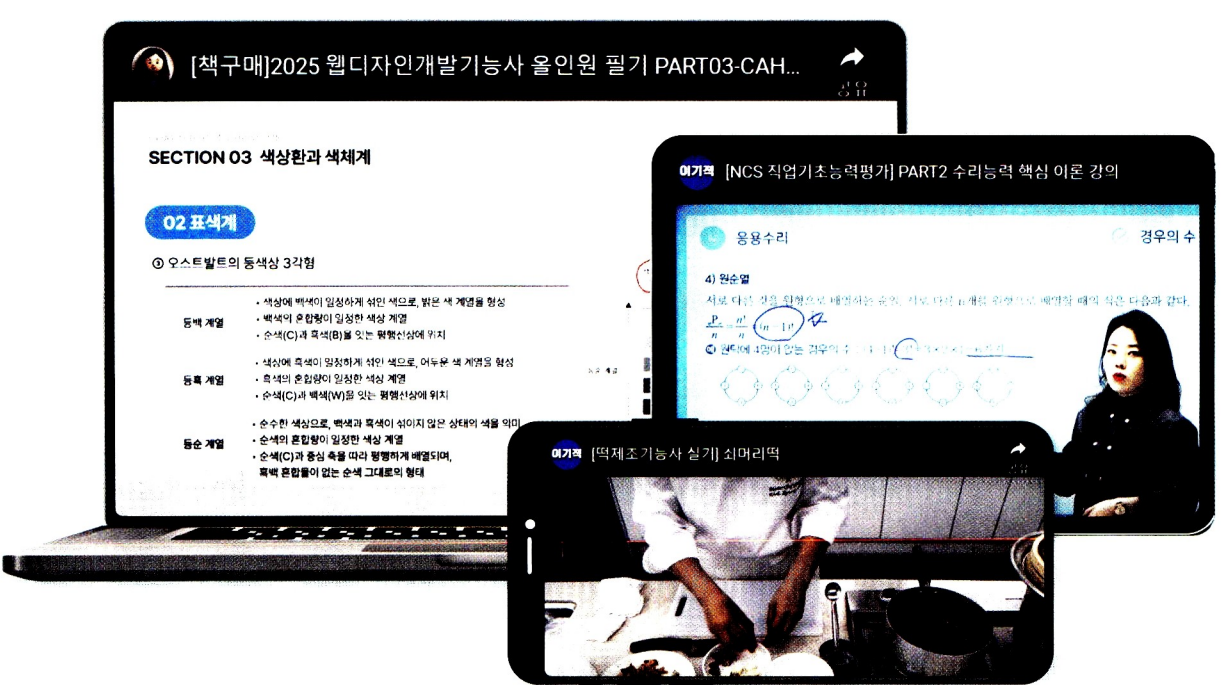

이용방법

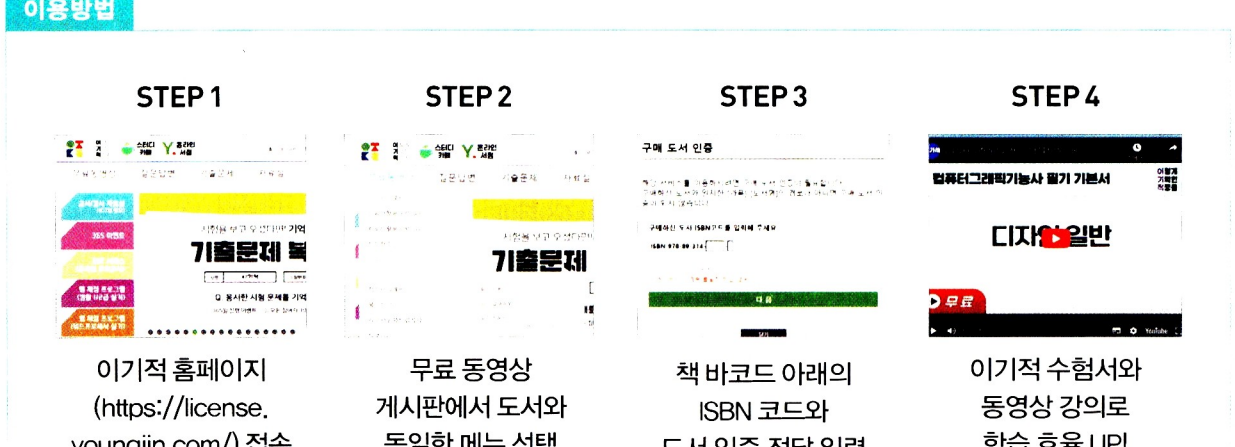

STEP 1	STEP 2	STEP 3	STEP 4
이기적 홈페이지 (https://license.youngjin.com/) 접속	무료 동영상 게시판에서 도서와 동일한 메뉴 선택	책 바코드 아래의 ISBN 코드와 도서 인증 정답 입력	이기적 수험서와 동영상 강의로 학습 효율 UP!

※ 도서별 동영상 제공 범위는 상이하며, 도서 내 차례에서 확인할 수 있습니다.

◀ 이기적 홈페이지 바로가기

영진닷컴 이기적

합격을 위해 모두 드려요.
이기적 합격 솔루션!
이기적이 여러분을 위해 준비했어요

저자가 직접 알려주는, 무료 동영상 강의
도서와 연계된 동영상 강의 제공!
책으로만 이해하기 어려웠던 내용을 영상으로 쉽게 공부하세요.

무엇이든 물어보세요, 1:1 질문답변
1:1 질문답변부터 다양한 이벤트까지~
이기적 스터디 카페에 접속하여 시험에 관련된 정보들을 받아 가세요.

마지막까지 이기적과 함께, 핵심요약 PDF
시험장에서 많이 떨리실 거예요.
마지막으로 가장 많이 출제되었던 핵심 개념을 정리해 보세요.

더 많은 문제를 원한다면, 시험대비 모의고사
문제를 더 풀고 연습하고 싶으시다고요?
걱정마세요. 적중률 100% 모의고사까지 아낌없이 드립니다.

※ 〈2026 이기적 컴퓨터활용능력 2급 실기 기본서〉를 구매하고 인증한 회원에게만 드리는 자료입니다.

정오표 바로가기 ▶

또, 드릴게요! 이기적이 준비한 선물
또기적 합격자료집

1 **시험에 관한 A to Z 합격 비법서**
책에 다 담지 못한 혜택은 또기적 합격자료집에서 확인

2 **편리하고 똑똑한 디지털 자료**
PC · 태블릿 · 스마트폰으로 언제든 열람하고 필요한 부분만 출력 가능

3 **초보자, 독학러 필수 신청**
혼자서도 충분한 학습 플랜과 수험생 맞춤 구성으로 한 번에 합격

※ 도서 구매 시 추가로 증정되는 PDF용 자료이며 실제 도서가 아닙니다.

◀ 또기적 합격자료집 받으러 가기

이렇게 기막힌 적중률

컴퓨터활용능력
2급 실기 기본서
1권·이론서

"이" 한 권으로 합격의 "기적"을 경험하세요!

차례

난이도에 따라 분류하였습니다.
- 🔵 : 반드시 보고 가야 하는 이론
- 🟢 : 보편적으로 다루어지는 이론
- 🟡 : 알고 가면 좋은 이론

▶ 합격 강의
동영상 강의가 제공되는 부분을 표시했습니다.
이기적 수험서 사이트(license.youngjin.com)에 접속하여 시청하세요.
▶ 본 도서에서 제공하는 동영상은 1판 1쇄 기준 2년간 유효합니다. 단, 출제기준안에 따라 내용은 변경될 수 있습니다.

PART 01 합격 이론

1권

CHAPTER 01 기본작업

🟡 SECTION 01 자료 입력	1-24
🔵 SECTION 02 셀 서식	1-27
🔵 SECTION 03 조건부 서식	1-48
🟢 SECTION 04 고급 필터/자동 필터	1-53
🟢 SECTION 05 텍스트 나누기	1-61
🟢 SECTION 06 외부 데이터 가져오기	1-66
🟢 SECTION 07 그림 복사/붙여넣기/연결하여 붙여넣기	1-71

CHAPTER 02 계산작업

🟢 SECTION 01 계산식	1-76
🔵 SECTION 02 데이터베이스 함수	1-79
🔵 SECTION 03 수학과 삼각 함수	1-84
🟢 SECTION 04 통계 함수	1-90
🔵 SECTION 05 찾기/참조 함수	1-99
🟢 SECTION 06 날짜/시간 함수	1-106
🔵 SECTION 07 문자열 함수	1-113
🟢 SECTION 08 논리 함수	1-118

CHAPTER 03 분석작업

🟢 SECTION 01 정렬	1-126
🔵 SECTION 02 부분합	1-131
🔵 SECTION 03 데이터 표	1-139
🔵 SECTION 04 목표값 찾기	1-145
🟢 SECTION 05 시나리오	1-150
🟢 SECTION 06 피벗 테이블	1-159
🔵 SECTION 07 통합	1-172

CHAPTER 04 기타작업
- SECTION 01 매크로   1-180
- SECTION 02 차트   1-200

PART 02 대표 기출 따라하기
대표 기출 따라하기   1-214

PART 03 자주 출제되는 함수사전
자주 출제되는 함수사전   1-238

PART 04 자주 출제되는 계산작업
계산작업 문제
- 계산작업 문제 01회   1-290
- 계산작업 문제 02회   1-293
- 계산작업 문제 03회   1-296
- 계산작업 문제 04회   1-299
- 계산작업 문제 05회   1-302
- 계산작업 문제 06회   1-305
- 계산작업 문제 07회   1-308
- 계산작업 문제 08회   1-311
- 계산작업 문제 09회   1-314
- 계산작업 문제 10회   1-317

PART 01 상시 기출문제

상시 기출문제 ▶

- 상시 기출문제 01회 — 2-4
- 상시 기출문제 02회 — 2-17
- 상시 기출문제 03회 — 2-30
- 상시 기출문제 04회 — 2-42
- 상시 기출문제 05회 — 2-53
- 상시 기출문제 06회 — 2-66
- 상시 기출문제 07회 — 2-78
- 상시 기출문제 08회 — 2-90
- 상시 기출문제 09회 — 2-102
- 상시 기출문제 10회 — 2-114

PART 02 기출 유형 문제

기출 유형 문제 ▶

- 기출 유형 문제 01회 — 2-128
- 기출 유형 문제 02회 — 2-138
- 기출 유형 문제 03회 — 2-150
- 기출 유형 문제 04회 — 2-162
- 기출 유형 문제 05회 — 2-174
- 기출 유형 문제 06회 — 2-186
- 기출 유형 문제 07회 — 2-197
- 기출 유형 문제 08회 — 2-209
- 기출 유형 문제 09회 — 2-220
- 기출 유형 문제 10회 — 2-231

부록 BONUS 또기적 합격자료집

- 시험대비 모의고사 01~02회
- 핵심 이론

※ 참여 방법: '이기적 스터디 카페' 검색 → 이기적 스터디카페(cafe.naver.com/yjbooks) 접속 → '구매 인증 PDF 증정' 게시판 → 구매 인증 → 메일로 자료 받기

시험의 모든 것

시험 알아보기

● **자격 소개 및 이슈**

〈컴퓨터활용능력〉 검정은 사무자동화의 필수 프로그램인 스프레드시트(SpreadSheet), 데이터베이스(Database) 활용능력을 평가하는 국가기술자격 시험

● **시행처**

대한상공회의소(license.korcham.net)

● **응시 자격**

자격 제한 없음

● **시험 형식**

- 1급 : 시험 시간 90분(과목별 45분)
- 2급 : 시험시간 40분
- 컴퓨터 작업형

● **합격 기준**

100점 만점에 70점 이상(1급은 두과목 모두 70점 이상)

● **실기 시험 공식 버전**

- Windows 10, MS Office LTSC Professional Plus 2021
- 사용자의 프로그램의 버전에 따라(업데이트 버전 포함) 공식 버전과 일부 명칭 및 메뉴가 다를 수 있습니다.

접수 및 합격 발표

● **접수 기간**

개설일로부터 시험일 4일 전까지

● **시험 접수**

- 시행처 홈페이지 license.korcham.net에서 접수
- 시험 시간 조회 후 원하는 날짜/시간에 접수(21년부터 상시 검정만 시행)

● **합격 기준**

각 과목 100점 만점에 과목당 40점 이상, 전체 평균 60점 이상 합격

● **합격 발표**

대한상공회의소 홈페이지에서 상시 검정 시험일 다음날 오전 10:00 이후 발표

● **자격증 발급**

- 휴대할 수 있는 카드 형태의 자격증 발급(신청자)
- 취득(합격)확인서를 필요로 하는 경우 취득(합격)확인서 발급
- 인터넷(license.korcham.net)을 통해 자격 증 발급 신청 가능
- 자격증 신청 기간은 따로 없으며 신청 후 10~15일 후 수령 가능

● **자격 특전**

- 공무원 채용 가산점
  - 소방공무원(사무관리직) : 컴퓨터활용능력1급(3%), 컴퓨터활용능력2급(1%)
  - 경찰공무원 : 컴퓨터활용능력1, 2급(2점)
  - 해양경찰공무원 : 컴퓨터활용능력1, 2급(1점)
- 학점은행제 학점인정 : 1급 14학점, 2급 6학점
- 100여개 공공기관 · 공기업 등 채용 · 승진 우대

이 책의 구성

STEP 1 핵심만 정리한 이론

전문가가 핵심만 정리한
완벽 이론

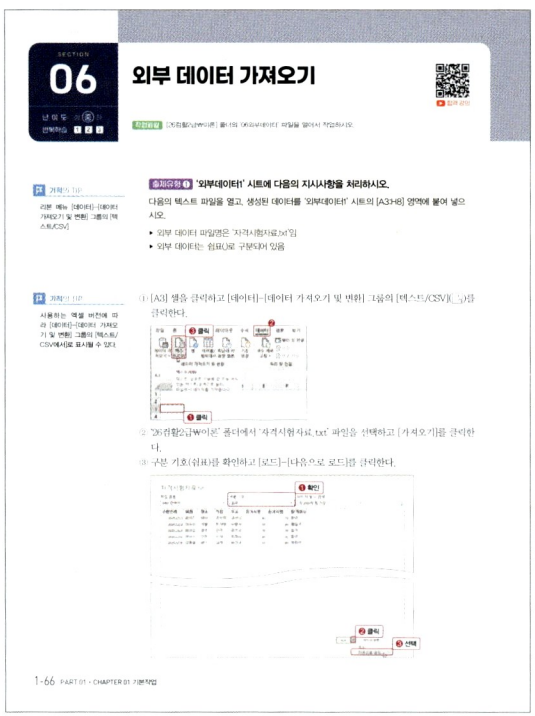

- 출제유형 확인
- QR 코드로 동영상 강의 바로 시청
- 다양한 팁으로 학습 능률 상승

STEP 2 이론 복습 & 기출 문제

대표 기출 따라하기 &
상시 기출문제 10회분 &
기출 유형 문제 10회분

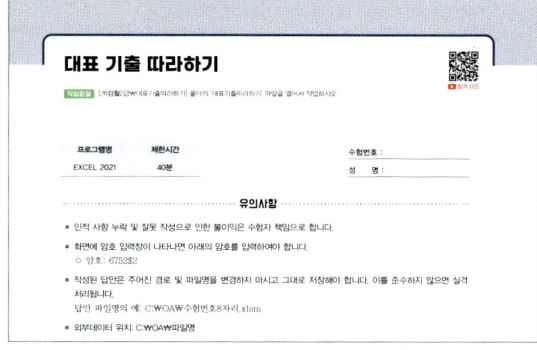

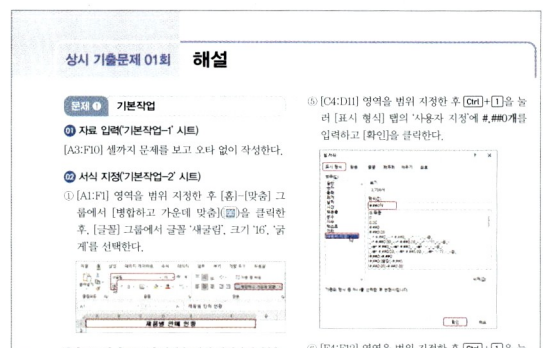

- 기출 문제로 이론 복습
- QR 코드로 풀이 강의 바로 시청
- 엄선한 대표 기출문제로 기출 유형 확인

STEP 3 함수 완벽 마스터

BONUS 또기적 합격자료집

계산작업 문제 10회분 &
자주 출제되는 함수사전

도서 구매자 특별 제공
시험대비 모의고사 + 핵심요약집 포켓북

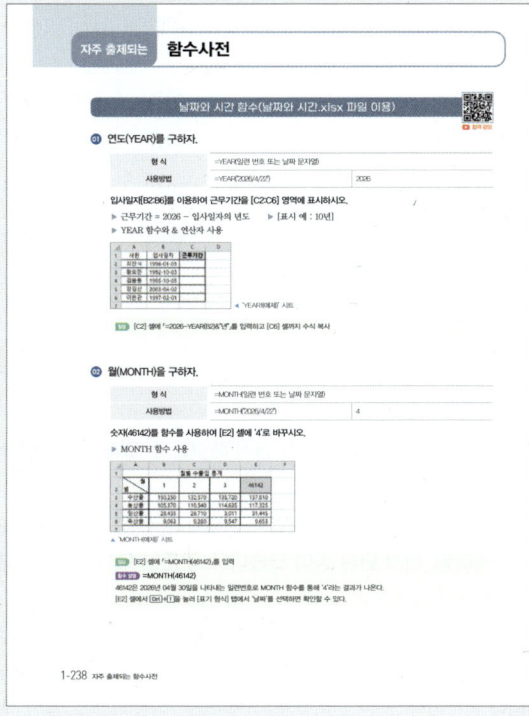

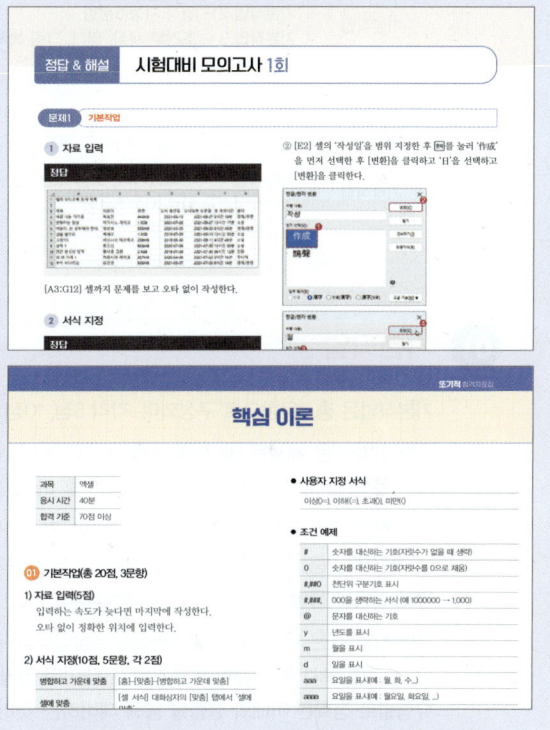

- 다양한 함수 유형 확인
- 계산작업 문제 반복 학습
- QR코드로 동영상 강의 바로 시청

- 시험대비 모의고사 2회분
- 이론 핵심요약집

시험 출제 경향

컴퓨터활용능력 2급 엑셀 실기시험은 크게 네 가지 기본작업(3문항, 20점), 계산작업(5문항, 40점), 분석작업(2문항, 20점), 기타작업(2문항, 20점)으로 구성되어 있습니다.

각 작업 유형에는 세부 문항과 하위 문제가 포함되며, 문항별 배점은 2점에서 10점까지 다양합니다. 시험은 총 100점 만점이며, 70점 이상을 획득해야 합격할 수 있습니다.

시험 시간은 40분으로, 이 안에 모든 작업을 작성하고 저장까지 완료해야 하므로, 다양한 엑셀 기능에 대한 이해와 함께 작업 유형별로 충분한 연습이 필요합니다.

작업유형	세부항목	배점	목표점수
기본작업	기본작업 1 – 자료 입력 기본작업 2 – 서식 지정 5문항 기본작업 3 – 조건부 서식, 필터, 그림 복사/연결하여 붙여넣기, 외부 데이터 가져오기 중 1문항	20점	15점 이상
계산작업	함수와 수식 5문항	40점	24점 이상
분석작업	부분합, 피벗 테이블, 시나리오, 목표값 찾기, 통합, 데이터 표, 정렬 중 2문항	20점	20점 이상
기타작업	기타작업 1 – 매크로(기록, 도형 또는 버튼에 연결) 기타작업 2 – 차트 서식 5문항	20점	15점 이상
합계		100점	74점 이상

01 기본작업

기본작업은 총 3문항으로 구성되며, 각각 5점, 10점, 5점으로 배점되어 있습니다.

'기본작업-1'은 제시된 데이터를 서식 지정 없이 입력하는 문제로, 비교적 난이도가 낮아 쉽게 해결할 수 있습니다. 다만 타자가 느릴 경우, 다른 작업을 먼저 수행한 후 마지막에 입력하는 것도 좋은 전략입니다.

'기본작업-2'는 총 5개의 서식 지정 문제로, 각 2점씩 총 10점이 배점됩니다. 자주 출제되는 항목으로는 글꼴 서식, 병합하고 가운데 맞춤, 사용자 지정 서식, 테두리, 색 채우기, 정렬, 셀 스타일, 한자 변환 등이 있습니다. 꾸준한 모의고사 및 기출문제 실습을 통해 충분히 대비할 수 있습니다.

'기본작업-3'은 1문항 출제되며 배점은 5점입니다. 주로 조건부 서식과 고급 필터 문제가 출제되며, 간혹 텍스트 파일 불러오기, 그림 복사 후 연결하여 붙여넣기, 데이터 정렬과 같은 문제도 포함됩니다. 기본작업 중 가장 난이도가 높은 편이므로, 유형별로 정확한 이해와 실습을 통해 대비하는 것이 중요합니다.

구성요소	세부항목
입력	약 60여 개의 셀에 데이터 입력
조건부 서식	수식을 이용하여 조건 설정한 후 전체 행에 서식 지정
필터	단순 자동 필터, AND, OR 조건으로 조건 입력 후 다른 위치에 데이터 추출하는 고급 필터
외부 데이터	텍스트 파일 불러오기
그림 복사	특정 영역을 복사하여 그림으로 붙여넣기, 연결하여 붙여넣기

02 계산작업

계산작업은 총 5문항이 출제되며, 각 문항당 8점씩 총 40점으로 전체 시험에서 가장 높은 비중을 차지합니다.

시험장에서는 자신 있는 문제부터 우선적으로 작성하고, 새로 접했거나 어려운 문제는 기타작업까지 모두 마친 후 남은 시간에 해결하는 전략이 효과적입니다. 실제 시험에서 계산작업에만 집중하다가 분석작업이나 기타작업을 놓치는 경우도 있으므로 시간 배분에 특히 유의해야 합니다.

1. 이론 및 함수 사전 학습
- 함수는 날짜/시간, 논리, 텍스트, 수학/삼각 함수 등 범주별로 분류된 이론을 기반으로 학습합니다.
- 함수의 정의, 인수 설명, 간단한 예제 등을 통해 기본 개념을 익히고, 실제 문제에 적용해 보며 연습합니다.
- 자주 출제되는 함수들을 정리한 함수 사전을 반복적으로 실습하면 점수 향상에 도움이 됩니다.

2. 기출 및 상시 문제 실습
- 교재에 수록된 기출 유형 문제, 상시 기출문제, 그리고 제공되는 PDF 자료에 나와 있는 계산작업 문제들을 빠짐없이 실습해 보세요.
- 실제 시험과 유사한 문제를 많이 풀어보는 것이 실전 감각을 익히는 데 효과적입니다.

3. 동영상 강좌 활용
- 교재 전 범위에 대한 동영상 강의가 제공되므로, 이해가 어려운 문제는 강의를 참고하여 보완학습을 할 수 있습니다.
- 특히 복잡한 함수 문제나 중첩 함수 문제는 영상 강의를 통해 흐름을 익히는 것이 좋습니다.

4. 함수 마법사 활용
- 엑셀에서는 함수명을 입력하면 자동으로 목록이 나타나고, 인수 설명도 함께 제공되므로 함수 마법사를 적극 활용하면 학습에 큰 도움이 됩니다.
- 익숙한 함수는 직접 입력하는 것이 가장 좋지만, 처음 접하는 함수는 마법사를 통해 구조를 익히며 작성해 보세요.

5. 중첩 함수 연습
- 여러 개의 함수를 결합해 사용하는 중첩 함수 문제는 기본 함수부터 하나씩 쌓아가는 방식으로 접근합니다.
- 예를 들어, VLOOKUP 함수에서 참조값을 LEFT 함수 등으로 먼저 추출한 뒤, 그 결과를 활용해 완성하는 방식으로 연습하면 복잡한 함수 문제도 해결할 수 있습니다.

범주별	함수명
날짜/시간 함수	DATE, DAY, DAYS, EDATE, EOMONTH, HOUR, MINUTE, MONTH, NOW, SECOND, TIME, TODAY, WEEKDAY, WORKDAY, YEAR
논리 함수	AND, FALSE, IF, IFERROR, NOT, OR, TRUE, IFS, SWITCH
데이터베이스 함수	DAVERAGE, DCOUNT, DCOUNTA, DMAX, DMIN, DSUM
문자열 함수	FIND, LEFT, LEN, LOWER, MID, PROPER, RIGHT, SEARCH, TRIM, UPPER
수학/삼각 함수	ABS, INT, MOD, POWER, RAND, RANDBETWEEN, ROUND, ROUNDDOWN, ROUNDUP, SUM, SUMIF, SUMIFS, TRUNC
찾기 참조 함수	CHOOSE, COLUMN, COLUMNS, HLOOKUP, INDEX, MATCH, ROW, ROWS, VLOOKUP
통계 함수	AVERAGE, AVERAGEA, AVERAGEIF, AVERAGEIFS, COUNT, COUNTA, COUNTBLANK, COUNTIF, COUNTIFS, LARGE, MAX, MAXA, MEDIAN, MIN, MINA, MODE.SNGL, RANK.EQ, SMALL, STDEV.S, VAR.S

03 분석작업

분석작업은 총 2문항이 출제되며, 각 문항당 10점씩 총 20점이 배점됩니다. 주요 출제 유형으로는 피벗 테이블, 부분합, 데이터 통합, 데이터 표, 시나리오, 목표값 찾기, 정렬 등이 있습니다.

이 영역에서 유의해야 할 점은, 각 문항에 대해 부분 점수가 없다는 것입니다. 따라서 문제를 작성할 때는 다소 시간이 걸리더라도, 문제에서 제시된 조건을 정확히 확인하고 꼼꼼하게 작업하는 것이 매우 중요합니다.

분석작업은 핵심 개념만 정확히 이해하고 있다면, 실습을 통해 충분히 고득점을 노릴 수 있는 영역입니다. 실전에서는 실수를 줄이는 것이 곧 점수로 이어지므로, 속도보다는 정확도에 중점을 두는 것이 좋습니다.

구성요소	세부항목
피벗 테이블	피벗 테이블 위치, 레이아웃, 그룹, 옵션(빈 셀, 행/열 총합계 표시), 피벗 스타일
부분합	데이터 정렬, 단일 필드를 기준으로 부분합 작성, 2개의 이상의 부분합 표시
데이터 통합	분산된 데이터를 하나로 통합, 함수 선택, 통합할 필드명 직접 입력
데이터 표	하나의 변수에 의한 값의 변화, 두 개의 변수에 의한 값의 변화
시나리오	이름 정의, 입력 값의 변수에 따른 시나리오 요약 보고서
목표값 찾기	단일 셀의 값의 변화

04 기타작업

기타작업은 매크로와 차트 관련 문제로 구성되며, 총 2문항이 출제됩니다. 각 문항은 10점씩 총 20점이 배점되며, 이 영역은 부분 점수가 제공되는 것이 특징입니다. 기타작업은 상대적으로 실수만 줄이면 안정적으로 점수를 확보할 수 있는 영역이므로, 자주 출제되는 유형을 반복 연습하며 익숙해지는 것이 효과적인 학습 전략입니다.

구성요소	세부항목
매크로(2문항)	매크로 기록 - 합계, 평균 등의 계산 - 셀 서식(채우기, 테두리, 셀 스타일) 매크로 연결 - 실행 버튼 - 도형
차트(5문항)	차트 작성, 차트 서식 변경(데이터 범위 변경, 차트 종류 변경, 차트 제목, 축 제목, 축 서식, 차트 영역 서식)

실습 파일 사용 방법

01 다운로드 방법

① 이기적 영진닷컴 홈페이지(license.youngjin.com)에 접속하세요.

② [자료실]-[컴퓨터활용능력] 게시판으로 들어가세요.

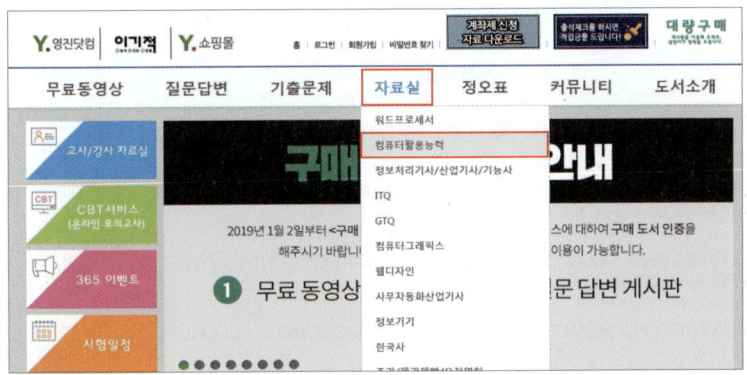

③ '[8009] 2026년 컴퓨터활용능력 2급 실기 기본서_부록 자료' 게시글을 클릭하여 첨부파일을 다운로드하세요.

02 사용 방법

① 다운로드받은 '8009' 압축 파일에서 마우스 오른쪽 버튼을 눌러 '8009'에 압축풀기를 눌러 압축을 풀어주세요.

② 압축이 완전히 풀린 후에 '8009' 폴더를 더블 클릭하세요.

③ 압축이 제대로 풀렸는지 확인하세요. 아래의 그림대로 파일이 들어있어야 합니다. 그림의 파일과 다르다면 압축 프로그램이 제대로 설치되어 있는지 확인해 주세요.

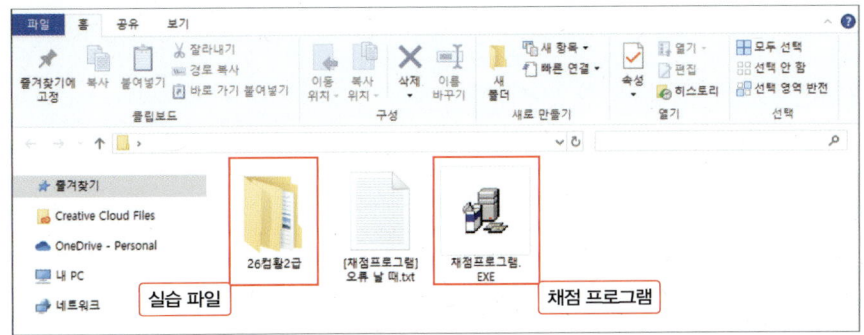

회별 숨은 기능 찾기

[1권] 대표 기출 따라하기

	기본작업	계산작업	분석작업	기타작업
대표 기출 따라하기	고급필터	TIME/HOUR/MINUTE, IF/LARGE, DAVERAGE, RANDBETWEEN/&, CHOOSE/LEFT	시나리오 통합	매크로, 차트

[2권] 상시 기출문제

	기본작업	계산작업	분석작업	기타작업
1회	조건부 서식	IF/YEAR, INDEX/MATCH/LEFT, COUNTIFS, IF/IFERROR/AND/FIND, IFS	부분합, 피벗 테이블	매크로, 차트
2회	고급 필터	ROUND/AVERAGEIF/&, HLOOKUP/RIGHT/IF/&, RIGHT/YEAR/IFS/MONTH, DAVERAGE/&, IFERROR/CHOOSE/RANK.EQ	피벗 테이블, 통합	매크로, 차트
3회	텍스트 나누기	HOUR/MINUTE/IF, ROUNDDOWN/DAVERAGE, COUNTIFS/COUNTA, IF/YEAR, IFERROR/VLOOKUP/LEFT	정렬, 시나리오	매크로, 차트
4회	조건부 서식	IF/COUNTIF, CHOOSE/WEEKDAY, COUNTIFS/&, LARGE/SMALL, HLOOKUP/RIGHT/&	부분합, 피벗테이블	매크로, 차트
5회	조건부 서식	IF/WEEKDAY, HLOOKUP/AVERAGE, ROUND/DAVERAGE, COUNTIFS, PROPER/LEFT/YEAR/&	부분합, 통합	매크로, 차트
6회	조건부 서식	ROUNDUP/DSUM, COUNTIFS/AVERAGE/&, CHOOSE/MID, IF/LARGE, IFERROR/HLOOKUP/LEF	시나리오, 정렬	매크로, 차트
7회	조건부 서식	IF/LEFT, HLOOKUP/MID, AVERAGE/DMIN, COUNTIFS/COUNT, HOUR/MINUTE/SECOND/SMALL /&	부분합, 통합	매크로, 차트
8회	고급 필터	IF/RIGHT/TIME, CHOOSE/RIGHT, IF/COUNTIF, ROUNDUP/AVERAGE/DMAX, COUNTIFS/LARGE/&	피벗 테이블, 시나리오	매크로, 차트
9회	고급 필터	ROUNDDOWN/DAVERAGE, IF/RANK.EQ/CHOOSE, DMAX/VLOOKUP, IF/AND/AVERAGE, ABS/SUMIF	목표값 찾기, 시나리오	매크로, 차트
10회	조건부 서식	IF/RANK.EQ, ROUND/VLOOKUP, COUNTIF/&, DMAX/DMIN, TRUNC/INDEX/MATCH	부분합, 피벗 테이블	매크로, 차트

[2권] 기출 유형 문제

	기본작업	계산작업	분석작업	기타작업
1회	조건부 서식	IFERROR/CHOOSE/RANK.EQ, IF/AND/SUM, COUNTIFS/LARGE/&, ABS/AVERAGE/DAVERAGE, IFERROR/VLOOKUP	통합, 데이터 표	매크로, 차트
2회	그림 복사	LARGE/SMALL, SUMIF/SUM, DSUM/SUM, DATE/LEFT/MID, HOUR/MINUTE/TIME	데이터 표, 시나리오	매크로, 차트
3회	외부 데이터 가져오기	IF/RANK.EQ, ROUNDUP/DAVERAGE, HOUR/MINUTE, AVERAGE/HLOOKUP, IF/DAY	데이터 표, 목표값 찾기	매크로, 차트
4회	외부 데이터 가져오기	DAYS/&, MID/SEARCH, IF/RIGHT/TIME, MATCH, HLOOKUP/RIGHT/&	부분합, 목표값 찾기	매크로, 차트
5회	조건부 서식	INDEX/MATHC/LEFT, DSUM/DCOUNTA, ROUNDUP/SUMIF, IF/POWER, IF/AND/COUNTIF/AVERAGE	데이터 표, 피벗 테이블	매크로, 차트
6회	조건부 서식	SWITCH/RIGHT, IFS, IFS/WEEKDAY, SUMIF/COUNTIF, ROUNDUP/DAVERAGE/&	피벗 테이블, 통합	매크로, 차트
7회	조건부 서식	TRUNC/VLOOKUP, CHOOSE/RANK.EQ, TIME/HOUR/MINUTE, SUMIF, UPPER/RIGHT/&	부분합, 시나리오	매크로, 차트
8회	조건부 서식	VLOOKUP/RANK.EQ/COLUMN, IFERROR, DMAX/DMIN/&, ROW, SUMIFS	부분합, 통합	매크로, 차트
9회	고급 필터	CHOOSE/RANK.EQ, IF/COUNTBLANK, HLOOKUP/LEFT, MATCH/&, DSUM/&	피벗 테이블, 시나리오	매크로, 차트
10회	고급 필터	IF/AVERAGE, UPPER/PROPER/&, ROUNDDOWN/DMAX/DMIN, CHOOSE/MOD, INDEX/MATCH/MAX	피벗 테이블, 통합	매크로, 차트

[구매인증] 시험대비 모의고사 PDF

	기본작업	계산작업	분석작업	기타작업
1회	조건부 서식	SWITCH/WEEKDAY, DMAX/DMIN/&, IF/AND/OR, IFS/MAX/MIN, IF/SUM	피벗 테이블, 부분합	매크로, 차트
2회	자동 필터	IF/AND/AVERAGE, VLOOKUP/LEFT, ROUND/DAVERAGE, IFERROR/CHOOSE/MID, SUMIFS/&	피벗 테이블, 통합	매크로, 차트

자동 채점 서비스

01 설치용

① 다운로드받은 '채점프로그램.exe' 파일에서 마우스 오른쪽 버튼을 클릭한 후 [관리자 권한으로 실행]을 선택합니다.

② 설치 대화상자에서 [다음], [설치시작]을 클릭하여 설치를 완료합니다.

③ [시작]-[모든 프로그램]-[영진닷컴]-[2026컴활2급 채점프로그램]을 선택합니다.

④ '정답파일선택'에서 회차를 선택, '작성파일선택'에서 [찾기]를 클릭하여 사용자가 작성한 파일을 가져옵니다. [채점시작]을 클릭하여 채점합니다.

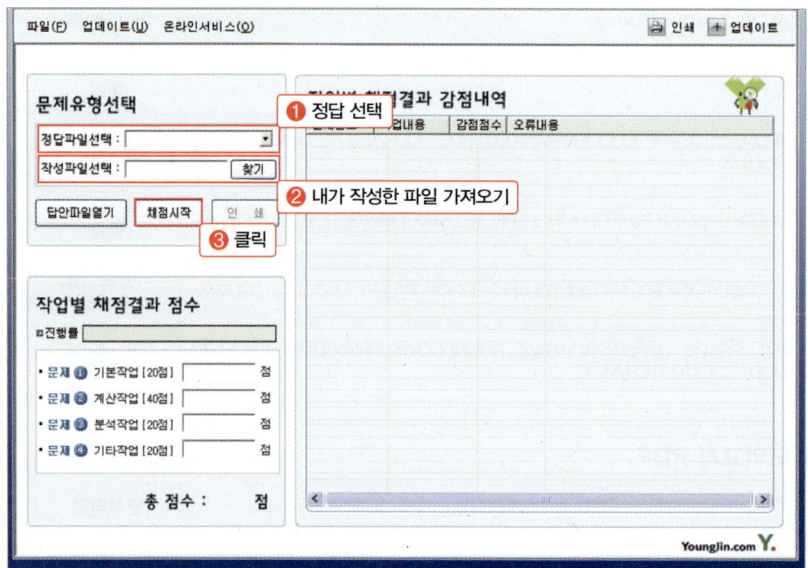

※ 엑셀, 액세스 전부 채점 가능합니다.

⚠ **PC 버전 채점 프로그램 주의사항**
- 채점 프로그램은 일부 결과가 정확하지 않을 수 있으니 참고용으로 사용해주세요. 이럴 땐 정답 파일을 열어 비교해보시기 바랍니다.
- 컴퓨터 환경에 따라 채점 프로그램 아이콘을 더블클릭했을 때 설치 및 실행이 안 될 수도 있습니다. 이런 경우 채점 프로그램 아이콘에서 마우스 오른쪽 버튼을 눌러 [관리자 권한으로 실행]을 클릭하세요.
- 자동 채점 프로그램을 사용하려면 windows 프로그램 및 MS Office 정품이 설치되어 있어야 합니다. 정품이 아닐 경우 설치 및 실행 시 에러가 발생할 수 있습니다.
- 업데이트가 있을 경우, 인터넷이 연결되어 있지 않은 컴퓨터는 채점 프로그램이 업데이트되지 않습니다.

02 웹용

① 인터넷 검색 창에 comlicense.co.kr 또는 이기적컴활.com을 입력하여 사이트에 접속합니다.

② '년도선택: 2026', '교재선택: 이기적 컴퓨터활용능력 2급 기본서'를 선택한 후 [교재 선택 완료]를 클릭합니다.

③ '회차선택'에서 정답 파일을 선택, '작성파일선택'에서 [찾아보기]를 클릭하여 수험자가 작성한 파일을 가져온 후, [채점시작]을 버튼을 클릭합니다.

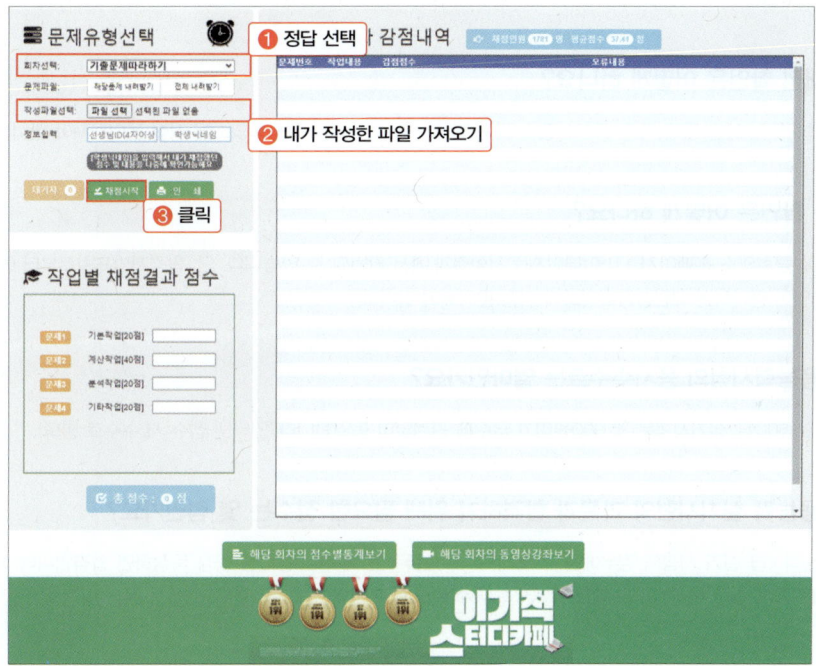

※ 엑셀, 액세스 전부 채점 가능합니다.

⚠️ **웹 사이트 채점 프로그램 주의사항**

- 채점 프로그램은 일부 결과가 정확하지 않을 수 있으니 참고용으로 사용해주세요. 이럴 땐 정답 파일을 열어 비교해보시기 바랍니다.
- 인터넷이 연결되어 있지 않은 컴퓨터는 웹 사이트 채점을 이용할 수 없습니다.
- 개인 인터넷 속도, 수험생의 접속자 수에 따라 채점 속도가 다를 수 있습니다.
- 웹 채점 서비스는 부가 서비스로 제공되는 부분이며, 업체 등의 변경으로 웹 채점 프로그램 제공이 중단될 수 있습니다.
- 본 도서에서 제공하는 웹 채점 서비스는 1판 1쇄 기준 2년간 유효합니다.

Q&A

실기 시험에 대한 일반 사항

Q 필기와 실기는 서로 다른 지역에서 응시 가능한가요?

A 필기 합격 지역과 관계없이 실기를 접수한 지역에서 응시하실 수 있습니다.

Q 필기시험에 합격 후 실기시험에 불합격하면 실기시험을 몇 회까지 응시할 수 있나요?

A 필기시험 면제기간은 2년이며 실기시험은 횟수에 관계없이 필기시험 면제기간동안 계속 접수하여 응시하실 수 있습니다. 필기시험 합격 후 면제기간이 지났는지의 여부를 확인하려면 대한상공회의소 검정사업단 홈페이지에 접속하여 이름, 주민등록번호를 입력하면 알 수 있습니다.

Q 점수 및 채점 확인은 어떻게 하나요?

A 당락여부는 합격자발표를 통해 이루어지며, 점수 및 채점 확인을 위해서는 상공회의소에 직접 문의하셔야 합니다.

Q 실기 점수 확인은 어떻게 하나요?

A 인터넷 '대한상공회의소 홈페이지 〉 마이페이지 〉 시험결과'에서 확인할 수 있습니다. 단, 합격자발표일로부터 60일 동안만 제공되며 60일이 경과하면 대한상공회의소에 직접 문의해야 합니다.

Q 컴퓨터활용능력시험의 응시수수료는 얼마인가요?

A 필기시험은 20,500원, 실기시험은 25,000원이고 급수에 관계없이 동일합니다.(인터넷 접수 시 수수료 별도)

Q 컴퓨터활용능력 실기시험의 과목과 합격하기 위해 필요한 점수는 몇 점인가요?

A 컴퓨터활용능력 2급 실기 시험의 경우에는 '스프레드시트 실무' 한 과목이며 70점 이상 득점하면 합격입니다. 1급 실기 시험은 '스프레드시트 실무'와 '데이터베이스 실무'의 두 과목으로 구성되어있으며 과목당 70점 이상 득점해야 합격할 수 있습니다.

Q 상시 검정은 무엇인가요?

A 상시 검정은 수시로 접수하여 상공회의소에 마련된 상시 시험장에서 시험을 볼 수 있도록 한 제도입니다. 상시 검정은 원칙적으로 인터넷으로만 접수할 수 있으며 접수일 현재 개설되어있는 시험일자 및 시간 내에서 선택하여 응시할 수 있습니다.

Q 컴퓨터활용능력 실기시험에서 사용하는 프로그램의 버전은 어떻게 되나요?

A 2024년 1월부터 시행되는 시험은 Microsoft Office LTSC Professional Plus 2021으로 응시할 수 있습니다.

Q 실기시험 응시 후 합격자 발표 이전에 다시 상시 검정에 응시할 수 있나요?

A 상시 검정은 합격자 발표 전까지 응시 가능하나, 이미 합격했다면 이후 시험 결과는 무효 처리됩니다.

작업 방법에 관련된 사항

Q 매크로가 실행되지 않는데 어떻게 해야 하나요?

A [파일] 탭의 [옵션]을 선택합니다. [Excel 옵션]에서 [보안센터]–[보안센터 설정]을 클릭하여 '매크로 설정'에서 'VBA 매크로 사용(권장 안 함, 위험한 코드가 시행될 수 있음)'에 체크해주세요.

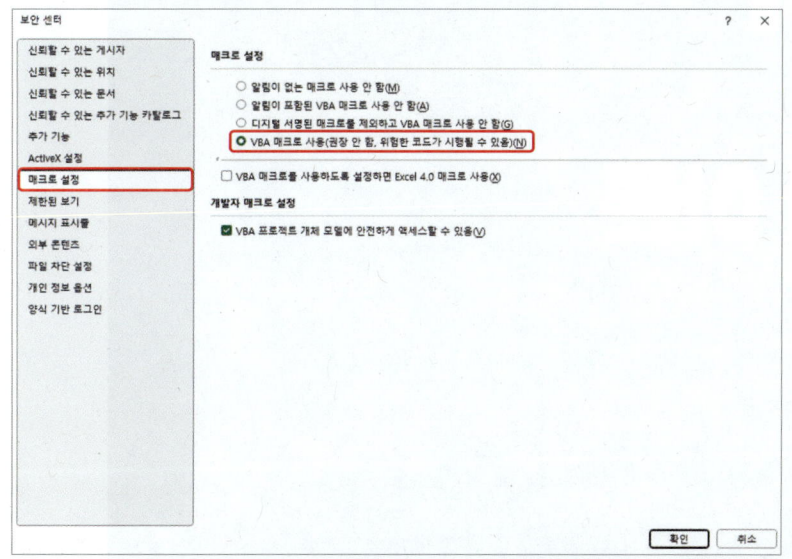

Q 원하는 셀로 가기 위해 방향키를 눌렀는데 스크롤바가 움직여요. 어떻게 해야 하나요?

A 키보드의 Scroll Lock 이 켜져있기 때문입니다. 다시 한번 Scroll Lock 을 눌러 꺼주세요.

Q 함수 입력 시 도움을 주는 스크린 팁이 보이게 하려면 어떻게 하나요?

A [파일]–[옵션]–[고급]–[표시]에 '함수 화면 설명 표시'에 체크해주세요.

Q 셀에 서식을 지정하거나 함수를 입력하고 나니 값이 '####'으로 되었습니다. 어떻게 하나요?

A 문제에서 별도의 지시사항이 없으면 그대로 두거나, 해당 열의 너비를 조정하여 데이터가 보이게 해도 됩니다.

Q 색상이나 차트 등에 마우스를 올렸을 때 이름이나 설명이 표시되지 않는 경우는 어떻게 해야 하나요?

A [Excel 옵션]–[일반] 탭에서 '실시간 미리보기 사용'에 체크, 화면 설명 스타일을 '화면 설명에 기능 설명 표시'를 선택하세요.

PART 01

합격 이론

CHAPTER

01

기본작업

학습 방향

자료 입력, 서식 지정, 고급 필터, 조건부 서식, 텍스트 나누기 등과 같은 유형의 문제가 출제됩니다.
자료 입력은 평소에 타자 연습을 통해 정확성과 속도를 높이는 것이 도움이 됩니다.
서식 지정은 사용자 지정 서식에 대한 꾸준한 연습이 필요합니다.
고급 필터는 AND나 OR 조건을 입력하는 방법을 익혀야 하며, 조건부 서식에서는 수식을 활용하는 방식에 대한 학습이 중요합니다.

난이도

난이도	섹션	페이지
하	SECTION 01 자료 입력	1-24
상	SECTION 02 셀 서식	1-27
상	SECTION 03 조건부 서식	1-48
중	SECTION 04 고급 필터/자동 필터	1-53
중	SECTION 05 텍스트 나누기	1-61
중	SECTION 06 외부 데이터 가져오기	1-66
중	SECTION 07 그림 복사/붙여넣기/연결하여 붙여넣기	1-71

SECTION 01 자료 입력

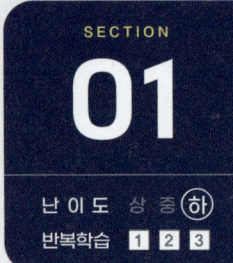

작업파일 [26컴활2급₩이론] 폴더의 '01자료입력' 파일을 열어서 작업하시오.

기적의 TIP
데이터를 입력할 때는 문제에 제시된 셀에 그대로 입력해야 한다.

출제유형 ❶ '기본작업1-1' 시트에 다음의 자료를 주어진 대로 입력하시오.

	A	B	C	D	E	F
1	상공약국 약품 매입표					
2						
3	매입일자	구분	약품명	제조사	매입수량	매입단가
4	2025-03-06	항히스타민제	코미(comy)정	하나약품	100	3500
5	2025-03-06	항바이러스제	팜시쿨(famcicle)정	한국제약	120	5000
6	2025-03-06	제산제	에디(edee)정	튼튼제약	100	4000
7	2025-03-13	해열진통제	아미펜(amiphen)정	하나약품	150	2500
8	2025-03-13	소염진통제	미셀(misel)정	한국제약	200	2500
9	2025-03-13	소화제	베아제(bearse)정	튼튼제약	150	2000
10	2025-03-20	안질환제	톨론(tolon)점안액	하나약품	100	3000
11	2025-03-20	해열진통제	이브미(eveme)정	튼튼제약	120	2500
12	2025-03-20	소화제	판크렌(pancrent)정	한국제약	200	2500
13						

기적의 TIP
셀에 데이터를 입력한 후에 ####으로 표시되면 열 머리글에서 더블클릭하여 열 너비를 조절하면 된다.

기적의 TIP

데이터 입력 시 주의 사항
셀에 데이터를 입력한 후에 한 칸의 스페이스가 입력되지 않도록 한다.
데이터 입력 문제는 부분 점수가 없다. 불필요한 스페이스 한 칸으로 전체 5점이 감점이 될 수 있다.

출제유형 ❷ '기본작업1-2' 시트에 다음의 자료를 주어진 대로 입력하시오.

	A	B	C	D	E	F
1	상공 휘트니스 회원 관리					
2						
3	프로그램	회원명	성별	가입일	주소	연락처
4	Health	김용성	남	2020-03-05	서초구 서초동	010-9214-6842
5	Health	김은소	여	2022-01-03	서초구 방배동	010-4561-3541
6	Health	유하은	여	2023-12-18	서초구 양재동	010-7488-4618
7	Health	김예소	여	2021-11-27	서초구 내곡동	010-5431-6865
8	Yoga	김지혜	여	2019-06-07	서초구 반포동	010-1654-0847
9	Yoga	유가온	여	2023-10-22	서초구 잠원동	010-2435-6789
10	Yoga	윤석남	남	2018-05-31	서초구 양재동	010-1987-3223
11	Yoga	강명환	남	2017-09-16	서초구 서초동	010-0178-9399
12	Boxing	이향기	여	2022-06-21	서초구 내곡동	010-7238-4155
13	Boxing	한정훈	남	2024-03-25	서초구 방배동	010-1897-0347
14	Boxing	김어중	남	2025-07-29	서초구 반포동	010-3481-2986
15	Boxing	윤소정	여	2022-10-09	서초구 우면동	010-1678-3534
16						

출제유형 ❸ '기본작업1-3' 시트에 다음의 자료를 주어진 대로 입력하시오.

	A	B	C	D	E	F
1	주요 유튜브 시청 현황					
2						
3	채널명	카테고리	가입일	구독자수	재생목록수	총조회수
4	todaymovie	영화/애니메이션	2022-06-21	1.4만명	652	954천회
5	allsports	스포츠	2023-07-25	2.6만명	617	732천회
6	ricekim	게임	2024-12-01	1.9만명	539	1193천회
7	ballzzang	스포츠	2021-03-17	2.1만명	377	885천회
8	movieplus	영화/애니메이션	2022-04-03	3.2만명	518	813천회
9	musicbox	음악	2023-08-23	3.8만명	604	1067천회
10	screenking	영화/애니메이션	2024-03-02	2.7만명	461	946천회
11	battleteam	게임	2021-09-19	2.8만명	592	706천회
12	goodmusic	음악	2025-08-20	1.5만명	433	744천회

> **기적의 TIP**
> [E3] 셀의 '재생목록수'를 2줄로 입력할 때에는 「재생」을 입력한 후 Alt + Enter 를 누른 후에 「목록수」를 입력한다.

출제유형 ❹ '기본작업1-4' 시트에 다음의 자료를 주어진 대로 입력하시오.

	A	B	C	D	E	F
1	상반기 문화 수강생 모집 현황					
2						
3	수강코드	수강명	신청대상	모집인원	수강요일	수강비
4	SANG-001	Hot Music School	전체	30	월요일	120000
5	SANG-002	어린이 발리 댄스	초등학생	25	토요일	80000
6	SANG-003	High Easy English	고등학생	30	월요일	100000
7	SANG-004	수학의 정석	중학생	35	금요일	100000
8	SANG-005	집밥! 어렵지 않아요!	전체	20	수요일	120000
9	SANG-006	피로를 풀어주는 요가	전체	25	수요일	150000
10	SANG-007	창의력을 키워주는 미술	초등학생	30	목요일	100000
11	SANG-008	톡톡 튀는 독서 토론 논술	고등학생	30	토요일	100000
12	SANG-009	좋은 습관 독서법	중학생	25	토요일	120000

출제유형 ❺ '기본작업1-5' 시트에 다음의 자료를 주어진 대로 입력하시오.

	A	B	C	D	E	F	G
1	상품코드 매장 관리현황						
2							
3	순번	지역	관리코드	매장위치	담당자	개장일	직원수
4	01	강원도	gangwon#01	원주시 단계동	강하늬	2022-04-05	29
5	02	전라북도	jeonbuk#06	군산시 경암동	송하율	2027-05-01	23
6	03	제주도	jeju#04	제주시 도남동	박주호	2023-08-09	20
7	04	경기도	gyeonggi#05	안산시 신길동	서현진	2019-11-17	24
8	05	충청남도	chugnam#02	천안시 동남구 구룡동	한지민	2020-08-11	22
9	06	경상남도	gyeongnam#07	진주시 가좌동	이중회	2025-11-30	24
10	07	전라남도	jeonnam#08	여수시 교동	김상욱	2024-06-11	21
11	08	충청북도	chugbuk#03	청주시 서원구 모충동	강정호	2021-07-26	30
12	09	경상북도	gyeongbuk#09	경주시 구정동	유지민	2022-12-01	25
13	10	서울	seoul#10	마포구 성산동	김재철	2023-06-24	31

> **기적의 TIP**
> '01'을 입력하면 왼쪽 상단에 초록색 표시가 보이는데 그냥 두어도 된다.
> 단, 신경이 쓰인다면 자료를 모두 입력한 후에 범위를 지정한 후에 [오류 메시지]를 클릭하여 [오류 무시]를 클릭하면 된다.

더 알기 TIP

데이터 입력과 수정

1 한 셀에 두 줄 이상의 데이터 입력하기
첫 번째 줄을 입력한 후에 `Alt`+`Enter`를 눌러 다음 줄에 해당한 내용을 입력하고 `Enter`를 눌러 완성한다.

2 0으로 시작하는 숫자 입력하기
작은따옴표(')를 입력한 후 0으로 시작하는 숫자를 입력한다. (예 : 001)

3 날짜 데이터 입력하기
'년-월-일' 또는 '년/월/일' 형태로 입력한다. 날짜는 -(하이픈) 또는 /(슬래시)로 구분한다.

4 시간 데이터 입력하기
'시:분:초'의 형태로 입력한다. 시간은 :(콜론)으로 구분한다.

5 백분율 입력하기
숫자 뒤에 %를 직접 입력한다. (예 : 70%)

6 데이터 수정하기
① `F2`를 눌러 데이터의 일부를 수정할 수 있다.
② 셀을 더블 클릭하여 수정할 수 있다.
③ 수식 입력줄을 클릭하여 데이터 일부를 수정할 수 있다.
④ 새로운 데이터를 입력하면 기존 데이터는 삭제된다.

SECTION 02 셀 서식

난이도 상 중 하
반복학습 1 2 3

작업파일 [26컴활2급₩이론] 폴더의 '02셀서식' 파일을 열어서 작업하시오.

▶ 합격 강의

출제유형 ❶ '기본작업2-1' 시트에 다음의 지시사항을 처리하시오.

	A	B	C	D	E	F	G	H	I	J
1		영진유통 7월 라면류 매출현황								
2										
3		제품군	제품명	강남		강북	경기		제품별합계	
4				서초마트	방배마트	미아마트	수운마트	용인마트		
5		짜장	왕짜장면	125	156	204	157	347	989	
6			첨짜장면	52	36	27	47	36	198	
7		짬뽕	왕짬뽕면	25	58	56	32	24	195	
8			첨짬뽕면	34	62	62	34	82	274	
9			핫짬뽕면	85	36	75	64	28	288	
10		비빔면	열무비빔면	68	92	51	73	54	338	
11			고추당면	31	30	42	17	25	145	
12			메밀면	106	88	124	64	72	454	
13		마트별합계		526	558	641	488	668		
14		마트별평균		65.75	69.75	80.125	61	83.5		
15										

▲ '기본작업2-1' 시트

❶ [B5:B6], [B7:B9], [B10:B12], [B13:C13], [B14:C14] 영역은 '병합하고 가운데 맞춤'을 지정하고, [D4:H4] 영역은 '가로 가운데 맞춤, 글꼴 스타일 '굵게', 채우기 색 '표준 색 – 주황'으로 지정하시오.

❷ [D5:H12] 영역은 사용자 지정 표시 형식을 이용하여 '1000 단위 구분 기호'와 숫자 뒤에 '개'를 표시 예와 같이 표시하고 [표시 예 : 5678 → 5,678개, 0 → 0개], [D14:H14] 영역은 소수 둘째 자리까지 표시하시오. [표시 예 : 65.8 → 65.80]

❸ [B3:I14] 영역에 '모든 테두리(田)'를 적용한 후 '굵은 바깥쪽 테두리(⊡)'를 적용하여 표시하고, [I13:I14] 영역은 '대각선(×)'으로 적용하여 표시하시오.

❹ A열의 너비를 2로 조정하고, [C5:C12] 영역의 이름을 '제품명'으로 정의하고, [B13:B14] 영역의 텍스트 맞춤은 '가로 균등분할'로 지정하시오.

❺ [I5] 셀에 '최고인기품목'이라는 메모를 삽입한 후 항상 표시되도록 지정하고, 메모 서식에서 맞춤 '자동 크기'를 설정하시오.

기적의 TIP

셀 서식은 시험에 빠지지 않고 나오는 기능으로 작업이 비교적 쉬운 편이다. 특히, 사용자 지정 표시 형식 부분을 정확히 이해한다면 나머지 부분은 점수를 쉽게 얻을 수 있다.

🏠 25년 출제

[B1:I1] 영역은 '선택 영역의 가운데로'를 적용하시오.
[셀 서식]의 [맞춤] 탭에서 가로 '선택 영역의 가운데로'

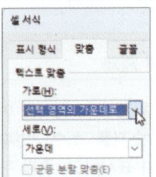

🏠 25년 출제

[D4:H4] 영역은 셀 스타일 '강조색 2'를 적용하시오.
[홈]–[스타일] 그룹의 [셀 스타일]에서 '강조색 2'를 선택

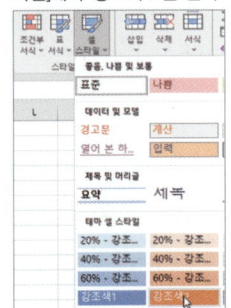

> **기적의 TIP**
>
> 같은 서식을 지정할 경우 서식을 지정할 영역을 범위 지정한 후 서식을 지정할 수 있다.

> **기적의 TIP**
>
> Ctrl 은 떨어져 있는 영역을 범위 지정할 때 사용한다.

01 셀 병합

① [B5:B6] 영역을 드래그하여 범위 지정하고 Ctrl 을 누른 상태에서 [B7:B9], [B10:B12], [B13:C13], [B14:C14] 영역을 차례로 드래그하여 범위 지정한 후, [홈]-[맞춤] 그룹에서 [병합하고 가운데 맞춤](圖)을 클릭한다.

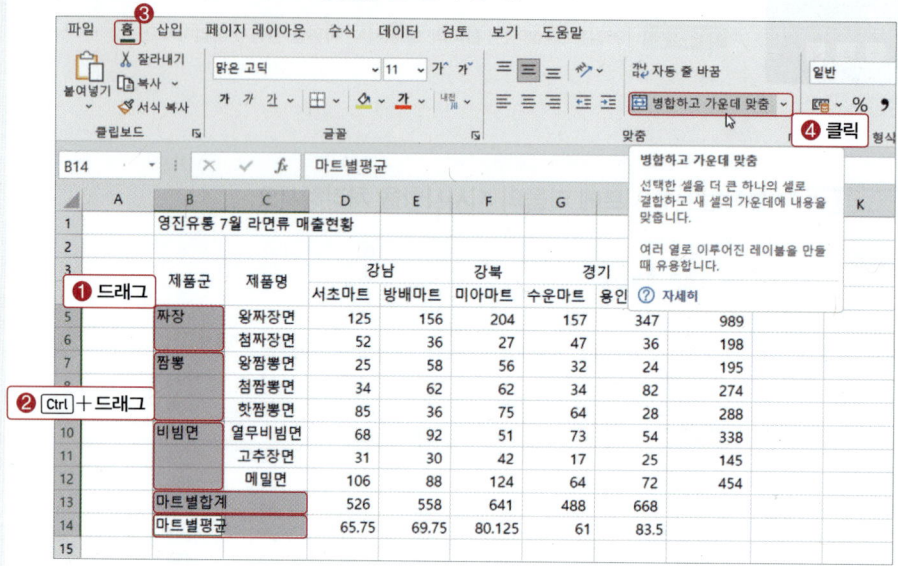

02 사용자 지정 서식

> **25년 출제**
>
> 사용자 지정 표시 형식을 이용하여 숫자를 소수 2번째 자리까지 표시하고, 숫자 뒤에 'EA'를 입력하시오.
> [표시 예 : 12.1 → 12.10EA, 0 → 0.00EA]
> [셀 서식]의 [표시 형식] 탭에서 사용자 지정에 0.00"EA"

① [D4:H4] 영역을 드래그하여 범위 지정한 후, [홈]-[맞춤] 그룹에서 [가운데 맞춤](≡)을 클릭하고 [글꼴] 그룹에서 글꼴 스타일 '굵게', [채우기 색](◇ㆍ) 도구를 클릭하여 '표준 색 – 주황'을 선택한다.

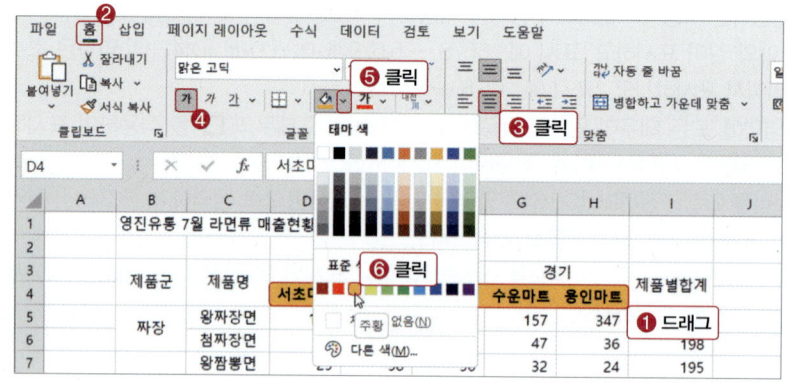

② [D5:H12] 영역을 드래그하여 범위 지정한 후 Ctrl+1을 누르고, [셀 서식]에서 [표시 형식] 탭의 '사용자 지정'에 #,##0"개"를 입력하고 [확인]을 클릭한다.

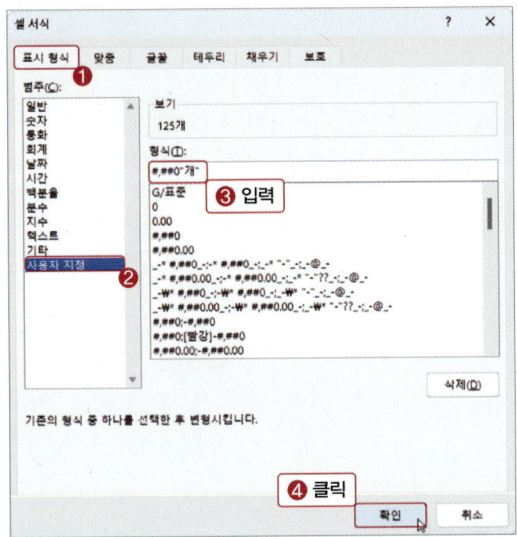

> 🚩 기적의 TIP
>
> **셀 서식 바로가기**
> • 바로 가기 키 : Ctrl+1
> • 셀에서 오른쪽 마우스 버튼 클릭 후, F

> 🚩 기적의 TIP
>
> **#,###과 #,##0의 차이점**
>
> | 서식 | #,### | #,##0 |
> |---|---|---|
> | 1234 | 1,234 | 1,234 |
> | 0 | | 0 |
>
> #은 유효하지 않은 0은 표시하지 않는다.

③ [D14:H14] 영역을 드래그하여 범위 지정한 후 Ctrl+1을 누르고, [셀 서식]에서 [표시 형식] 탭의 '사용자 지정'에 #.00을 입력하고 [확인]을 클릭한다.

> 🚩 기적의 TIP
>
> **#.##과 #.00의 차이점**
>
> | 서식 | #.## | #.00 |
> |---|---|---|
> | 12.3412 | 12.34 | 12.34 |
> | 12 | 12 | 12.00 |
>
> 0은 유효하지 않은 자릿수는 0으로 표시한다.

03 테두리

① [B3:I14] 영역을 드래그하여 범위 지정한 후, [홈]-[글꼴] 그룹에서 [테두리](⊞▾) 도구의 [모든 테두리](⊞)를 클릭한 후 [굵은 바깥쪽 테두리](🔲)를 클릭한다.

② [I13:I14] 영역을 드래그하여 범위 지정한 후 Ctrl+1을 누르고, [셀 서식]에서 [테두리] 탭의 대각선(╱, ╲)을 각각 클릭하고 [확인]을 클릭한다.

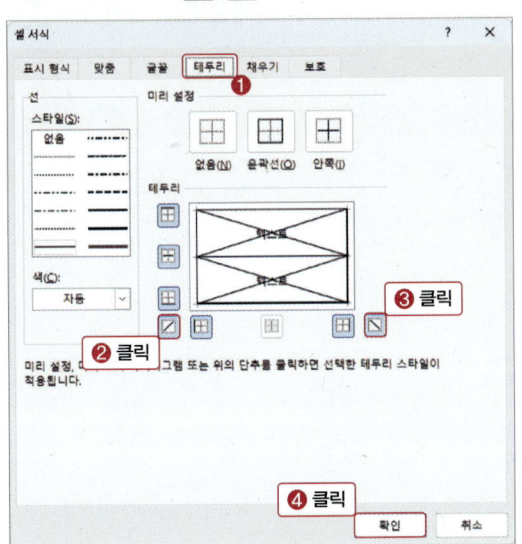

04 열 너비

① A열 머리글에서 마우스 오른쪽 버튼을 눌러 [열 너비]를 선택한다.

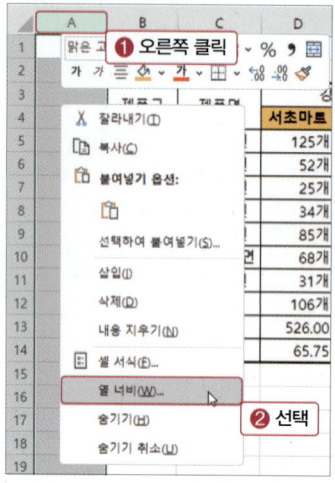

② [열 너비]에 2를 입력하고 [확인]을 클릭한다.

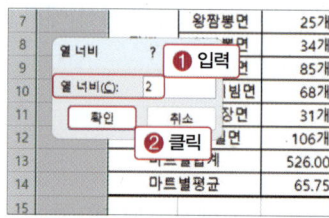

05 이름 정의

① [C5:C12] 영역을 드래그하여 범위 지정한 후 '이름 상자'에 **제품명**을 입력하고 Enter 를 누른다.

➕ 더 알기 TIP

이름 정의를 삭제할 때

① [수식]-[정의된 이름] 그룹에서 [이름 관리자]를 클릭한다.

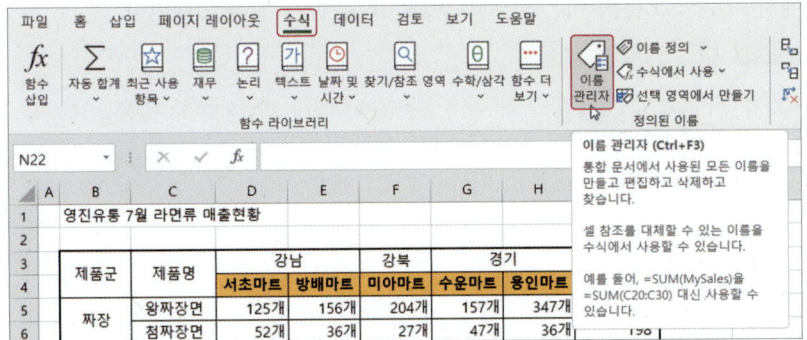

② 삭제할 이름을 선택한 후 [삭제]를 클릭한다.

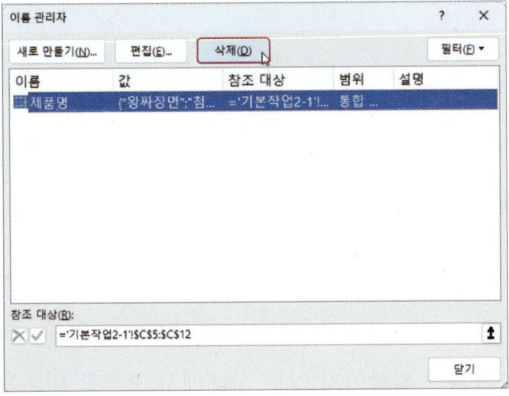

06 텍스트 맞춤

① [B13:B14] 영역을 드래그하여 범위 지정한 후 Ctrl + 1 을 누른다.
② [셀 서식]의 [맞춤] 탭에서 '가로'의 '균등 분할 (들여쓰기)'를 선택하고 [확인]을 클릭한다.

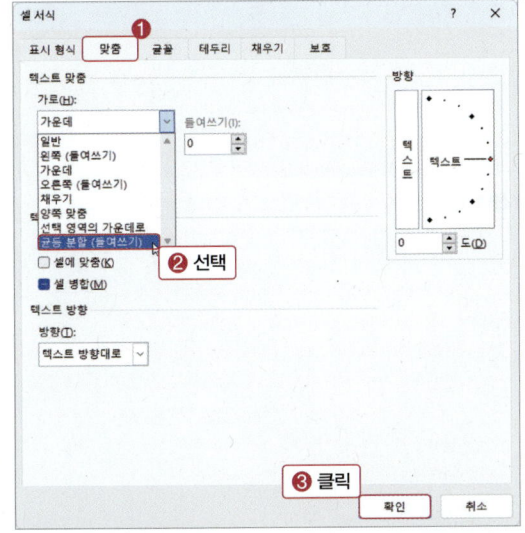

기적의 TIP

메모
바로 가기 키 : Shift + F2

기적의 TIP

사용하는 엑셀 버전에 따라 [메모 삽입] 메뉴가 [새 노트] 메뉴로 표시될 수 있다. 마우스 오른쪽 버튼을 눌러 ① [새 노트] 메뉴를 선택하거나, ② [메뉴 검색] 부분에 '메모 삽입'을 입력한 후 검색하여 작성한다.

기적의 TIP

메모 상자 안에서 마우스 오른쪽 버튼을 눌러 [메모 서식]을 선택하면 [글꼴] 탭만 표시되는 [메모 서식]이 표시된다.

07 메모 삽입[새 노트]

① [I5] 셀에서 마우스 오른쪽 버튼을 눌러 [메모 삽입]을 선택한다.
② 기존 사용자 이름은 지우고 **최고인기품목**을 입력한다.
③ [I5] 셀에서 마우스 오른쪽 버튼을 눌러 [메모 표시/숨기기]를 선택한다.

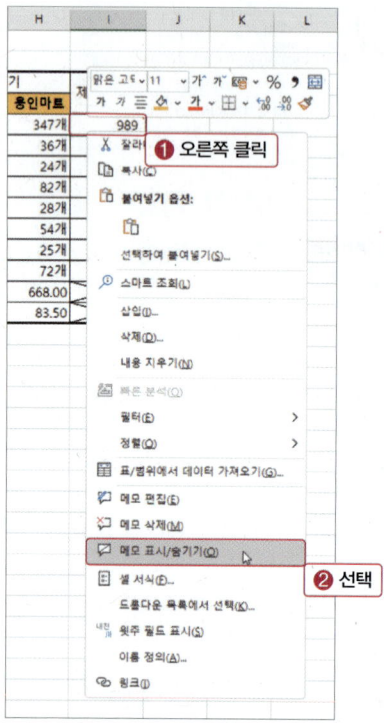

④ 메모 상자의 경계라인을 클릭하여 커서가 깜빡이지 않는 상태에서 오른쪽 버튼을 클릭하여 [메모 서식]을 선택한다.

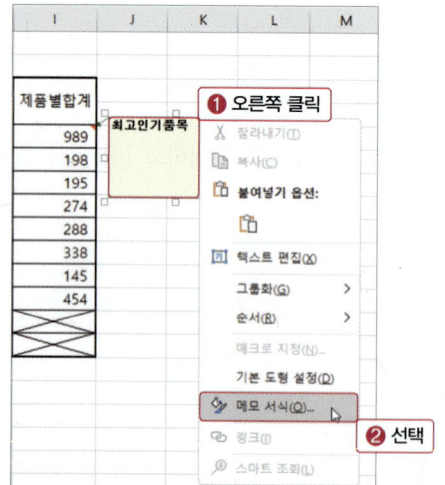

⑤ [메모 서식]의 [맞춤] 탭에서 '자동 크기'를 체크하고 [확인]을 클릭한다.

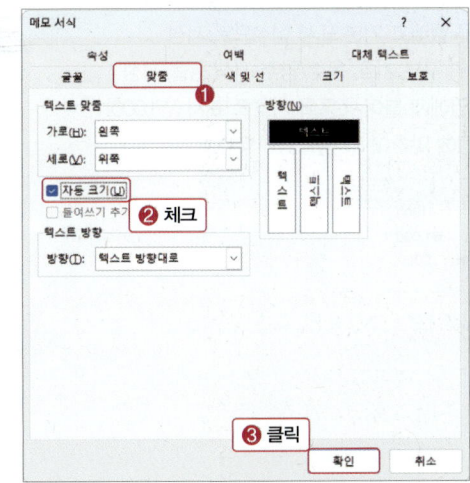

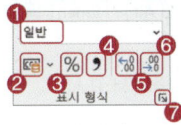

▲ '기본작업2-1(결과)' 시트

➕ 더 알기 TIP

1 [홈] 탭의 [표시 형식] 그룹

① 표시 형식 종류
② 회계 표시 형식 : 통화 기호(₩)를 표시([셀 서식]-[표시 형식] 탭의 '회계'와 동일)
③ 백분율 스타일 : 셀 값에 100을 곱한 값이 백분율 기호(%)와 함께 표시
④ 쉼표 스타일 : 천 단위마다 쉼표(,)를 표시([셀 서식]-[표시 형식] 탭의 기호 없는 '회계'와 동일)
⑤ 자릿수 늘림 : 소수점 이하 자릿수를 늘림
⑥ 자릿수 줄임 : 소수점 이하 자릿수를 줄임
⑦ [셀 서식] 대화상자 : [셀 서식] 대화상자를 표시

2 [셀 서식]의 [표시 형식] 탭

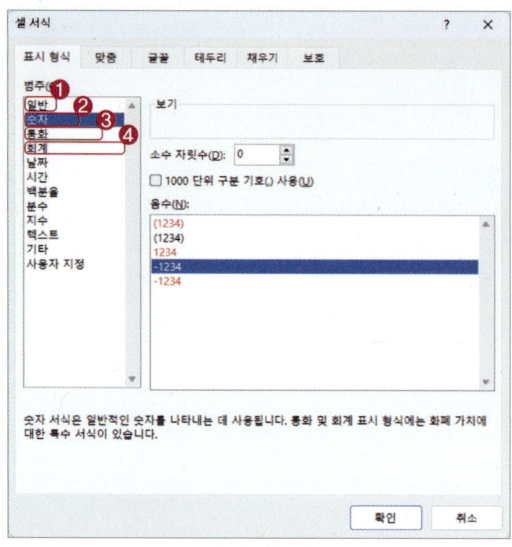

① **일반** : 서식을 없애고 기본 표시 형식으로 지정
② **숫자** : 천 단위 구분 기호, 음수/양수 서식 등을 지정
③ **통화** : 숫자 옆에서 붙여서 통화 기호를 표시 (₩1,000)
④ **회계** : 소수점에 맞추어 열 정렬 (₩   1,000)

	A	B	C
1	숫자	1000	
2	통화	₩1,000	
3	회계	₩ 1,000	
4			

3 [홈] 탭의 [맞춤] 그룹

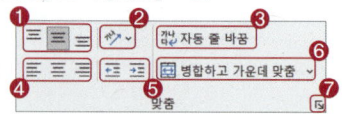

① 위쪽 맞춤/가운데 맞춤/아래쪽 맞춤
② 방향
③ 텍스트 줄 바꿈
④ 왼쪽/가운데/오른쪽 맞춤
⑤ 내어쓰기/들여쓰기
⑥ 병합하고 가운데 맞춤
⑦ [셀 서식] 대화상자 : [셀 서식] 대화상자를 표시

	A	B	C	D
1				
2	위쪽	가운데	아래쪽	
3	엑셀	엑셀	엑셀	
4				
5				
6	왼쪽	가운데	오른쪽	
7	엑셀	엑셀	엑셀	
8				

4 [셀 서식]의 [맞춤] 탭

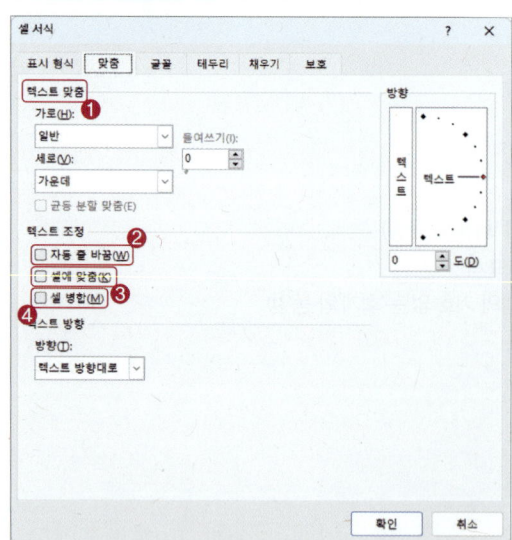

① **텍스트 맞춤** : 데이터의 가로/세로 정렬 방식을 지정
② **자동 줄 바꿈** : 두 줄 이상으로 나누어 표시([Alt]+[Enter] 동일한 기능)
③ **셀에 맞춤** : 셀 너비에 맞추어 글자 크기를 줄여서 표시

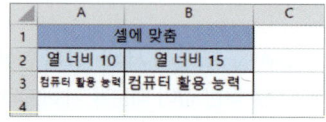

	A	B	C
1	셀에 맞춤		
2	열 너비 10	열 너비 15	
3	컴퓨터 활용 능력	컴퓨터 활용 능력	
4			

④ **셀 병합** : 선택한 범위의 셀들을 하나의 셀로 병합

5 [홈] 탭의 [글꼴] 그룹

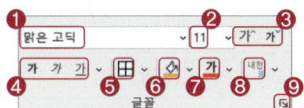

① 글꼴 종류
② 글꼴 크기
③ 글꼴 크기 크게/작게
④ 굵게/기울임꼴/밑줄
⑤ 테두리
⑥ 채우기 색
⑦ 글꼴 색
⑧ 윗주 필드 표시/숨기기

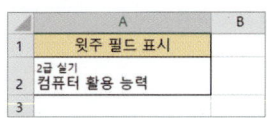 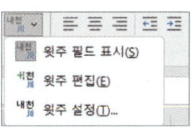

⑨ [셀 서식] 대화상자 : [셀 서식] 대화상자를 표시

6 [셀 서식]의 [글꼴] 탭

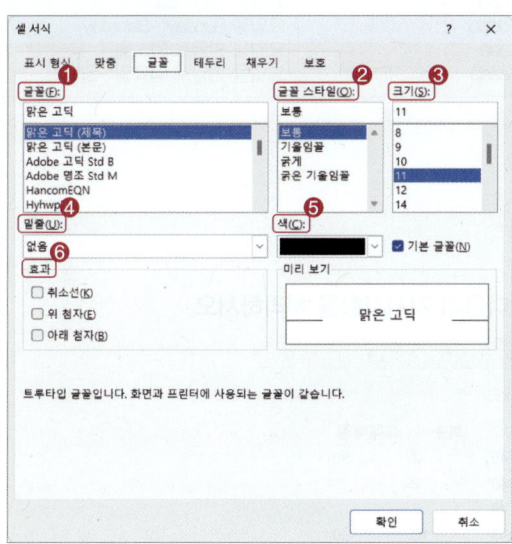

① 글꼴 종류
② 글꼴 스타일
③ 글꼴 크기
④ 밑줄
⑤ 글꼴 색
⑥ 효과(취소선, 위 첨자, 아래 첨자)

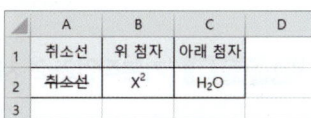

7 사용자 지정 서식

① 숫자와 문자에 관한 코드

서식 코드	의미	서식 지정	결과
#	유효 자릿수만 표시하고 유효하지 않은 0은 표시하지 않음	#"개" #.##	0 → 개 123.4 → 123.4
0	유효하지 않은 자릿수는 0으로 표시	0"개" 0.0	0 → 0개 123 → 123.0
,(쉼표)	1,000 단위 구분 기호	#,### #,"천원"	10000 → 10,000 10000 → 10천원
;(세미콜론)	섹션 구분 서식 양수;음수;0;문자서식 조건이나 글꼴 색을 지정할 때에는 대괄호 ([ ]) 안에 입력	[파랑];[빨강];-;[녹색]	양수는 파랑, 음수는 빨강, 0은 -(하이픈), 문자는 녹색 표현
@	문자를 대신하는 기호	@"님"	홍길동 → 홍길동님

② 날짜에 관한 코드

서식 코드	의미	서식 코드	의미
yy yyyy	연도를 2자리로 표시 연도를 4자리로 표시	d dd	일을 1~31 일을 01~31
m mm mmm mmmm	월을 1~12 월을 01~12 월을 Jan~Dec 월을 January~December	ddd dddd aaa aaaa	요일을 Sun~Sat 요일을 Sunday~Saturday 요일을 한글로 일~월 요일을 한글로 일요일~월요일

출제유형 ② '기본작업2-2' 시트에 다음의 지시사항을 처리하시오.

	A	B	C	D	E	F	G
1	인성인증 항목 및 배점표						
2							
3	인증영역	인증항목	내용	배점	회수	최대배점	
4	기본영역	출석률	95~100	45	2	90	
5			90~95	40	2		
6			80~89	40	2		
7	인성점수	문화관람	영화/연극/전시회	3	10	30	
8		헌혈	헌혈참여	10	5		
9		교외봉사	봉사시간	2	35		
10							

▲ '기본작업2-2' 시트

❶ [A1:F1] 영역은 '병합하고 가운데 맞춤', 글꼴 'HY견고딕', 글꼴 크기 '16', 글꼴 스타일 '굵게', 밑줄 '이중 밑줄'으로 지정하시오.

❷ [A4:A6], [A7:A9], [B4:B6], [F4:F6], [F7:F9] 영역은 '병합하고 가운데 맞춤'을 지정하고, [A3:F3] 영역은 셀 스타일 '황금색, 강조색4'를 적용하시오.

❸ [C4:C6] 영역은 사용자 지정 표시 형식을 이용하여 문자 뒤에 '%'를 [표시 예]와 같이 표시하고 [표시 예 : 80~90 → 80~90%], [C7] 셀의 '연극'을 한자 '演劇'으로 변환하고, [C7] 셀은 '셀에 맞춤'으로 지정하시오.

❹ [D4:D9] 영역의 이름을 '배점'으로 정의하고, [E4:E9] 영역은 사용자 지정 표시 형식을 이용하여 숫자 뒤에 '회'를 [표시 예]와 같이 표시하시오. [표시 예 : 2 → 2회, 0 → 0회]

❺ [A3:F9] 영역에 '모든 테두리(田)'를 적용한 후 '굵은 바깥쪽 테두리(田)'를 적용하여 표시하시오.

01 제목 서식

① [A1:F1] 영역을 드래그하여 범위 지정한 후 [홈]-[맞춤] 그룹의 [병합하고 가운데 맞춤](圖)을 클릭하고, [글꼴] 그룹에서 'HY견고딕', 크기 '16', '굵게', 밑줄 '이중 밑줄'을 선택한다.

02 셀 병합

① [A4:A6] 영역을 드래그하여 범위 지정한 후 Ctrl 을 누른 상태에서 [A7:A9], [B4:B6], [F4:F6], [F7:F9] 영역을 차례로 범위 지정하고, [홈]-[맞춤] 그룹에서 [병합하고 가운데 맞춤](圖)을 클릭한다.

② [A3:F3] 영역을 드래그하여 범위 지정한 후 [홈]-[스타일] 그룹에서 [셀 스타일]의 '황금색, 강조색4'를 클릭한다.

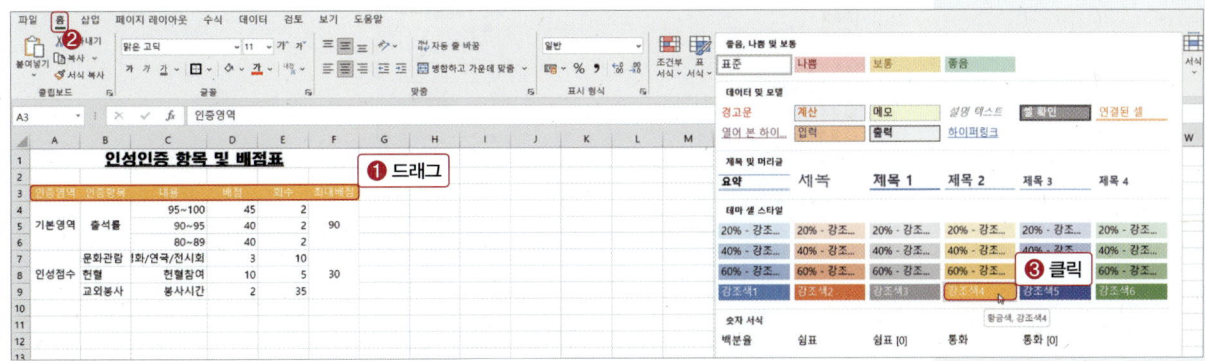

03 셀 서식

① [C4:C6] 영역을 드래그하여 범위 지정한 후 Ctrl+1을 누른다.

> **기적의 TIP**
> 95~100은 숫자가 아닌 문자이기 때문에 '@'를 사용한다.

② [셀 서식]에서 [표시 형식] 탭의 '사용자 지정'에 @"%"를 입력하고 [확인]을 클릭한다.

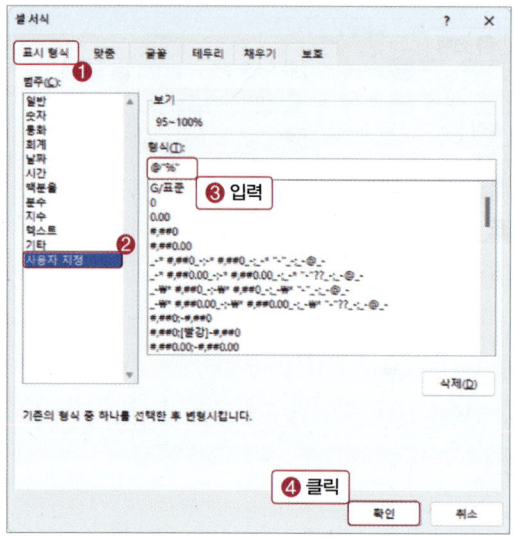

③ [C7] 셀에서 Ctrl+1을 누르고, [셀 서식]에서 [맞춤] 탭의 '텍스트 조정'에서 '셀에 맞춤'을 체크하고 [확인]을 클릭한다.

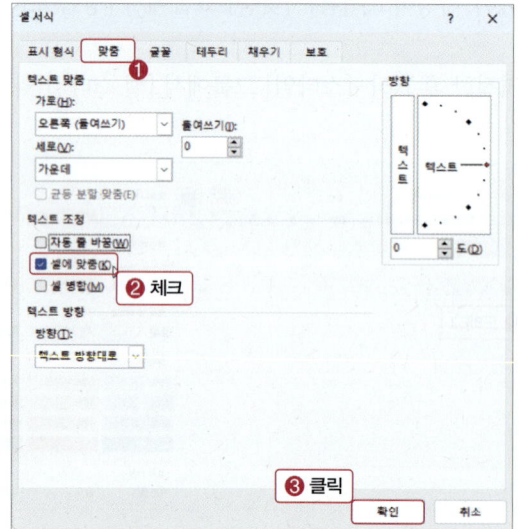

04 한자 변환

① [C7] 셀에서 '연극'만 드래그하여 범위 지정한 후 키보드의 [한자]를 누른다.

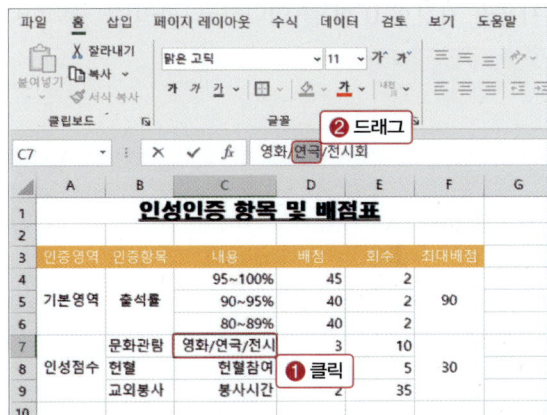

> **기적의 TIP**
>
> 한글 ⇔ 한자
> 演劇을 한글로 변환할 때에도 범위 지정한 후 [한자]를 눌러 변환한다.

② [한글/한자 변환]에서 '演劇'을 선택하고 [변환]을 클릭한다.

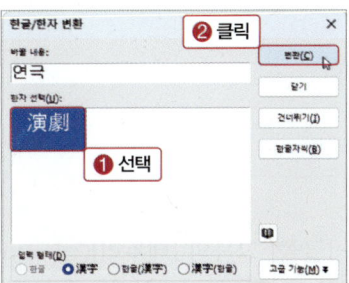

05 이름 정의

① [D4:D9] 영역을 드래그하여 범위 지정한 후 '이름 상자'에 **배점**을 입력하고 [Enter]를 누른다.

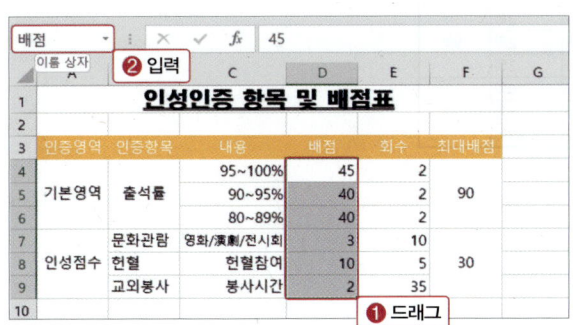

> **기적의 TIP**
>
> 이름 정의를 잘못하여 삭제하고자 할 때에는 [수식]–[정의된 이름] 그룹의 [이름 관리자]를 클릭하여 잘못 정의한 이름을 선택한 후 [삭제]를 클릭한 후 새롭게 이름을 정의한다.

06 사용자 지정 서식

① [E4:E9] 영역을 드래그하여 범위 지정한 후 Ctrl+1을 누른다.
② [셀 서식]에서 [표시 형식] 탭의 '사용자 지정'에 0"회"를 입력하고 [확인]을 클릭한다.

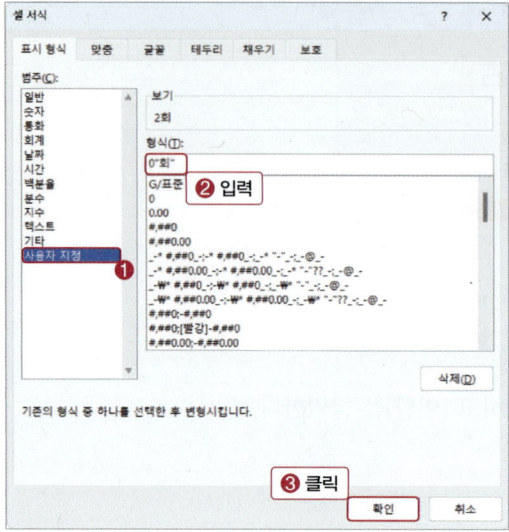

07 테두리

① [A3:F9] 영역을 드래그하여 범위 지정한 후 [홈]-[글꼴] 그룹의 [테두리](⊞▾) 도구의 [모든 테두리](⊞)를 클릭한 후 [굵은 바깥쪽 테두리](▣)를 클릭한다.

▲ '기본작업2-2(결과)' 시트

출제유형 ❸ '기본작업2-3' 시트에 대하여 다음의 지시사항을 처리하시오.

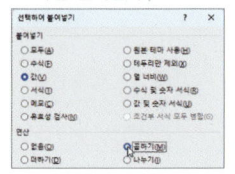

▲ '기본작업2-3' 시트

❶ [A1:H1] 영역은 '병합하고 가운데 맞춤', 셀 스타일 '제목 1', 행의 높이를 30으로 지정하고, [C4:C15] 영역 데이터의 문자와 숫자 사이에 '-'를 넣으시오.

❷ [A4:A6], [A7:A9], [A10:A12], [A13:A15] 영역은 '병합하고 가운데 맞춤'을, [A3:H3], [A4:A15] 영역은 채우기 색을 '표준 색 – 노랑'으로 지정하시오.

❸ 제목의 문자열 앞뒤에 특수문자 'o'을 삽입하고, 판매가[F4:F15] 영역은 통화(₩) 기호로 표시하는 '통화' 서식으로, [J4:J15] 영역을 복사하여 판매량[G4:G15] 영역에 '연산(더하기)' 기능으로 '선택하여 붙여넣기'를 하시오.

❹ [E4:E15] 영역은 사용자 지정 표시 형식을 이용하여 문자 뒤에 '까지'를 [표시 예]와 같이 표시하시오. [표시 예 : 2025년 1월 → 2025년 1월까지]

❺ [A3:H15] 영역은 '모든 테두리(⊞)', 선 스타일 '실선', 테두리 색 '표준 색 – 파랑'으로 적용하여 표시하고, [E17] 셀은 사용자 지정 표시 형식을 이용하여 'yyyy年 mm月 dd日' 형식으로 표시하시오.

> 🏠 25년 출제
>
> [G4:G15] 영역은 '선택하여 붙여넣기'를 이용하여 [J4] 셀에 있는 값 '5'를 곱하여 표시하시오.
>
> ① [J4] 셀을 선택한 후 Ctrl + C 를 누른다.
> ② [G4:G15] 영역을 범위 지정한 후 마우스 오른쪽 버튼을 클릭하여 [선택하여 붙여넣기]를 클릭한다.
> ③ 붙여넣기 '값', 연산 '곱하기'를 선택한다.

> 🏠 25년 출제
>
> 사용자 지정 서식을 이용하여 '2025년 3월 3일 월요일' 형식으로 표시하시오.
> yyyy년 m월 d일 aaaa

> 🏠 25년 출제
>
> 사용자 지정 서식을 이용하여 '05월(일요일)' 형식으로 표시하시오.
> mm"월"(aaaa)

01 제목 서식

① [A1:H1] 영역을 드래그하여 범위 지정한 후 [홈]-[맞춤] 그룹의 [병합하고 가운데 맞춤](圄)을 클릭하고, [스타일]-[셀 스타일]의 '제목1'을 선택한다.

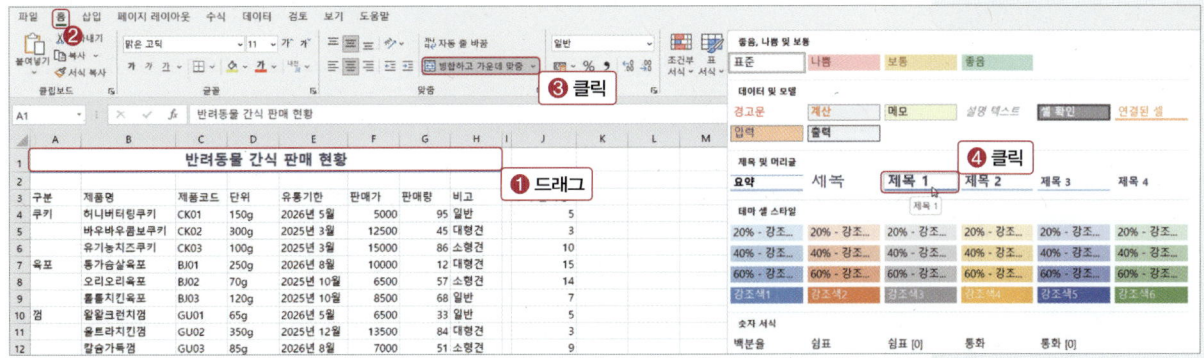

② 1행 머리글에서 마우스 오른쪽 버튼을 눌러 [행 높이]를 선택한다.

③ [행 높이]에 30을 입력하고 [확인]을 클릭한다.

02 '-' 삽입하기

① [C4] 셀의 'CK' 뒤에서 더블 클릭하여 -을 입력한다. 같은 방법으로 [C5:C15] 영역에도 -을 입력한다.

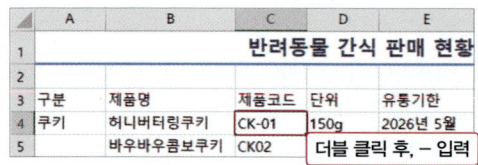

> 🔑 **기적의 TIP**
>
> [C4] 셀을 클릭한 후 '수식 입력줄'에서 CK 다음에 클릭하여 '-'를 입력할 수 있다.
>
>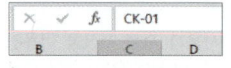

03 셀 병합

① [A4:A6], [A7:A9], [A10:A12], [A13:A15] 영역을 드래그하여 범위 지정한 후 [홈]-[맞춤] 그룹에서 [병합하고 가운데 맞춤](圖)을 클릭한다.

② [A3:H3], [A4:A15] 영역을 드래그하여 범위 지정하고, [홈]-[글꼴] 그룹에서 [채우기 색](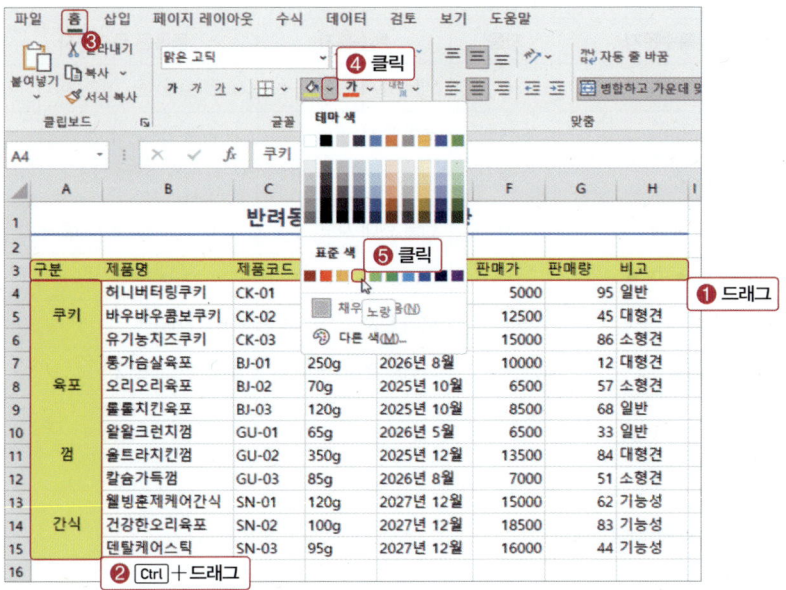) 도구를 클릭한 후 '표준 색 – 노랑'으로 지정한다.

04 특수문자 입력

① [A1] 셀의 '반' 앞에서 더블 클릭하여 ㅁ을 입력하고 키보드의 [한자]를 눌러 'ㅇ'를 마우스로 선택한다.

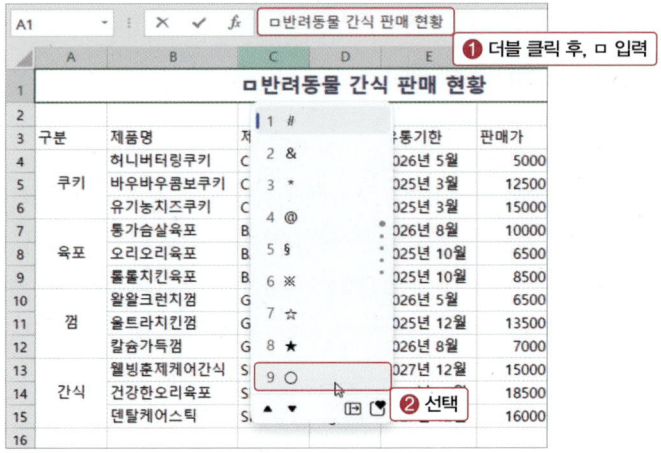

② 같은 방법으로 [A1] 셀의 '황' 뒤에서 더블 클릭하여 ㅁ을 입력하고 키보드의 [한자]를 눌러 'ㅇ'를 마우스로 클릭한다.

➕ 더 알기 TIP

1️⃣ 특수문자 목록

자음	특수문자	등록된 특수문자	자음	특수문자	등록된 특수문자
ㄱ	기술 기호	! ' , / : ; ^	ㅇ	영문 표제 기호	ⓐ ⓑ ⓒ ⓓ ⓔ ① ② ③ ④
ㄴ	괄호 기호	" ( ) [ ] { } ' " "	ㅈ	로마 숫자	i ii iii iv v vi vii viii
ㄷ	학술 기호	± ÷ ≠ ∴ ∞ <	ㅊ	분수/첨자 기호	½ ¼ ¾ ⅛
ㄹ	단위 기호	$ % ₩ F " ℃ Å ¢	ㅋ	한글 현대 자모	ㄱ ㄲ ㄳ ㄴ ㄵ ㄶ ㄷ ㄸ
ㅁ	일반 기호	# & @ ※ ☆ ★ ○ ●	ㅌ	한글 고어 자모	ㅥ ㅦ ㅧ ㅨ ㅩ ㅪ ㅫ
ㅂ	괘선 조각	─ │ ┌ ┐ └ ┘ ├ ┬	ㅍ	로마 문자	A B C D E F
ㅅ	한글 표제 기호	㉠ ㉡ ㉢ ㉣ ㉤ ㉥	ㅎ	그리스 문자	Α Β Γ Δ Ε Ζ Η

2️⃣ 한 셀에 두 줄 이상의 데이터 입력하기

- 바로 가기 키(Alt + Enter)

'영진'을 입력하고 Alt + Enter 를 누른 후 '출판사'를 입력한다.

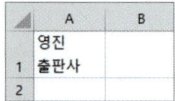

- [셀 서식] 대화상자 이용(Ctrl + 1)

① 한 셀에 '영진출판사'를 입력한다.

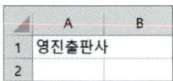

② Ctrl + 1 을 누른 후 [맞춤] 탭에서 '자동 줄 바꿈'을 체크한 후 [확인]을 클릭한다.

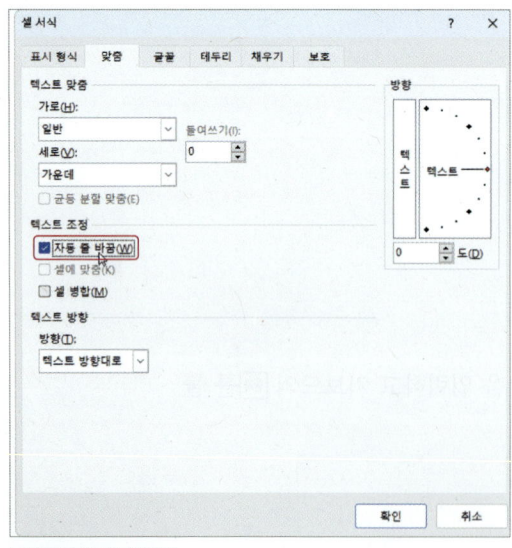

05 셀 서식

① [F4:F15] 영역을 드래그하여 범위 지정한 후 [홈]-[표시 형식] 그룹에서 '통화'를 선택한다.

> **기적의 TIP**
>
> '통화'는 Ctrl+1을 눌러 [셀 서식] 대화상자의 [표시 형식] 탭의 '통화'를 선택해도 된다.

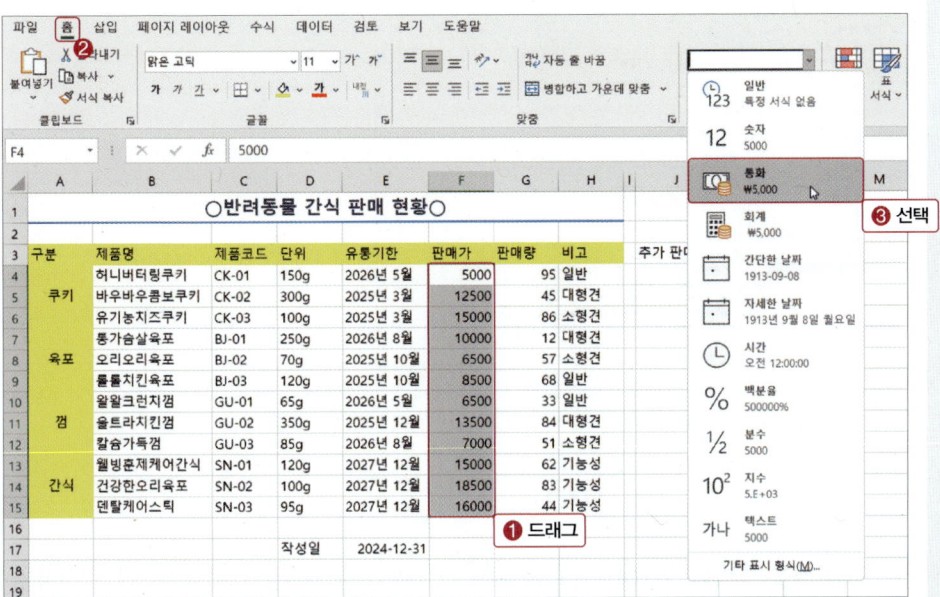

② [J4:J15] 영역을 드래그하여 범위 지정한 후 Ctrl+C를 눌러 복사하고, [G4:G15] 영역을 드래그하여 범위 지정한 후 마우스 오른쪽 버튼을 눌러 [선택하여 붙여넣기]를 선택한다.

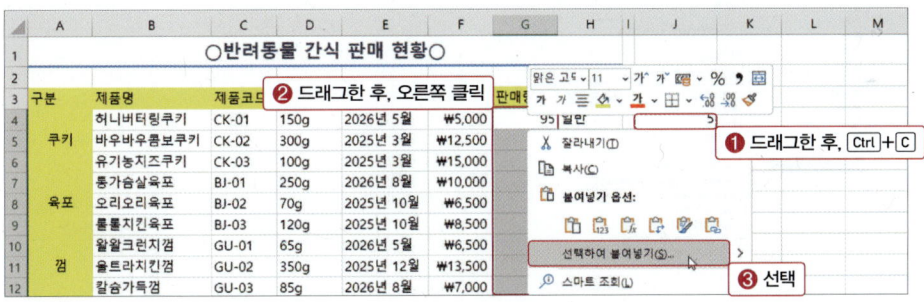

③ [선택하여 붙여넣기]에서 '더하기'를 선택하고 [확인]을 클릭한다.

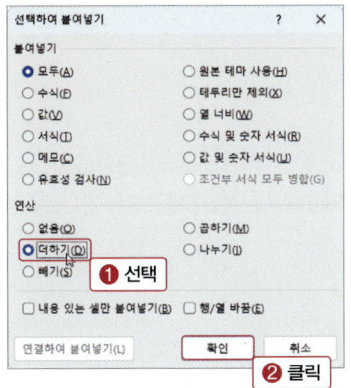

06 사용자 지정 서식

① [E4:E15] 영역을 드래그하여 범위 지정한 후 Ctrl+1을 누르고, [셀 서식]에서 [표시 형식] 탭의 '사용자 지정'에 @"까지"를 입력하고 [확인]을 클릭한다.

기적의 TIP

E열과 F열의 너비를 조절하기 위하여 E와 F 사이의 경계 라인에서 더블클릭한다.

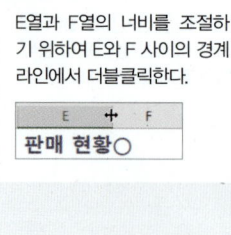

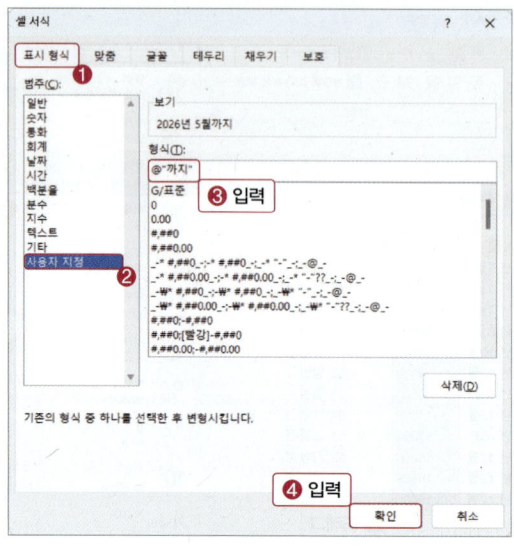

② [E17] 셀을 클릭한 후 Ctrl+1을 누르고, [셀 서식]에서 [표시 형식] 탭의 '사용자 지정'에 yyyy年 mm月 dd日을 입력하고 [확인]을 클릭한다.

기적의 TIP

年, 月, 日은 년, 월, 일을 입력한 후 한자를 눌러 변환한다.

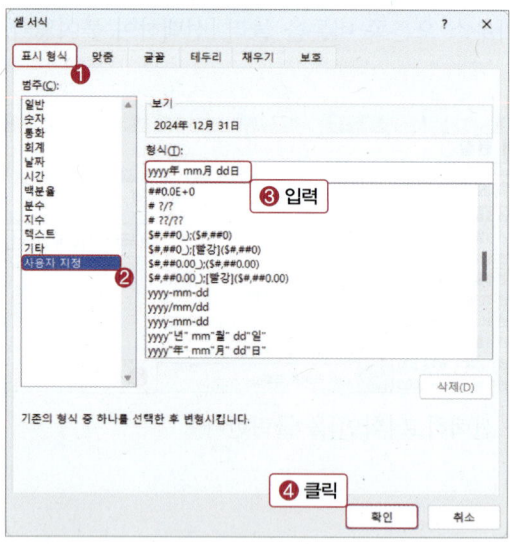

07 테두리

① [A3:H15] 영역을 드래그하여 범위 지정한 후 Ctrl+1을 누르고, [셀 서식]에서 [테두리] 탭의 '색'은 '파랑', '선'은 '실선', 미리 설정에서 '윤곽선', '안쪽'을 각각 클릭하고 [확인]을 클릭한다.

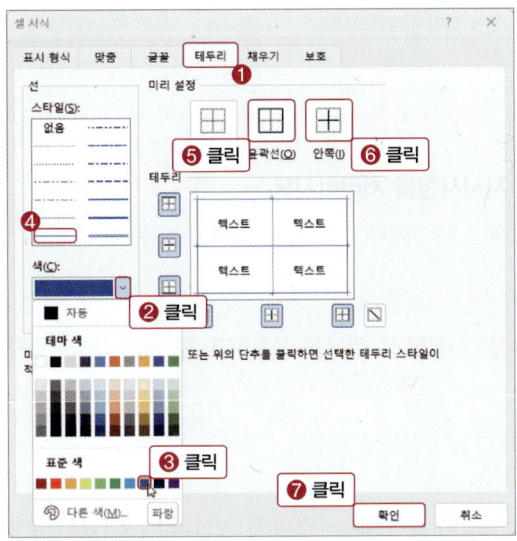

	A	B	C	D	E	F	G	H	I	J	K
1			○반려동물 간식 판매 현황○								
2											
3	구분	제품명	제품코드	단위	유통기한	판매가	판매량	비고		추가 판매량	
4	쿠키	허니버터링쿠키	CK-01	150g	2026년 5월까지	₩5,000	100	일반		5	
5		바우바우콤보쿠키	CK-02	300g	2025년 3월까지	₩12,500	48	대형견		3	
6		유기농치즈쿠키	CK-03	100g	2025년 3월까지	₩15,000	96	소형견		10	
7	육포	통가슴살육포	BJ-01	250g	2026년 8월까지	₩10,000	27	대형견		15	
8		오리오리육포	BJ-02	70g	2025년 10월까지	₩6,500	71	소형견		14	
9		돌돌치킨육포	BJ-03	120g	2025년 10월까지	₩8,500	75	일반		7	
10	껌	왈왈크런치껌	GU-01	65g	2026년 5월까지	₩6,500	38	일반		5	
11		울트라치킨껌	GU-02	350g	2025년 12월까지	₩13,500	87	대형견		3	
12		칼슘가득껌	GU-03	85g	2026년 8월까지	₩7,000	60	소형견		9	
13	간식	웰빙훈제케어간식	SN-01	120g	2027년 12월까지	₩15,000	66	기능성		4	
14		건강한오리육포	SN-02	100g	2027년 12월까지	₩18,500	93	기능성		10	
15		덴탈케어스틱	SN-03	95g	2027년 12월까지	₩16,000	65	기능성		21	
16											
17				작성일	2024년 12월 31일						
18											

▲ '기본작업2-3(결과)' 시트

SECTION 03 조건부 서식

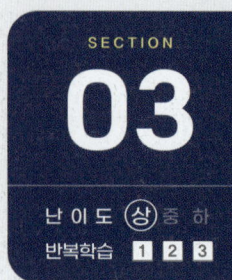

난이도 상 중 하
반복학습 1 2 3

▶ 합격 강의

작업파일 [26컴활2급₩이론] 폴더의 '03조건부서식' 파일을 열어서 작업하시오.

출제유형 ❶ '조건부1' 시트에 다음의 지시사항을 처리하시오.

[A4:H18] 영역에서 학번이 '2024'로 시작하는 행 전체에 대하여 글꼴 색을 '표준 색 – 파랑'으로 지정하는 조건부 서식을 작성하시오.
▶ LEFT 함수 사용
▶ 단, 규칙 유형은 '수식을 사용하여 서식을 지정할 셀 결정'을 사용하고, 한 개의 규칙으로만 작성하시오.

① [A4:H18] 영역을 드래그하여 범위 지정한 후, [홈]-[스타일] 그룹의 [조건부 서식]-[새 규칙]을 선택한다.

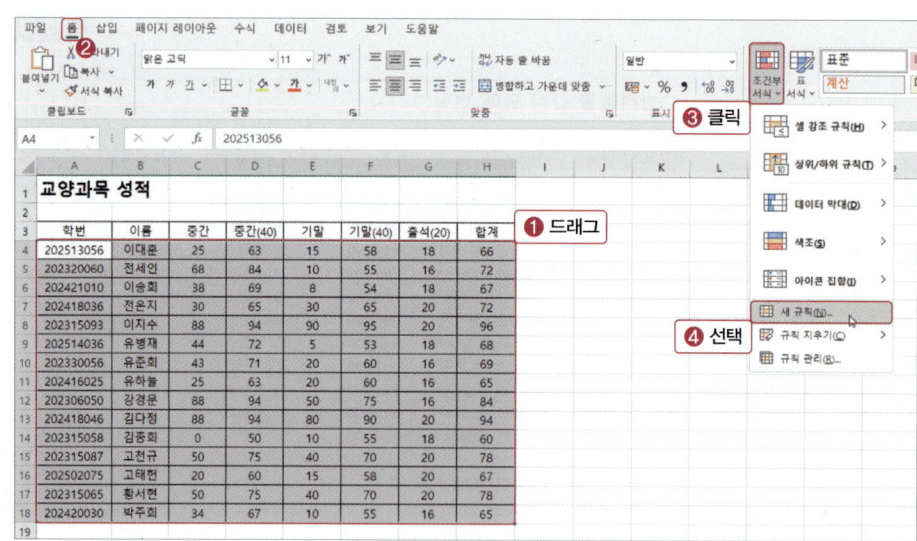

📒 **기적의 TIP**

범위를 잘못 지정하거나, 범위를 거꾸로 지정하지 않도록 주의한다.

📒 **기적의 TIP**

조건부 서식 주의 사항
- 조건부 서식은 제목행 [A3:H3] 영역은 범위에 포함하지 않는다.
- 범위를 지정할 때, 위에서 아래로([A4:H19]) 지정해야 한다. 아래에서 위로([H19:A4]) 지정하지 않는다.

② '▶ 수식을 사용하여 서식을 지정할 셀 결정'을 선택하고, =LEFT($A4,4)="2024"를 입력하고 [서식]을 클릭한다. [글꼴] 탭에서 '색'에서 '표준 색 – 파랑'을 선택하고 [확인]을 클릭한다. [새 서식 규칙]에서 [확인]을 클릭한다.

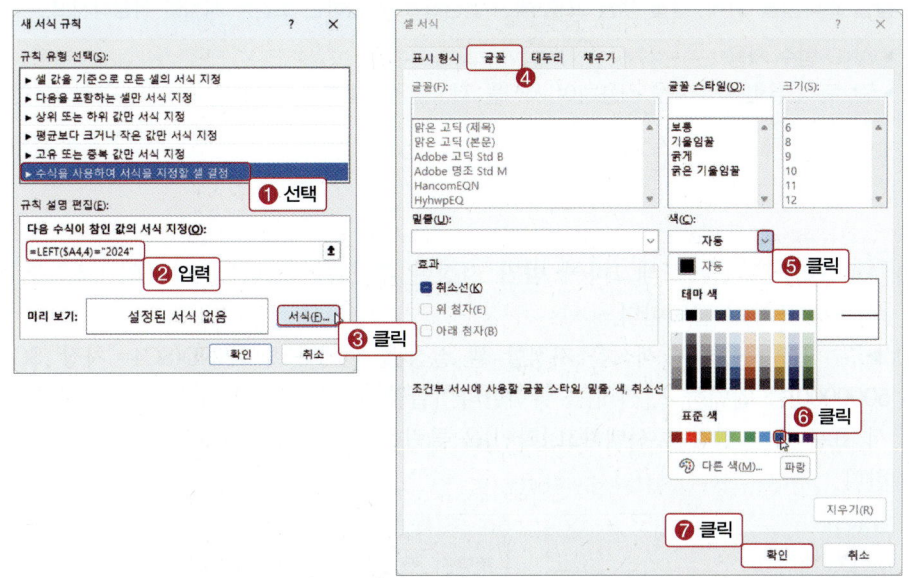

> **기적의 TIP**
>
> 조건부 서식을 잘못 작성하여 삭제하고자 할 때에는 [조건부 서식]–[규칙 지우기]를 클릭하여 [시트 전체에서 규칙 지우기]를 클릭한다.
> 만약, 전체를 지우지 않고 수정하고자 할 때에는 조건부 서식을 지정한 영역을 범위 지정한 후 [조건부 서식]–[규칙 관리]를 클릭하여 작성한 조건부 서식을 선택한 후 [규칙 편집]을 클릭하여 수정한다.

> **기적의 TIP**
>
> =LEFT($A4,4)="2024"
> : [A4] 셀에서 왼쪽에서 시작하여 4글자를 추출한 값이 '2024'와 같은지를 비교
>
> $A4 : 범위를 지정한 영역에서 A4, A5, A6, A7, … 셀의 값을 이용하기 때문에 공통적인 A는 고정시켜주기 위해 $를 앞에 붙여준다.
>
> "2024" : [A4] 셀에서 LEFT 함수를 통해 추출한 값은 숫자가 아닌 문자이기 때문에 큰 따옴표(" ")로 묶어서 비교한다.

풀이결과

	A	B	C	D	E	F	G	H
1	교양과목 성적							
2								
3	학번	이름	중간	중간(40)	기말	기말(40)	출석(20)	합계
4	202513056	이대훈	25	63	15	58	18	66
5	202320060	전세인	68	84	10	55	16	72
6	202421010	이송희	38	69	8	54	18	67
7	202418036	전은지	30	65	30	65	20	72
8	202315093	이지수	88	94	90	95	20	96
9	202514036	유병재	44	72	5	53	18	68
10	202330056	유준희	43	71	20	60	16	69
11	202416025	유하늘	25	63	20	60	16	65
12	202306050	강경문	88	94	50	75	16	84
13	202418046	김다정	88	94	80	90	20	94
14	202315058	김종희	0	50	10	55	18	60
15	202315087	고천규	50	75	40	70	20	78
16	202502075	고태헌	20	60	15	58	20	67
17	202315065	황서현	50	75	40	70	20	78
18	202420030	박주희	34	67	10	55	16	65
19								

▲ '조건부1(결과)' 시트

출제유형 ❷ '조건부2' 시트에 다음의 지시사항을 처리하시오.

[A4:G15] 영역에 대하여 직위가 '차장'이면서 총급여가 5,000,000 미만인 행 전체에 대하여 글꼴 스타일을 '굵게', 글꼴 색을 '표준 색 – 빨강'으로 지정하는 조건부 서식을 작성하시오.

- AND 함수 사용
- 단, 규칙 유형은 '수식을 사용하여 서식을 지정할 셀 결정'을 사용하고, 한 개의 규칙으로만 작성하시오.

> **기적의 TIP**
>
> 비교 연산자
>
> | 이상 | 크거나 같다 | >= |
> |---|---|---|
> | 초과 | 크다 | > |
> | 이하 | 작거나 같다 | <= |
> | 미만 | 작다 | < |

> **기적의 TIP**
>
> AND 함수 : 조건1, 조건2, .. 모든 조건이 참일 때에는 참(True)
>
> | 조건1 | 조건2 | 결과 |
> |---|---|---|
> | 3>2 | 5>2 | 참(True) |
> | 3>2 | 1>2 | 거짓(False) |
> | 1>2 | 5>2 | 거짓(False) |
> | 2>3 | 1>2 | 거짓(False) |

① [A4:G15] 영역을 드래그하여 범위 지정한 후 [홈]-[스타일] 그룹의 [조건부 서식]-[새 규칙]을 클릭한다.

② '▶ 수식을 사용하여 서식을 지정할 셀 결정'을 선택하고, =AND($C4="차장",$G4<5000000)를 입력하고 [서식]을 클릭한다. [글꼴] 탭에서 '글꼴 스타일'은 '굵게', '색'에서 '표준 색 – 빨강'을 선택하고 [확인]을 클릭한다. [새 서식 규칙]에서 [확인]을 클릭한다.

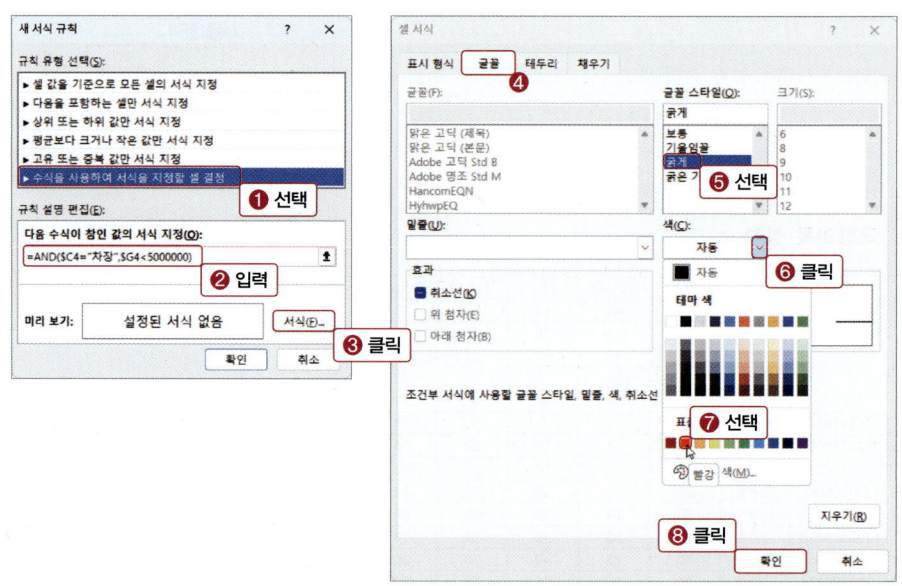

◀ '조건부2(결과)' 시트

출제유형 ③ **'조건부3' 시트에 다음의 지시사항을 처리하시오.**

[A4:F14] 영역에서 체험코드가 'P' 또는 'S'로 시작하는 행 전체에 대하여 배경색을 '표준 색 – 녹색'으로 지정하는 조건부 서식을 작성하시오.

▶ OR, LEFT 함수 사용
▶ 단, 규칙 유형은 '수식을 사용하여 서식을 지정할 셀 결정'을 사용하시오.

① [A4:F14] 영역을 드래그하여 범위 지정한 후 [홈]-[스타일] 그룹의 [조건부 서식]-[새 규칙]을 클릭한다.

② '▶ 수식을 사용하여 서식을 지정할 셀 결정'을 선택하고, =OR(LEFT($C4,1)="P", LEFT($C4,1)="S")를 입력하고 [서식]을 클릭한다. [채우기] 탭에서 '녹색'을 선택하고 [확인]을 클릭한다. [새 서식 규칙]에서 [확인]을 클릭한다.

> **기적의 TIP**
>
> OR 함수 : 조건1, 조건2, .. 중 하나라도 참이면 참(True)
>
> | 조건1 | 조건2 | 결과 |
> |---|---|---|
> | 3〉2 | 5〉2 | 참(True) |
> | 3〉2 | 1〉2 | 참(True) |
> | 1〉2 | 5〉2 | 참(True) |
> | 2〉3 | 1〉2 | 거짓(False) |

> **기적의 TIP**
>
> =OR(LEFT($C4,1)="P",LEFT($C4,1)="S")
> 체험코드[C4:C14] 셀에서 왼쪽에 한 글자를 추출하여 비교하기 위해 $C4로 C열은 고정을 시켜준다. (C4, C5, C6, C7, ... 셀을 비교하기 때문)
>
> ① LEFT($C4,1)="P" : [C4] 셀에서 왼쪽에서 한 글자를 추출한 문자가 'P'와 같은지 비교
>
> ② LEFT($C4,1)="S" : [C4] 셀에서 왼쪽에서 한 글자를 추출한 문자가 'S'와 같은지 비교
>
> =OR(①,②) : ① 또는 ② 둘 중에 하나라도 조건에 만족하면 조건부 서식을 지정

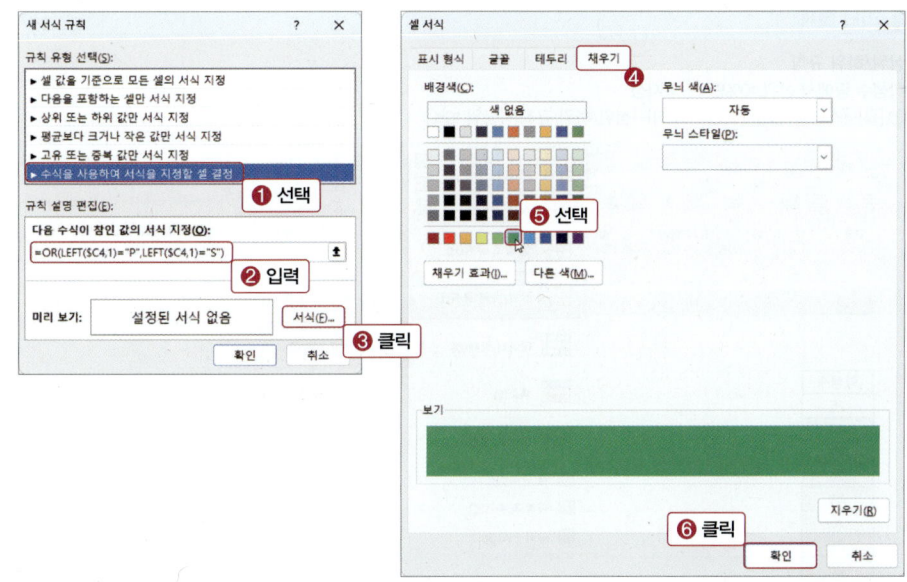

풀이결과

◀ '조건부3(결과)' 시트

➕ 더 알기 TIP

수식과 참조

1 F4를 이용한 참조 형태 변경
① 수식에서 절대참조나 상대참조 형태의 셀 주소를 입력할 때 $를 직접 입력할 수도 있지만, F4를 이용하면 좀 더 편리하게 입력할 수 있다.
② [A1] → (F4 누름) → [$A$1] → (F4 누름) → [A$1] → (F4 누름) → [$A1] → (F4 누름) → [A1]
③ F4를 누르면 상대참조 → 절대참조 → 혼합참조(행 절대참조) → 혼합참조(열 절대참조) → 상대참조 순으로 바뀐다.

2 수식
① 일반 수식이나 함수를 입력하는 경우처럼 수식을 입력할 경우에는 반드시 '='를 먼저 입력해야 한다.
② 조건부 서식에는 '=' 대신 '+'를 사용해도 적용된다.
③ 수식 입력 시 셀 주소에 '$'를 붙이는 이유는 조건에 맞는 데이터가 있는 셀과 같은 행 전체에 서식을 적용하기 위한 것이다.

🏁 기적의 TIP

[채우기] 탭의 색상명을 확인하는 방법

'배경색'의 색상표에 마우스 포인터를 두어도 색상명을 확인할 수 없어 문제에서 요구한 색상명을 정확하게 지정하기 위해서는 '무늬 색'을 클릭하여 문제에서 요구한 색상에 마우스 포인터를 두고 색상명을 확인만 하고 실제 서식은 배경색에서 해당 색상을 선택해야 한다.

🏛 25년 출제

상위/하위 규칙
학생수 중에서 상위 10%만 서식 지정
① [홈]-[스타일] 그룹 [조건부 서식]-[상위/하위 규칙]-[상위 10%]

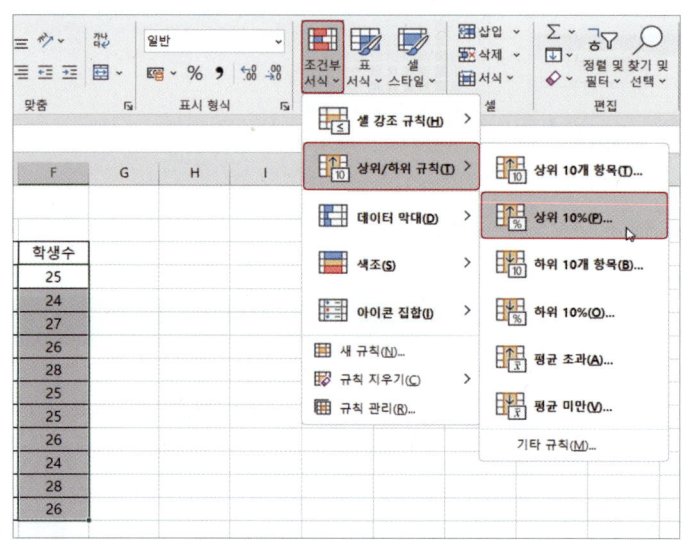

② [상위 10%]에 표시할 퍼센트 값을 입력하고, 적용할 서식을 선택하여 지정

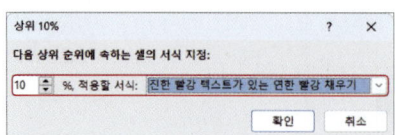

SECTION 04 고급 필터/자동 필터

난이도 상 **중** 하
반복학습 1 2 3

작업파일 [26컴활2급₩이론] 폴더의 '04고급필터' 파일을 열어서 작업하시오.

출제유형 ❶ '고급필터1' 시트에 다음의 지시사항을 처리하시오.

'상공호텔 예약 현황' 표에서 구분이 '비회원'이고 할인금액이 70,000 이하인 데이터를 고급 필터를 사용하여 검색하시오.

▶ 고급 필터 조건은 [A18:D20] 범위 내에 알맞게 입력하시오.
▶ 고급 필터 결과 복사 위치는 동일 시트의 [A22] 셀에서 시작하시오.

	A	B	C	D	E	F	G	H
1			상공호텔 예약 현황					
2								
3	상품명	구분	예약자명	인원수	숙박일수	이용금액	할인금액	
4	프리미엄	회원	고숙자	2	1박2일	240,000	96,000	
5	골드	비회원	양정원	4	3박4일	600,000	90,000	
6	일반	회원	이호원	3	2박3일	320,000	128,000	
7	프리미엄	비회원	박정훈	5	2박3일	480,000	72,000	
8	일반	비회원	유현민	4	1박2일	160,000	24,000	
9	프리미엄	비회원	한인국	4	1박2일	240,000	36,000	
10	일반	비회원	강주봉	3	3박4일	480,000	72,000	
11	골드	회원	김원래	4	1박2일	200,000	80,000	
12	프리미엄	회원	최희선	5	2박3일	480,000	192,000	
13	일반	비회원	정영희	2	2박3일	320,000	48,000	
14	골드	비회원	김성은	4	1박2일	200,000	30,000	
15	일반	회원	이성열	2	1박2일	160,000	64,000	
16								

▲ '고급필터1' 시트

① 조건을 그림과 같이 [A18:B19] 영역에 입력한다.

	A	B	C
17			
18	구분	할인금액	
19	비회원	<=70000	
20			입력

기적의 TIP

조건을 직접 입력하다 보면 오타가 발생할 수 있어 데이터에서 복사(Ctrl+C), 붙여넣기(Ctrl+V)를 활용한다.

기적의 TIP

• 이상 >=
• 이하 <=
• 초과 >
• 미만 <

> **기적의 TIP**
>
> 조건을 작성할 때 복사/붙여넣기 기능을 활용하면 자동으로 테두리가 표시가 된다. 만약, 직접 조건을 입력할 경우 따로 테두리 서식을 지정해 줄 필요는 없다.

② 데이터 영역에 마우스 포인터를 두고 [데이터]-[정렬 및 필터] 그룹의 [고급](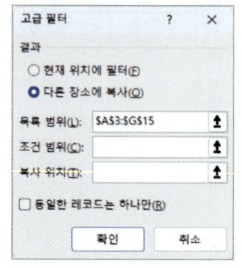)을 클릭한다.

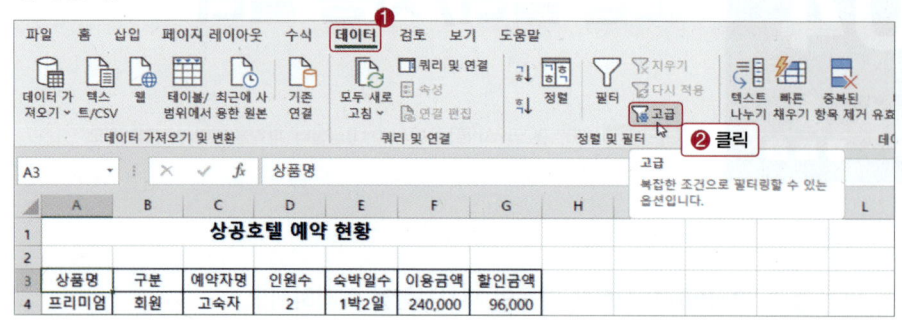

> **기적의 TIP**
>
> 고급 필터를 잘못 작성하였을 때 조건 영역 또는 결과 영역을 선택한 후 [홈]-[편집] 그룹에서 [지우기]-[모두 지우기]를 클릭하여 삭제한다.

③ [고급 필터]에서 결과는 '다른 장소에 복사'를 선택하고, 목록 범위 $A$3:$G$15, 조건 범위 $A$18:$B$19, 복사 위치 $A$22를 입력하고 [확인]을 클릭한다.

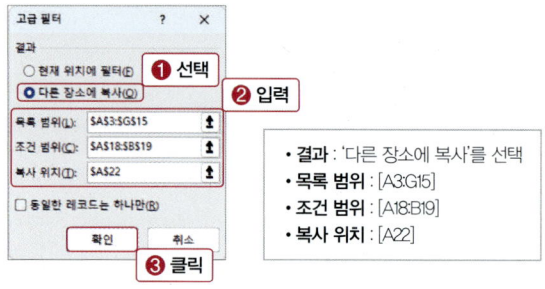

- 결과 : '다른 장소에 복사'를 선택
- 목록 범위 : [A3:G15]
- 조건 범위 : [A18:B19]
- 복사 위치 : [A22]

풀이결과

	A	B	C	D	E	F	G
17							
18	구분	할인금액					
19	비회원	<=70000					
20							
21							
22	상품명	구분	예약자명	인원수	숙박일수	이용금액	할인금액
23	일반	비회원	유현민	4	1박2일	160,000	24,000
24	프리미엄	비회원	한인국	4	1박2일	240,000	36,000
25	일반	비회원	정영희	2	2박3일	320,000	48,000
26	골드	비회원	김성은	4	1박2일	200,000	30,000
27							

◀ '고급필터1(결과)' 시트

+ 더 알기 TIP

[고급 필터] 대화상자

- **목록 범위** : [A3:G15] 영역 안쪽에 커서를 두고 [데이터]-[정렬 및 필터] 그룹의 [고급]을 클릭하면 자동으로 인식
- **조건 범위** : 조건 범위를 입력할 텍스트 상자를 마우스로 한번 클릭한 후 [A18:B19] 영역을 드래그하면 자동으로 범위가 추가됨
- **복사 위치** : 흰 텍스트 상자를 마우스로 클릭한 후 [A22] 셀을 클릭하면 자동으로 셀 주소가 입력됨

출제유형 ② '고급필터2' 시트에 다음의 지시사항을 처리하시오.

'신입사원 합격 현황' 표에서 성별이 '남'이면서 총점이 250 이상인 데이터의 '응시번호', '성명', '서류', '필기', '면접'을 고급 필터를 사용하여 검색하시오.

▶ 고급 필터 조건은 [A20:C23] 범위 내에 알맞게 입력하시오.
▶ 고급 필터 결과 복사 위치는 동일 시트의 [A25] 셀에서 시작하시오.

	A	B	C	D	E	F	G	H
1			신입사원 합격 현황					
2								
3	응시번호	성명	성별	서류	필기	면접	총점	
4	2503001	이용현	남	84	88	90	262	
5	2503002	이현승	여	96	97	95	288	
6	2503003	조유미	여	75	77	80	232	
7	2503004	강한성	남	59	52	62	173	
8	2503005	변기용	남	62	69	80	211	
9	2503006	하숙지	여	81	84	90	255	
10	2503007	최고주	남	91	90	84	265	
11	2503008	오영심	여	97	95	92	284	
12	2503009	임희선	여	83	86	90	259	
13	2503010	고소연	여	85	88	82	255	
14	2503011	김만석	남	96	94	95	285	
15	2503012	백치미	여	77	76	78	231	
16	2503013	진성유	여	57	52	60	169	
17	2503014	한지석	남	68	69	62	199	
18	2503015	송우민	남	85	87	87	259	
19								

◀ '고급필터2' 시트

① 조건을 그림과 같이 [A20:B21] 영역에 입력하고, 추출할 필드명을 [A25:E25] 영역에 입력한다.

	A	B	C	D	E	F
19						
20	성별	총점				
21	남	>=250				
22			❶ 입력			
23						
24					❷ 입력	
25	응시번호	성명	서류	필기	면접	
26						

> **기적의 TIP**
>
> 조건과 추출할 필드명은 가능한 한 직접 입력하지 않고, 데이터에서 복사/붙여넣기를 하면 오타를 줄일 수 있고, 오류도 줄일 수 있다.

② 데이터 영역에 마우스 포인터를 두고 [데이터]-[정렬 및 필터] 그룹의 [고급](📇)을 클릭한다.

③ [고급 필터]에서 결과는 '다른 장소에 복사'를 선택하고, 목록 범위 $A$3:$G$18, 조건 범위 $A$20:$B$21, 복사 위치 $A$25:$E$25를 입력하고 [확인]을 클릭한다.

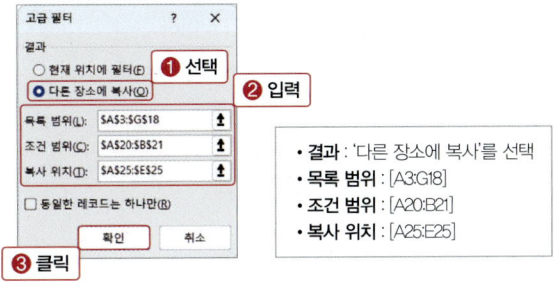

- **결과** : '다른 장소에 복사'를 선택
- **목록 범위** : [A3:G18]
- **조건 범위** : [A20:B21]
- **복사 위치** : [A25:E25]

풀이결과

	A	B	C	D	E	F
19						
20	성별	총점				
21	남	>=250				
22						
23						
24						
25	응시번호	성명	서류	필기	면접	
26	2503001	이용현	84	88	90	
27	2503007	최고주	91	90	84	
28	2503011	김만석	96	94	95	
29	2503015	송우민	85	87	87	
30						

▲ '고급필터2(결과)' 시트

+ 더 알기 TIP

고급 필터 조건

1 AND 조건 : 조건을 같은 행에 입력한다.

구분	할인금액
비회원	<=70000

구분이 '비회원'이면서 할인금액이 70000 이하

상품명	구분	할인금액
일반	비회원	<=70000

상품명이 '일반'이고 구분이 '비회원'이면서 할인금액이 70000 이하

2 OR 조건 : 조건을 다른 행에 입력한다.

상품명	구분
일반	
	비회원

상품명이 '일반'이거나 구분이 '비회원'

상품명	구분	할인금액
일반		
	비회원	
		<=70000

상품명이 '일반'이거나 구분이 '비회원'이거나 할인금액이 70000 이하

상품명
일반
골드

상품명이 일반이거나 골드

3 AND와 OR 결합 조건 : 하나의 필드에 여러 조건을 지정할 수 있다. AND 조건이 먼저 계산된다.

상품명	인원수
일반	<=4
골드	<=4

상품명이 '일반'이면서 인원수가 4 이하이거나 상품명이 '골드'이면서 인원수가 4 이하

출제유형 ❸ '**고급필터3**' 시트에 다음의 지시사항을 처리하시오.

'상공주식회사 인사 관리 현황' 표에서 부서가 경리부이거나 급여가 4,000,000 이상인 데이터를 고급 필터를 사용하여 검색하시오.

▶ 고급 필터 조건은 [A18:C20] 범위 내에 알맞게 입력하시오.
▶ 고급 필터 결과 복사 위치는 동일 시트의 [A23] 셀에서 시작하시오.

	A	B	C	D	E	F	G
1	상공주식회사 인사 관리 현황						
2							
3	사원명	성별	부서	직위	입사년도	급여	
4	최민지	여	기획부	대리	2018	3,300,000	
5	한선택	남	홍보부	대리	2020	3,000,000	
6	황철수	남	영업부	사원	2022	2,400,000	
7	조인성	남	기획부	사원	2024	2,450,000	
8	신유선	여	경리부	부장	2013	4,950,000	
9	배영수	남	홍보부	사원	2023	2,500,000	
10	정유라	여	경리부	대리	2020	3,200,000	
11	김진우	남	기획부	부장	2012	4,800,000	
12	김윤아	여	영업부	과장	2017	4,200,000	
13	박기주	남	경리부	사원	2023	2,500,000	
14	이재희	여	홍보부	과장	2016	3,950,000	
15	임준표	남	영업부	대리	2019	3,150,000	
16							

▲ '고급필터3' 시트

① 조건을 그림과 같이 [A18:B20] 영역에 입력한다.

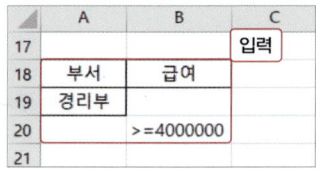

② 데이터 영역에 마우스 포인터를 두고 [데이터]-[정렬 및 필터] 그룹의 [고급](🔽)을 클릭한다.

③ [고급 필터]에서 결과는 '다른 장소에 복사'를 선택하고, 목록 범위 $A$3:$F$15, 조건 범위 $A$18:$B$20, 복사 위치 $A$23을 입력하고 [확인]을 클릭한다.

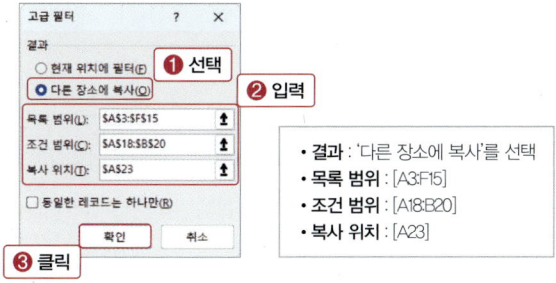

- 결과 : '다른 장소에 복사'를 선택
- 목록 범위 : [A3:F15]
- 조건 범위 : [A18:B20]
- 복사 위치 : [A23]

풀이결과

	A	B	C	D	E	F	G
17							
18	부서	급여					
19	경리부						
20		>=4000000					
21							
22							
23	사원명	성별	부서	직위	입사년도	급여	
24	신유선	여	경리부	부장	2013	4,950,000	
25	정유라	여	경리부	대리	2020	3,200,000	
26	김진우	남	기획부	부장	2012	4,800,000	
27	김윤아	여	영업부	과장	2017	4,200,000	
28	박기주	남	경리부	사원	2023	2,500,000	
29							

▲ '고급필터3(결과)' 시트

+ 더 알기 TIP

고급 필터 조건에 수식 이용

고급 필터 조건에 수식을 이용할 때에는 데이터 안쪽에 있는 필드명과 동일하게 사용할 수 없다.
예 : '고급필터2' 시트에서 필기 점수가 면접 점수보다 높은 데이터만 추출할 때

〈조건〉

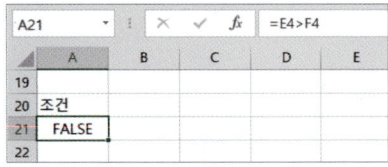

① 필드명은 '필기', '면접'이 아닌 '조건'으로 사용자가 임의로 필드명을 작성하면 된다.
② =E4>F4 : 필기 데이터의 첫 번째 셀[E4], 면접 데이터의 첫 번째 셀[F4]를 조건으로 작성하면 E4>F4, E5>F5, E6>F6, .. 등으로 셀을 비교하여 조건을 만족하는 데이터를 추출할 수 있다.

〈결과〉

	A	B	C	D	E	F	G	H
22								
23	응시번호	성명	성별	서류	필기	면접	총점	
24	2503002	이현승	여	96	97	95	288	
25	2503007	최고주	남	91	90	84	265	
26	2503008	오영심	여	97	95	92	284	
27	2503010	고소연	여	85	88	82	255	
28	2503014	한지석	남	68	69	62	199	
29								

필기점수가 면접점수보다 높은 데이터만 추출된 결과를 확인할 수 있다.

출제유형 ④ '자동필터' 시트에 다음의 지시사항을 처리하시오.

'합격 현황' 표에서 성별이 '여'이면서 총점이 250 이상인 데이터만 자동 필터를 사용하여 검색하시오.

① 데이터 안쪽에서 커서를 두고 [데이터]–[정렬 및 필터] 그룹의 [필터](▽)를 클릭한다.

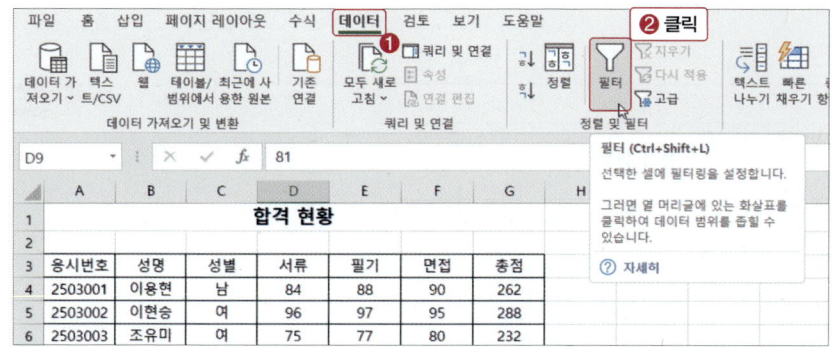

② [C3] 셀에서 목록 단추를 클릭하여 '(모두 선택)'을 클릭하여 선택을 해제한 후에 '여'만을 선택하고 [확인]을 클릭한다.

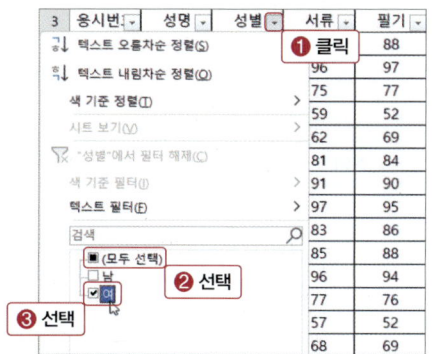

③ [G3] 셀의 목록 단추를 클릭하여 [숫자 필터]–[크거나 같음]을 선택한다.

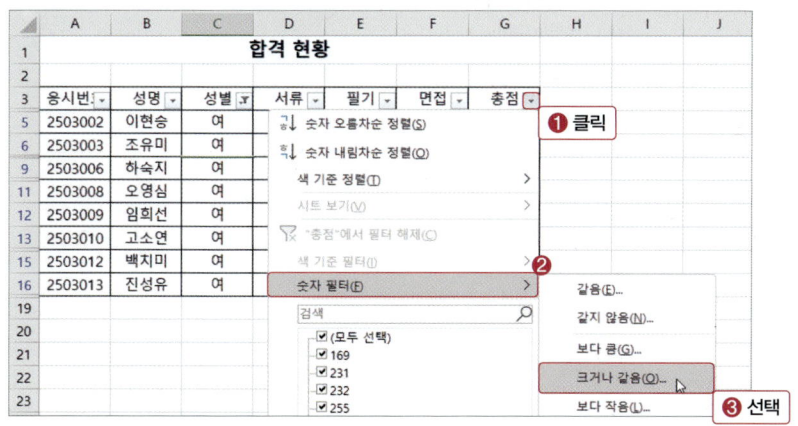

📌 **기적의 TIP**

성별에서 조건을 지정한 필드명[C3]의 목록 단추가 ▽에서 ▼로 표시된다.

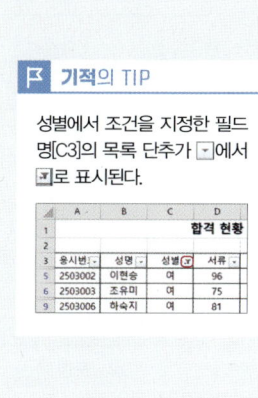

고급 필터/자동 필터 SECTION 04 1-59

🏁 **기적의 TIP**

자동 필터를 해제할 때에는 [데이터]-[정렬 및 필터] 탭에서 [필터]를 클릭하여 해제할 수 있다.

🏁 **기적의 TIP**

필터의 조건만을 지울 때에는 [지우기]를 클릭한다.

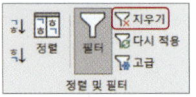

④ [사용자 지정 자동 필터]에서 250을 입력하고 [확인]을 클릭한다.

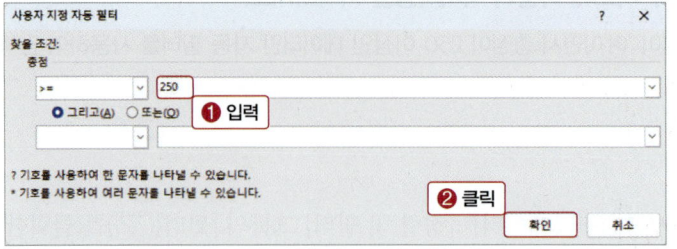

풀이결과

▲ '자동필터(결과)' 시트

➕ **더 알기 TIP**

사용자 지정 조건

목록 사용	예제	설명
=		같다
<>		같지 않다
>		크다(초과)
>=		크거나 같다(이상)
<		작다(미만)
<=		작거나 같다(이하)
시작 문자	=비*	시작 문자가 '비'로 시작하는 데이터
제외할 시작 문자	<>삼*	시작 문자가 '삼'으로 시작하지 않는 데이터
끝 문자	=*오	마지막 문자가 '오'인 데이터
제외할 끝 문자	<>*삼	마지막 문자가 '삼'으로 끝나지 않는 데이터
포함	=*디*	'디'라는 문자열을 포함하는 데이터
포함하지 않음	<>*디*	'디'라는 문자열을 포함하지 않는 데이터
한 문자 대표	=?????	한 문자를 대표(다섯 글자)

SECTION 05 텍스트 나누기

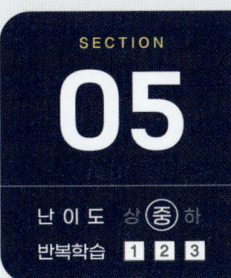

난이도 상 중 하
반복학습 1 2 3

작업파일 [26컴활2급₩이론] 폴더의 '05텍스트나누기' 파일을 열어서 작업하시오.

> 출제유형 ❶ '텍스트1' 시트에 다음의 지시사항을 처리하시오.
>
> [B4:B19] 영역의 데이터를 텍스트 나누기를 실행하여 나타내시오.
>
> ▶ 데이터는 쉼표(,)로 구분되어 있음
> ▶ '번역' 열은 제외할 것

① [B4:B19] 영역을 범위 지정한 후, [데이터]-[데이터 도구] 그룹의 [텍스트 나누기] (🔲)를 클릭한다.

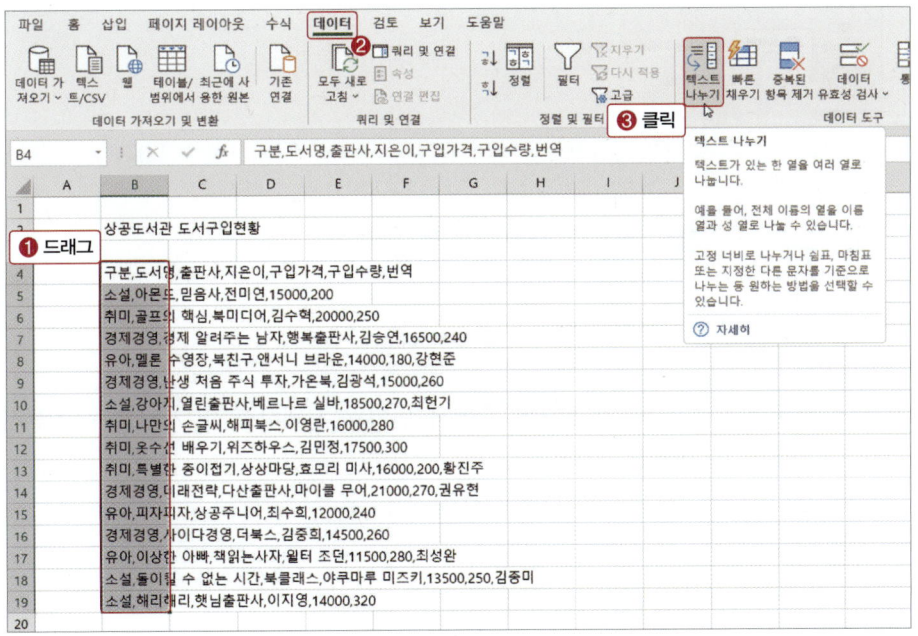

② [텍스트 마법사 – 3단계 중 1단계] 중에서 '구분 기호로 분리됨'을 선택하고 [다음]을 클릭한다.

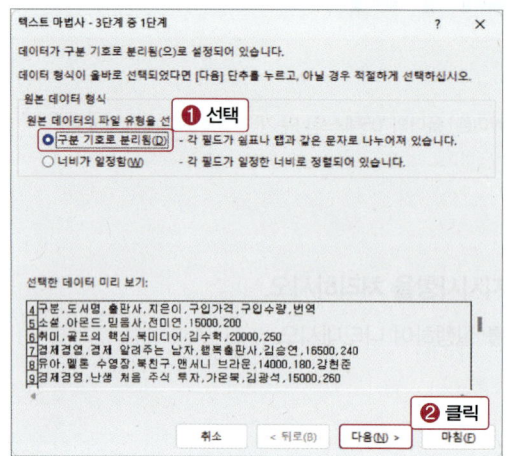

③ [텍스트 마법사 – 3단계 중 2단계] 중에서 구분 기호 '쉼표'만 선택하고 [다음]을 클릭한다.

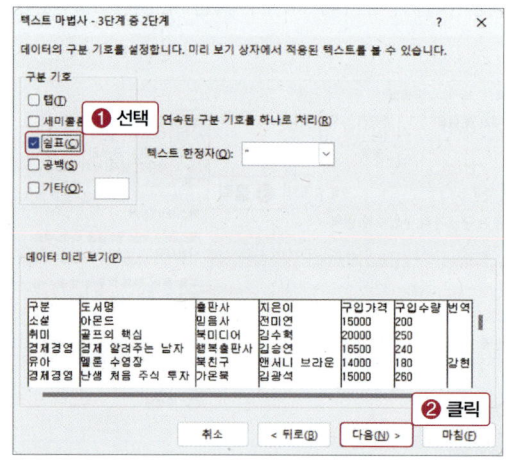

④ [텍스트 마법사 – 3단계 중 3단계] 중에서 '번역'을 선택하고 '열 가져오기 않음(건너뜀)'을 선택한 후 [마침]을 클릭한다.

> **기적의 TIP**
>
> 열 머리글 C에서 E까지 드래그한 후 E와 F 사이의 경계라인을 더블클릭하면 한 번에 조절할 수 있다.

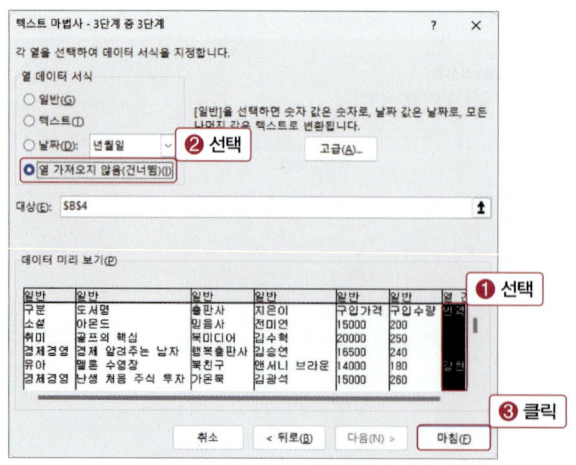

⑤ 열 머리글(C, D, E)을 이용하여 내용이 표시되지 않은 열의 경계라인을 더블 클릭하여 모든 내용을 표시한다.

	A	B	C	D	E	F	G
1							
2		상공도서관 도서구입현황					
3							
4		구분	도서명	출판사	지은이	구입가격	구입수량
5		소설	아몬드	믿음사	전미연	15000	200
6		취미	골프의 핵	북미디어	김수혁	20000	250
7		경제경영	경제 알려	행복출판사	김승연	16500	240
8		유아	멜론 수영	북친구	앤서니 브	14000	180

풀이결과

	A	B	C	D	E	F	G
1							
2		상공도서관 도서구입현황					
3							
4		구분	도서명	출판사	지은이	구입가격	구입수량
5		소설	아몬드	믿음사	전미연	15000	200
6		취미	골프의 핵심	북미디어	김수혁	20000	250
7		경제경영	경제 알려주는 남자	행복출판사	김승연	16500	240
8		유아	멜론 수영장	북친구	앤서니 브라운	14000	180
9		경제경영	난생 처음 주식 투자	가온북	김광석	15000	260
10		소설	강아지	열린출판사	베르나르 실바	18500	270
11		취미	나만의 손글씨	해피북스	이영란	16000	280
12		취미	옷수선 배우기	위즈하우스	김민정	17500	300
13		취미	특별한 종이접기	상상마당	효모리 미사	16000	200
14		경제경영	미래전략	다산출판사	마이클 무어	21000	270
15		유아	피자피자	상공주니어	최수희	12000	240
16		경제경영	사이다경영	더북스	김중희	14500	260
17		유아	이상한 아빠	책읽는사자	월터 조던	11500	280
18		소설	돌이킬 수 없는 시간	북클래스	야쿠마루 미즈키	13500	250
19		소설	해리해리	햇님출판사	이지영	14000	320
20							

▲ '텍스트1(결과)' 시트

출제유형 ❷ '**텍스트2**' 시트에 다음의 지시사항을 처리하시오.

[A3:A10] 영역의 데이터를 텍스트 나누기를 실행하여 나타내시오.

▶ 데이터는 세미콜론(;)으로 구분되어 있음
▶ '연고지' 열은 제외할 것

① [A3:A10] 영역을 범위 지정한 후, [데이터]-[데이터 도구] 그룹의 [텍스트 나누기]( )를 클릭한다.
② [텍스트 마법사 – 3단계 중 1단계] 중에서 '구분 기호로 분리됨'을 선택하고 [다음]을 클릭한다.
③ [텍스트 마법사 – 3단계 중 2단계] 중에서 구분 기호 '세미콜론(;)'만 선택하고 [다음]을 클릭한다.
④ [텍스트 마법사 – 3단계 중 3단계] 중에서 '연고지'를 선택하고 '열 가져오기 않음(건너뜀)'을 선택한 후 [마침]을 클릭한다.

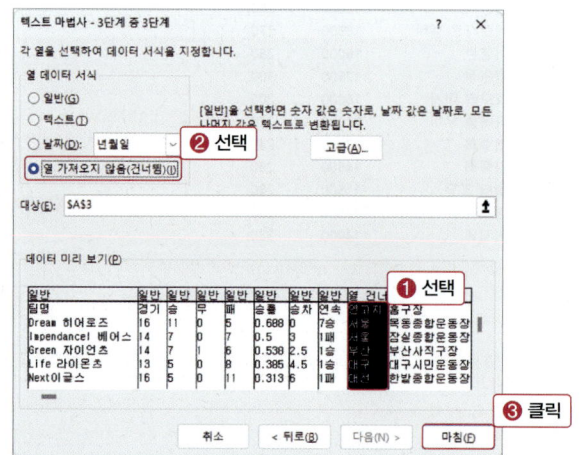

⑤ 열 머리글 A와 B, I와 J 사이의 경계라인을 이용하여 모든 내용이 표시되도록 조절한다.

풀이결과

	A	B	C	D	E	F	G	H	I	J
1	한국프로야구 팀별 성적									
2										
3	팀명	경기	승	무	패	승률	승차	연속	홈구장	
4	Dream 히어로즈	16	11	0	5	0.688	0	7승	목동종합운동장 야구장	
5	Impendancel 베어스	14	7	0	7	0.5	3	1패	잠실종합운동장 야구장	
6	Green 자이언츠	14	7	1	6	0.538	2.5	1승	부산사직구장	
7	Life 라이온즈	13	5	0	8	0.385	4.5	1승	대구시민운동장	
8	Next이글스	16	5	0	11	0.313	6	1패	한밭종합운동장 야구장	
9	Mirror 타이거즈	17	7	0	10	0.412	4.5	2패	광주-Mi 챔피언스 필드	
10	Seoul 트윈스	14	4	1	9	0.308	5.5	1승	잠실종합운동장 야구장	
11										

▲ '텍스트2(결과)' 시트

출제유형 ❸ '텍스트3' 시트에 다음의 지시사항을 처리하시오.

[A2:A14] 영역의 데이터를 텍스트 나누기를 실행하여 나타내시오.

▶ 데이터는 공백( )으로 구분되어 있음
▶ '할부기간(월)' 열은 제외할 것

① [A2:A14] 영역을 범위 지정한 후, [데이터]-[데이터 도구] 그룹의 [텍스트 나누기](🔲)를 클릭한다.
② [텍스트 마법사 – 3단계 중 1단계] 중에서 '구분 기호로 분리됨'을 선택하고 [다음]을 클릭한다.
③ [텍스트 마법사 – 3단계 중 2단계] 중에서 구분 기호 '공백'만 선택하고 [다음]을 클릭한다.
④ [텍스트 마법사 – 3단계 중 3단계] 중에서 '할부기간(월)'을 선택하고 '열 가져오지 않음'을 선택한 후 [마침]을 클릭한다.

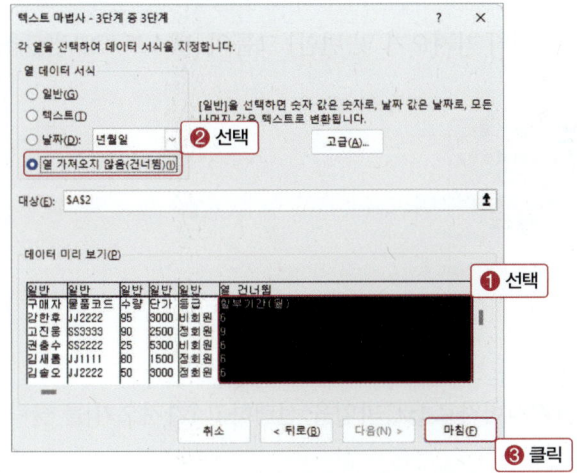

풀이결과

	A	B	C	D	E	F
1						
2	구매자	물품코드	수량	단가	등급	
3	강한후	JJ2222	95	3000	비회원	
4	고진웅	SS3333	90	2500	정회원	
5	권충수	SS2222	25	5300	비회원	
6	김새롬	JJ1111	80	1500	정회원	
7	김솔오	JJ2222	50	3000	정회원	
8	김진상	SS2222	60	5300	비회원	
9	배사공	SS1111	100	2000	준회원	
10	오덕우	SS3333	110	3000	정회원	
11	유벼리	SS2222	21	5300	비회원	
12	이구름	SS3333	50	2500	정회원	
13	한마식	JJ1111	45	1500	준회원	
14	한아름	SS1111	20	2000	비회원	
15						

◀ '텍스트3(결과)' 시트

SECTION 06 외부 데이터 가져오기

작업파일 [26컴활2급₩이론] 폴더의 '06외부데이터' 파일을 열어서 작업하시오.

> **기적의 TIP**
> 리본 메뉴 [데이터]-[데이터 가져오기 및 변환] 그룹의 [텍스트/CSV]

출제유형 ① '외부데이터1' 시트에 다음의 지시사항을 처리하시오.

다음의 텍스트 파일을 열고, 생성된 데이터를 '외부데이터1' 시트의 [A3:H8] 영역에 붙여 넣으시오.

▶ 외부 데이터 파일명은 '자격시험자료.txt'임
▶ 외부 데이터는 쉼표(,)로 구분되어 있음

> **기적의 TIP**
> 사용하는 엑셀 버전에 따라 [데이터]-[데이터 가져오기 및 변환] 그룹의 [텍스트/CSV에서]로 표시될 수 있다.

① [A3] 셀을 클릭하고 [데이터]-[데이터 가져오기 및 변환] 그룹의 [텍스트/CSV]( )를 클릭한다.

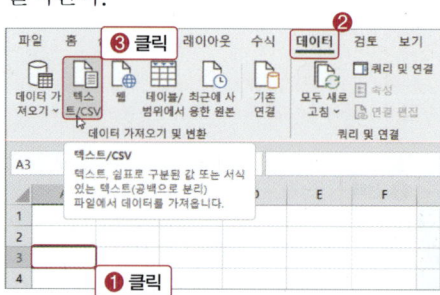

② '26컴활2급₩이론' 폴더에서 '자격시험자료.txt' 파일을 선택하고 [가져오기]를 클릭한다.

③ 구분 기호(쉼표)를 확인하고 [로드]-[다음으로 로드]를 클릭한다.

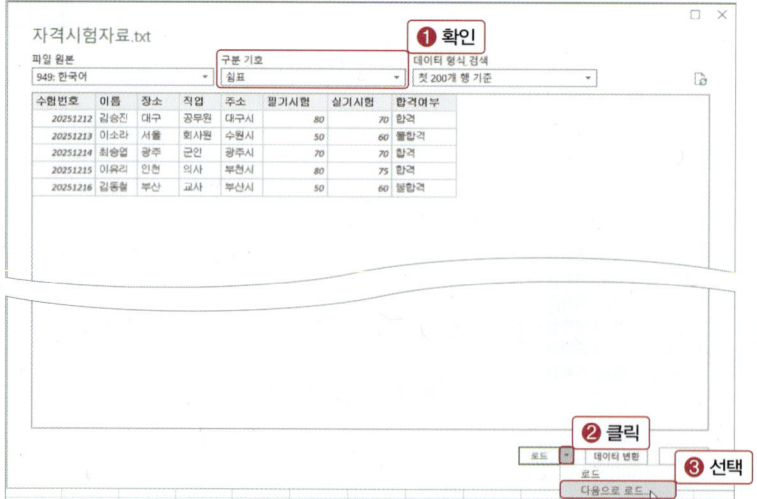

④ [데이터 가져오기]에서 '기존 워크시트'의 [A3] 셀을 지정하고 [확인]을 클릭한다.

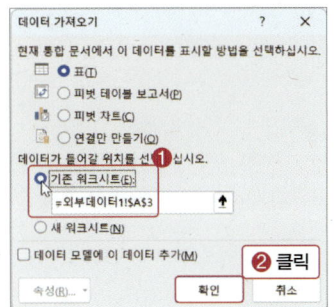

> **기적의 TIP**
>
> 외부 데이터 가져오기를 실행하기 전에 [A3] 셀을 선택한 후 실행했다면 별도로 위치를 지정할 필요가 없다. 하지만 [A3] 셀을 먼저 선택하지 않았다면, '기존 워크시트'를 선택한 후 마우스로 워크시트의 [A3] 셀을 클릭하여 위치를 지정해야 한다.

풀이결과

	A	B	C	D	E	F	G	H	I
1									
2									
3	수험번호	이름	장소	직업	주소	필기시험	실기시험	합격여부	
4	20251212	김승진	대구	공무원	대구시	80	70	합격	
5	20251213	이소라	서울	회사원	수원시	50	60	불합격	
6	20251214	최승엽	광주	군인	광주시	70	70	합격	
7	20251215	이유리	인천	의사	부천시	80	75	합격	
8	20251216	김동철	부산	교사	부산시	50	60	불합격	
9									

▲ '외부데이터1(결과)' 시트

출제유형 ② '외부데이터2' 시트에 다음의 지시사항을 처리하시오.

다음의 텍스트 파일을 열고, 새 워크시트를 삽입하여 '외부데이터2' 시트의 뒤에 삽입하시오.

▶ 외부 데이터 파일명은 '판매실적.txt'임
▶ 외부 데이터는 공백( )으로 구분되어 있음
▶ 시트 이름은 '판매실적'으로 하시오.
▶ [파일]-[옵션]의 '데이터'에서 '텍스트에서(레거시)'를 체크한 후 [레거시 마법사]를 이용하시오.

① [파일]-[옵션]을 클릭하여 '데이터'에서 '텍스트에서(레거시)'를 체크하고 [확인]을 클릭한다.

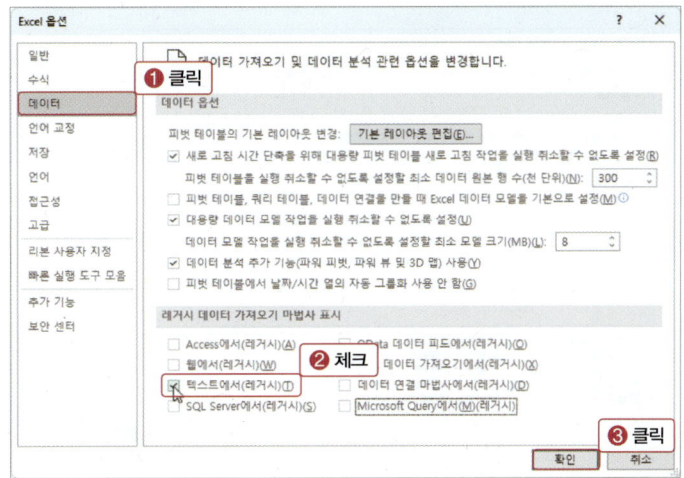

② [데이터]-[데이터 가져오기 및 변환] 그룹의 [레거시 마법사]-[텍스트에서(레거시)]를 클릭한다.

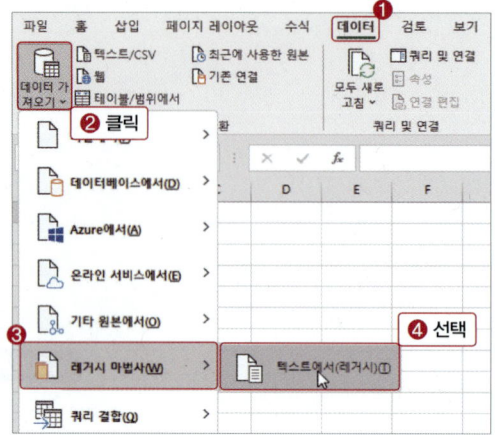

③ '26컴활2급₩이론' 폴더에서 '판매실적.txt' 파일을 선택하고 [가져오기] 버튼을 클릭한다.

④ [텍스트 마법사 – 3단계 중 1단계]에서 '원본 데이터 형식'은 '구분 기호로 분리됨'을 선택하고 [다음] 버튼을 클릭한다.

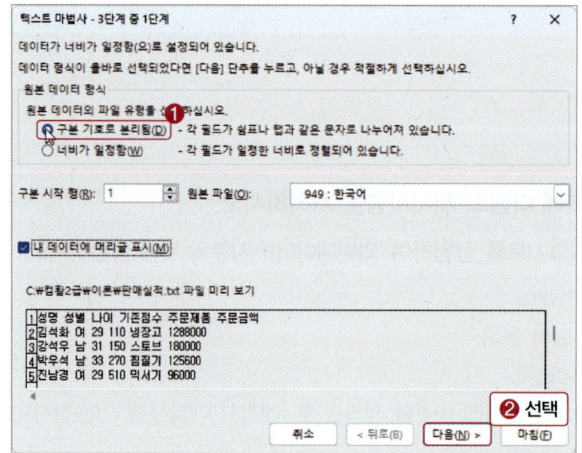

⑤ [텍스트 마법사 – 3단계 중 2단계]에서 '구분 기호'는 '공백'을 체크하고 [다음] 버튼을 클릭한다.

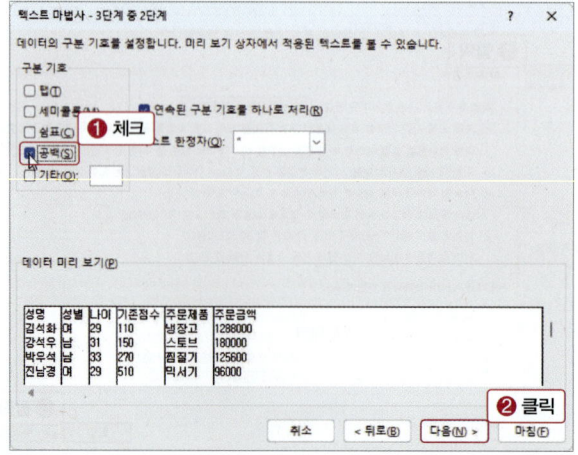

⑥ [텍스트 마법사 – 3단계 중 3단계]에서 [마침] 버튼을 클릭한다.

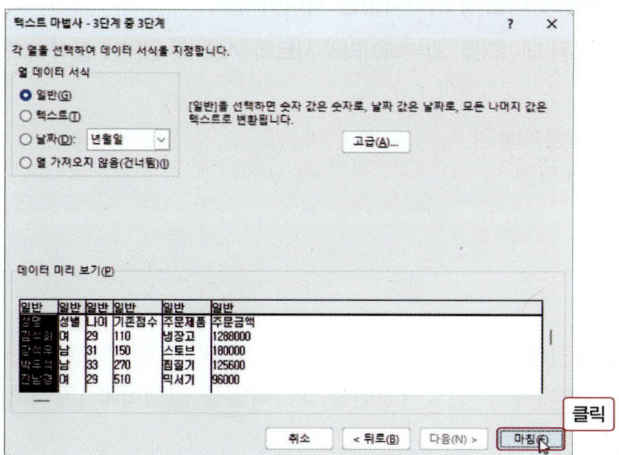

⑦ [데이터 가져오기]에서 '새 워크시트'를 선택하고 [확인] 버튼을 클릭한다.

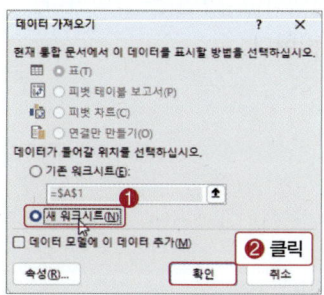

⑧ 삽입된 시트에서 시트 이름을 더블 클릭한 후 **판매실적**을 입력한다.
⑨ '판매실적' 시트를 선택한 후 '외부데이터2' 시트 뒤로 드래그한다.

풀이결과

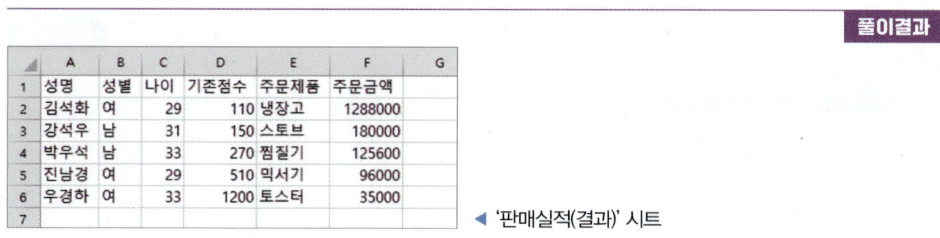

◀ '판매실적(결과)' 시트

출제유형 ❸ '외부데이터3' 시트에 다음의 지시사항을 처리하시오.

다음의 텍스트 파일을 열고, 생성된 데이터를 '외부데이터3' 시트의 [A1:D12] 영역에 붙여 넣으시오.

▶ 외부 데이터 파일명은 '신입사원현황.txt'임
▶ 외부 데이터는 탭으로 구분되어 있음
▶ 범위로 변환하여 표시하시오.

① [A1] 셀을 선택하고 [데이터]-[데이터 가져오기 및 변환] 그룹의 [텍스트/CSV]를 클릭한 후 '26컴활2급₩이론' 폴더에서 '신입사원현황.txt' 파일을 선택하고 [가져오기]를 클릭한다.
② 구분 기호(탭)을 선택하고 [로드]-[다음으로 로드]를 클릭한다.
③ [데이터 가져오기]에서 '기존 워크시트'의 [A1] 셀을 선택하고 [확인]을 클릭한다.
④ [테이블 디자인]-[도구] 그룹에서 [범위로 변환]을 클릭한다.

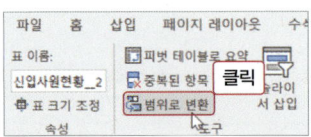

⑤ 메시지에서 [확인]을 클릭한다.

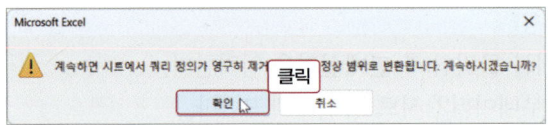

▲ '외부데이터3(결과)' 시트

그림 복사/붙여넣기/연결하여 붙여넣기

난이도 상 중 하
반복학습 1 2 3

작업파일 [26컴활2급₩이론] 폴더의 '07그림복사' 파일을 열어서 작업하시오.

출제유형 ① '그림1' 시트에서 그림 복사 기능을 이용하여 문제에서 주어진 양식조각으로 다음 그림과 같은 양식을 만드시오.

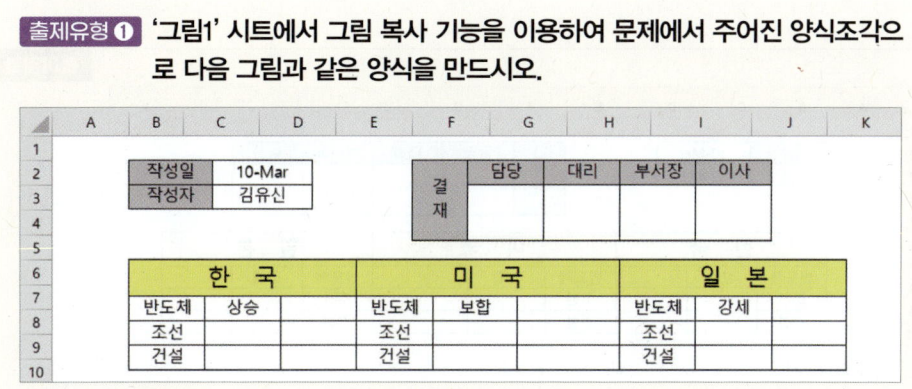

▲ '그림1(결과)' 시트

① [H21:I22] 영역을 드래그하여 범위 지정한 후, [홈]-[클립보드] 그룹의 [복사]를 클릭한다.

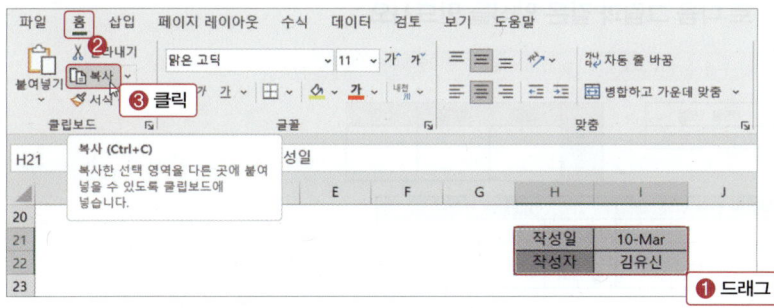

② [B2] 셀을 클릭한 후, [홈]-[클립보드] 그룹의 [붙여넣기]-[기타 붙여넣기 옵션]-[그림]을 클릭한다.

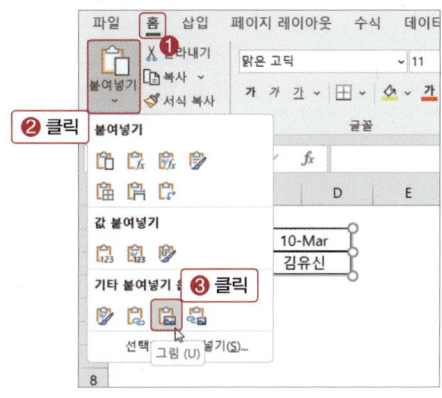

> **기적의 TIP**
>
> 그림 복사한 후 문제에서 원본을 삭제하라는 언급이 없다면 삭제하지 않는다.

③ [B18:F19] 영역을 드래그하여 범위 지정한 후, [홈]-[클립보드] 그룹의 [복사]를 클릭한다.

④ [F2] 셀을 선택한 후, [홈]-[클립보드] 그룹의 [붙여넣기]-[기타 붙여넣기 옵션]-[그림]을 클릭한다.

⑤ [D12:L15] 영역을 드래그하여 범위 지정한 후, [홈]-[클립보드] 그룹의 [복사]를 클릭한다.

⑥ [B6] 셀을 선택한 후, [홈]-[클립보드] 그룹의 [붙여넣기]-[기타 붙여넣기 옵션]-[그림]을 클릭한다.

풀이결과

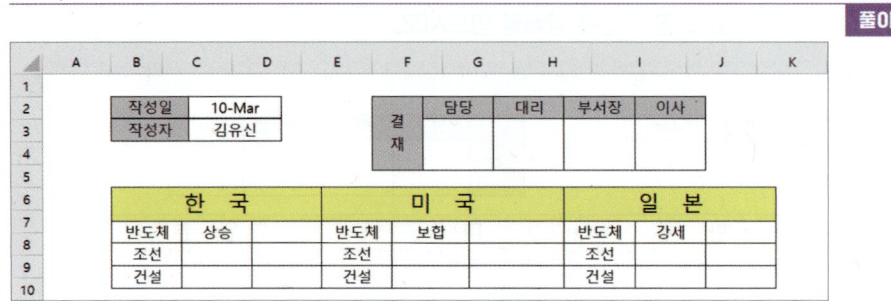

▲ '그림1(결과)' 시트

출제유형 ❷ '그림2' 시트에서 그림 복사 기능을 이용하여 문제에서 주어진 양식조각으로 다음 그림과 같은 양식을 만드시오.

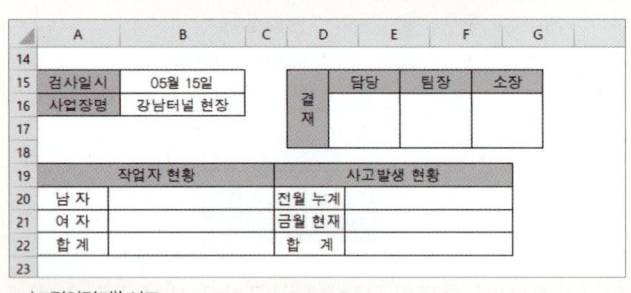

▲ '그림2(결과)' 시트

① [A2:B3] 영역을 드래그하여 범위 지정한 후, [홈]-[클립보드] 그룹의 [복사]를 클릭한다.

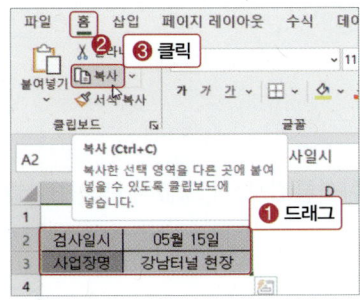

② [A15] 셀을 클릭한 후, [홈]-[클립보드] 그룹의 [붙여넣기]-[기타 붙여넣기 옵션]-[그림]을 클릭한다.

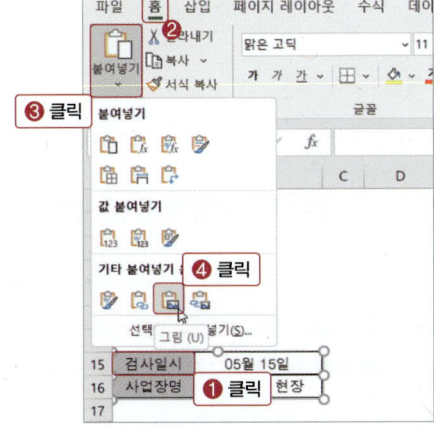

③ [C6:F7] 영역을 드래그하여 범위 지정한 후, [홈]-[클립보드] 그룹의 [복사](🗐)를 클릭한다.
④ [D15] 셀을 선택한 후, [홈]-[클립보드] 그룹의 [붙여넣기]-[기타 붙여넣기 옵션]-[그림]을 클릭한다.
⑤ [G10:J13] 영역을 드래그하여 범위 지정한 후, [홈]-[클립보드] 그룹의 [복사](🗐)를 클릭한다.
⑥ [A19] 셀을 선택한 후, [홈]-[클립보드] 그룹의 [붙여넣기]-[기타 붙여넣기 옵션]-[그림]을 클릭한다.

풀이결과

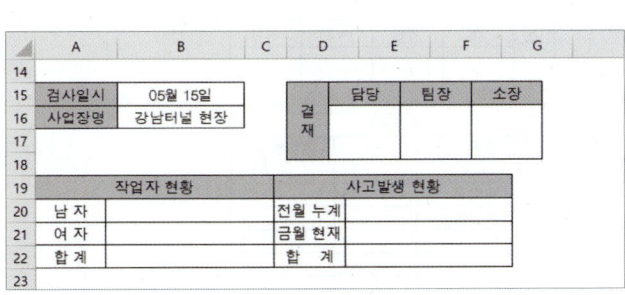

▲ '그림2(결과)' 시트

출제유형 ③ '그림3' 시트의 [H16:L17] 영역을 복사한 다음 [D4] 셀에 '연결하여 그림 붙여넣기'를 이용하여 붙여 넣으시오.

▶ 단, 원본 데이터는 삭제하지 마시오.

① [H16:L17] 영역을 드래그하여 범위 지정한 후, [홈]-[클립보드] 그룹의 [복사]를 클릭한다.

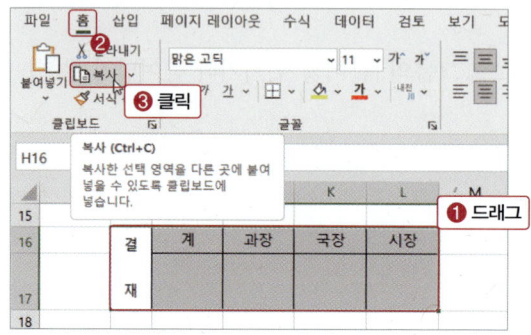

② [D4] 셀을 클릭한 후, [홈]-[클립보드] 그룹의 [붙여넣기]-[기타 붙여넣기 옵션]-[연결된 그림]을 클릭한다.

> **기적의 TIP**
>
> 연결된 그림으로 붙여넣기를 했을 때, 연결된 원본 데이터가 수정되면 붙여넣은 데이터도 함께 변경된다.
> ①의 [I16] 셀의 '계'를 '담당'으로 수정하면, ②의 그림으로 붙여넣은 결재란의 '계'가 '담당'으로 변경되는 것을 확인할 수 있다.

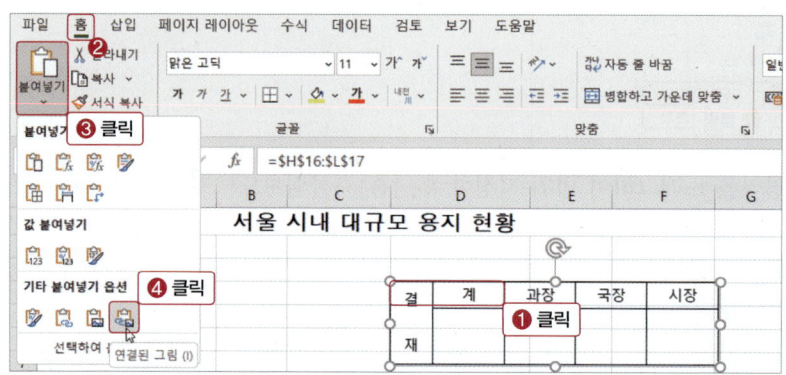

풀이결과

	A	B	C	D	E	F	G
1		서울 시내 대규모 용지 현황					
2							
3							
4				결	계	과장	국장	시장
5							
6				재			
7							
8		공공용지			민간용지		
9		종류	개소	면적(만 m²)	종류	개소	면적(만 m²)
10	차량기지, 민자 역사	11	115	공장	24	66
11	군부대, 공공기관 이전지	27	113	차고지 터미널	10	35
12	학교, 도서관(미집행)	11	18	유통업무 설비	2	12
13	기타		8	24	기타	3	11
14	계		57	270	계	39	124
15							

▲ '그림3(결과)' 시트

CHAPTER

02

계산작업

학습 방향

계산작업에서는 총 5문항이 출제되며, 자주 출제되는 함수를 파악하고 반복적으로 학습하는 것이 중요합니다. 다양한 형식의 문제를 접하면서 실전 감각을 키우는 연습도 필요합니다.
또한, 최근에는 2개 이상의 함수가 중첩되어 출제되는 경우가 많기 때문에, 각각의 함수가 어떤 값을 구하는지, 그리고 어떤 인수를 필요로 하는지를 정확히 이해하며 연습하는 것이 실전에서 큰 도움이 됩니다.

난이도

중	SECTION 01 계산식	1-76
상	SECTION 02 데이터베이스 함수	1-79
상	SECTION 03 수학과 삼각 함수	1-84
중	SECTION 04 통계 함수	1-90
상	SECTION 05 찾기/참조 함수	1-99
중	SECTION 06 날짜/시간 함수	1-106
상	SECTION 07 문자열 함수	1-113
중	SECTION 08 논리 함수	1-118

SECTION 01 계산식

작업파일 [26컴활2급₩이론] 폴더의 '08계산작업' 파일을 열어서 작업하시오.

● **산술 연산자** : 수치 데이터에 대한 사칙 연산을 수행한다.

연산자	기능	연산자	기능	연산자	기능
+	더하기	*	곱하기	^	거듭제곱
−	빼기	/	나누기	%	백분율

● **비교 연산자** : 데이터의 크기를 비교하여 식이 맞으면 TRUE(참), 그렇지 않으면 FALSE(거짓)로 결과를 표시한다.

연산자	기능	연산자	기능	연산자	기능
>	크다(초과)	>=	크거나 같다(이상)	=	같다
<	작다(미만)	<=	작거나 같다(이하)	<>	같지 않다

● **데이터 연결 연산자(&)** : 두 개의 데이터를 하나로 연결하여 표시한다.

수식	결과	수식	결과
="박달"&"나무"	박달나무	=100&"점"	100점

● **상대참조/절대참조** : 수식에서 다른 셀에 입력된 데이터를 사용할 때 셀 주소를 입력하는 것을 참조라고 한다.

상대참조	수식이 복사되는 위치에 따라 입력된 수식의 참조범위가 자동으로 변경된다.
절대참조	특정 셀을 고정하게 되면 수식을 복사하여도 참조하고 있는 셀이 변경되지 않게 하는 참조 방식으로 F4를 사용하여 $기호를 붙여준다. (예) $F$10
혼합참조	열 문자와 행 번호 중 하나에만 $기호를 붙여 셀을 참조하는 것으로, $기호가 붙은 부분만 변하지 않는다. (예) $F10, F$10

> **기적의 TIP**
> - 상대참조를 절대참조 등으로 형식을 변경하려면 F4를 누른다.
> - F4를 누를 때마다 다음 순서대로 $기호가 자동으로 붙는다.
> - H3 → F4 → $H$3 → F4 → H$3 → F4 → $H3 → F4 → H3

출제유형 ❶ '계산' 시트에 다음의 내용을 계산하시오.

	A	B	C	D	E	F	G	H	I	J
1	[표1]	품목별 판매 현황				[표2]	고공 낙하 회수별 인원			
2	품목명	판매수량	판매금액	이익금액		낙하회수	인원수	누적인원수	누계비율	
3	샤프	327	981,000			3000이상	5	5		
4	연필	370	129,500			1000이상	20	25		
5	만년필	450	2,925,000			500이상	15	40		
6	색연필	900	306,000			100이상	7	47		
7	볼펜	789	173,580			10이상	3	50		
8	플러스펜	670	368,500			합계	50			
9		마진율	25%							
10										
11	[표3]	사원별 수당지급현황				[표4]	펜던트 판매 현황			
12	성명	근무년수	기본급	상여비율	수당	월	판매량	매출총액		
13	홍기재	15	2,550,000	15%		1월	75			
14	이민찬	9	1,500,000	10%		2월	65			
15	가영수	10	2,000,000	12%		3월	56			
16	류민완	8	2,200,000	10%		4월	76			
17	강슬래	4	1,300,000	7%		5월	56			
18	추가 상여율		6%			6월	85			
19										
20	[표5]	도서 포인트 관리				단가	할인율			
21	대출자	대출권수	연체권수	포인트 총계		250000	20%			
22	이원섭	50	23							
23	최준기	72	14							
24	구현서	85	29							
25	안유경	15	2							
26	강홍석	78	7							
27	조용욱	56	5							
28	대출포인트		11%							
29	연체포인트		-6%							
30										

▲ '계산' 시트

❶ [표1]에서 이익금액[D3:D8]을 계산하시오.
  ▶ 이익금액 = 판매금액 × 마진율[C9]
❷ [표2]에서 누계비율[I3:I7]을 계산하시오.
  ▶ 누계비율 = 누적인원수 ÷ 합계[G8]
❸ [표3]에서 수당[E13:E17]을 계산하시오.
  ▶ 수당 = 기본급 + 기본급 × (상여비율 + 추가 상여율)
❹ [표4]에서 매출총액[I12:I17]을 계산하시오.
  ▶ 매출총액 = (판매량 × 단가[G20]) × (1 - 할인율[H20])
❺ [표5]에서 대출포인트[C28]와 연체포인트[C29]에 따른 포인트 총계[D22:D27]를 구하시오.
  ▶ 포인트 총계 = 대출권수 × 대출포인트[C28] + 연체권수 × 연체포인트[C29]

> **기적의 TIP**
>
> **상대참조**
>
> 상대참조는 '결과 셀의 위치에 따라 참조할 값의 위치를 바꾼다.'의 의미로, 이익금액 [D3]은 [D3] 셀의 바로 왼쪽에 있는 셀 [C3]을 참조하여 이익금액을 계산한다. [D3] 셀의 수식을 채우기 핸들을 이용하여 [D8] 셀까지 채우면 자동으로 참조하는 셀의 위치도 바뀌게 된다.

> **기적의 TIP**
>
> **절대참조**
>
> 절대참조는 '결과 셀의 위치에 따라 참조할 값의 위치가 바뀌지 않는다.'의 의미로 이익금액은 바로 왼쪽의 값을 마진율[C9]로 곱하여 계산한다. 마진율[C9]은 모든 값에 같은 값을 곱하기 때문에 고정된 값으로 절대참조를 해야 한다. F4를 눌러 절대참조를 하면 행과 열 값 앞에 $기호가 붙는다.

① [D3] 셀에 =C3*$C$9를 입력하고 채우기 핸들을 이용하여 [D8] 셀까지 수식을 복사한다.

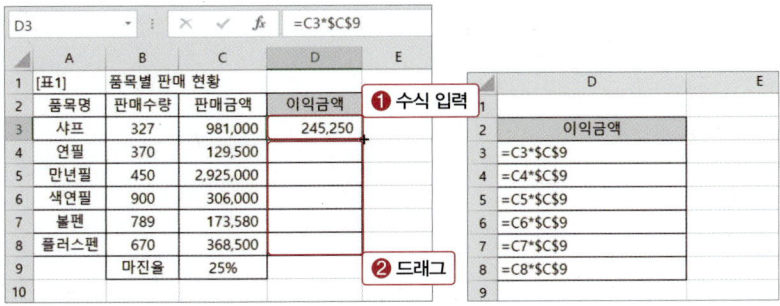

> **기적의 TIP**
>
> **수식 입력 방법**
> ① [D3] 셀을 선택한 후 「=」을 입력
> ② 마우스로 [C3] 셀 클릭
> ③ 「*」을 입력
> ④ 마우스로 [C9] 셀 클릭 후 F4

② [I3] 셀에 =H3/$G$8을 입력하고 채우기 핸들을 이용하여 [I7] 셀까지 수식을 복사한다.

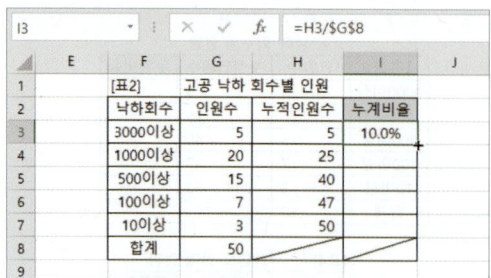
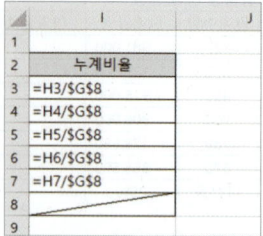

③ [E13] 셀에 =C13+C13*(D13+$C$18)을 입력하고 [E17] 셀까지 수식을 복사한다.
④ [I12] 셀에 =(H12*$G$20)*(1−$H$20)을 입력하고 [I17] 셀까지 수식을 복사한다.
⑤ [D22] 셀에 =B22*$C$28+C22*$C$29를 입력하고 [D27] 셀까지 수식을 복사한다.

풀이결과

	A	B	C	D	E	F	G	H	I
1	[표1]	품목별 판매 현황				[표2]	고공 낙하 회수별 인원		
2	품목명	판매수량	판매금액	이익금액		낙하회수	인원수	누적인원수	누계비율
3	샤프	327	981,000	245,250		3000이상	5	5	10.0%
4	연필	370	129,500	32,375		1000이상	20	25	50.0%
5	만년필	450	2,925,000	731,250		500이상	15	40	80.0%
6	색연필	900	306,000	76,500		100이상	7	47	94.0%
7	볼펜	789	173,580	43,395		10이상	3	50	100.0%
8	플러스펜	670	368,500	92,125		합계	50		
9		마진율	25%						
10									
11	[표3]	사원별 수당지급현황				[표4]	펜던트 판매 현황		
12	성명	근무년수	기본급	상여비율	수당	월	판매량	매출총액	
13	홍기재	15	2,550,000	15%	3,085,500	1월	75	15,000,000	
14	이민찬	9	1,500,000	10%	1,740,000	2월	65	13,000,000	
15	가영수	10	2,000,000	12%	2,360,000	3월	56	11,200,000	
16	류민완	8	2,200,000	10%	2,552,000	4월	76	15,200,000	
17	강술래	4	1,300,000	7%	1,469,000	5월	56	11,200,000	
18		추가 상여율	6%			6월	85	17,000,000	
19									
20	[표5]	도서 포인트 관리					단가	할인율	
21	대출자	대출권수	연체권수	포인트 총계			250000	20%	
22	이원섭	50	23	4.12					
23	최준기	72	14	7.08					
24	구현서	85	29	7.61					
25	안유경	15	2	1.53					
26	강홍석	78	7	8.16					
27	조용욱	56	5	5.86					
28		대출포인트	11%						
29		연체포인트	-6%						
30									

▲ '계산(결과)' 시트

SECTION 02 데이터베이스 함수

작업파일 [26컴활2급₩이론] 폴더의 '08계산작업' 파일을 열어서 작업하시오.

DSUM	조건에 맞는 데이터의 합계를 구함
DAVERAGE	조건에 맞는 데이터의 평균을 구함
DCOUNT	조건에 맞는 데이터에서 숫자 개수를 구함
DCOUNTA	조건에 맞는 데이터에서 공백이 아닌 데이터의 개수를 구함
DMAX	조건에 맞는 데이터의 최대값을 구함
DMIN	조건에 맞는 데이터의 최소값을 구함
DSTDEV	조건에 맞는 데이터의 표준편차를 구함
DVAR	조건에 맞는 데이터의 분산을 구함

➕ 더 알기 TIP

데이터베이스 함수의 형식

=DSUM(데이터베이스 범위, 필드, 조건 범위)
    ①   ② ③

① **데이터베이스 범위** : 필드 제목과 데이터로 구성되어 있는 범위
② **필드** : 계산을 수행하고자 하는 필드(열)의 번호(첫 번째 열부터 1로 시작하여 번호가 매겨짐)
  필드 번호 대신에 필드명의 주소를 지정해도 가능함('5' 대신에 [E2])
③ **조건 범위** : 필드 제목과 조건으로 구성되어 있는 범위

	A	B	C	D	E	F
1	제품 판매 현황					
2	제품분류	품명	판매가	판매량	매출액	❷ 필드
3	화장품	립스틱	13,524	45	608,580	
4	가전제품	면도기	7,200	89	640,800	
5	사무용품	만년필	2,900	230	667,000	
6	사무용품	타자기	18,000	30	540,000	
7	가전제품	선풍기	30,625	120	3,675,000	
8	화장품	비누	2,600	120	312,000	
9	화장품	샴푸	5,460	325	1,774,500	
10	가전제품	전기담요	66,120	60	3,967,200	❶ 데이터베이스 범위
11						
12				제품분류	매출액	
13				가전제품	
14					❸ 조건 범위	

예제) =DSUM(A2:E10,5,D12:D13)
결과) 8,283,000

출제유형 ❶ '데이터베이스' 시트에 다음의 문제를 처리하시오.

	A	B	C	D	E	F G H I	J	K	L	M	N	O
1	[표1]	공연 예매 현황					[표2]	영업사원별 판매현황				
2	구분	공연명	공연장	공연료	예매량		지점	사원명	판매량	판매총액		
3	연극	우리상회	호소극장	28,500	1,124		강남	김민서	585	7,020,000		
4	무용	마타하리	무용공간	39,000	1,351		강남	김강후	594	7,128,000		
5	연극	골든타임	상상마당	30,000	1,122		강남	이지우	696	8,352,000		
6	뮤지컬	굿마스크	아트센터	40,000	1,452		강남	강예준	857	10,284,000		
7	무용	바야데르	더돔	45,500	1,753		강북	최건우	584	7,008,000		
8	연극	시크릿	룰링홀	24,500	1,654	<조건>	강북	성우진	429	5,148,000		
9	뮤지컬	라이온킹	늘아트홀	35,800	1,324		강북	신서영	826	9,912,000		
10	무용	돈키호테	수무용	50,000	1,647		강북	이민재	701	8,412,000		
11		무용 예매량 합계						강북 우수사원 판매총액 평균				
12												
13	[표3]	봉사활동 지원 현황					[표4]	스마트폰 가격표				
14	사원명	부서명	사랑의집	나눔의집	평화의집		제품코드	제조회사	저장용량	판매가		
15	장서희	영업부	O		O		GA-100	상공전자	64GB	945,000		
16	유일우	홍보부	O	O			IP-100	대한전자	32GB	895,000		
17	전지영	기획부		O	O		NO-100	우리전자	64GB	920,000		
18	조규철	기획부	O				IP-200	대한전자	128GB	1,150,000		
19	정종인	영업부	O	O	O		GA-200	상공전자	64GB	980,000		
20	민지혜	홍보부		O			IP-300	대한전자	64GB	900,000		
21	김종욱	홍보부	O				NO-300	우리전자	32GB	885,000		
22	이신숙	기획부	O				IP-400	대한전자	64GB	985,000		
23	박원준	홍보부		O	O		GA-300	상공전자	128GB	1,200,000		
24	김지선	영업부	O				NO-400	우리전자	128GB	1,100,000	상공전자 최고-최저가 차이	
25		사랑의집에 지원한 홍보부 사원수					GA-400	상공전자	32GB	900,000		
26												
27	[표5]	경기도 동호회 현황					[표6]	중간고사 성적표				
28	회원명	성별	지역	가입년도			성명	성별	국어	영어	수학	총점
29	김지인	여	안산	2024			이용해	여	88	89	90	267
30	조명철	남	수원	2021			왕고집	남	79	85	69	233
31	최윤희	여	수원	2021			안면상	여	92	90	89	271
32	원미경	여	시흥	2022			경운기	남	94	95	89	278
33	황만수	남	안산	2021			김지국	남	86	92	90	268
34	조현우	남	화성	2024			오지람	여	90	95	92	277
35	박예진	여	안양	2021			최고운	여	88	84	80	252
36	유선호	남	안산	2024			남달리	남	77	80	79	236
37	김환섭	남	화성	2023			오심판	남	80	85	90	255
38	윤정희	여	수원	2024								
39		안산 회원수						조건에 맞는 학생의 총점 평균				

▲ '데이터베이스' 시트

❶ [표1]에서 구분[A3:A10]이 '무용'인 예매량[E3:E10]의 합계를 계산하여 [E11] 셀에 표시하시오.
  ▶ 조건은 [G9:G10] 영역에 입력
  ▶ 계산된 무용 예매량 합계 뒤에 '매'를 포함하여 표시 [표시 예 : 3매]
  ▶ DSUM, DCOUNT, DAVERAGE 함수 중 알맞은 함수와 & 연산자 사용

❷ [표2]에서 지점[I3:I10]이 "강북"이면서 판매량[K3:K10]이 700 이상인 사원들의 판매총액[L3:L10] 평균을 [L11] 셀에 계산하시오.
  ▶ 조건은 [M9:N10] 영역에 입력
  ▶ DSUM, DCOUNT, DAVERAGE 함수 중 알맞은 함수 사용

❸ [표3]에서 사랑의 집[C15:C24]에 봉사활동을 지원한 부서[B15:B24] 중 "홍보부"의 사원수를 [E25] 셀에 계산하시오.
  ▶ 조건은 [G24:G25] 영역에 입력
  ▶ DCOUNT, DCOUNTA, DSUM 함수 중 알맞은 함수와 & 연산자 사용
  ▶ 숫자 뒤에 "명"을 표시 [표시 예 : 2명]

❹ [표4]에서 제조회사[J15:J25]가 '상공전자'인 스마트폰의 판매가[L15:L25] 최고와 최저 판매가의 차이를 [M25] 셀에 계산하시오.
  ▶ DMAX와 DMIN 함수 사용

❺ [표5]에서 지역[C29:C38]이 '안산'인 동호회원수를 [D39] 셀에 계산하시오.
  ▶ DSUM, DCOUNT, DMAX 함수 중 알맞은 함수와 & 연산자 사용
  ▶ 숫자 뒤에 "명"을 표시 [표시 예 : 2명]

🏠 25년 출제

학과가 '정보통신과'에서 평점이 가장 높은 점수와 학과가 '컴퓨터학과'에서 평점이 가장 높은 점수의 평균을 올림하여 소수점 이하 1자리까지 표시하시오.
=ROUNDUP(AVERAGE(DMAX(A2:C10,C2,A14:A15),DMAX(A2:C10,C2,A2:A3)),1)

	A	B	C
1	[표1]		
2	학과	성명	평점
3	컴퓨터학과	유창상	3.45
4	경영학과	김현수	4.02
5	경영학과	한경수	3.67
6	컴퓨터학과	정수면	3.89
7	정보통신과	최경철	3.12
8	정보통신과	오태문	3.91
9	컴퓨터학과	임장이	4.15
10	경영학과	이민호	3.52
11	정보통신,컴퓨터학과 최고성적 평균		4.1
12			
13	<조건>		
14	학과		
15	정보통신과		

❻ [표6]에서 성별[J29:J37]이 "남"이면서 영어[L29:L37]가 90 이상이거나 성별[J29:J37]이 "여"이면서 수학[M29:M37]이 90 이상인 학생의 총점[N29:N37]에 대한 평균[L40]을 구하시오.
▸ [I39:K41] 영역에 조건 입력
▸ DAVERAGE, DSUM, DCOUNTA, DCOUNT 중 알맞은 함수 사용

① [G9:G10] 영역에 그림과 같이 **구분, 무용**을 차례로 입력한다.

F	G	H
	<조건>	
	구분	
	무용	

> **기적의 TIP**
> 수식을 작성한 후 수식을 복사할 때 공통으로 참조하는 영역은 절대참조를 반드시 해야 한다. 단, 수식을 하나의 셀에만 작성한다면, 절대참조를 해도 되고, 안해도 결과에는 영향을 주지 않는다.

② [E11] 셀에 =DSUM(A2:E10,5,G9:G10)&"매"를 입력한다.

> 💬 **함수 설명** =DSUM(A2:E10,5,G9:G10)&"매"
> [A2:E10] 영역에서 [G9:G10] 영역에 입력된 조건(구분이 '무용')을 만족하는 값을 5번째 열(예매량)에서 찾아 합계를 구한 후에 '매'를 붙여서 표시한다.
>
> 「=DSUM(A2:E10,E2,G9:G10)&"매"」로 입력해도 된다.

> **기적의 TIP**
> 데이터베이스 함수는 제목 행을 포함해서 범위 지정한다.
> =DSUM(제목 행을 포함한 범위, 합계를 구할 필드 위치, 제목을 포함한 조건)

③ [M9:N10] 영역에 그림과 같이 **지점, 판매량, 강북, >=700**을 차례로 입력한다.

	M	N	O
8			
9	지점	판매량	
10	강북	>=700	
11			

④ [L11] 셀에 =DAVERAGE(I2:L10,4,M9:N10)을 입력한다.

> 💬 **함수 설명** =DAVERAGE(I2:L10,4,M9:N10)
> [I2:L10] 영역에서 [M9:N10] 영역에 입력된 조건(지점이 '강북'이면서 판매량이 700 이상)을 만족하는 값을 4번째 열(판매총액)에서 찾아 평균을 구한다.
>
> 「=DAVERAGE(I2:L10,L2,M9:N10)」로 입력해도 된다.

⑤ [G24:G25] 영역에 그림과 같이 **부서명, 홍보부**를 차례로 입력한다.

> **기적의 TIP**
>
> DCOUNT와 DCOUNTA 함수의 차이는 개수를 구할 때, 숫자가 입력된 필드를 이용할 때에는 DCOUNT, 숫자가 입력된 필드가 없어 문자가 입력된 필드를 이용할 때에는 DCOUNTA 함수를 이용한다.

⑥ [E25] 셀에 **=DCOUNTA(A14:E24,3,G24:G25)&"명"**을 입력한다.

> 💬 **함수 설명** =DCOUNTA(A14:E24,3,G24:G25)&"명"
>
> [A14:E24] 영역에서 [G24:G25] 영역에 입력된 조건(부서명이 '홍보부')을 만족하는 값을 3번째 열(사랑의 집)에서 찾아 개수를 구한 후에 '명'을 붙여서 표시한다.
>
> 「=DCOUNTA(A14:E24,C14,G24:G25)&"명"」로 입력해도 된다.

⑦ [M25] 셀에 **=DMAX(I14:L25,4,J14:J15)-DMIN(I14:L25,4,J14:J15)**을 입력한다.

> 💬 **함수 설명** =DMAX(I14:L25,4,J14:J15)-DMIN(I14:L25,4,J14:J15)
>
> [I14:L25] 영역에서 [J14:J15] 영역에 입력된 조건(제조회사가 '상공전자')을 만족하는 값을 4번째 열(판매가)에서 찾아 최대값을 구한 후에 다시 최소값을 구하여 차액을 구한다.
>
> 「=DMAX(I14:L25,L14,J14:J15)-DMIN(I14:L25,L14,J14:J15)」로 입력해도 된다.

⑧ [D39] 셀에 **=DCOUNT(A28:D38,4,C28:C29)&"명"**을 입력한다.

> 💬 **함수 설명** =DCOUNT(A28:D38,4,C28:C29)&"명"
>
> [A28:D38] 영역에서 [C28:C29] 영역에 입력된 조건(지역이 '안산')을 만족하는 값을 4번째 열(가입년도)에서 찾아 개수를 구한 후에 '명'을 붙여서 표시한다.
>
> 「=DCOUNT(A28:D38,D28,C28:C29)&"명"」로 입력해도 된다.

⑨ [I39:K41] 영역에 그림과 같이 **성별, 영어, 수학, 남, >=90, 여, >=90**을 차례로 입력한다.

	H	I	J	K
38				
39		성별	영어	수학
40		남	>=90	
41		여		>=90
42				

⑩ [L40] 셀에 **=DAVERAGE(I28:N37,6,I39:K41)**을 입력한다.

> 💬 **함수 설명** =DAVERAGE(I28:N37,6,I39:K41)
>
> [I28:N37] 영역에서 [I39:K41] 영역에 입력된 조건(성별이 '남'이면서 영어가 90 이상이거나 성별이 '여'이면서 수학이 90 이상)을 만족하는 값을 6번째 열(총점)에서 찾아 평균을 구한다.
>
> 「=DAVERAGE(I28:N37,N28,I39:K41)」로 입력해도 된다.

풀이결과

	A	B	C	D	E	F	G	H	I	J	K	L	M	N
1	[표1]	공연 예매 현황						[표2]	영업사원별 판매현황				
2	구분	공연명	공연장	공연료	예매량			지점	사원명	판매량	판매총액		
3	연극	우리상회	호소극장	28,500	1,124			강남	김민서	585	7,020,000		
4	무용	마타하리	무용공간	39,000	1,351			강남	김강후	594	7,128,000		
5	연극	골든타임	상상마당	30,000	1,122			강남	이지우	696	8,352,000		
6	뮤지컬	굿마스크	아트센터	40,000	1,452			강남	강예준	857	10,284,000		
7	무용	바야데르	더춤	45,500	1,753			강북	최건우	584	7,008,000		
8	연극	시크릿	롤링홀	24,500	1,654		<조건>	강북	성우진	429	5,148,000		
9	뮤지컬	라이온킹	놀아트홀	35,800	1,324		구분	강북	신서영	826	9,912,000	지점	판매량
10	무용	돈키호테	수무용	50,000	1,647		무용	강북	이민재	701	8,412,000	강북	>=700
11		무용 예매량 합계			4751매				강북 우수사원 판매총액 평균			9,162,000		
12														
13	[표3]	봉사활동 지원 현황						[표4]	스마트폰 가격표				
14	사원명	부서명	사랑의집	나눔의집	평화의집			제품코드	제조회사	저장용량	판매가		
15	장서희	영업부	O		O			GA-100	상공전자	64GB	945,000		
16	유일우	홍보부	O	O				IP-100	대한전자	32GB	895,000		
17	전지영	기획부		O	O			NO-100	우리전자	64GB	920,000		
18	조규철	기획부	O					IP-200	대한전자	128GB	1,150,000		
19	정종인	영업부	O	O	O			GA-200	상공전자	64GB	980,000		
20	민지혜	홍보부		O				IP-300	대한전자	64GB	900,000		
21	김종욱	홍보부	O		O			NO-300	우리전자	32GB	885,000		
22	이신숙	기획부	O					IP-400	대한전자	64GB	985,000		
23	박원준	홍보부						GA-300	상공전자	128GB	1,200,000		
24	강지선	영업부	O		O		부서명	NO-400	우리전자	128GB	1,100,000	상공전자 최고-최저가 차이	
25		사랑의집에 지원한 홍보부 사원수			2명		홍보부	GA-400	상공전자	32GB	900,000		300,000
26														
27	[표5]	경기도 동호회 현황						[표6]	중간고사 성적표				
28	회원명	성별	지역	가입년도				성명	성별	국어	영어	수학	총점
29	김지인	여	안산	2024				이용해	여	88	89	90	267
30	조명철	남	수원	2021				왕고집	남	79	85	69	233
31	최윤희	여	수원	2021				안면상	여	92	90	89	271
32	원미경	여	시흥	2022				경운기	남	94	95	89	278
33	황만수	남	안산	2021				김치국	남	86	92	90	268
34	조현우	남	화성	2024				오지람	여	90	95	92	277
35	박예진	여	안양	2021				최고운	여	88	84	80	252
36	유선호	남	안산	2024				남달리	남	77	80	79	236
37	김환섭	남	화성	2023				오심판	남	80	85	90	255
38	윤정희	여	수원	2024									
39		안산 회원수		3명				성별	영어	수학	조건에 맞는 학생의 총점 평균		
40								남	>=90		272.5		
41								여		>=90			

▲ '데이터베이스(결과)' 시트

SECTION 03 수학과 삼각 함수

난이도 상 중 하
반복학습 1 2 3

작업파일 [26컴활2급₩이론] 폴더의 '08계산작업' 파일을 열어서 작업하시오.

25년 출제

SUM 함수를 이용하여 누적 합계 구하기

예제) 판매량을 이용하여 누적판매량을 구하시오.

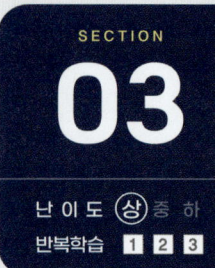

[C2] 셀에 「=SUM($B$2:B2)」를 입력하고 [C7] 셀까지 수식을 복사
([C3] : =SUM($B$2:B3), [C4] : =SUM($B$2:B4), [C5] : =SUM($B$2:B5) ... 으로 수식이 복사되며, [B2] 셀부터 누적하여 합계를 구할 수 있다.)

결과)

---

01 총합(SUM)을 구한다.

SUM(인수1, 인수2, …) : 인수들의 합을 구함

예제) =SUM(1,2,3)   결과) 6

02 반올림(ROUND), 올림(ROUNDUP), 내림(ROUNDDOWN)을 한다.

ROUND(인수, 자릿수) : 지정된 자릿수로 반올림한 숫자를 구함
예제) =ROUND(3.14156,2)   결과) 3.14

ROUNDUP(인수, 자릿수) : 지정된 자릿수로 올림한 숫자를 구함
예제) =ROUNDUP(3.14456,2)   결과) 3.15

ROUNDDOWN(인수, 자릿수) : 지정된 자릿수로 내림한 숫자를 구함
예제) =ROUNDDOWN(3.14956,2)   결과) 3.14

반올림할 자릿수	의미	함수식	결과
1	소수 첫째 자리까지 표시	=ROUND(3856.578,1)	3856.6
2	소수 둘째 자리까지 표시	=ROUND(3856.578,2)	3856.58
0	정수로 표시	=ROUND(3856.578,0)	3857
−1	일의 자리에서 반올림	=ROUND(3856.578,−1)	3860
−2	십의 자리에서 반올림	=ROUND(3856.578,−2)	3900

03 조건에 맞는 값의 총합(SUMIF)을 구한다.

SUMIF(범위, 조건, 합계범위) : 범위에서 조건을 검사하여 합계범위에 해당하는 셀 합계를 구함
예제) =SUMIF(A1:A10,">=40",C1:C10)
결과) [A1:A10] 영역에서 40 이상의 데이터를 찾아 [C1:C10] 영역에 대응하는 값의 합계를 구함

04 절대값(ABS)을 구한다.

ABS(숫자) : 절대값을 구함
예제) =ABS(−2009)   결과) 2009

05 나눗셈의 나머지(MOD)를 구한다.

MOD(인수, 제수) : 인수를 제수로 나눈 결과의 나머지를 구함
예제) =MOD(4,2)   결과) 0

06 소수 부분을 버리고 정수(TRUNC, INT)로 한다.

TRUNC(인수, [자릿수]) : 인수에서 자릿수 이하는 버림
예제) =TRUNC(-4.5)   결과) -4

INT(인수) : 인수를 넘지 않는 가장 가까운 정수를 구함
예제) =INT(-4.5)   결과) -5

07 거듭제곱(POWER)을 구한다.

POWER(인수1, 인수2) : 인수1을 인수2만큼 거듭제곱한 값을 구함
예제) =POWER(2,4)   결과) 16(=2×2×2×2)

> **기적의 TIP**
> 수식을 작성한 후에 복사하여 '골드', '일반', 'VIP'의 합계를 구하기 위해서 공통부분인 [A3:A11], [B3:B11]은 F4 키를 눌러 절대참조를 하여 수식을 작성한다.

08 0~1 사이의 난수(RAND)를 발생시킨다.

RAND( ) : 0 이상 1 미만인 난수를 구함
예제) =RAND( )   결과) 0.700791(이 값은 실행할 때마다 다름)

> **25년 출제**
> **SUMIF 함수에 절대참조를 이용하여 계산**
> 예제)
> 등급별 구입총액의 합계를 SUMIF 함수를 이용하여 계산하시오.
>
>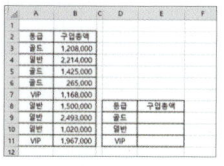
>
> 풀이)
> [E9] 셀에 「=SUMIF($A$3:$A$11,D9,$B$3:$B$11)」을 입력하고 [E11] 셀까지 수식 복사

09 지정한 두 수 사이의 난수(RANDBETWEEN)를 반환한다.

RANDBETWEEN(가장 작은 정수, 가장 큰 정수) : 가장 작은 정수와 가장 큰 정수 사이의 난수를 구함
예제) =RANDBETWEEN(1,10)   결과) 7(이 값은 실행할 때마다 다름)

10 여러 조건을 만족하는 셀(SUMIFS)을 더한다.

SUMIFS(합계를 구할 범위, 조건 범위1, 조건1, 조건 범위2, 조건2, ...) : 여러 조건에 만족하는 셀의 합계를 구함
예제) =SUMIFS(A1:A20, B1:B20, ")0", C1:C20, "⟨10")
결과) [B1:B20] 영역의 숫자가 0보다 크고, [C1:C20] 영역의 숫자가 10보다 작은 경우에 [A1:A20] 영역에서 합계를 구함

출제유형 ❶ '수학삼각1' 시트에 다음의 문제를 처리하시오.

	A	B	C	D	E	F	G	H	I	J	K	L	M	N
1	[표1]	아파트 당첨현황					[표2]	제품 판매 현황						
2	분양구분	추첨자	최저층	최고층	당첨층수		구분	제품명	판매가	판매량	판매총액			
3	조합원	한국민	5	25			미술	붓	2,800	62	173,600			
4	조합원	조윤아	5	25			음악	멜로디언	15,600	28	436,800			
5	조합원	이희선	5	25			체육	훌라후프	4,500	57	256,500			
6	조합원	김지영	5	25			음악	탬버린	5,600	65	364,000			
7	조합원	김석준	5	25			미술	파스텔	6,500	48	312,000			
8	일반분양	이가언	1	25			체육	축구공	12,500	65	812,500			
9	일반분양	권성철	1	25			음악	리코더	8,300	27	224,100			
10	일반분양	안덕성	1	25			체육	줄넘기	7,200	65	468,000			
11	일반분양	오연주	1	25			미술	물감	6,300	45	283,500			
12	일반분양	김도연	1	25			음악용품 판매총액 합계							
13														
14	[표3]	고객별 구입 현황					[표4]	영화예매 현황						
15	고객명	성별	등급	구입수량	구입총액		영화명	장르	관람등급	누적 예매량	일간			
16	허영욱	남	골드	4	1,208,000		생일	드라마	전체	414,603	39,139			
17	최주원	여	일반	9	2,214,000		샤잠	판타지	12세이상	529,541	28,880			
18	이수학	남	골드	5	1,425,000		돈	범죄	15세이상	3,144,537	27,171			
19	안혜경	여	골드	1	265,000		어스	스릴러	15세이상	1,363,686	19,120			
20	김신성	남	VIP	4	1,168,000		장난스런 키스	로맨스	12세이상	328,043	9,255			
21	양의정	남	일반	5	1,500,000		캡틴 마블	액션	12세이상	5,656,789	6,842			
22	김태희	여	일반	9	2,493,000		한강에게	드라마	15세이상	1,578	128			
23	선기섭	남	일반	4	1,020,000		덤보	판타지	전체	298,095	1,842			
24	정신영	여	VIP	7	1,967,000		러브리스	드라마	15세이상	983	151	드라마-15세이상 일간 합계		
25	구입빈도 높은 고객의 구입총액 합계						콜레트	드라마	15세이상	36,253	1,029			
26														

▲ '수학삼각1' 시트

❶ [표1]에서 최저층[C3:C12]과 최고층[D3:D12]을 이용하여 추첨자별 당첨층수[E3:E12]를 계산하시오.
  ▶ 당첨층수 뒤에 "층"을 표시 [표시 예 : 12층]
  ▶ RANDBETWEEN 함수와 & 연산자 사용

❷ [표2]에서 구분[G3:G11]이 '음악'인 제품들의 판매총액[K3:K11] 합계를 계산하여 [K12] 셀에 표시하시오.
  ▶ 판매총액 합계는 백의 자리는 올림하여 천의 자리까지 표시
    [표시 예 : 12,300 → 13,000]
  ▶ ROUNDUP과 SUMIF 함수 사용

❸ [표3]의 구입수량[D16:D24]에서 가장 높은 빈도를 가진 고객들의 구입총액[E16:E24] 합계를 [E25] 셀에 계산하시오.
  ▶ SUMIF와 MODE.SNGL 함수 사용

❹ [표4]에서 장르[H16:H25]가 "드라마"이면서 관람등급[I16:I25]이 "15세이상"인 영화들의 일간 [K16:K25] 합계를 계산하여 [L25] 셀에 표시하시오.
  ▶ 숫자 뒤에 "만원"을 표시 [표시 예 : 123만원]
  ▶ COUNTIFS, SUMIFS, AVERAGEIFS 중 알맞은 함수와 & 연산자 사용

① [E3] 셀에 =RANDBETWEEN(C3,D3)&"층"을 입력한 후 [E12] 셀까지 수식을 복사한다.

> **함수 설명** =RANDBETWEEN(C3,D3)&"층"
> 가장 작은 정수값[C3]과 가장 큰 정수값[D3] 사이의 난수를 반환한다.

기적의 TIP

RANDBETWEEN 함수는 임의의 수를 구하는 함수이기 때문에 정답과 결과가 다를 수 있다. 또한, 실습할 때마다 결과도 다르다.

② [K12] 셀에 =ROUNDUP(SUMIF(G3:G11,"음악",K3:K11),-3)을 입력한다.

> **함수 설명** =ROUNDUP(SUMIF(G3:G11,"음악",K3:K11),-3)
>   ①
>
> ① SUMIF(G3:G11,"음악",K3:K11) : 구분 [G3:G11] 영역에서 '음악'을 판매총액 [K3:K11] 영역에서 음악과 같은 행에 해당 값을 찾아 합계를 구한다.
>
> =ROUNDUP(①,-3) : ①의 값을 백의 자리에서 올림하여 표시한다.

> **기적의 TIP**
> =SUMIF(조건을 찾을 범위, 조건, 합계를 구할 범위)

③ [E25] 셀에 =SUMIF(D16:D24,MODE.SNGL(D16:D24),E16:E24)를 입력한다.

> **함수 설명** =SUMIF(D16:D24,MODE.SNGL(D16:D24),E16:E24)
>   ①
>
> ① MODE.SNGL(D16:D24) : 구입수량 [D16:D24] 영역에서 빈도수가 높은 숫자를 구한다. 4는 3번, 9와 5는 2번, 1과 7은 한 번으로 빈도수가 높은 숫자는 '4'가 된다.
>
> =SUMIF(D16:D24,①,E16:E24) : 구입수량 [D16:D24] 영역에서 '4'에 해당한 값을 찾고 구입총액 [E16:E24] 영역에서 4와 같은 행에 해당 값을 찾아 합계를 구한다.

> **기적의 TIP**
> =ROUNDUP(숫자, 자릿수)
> 자릿수(올림하여 표시)
> -1 : 11111 → 11120
> -2 : 11111 → 11200
> -3 : 11111 → 12000

④ [L25] 셀에 =SUMIFS(K16:K25,H16:H25,"드라마",I16:I25,"15세이상")&"만원"을 입력한다.

> **함수 설명** =SUMIFS(K16:K25,H16:H25,"드라마",I16:I25,"15세이상")&"만원"
>
> 일간 [K16:K25] 영역은 합계를 구할 범위
> 장르 [H16:H25] 영역에서 '드라마'이고, 관람등급 [I16:I25]에서 '15세 이상' 조건을 찾아 조건에 만족한 자료의 일간 [K16:K25] 영역의 값 합계를 구한 후에 '만원'을 붙여서 표시한다.

> **기적의 TIP**
> =SUMIFS(합계를 구할 범위, 조건을 찾을 범위1, 조건1, 조건을 찾을 범위2, 조건2, ...)

풀이결과

	A	B	C	D	E	F	G	H	I	J	K	L	M	N
1	[표1]	아파트 당첨현황					[표2]	제품 판매 현황						
2	분양구분	추첨자	최저층	최고층	당첨층수		구분	제품명	판매가	판매량	판매총액			
3	조합원	한국민	5	25	10층		미술	붓	2,800	62	173,600			
4	조합원	조윤아	5	25	20층		음악	멜로디언	15,600	28	436,800			
5	조합원	이희선	5	25	15층		체육	훌라후프	4,500	57	256,500			
6	조합원	김지영	5	25	6층		음악	탬버린	5,600	65	364,000			
7	조합원	김석준	5	25	12층		미술	파스텔	6,500	48	312,000			
8	일반분양	이가인	1	25	14층		체육	축구공	12,500	65	812,500			
9	일반분양	권성철	1	25	12층		음악	리코더	8,300	27	224,100			
10	일반분양	안덕성	1	25	10층		체육	줄넘기	7,200	65	468,000			
11	일반분양	오연주	1	25	1층		미술	물감	6,300	45	283,500			
12	일반분양	김도연	1	25	14층		음악용품 판매총액 합계				1,025,000			
13														
14	[표3]	고객별 구입 현황					[표4]	영화예매 현황						
15	고객명	성별	등급	구입수량	구입총액		영화명	장르	관람등급	누적 예매량	일간			
16	허영욱	남	골드	4	1,208,000		생일	드라마	전체	414,603	39,139			
17	최주원	여	일반	9	2,214,000		샤잠	판타지	12세이상	529,541	28,880			
18	이수학	남	골드	5	1,425,000		돈	범죄	15세이상	3,144,537	27,171			
19	안혜경	여	골드	1	265,000		어스	스릴러	15세이상	1,363,686	19,120			
20	김신성	남	VIP	4	1,168,000		장난스런 키스	로맨스	12세이상	328,043	9,255			
21	양의정	여	일반	5	1,500,000		캡틴 마블	액션	12세이상	5,656,789	6,842			
22	김태희	여	일반	9	2,493,000		한강에게	드라마	15세이상	1,578	128			
23	선기섭	남	일반	4	1,020,000		텀보	판타지	전체	298,095	1,842			
24	정신영	여	VIP	7	1,967,000		러브리스	드라마	15세이상	983	151		드라마-15세이상 일간 합계	
25	구입빈도 높은 고객의 구입총액 합계				3,396,000		콜레트	드라마	15세이상	36,253	1,029	1308만원		
26														

▲ '수학삼각1(결과)' 시트

출제유형 ❷ '수학삼각2' 시트에 다음의 문제를 처리하시오.

	A	B	C	D	E	F	G	H	I	J	K
1	[표1]						[표2]	과일출고현황			
2	학과	성명	생년월일	평점			과일명	총개수	상자당개수	상자(나머지)	
3	컴퓨터학과	유창상	2004-10-20	3.45			파인애플	329	25		
4	경영학과	김현수	2005-03-02	4.02			키위	574	45		
5	경영학과	한경수	2006-08-22	3.67			자몽	346	30		
6	컴퓨터학과	정수연	2005-01-23	3.89			사과	618	50		
7	정보통신과	최경철	2004-05-12	3.12			석류	485	35		
8	정보통신과	오태환	2003-07-05	3.91	<조건>		복숭아	507	35		
9	컴퓨터학과	임장미	2006-10-26	4.15			귤	597	40		
10	경영학과	이민호	2005-06-27	3.52			자두	605	45		
11	정보통신과 평균 평점						오렌지	535	30		
12											
13	[표3]		국내출장비 지급현황				[표4]	예선 결과표			
14	성명	출장지	교통비	숙박비	출장비합계		응시번호	1차	2차	점수차이	
15	최준기	대구	35,000	150,000			14001	94	92		
16	김문환	대전	32,000	170,000			14002	81	76		
17	송준호	광주	39,000	120,000			14003	82	55		
18	전광일	제주	78,000	210,000			14004	80	86		
19	정태은	철원	72,000	110,000			14005	75	79		
20	지명섭	영월	68,000	150,000			14006	91	88		
21											

▲ '수학삼각2' 시트

❶ [표1]에서 학과[A3:A10]가 '정보통신과'인 학생들의 평점에 대한 평균을 [D11] 셀에 계산하시오.
  ▶ 평균은 소수점 이하 셋째자리에서 반올림하여 둘째자리까지 표시
    [표시 예 : 3.5623 → 3.56]
  ▶ 조건은 [E9:E10] 영역에 입력하시오.
  ▶ DAVERAGE, ROUND 함수 사용

❷ [표2]에서 과일별 총개수[H3:H11]를 상자당개수[I3:I11]로 나눠 상자(몫)수와 나머지를 구하여 상자(나머지)[J3:J11]에 표시하시오.
  ▶ 상자(몫)수와 나머지 표시 방법 : 상자(몫)수가 10이고, 나머지가 4 → 10(4)
  ▶ INT, MOD 함수와 & 연산자 사용

❸ [표3]에서 교통비[C15:C20], 숙박비[D15:D20]의 합계를 구하여 출장비합계[E15:E20] 영역에 표시하시오.
  ▶ 출장비합계는 천의 자리에서 내림하여 만 단위까지 표시
    [표시 예 : 123859 → 120000]
  ▶ SUM과 ROUNDDOWN 함수 사용

❹ [표4]에서 1차[H15:H20], 2차[I15:I20]의 차이를 구하여 절대값으로 점수차이[J15:J20] 영역에 표시하시오.
  ▶ 점수차이 : 1차 – 2차
  ▶ ABS 함수 사용

① [E9:E10] 영역에 그림과 같이 **학과**, **정보통신과**를 차례로 입력한다.

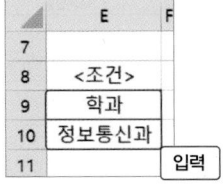

② [D11] 셀에 =ROUND(DAVERAGE(A2:D10,D2,E9:E10),2)를 입력한다.

> 💬 **함수 설명** =ROUND(DAVERAGE(A2:D10,D2,E9:E10),2)
>   ①
>
> ① DAVERAGE(A2:D10,D2,E9:E10) : [A2:D10] 영역에서 [E9:E10] 영역에 입력된 조건(학과가 '정보통신과')에 만족한 값을 D열(평점)에서 찾아 평균을 구한다.
>
> =ROUND(①,2) : ①의 값을 소수 이하 2자리까지 표시한다.

③ [J3] 셀에 =INT(H3/I3)&"("&MOD(H3,I3)&")"를 입력한 후 [J11] 셀까지 수식을 복사한다.

> 💬 **함수 설명** =INT(H3/I3)&"("&MOD(H3,I3)&")"
>   ①   ②
>
> ① INT(H3/I3) : [H3] 값을 [I3]으로 나누어 값(몫)을 정수로 구한다.
> ② MOD(H3,I3) : [H3] 값을 [I3]으로 나눈 나머지를 구한다.
>
> =①&"("&②&")" : 몫(나머지) 형식으로 ( )를 표시한다.

④ [E15] 셀에 =ROUNDDOWN(SUM(C15:D15),-4)를 입력한 후 [E20] 셀까지 수식을 복사한다.

> 💬 **함수 설명** =ROUNDDOWN(SUM(C15:D15),-4)
>   ①
>
> ① SUM(C15:D15) : [C15:D15] 영역의 합계를 구한다.
>
> =ROUNDDOWN(①,-4) : ①의 값을 천의 자리에서 내림한다.

⑤ [J15] 셀에 =ABS(H15-I15)를 입력한 후 [J20] 셀까지 수식을 복사한다.

> 💬 **함수 설명** =ABS(H15-I15)
> [H15]에서 [I15]의 값을 뺀 차이값을 부호를 뺀 절대값만 표시한다.

풀이결과

	A	B	C	D	E	F	G	H	I	J	K
1	[표1]						[표2]	과일출고현황			
2	학과	성명	생년월일	평점			과일명	총개수	상자당개수	상자(나머지)	
3	컴퓨터학과	유창상	2004-10-20	3.45			파인애플	329	25	13(4)	
4	경영학과	김현수	2005-03-02	4.02			키위	574	45	12(34)	
5	경영학과	한경수	2006-08-22	3.67			자몽	346	30	11(16)	
6	컴퓨터학과	정수연	2005-01-23	3.89			사과	618	50	12(18)	
7	정보통신과	최정철	2004-05-12	3.12			석류	485	35	13(30)	
8	정보통신과	오태환	2003-07-05	3.91	<조건>		복숭아	507	35	14(17)	
9	컴퓨터학과	임장미	2006-10-26	4.15	학과		귤	597	40	14(37)	
10	경영학과	이민호	2005-06-27	3.52	정보통신과		자두	605	45	13(20)	
11	정보통신과 평균 평점			3.52			오렌지	535	30	17(25)	
12											
13	[표3]	국내출장비 지급현황					[표4]	예선 결과표			
14	성명	출장지	교통비	숙박비	출장비합계		응시번호	1차	2차	점수차이	
15	최준기	대구	35,000	150,000	180,000		14001	94	92	2	
16	김문환	대전	32,000	170,000	200,000		14002	81	76	5	
17	송준호	광주	39,000	120,000	150,000		14003	82	55	27	
18	전광일	제주	78,000	210,000	280,000		14004	80	86	6	
19	정태은	철원	72,000	110,000	180,000		14005	75	79	4	
20	지명섭	영월	68,000	150,000	210,000		14006	91	88	3	
21											

◀ '수학삼각2(결과)' 시트

SECTION 04 통계 함수

난이도 상 중 하
반복학습 1 2 3

작업파일 [26컴활2급₩이론] 폴더의 '08계산작업' 파일을 열어서 작업하시오.

🏠 25년 출제

수행평가1~3의 평균이 1이면 'F', 2이면 'C', 3이면 'B', 4이면 'A'로 비고에 표시하시오.
=CHOOSE(INT(AVERAGE(B3:D3)),"F","C","B","A")

01 평균값(AVERAGE, AVERAGEA)을 구한다.

AVERAGE(인수1, 인수2, …) : 인수들의 평균값을 구함
예제 =AVERAGE(10,20,30)   **결과** 20

AVERAGEA(인수1, 인수2, …) : 문자열이나 논리값 등이 있는 인수에서 평균값을 구함
예제 =AVERAGEA(80,25,45,70,TRUE)   **결과** 44.2(TRUE를 포함하여 평균을 구함)

02 최대값(MAX), 최소값(MIN)을 구한다.

MAX(인수1, 인수2, …) : 인수 목록 중 최대값을 구함
예제 =MAX(10,20,30)   **결과** 30

MIN(인수1, 인수2, …) : 인수 목록 중 최소값을 구함
예제 =MIN(10,20,30)   **결과** 10

03 데이터 범위에서 몇 번째 큰 값(LARGE), 작은 값(SMALL)을 구한다.

LARGE(배열, K) : 배열에서 K번째로 큰 값을 구함
예제 =LARGE(A1:A10,3)
결과 [A1:A10] 영역의 데이터에서 3번째로 큰 값을 구함

SMALL(배열, K) : 배열에서 K번째로 작은 값을 구함
예제 =SMALL(A1:A10,3)
결과 [A1:A10] 영역의 데이터에서 3번째로 작은 값을 구함

🏠 25년 출제

평균의 순위가 1등이면 '100%', 2등이면 '90%', 3등이면 '80%', 그 외는 공백으로 표시하시오.
=CHOOSE(RANK.EQ(B3,$B$3:$B$7,0),"100%","90%","80%","","")

04 수치의 순위(RANK.EQ)를 구한다.

RANK.EQ(값, 참조 영역, [순위 결정 방법]) : 참조 영역 중에서 순위를 구함(순위가 같으면 값 집합에서 가장 높은 순위가 반환됨)
옵션 순위 결정 방법
　　　 0 이나 생략 : 내림차순(큰 숫자가 1등) / 0이 아닌 값 : 오름차순(작은 숫자가 1등)
예제 =RANK.EQ(D3,$D$3:$D$9)
결과 [D3] 셀이 [D3:D9] 영역에서 순위를 구함(공동 1등일 때 둘 다 1로 반환)

05 표본의 분산(VAR.S), 표준편차(STDEV.S)를 구한다.

VAR.S(표본의 범위) : 표본의 분산을 구함
- 예제: =VAR.S(A1:A5)
- 결과: [A1:A5] 영역의 분산을 구함

STDEV.S(표본의 범위) : 표본의 표준편차를 구함
- 예제: =STDEV.S(A1:A5)
- 결과: [A1:A5] 영역의 표준편차를 구함

> **기적의 TIP**
>
> **분산과 표준편차**
> 평균이나 중간값은 데이터의 중심을 표현하는 데 사용하는 값이라면, 분산과 표준편차는 데이터가 얼마나 넓게 퍼져있는지를 나타내는 값이다. 분산은 변수의 흩어진 정도를 계산하는 지표이다.
> 표준편차는 분산에 루트를 씌운 양의 제곱근으로 계산한다.

06 수치 데이터 개수(COUNT), 공백이 아닌 개수(COUNTA), 공백 셀의 개수(COUNTBLANK)를 구한다.

COUNT(인수1, 인수2, …) : 인수 목록들에 숫자가 들어 있는 개수를 구함
- 예제: =COUNT(10,20,30)
- 결과: 3

COUNTA(인수1, 인수2, …) : 공백을 제외한 자료의 개수를 구함
- 예제: =COUNTA(가,나,다)
- 결과: 3

COUNTBLANK(범위) : 범위에서 공백인 셀의 개수를 구함
- 예제: =COUNTBLANK(B3:B10)
- 결과: [B3:B10] 영역에서 공백의 개수를 구함

07 조건에 맞는 셀의 개수(COUNTIF)를 구한다.

COUNTIF(조건 범위, 조건) : 지정한 범위에서 조건에 맞는 셀의 개수를 구함
- 예제: =COUNTIF(A1:A10,"영진")
- 결과: [A1:A10] 영역에서 "영진" 문자열이 입력된 셀의 개수를 구함

08 중간값(MEDIAN)을 구한다.

MEDIAN(인수1, 인수2, …) : 인수들의 중간값을 구함
- 예제: =MEDIAN(10,15,20,30,35)
- 결과: 20

09 최빈값(MODE.SNGL)을 구한다.

MODE.SNGL(인수1, 인수2, …) : 숫자들 중 가장 많이 나오는 최빈값을 구함
- 예제: =MODE.SNGL(10,20,40,40,40)
- 결과: 40

> **25년 출제**
>
> 구입수량의 빈도가 가장 많은 고객수를 계산하시오.
> =COUNTIF(B3:B11,MODE.SNGL(B3:B11))&"명"
>
> | | A | B | C |
> |---|---|---|---|
> | 1 | [표1] | | |
> | 2 | 고객명 | 구입수량 | |
> | 3 | 허영욱 | 4 | |
> | 4 | 최주원 | 9 | |
> | 5 | 이수학 | 9 | |
> | 6 | 안혜경 | 1 | |
> | 7 | 김신성 | 4 | |
> | 8 | 양의정 | 5 | |
> | 9 | 김태희 | 9 | |
> | 10 | 선기섭 | 4 | |
> | 11 | 정신영 | 7 | |
> | 12 | 구입빈도 높은 고객수 | | 3명 |

10 조건을 만족하는 모든 셀의 평균(AVERAGEIF)을 반환한다.

AVERAGEIF(범위, 조건, 평균을 구할 범위) : 조건을 만족하는 모든 셀의 평균을 구함
- 예제: =AVERAGEIF(A2:A5,">250000",B2:B5)
- 결과: [A2:A5] 영역에서 250,000보다 큰 데이터의 [B2:B5] 영역에서 평균을 구함

⑪ 여러 조건을 만족하는 모든 셀의 평균(AVERAGEIFS)을 반환한다.

> AVERAGEIFS(평균범위, 조건범위1, 조건1, 조건범위2, 조건2, ...) : 여러 조건을 만족하는 모든 셀의 평균을 구함
> [예제] =AVERAGEIFS(B2:B5,B2:B5,")=70",B2:B5,"<=90")
> [결과] [B2:B5] 영역에서 70~90의 조건에 해당한 데이터의 평균을 구함

⑫ 여러 범위에 걸쳐 조건을 적용하고 모든 조건에 만족하는 셀의 개수(COUNTIFS)를 반환한다.

> COUNTIFS(조건 범위1, 조건1, 조건 범위2, 조건2, ...) : 여러 범위에 걸쳐 조건을 적용하고 모든 조건에 만족하는 셀의 개수를 구함
> [예제] =COUNTIFS(B5:D5,"=예",B3:D3,"=예")   [결과] 모든 조건에 만족한 셀의 개수를 구함

⑬ 숫자, 텍스트, 논리 값 등 인수 목록에서 최대값(MAXA)을 반환한다.

> MAXA(값1, 값2, 값3 ...) : 숫자, 텍스트, 논리 값 등 인수 목록에서 최대값을 구함
> [예제] =MAXA(0,0.1,TRUE)   [결과] 1 (True가 1임)

⑭ 숫자, 텍스트, 논리 값 등 인수 목록에서 최소값(MINA)을 반환한다.

> MINA(값1, 값2, 값3, ...) : 숫자, 텍스트, 논리 값 등 인수 목록에서 최소값을 구함
> [예제] =MINA(0.1, FALSE, 1)   [결과] 0 (False가 0임)

출제유형 ① '통계1' 시트에 다음의 문제를 처리하시오.

	A	B	C	D	E	F	G	H	I	J	K
1	[표1]	사원 관리 현황					[표2]	학생명 성적			
2	성명	부서명	직급				학생명	커뮤니케이션	회계	경영전략	
3	최진희	생산부	부장				유창상	75	85	98	
4	이종철	생산부	대리				김현수	68	86	88	
5	서경화	생산부	사원				한경수	78	80	90	
6	이상연	관리부	부장				정수연	63	79	99	
7	김광연	관리부	대리				최경철	83	85	97	
8	손예진	관리부	사원				오태환	65	77	98	
9	정찬우	판매부	과장				임장미	105	99	89	
10	한국인	판매부	대리	대리가 아닌 사원수							
11	김영환	판매부	사원				모든 과목이 80 이상인 학생 수				
12											
13	[표3]	급여 현황					[표4]	선수별 성적 현황			
14	이름	부서	직위	기본급	상여금		선수명	안타	홈런	도루	삼진
15	박영덕	영업부	부장	3,560,000	2,812,000		이승염	165	45	9	120
16	주민경	생산부	과장	3,256,000	2,126,000		이용균	148	12	35	94
17	태진형	총무부	사원	2,560,000	1,582,000		최형욱	117	48	12	106
18	최민수	생산부	대리	3,075,000	1,868,000		박해민	135	19	42	97
19	김평주	생산부	주임	2,856,000	1,540,000		김태굴	142	51	11	114
20	한서라	영업부	사원	2,473,000	1,495,000		나선범	135	49	16	108
21	이국선	총무부	사원	2,372,000	1,453,000		박병훈	145	29	21	84
22	송나정	영업부	주임	2,903,000	1,500,000		강중호	135	22	10	106
23							유한중	185	16	24	113
24	상여금이 1,500,000원 보다 크면서,						홈런타자들의 평균 삼진수				
25	평균기본급이상인 인원수										
26											
27	[표5]	월별생산현황					[표6]	영어 듣기 평가			
28	월	생산품(A)	생산품(B)	생산품(C)	생산품(C) 표준편차		성명	성별	점수	3위점수	
29	1월	5535	6021	4831			장동구	남	87		
30	2월	5468	6871	5001			우인정	여	95		
31	3월	5724	6278	4835			손수진	여	87		
32	4월	5689	6389	4297			염기일	남	99		
33	5월	5179	6172	5017			신민해	여	84		
34	6월	5348	6008	4983			양신석	남	95		
35	7월	5493	6217	4998			유해영	여	68		
36	8월	5157	6397	4328			이민호	남	78		
37	9월	5537	6284	4682			조정식	남	82		
38	10월	5399	6316	4179			심수연	여	67		

▲ '통계1' 시트

❶ [표1]에서 직급[C3:C11]이 '대리'가 아닌 사원수를 [D11] 셀에 계산하시오.
   ▶ 계산된 사원수 뒤에 "명"을 포함하여 표시 [표시 예 : 3명]
   ▶ SUMIF, COUNTIF, AVERAGEIF 함수 중 알맞은 함수와 & 연산자 사용

❷ [표2]에서 커뮤니케이션[H3:H9], 회계[I3:I9], 경영전략[J3:J9]이 모두 80 이상인 학생 수를 [J11] 셀에 계산하시오. (8점)
   ▶ COUNT, COUNTIF, COUNTIFS 함수 중 알맞은 함수 사용

❸ [표3]에서 상여금[E15:E22]이 1,500,000 보다 크면서 기본급이 기본급의 평균 이상인 인원수를 [E24] 셀에 표시하시오. (8점)
   ▶ 계산된 인원 수 뒤에 '명'을 포함하여 표시 [표시 예 : 2명]
   ▶ AVERAGE, COUNTIFS 함수와 & 연산자 사용

❹ [표4]에서 홈런[I5:I23]이 40개 이상인 선수들의 삼진[K15:K23] 평균을 계산하여 [K24] 셀에 표시하시오.
   ▶ COUNTIF, SUMIF, AVERAGEIF 중 알맞은 함수를 선택하여 사용

❺ [표5]에서 생산품(C)[D29:D38]의 표준편차[E30]를 구하시오.
   ▶ 표준편차는 소수점 이하 2자리에서 내림하여 1자리까지 표시 [표시 예 : 123.45 → 123.4]
   ▶ ROUNDDOWN과 STDEV.S 함수 사용

❻ [표6]에서 점수[I29:I38] 중 세 번째로 높은 점수를 3위점수[J29]에 표시하시오.
   ▶ 숫자 뒤에 "점"을 표시 [표시 예 : 90점]
   ▶ LARGE, MAX, SMALL, MIN 중 알맞은 함수와 & 연산자 사용

> **기적의 TIP**
>
> =COUNTIF(조건을 찾을 범위, "조건")
> <> : 같지 않다.
> 조건은 큰 따옴표(" ")로 묶어서 작성한다.
> (단, 조건에 함수식을 사용할 때에는 " " 안에 넣지 않는다.)
> 예 ")="&AVERAGE(D15: D22)

① [D11] 셀에 =COUNTIF(C3:C11,"<>대리")&"명"을 입력한다.

> **함수 설명** =COUNTIF(C3:C11,"<>대리")&"명"
> [C3:C11] 영역에서 '대리'가 아닌 값의 개수를 구한 후에 '명'을 붙여서 표시한다.

② [J11] 셀에 =COUNTIFS(H3:H9,">=80",I3:I9,">=80",J3:J9,">=80")을 입력한다.

> **함수 설명** =COUNTIFS(H3:H9,">=80",I3:I9,">=80",J3:J9,">=80")
> [H3:H9] 영역에서 80 이상이고, [I3:I9] 영역에서 80 이상이고, [J3:J9] 영역에서 80 이상인 개수를 구한다.

> **기적의 TIP**
>
> =COUNTIFS(조건을 찾을 범위1, "조건1", 조건을 찾을 범위2, "조건2", ...)

③ [E24] 셀에 =COUNTIFS(E15:E22,">1500000",D15:D22,">="&AVERAGE(D15:D22))&"명"을 입력한다.

> **함수 설명** =COUNTIFS(E15:E22,">1500000",D15:D22,">="&AVERAGE(D15:D22))&"명"
> [E15:E22] 영역에서 1500000 보다 크고, [D15:D22] 영역에서 평균 이상인 개수를 구한 후에 '명'을 붙여서 표시한다.

> **기적의 TIP**
>
> =AVERAGEIF(조건을 찾을 범위, "조건", 평균을 구할 범위)

④ [K24] 셀에 =AVERAGEIF(I15:I23,">=40",K15:K23)을 입력한다.

> **함수 설명** =AVERAGEIF(I15:I23,">=40",K15:K23)
> 홈런 [I15:I23] 영역에서 40 이상인 삼진 [K15:K23] 영역의 값의 평균을 구한다.

> **기적의 TIP**
>
> =ROUNDDOWN(숫자, 자릿수)
> 자릿수(내림하여 표시)
> 1 : 123.456 → 123.4
> 2 : 123.456 → 123.45

⑤ [E30] 셀에 =ROUNDDOWN(STDEV.S(D29:D38),1)을 입력한다.

> **함수 설명** =ROUNDDOWN(STDEV.S(D29:D38),1)
> ① STDEV.S(D29:D38) : [D29:D38] 영역의 표준편차를 구한다.
>
> =ROUNDDOWN(①,1) : ①의 값을 내림하여 소수점 이하 한 자리로 표시한다.

> **기적의 TIP**
>
> =LARGE(범위, 몇 번째 큰 값)

⑥ [J29] 셀에 =LARGE(I29:I38,3)&"점"을 입력한다.

> **함수 설명** =LARGE(I29:I38,3)&"점"
> 점수 [I29:I38] 영역에서 3번째로 큰 값을 구한 후에 '점'을 붙여 표시한다.

	A	B	C	D	E	F	G	H	I	J	K
1	[표1]	사원 관리 현황					[표2]	학생명 성적			
2	성명	부서명	직급				학생명	커뮤니케이션	회계	경영전략	
3	최진희	생산부	부장				유창상	75	85	98	
4	이중철	생산부	대리				김현수	68	86	88	
5	서경화	생산부	사원				한경수	78	80	90	
6	이상연	관리부	부장				정수연	63	79	99	
7	김광연	관리부	대리				최경철	83	85	97	
8	손예진	관리부	사원				오태환	65	77	98	
9	정찬우	판매부	과장				임장미	105	99	89	
10	한국인	판매부	대리	대리가 아닌 사원수							
11	김영환	판매부	사원	6명			모든 과목이 80 이상인 학생 수			2	
12											
13	[표3]	급여 현황					[표4]	선수별 성적 현황			
14	이름	부서	직위	기본급	상여금		선수명	안타	홈런	도루	삼진
15	박영덕	영업부	부장	3,560,000	2,812,000		이승엽	165	45	9	120
16	주민경	생산부	과장	3,256,000	2,126,000		이용균	148	12	35	94
17	태진형	총무부	사원	2,560,000	1,582,000		최형욱	117	48	12	106
18	최민수	생산부	대리	3,075,000	1,868,000		박해만	135	19	42	97
19	김평주	생산부	주임	2,856,000	1,540,000		김태굴	142	51	11	114
20	한서라	영업부	사원	2,473,000	1,495,000		나선범	135	49	16	108
21	이국선	총무부	사원	2,372,000	1,453,000		박병훈	145	29	21	84
22	송나정	영업부	주임	2,903,000	1,500,000		강중호	135	22	10	106
23							유한중	185	16	24	113
24	상여금이 1,500,000원 보다 크면서,				3명		홈런타자들의 평균 삼진수			112	
25	평균기본급이상인 인원수										
26											
27	[표5]	월별생산현황					[표6]	영어 듣기 평가			
28	월	생산품(A)	생산품(B)	생산품(C)	생산품(C) 표준편차		성명	성별	점수	3위점수	
29	1월	5535	6021	4831			강동구	남	87	95점	
30	2월	5468	6871	5001	327.5		우인정	여	95		
31	3월	5724	6278	4835			손수진	여	87		
32	4월	5689	6389	4297			염기일	남	99		
33	5월	5179	6172	5017			신민해	여	84		
34	6월	5348	6008	4983			양신석	남	95		
35	7월	5493	6217	4998			유해영	여	68		
36	8월	5157	6397	4328			이민호	남	78		
37	9월	5537	6284	4682			조정식	남	82		
38	10월	5399	6316	4179			심수연	여	67		

▲ '통계1(결과)' 시트

출제유형 ② '통계2' 시트에 다음의 문제를 처리하시오.

	A	B	C	D	E	F	G	H	I	J	K	L	M
1	[표1]	축구 경기대회						[표2]		성과급 지급 현황			
2	팀명	승	무	패	승점	결승		성명	성별	직위	호봉	성과급	
3	바르셀나	15	13	10	58			고희식	남	과장	4	4,800,000	
4	레전드	7	15	16	36			조광희	남	대리	5	4,000,000	
5	저스티스	24	9	5	81			이진녀	여	대리	5	4,000,000	
6	잘차부러	14	12	12	54			최중성	남	과장	3	4,600,000	
7	맨날차유	9	13	16	40			권지향	여	과장	2	4,500,000	
8	FC첼로	14	9	15	51			김영택	남	대리	1	3,200,000	
9	레알와우	8	16	14	40			고인숙	여	과장	3	4,600,000	
10	AC미러	17	9	12	60			변효정	여	대리	2	3,400,000	
11	발냄새로	13	11	14	50			정온경	여	대리	4	3,800,000	
12	맨홀시티	7	13	18	34			직위가 과장인 여사원 성과급 평균					
13													
14	[표3]	8월 출석현황						[표4]		하프 마라톤 결과			
15	성명	1주	2주	3주	4주	출석률		참가번호	나이	기록	결과		
16	이용석	O	O		O			1001	29	1시간08분			
17	신태연		O		O			1002	43	1시간32분			
18	임태영	O	O	O				1003	52	1시간24분			
19	안철수	O						1004	35	1시간21분			
20	김성윤	O	O	O				1005	31	1시간03분			
21	한신애	O						1006	34	1시간15분			
22	성민수		O					1007	28	1시간26분			
23	한지원	O	O	O	O			1008	42	1시간19분			
24	이수영		O					1009	44	1시간21분			
25													
26	[표5]							[표6]		방학 중 연수 참석 현황		(결석표시 : X)	
27	청구 번호	주문자	수금액					성명	1일차	2일차	3일차		
28	A5024	김병수	193,908					김성호		X	X		
29	A7008	차인태						고준명					
30	B8036	정구왕						강길자	X				
31	B3025	정재현	2,697,000					공성수			X		
32	B7145	황진하						박달자	X				
33	A3096	이윤태	5,000,000					정성실					
34	수금 건수							장영순	X	X	X		
35													
36								연수 기간 중 총 출석 횟수					
37													

▲ '통계2' 시트

❶ [표1]에서 승점[E3:E12]을 기준으로 순위를 구하여 1위, 2위, 3위는 "결승진출", 나머지는 공백으로 결승[F3:F12]에 표시하시오.
  ▶ IF와 RANK.EQ 함수 사용

❷ [표2]에서 성별[I3:I11]이 "여"이면서 직위[J3:J11]가 "과장"인 사원들의 성과급 평균을 계산하여 [L12] 셀에 표시하시오.
  ▶ 성과급 평균은 천의 자리에서 반올림하여 만의 자리까지 표시
  ▶ [표시 예 : 123,456 → 120,000]
  ▶ ROUND와 AVERAGEIFS 함수 사용

❸ [표3]의 출석부[B16:E24] 영역에 "O"로 출석을 체크했다. "O" 개수가 1개이면 "25%", 2개이면 "50%", 3개이면 "75%", 4개이면 "100%"로 출석률[F16:F24] 영역에 표시하시오.
  ▶ CHOOSE와 COUNTA 함수 사용

❹ [표4]에서 하프 마라톤 기록[J16:J24]이 빠른 3명은 "입상"을, 그 외에는 공백을 결과 [K16:K24]에 표시하시오.
  ▶ IF와 SMALL 함수 사용

❺ [표5]에서 수금액[C28:C33]이 존재하는 수금건수를 산출하고 값 뒤에 '건'이 표시되도록 [C34] 셀에 표시하시오.
  ▶ COUNT와 & 연산자 사용

❻ [표6]에서 1일차부터 3일차까지의 기간[I28:K34]을 이용하여 방학 중 연수 기간 동안의 총 출석 횟수를 구하여 [J36] 셀에 표시하시오.
  ▶ [표시 예 : 3 → 3회]
  ▶ COUNTBLANK 함수와 & 연산자 이용

① [F3] 셀에 =IF(RANK.EQ(E3,$E$3:$E$12)<=3,"결승진출"," ")을 입력한 후 [F12] 셀까지 수식을 복사한다.

> 💬 **함수 설명** =IF(RANK.EQ(E3,$E$3:$E$12)<=3,"결승진출"," ")
>   ①
> ① RANK.EQ(E3,$E$3:$E$12) : [E3] 셀의 값이 [E3:E12] 영역에서 순위를 구한다.
>
> =IF(①<=3,"결승진출"," ") : ①의 값이 3 이하이면 '결승진출'을 표시하고, 그 외에는 공백(" ")으로 표시한다.

기적의 TIP

RANK.EQ(순위를 구할 셀, 비교할 대상 범위, [옵션])
[옵션]은 내림차순은 생략하거나 0을 입력, 오름차순은 반드시 0이 아닌 값 「1」을 입력한다.

② [L12] 셀에 =ROUND(AVERAGEIFS(L3:L11,I3:I11,"여",J3:J11,"과장"),-4)를 입력한다.

> 💬 **함수 설명** =ROUND(AVERAGEIFS(L3:L11,I3:I11,"여",J3:J11,"과장"),-4)
>   ①
> ① AVERAGEIFS(L3:L11,I3:I11,"여",J3:J11,"과장") : 성과금 [L3:L11] 영역의 평균을 구한다. 조건은 성별 [I3:I11]이 '여'이고, 직위 [J3:J11]가 '과장'인 조건에 만족한 성과금의 평균을 구한다.
>
> =ROUND(①,-4) : ①의 값을 천의 자리에서 반올림하여 천의 자리까지 0으로 표시한다.

③ [F16] 셀에 =CHOOSE(COUNTA(B16:E16),"25%","50%","75%","100%")를 입력한 후 [F24] 셀까지 수식을 복사한다.

> 💬 **함수 설명** =CHOOSE(COUNTA(B16:E16),"25%","50%","75%","100%")
>   ①
> ① COUNTA(B16:E16) : [B16:E16] 영역에서 공백이 아닌 셀의 개수를 구한다.
>
> =CHOOSE(①,"25%","50%","75%","100%") : ①의 1이면 '25%', 2이면 '50%', 3이면 '75%', 4이면 '100%'로 표시한다.

기적의 TIP

25%만 입력하면 0.25로 표시되어 " "로 묶어서 입력한다.

기적의 TIP

=CHOOSE(인덱스번호, "값1","값2","값3"...)
COUNTA : 공백만 아니면 개수를 구함

④ [K16] 셀에 =IF(J16<=SMALL($J$16:$J$24,3),"입상","")을 입력한 후 [K24] 셀까지 수식을 복사한다.

> 💬 **함수 설명** =IF(J16<=SMALL($J$16:$J$24,3),"입상","")
>   ①
> ① SMALL($J$16:$J$24,3) : [J16:J24] 영역에서 3번째로 작은 값을 구한다.
>
> =IF(J16<=①,"입상","") : [J16] 셀의 값이 ① 보다 작거나 같다면(이하) '입상', 그 외에는 공백으로 표시한다.

기적의 TIP

=IF(조건, 조건에 만족했을 때, 조건에 만족하지 않았을 때)

기적의 TIP

=SMALL(범위, 몇 번째 작은 값)

⑤ [C34] 셀에 =COUNT(C28:C33)&"건"을 입력한다.

> 💬 **함수 설명** =COUNT(C28:C33)&"건"
> [C28:C33] 영역의 숫자들이 들어 있는 셀의 개수를 구한 후에 '건'을 붙여서 표시한다.

⑥ [J36] 셀에 =COUNTBLANK(I28:K34) & "회"를 입력한다.

> **함수 설명** =COUNTBLANK(I28:K34) & "회"
> [I28:K34] 영역에서 비어 있는 셀의 개수를 구한 후에 '회'를 붙여서 표시한다.

풀이결과

	A	B	C	D	E	F	G	H	I	J	K	L
1	[표1]	축구 경기대회						[표2]	성과급 지급 현황			
2	팀명	승	무	패	승점	결승		성명	성별	직위	호봉	성과급
3	바로세나	15	13	10	58	결승진출		고회식	남	과장	4	4,800,000
4	레전드	7	15	16	36			조광희	남	대리	5	4,000,000
5	저스티스	24	9	5	81	결승진출		이진녀	여	대리	5	4,000,000
6	잘차부러	14	12	12	54			최중성	남	과장	3	4,600,000
7	맨날차유	9	13	16	40			권지향	여	과장	2	4,500,000
8	FC첼로	14	9	15	51			김영택	남	대리	1	3,200,000
9	레알와우	8	16	14	40			고인숙	여	과장	4	4,600,000
10	AC미러	17	9	12	60	결승진출		변효정	여	대리	2	3,400,000
11	발넘새로	13	11	14	50			정은경	여	대리	4	3,800,000
12	맨홀시티	7	13	18	34			직위가 과장인 여사원 성과급 평균				4,550,000
13												
14	[표3]	8월 출석현황						[표4]	하프 마라톤 결과			
15	성명	1주	2주	3주	4주	출석률		참가번호	나이	기록	결과	
16	이용석	O	O		O	75%		1001	29	1시간08분	입상	
17	신태연		O	O	O	75%		1002	43	1시간32분		
18	임태영	O	O	O	O	100%		1003	52	1시간24분		
19	안철수	O		O		50%		1004	35	1시간21분		
20	김성윤	O	O		O	75%		1005	31	1시간03분	입상	
21	한신애	O		O	O	75%		1006	34	1시간15분	입상	
22	성민수		O			25%		1007	28	1시간26분		
23	한지원	O	O	O	O	100%		1008	42	1시간19분		
24	이수영		O		O	50%		1009	44	1시간21분		
25												
26	[표5]							[표6]	방학 중 연수 참석 현황		(결석표시 : X)	
27	청구 번호	주문자	수금액					성명	1일차	2일차	3일차	
28	A5024	김병수	193,908					김성호		X	X	
29	A7008	차인태						고준명				
30	B8036	정구왕						강길자	X			
31	B3025	정재현	2,697,000					공성수			X	
32	B7145	황진하						박달자	X			
33	A3096	이윤태	5,000,000					정성실				
34	수금 건수		3건					장영순	X	X	X	
35												
36								연수 기간 중 총 출석 횟수		13회		
37												

▲ '통계2(결과)' 시트

SECTION 05 찾기/참조 함수

난이도 상중하
반복학습 1 2 3

작업파일 [26컴활2급₩이론] 폴더의 '08계산작업' 파일을 열어서 작업하시오.

01 검색 값을 범위에서 찾아서 해당 위치에 있는 값을 추출한다. (VLOOKUP, HLOOKUP)

VLOOKUP(검색값, 범위, 열번호, 검색 유형) : 범위의 첫 열에서 검색값을 찾아, 지정한 열에서 같은 행에 있는 값을 표시

예제 =VLOOKUP("배",A1:B3,2,0)

	A	B
1	감	100
2	배	200
3	귤	300

결과 200
[A열]에서 "배"를 찾아 두번째 열([B열])에서 같은 행에 있는 값(200)을 표시함

HLOOKUP(검색값, 범위, 행번호, 검색 유형) : 범위의 첫 행에서 검색값을 찾아, 지정한 행에서 같은 열에 있는 값을 표시

예제 =HLOOKUP("귤",A1:C2,2,0)

	A	B	C
1	감	배	귤
2	100	200	300

결과 300
[1행]에서 "귤"을 찾아 [2행]에서 같은 열에 있는 값(300)을 표시함

> **기적의 TIP**
> 검색 유형이 True이거나 생략되면 정확한 값이나 근사값을 반환하고, False이면 정확하게 일치하는 값을 반환한다.

> **기적의 TIP**
> • 참조하는 표가 수직(Vertical)으로 작성되어 있으면 VLOOKUP
> • 참조하는 표가 수평(Horizontal)으로 작성되어 있으면 HLOOKUP
> • VLOOKUP의 참조하는 표는 찾는 값이 첫 번째 열이 될 수 있도록 범위 지정
> • HLOOKUP의 참조하는 표는 찾는 값이 첫 번째 행이 될 수 있도록 범위 지정

02 리스트에서 값을 선택(CHOOSE)한다.

CHOOSE(인덱스 번호, 값1, 값2, …) : 인덱스 번호의 위치에 있는 값을 구함

예제 =CHOOSE(2,"월","화","수") **결과** "화" (2번째에 해당하는 값)

03 셀 범위나 배열에서 참조(INDEX)나 값을 구한다.

INDEX(범위, 행 번호, 열 번호, [참조 영역 번호]) : 표나 범위의 값이나 값에 대한 참조 영역을 구함

예제 =INDEX({1,2,3;4,5,6;7,8,9},1,3) **결과** 3 ($\begin{bmatrix} 1 & 2 & 3 \\ 4 & 5 & 6 \\ 7 & 8 & 9 \end{bmatrix}$에서 1행, 3열의 값)

04 참조 영역의 열 번호(COLUMN)를 나타낸다.

COLUMN(참조) : 참조의 열 번호를 반환함

예제 =COLUMN(C10) **결과** 3(C는 세 번째 열)

> **25년 출제**
> 학점을 이용하여 순위를 구한 후에 순위에 따른 할인율을 〈할인율표〉에서 찾아 납부액을 계산하시오.
> ▶ 납부액 = 등록금 * (1 - 할인율)
> =C3*(1-HLOOKUP(RANK.EQ(B3,$B$3:$B$9),$B$12:$E$13,2))

05 참조 영역의 열 개수(COLUMNS)를 구한다.

COLUMNS(배열) : 참조의 열 수를 반환함

예제 =COLUMNS(C1:E4) 결과 3(C, D, E 3개의 열)

06 참조의 행 번호를 반환(ROW)한다.

ROW(참조) : 참조의 행 번호를 반환함

예제 =ROW(C10) 결과 10

07 참조의 행 수를 반환(ROWS)한다.

ROWS(배열) : 참조의 행 수를 반환함

예제 =ROWS(C1:E4) 결과 4

08 일치하는 값의 상대 위치(MATCH)를 나타낸다.

MATCH(검사값, 검사범위, [검사유형]) : 검사값을 검사범위에서 검색하여 대응하는 값이 있는 경우 상대적 위치를 나타냄

검사 범위 : 하나의 열이나 하나의 행만 지정해야 함

옵션 검사유형

1 : 검사값보다 작거나 같은 값 중에서 최대값을 찾음(단, 검사범위가 오름차순 정렬된 상태)

0 : 검사값과 같은 첫째 값을 찾음

−1 : 검사값보다 크거나 같은 값 중에서 최소값을 찾음(단, 검사범위가 내림차순 정렬된 상태)

예제 =MATCH("감",{"귤","감","배"},0) 결과 2

25년 출제

등급이 '골드' 중에서 구입총액이 가장 높은 총액의 고객명을 표시하시오.

=INDEX(A3:A10,MATCH(DMAX(A2:C10,C2,B2:B3),C3:C10,0))

	A	B	C
1	[표1]	고객별 구입 현황	
2	고객명	등급	구입총액
3	허영욱	골드	1,208,000
4	최주원	일반	2,214,000
5	이수학	골드	1,425,000
6	안혜경	골드	265,000
7	김신성	VIP	1,168,000
8	김태희	일반	2,493,000
9	선기섭	일반	1,020,000
10	정신영	VIP	1,967,000
11	등급이 '골드'인 구입총액이 높은 고객		이수학

출제유형 ❶ '찾기참조1' 시트에 다음의 문제를 처리하시오.

	A	B	C	D	E	F	G	H	I	J	K	L
1	[표1]				[표2]	고객 관리 현황						
2	학번	이름	주민등록번호	성별	고객명	구입횟수		구입액	등급			
3	M1602001	이민영	990218-2304567		이유정	5		2,310,000				
4	M1602003	박수진	011115-4356712		김영아	4		3,564,000				
5	M1602004	최만수	980723-1935645		원유준	3		1,200,000			<등급표>	
6	M1602005	조용덕	991225-1328650		안영환	7		3,756,000			금액	등급
7	M1602006	김태훈	021222-3264328		조재현	9		5,550,000			1,000,000	일반
8	M1602007	편승주	010123-3652942		손예진	11		7,542,000			3,000,000	실버
9	M1602008	곽나래	001015-4685201		김상식	8		4,685,000			5,000,000	골드
10	M1602002	도홍진	010802-3065821		한송연	10		4,112,000			7,000,000	VIP
11												
12	[표3]	의류 판매 현황			[표4]	급여지급현황						
13	의류코드	사이즈	판매량	판매총액	사원명	부서	직위	가족수당	수령액			
14	mk-101	S	315		강백호	생산부	부장	500,000				
15	mk-101	M	294		김박사	경리부	대리	300,000				
16	mk-101	S	357		한국남	자재부	사원	250,000				
17	mk-102	M	248		현상범	생산부	대리	300,000				
18	mk-102	L	323		장애우	경리부	사원	250,000				
19	mk-102	M	355		금태우	기획부	과장	400,000				
20	mk-103	S	385		박대중	경리부	사원	250,000				
21	mk-103	M	366		김상염	기획부	부장	500,000				
22	mk-103	L	374		전환수	생산부	대리	300,000				
23												
24	<가격표>				[직위표]							
25	의류코드	mk-101	mk-102	mk-103	직위	사원	대리	과장	부장			
26	판매가	30,000	32,500	36,000	기본급	1,800,000	2,400,000	3,000,000	3,500,000			
27	할인가	25,500	27,625	29,520	직위수당	100,000	120,000	150,000	180,000			

▲ '찾기참조1' 시트

❶ [표1]에서 주민등록번호[C3:C10]의 왼쪽에서 8번째 문자가 '1' 또는 '3' 이면 '남', '2' 또는 '4' 이면 '여'를 성별[D3:D10]에 표시하시오.
  ▶ CHOOSE, MID 함수 사용

❷ [표2]에서 구입액[H3:H10]과 등급표[K7:L10]를 이용하여 등급[I3:I10]을 표시하시오.
  ▶ VLOOKUP, HLOOKUP, INDEX 함수 중 알맞은 함수 사용

❸ [표3]에서 판매량[C14:C22]과 가격표[B25:D27]를 이용하여 판매총액[D14:D22]을 계산하시오.
  ▶ 판매총액 = 판매량 × 할인가
  ▶ 할인가는 의류코드와 〈가격표〉를 이용하여 산출
  ▶ INDEX와 MATCH 함수 사용

❹ [표4]에서 직위[H14:H22]와 직위표[G25:J27]을 이용하여 직위별 수령액[J14:J22]을 구하시오.
  ▶ 수령액 : 기본급 + 직위수당 + 가족수당
  ▶ HLOOKUP, VLOOKUP, INDEX 중 알맞은 함수 사용

① [D3] 셀에 =CHOOSE(MID(C3,8,1),"남","여","남","여")를 입력한 후 [D10] 셀까지 수식을 복사한다.

> **함수 설명** =CHOOSE(MID(C3,8,1),"남","여","남","여")
>   ①
> ① MID(C3,8,1) : 주민등록번호[C3]에서 8번째부터 시작해서 1글자를 추출한다.
>
> =CHOOSE(①,"남","여","남","여") : ①의 값이 1이면 '남', 2이면 '여', 3이면 '남', 4이면 '여'로 표시한다.

> **기적의 TIP**
> =MID(텍스트, 시작 위치, 몇 글자)
> =CHOOSE(인덱스번호, "값1","값2","값3"...)

기적의 TIP

VLOOKUP(lookup_value, table_array, col_index_num, [range_lookup])
- lookup_value : 찾을 값
- table_array : 표 범위
- col_index_num : 가져올 열 번호
- [range_lookup] : [ ] 기호로 표시된 부분은 생략이 가능, 단 정확하게 일치하는 값을 찾을 때에는 0 또는 false 입력

기적의 TIP

=INDEX(범위, 행의 위치, 열의 위치)
=MATCH(찾을 값, 범위, 검사유형)

검사 유형
- 1 : 범위의 데이터가 오름차순 정렬된 상태
- 0 : 보통은 텍스트로 정확하게 일치하는 값을 찾을 때
- -1 : 범위의 데이터가 내림차순 정렬된 상태

기적의 TIP

=HLOOKUP(찾을 값, 범위, 추출할 데이터 행 번호, [옵션])

옵션
- 0 : 정확하게 일치하는 값을 찾을 때 (찾을 값이 문자일 경우)
- 1 : 근사값을 구할 때(구간에서 값을 찾아올 경우)

---

② [I3] 셀에 =VLOOKUP(H3,$K$7:$L$10,2)를 입력한 후 [I10] 셀까지 수식을 복사한다.

> **함수 설명** =VLOOKUP(H3,$K$7:$L$10,2)
> [H3] 셀의 값을 [K7:L10] 영역의 첫 번째 열에서 찾아 2번째 열(등급)에서 값을 찾아 표시한다.

③ [D14] 셀에 =C14*INDEX($B$26:$D$27,2,MATCH(A14,$B$25:$D$25,0))을 입력한 후 [D22] 셀까지 수식을 복사한다.

> **함수 설명** =C14*INDEX($B$26:$D$27,2,MATCH(A14,$B$25:$D$25,0))
>   ①
>   ②
> ① MATCH(A14,$B$25:$D$25,0) : [A14] 셀의 값을 [B25:D25] 영역에서 일치하는 상대 위치 값을 반환한다.
> ② INDEX($B$26:$D$27,2,①) : [B26:D27] 영역에서 2번째 행에 ① 값의 열에 교차하는 값을 반환한다.
> =C14*② : [C14] 셀의 값에 ②를 곱한다.

④ [J14] 셀에 =HLOOKUP(H14,$G$25:$J$27,2,FALSE)+HLOOKUP(H14,$G$25:$J$27,3,FALSE)+I14를 입력한 후 [J22] 셀까지 수식을 복사한다.

> **함수 설명** =HLOOKUP(H14,$G$25:$J$27,2,FALSE)+HLOOKUP(H14,$G$25:$J$27,3,FALSE)+I14
>   ①   ②
> ① HLOOKUP(H14,$G$25:$J$27,2,FALSE) : [H14] 셀의 값을 [G25:J27] 영역에서 첫 번째 행에서 값을 찾아 2번째 행에서 정확하게 일치하는 값을 찾는다.
> ② HLOOKUP(H14,$G$25:$J$27,3,FALSE) : [H14] 셀의 값을 [G25:J27] 영역에서 첫 번째 행에서 값을 찾아 3번째 행에서 정확하게 일치하는 값을 찾는다.
> =①+②+H14 : ①과 ②, [I14] 셀 값을 모두 더한다.

풀이결과

	A	B	C	D	E	F	G	H	I	J	K	L
1	[표1]					[표2]	고객 관리 현황					
2	학번	이름	주민등록번호	성별		고객명	구입횟수	구입액	등급			
3	M1602001	이민영	990218-2304567	여		이유정	5	2,310,000	일반			
4	M1602003	박수진	011115-4356712	여		김영아	4	3,564,000	실버		<등급표>	
5	M1602004	최만수	980723-1935645	남		원유준	3	1,200,000	일반		금액	등급
6	M1602005	조용덕	991225-1328650	남		안영환	7	3,756,000	실버		1,000,000	일반
7	M1602006	김태준	021222-3264328	남		조재현	9	5,550,000	골드		3,000,000	실버
8	M1602007	편승주	010123-3652942	남		손예진	11	7,542,000	VIP		5,000,000	골드
9	M1602008	곽나래	001015-4685201	여		김상식	8	4,685,000	실버		7,000,000	VIP
10	M1602002	도홍진	010802-3065821	남		한송연	10	4,112,000	실버			
11												
12	[표3]	의류 판매 현황				[표4]	급여지급현황					
13	의류코드	사이즈	판매량	판매총액		사원명	부서	직위	가족수당	수령액		
14	mk-101	S	315	8,032,500		강백호	생산부	부장	500,000	4,180,000		
15	mk-101	M	294	7,497,000		김박사	경리부	대리	300,000	2,820,000		
16	mk-101	S	357	9,103,500		한국남	자재부	사원	250,000	2,150,000		
17	mk-102	M	248	6,851,000		현상범	생산부	대리	300,000	2,820,000		
18	mk-102	L	323	8,922,875		장애우	경리부	사원	250,000	2,150,000		
19	mk-102	M	355	9,806,875		금태우	기획부	과장	400,000	3,550,000		
20	mk-103	S	385	11,365,200		박대중	경리부	사원	250,000	2,150,000		
21	mk-103	M	366	10,804,320		김상염	기획부	부장	500,000	4,180,000		
22	mk-103	L	374	11,040,480		전환수	생산부	대리	300,000	2,820,000		
23												
24	<가격표>					[직위표]						
25	의류코드	mk-101	mk-102	mk-103		직위	사원	대리	과장	부장		
26	판매가	30,000	32,500	36,000		기본급	1,800,000	2,400,000	3,000,000	3,500,000		
27	할인가	25,500	27,625	29,520		직위수당	100,000	120,000	150,000	180,000		
28												

▲ '찾기참조1(결과)' 시트

출제유형 ❷ '찾기참조2' 시트에 다음의 문제를 처리하시오.

	A	B	C	D	E	F	G	H	I	J	K
1	[표1]	사원 관리 현황				[표2]					
2	사원코드	성별	직위	부서명		성명	중간고사	기말고사	학점		
3	P-101	여	부장			김미정	85	90			
4	E-301	여	부장			서진수	65	70			
5	B-501	남	부장			박주영	70	95			
6	P-103	남	대리			원영현	90	75			
7	B-503	여	대리			오선영	60	75			
8	B-504	남	사원			최은미	95	85			
9	E-303	여	사원			박진희	70	85			
10	P-104	여	사원								
11						학점기준표					
12	<부서코드>					평균	0 이상	60 이상	70 이상	80 이상	90 이상
13	코드	P	B	E			60 미만	70 미만	80 미만	90 미만	100 이하
14	부서명	생산부	영업부	관리부		학점	F	D	C	B	A
15											
16	[표3]	평균기온				[표4]	시외버스 요금표				
17	번호	월					서울	청주	부산	목포	
18		25.9	26.7	21.2		서울	3,000	8,000	25,000	28,000	
19		26.1	26.6	23.3		청주	8,000	2,000	18,000	20,000	
20		27.8	28.4	24.7		부산	25,000	18,000	2,500	15,000	
21		26.1	27.9	24.3		목포	28,000	20,000	15,000	2,000	
22		26.6	27.2	21.9							
23		25.8	27.1	23.2		<지역코드표>					
24		24.2	25.3	21.3		지역	서울	청주	부산	목포	
25		24.6	25.6	20.5		코드	1	2	3	4	
26		26.1	25.9	22.3							
27		25.9	26.3	21.9		출발지	도착지	부산-목포 요금			
28						부산	목포				

▲ '찾기참조2' 시트

❶ [표1]에서 사원코드[A3:A10]와 부서코드[B13:D14]를 이용하여 부서명[D3:D10]을 표시하시오.
▶ HLOOKUP와 LEFT 함수 사용

❷ [표2]에서 중간고사[G3:G9], 기말고사[H3:H9]와 학점기준표[G12:K14]를 참조하여 학점[I3:I9]을 계산하시오.
▶ 평균은 각 학생의 중간고사와 기말고사로 구함
▶ AVERAGE, HLOOKUP 함수 사용

❸ [표3]에서 [A18:A27] 영역에 함수를 이용하여 1, 2, 3 … 의 일련번호를 작성하고, [B17:D17] 영역에 함수를 이용하여 7월, 8월, 9월로 표시하시오.
▶ COLUMN, ROW 함수와 & 연산자 이용

❹ [표4]의 [G18:J21] 영역과 지역코드표[G24:J25]를 이용하여 부산에서 목포까지의 요금을 구하여 [H28] 셀에 표시하시오. 단, 출발지 [F18:F21]은 행, 도착지 [G17:J17]은 열로 참조한다.
▶ INDEX, HLOOKUP 함수 사용

> **25년 출제**
>
> HLOOKUP 함수에서 찾을 값에 & 연산자를 이용
>
> (예제)
> 사원코드와 성별을 이용하여 부서명을 표시하시오.
>
>
>
> 사원코드의 왼쪽에 한 글자는 LEFT 함수를 통해 구하고, 'P남' 형식으로 작성하기 위해 남이 입력된 셀[B3]을 & 연산자를 이용하여 연결하여 찾는 값으로 지정한다.
>
> (결과)
> [C3] 셀에 「=HLOOKUP(LEFT(A3,1)&B3,$B$13:$D$14,2,0)」을 입력하고 [C10] 셀까지 수식을 복사

① [D3] 셀에 =HLOOKUP(LEFT(A3,1),$B$13:$D$14,2,FALSE)를 입력한 후 [D10] 셀까지 수식을 복사한다.

> 💬 **함수 설명** =HLOOKUP(LEFT(A3,1),$B$13:$D$14,2,FALSE)
>   ①
>
> ① LEFT(A3,1) : [A3] 셀의 값에서 왼쪽에서 한 글자만 추출한다.
>
> =HLOOKUP(①,$B$13:$D$14,2,FALSE) : ① 셀의 값을 [B13:D14] 영역에서 첫 번째 행에서 값을 찾아 2번째 행에서 정확하게 일치하는 값을 찾는다.

> 🚩 **기적의 TIP**
>
> HLOOKUP(lookup_value, table_array, row_index_num, [range_lookup])
> • lookup_value : 찾을 값
> • table_array : 표 범위
> • row_index_num : 가져올 행 번호
> • [range_lookup] : [ ] 기호는 생략 가능. 단 정확하게 일치하는 값을 찾을 때에는 0 또는 false 입력

② [I3] 셀에 =HLOOKUP(AVERAGE(G3:H3),$G$12:$K$14,3,TRUE)를 입력한 후 [I9] 셀까지 수식을 복사한다.

> 💬 **함수 설명** =HLOOKUP(AVERAGE(G3:H3),$G$12:$K$14,3,TRUE)
>   ①
> ① AVERAGE(G3:H3) : [G3:H3] 영역의 평균을 구한다.
>
> =HLOOKUP(①,$G$12:$K$14,3,TRUE) : ① 셀의 값을 [G12:K14] 영역에서 첫 번째 행에서 값을 찾아 3번째 행에서 근사 값을 찾는다. (0 ~ 59.9는 'F', 60 ~ 69.9는 'D',70 ~ 79.9는 'C', 80 ~ 89.9는 'B', 90 ~ 100은 'A'.)

③ [A18] 셀에 =ROW()-17을 입력한 후 [A27] 셀까지 수식을 복사한다.

> 💬 **함수 설명** =ROW()-17
> ROW( )는 현재 셀의 행의 번호를 구한다. 현재 행(18)의 번호에 17을 빼서 숫자 1로 표시한다.

🚩 **기적의 TIP**

1, 2, 3... 으로 표시하기 위해서 [A18] 셀에 '=ROW(A1)'로 입력하면 [A1] 셀의 행 번호 1이 반환되어 직접 1이 반환된 셀을 선택하여 작성할 수 있다.

④ [B17] 셀에 =COLUMN()+5&"월"을 입력한 후 [D17] 셀까지 수식을 복사한다.

> 💬 **함수 설명** =COLUMN()+5&"월"
> COLUMN( )는 현재 셀의 열의 번호를 구한다. 현재 열(B)의 번호에 5를 더하여 '월'을 붙여서 7월을 표시한다.

🚩 **기적의 TIP**

=COLUMN( )+5&"월" 대신에 =COLUMN(G1)&"월"도 가능하다. G열은 7번째 열로 COLUMN(G1)의 결과로 7이 반환된다.

⑤ [H28] 셀에 =INDEX(G18:J21,HLOOKUP(F20,$G$24:$J$25,2,FALSE),HLOOKUP(J17,$G$24:$J$25,2,FALSE))를 입력한다.

> 💬 **함수 설명** =INDEX(G18:J21,HLOOKUP(F20,$G$24:$J$25,2,FALSE),HLOOKUP(J17,$G$24:$J$25,2,FALSE))
>   ①   ②
> ① HLOOKUP(F20,$G$24:$J$25,2,FALSE) : [F20] 셀의 값을 [G24:J25] 영역의 첫 번째 행에서 찾아 같은 열의 2번째 행에서 정확하게 일치하는 값을 구한다.
> ② HLOOKUP(J17,$G$24:$J$25,2,FALSE) : [J17] 셀의 값을 [G24:J25] 영역의 첫 번째 행에서 찾아 같은 열의 2번째 행에서 정확하게 일치하는 값을 구한다.
>
> =INDEX(G18:J21,①,②) : [G18:J21] 영역에서 ①의 값의 행 위치, ②의 값의 열 위치에 교차하는 값을 구한다.
>
> 출발지[F20], 도착지[J17]의 셀을 참조해도 되고, 바로 왼쪽에 있는 표의 출발지[F28], 도착지[G28]로 지정하여 값을 구할 수 있다.
> =INDEX(G18:J21,HLOOKUP(F28,$G$24:$J$25,2,FALSE),HLOOKUP(G28,$G$24:$J$25,2,FALSE))

🚩 **기적의 TIP**

=INDEX(범위, 행의 위치, 열의 위치)
: 범위에서 행의 위치와 열의 위치가 교차하는 셀의 값을 추출

풀이결과

	A	B	C	D	E	F	G	H	I	J	K
1	[표1]	사원 관리 현황				[표2]					
2	사원코드	성별	직위	부서명		성명	중간고사	기말고사	학점		
3	P-101	여	부장	생산부		김미정	85	90	B		
4	E-301	여	부장	관리부		서진수	65	70	D		
5	B-501	남	부장	영업부		박주영	70	95	B		
6	P-103	남	대리	생산부		원영현	90	75	B		
7	B-503	여	대리	영업부		오선영	60	75	D		
8	B-504	남	사원	영업부		최은미	95	85	A		
9	E-303	여	사원	관리부		박진희	70	85	C		
10	P-104	여	사원	생산부							
11						학점기준표					
12	<부서코드>					평균	0 이상	60 이상	70 이상	80 이상	90 이상
13	코드	P	B	E			60 미만	70 미만	80 미만	90 미만	100 이하
14	부서명	생산부	영업부	관리부		학점	F	D	C	B	A
15											
16	[표3]	평균기온				[표4]	시외버스 요금표				
17	번호	7월	8월	9월			서울	청주	부산	목포	
18	1	25.9	26.7	21.2		서울	3,000	8,000	25,000	28,000	
19	2	26.1	26.6	23.3		청주	8,000	2,000	18,000	20,000	
20	3	27.8	28.4	24.7		부산	25,000	18,000	2,500	15,000	
21	4	26.1	27.9	24.3		목포	28,000	20,000	15,000	2,000	
22	5	26.6	27.2	21.9							
23	6	25.8	27.1	23.2		<지역코드표>					
24	7	24.2	25.3	21.3		지역	서울	청주	부산	목포	
25	8	24.6	25.6	20.5		코드	1	2	3	4	
26	9	26.1	25.9	22.3							
27	10	25.9	26.3	21.9		출발지	도착지	부산-목포 요금			
28						부산	목포	15,000			
29											

▲ '찾기참조2(결과)' 시트

SECTION 06 날짜/시간 함수

작업파일 [26컴활2급₩이론] 폴더의 '08계산작업' 파일을 열어서 작업하시오.

01 연(YEAR), 월(MONTH), 일(DAY)을 구한다.

YEAR(일련번호 또는 날짜 문자열) : 날짜의 연도 부분만 구함
- 예제 =YEAR("2026/4/22")   결과 2026

MONTH(일련번호 또는 날짜 문자열) : 날짜의 월 부분만 구함
- 예제 =MONTH("2026/4/22")   결과 4

DAY(일련번호 또는 날짜 문자열) : 날짜의 일자 부분만 구함
- 예제 =DAY("2026/4/22")   결과 22

02 시(HOUR), 분(MINUTE), 초(SECOND)를 구한다.

HOUR(일련번호 또는 시간 문자열) : 시간의 시 부분만 구함
- 예제 =HOUR("16:13:15")   결과 16

MINUTE(일련번호 또는 시간 문자열) : 시간의 분 부분만 구함
- 예제 =MINUTE("16:13:15")   결과 13

SECOND(일련번호 또는 시간 문자열) : 시간의 초 부분만 구함
- 예제 =SECOND("16:13:15")   결과 15

🏠 25년 출제

퇴실시간에서 입실시간을 뺀 시만 [표시 예]와 같이 이용시간을 표시하시오.
- ▶ 이용시간 : 퇴실시간 - 입실시간
- ▶ 단, 이용시간에서 분이 30분이 초과되면 이용시간에 한 시간을 더한다.
- ▶ [표시 예] : 이용시간 3:20 → 3시간, 3:50 → 4시간

=IF(MINUTE(C3-B3)>30,HOUR(C3-B3)+1,HOUR(C3-B3)) & "시간"

03 현재 날짜(TODAY)와 시간(NOW)을 구한다.

TODAY( ) : 컴퓨터 시스템의 현재 날짜를 구함
- 예제 =TODAY( )   결과 2026-01-01(현재 날짜가 출력됨)

NOW( ) : 컴퓨터 시스템의 현재 날짜와 시간을 구함
- 예제 =NOW( )   결과 2026-01-01 12:30 (현재 날짜와 시간이 출력됨)

04 날짜(DATE)와 시간(TIME)을 구한다.

DATE(연, 월, 일) : 지정한 연, 월, 일로 날짜 데이터를 만듦
- 예제) =DATE(2026,5,10)   결과) 2026-5-10

TIME(시, 분, 초) : 지정한 시, 분, 초로 시간 데이터를 만듦
- 예제) =TIME(12,30,30)   결과) 12:30 PM(또는 12:30:30 PM)

> **기적의 TIP**
> =TIME(12,30,30)을 입력하면 '12:30 PM'으로 표시된다. (엑셀 기본 시간 서식 적용) '12:30:30 PM'로 초까지 표시하기 위해서는 Ctrl+1을 '사용자 지정 서식'에서 h:mm:ss AM/PM으로 수정하면 표시된다.

05 요일(WEEKDAY)을 구한다.

WEEKDAY(날짜, Return_type) : 날짜의 요일 일련번호를 구함
- 옵션) Return_type
  - 1 : 일요일을 1로 시작
  - 2 : 월요일을 1로 시작
  - 3 : 월요일을 0으로 시작
- 예제) =WEEKDAY("2026-04-22",2)   결과) 3(3은 수요일을 뜻함)

> **25년 출제**
> 대출일을 이용하여 반납일을 계산하시오.
> ▶ 반납일 = 대출일 + 10
> ▶ 반납일이 토요일 또는 일요일이면 그 다음 주 월요일을 반납일로 계산
> ▶ 요일은 1이 '월요일'로 시작하는 리턴 타입 이용
> =IF(WEEKDAY(B3+10,2)=6,B3+12,IF(WEEKDAY(B3+10,2)=7,B3+11,B3+10))
>
>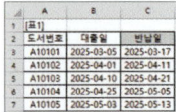

06 두 날짜 사이의 일 수(DAYS)를 반환한다.

DAYS(종료 날짜, 시작 날짜) : 종료 날짜에서 시작 날짜를 빼서 두 날짜 사이의 일 수를 계산
- 예제) =DAYS("2026-10-30","2026-10-10")   결과) 20

07 개월 수를 더한 날짜(EDATE)의 일련번호를 구한다.

EDATE(시작 날짜, 개월 수) : 시작 날짜에 개월 수를 더한 날짜(EDATE)의 일련번호를 구함
- 예제) =EDATE("2026-10-19",1)   결과) 46345

> **기적의 TIP**
> =EDATE("2026-10-19",1)의 결과는 2026-11-19
> 2026-11-19가 표시된 셀에서 [셀 서식]의 '일반'에서 일련번호를 확인하면 46345

08 개월 수를 더한 달의 마지막 날짜(EOMONTH)의 일련번호를 구한다.

EOMONTH(시작 날짜, 개월 수) : 시작 날짜에 개월 수를 더한 달의 마지막 날짜(EOMONTH)의 일련번호를 구함
- 예제) =EOMONTH("2026-10-19",1)   결과) 46356

> **기적의 TIP**
> =EOMONTH("2026-10-19",1) 의 결과는 2026-11-30
> 2026-11-30가 표시된 셀에서 [셀 서식]의 '일반'에서 일련번호를 확인하면 46356

09 날짜 수를 더한 평일 수를 적용한 날짜(WORKDAY)의 일련번호를 구한다.

WORKDAY(시작 날짜, 날짜 수, [휴일]) : 시작 날짜에 날짜 수에서 주말이나 휴일을 제외한 평일 수를 적용한 날짜(WORKDAY)의 일련번호를 구함
- 예제) =WORKDAY("2026-1-1",31)   결과) 46066

> **기적의 TIP**
> =WORKDAY("2026-1-1",31)의 결과는 2026-02-13
> '2026-1-1'로부터 평일 일수 31을 더한 결과
> 2026-02-13이 표시된 셀에서 [셀 서식]의 '일반'에서 일련번호를 확인하면 46066

출제유형 ❶ '날짜1' 시트에 다음의 문제를 처리하시오.

	A	B	C	D	E	F	G	H	I	J	K	L	M
1	[표1]	동호회 회원 현황				[표2]	사원 관리 현황			기준일 :	2025-01-02		
2	성명	지역	주민등록번호	생년월일		사원명	직위	입사일	주민등록번호	년차(나이)			
3	윤정민	노원구	881201-1******			오장동	사원	2023-03-25	920621-123****				
4	조인성	관악구	830725-1******			박한송	부장	2015-06-01	850101-235****				
5	유현진	서초구	860903-1******			이하임	과장	2018-10-25	890511-257****				
6	현상화	마포구	920817-2******			김진면	부장	2016-05-07	841204-154****				
7	유시연	관악구	841113-2******			신명우	대리	2018-04-09	911012-146****				
8	신선미	노원구	811023-2******			최은정	사원	2022-11-15	950725-248****				
9	이동현	노원구	910103-1******			유선미	과장	2017-01-16	860904-215****				
10	김강준	마포구	880802-1******			김소영	대리	2020-09-08	890424-242****				
11	박혜리	서초구	900617-2******			한상진	대리	2019-08-13	901119-138****				
12													
13	[표3]	휴가 일정표				[표4]	학생회 회원 정보						
14	성명	휴가출발일	휴가일수	회사출근일		학년	반	성명	생년월일	태어난요일		[요일구분표]	
15	성소민	2025-04-01	4			5	1	김기영	2023-03-05			구분	요일
16	이수양	2025-04-01	8			5	2	황효주	2023-09-18			1	월요일
17	박세현	2025-04-01	5			5	3	강만석	2023-06-21			2	화요일
18	김성찬	2025-04-10	6			5	4	이유영	2023-12-01			3	수요일
19	장선욱	2025-04-10	7			5	5	최은경	2023-07-25			4	목요일
20	유석일	2025-04-10	9			6	1	조현우	2022-04-05			5	금요일
21	박수홍	2025-04-10	4			6	2	박지섭	2022-08-13			6	토요일
22	이수아	2025-04-16	8			6	3	김민희	2022-11-09			7	일요일
23	최수현	2025-04-16	5			6	4	이성영	2022-07-11				
24	김송혁	2025-04-16	7			6	5	이동진	2022-08-08				
25													

▲ '날짜1' 시트

❶ [표1]에서 주민등록번호[C3:C11]를 이용하여 생년월일[D3:D11]를 표시하시오.
  ▶ DATE와 MID 함수 사용

❷ [표2]에서 기준일[J1]과 입사일[H3:H11], 주민등록번호[I3:I11]를 이용하여 년차와 나이를 [J3:J11] 영역에 표시하시오.
  ▶ 년차 : 기준일 년도 – 입사일 년도
  ▶ 나이 : 기준일 년도 – (1900 + 주민등록번호 앞 2자리)
  ▶ 결과
    [표시 예 : 입사일이 '2013년'이고 주민등록번호 '900101-123****'이면 '8년차(31)'로 표시]
  ▶ YEAR, LEFT 함수와 & 연산자 사용

❸ [표3]에서 휴가출발일[B15:B24]과 휴가일수[C15:C24]를 이용하여 회사출근일[D15:D24]를 표시하시오.
  ▶ 주말(토, 일요일)은 제외
  ▶ EDATE, WORKDAY 중 알맞은 함수를 선택하여 사용

❹ [표4]에서 생년월일[I15:I24]과 요일구분표[L16:M22]를 이용하여 태어난요일[J15:J24]을 표시하시오.
  ▶ VLOOKUP과 WEEKDAY 함수 사용

> **기적의 TIP**
> =MID(텍스트, 시작 위치, 추출할 글자수)
> =DATE(년, 월, 일)

① [D3] 셀에 **=DATE(MID(C3,1,2),MID(C3,3,2),MID(C3,5,2))**를 입력한 후 [D11] 셀까지 수식을 복사한다.

> 💬 **함수 설명** =DATE(MID(C3,1,2),MID(C3,3,2),MID(C3,5,2))
>   ①   ②   ③
>
> ① MID(C3,1,2) : 주민등록번호 [C3] 셀에서 첫 번째 시작하여 2글자를 추출한다.
> ② MID(C3,3,2) : 주민등록번호 [C3] 셀에서 3번째 시작하여 2글자를 추출한다.
> ③ MID(C3,5,2) : 주민등록번호 [C3] 셀에서 5번째 시작하여 2글자를 추출한다.
>
> =DATE(①,②,③) : ①년 – ②월 – ③일로 날짜 형식으로 표시한다.

② [J3] 셀에 =YEAR($J$1)-YEAR(H3)&"년차("&YEAR($J$1)-(1900+LEFT(I3,2))&")"를 입력한 후 [J11] 셀까지 수식을 복사한다.

> **함수 설명** =YEAR($J$1)-YEAR(H3)&"년차("&YEAR($J$1)-(1900+LEFT(I3,2))&")"
>   ①   ②   ③
>
> ① YEAR($J$1) : 기준일 [J1] 셀에서 년도를 추출한다.
> ② ①-YEAR(H3) : 기준일 년도 - 입사일자 년도를 뺀 값을 구한다.
> ③ 1900+LEFT(I3,2) : 1900에 주민등록번호[I3]에서 왼쪽의 2글자를 추출하여 더한다.
> ④ YEAR($J$1)-③ : 기준일 [J1]에서 태어난 년도(1900 + 주민번호 2자리) 4자리를 뺀 값을 구한다.
>
> =②&"년차("&④&")" : ②년차(④) 로 년차와 나이를 표시한다.

기적의 TIP

년차만 구하기 위해서 '=YEAR($J$1)-YEAR(H3)'만 입력하고 Enter를 눌렀을 때 결과가 날짜 서식으로 표시가 된다면 Ctrl+1을 눌러 [셀 서식]의 [표시 형식] 탭에서 '일반'을 선택하면 된다. 현재 문제에서 셀 서식을 따로 지정하지 않고도 년차(나이) 형식을 작성하기 위해 수식을 이어서 '&"("...' 으로 작성하면 년차가 숫자로 표시가 된다.

③ [D15] 셀에 =WORKDAY(B15,C15)를 입력한 후 [D24] 셀까지 수식을 복사한다.

> **함수 설명** =WORKDAY(B15,C15)
>
> [B15]와 [C15] 사이의 주말과 휴일을 제외한 평일 수를 구한다.

④ [J15] 셀에 =VLOOKUP(WEEKDAY(I15,2),$L$16:$M$22,2,0)을 입력한 후 [J24] 셀까지 수식을 복사한다.

> **함수 설명** =VLOOKUP(WEEKDAY(I15,2),$L$16:$M$22,2,0)
>   ①
>
> ① WEEKDAY(I15,2) : 생년월일[I15]의 요일 값을 숫자로 반환한다. 단, 월요일이 1, 화요일 2, 수요일 3, 목요일 4... 로 반환된다.
>
> =VLOOKUP(①,$L$16:$M$22,2,0) : ① 값을 [L16:M22] 영역의 첫 번째 열에서 찾아 2번째 열(등급)에서 값을 찾아 표시한다.

기적의 TIP

=VLOOKUP(찾는 값, 범위, 몇 번째 열, [옵션])
=WEEKDAY(날짜, 리턴 타입)

풀이결과

	A	B	C	D	E	F	G	H	I	J	K	L	M
1	[표1]	동호회 회원 현황				[표2]	사원 관리 현황			기준일 :	2025-01-02		
2	성명	지역	주민등록번호	생년월일		사원명	직위	입사일	주민등록번호	년차(나이)			
3	윤정민	노원구	881201-1******	1988-12-01		오장동	사원	2023-03-25	920621-123****	2년차(33)			
4	조인성	관악구	830725-1******	1983-07-25		박한송	부장	2015-06-01	850101-235****	10년차(40)			
5	유현진	서초구	860903-1******	1986-09-03		이하임	과장	2018-10-25	890511-257****	7년차(36)			
6	현상화	마포구	920817-2******	1992-08-17		김진면	부장	2016-05-07	841204-154****	9년차(41)			
7	유시연	관악구	841113-2******	1984-11-13		신명우	대리	2018-04-09	911012-146****	7년차(34)			
8	신선미	노원구	811023-2******	1981-10-23		최은정	사원	2022-11-05	950725-248****	3년차(30)			
9	이동헌	노원구	910103-1******	1991-01-03		유선미	과장	2017-01-16	860904-215****	8년차(39)			
10	김강준	마포구	880802-1******	1988-08-02		김소영	대리	2020-09-08	890424-242****	5년차(36)			
11	박혜리	서초구	900617-2******	1990-06-17		한상진	대리	2019-08-13	901119-138****	6년차(35)			
12													
13	[표3]	휴가 일정표				[표4]	학생회 회원 정보						
14	성명	휴가출발일	휴가일수	회사출근일		학년	반	성명	생년월일	태어난요일		[요일구분표]	
15	성소민	2025-04-01	4	2025-04-07		5	1	김기영	2023-03-05	일요일		구분	요일
16	이수양	2025-04-01	8	2025-04-11		5	2	황효주	2023-09-18	월요일		1	월요일
17	박세현	2025-04-01	5	2025-04-08		5	3	강만석	2023-06-21	수요일		2	화요일
18	김성찬	2025-04-10	6	2025-04-18		5	4	이유영	2023-12-01	금요일		3	수요일
19	장선욱	2025-04-10	7	2025-04-21		5	5	최은경	2023-07-25	화요일		4	목요일
20	유석일	2025-04-10	9	2025-04-23		6	1	조현우	2022-04-05	화요일		5	금요일
21	박수홍	2025-04-10	4	2025-04-16		6	2	박지섭	2022-08-13	토요일		6	토요일
22	이수아	2025-04-16	8	2025-04-28		6	3	김민희	2022-11-09	수요일		7	일요일
23	최수현	2025-04-16	5	2025-04-23		6	4	이성영	2022-07-11	월요일			
24	김송혁	2025-04-16	7	2025-04-25		6	5	이동진	2022-08-08	월요일			
25													

▲ '날짜1(결과)' 시트

출제유형 ❷ '날짜2' 시트에 다음의 문제를 처리하시오.

	A	B	C	D	E	F	G	H	I	J
1	[표1]	자격증 응시일				[표2]	회원 관리 현황			
2	응시지역	성명	응시일	요일		이름	부서	입사일자	근무년수	
3	광주	김종민	2025-05-15			공호철	영업부	2012-06-21		
4	서울	강원철	2025-10-24			강장환	관리부	2022-06-14		
5	안양	이진수	2025-03-05			신동숙	영업부	2021-10-07		
6	부산	박정민	2025-08-17			이창명	총무부	2022-12-01		
7	인천	한수경	2025-11-12			채경휘	경리부	2021-03-25		
8	제주	유미진	2025-12-12			김길수	관리부	2023-04-09		
9	대전	정미영	2025-02-25			강정미	총무부	2020-04-19		
10										
11	[표3]					[표4]	대한학원 수강시간표			
12	성명	시험일시	잔여일수			과목	요일	수업시간	입실시간	
13	한가람	2027-05-21				피아노	수요일	13:10		
14	김은철	2027-04-22				바이올린	월요일	15:10		
15	고사리	2027-01-23				주산	금요일	14:10		
16	박은별	2027-07-24				영어	목요일	15:10		
17	성준서	2027-03-25				미술	토요일	13:10		
18	이성연	2027-04-28								
19	박한나	2027-07-29				[표5]	주차타워 주차요금			
20	이미리	2027-06-30				차량번호	입차시간	출차시간	주차요금	
21						5587	10:30	11:30		
22						2896	11:00	12:20		
23						3578	11:30	13:50		
24						6478	12:00	12:50		
25						4987	12:30	15:20		
26						5791	13:00	16:20		
27										

▲ '날짜2' 시트

❶ [표1]에서 응시일[C3:C9]이 월요일부터 금요일이면 '평일', 그 외에는 '주말'로 요일[D3:D9]에 표시하시오.
  ▶ 단, 요일 계산 시 월요일이 1인 유형으로 지정
  ▶ IF, WEEKDAY 함수 사용

❷ [표2]에서 입사일자[H3:H9]와 현재날짜를 이용하여 근무년수[I3:I9]를 표시하시오.
  ▶ 근무년수 = 현재날짜의 연도 – 입사일자의 연도
  ▶ YEAR, TODAY 함수 사용

❸ [표3]에서 오늘부터 시험일시[B13:B20]까지의 남은 일수를 잔여일수[C13:C20]에 표시하시오.
  ▶ TODAY, DAYS 함수 사용

❹ [표4]에서 수업시간을 이용하여 입실시간[I13:I17]을 계산하고, 시간 뒤에 '시'를 포함하여 표시하시오.
  ▶ 입실시간은 매시 정각이며, 수업시간의 시에 해당
  ▶ [표시 예 : 23시]
  ▶ MONTH, HOUR 중 알맞은 함수와 연산자 & 사용

❺ [표5]에서 입차시간과 출차시간을 이용하여 주차요금[I21:I26]을 계산하시오.
  ▶ HOUR, MINUTE 함수 사용
  ▶ 주차요금은 10분당 200원으로 계산

25년 출제

HOUR, MINUTE 함수를 이용하여 주차요금 계산하기 (10분당 200원)

① [D3] 셀에 =IF(WEEKDAY(C3,2)<=5,"평일","주말")을 입력한 후 [D9] 셀까지 수식을 복사한다.

> **함수 설명** =IF(WEEKDAY(C3,2)<=5,"평일","주말")
>   ①
>
> ① WEEKDAY(C3,2) : 응시일[C3]의 요일 값을 숫자로 반환한다. 단, 월요일이 1, 화요일 2, 수요일 3, 목요일 4... 로 반환된다.
>
> =IF(①<=5,"평일","주말") : 요일의 일련번호 값이 5보다 작거나 같으면(이하) '평일', 나머지는 '주말'로 표시한다.

② [I3] 셀에 =YEAR(TODAY())-YEAR(H3)을 입력한 후 [I9] 셀까지 수식을 복사한다.

> **함수 설명** =YEAR(TODAY())-YEAR(H3)
>   ①
>
> ① TODAY() : 실습하는 날짜의 오늘 날짜를 구한다. (결과는 교재 내용과 다를 수 있다.)
>
> =YEAR(①)-YEAR(H3) : ①의 년도를 추출하여 입사일자[H3]의 년도를 추출하여 뺀 값을 구한다.

③ [I3:I9] 영역을 드래그하여 범위 지정한 후 마우스 오른쪽 버튼을 눌러 [셀 서식]을 클릭한다.

④ [셀 서식]에서 범주는 '일반'을 선택한 후 [확인]을 클릭한다.

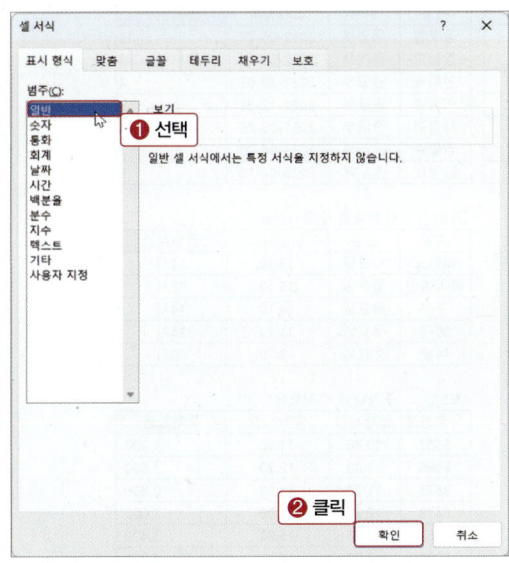

⑤ [C13] 셀에 =DAYS(B13, TODAY())를 입력한 후 [C20] 셀까지 수식을 복사한다.

> **함수 설명** =DAYS(B13, TODAY())
>   ①
>
> ① TODAY() : 실습하는 날짜의 오늘 날짜를 구한다. (결과는 교재 내용과 다를 수 있다.)
>
> =DAYS(B13,①) : ①과 시험일자 사이의 일 수를 반환한다.

⑥ [I13] 셀에 =HOUR(H13)&"시"를 입력한 후 [I17] 셀까지 수식을 복사한다.

> 💬 **함수 설명** =HOUR(H13)&"시"
> [H13] 셀에서 시간만 추출하여 '시'를 붙여서 표시한다.

⑦ [I21] 셀에 =(HOUR(H21-G21)*60+MINUTE(H21-G21))/10*200을 입력한 후 [I26] 셀까지 수식을 복사한다.

> 💬 **함수 설명** =(HOUR(H21-G21)*60+MINUTE(H21-G21))/10*200
>   ②   ③   ④
>   ①
>
> ① HOUR(H21-G21) : [출차시간]-[입차시간]의 시(hour)를 계산
> ② ①*60 : 1시간은 60분이라서 * 60을 함
> ③ MINUTE(H21-G21) : [출차시간]-[입차시간]의 분(minute)을 계산
> ④ (②+③)/10 : 주차시간을 10분 단위로 계산하기 위해 10으로 나눔
>
> = ④*200 : 10분 단위에 * 200을 통하여 10분에 200원으로 계산

> 🏁 **기적의 TIP**
> 결과는 실습하는 년도와 날짜에 따라 달라질 수 있다. TODAY 함수는 실습하는 날짜를 이용하여 계산하기 때문에 달라진다.

풀이결과

	A	B	C	D	E	F	G	H	I	J
1	[표1]	자격증 응시일				[표2]	회원 관리 현황			
2	응시지역	성명	응시일	요일		이름	부서	입사일자	근무년수	
3	광주	김종민	2025-05-15	평일		공호철	영업부	2012-06-21	13	
4	서울	강원철	2025-10-24	평일		강장환	관리부	2022-06-14	3	
5	안양	이진수	2025-03-05	평일		신동숙	영업부	2021-10-07	4	
6	부산	박정민	2025-08-17	주말		이창명	총무부	2022-12-01	3	
7	인천	한수경	2025-11-12	평일		채경휘	경리부	2021-03-25	4	
8	제주	유미진	2025-12-12	평일		김길수	관리부	2023-04-09	2	
9	대전	정미영	2025-02-25	평일		강정미	총무부	2020-04-19	5	
10										
11	[표3]					[표4]	대한학원 수강시간표			
12	성명	시험일시	잔여일수			과목	요일	수업시간	입실시간	
13	한가람	2027-05-21	1521			피아노	수요일	13:10	13시	
14	김은철	2027-04-22	1492			바이올린	월요일	15:10	15시	
15	고사리	2027-01-23	1403			주산	금요일	14:10	14시	
16	박은별	2027-07-24	1585			영어	목요일	15:10	15시	
17	성준서	2027-03-25	1464			미술	토요일	13:10	13시	
18	이성연	2027-04-28	1498							
19	박한나	2027-07-29	1590			[표5]	주차타워 주차요금			
20	이미리	2027-06-30	1561			차량번호	입차시간	출차시간	주차요금	
21						5587	10:30	11:30	1,200	
22						2896	11:00	12:20	1,600	
23						3578	11:30	13:50	2,800	
24						6478	12:00	12:50	1,000	
25						4987	12:30	15:20	3,400	
26						5791	13:00	16:20	4,000	
27										

▲ '날짜2(결과)' 시트

SECTION 07 문자열 함수

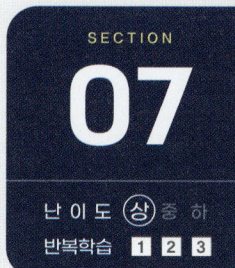

작업파일 [26컴활2급₩이론] 폴더의 '08계산작업' 파일을 열어서 작업하시오.

① 문자열의 일부(왼쪽에서-LEFT, 중간에서-MID, 오른쪽에서-RIGHT)를 추출한다.

LEFT(텍스트, 문자수) : 텍스트의 왼쪽에서 지정한 문자수만큼 텍스트를 추출함
예제 =LEFT("KOREA",3)   결과 KOR

MID(텍스트, 시작위치, 문자수) : 텍스트의 시작 위치에서부터 지정한 문자수만큼 텍스트를 추출함
예제 =MID("KOREA",3,2)   결과 RE

RIGHT(텍스트, 문자수) : 텍스트의 오른쪽에서 지정한 문자수만큼 텍스트를 추출함
예제 =RIGHT("KOREA",3)   결과 REA

25년 출제

학번의 왼쪽에서부터 2글자와 학번의 3~4번째 글자를 〈학과표〉에서 학과를 찾아 연결하여 표시하시오.
[표시 예 : 학번이 2411012 → 24학번 AI융합]
=LEFT(A3,2)&"학번 "&VLOOKUP(MID(A3,3,2),$E$3:$F$5,2,0)

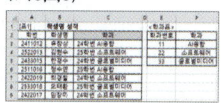

② 영문자의 소문자(LOWER), 대문자(UPPER), 첫 글자만 대문자(PROPER)로 변환한다.

LOWER(텍스트) : 텍스트를 소문자로 변환함
예제 =LOWER("KOREA")   결과 korea

UPPER(텍스트) : 텍스트를 대문자로 변환함
예제 =UPPER("korea")   결과 KOREA

PROPER(텍스트) : 텍스트를 첫 문자만 대문자로 나머지는 소문자로 변환함
예제 =PROPER("KOREA")   결과 Korea

③ 여분의 공백(TRIM)을 삭제한다.

TRIM(텍스트) : 단어 사이에 있는 한 칸의 공백을 제외하고 텍스트의 공백을 모두 삭제함
예제 =TRIM(" KOREA 2023")   결과 KOREA 2023

04 텍스트 값에서 다른 텍스트 값(FIND)을 찾아 시작 위치를 구한다. (대/소문자 구분)

> FIND(찾을 텍스트, 찾을 텍스트를 포함한 텍스트, [찾을 시작 위치]) : 대/소문자를 구분하여 텍스트 값에서 다른 텍스트 값을 찾음
> [예제] =FIND( ) 함수는 문자 단위
> [예제] =FIND("X","EXCEL")　　　　　　　[결과] 2

05 텍스트 값에서 다른 텍스트 값(SEARCH)을 찾아 시작 위치를 구한다. (대/소문자 구분 안 함)

> SEARCH(찾을 텍스트, 찾을 텍스트를 포함한 텍스트, [찾을 시작 위치]) : 텍스트 값에서 다른 텍스트 값(SEARCH)을 찾아 시작 위치를 구함(대/소문자 구분 안 함)
> [예제] =SEARCH( ) 함수는 문자 단위
> [예제] =SEARCH("N","printer")　　　　　[결과] 4

06 텍스트 문자열 내의 문자 개수(LEN)를 구한다.

> LEN(텍스트) : 텍스트의 문자 개수를 구함
> [예제] =LEN("컴퓨터활용능력")　　　　　[결과] 7

출제유형 ❶ '텍스트' 시트에 다음의 문제를 처리하시오.

	A	B	C	D	E	F	G	H	I	J
1	[표1]	홈런 순위				[표2]	카페 신입회원 정보			
2	순위	홈런수	팀명	선수명	선수명(팀명)		성명	지역	닉네임	E-메일
3	1	45	eagles	kimkh			최정예	서울		love99@naver.com
4	2	43	heroes	leesy			심일훈	경기		muakiea@nate.com
5	3	40	lions	parkjm			이아랑	인천		starcmk@nate.com
6	4	39	bears	kimjk			김정필	부산		99023@gmail.com
7	5	34	ktwiz	yoonbw			홍현서	대전		yses@daum.net
8	6	32	tigers	ohsh			이재훈	대구		newlive@naver.com
9	7	30	twins	songhm			김지민	광주		0908ar@naver.com
10	8	29	dinos	jangjb			정해선	강원		tenhour@daum.net
11	9	27	giants	haneh			정우현	제주		kji1004@gmail.com
12	10	26	wyverns	jinch						
13										
14	[표3]	의류 판매 현황				[표4]				
15	제품코드	판매가	판매량	구분			학과	입학일자	입학코드	
16	C-01-M	35,000	65				HEALTHCARE	2022-03-02		
17	S-03-W	42,000	24				HEALTHCARE	2023-03-03		
18	B-03-W	31,500	22				COMPUTER	2024-03-02		
19	A-01-M	28,000	28				COMPUTER	2021-03-02		
20	H-03-W	30,000	19				DESIGN	2025-03-02		
21	N-01-M	40,000	43				DESIGN	2022-03-02		
22	P-05-O	29,500	33				ARTS-THERAPY	2023-03-02		
23	L-05-O	37,000	27				ARTS-THERAPY	2025-03-02		
24										
25	[표5]	생산품목 현황				[표6]				
26	코드	생산일자	인식표	제품코드			도서코드	출판사	출판연도	변환도서코드
27	ag	2025-11-11	w				mng-002	한국산업	2023	
28	rf	2025-08-30	e				psy-523	민용사	2020	
29	dk	2025-12-30	f				mng-091	두란노	2022	
30	ik	2025-10-15	d				psy-725	에코의 서재	2023	
31	wd	2025-11-22	e				nov-264	마티	2020	
32	od	2025-12-10	w				lan-183	상공사	2024	
33	uf	2025-09-03	h				lan-184	민용사	2022	

▲ '텍스트' 시트

❶ [표1]에서 선수명의 첫 문자를 대문자로 변환하고, 팀명[C3:C12]의 전체 문자를 대문자로 변환하여 선수명(팀명)[E3:E12]에 표시하시오.
   ▶ [표시 예 : 선수명이 'kimji', 팀명이 'lions'인 경우 'Kimji(LIONS)'로 표시]
   ▶ UPPER, PROPER 함수와 & 연산자 사용

❷ [표2]의 E-메일[J3:J11]에서 '@' 앞의 문자열만 추출하여 닉네임[I3:I11]에 표시하시오.
   ▶ [표시 예 : abc@naver.com → abc]
   ▶ MID와 SEARCH 함수 사용

❸ [표3]에서 제품코드[A16:A23]의 마지막 문자가 'M'이면 '남성용', 'W'이면 '여성용', 'O'이면 '아웃도어'로 구분[D16:D23]에 표시하시오.
   ▶ IF와 RIGHT 함수 사용

❹ [표4]에서 학과[G16:G23]의 앞 세 문자와 입학일자[H16:H23]의 연도를 이용하여 입학코드[I16:I23]를 표시하시오.
   ▶ 학과의 글자는 소문자로 표시
   [표시 예 : 학과가 'HEALTHCARE', 입학일자가 '2025-03-02'인 경우 → hea2025]
   ▶ LEFT, LOWER, YEAR 함수와 & 연산자 사용

❺ [표5]에서 코드, 생산일자, 인식표를 이용하여 제품코드를 구한 후 [D27:D33]에 표시하시오.
   ▶ 제품코드는 코드 뒤에 '-', 생산일자 중 월 뒤에 '-', 인식표를 연결한 후 대문자로 변환한 것임
   ▶ [표시 예 : 코드가 jh, 생산일자 2025-10-2, 인식표 ek이면 → JH-10-EK]
   ▶ UPPER, MONTH와 & 연산자 사용

❻ [표6]에서 도서코드[G27:G33]의 앞뒤에 있는 공백을 제거한 후 전체 문자를 대문자로 변환하고, 변환된 문자열 뒤에 '-KR'을 추가하여 변환도서코드[J27:J33]에 표시하시오.
   ▶ [표시 예 : mng-002 → MNG-002-KR]
   ▶ TRIM, UPPER 함수 & 연산자 사용

① [E3] 셀에 =PROPER(D3)&"("&UPPER(C3)&")"를 입력한 후 [E12] 셀까지 수식을 복사한다.

> **함수 설명** =PROPER(D3)&"("&UPPER(C3)&")"
>   ①   ②
> ① PROPER(D3) : 선수명[D3]을 첫글자만 대문자로 표시한다.
> ② UPPER(C3) : 팀명[C3]은 모두 대문자로 표시한다.
>
> =①&"("&②&")" : ①(②) 형식으로 표시한다.

② [I3] 셀에 =MID(J3,1,SEARCH("@",J3,1)−1)을 입력한 후 [I11] 셀까지 수식을 복사한다.

> **함수 설명** =MID(J3,1,SEARCH("@",J3,1)−1)
>   ①
> ① SEARCH("@",J3,1) : 왼쪽에서 오른쪽으로 검색하면서 @가 처음으로 발견되는 곳의 문자 개수를 구한다. (대/소문자 구분은 안 함)
>
> =MID(J3,1,①−1) : E메일[J3]에서 첫 번째부터 시작하여 ①−1을 한 글자수만큼 추출한다.

③ [D16] 셀에 =IF(RIGHT(A16,1)="M","남성용",IF(RIGHT(A16,1)="W","여성용","아웃도어"))를 입력한 후 [D23] 셀까지 수식을 복사한다.

> **함수 설명** =IF(RIGHT(A16,1)="M","남성용",IF(RIGHT(A16,1)="W","여성용","아웃도어"))
>   ①
> ① RIGHT(A16,1) : 제품코드[A16]에서 오른쪽 한 글자를 추출한다.
>
> =IF(①="M","남성용",IF(①="W","여성용","아웃도어")) : ①의 값이 'M'이면 '남성용', ① 값이 'W'이면 '여성용', 그 외에는 '아웃도어'로 표시한다.

④ [I16] 셀에 =LOWER(LEFT(G16,3)&YEAR(H16))을 입력한 후 [I23] 셀까지 수식을 복사한다.

> **함수 설명** =LOWER(LEFT(G16,3)&YEAR(H16))
>   ①   ②
> ① LEFT(G16,3) : 학과[G16]에서 왼쪽에서부터 3글자를 추출한다.
> ② YEAR(H16) : 입학일자[H16] 셀의 년도를 추출한다.
> =LOWER(①&②) : ①&②의 값을 모두 소문자로 표시한다.

> **기적의 TIP**
> 문제에 주어진 함수를 이용하여 값을 구하기 때문에 함수의 순서가 서로 바뀌어도 결과가 같다면 틀리지 않다.
> =LEFT(LOWER(G16),3)&YEAR(H16)
> =LOWER(LEFT(G16,3))&YEAR(H16)
> 모두 맞다.

⑤ [D27] 셀에 =UPPER(A27) & "-" & MONTH(B27) & "-" & UPPER(C27)을 입력한 후 [D33] 셀까지 수식을 복사한다.

> 💬 **함수 설명** =UPPER(A27) & "-" & MONTH(B27) & "-" & UPPER(C27)
>   ①   ②   ③
> ① UPPER(A27) : 코드[A27]은 모두 대문자로 표시한다.
> ② MONTH(B27) : 생산일자[B27]에서 월만 추출한다.
> ③ UPPER(C27) : 인식표[C27]은 모두 대문자로 표시한다.
>
> =① & "-" & ② & "-" & ③ : ①-②-③ 형식으로 영문은 모두 대문자로 표시한다.
>
> 「=UPPER(A27&"-"&MONTH (B27)&"-"&C27)」로 입력해도 된다.

⑥ [J27] 셀에 =UPPER(TRIM(G27))&"-KR"을 입력한 후 [J33] 셀까지 수식을 복사한다.

> 💬 **함수 설명** =UPPER(TRIM(G27))&"-KR"
>   ①
>   ②
> ① TRIM(G27) : 도서코드[G27]에서 글자 사이의 한 칸의 여백을 남기고 텍스트의 공백을 모두 삭제한다.
> ② UPPER(①) : ①의 값을 모두 대문자로 표시한다.
>
> =②&"-KR" : ②-KR 형식으로 표시한다.
>
> 「=TRIM(UPPER(G27))&"-KR"」로 입력해도 된다.

풀이결과

	A	B	C	D	E	F	G	H	I	J
1	[표1]	홈런 순위				[표2]	카페 신입회원 정보			
2	순위	홈런수	팀명	선수명	선수명(팀명)		성명	지역	닉네임	E-메일
3	1	45	eagles	kimkh	Kimkh(EAGLES)		최정예	서울	love99	love99@naver.com
4	2	43	heroes	leesy	Leesy(HEROES)		심일훈	경기	muakiea	muakiea@nate.com
5	3	40	lions	parkjm	Parkjm(LIONS)		이아랑	인천	starcmk	starcmk@nate.com
6	4	39	bears	kimjk	Kimjk(BEARS)		김정필	부산	99023	99023@gmail.com
7	5	34	ktwiz	yoonbw	Yoonbw(KTWIZ)		홍현서	대전	yses	yses@daum.net
8	6	32	tigers	ohsh	Ohsh(TIGERS)		이재준	대구	newlive	newlive@naver.com
9	7	30	twins	songhm	Songhm(TWINS)		김지민	광주	0908ar	0908ar@naver.com
10	8	29	dinos	jangjb	Jangjb(DINOS)		정해선	강원	tenhour	tenhour@daum.net
11	9	27	giants	haneh	Haneh(GIANTS)		정우현	제주	kji1004	kji1004@gmail.com
12	10	26	wyverns	jinch	Jinch(WYVERNS)					
13										
14	[표3]	의류 판매 현황				[표4]				
15	제품코드	판매가	판매량	구분			학과	입학일자	입학코드	
16	C-01-M	35,000	65	남성용			HEALTHCARE	2022-03-02	hea2022	
17	S-03-W	42,000	24	여성용			HEALTHCARE	2023-03-03	hea2023	
18	B-03-W	31,500	22	여성용			COMPUTER	2024-03-02	com2024	
19	A-01-M	28,000	28	남성용			COMPUTER	2021-03-02	com2021	
20	H-03-W	30,000	19	여성용			DESIGN	2025-03-02	des2025	
21	N-01-M	40,000	43	남성용			DESIGN	2022-03-02	des2022	
22	P-05-O	29,500	33	아웃도어			ARTS-THERAPY	2023-03-02	art2023	
23	L-05-O	37,000	27	아웃도어			ARTS-THERAPY	2025-03-02	art2025	
24										
25	[표5]	생산품목 현황				[표6]				
26	코드	생산일자	인식표	제품코드			도서코드	출판사	출판년도	변환도서코드
27	ag	2025-11-11	w	AG-11-W			mng-002	한국산업	2023	MNG-002-KR
28	rf	2025-08-30	e	RF-8-E			psy-523	민음사	2020	PSY-523-KR
29	dk	2025-12-30	f	DK-12-F			mng-091	두란노	2022	MNG-091-KR
30	ik	2025-10-15	d	IK-10-D			psy-725	에코의 서재	2023	PSY-725-KR
31	wd	2025-11-22	e	WD-11-E			nov-264	마티	2020	NOV-264-KR
32	od	2025-12-10	w	OD-12-W			lan-183	상공사	2024	LAN-183-KR
33	uf	2025-09-03	h	UF-9-H			lan-184	민음사	2022	LAN-184-KR
34										

▲ '텍스트(결과)' 시트

SECTION 08 논리 함수

작업파일 [26컴활2급₩이론] 폴더의 '08계산작업' 파일을 열어서 작업하시오.

25년 출제

=IF(RANK.EQ(값, 범위)<=3, "우수", "")
순위를 구하여 1~3위까지는 '우수', 그 외는 공백으로 표시

01 조건을 판단(IF)한다.

IF(조건식, 값1, 값2) : 조건식이 참이면 값1을 표시, 거짓이면 값2를 표시

예제 =IF(C4>=20,5,0)
결과 [C4] 셀의 값이 20 이상이면 5, 그렇지 않으면 0을 표시

예제 =IF(C4>=20,5,IF(C4>=10,3,1))
결과 [C4] 셀의 값이 20 이상이면 5, 그렇지 않고 만약에 [C4] 셀의 값이 10 이상이면 3, 그렇지도 않으면 1을 표시

02 논리곱(AND)을 구한다.

AND(조건1, 조건2,…) : 모든 조건이 참이면 TRUE(참)를 표시하고, 나머지는 FALSE(거짓)를 표시

예제 =AND(10>5, 5>2)   **결과** TRUE

25년 출제

가입날짜가 5월 또는 10월이면 발송여부에 '발송', 그 외는 공백을 표시하시오.
=IF(OR(MONTH(B3)=5, MONTH(B3)=10),"발송","")

	A	B	C
1	[표1]		
2	고객번호	가입 날짜	발송여부
3	AT101	2025-05-03	발송
4	AT102	2025-07-07	
5	AT103	2025-10-10	발송
6	AT104	2025-11-11	
7	AT105	2025-12-01	
8	AT106	2025-05-10	발송
9	AT107	2025-10-01	발송

03 논리합(OR)을 구한다.

OR(조건1, 조건2,…) : 모든 조건이 거짓이면 FALSE, 나머지는 TRUE를 표시

예제 =OR(10<5, 5<2)   **결과** FALSE

04 논리값(TRUE, FALSE)을 구한다.

TRUE( ) : 논리값을 TRUE로 표시
예제 =TRUE( )   **결과** TRUE

FALSE( ) : 논리값을 FALSE로 표시
예제 =FALSE( )   **결과** FALSE

05 논리식의 역(NOT)을 구한다.

NOT(논리식) : 논리식의 결과를 역으로 표시
예제 =NOT(30=10)   **결과** FALSE

06 수식에서 오류가 발생할 경우 지정한 값(IFERROR)을 반환한다.

> IFERROR(수식, 값) : 수식에서 오류가 발생할 경우 지정한 값을 반환하고, 그렇지 않으면 수식 결과를 반환함
> [예제] =IFERROR(4/가,"수식오류")   [결과] 수식오류

07 여러 조건에 대한 다른 결과 값(IFS)을 반환한다.

> IFS(조건식1, 값1, 조건식2, 값2, …) : 조건식1에 만족하면 값1, 조건식2에 만족하면 값2, …를 표시
> [예제] =IFS(A2)=90, "A", A2)=80, "B", TRUE, "C")
> [결과] [A2] 셀의 값이 90 이상이면 'A', 80 이상이면 'B', 80 보다 작은 모든 값의 경우에는 'C'를 표시

08 조건식의 결과에 따라 다른 값(SWITCH)을 반환한다.

> SWITCH(조건식, 결과값1, 반환값1, 결과값2, 반환값2, …) : 조건식의 값이 결과값1과 같으면 반환값1, 결과값2와 같으면 반환값2, …를 표시
> [예제] =SWITCH(A2, 1, "일요일", 7, "토요일", "평일")
> [결과] [A2] 셀의 값이 1 이면 '일요일', 2 이면 '토요일', 그 외는 '평일'로 표시

출제유형 ❶ '논리1' 시트에 다음의 문제를 처리하시오.

	A	B	C	D	E	F	G	H	I	J	K	L
1	[표1]	휴가 사용 현황		총휴가일수	16		[표2]	자격증 시험 결과				
2	성명	성별	부서명	사용일수	비고		응시코드	1차	2차	3차	결과	
3	유삼호	남	영업부	15			A-0001	79	76	58		
4	최서진	여	영업부	10			A-0002	88	95	89		
5	이상백	남	영업부	8			A-0003	56	42	55		
6	한미진	여	생산부	12			A-0004	71	75	73		
7	김동우	남	생산부	14			A-0005	90	92	94		
8	김도균	남	생산부	13			A-0006	81	86	71		
9	이나은	여	경리부	11			A-0007	80	79	83		
10	정상은	여	경리부	5			A-0008	48	59	62		
11	신병규	남	경리부	14			A-0009	76	54	62		
12												
13	[표3]	해외근무 응시 현황					[표4]	쇼핑몰 판매 현황				
14	사원명	근무	출근	외국어	결과		상품코드	판매가	판매량	총판매액	비고	
15	강용성	93	85	77			CMK-01	12,000	124	1,488,000		
16	이경심	72	99	86			HJH-01	11,500	193	2,219,500		
17	박훈석	93	75	91			KES-01	8,500	199	1,691,500		
18	전우희	82	89	47			HJH-02	12,500	145	1,812,500		
19	원유성	57	94	85			KES-02	7,500	195	1,462,500		
20	기상천	69	88	77			CMK-02	10,000	188	1,880,000		
21	박명훈	79	86	96			HJH-03	9,500	167	1,586,500		
22	변희영	86	96	68			KES-03	5,500	155	852,500		
23	이보민	72	88	52			CMK-03	8,000	168	1,344,000		
24												

▲ '논리1' 시트

❶ [표1]의 총휴가일수[E1]에서 사용일수[D3:D11]을 뺀 일수가 8일 이상이면 "휴가독촉", 8일 미만 4일 이상이면 "휴가권장", 4일 미만이면 공백으로 비고[E3:E11]에 표시하시오.
  ▶ IF, COUNTIF, AVERAGEIF 중 알맞은 함수 사용

❷ [표2]에서 1차[H3:H11], 2차[I3:I11], 3차[J3:J11] 점수 중 하나라도 80점 이상이면 "합격", 그렇지 않으면 "불합격"을 결과[K3:K11]에 표시하시오.
  ▶ IF와 OR 함수 사용

❸ [표3]에서 근무[B15:B23]나 출근[C15:C23]이 80 이상이면서 외국어[D15:D23]가 90 이상이면 "해외근무", 그렇지 않으면 "국내근무"를 결과[E15:E23]에 표시하시오.
  ▶ IF, AND, OR, 함수 사용

❹ [표4]에서 판매량[I15:I23]이 150 이상이고, 총판매액[J15:J23]이 전체 총판매액의 중앙값 이상이면 '효자상품'을, 그렇지 않으면 공백을 비고[K15:K23]에 표시하시오.
  ▶ IF, AND, MEDIAN 함수 사용

① [E3] 셀에 =IF($E$1-D3>=8,"휴가독촉",IF($E$1-D3>=4,"휴가권장",""))을 입력한 후 [E11] 셀까지 수식을 복사한다.

> **함수 설명** =IF($E$1-D3>=8,"휴가독촉",IF($E$1-D3>=4,"휴가권장",""))
> 총휴가일수[E1]에서 사용일수[D3]를 뺀 값이 8보다 크거나 같다면(이상)이면 '휴가독촉', 총휴가일수[E1]에서 사용일수[D3]를 뺀 값이 4보다 크거나 같다면(이상)이면 '휴가권장', 그 외에는 공백("")으로 표시한다.

② [K3] 셀에 =IF(OR(H3>=80,I3>=80,J3>=80),"합격","불합격")을 입력한 후 [K11] 셀까지 수식을 복사한다.

> 💬 **함수 설명** =IF(OR(H3>=80,I3>=80,J3>=80),"합격","불합격")
> ① OR(H3>=80,I3>=80,J3>=80) : 1차[H3]가 80 이상이거나 2차[I3]가 80 이상이거나 3차[J3]가 80 이상이면 TRUE 값이 반환된다. 1차 ~ 3차 중에서 하나라도 80 이상이면 TRUE 값이다.
> =IF(①,"합격","불합격") : ①의 값이 TRUE이면 '합격', 그 외에는 '불합격'으로 표시한다.

🏁 기적의 TIP

OR 함수 : 조건1, 조건2, .. 중 하나라도 참이면 참(TRUE)

조건1	조건2	결과
3>2	5>2	참(TRUE)
3>2	1>2	참(TRUE)
1>2	5>2	참(TRUE)
2>3	1>2	거짓(FALSE)

③ [E15] 셀에 =IF(AND(OR(B15>=80,C15>=80),D15>=90),"해외근무","국내근무")를 입력한 후 [E23] 셀까지 수식을 복사한다.

> 💬 **함수 설명** =IF(AND(OR(B15>=80,C15>=80),D15>=90),"해외근무","국내근무")
>   (①)
>   (②)
> ① OR(B15>=80,C15>=80) : 근무[B15]가 80 이상이거나 출근[C15]가 80 이상이면 TRUE 값이 반환된다. 근무 또는 출근 중에서 하나라도 80 이상이면 TRUE 값이다.
> ② AND(①,D15>=90) : ①이 TRUE이고 외국어[D15]가 90 이상이면 TRUE 값이 반환된다.
> =IF(②,"해외근무","국내근무") : ②의 값이 TRUE이면 '해외근무', 그 외에는 '국내근무'로 표시한다.

🏁 기적의 TIP

AND 함수 : 조건1, 조건2, .. 모든 조건이 참일 때에는 참(TRUE)

조건1	조건2	결과
3>2	5>2	참(TRUE)
3>2	1>2	거짓(FALSE)
1>2	5>2	거짓(FALSE)
2>3	1>2	거짓(FALSE)

④ [K15] 셀에 =IF(AND(I15>=150,J15>=MEDIAN($J$15:$J$23)),"효자상품","")을 입력한 후 [K23] 셀까지 수식을 복사한다.

> 💬 **함수 설명** =IF(AND(I15>=150,J15>=MEDIAN($J$15:$J$23)),"효자상품","")
>   (①)
>   (②)
> ① MEDIAN($J$15:$J$23) : 총판매액[J15:J23]의 중간값을 구한다.
> ② AND(I15>=150,J15>=①) : 판매량이 150 이상이고 총판매액이 ① 이상이면 TRUE 값이 반환된다.
> =IF(②,"효자상품","") : ②의 값이 TRUE이면 '효자상품', 그 외에는 공백(" ")으로 표시한다.

풀이결과

	A	B	C	D	E	F	G	H	I	J	K	L
1	[표1]	휴가 사용 현황				[표2]	자격증 시험 결과					
2	성명	성별	부서명	사용일수	비고	응시코드	1차	2차	3차	결과		
3	유심호	남	영업부	15		A-0001	79	76	58	불합격		
4	최서진	여	영업부	10	휴가권장	A-0002	88	95	89	합격		
5	이상배	남	영업부	8	휴가독촉	A-0003	56	42	55	불합격		
6	한미진	여	생산부	12	휴가권장	A-0004	71	75	73	불합격		
7	김동우	남	생산부	14		A-0005	90	92	94	합격		
8	김도균	남	생산부	13		A-0006	81	86	71	합격		
9	이나은	여	경리부	11	휴가권장	A-0007	80	79	83	합격		
10	정상은	여	경리부	5	휴가독촉	A-0008	48	59	62	불합격		
11	신병규	남	경리부	14		A-0009	76	54	62	불합격		
12												
13	[표3]	해외근무 응시 현황				[표4]	쇼핑몰 판매 현황					
14	사원명	근무	출근	외국어	결과	상품코드	판매가	판매량	총판매액	비고		
15	강용성	93	85	77	국내근무	CMK-01	12,000	124	1,488,000			
16	이경심	72	99	86	국내근무	HJH-01	11,500	193	2,219,500	효자상품		
17	박훈석	93	75	91	해외근무	KES-01	8,500	199	1,691,500	효자상품		
18	전우희	82	89	47	국내근무	HJH-02	12,500	145	1,812,500			
19	원유성	57	94	85	국내근무	KES-02	7,500	195	1,462,500			
20	기상천	69	88	77	국내근무	CMK-02	10,000	188	1,880,000	효자상품		
21	박명훈	79	86	96	해외근무	HJH-03	9,500	167	1,586,500	효자상품		
22	변회영	86	96	68	국내근무	KES-03	5,500	155	852,500			
23	이보민	72	88	52	국내근무	CMK-03	8,000	168	1,344,000			
24												

◀ '논리1(결과)' 시트

출제유형 ❷ '논리2' 시트에 다음의 문제를 처리하시오.

	A	B	C	D	E	F	G	H	I	J	K	L
1	[표1]	교내 미술경시대회					[표2]					
2	학년	성명	성별	점수	결과		원서번호	이름	거주지	지원학과		
3	1	전세권	남	78			M-120	이민수	서울시 강북구			
4	1	노숙자	여	86			N-082	김병훈	대전시 대덕구			
5	1	하나로	여	90			S-035	최주영	인천시 남동구			
6	1	육해공	남	91			M-072	김미라	서울시 성북구			
7	2	정인간	남	92			S-141	나태후	경기도 김포시			
8	2	방귀남	남	82			N-033	전영태	경기도 고양시			
9	2	구주희	여	94			M-037	조영선	강원도 춘천시			
10	3	이재휘	남	89			A-028	박민혜	서울시 마포구			
11	3	유희지	여	93								
12	3	한산의	여	87			학과코드	S	N	M		
13							학 과 명	소프트웨어	네트워크	멀티미디어		
14												
15	[표3]	신제품 출시 현황					[표4]					
16	제품코드	판매량	판매총액	결과			이름	국사	상식	총점	점수	
17	BH001	642	8,025,000				이후정	82	94	176		
18	BH002	241	3,012,500				백전경	63	83	146		
19	BH003	289	3,612,500				민경배	76	86	162		
20	BH004	685	8,562,500				김태하	62	88	150		
21	BH005	917	11,462,500				이사랑	92	96	188		
22	BH006	862	10,775,000				곽난영	85	80	165		
23	BH007	571	7,137,500				장채리	62	77	139		
24	BH008	295	3,687,500				봉전미	73	68	141		
25	BH009	384	4,800,000									
26	BH010	166	2,075,000									
27												
28	[표5]						[표6]	사원 관리 현황				
29	주문번호	주문일	주문금액	주문요일			사원코드	성별	직위	부서명		
30	50123	2025-10-03	120,000				P-101	여	부장			
31	50124	2025-10-06	320,000				E-301	여	부장			
32	50125	2025-10-18	180,000				B-501	남	부장			
33	50126	2025-10-22	150,000				P-103	남	대리			
34	50127	2025-10-31	510,000				B-503	여	대리			
35	50128	2025-11-04	420,000				B-504	남	사원			
36	50129	2025-11-09	740,000				E-303	여	사원			
37	50130	2025-11-20	654,000				P-104	여	사원			

▲ '논리2' 시트

❶ [표1]에서 점수[D3:D12]를 기준으로 순위를 구하여 1위는 "대상", 2위는 "금상", 3위는 "은상", 4위는 "동상", 나머지는 공백으로 결과[E3:E12]에 표시하시오.
   ▶ IFERROR, CHOOSE, RANK.EQ 함수 사용

❷ [표2]에서 원서번호[G3:G10]의 왼쪽에서 첫 번째 문자와 [H12:J13] 영역을 참조하여 지원학과 [J3:J10]을 표시하시오.
   ▶ 단, 오류 발생 시 지원학과에 '코드오류'로 표시
   ▶ IFERROR, HLOOKUP, LEFT 함수 사용

❸ [표3]에서 판매총액[C17:C26]이 많은 5개의 제품은 "재생산", 나머지는 "생산중단"으로 결과 [D17:D26]에 표시하시오.
   ▶ IF와 LARGE 함수 사용

❹ [표4]에서 총점[J17:J24]이 가장 높은 사람은 '최고점수', 가장 낮은 사람은 '최저점수', 그렇지 않은 사람은 공백을 점수[K17:K24]에 표시하시오.
   ▶ IF, MAX, MIN 함수 사용

❺ [표5]에서 주문일[B30:B37]의 요일번호를 이용하여 주문요일[D30:D37] 영역에 '월', '화', … 형식으로 표시하시오.
   ▶ SWITCH, WEEKDAY 함수 사용
   ▶ 단, 요일 계산 시 월요일이 1인 유형으로 지정

❻ [표6]에서 사원코드[G30:G37]의 왼쪽에서 첫 번째 문자가 'P'이면 '생산부', 'B'이면 '영업부', 'E'이면 '관리부'로 부서명[J30:J37] 영역에 표시하시오.
   ▶ IFS, LEFT 함수 사용

① [E3] 셀에 =IFERROR(CHOOSE(RANK.EQ(D3,$D$3:$D$12),"대상","금상","은상","동상"),"")을 입력한 후 [E12] 셀까지 수식을 복사한다.

> **기적의 TIP**
> =CHOOSE(인덱스번호,"값1","값2","값3"...)

💬 **함수 설명** =IFERROR(CHOOSE(RANK.EQ(D3,$D$3:$D$12),"대상","금상","은상","동상"),"")
　　　　　　　　　　　　　　　　①
　　　　　　　　　　　②

① RANK.EQ(D3,$D$3:$D$12) : [D3] 셀의 점수를 [D3:D12] 영역에서 순위를 구한다.
② CHOOSE(①,"대상","금상","은상","동상") : ①의 값이 1이면 '대상', 2이면 '금상', 3이면 '은상', 4이면 '동상'으로 표시한다.

=IFERROR(②,"") : ②의 값에 오류가 없다면 값을 그대로 표시하고, 만약 오류가 있다면 공백(" ")으로 표시한다.

② [J3] 셀에 =IFERROR(HLOOKUP(LEFT(G3,1),$H$12:$J$13,2,FALSE),"코드오류")를 입력한 후 [J10] 셀까지 수식을 복사한다.

> **기적의 TIP**
> =HLOOKUP(찾는 값, 범위, 몇 번째 행, [옵션])
> 옵션
> • 0(FALSE) : 정확하게 일치하는 값을 찾을 때 (셀 문자)
> • 1(TRUE) : 구간에서 값을 찾아올 때 (셀 1~10, 11~20, 21~30…)

💬 **함수 설명** =IFERROR(HLOOKUP(LEFT(G3,1),$H$12:$J$13,2,FALSE),"코드오류")
　　　　　　　　　　　　　　①
　　　　　　　　　　　②

① LEFT(G3,1) : 원서번호[G3] 셀에서 왼쪽에서 한 글자를 추출한다.
② HLOOKUP(①,$H$12:$J$13,2,FALSE) : ①의 값을 [H12:J13] 영역의 첫 번째 행에서 값을 찾아 같은 열의 2번째 행에서 정확하게 일치하는 값을 반환한다.

=IFERROR(②,"코드오류") : ②의 값에 오류가 없다면 값을 그대로 표시하고, 만약 오류가 있다면 '코드오류'로 표시한다.

③ [D17] 셀에 =IF(C17>=LARGE($C$17:$C$26,5),"재생산","생산중단")을 입력한 후 [D26] 셀까지 수식을 복사한다.

💬 **함수 설명** =IF(C17>=LARGE($C$17:$C$26,5),"재생산","생산중단")
　　　　　　　　　　　①

① LARGE($C$17:$C$26,5) : 판매총액[C17:C26] 영역에서 5번째로 큰 값을 구한다.

=IF(C17>=①,"재생산","생산중단") : 판매총액[C17]의 값이 ①보다 크거나 같다면(이상) '재생산', 그 외에는 '생산중단'으로 표시한다.

④ [K17] 셀에 =IF(J17=MAX($J$17:$J$24),"최고점수",IF(J17=MIN($J$17:$J$24),"최저점수",""))을 입력한 후 [K24] 셀까지 수식을 복사한다.

💬 **함수 설명** =IF(J17=MAX($J$17:$J$24),"최고점수",IF(J17=MIN($J$17:$J$24),"최저점수",""))
　　　　　　　　　　　①　　　　　　　　　　　　　②

① MAX($J$17:$J$24) : 총점[J17:J24] 영역에서 가장 큰 값을 구한다.
② MIN($J$17:$J$24) : 총점[J17:J24] 영역에서 가장 작은 값을 구한다.

=IF(J17=①,"최고점수",IF(J17=②,"최저점수","")) : 총점[J17]이 ①하고 같다면 '최고점수'로 표시하고, 총점[J17]이 ②하고 같다면 '최저점수'로 표시하고, 그 외에는 공백(" ")으로 표시한다.

⑤ [D30] 셀에 =SWITCH(WEEKDAY(B30,2),1,"월",2,"화",3,"수",4,"목",5,"금",6,"토",7,"일")를 입력한 후 [D37] 셀까지 수식을 복사한다.

> **함수 설명** =SWITCH(WEEKDAY(B30,2),1,"월",2,"화",3,"수",4,"목",5,"금",6,"토",7,"일")
> ①
> ① WEEKDAY(B30,2) : [B30] 셀 날짜에서 요일의 번호를 숫자로 반환
>
> =SWITCH(①,1,"월",2,"화",3,"수",4,"목",5,"금",6,"토",7,"일") : ①의 값이 1이면 '월', 2이면 '화', … 으로 표시

⑥ [J30] 셀에 =IFS(LEFT(G30,1)="P","생산부",LEFT(G30,1)="B","영업부",LEFT(G30,1)="E","관리부")를 입력한 후 [J37] 셀까지 수식을 복사한다.

> **함수 설명** =IFS(LEFT(G30,1)="P","생산부",LEFT(G30,1)="B","영업부",LEFT(G30,1)="E","관리부")
> ①
> ① LEFT(G30,1) : [G30] 셀에서 왼쪽의 한 글자를 추출함
>
> =IFS(①="P","생산부",①="B","영업부",①="E","관리부") : ①의 값이 P이면 '생산부', B이면 '영업부', C이면 '관리부'

풀이결과

	A	B	C	D	E	F	G	H	I	J	K	L
1	[표1]	교내 미술경시대회					[표2]					
2	학년	성명	성별	점수	결과		원서번호	이름	거주지	지원학과		
3	1	전세권	남	78			M-120	이민수	서울시 강북구	멀티미디어		
4	1	노숙자	여	86			N-082	김병훈	대전시 대덕구	네트워크		
5	1	하나로	여	90			S-035	최주영	인천시 남동구	소프트웨어		
6	1	옥해공	남	91	동상		M-072	길미라	서울시 성북구	멀티미디어		
7	2	정인간	남	92	은상		S-141	나태후	경기도 김포시	소프트웨어		
8	2	방귀남	남	82			N-033	전영태	경기도 고양시	네트워크		
9	2	구주희	여	94	대상		M-037	조영선	강원도 춘천시	멀티미디어		
10	3	이재휘	남	89			A-028	박민혜	서울시 마포구	코드오류		
11	3	유희지	여	93	금상							
12	3	한산의	여	87			학과코드	S	N	M		
13							학과명	소프트웨어	네트워크	멀티미디어		
14												
15	[표3]	신제품 출시 현황					[표4]					
16	제품코드	판매량	판매총액	결과			이름	국사	상식	총점	점수	
17	BH001	642	8,025,000	재생산			이후정	82	94	176		
18	BH002	241	3,012,500	생산중단			백천경	63	83	146		
19	BH003	289	3,612,500	생산중단			민경배	76	86	162		
20	BH004	685	8,562,500	재생산			김태하	62	88	150		
21	BH005	917	11,462,500	재생산			이사랑	92	96	188	최고점수	
22	BH006	862	10,775,000	재생산			곽난영	85	80	165		
23	BH007	571	7,137,500	재생산			장채리	62	77	139	최저점수	
24	BH008	295	3,687,500	생산중단			봉전미	73	68	141		
25	BH009	384	4,800,000	생산중단								
26	BH010	166	2,075,000	생산중단								
27												
28	[표5]						[표6]	사원 관리 현황				
29	주문번호	주문일	주문금액	주문요일			사원코드	성별	직위	부서명		
30	50123	2025-10-03	120,000	금			P-101	여	부장	생산부		
31	50124	2025-10-06	320,000	월			E-301	여	부장	관리부		
32	50125	2025-10-18	180,000	토			B-501	남	부장	영업부		
33	50126	2025-10-22	150,000	수			P-103	남	대리	생산부		
34	50127	2025-10-31	510,000	금			B-503	여	대리	영업부		
35	50128	2025-11-04	420,000	화			B-504	남	사원	영업부		
36	50129	2025-11-09	740,000	일			E-303	여	사원	관리부		
37	50130	2025-11-20	654,000	목			P-104	여	사원	생산부		
38												

▲ '논리2(결과)' 시트

CHAPTER

03

분석작업

학습 방향

분석작업은 총 2문항이 출제되며, 각 문항은 10점씩 배점되어 총 20점입니다. 이 영역은 부분 점수가 없기 때문에, 반드시 문제에서 제시된 요구사항을 순서대로 정확히 처리하는 것이 중요합니다.
특히 부분합 문제의 경우, 먼저 기준 필드로 정렬한 후에 부분합을 작성해야 하며, 이 과정을 생략하거나 순서를 잘못하면 점수를 얻기 어렵습니다.
또한, 데이터 통합 문제에서는 조건 입력 시 만능문자(*)를 직접 입력해야 하는 경우가 있으므로, 이러한 유형에 대한 사전 연습도 필요합니다.
분석작업은 문제의 흐름을 이해하고 순차적으로 정확하게 수행하는 능력이 핵심이며, 실습을 통해 충분히 대비할 수 있습니다.

난이도

중 SECTION 01 정렬	1-126
상 SECTION 02 부분합	1-131
상 SECTION 03 데이터 표	1-139
상 SECTION 04 목표값 찾기	1-145
중 SECTION 05 시나리오	1-150
중 SECTION 06 피벗 테이블	1-159
상 SECTION 07 통합	1-172

SECTION 01 정렬

작업파일 [26컴활2급₩이론] 폴더의 '09정렬' 파일을 열어서 작업하시오.

출제유형 ❶ '정렬1' 시트에 다음의 지시사항을 처리하시오.

[정렬] 기능을 이용하여 부서명을 기준으로 오름차순으로 정렬하고, 동일한 부서명인 경우 '중형차'의 셀 색이 'RGB(183,222,232)'인 값이 위에 표시되도록 정렬하시오.

① [B3:H14] 영역 을 드래그하여 범위 지정한 후 [데이터]-[정렬 및 필터] 그룹의 [정렬](▦)을 클릭한다.

> **기적의 TIP**
>
> **[B3:H14] 영역을 범위 지정한 이유는?**
> 데이터 안쪽에 커서를 두고 [정렬]을 실행하면 [H2] 셀에 입력된 '금액:천원'까지 범위에 포함되어 문제에서 요구한 정렬을 할 수 없어 현재 예제에서는 정렬하고자 하는 영역을 범위 지정한 후 실행한다.

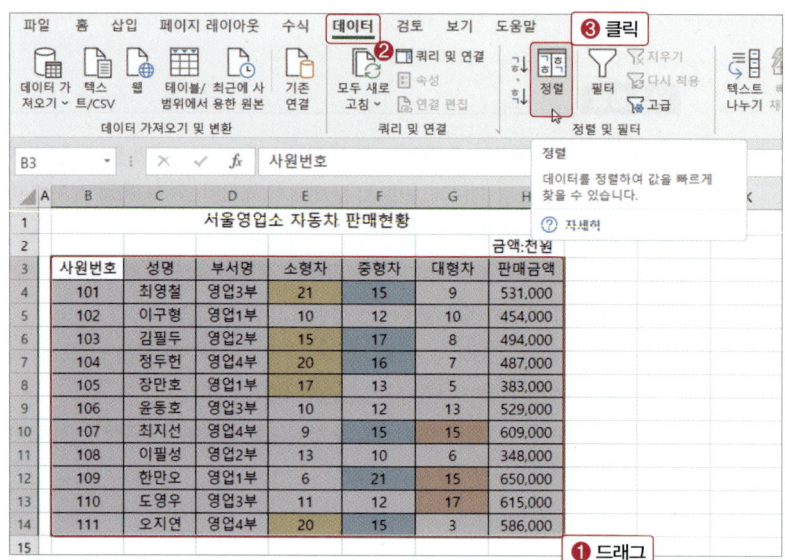

② [정렬]에서 첫 번째 정렬 기준은 '부서명', '셀 값', '오름차순'을 선택하고, 두 번째 정렬 기준을 추가하기 위해서 [기준 추가]를 클릭한다.

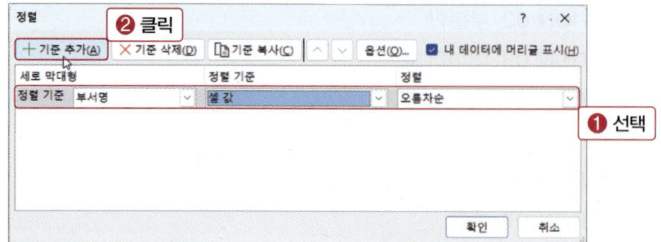

③ 다음 기준에 '중형차', '셀 색', 색에서 'RGB(183,222,232)'을 선택하고, '위에 표시'를 선택하고 [확인]을 클릭한다.

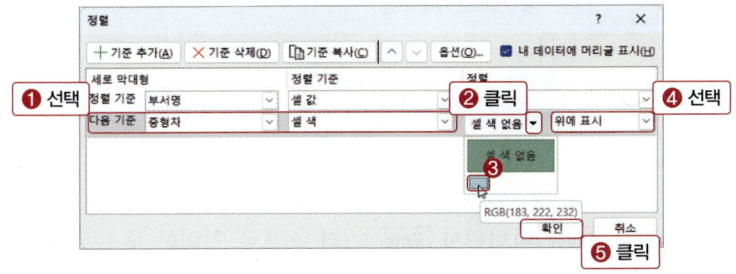

▲ '정렬1(결과)' 시트

> **출제유형 ❷** '정렬2' 시트에 다음의 지시사항을 처리하시오.

[정렬] 기능을 이용하여 '구분'을 조합-회원사-비회원사-기타 순으로 정렬하고, 동일한 구분인 경우 '증감량'의 글꼴 색이 'RGB(255,0,0)'인 값이 아래쪽에 표시되도록 정렬하시오.

① 합계 부분을 제외한 [A4:G20] 영역을 드래그하여 범위 지정한 후 [데이터]-[정렬 및 필터] 그룹의 [정렬](圖)을 클릭한다.

② [정렬]에서 첫 번째 정렬 기준은 '구분', '셀 값', '사용자 지정 목록…'을 선택한다.

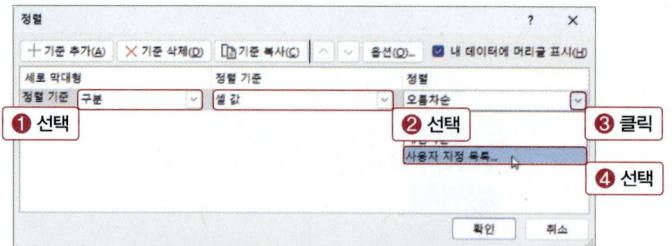

③ '목록 항목'에 **조합** Enter **회원사** Enter **비회원사** Enter **기타** 순으로 입력한 후 [추가]를 클릭하고 [확인]을 클릭한다.

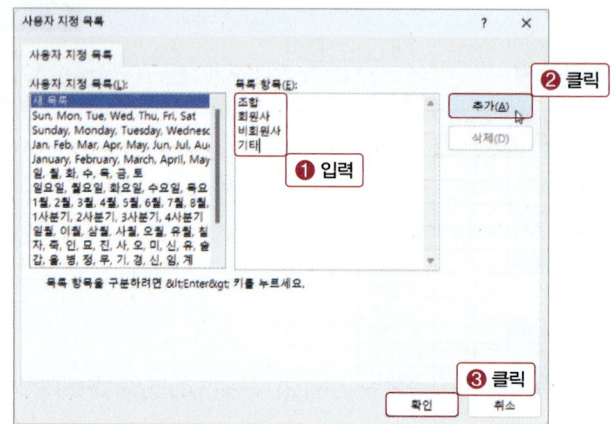

④ 정렬에 '조합, 회원사, 비회원사, 기타'가 표시되면 [기준 추가]를 클릭한다.

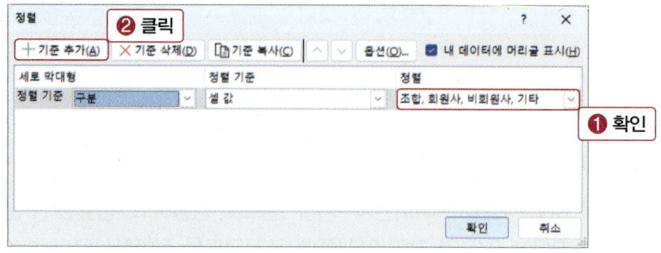

⑤ 다음 기준에 '증감량', '글꼴 색', 색에서 'RGB(255,0,0)'을 선택하고, '아래쪽에 표시'를 선택하고 [확인]을 클릭한다.

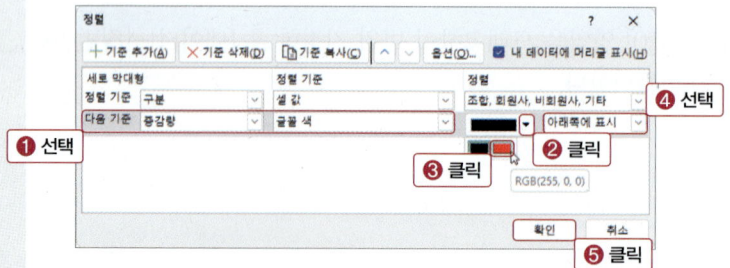

	A	B	C	D	E	F	G	H
1			분유 납품 현황					
2							단위: t	
3								
4	업체명	구분	전지분유	탈지분유	계	전년도	증감량	
5	경동낙협	조합	12	152	164	123	41	
6	경천낙협	조합	14	37	51	43	8	
7	서울우유합	조합	779	1,208	1,987	1,704	283	
8	청평우유합	조합	7	4	11	8	3	
9	대천우유합	조합	2	182	184	202	-18	
10	부부우유합	조합	21	888	909	913	-4	
11	건욱유업	회원사	25	34	59	41	18	
12	로우햄우유	회원사	5	99	104	79	25	
13	남동유업	회원사	78	789	867	934	67	
14	삼양식품	회원사	2	5	7	12	5	
15	비록	비회원사	2	198	200	156	44	
16	매달유업	비회원사	47	698	745	854	-109	
17	육오대학식품	비회원사	5	3	8	12	-4	
18	모닝몰유업	기타	3	3	6	5	1	
19	우목촌	기타	24	567	591	552	39	
20	엠오푸드	기타	12	21	33	35	-2	
21		합계	1,038	4,888	5,926	5,673	253	
22								

▲ '정렬2(결과)' 시트

출제유형 ③ '정렬3' 시트에 다음의 지시사항을 처리하시오.

[정렬] 기능을 이용하여 [표1]에서 '포지션'을 공격수-골키퍼-미드필드-수비수 순으로 정렬하고, 동일한 포지션인 경우 '가입기간'의 셀 색이 'RGB(216,228,188)'인 값이 위에 표시되도록 정렬하시오.

① [A3:G17] 영역을 드래그하여 범위 지정한 후 [데이터]-[정렬 및 필터] 그룹의 [정렬](圖)을 클릭한다.
② [정렬]에서 첫 번째 정렬 기준은 '포지션', '셀 값', '사용자 지정 목록...'을 선택한다.

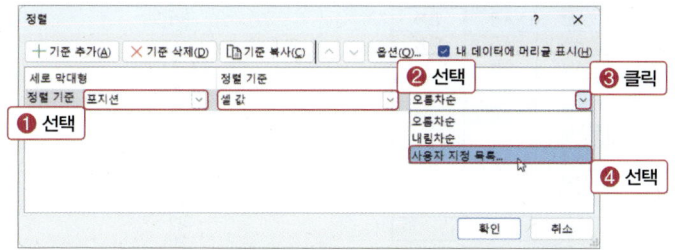

③ 목록 항목에 '공격수 Enter 골키퍼 Enter 미드필더 Enter 수비수' 순으로 입력한 후 [추가]를 클릭하고 [확인]을 클릭한다.

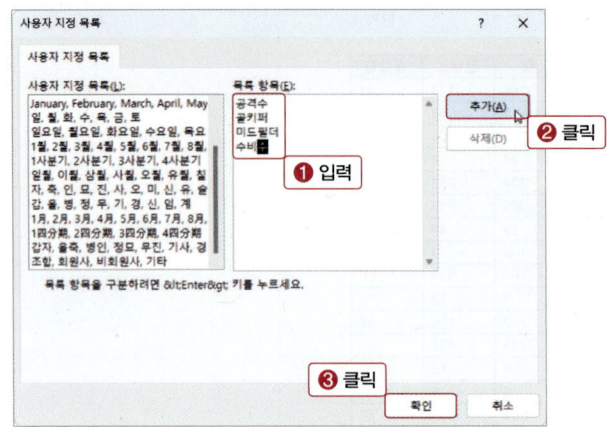

④ 정렬에 '공격수, 골키퍼, 미드필더, 수비수'가 표시되면 [기준 추가]를 클릭한다.
⑤ 다음 기준에 '가입기간', '셀 색', 색에서 'RGB(216,228,188)'을 선택하고, '위에 표시'를 선택하고 [확인]을 클릭한다.

풀이결과

	A	B	C	D	E	F	G	H
1	[표1] 영진상사 축구동호회 회원명부							
2								
3	포지션	이름	부서	나이	가입기간	참여도	비고	
4	공격수	이해탁	총무부	32	6년	A급		
5	공격수	왕전빈	경리부	26	1년	C급		
6	공격수	주병선	생산부	28	2년	B급		
7	골키퍼	김신수	생산부	30	6년	B급		
8	골키퍼	허웅진	구매부	34	8년	A급	감독	
9	미드필드	박평천	총무부	43	8년	A급	회장	
10	미드필드	갈문주	생산부	31	4년	C급		
11	미드필드	민조항	영업부	27	3년	B급		
12	미드필드	최배훈	영업부	26	1년	A급		
13	수비수	길주병	생산부	41	8년	C급		
14	수비수	김빈우	경리부	32	5년	A급	총무	
15	수비수	한민국	구매부	33	7년	B급		
16	수비수	나대영	생산부	26	2년	A급		
17	수비수	편대민	영업부	28	4년	B급		
18								

▲ '정렬3(결과)' 시트

SECTION 02 부분합

작업파일 [26컴활2급₩이론] 폴더의 '10부분합' 파일을 열어서 작업하시오.

출제유형 ❶ '부분합1' 시트에 다음의 지시사항을 처리하시오.

[부분합] 기능을 이용하여 〈그림〉과 같이 학과별로 '출석'과 '평소'의 평균을 계산한 후 '총점'의 최대값을 계산하시오.

▶ 정렬은 '학과'를 기준으로 내림차순으로 처리하시오.
▶ 평균과 최대값은 위에 명시된 순서대로 처리하시오.

	A	B	C	D	E	F	G	H	I
1	[표1] 영진대학교 프로그래밍 성적처리								
2									
3	학번	학과	이름	출석	평소	중간	기말	총점	
4	S121340	소프트웨어과	박진수	15	16	25	26	82	
5	S145628	소프트웨어과	김창희	20	19	29	27	95	
6	S130215	소프트웨어과	민경배	14	13	18	20	65	
7	S123056	소프트웨어과	유인형	15	18	20	17	70	
8		소프트웨어과 최대						95	
9		소프트웨어과 평균		16	16.5				
10	M110456	멀티미디어과	김진영	17	16	28	24	85	
11	M123460	멀티미디어과	최만중	19	19	26	28	92	
12	M140632	멀티미디어과	전태호	16	17	23	21	77	
13	M133625	멀티미디어과	임홍수	16	17	19	21	73	
14	M150207	멀티미디어과	전인주	18	17	24	21	80	
15		멀티미디어과 최대						92	
16		멀티미디어과 평균		17.2	17.2				
17	N132056	네트워크과	이택준	12	13	21	23	69	
18	N126354	네트워크과	장호영	19	18	27	26	90	
19	N101253	네트워크과	강달호	12	10	15	18	55	
20	N132416	네트워크과	황인범	17	15	22	23	77	
21		네트워크과 최대						90	
22		네트워크과 평균		15	14				
23		전체 최대값						95	
24		전체 평균		16.15385	16				
25									

▲ '부분합1(결과)' 시트

① 학과별로 내림차순 정렬하기 위해서, [B3] 셀을 클릭하고 [데이터]-[정렬 및 필터] 그룹의 [텍스트 내림차순 정렬]()을 클릭한다.

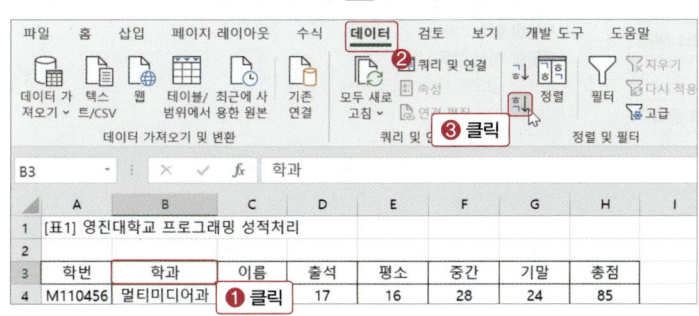

기적의 TIP

부분합을 실행할 때 정렬하지 않으면 문제에서 요구한 결과로 표시되지 않는다. 꼭 부분합을 실행하기 전에 정렬을 먼저 실행해야 한다.

> **기적의 TIP**
>
> 그룹화할 항목은 조금 전에 정렬을 실행했던 필드 '학과'를 선택한다.
> (또는 제시된 그림의 평균, 최대값이 구해진 필드를 확인해도 된다.)
> 많이 실수하는 부분이 그룹화할 항목 첫 번째가 필드가 선택된 상태에서 실행하면 문제에서 요구한 결과로 표시되지 않는다.

② 데이터 안에 마우스 포인터가 놓여 있는 상태에서 [데이터]-[개요] 그룹의 [부분합](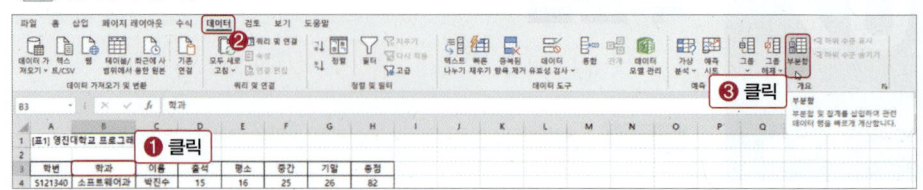)을 클릭한다.

③ 학과별로 '출석'과 '평소'의 평균을 구하기 위해 [부분합]에서 그룹화할 항목은 '학과', 사용할 함수는 '평균', 부분합 계산 항목은 '출석', '평소'를 체크하고, '총점'의 체크를 해제한 후 [확인]을 클릭한다.

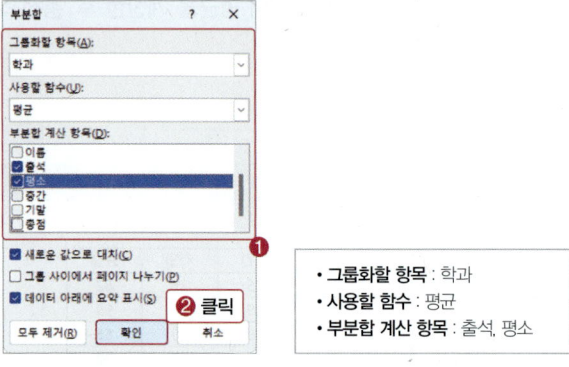

- **그룹화할 항목** : 학과
- **사용할 함수** : 평균
- **부분합 계산 항목** : 출석, 평소

④ 다시 한 번 '총점'의 최대값을 계산하기 위해서 [데이터]-[개요] 그룹의 [부분합](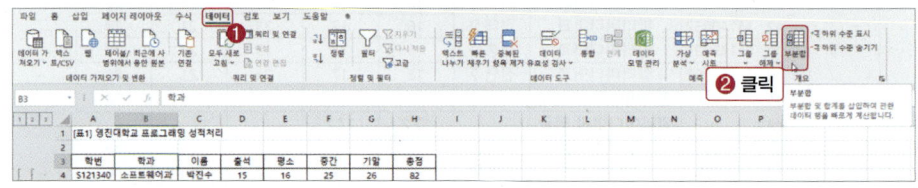)을 클릭한다.

> **기적의 TIP**
>
> 부분합을 취소하고자 할 때에는 [데이터]-[개요] 그룹의 [부분합]을 클릭하여 [모두 제거]를 클릭한다.

⑤ 평균과 최대값을 둘 다 표시하기 위해서 '새로운 값으로 대치' 체크를 해제하고, [부분합]에서 그룹화할 항목은 '학과', 사용할 함수는 '최대', 부분합 계산 항목은 '총점'을 체크하고 [확인]을 클릭한다.

> **기적의 TIP**
>
> 두 번째 부분합을 작성할 때에는 '새로운 값으로 대치'의 체크를 해제하지 않으면 처음에 작성한 평균을 구한 부분합이 제거된다.

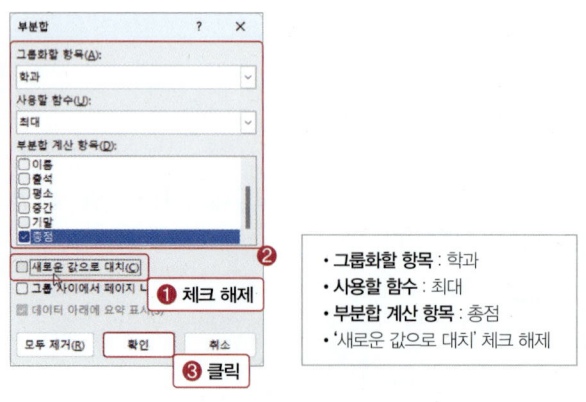

- **그룹화할 항목** : 학과
- **사용할 함수** : 최대
- **부분합 계산 항목** : 총점
- '새로운 값으로 대치' 체크 해제

출제유형 ❷ '부분합2' 시트에 다음의 지시사항을 처리하시오.

[부분합] 기능을 이용하여 '소양인증포인트 현황' 표에 〈그림〉과 같이 학과별 '합계'의 최소값을 계산한 후 '기본영역', '인성봉사', '교육훈련'의 평균을 계산하시오.

▶ 정렬은 '학과'를 기준으로 오름차순으로 처리하시오.
▶ 최소값과 평균은 위에 명시된 순서대로 처리하시오.
▶ 기본영역의 평균 소수 자릿수는 소수점 이하 1자리로 하시오.
▶ 부분합 결과에 '파랑, 표 스타일 보통2' 서식을 적용하시오.

25년 출제

부분합 결과에 표 서식 지정

	A	B	C	D	E	F
1	소양인증포인트 현황					
2						
3	학과	성명	기본영역	인성봉사	교육훈련	합계
4	경영정보	정소영	85	75	75	235
5	경영정보	주경철	85	85	75	245
6	경영정보	한기철	90	70	85	245
7	경영정보 평균		86.7	77	78	
8	경영정보 최소					235
9	유아교육	강소미	95	65	65	225
10	유아교육	이주현	100	90	80	270
11	유아교육	한보미	80	70	90	240
12	유아교육 평균		91.7	75	78	
13	유아교육 최소					225
14	정보통신	김경호	95	75	95	265
15	정보통신	박주영	85	50	80	215
16	정보통신	임정민	90	80	60	230
17	정보통신 평균		90.0	68	78	
18	정보통신 최소					215
19	전체 평균		89.4	73	78	
20	전체 최소값					215
21						

▲ '부분합2(결과)' 시트

① 학과별로 오름차순 정렬하기 위해서, [A3] 셀을 클릭하고 [데이터]–[정렬 및 필터] 그룹의 [텍스트 오름차순 정렬](↓)을 클릭한다.

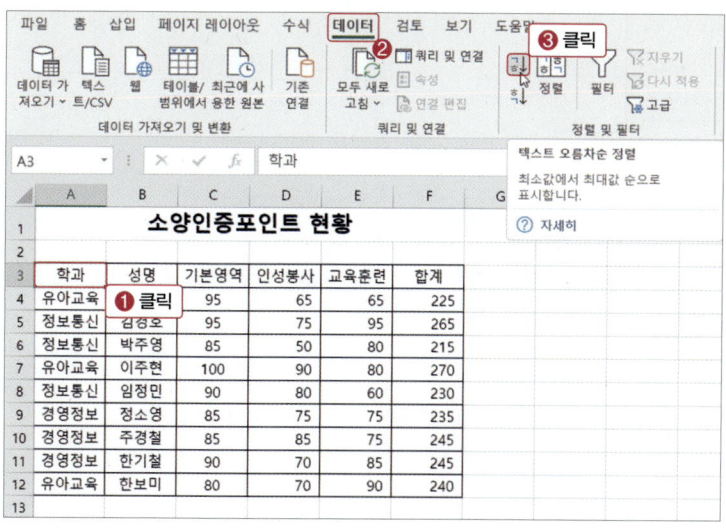

② 데이터 안에 마우스 포인터가 놓여 있는 상태에서 [데이터]-[개요] 그룹의 [부분합](▦)을 클릭한다.

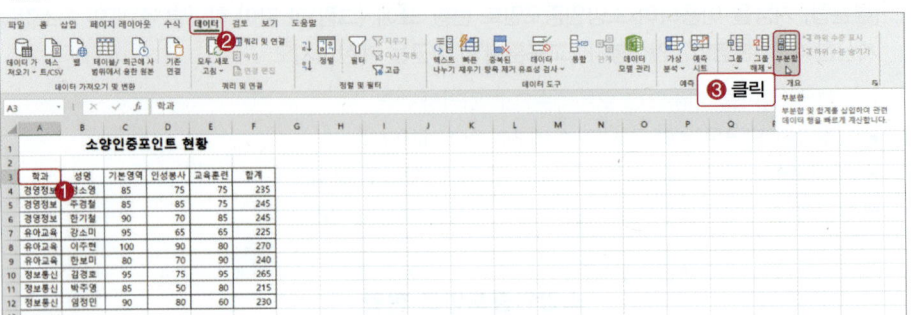

③ 학과별 '합계'의 최소값을 구하기 위해서 [부분합]에서 그룹화할 항목은 '학과', 사용할 함수는 '최소', 부분합 계산 항목은 '합계'를 체크하고 [확인]을 클릭한다.

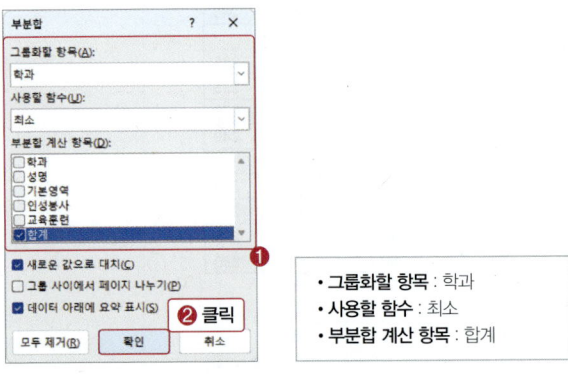

- **그룹화할 항목** : 학과
- **사용할 함수** : 최소
- **부분합 계산 항목** : 합계

④ 다시 한 번 '기본영역', '인성봉사', '교육훈련'의 '평균'을 계산하기 위해서 [데이터]-[개요] 그룹의 [부분합](▦)을 클릭한다.

⑤ 최소값과 평균을 둘 다 표시하기 위해서 '새로운 값으로 대치' 체크를 해제하고, [부분합]에서 그룹화할 항목은 '학과', 사용할 함수는 '평균', 부분합 계산 항목은 '기본영역', '인성봉사', '교육훈련'에 체크하고 [확인]을 클릭한다.

> **기적의 TIP**
>
> '새로운 값으로 대치' 체크를 해제하는 것은 첫 번째 부분합(최소값)을 실행할 때 미리 체크를 해제하고 작성해도 된다.

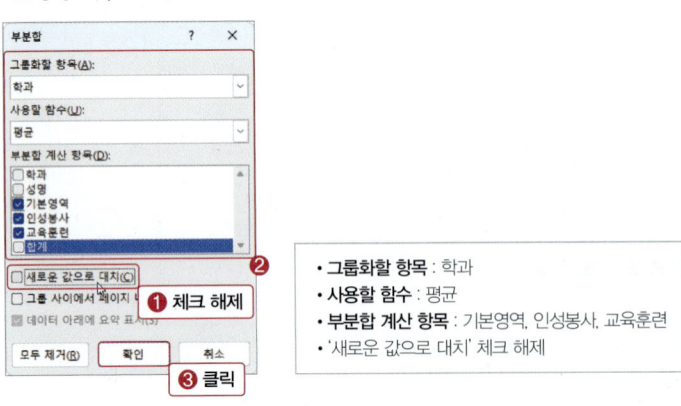

- **그룹화할 항목** : 학과
- **사용할 함수** : 평균
- **부분합 계산 항목** : 기본영역, 인성봉사, 교육훈련
- '새로운 값으로 대치' 체크 해제

⑥ 기본영역의 평균을 소수 이하 1자리로 표시하기 위해서 [C7] 셀을 클릭하고 Ctrl 을 누르며 [C12], [C17], [C19] 셀을 선택한 후, Ctrl + 1 을 눌러 [표시 형식] 탭의 '사용자 지정'에 #.0을 입력하고 [확인]을 클릭한다.

> **기적의 TIP**
> [셀 서식] 대화상자 바로 가기 키
> Ctrl + 1

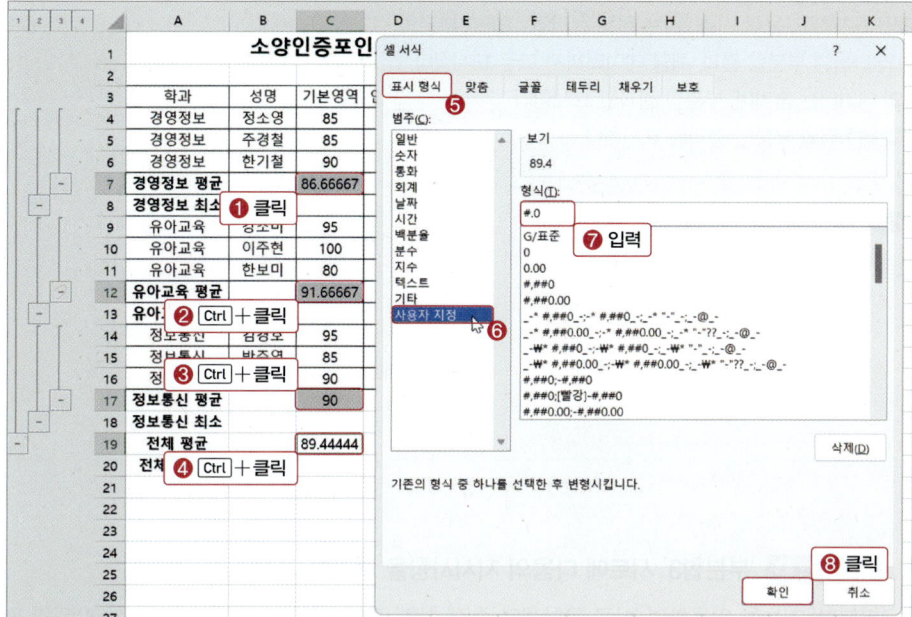

⑦ [A3:F20] 영역을 범위 지정한 후 [홈]–[스타일] 그룹의 [표 서식]에서 '파랑, 표 스타일 보통 2'를 선택한다.

> **기적의 TIP**
> 부분합을 실행한 후 A와 B열의 경계라인을 더블클릭하여 열너비를 조절한다.
>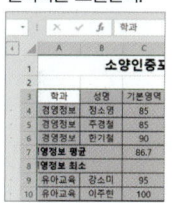

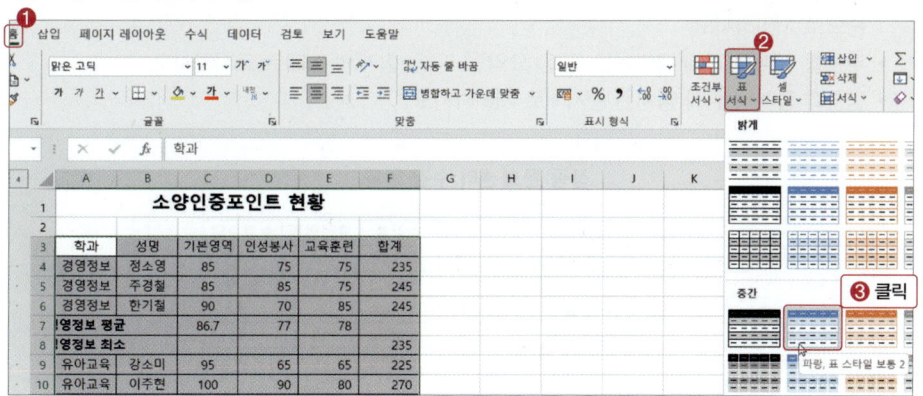

⑧ [표 서식]에서 [확인]을 클릭한다.

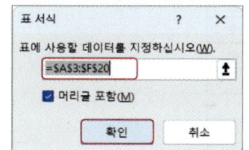

더 알기 TIP

윤곽 기호

- 윤곽 기호는 부분합 작업 후 윤곽이 설정된 워크시트의 모양을 바꿀 때 사용하는 기호로 1 2 3 , - , + 가 있다.
- 윤곽 기호 1 은 전체 결과만 표시하고, 윤곽 기호 2 는 전체 결과와 그룹별 부분합 결과를 표시한다.
- 윤곽 기호 3 은 전체 결과와 그룹별 부분합 결과, 해당 데이터까지 모두 표시한다.
- - 를 클릭하면 하위 수준의 데이터는 숨기며, 부분합 결과만 표시한다.
- + 를 클릭하면 하위 수준의 데이터와 부분합 결과를 표시한다.

윤곽 기호를 표시하지 않을 때

[데이터]-[개요] 그룹에서 [그룹 해제]-[개요 지우기]를 클릭한다.

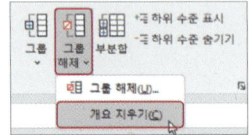

출제유형 ③ '부분합3' 시트에 다음의 지시사항을 처리하시오.

[부분합] 기능을 이용하여 '상공 문화센터 수강 현황' 표에 그림과 같이 구분별로 '수강료'의 평균과 '모집인원'의 합계를 구하시오.

▶ 정렬은 '구분'을 기준으로 오름차순 처리하고 같은 '구분'이라면 '수강료'을 기준으로 내림차순으로 처리하시오.
▶ 부분합 실행 결과에 나타나는 '○○ 요약'을 '○○ 합계'의 형태로 표시하시오.
▶ 평균과 합계는 위에 명시된 순서대로 처리하시오.

	A	B	C	D	E	F	G
1			상공 문화센터 수강 현황				
2							
3	구분	수강명	강사명	수강료	모집인원	수강요일	
4	성인	스위트바이올린	강선영	60,000	18	수, 금	
5	성인	할수있다요가교실	전희윤	60,000	18	월, 수	
6	성인	쉽게배우는클래식	최경화	57,000	25	목	
7	성인	우리집밥교실	이동욱	55,000	18	목	
8	성인	목요캘리그라피	민기성	54,000	24	목	
9	성인 합계				103		
10	성인 평균			57,200			
11	유아	뒤뚱뒤뚱놀이교실	이주원	50,000	16	수, 금	
12	유아	리듬체조튼튼	유정은	48,000	20	수, 금	
13	유아	우리아이오감만족	정재성	45,000	20	월, 수	
14	유아	미술마술	황회울	42,000	16	월, 수	
15	유아 합계				72		
16	유아 평균			46,250			
17	초등	어린이뮤지컬스쿨	조인성	55,000	20	화, 목	
18	초등	재밌는역사교실	한경영	50,000	22	화, 목	
19	초등	귀가트이는영어	김수지	45,000	20	월, 수	
20	초등 합계				62		
21	초등 평균			50,000			
22	총합계				237		
23	전체 평균			51,750			
24							

▲ '부분합3(결과)' 시트

① 데이터를 정렬하기 위해서 [A3] 셀을 클릭하고 [데이터]-[정렬 및 필터] 그룹의 [정렬](🔲)을 클릭한다.

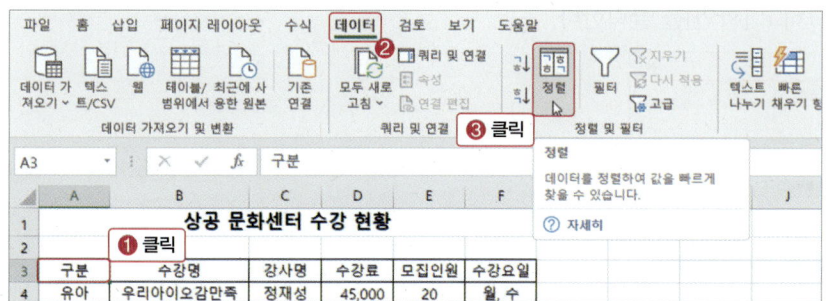

② [정렬]에서 첫 번째 정렬 기준은 '구분, 셀 값, 오름차순'을 선택하고, [기준 추가]를 클릭하여 두 번째 정렬 기준을 '수강료, 셀 값, 내림차순'으로 선택한 후 [확인]을 클릭한다.

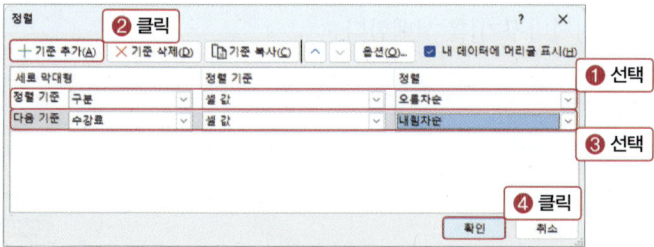

③ 데이터 안에 마우스 포인터가 놓여 있는 상태에서 [데이터]-[개요] 그룹의 [부분합](🔲)을 클릭한다.

④ 구분별로 '수강료'의 평균을 구하기 위해서 [부분합]에서 그룹화할 항목은 '구분', 사용할 함수는 '평균', 부분합 계산 항목은 '수강료'에 체크하고 [확인]을 클릭한다.

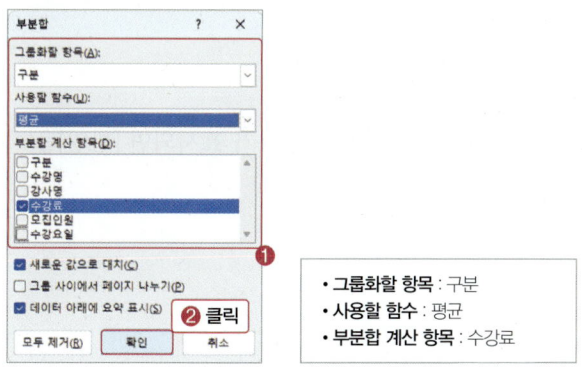

• 그룹화할 항목 : 구분
• 사용할 함수 : 평균
• 부분합 계산 항목 : 수강료

⑤ 다시 한 번 '모집인원'의 '합계'를 계산하기 위해서 [데이터]-[개요] 그룹의 [부분합](🔲)을 클릭한다.

⑥ 평균과 합계를 둘 다 표시하기 위해서 '새로운 값으로 대치' 체크를 해제하고, [부분합]에서 그룹화할 항목은 '구분', 사용할 함수는 '합계', 부분합 계산 항목은 '모집인원'에 체크하고 [확인]을 클릭한다.

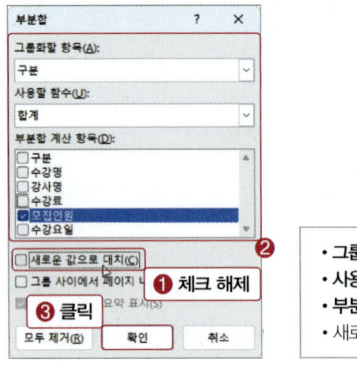

- 그룹화할 항목 : 구분
- 사용할 함수 : 합계
- 부분합 계산 항목 : 모집인원
- 새로운 값으로 대치 체크 해제

⑦ 요약을 합계로 바꾸기 위해서 [A9:A20] 영역을 드래그하여 범위 지정한 후, [홈]-[편집] 그룹의 [찾기 및 선택]-[바꾸기]를 선택한다.

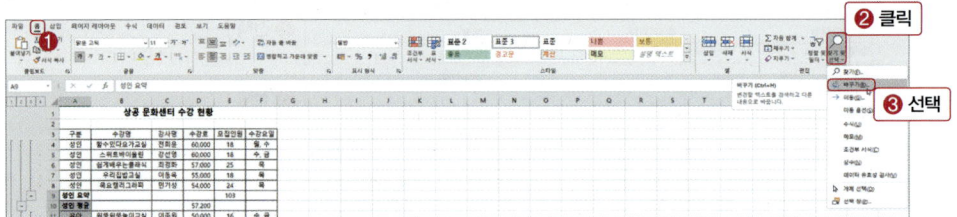

⑧ 찾을 내용에 **요약**, 바꿀 내용에 **합계**를 입력하고 [모두 바꾸기]를 클릭한다.

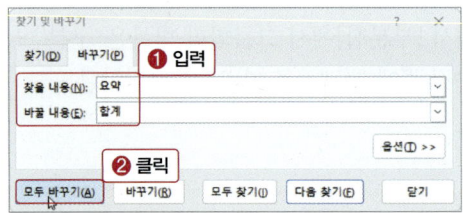

⑨ 바꾸기를 실행한 후 3개의 항목이 바뀌었다는 메시지 상자가 표시되면 [확인]을 클릭한다.

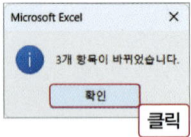

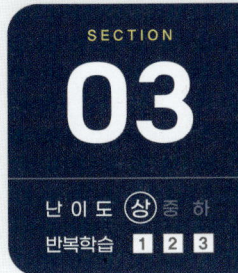

데이터 표

작업파일 [26컴활2급₩이론] 폴더의 '11데이터표' 파일을 열어서 작업하시오.

출제유형 ❶ '데이터표1' 시트에 다음의 지시사항을 처리하시오.

'5월 영업이익' 표는 판매가[B2], 판매량[B3], 생산원가[B5], 임대료[B6], 인건비[B7]를 이용하여 영업이익[B8]을 계산한 것이다. [데이터 표] 기능을 이용하여 판매가와 판매량의 변동에 따른 영업이익의 변화를 [C15:G20] 영역에 계산하시오.

① 영업이익 계산식을 복사하기 위해 [B8] 셀을 클릭한 후 '수식 입력줄'의 수식 '=B4-SUM(B5:B7)'을 드래그하여 범위 지정한 후 Ctrl+C를 눌러 복사한다.

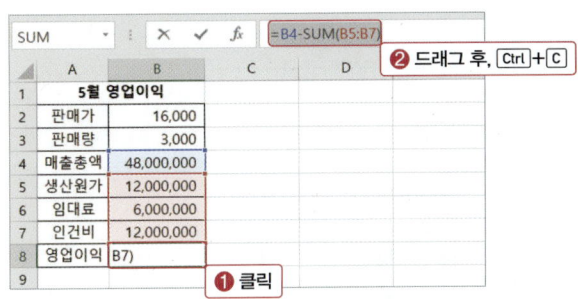

② Esc를 눌러 범위 지정을 해제하고, [B14] 셀을 클릭한 후 Ctrl+V를 눌러 붙여넣기를 한다.

> **기적의 TIP**
> [B14] 셀에 「=B8」을 입력하여 계산식을 연결해도 된다.

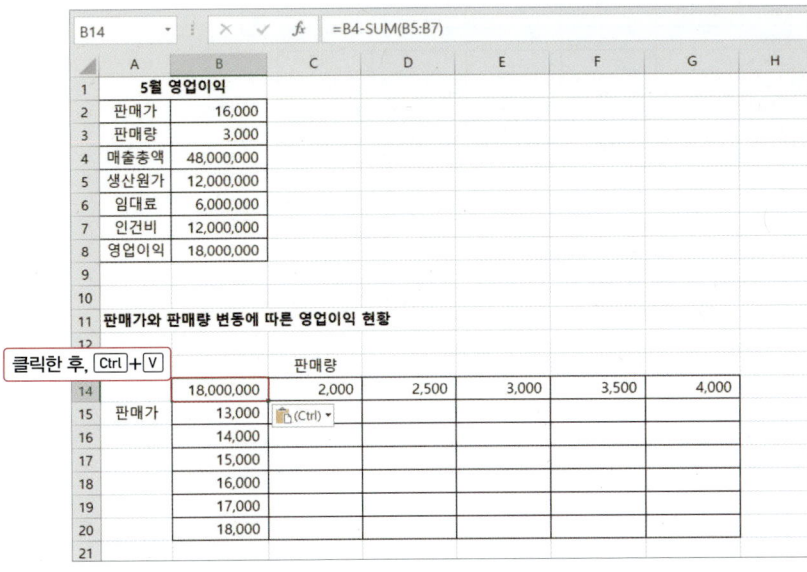

③ [B14:G20] 영역을 드래그하여 범위 지정한 후, [데이터]-[예측] 그룹의 [가상 분석]-[데이터 표]를 선택한다.

> 🔖 **기적의 TIP**
>
> 데이터 표를 잘못 작성하여 지우고 다시 작성하고자 할 때에는 값이 표시된 부분 [C15:G20] 영역을 범위 지정한 후 Delete 를 눌러 삭제하면 된다.

④ [데이터 표]에서 '행 입력 셀'의 입력할 부분을 클릭한 후 실제 판매량이 있는 [B3] 셀을 클릭하고, '열 입력 셀'의 입력할 부분을 클릭한 후 판매가가 있는 [B2] 셀을 클릭한다. 셀 주소가 자동으로 절대 주소로 변경되어 입력되며, [확인]을 클릭하면 계산 결과가 표시된다.

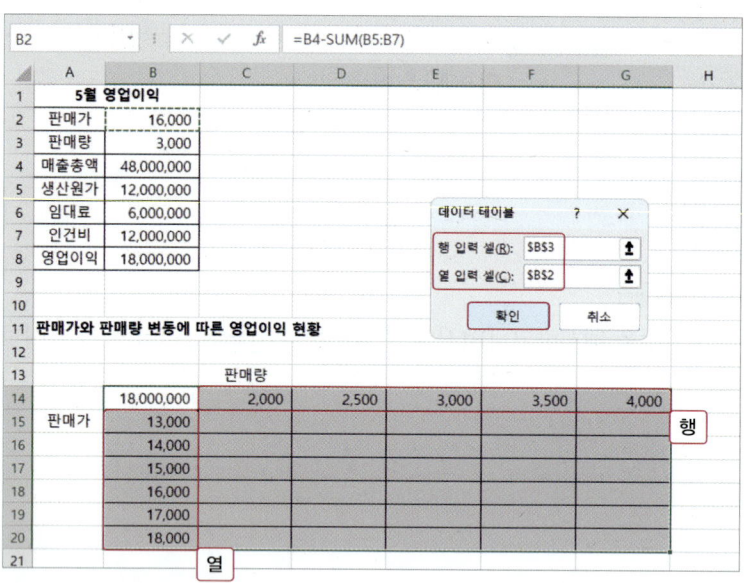

풀이결과

	A	B	C	D	E	F	G	H
1	5월 영업이익							
2	판매가	16,000						
3	판매량	3,000						
4	매출총액	48,000,000						
5	생산원가	12,000,000						
6	임대료	6,000,000						
7	인건비	12,000,000						
8	영업이익	18,000,000						
9								
10								
11	판매가와 판매량 변동에 따른 영업이익 현황							
12								
13			판매량					
14		18,000,000	2,000	2,500	3,000	3,500	4,000	
15	판매가	13,000	1,500,000	6,375,000	11,250,000	16,125,000	21,000,000	
16		14,000	3,000,000	8,250,000	13,500,000	18,750,000	24,000,000	
17		15,000	4,500,000	10,125,000	15,750,000	21,375,000	27,000,000	
18		16,000	6,000,000	12,000,000	18,000,000	24,000,000	30,000,000	
19		17,000	7,500,000	13,875,000	20,250,000	26,625,000	33,000,000	
20		18,000	9,000,000	15,750,000	22,500,000	29,250,000	36,000,000	
21								

▲ '데이터표1(결과)' 시트

출제유형 ❷ '데이터표2' 시트에 다음의 지시사항을 처리하시오.

투자금[C2], 투자기간(년)[C3], 수익률[C4]을 이용하여 수익금[C5]을 계산한 것이다. [데이터 표] 기능을 이용하여 투자기간과 수익률의 변동에 따른 수익금의 변화를 [D11:H20] 영역에 계산하시오.

① 수익금 계산식을 복사하기 위해 [C5] 셀을 클릭한 후 '수식 입력줄'의 수식 '=ISPMT(C4/12,C3*12,1,C2)'를 드래그하여 범위 지정한 후 Ctrl + C를 눌러 복사한다.

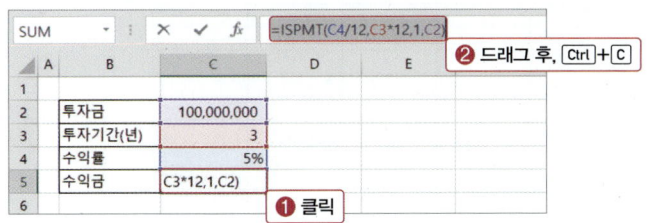

> **기적의 TIP**
>
> [C10] 셀에 「=C5」를 입력하여 계산식을 연결해도 된다.

② Esc 를 눌러 범위 지정을 해제하고, [C10] 셀을 클릭한 후 Ctrl + V 를 눌러 붙여넣기를 한다.

③ [C10:H20] 영역을 드래그하여 범위 지정한 후 [데이터]-[예측] 그룹의 [가상 분석]-[데이터 표]를 클릭한다.

④ [데이터 표]에서 '행 입력 셀'의 입력할 부분을 클릭한 후 수익률이 있는 [C4] 셀을 클릭하고, '열 입력 셀'의 입력할 부분을 클릭한 후 투자기간(년)이 있는 [C3] 셀을 클릭한다.

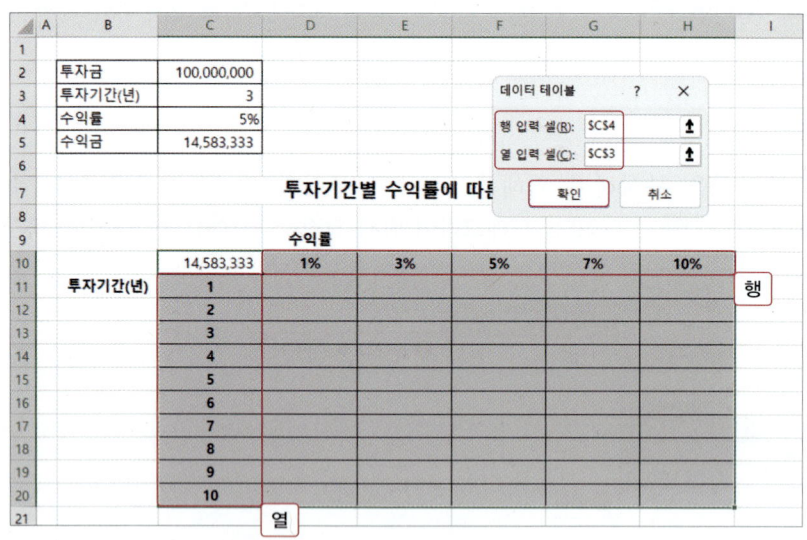

> **기적의 TIP**
>
> 데이터 표를 잘못 작성하여 지우고 다시 작성하고자 할 때에는 값이 표시된 부분 [D11:H20] 영역을 범위 지정한 후 Delete 를 눌러 삭제하면 된다.

풀이결과

	A	B	C	D	E	F	G	H	I
1									
2		투자금	100,000,000						
3		투자기간(년)	3						
4		수익률	5%						
5		수익금	14,583,333						
6									
7				투자기간별 수익률에 따른 수익금 현황					
8									
9				수익률					
10			14,583,333	1%	3%	5%	7%	10%	
11		투자기간(년)	1	916,667	2,750,000	4,583,333	6,416,667	9,166,667	
12			2	1,916,667	5,750,000	9,583,333	13,416,667	19,166,667	
13			3	2,916,667	8,750,000	14,583,333	20,416,667	29,166,667	
14			4	3,916,667	11,750,000	19,583,333	27,416,667	39,166,667	
15			5	4,916,667	14,750,000	24,583,333	34,416,667	49,166,667	
16			6	5,916,667	17,750,000	29,583,333	41,416,667	59,166,667	
17			7	6,916,667	20,750,000	34,583,333	48,416,667	69,166,667	
18			8	7,916,667	23,750,000	39,583,333	55,416,667	79,166,667	
19			9	8,916,667	26,750,000	44,583,333	62,416,667	89,166,667	
20			10	9,916,667	29,750,000	49,583,333	69,416,667	99,166,667	
21									

▲ '데이터표2(결과)' 시트

출제유형 ❸ '데이터표3' 시트에 다음의 지시사항을 처리하시오.

대출금[C3], 연이율[C4], 상환기간(년)[C5]을 이용하여 상환금액(월)[C6]을 계산한 것이다. [데이터]-[데이터 표] 기능을 이용하여 이자율 변동에 따른 상환금액(월)을 [G6:G12]에 계산하시오.

① 상환금액(월) 계산식을 복사하기 위해 [C6] 셀을 클릭한 후 '수식 입력줄'의 수식 '=PMT($C$4/12,$C$5*12,-$C$3)'을 드래그하여 범위 지정한 후 Ctrl + C 를 눌러 복사한다.

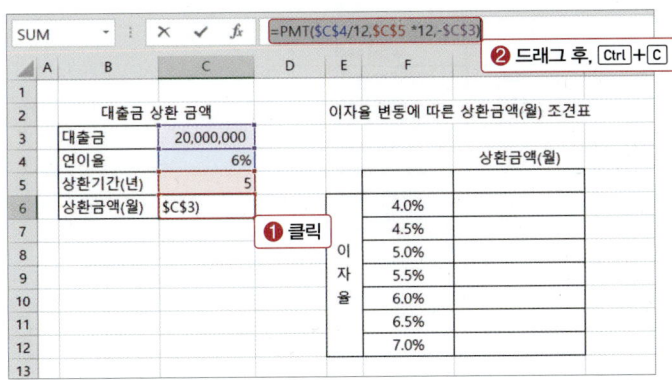

> **기적의 TIP**
>
> [G5] 셀에 「=C6」을 입력하여 계산식을 연결해도 된다.

② Esc 를 눌러 범위 지정을 해제하고, [G5] 셀을 클릭한 후 Ctrl + V 를 눌러 붙여넣기를 한다.

③ [F5:G12] 영역을 드래그하여 범위 지정한 후 [데이터]-[예측] 그룹의 [가상 분석]-[데이터 표]를 클릭한다.

④ [데이터 표]에서 '열 입력 셀'의 입력할 부분을 클릭한 후 이자율이 있는 [C4] 셀을 클릭한다.

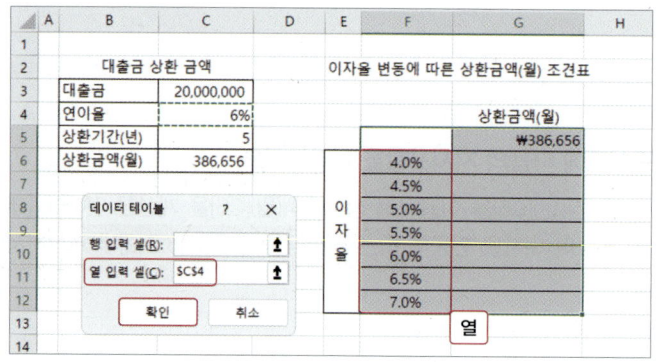

▲ '데이터표3(결과)' 시트

SECTION 04 목표값 찾기

작업파일 [26컴활2급₩이론] 폴더의 '12목표값찾기' 파일을 열어서 작업하시오.

출제유형 ❶ '목표값찾기1' 시트에 다음의 지시사항을 처리하시오.

[목표값 찾기] 기능을 이용하여 '고객별 적금 만기 지급액' 표에서 권혁수의 만기지급액[E8]이 8,000,000이 되려면 납입기간(월)[D8]이 얼마가 되어야 하는지 계산하시오.

① 수식으로 계산된 권혁수의 만기지급액이 8,000,000이 되기 위해서 [E8] 셀을 클릭한 후, [데이터]-[예측] 그룹의 [가상 분석]-[목표값 찾기]를 선택한다.

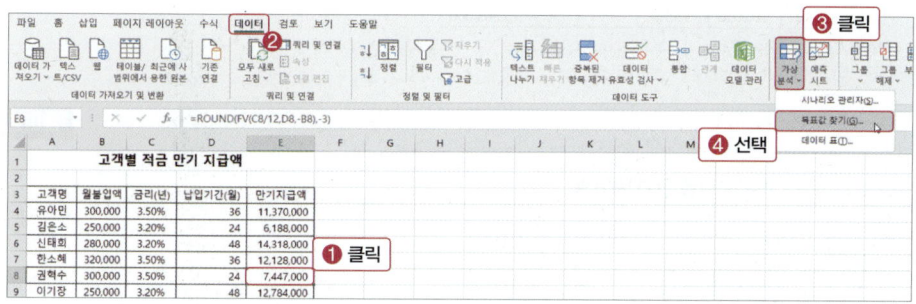

② [목표값 찾기]에서 수식 셀은 [E8], 찾는 값은 8000000을 입력하고, 값을 바꿀 셀은 [D8] 셀을 지정하고 [확인]을 클릭한다.

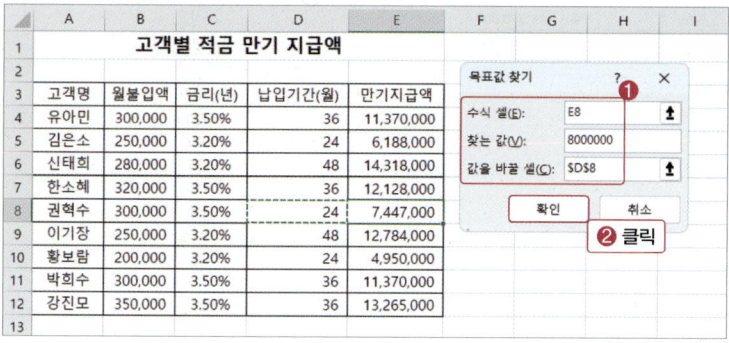

+ 더 알기 TIP

[목표값 찾기] 대화상자

- **수식 셀** : 결과값이 출력되는 셀 주소로 해당 셀에는 반드시 '값을 바꿀 셀'의 주소를 사용하는 수식이 있어야 한다.
- **찾는 값** : 목표로 하는 값을 직접 입력한다.
- **값을 바꿀 셀** : 목표값을 만들기 위해 변경되어야 할 값이 들어있는 셀의 주소를 지정한다.

③ [목표값 찾기 상태]에 결과가 표시되고, 워크시트에도 변경되어 있는 내용을 확인한 후 [확인]을 클릭한다.

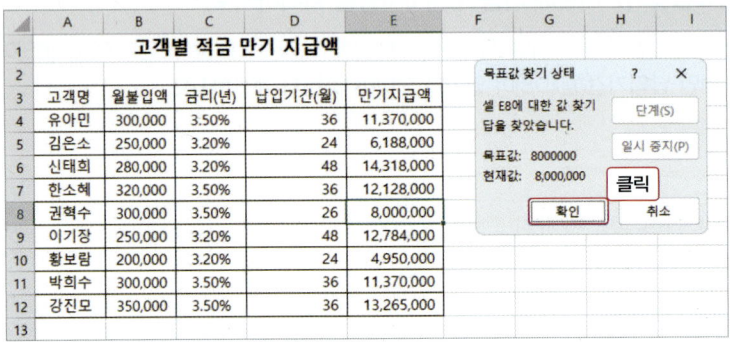

풀이결과

▲ '목표값찾기1(결과)' 시트

출제유형 ❷ '목표값찾기2' 시트에 다음의 지시사항을 처리하시오.

[목표값 찾기] 기능을 이용하여 '지점별 가전제품 판매 현황' 표에서 서초점의 냉장고 판매총액[E10]이 100,000,000이 되려면 판매량[D10]이 얼마가 되어야 하는지 계산하시오.

① 수식으로 계산된 서초점의 냉장고 판매총액이 100,000,000이 되기 위해서 [E10] 셀을 클릭한 후, [데이터]-[예측] 그룹의 [가상 분석]-[목표값 찾기]를 선택한다.

② [목표값 찾기]에서 수식 셀은 [E10], 찾는 값은 100,000,000을 입력하고, 값을 바꿀 셀은 [D10] 셀을 지정하고 [확인]을 클릭한다.

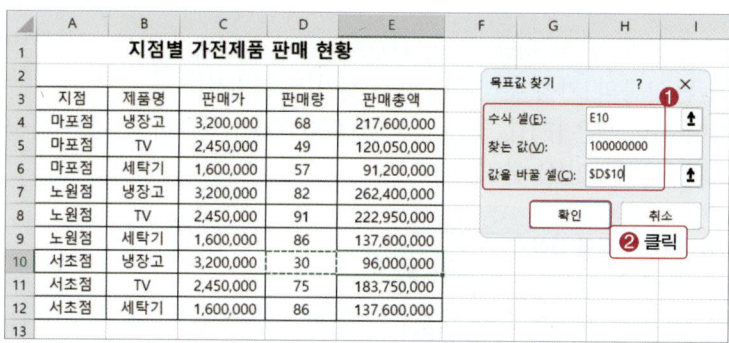

③ [목표값 찾기 상태]에 결과가 표시되고, 워크시트에도 변경되어 있는 내용을 확인한 후 [확인]을 클릭한다.

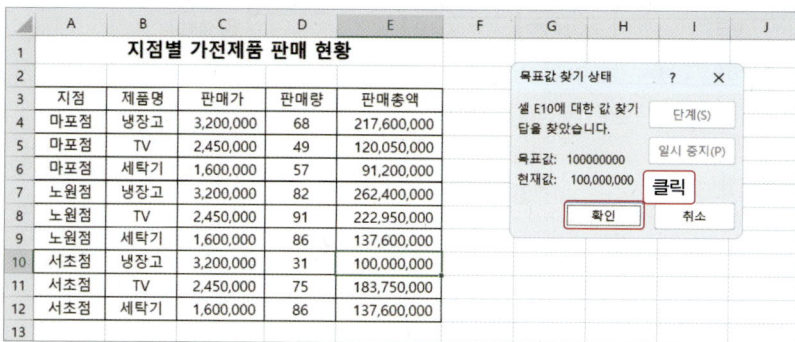

▲ '목표값찾기2(결과)' 시트

출제유형 ❸ '목표값찾기3' 시트에 다음의 지시사항을 처리하시오.

'영진출판사 판매 현황' 표에서 실판매금액 평균[E11]이 20,000,000이 되려면 골드회원 할인율[C13]이 몇 %가 되어야 하는지 목표값 찾기 기능을 이용하여 계산하시오.

① 수식으로 계산된 실판매금액의 평균이 20,000,000이 되기 위해서 [E11] 셀을 클릭한 후 [데이터]-[예측] 그룹의 [가상 분석]-[목표값 찾기]를 클릭한다.
② [목표값 찾기]에서 수식 셀은 [E11], 찾는 값은 20,000,000을 입력하고, 값을 바꿀 셀은 [C13] 셀을 지정하고 [확인]을 클릭한다.

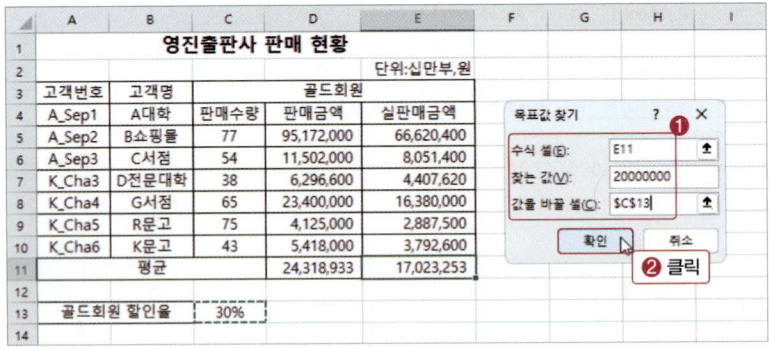

③ [목표값 찾기 상태]에 결과가 표시되고, 워크시트에도 변경되어 있는 내용을 확인한 후 [확인]을 클릭한다.

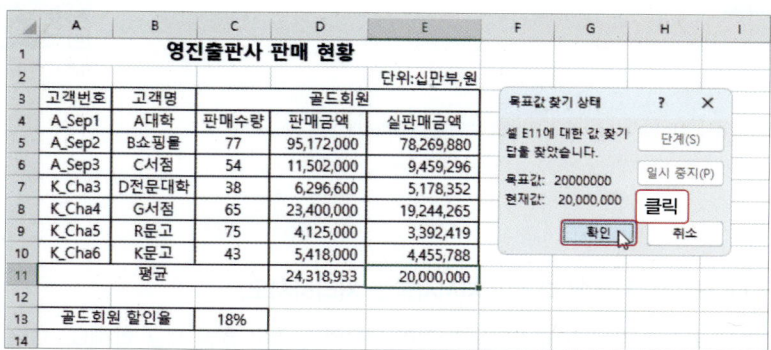

▲ '목표값찾기3(결과)' 시트

SECTION 05 시나리오

작업파일 [26컴활2급₩이론] 폴더의 '13시나리오' 파일을 열어서 작업하시오.

출제유형 ① '시나리오1' 시트에 다음의 지시사항을 처리하시오.

'월별 주문 내역서' 표에서 세율[B18]이 다음과 같이 변동하는 경우 월별 세금 합계[G7, G12, G16]의 변동 시나리오를 작성하시오.

▶ 셀 이름 정의 : [B18] 셀은 '세율', [G7] 셀은 '소계1월', [G12] 셀은 '소계2월', [G16] 셀은 소계3월'로 정의하시오.
▶ 시나리오1 : 시나리오 이름은 '세율인상', 세율을 15%로 설정하시오.
▶ 시나리오2 : 시나리오 이름은 '세율인하', 세율을 9%로 설정하시오.
▶ 위 시나리오에 의한 '시나리오 요약' 보고서는 '시나리오1' 시트 바로 앞에 위치시키시오.

※ 시나리오 요약 보고서 작성 시 정답과 일치하여야 하며, 오자로 인한 부분점수는 인정하지 않음

	A	B	C	D	E	F	G	H
1				월별 주문 내역서				
2								
3	월	송장번호	주문일자	배달일자	판매액	공급가	세금	
4	1월	101	01월 04일	01월 07일	400,000	430,000	51,600	
5	1월	102	01월 15일	01월 18일	1,000,000	1,070,000	128,400	
6	1월	103	01월 21일	01월 23일	100,000	120,000	14,400	
7			소계		1,500,000	1,620,000	194,400	
8	2월	102	02월 06일	02월 08일	500,000	550,000	66,000	
9	2월	103	02월 10일	02월 12일	450,000	480,000	57,600	
10	2월	103	02월 13일	02월 16일	450,000	480,000	57,600	
11	2월	104	02월 23일	02월 25일	500,000	540,000	64,800	
12			소계		1,900,000	2,050,000	246,000	
13	3월	101	03월 02일	03월 05일	500,000	550,000	66,000	
14	3월	102	03월 09일	03월 11일	1,400,000	1,450,000	174,000	
15	3월	104	03월 14일	03월 20일	1,500,000	1,560,000	187,200	
16			소계		3,400,000	3,560,000	427,200	
17								
18	세율	12%						
19								

▲ '시나리오1' 시트

① 이름을 정의하기 위해 [B18] 셀을 클릭한 후 이름 상자에 **세율**을 입력하고 Enter 를 누른다.

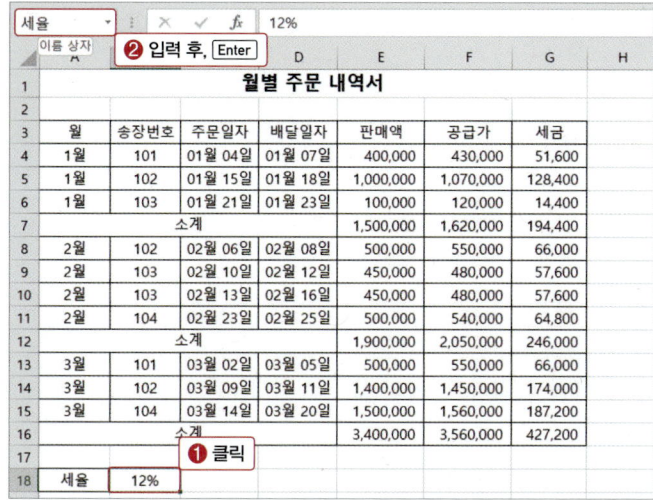

② [G7] 셀을 클릭한 후 이름 상자에 **소계1월**을 입력하고 Enter 를 누른다. 같은 방법으로 [G12] 셀은 '소계2월', [G16] 셀은 '소계3월'로 이름을 정의한다.

③ [데이터]-[예측] 그룹의 [가상 분석]-[시나리오 관리자]를 선택한다.

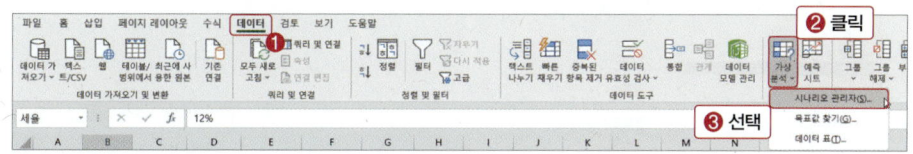

> **기적의 TIP**
>
> 이름 정의를 잘못하여 지우고자 할 때에는 [수식]-[정의된 이름] 그룹에서 [이름 관리자]를 클릭하여 삭제하고자 하는 이름을 선택하고 [삭제]를 클릭한다.

④ [시나리오 관리자]에서 [추가]를 클릭한다.

⑤ [시나리오 추가]에서 시나리오 이름에 **세율인상**을 입력하고, 변경 셀의 입력란을 클릭한 후 [B18] 셀을 클릭하고 [확인]을 클릭한다.

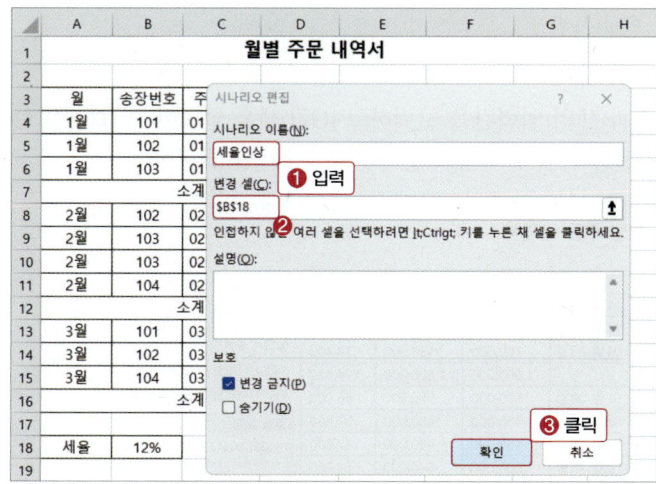

> **기적의 TIP**
>
> 시나리오를 작성하기 전에 [B18]셀을 클릭한 후 시나리오를 실행하면 절대참조하지 않은 상태로 표시되며, 도서의 내용처럼 순서대로 [B18] 셀을 클릭하면 절대참조가 된 상태로 표시된다.

⑥ [시나리오 값]에서 세율에 **15%**를 입력하고 [추가]를 클릭한다.

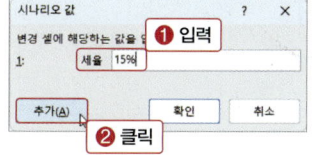

> **기적의 TIP**
>
> 15% 대신에 0.15를 입력해도 된다.

⑦ 두 번째 시나리오를 작성하기 위해 [시나리오 추가]에서 시나리오 이름에 **세율인하**를 입력하고 [확인]을 클릭한다.

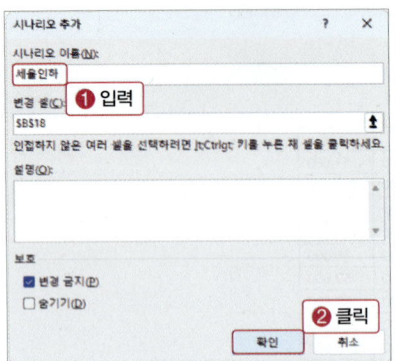

> **기적의 TIP**
> 9% 대신에 0.09를 입력해도 된다.

⑧ [시나리오 값]에서 세율에 **9%**를 입력하고 [확인]을 클릭한다.

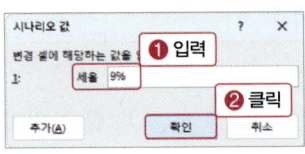

⑨ 시나리오 결과를 표시하기 위해 [시나리오 관리자]에서 [요약]을 클릭한다.

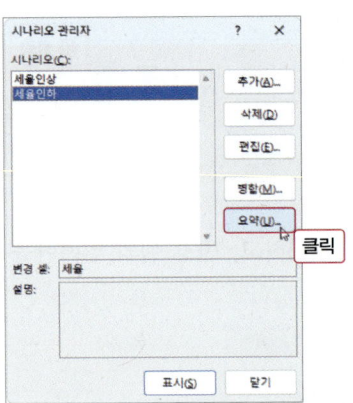

> **기적의 TIP**
> 시나리오를 잘못 작성하여 수정하고자 할 때에는 시나리오 결과 시트 이름에서 마우스 오른쪽 버튼을 눌러 [삭제]를 클릭하여 시트를 삭제한 후에 [데이터]-[예측] 그룹에서 [가상분석]-[시나리오 관리자]를 클릭하여 수정할 시나리오를 선택한 후 [편집]을 클릭하여 수정한다.

⑩ [시나리오 요약]에서 결과 셀의 입력란을 클릭하고 [G7] 셀을 클릭한 후 Ctrl 을 누른 상태에서 [G12], [G16] 셀을 각각 클릭하여 추가한 후 [확인]을 클릭한다.

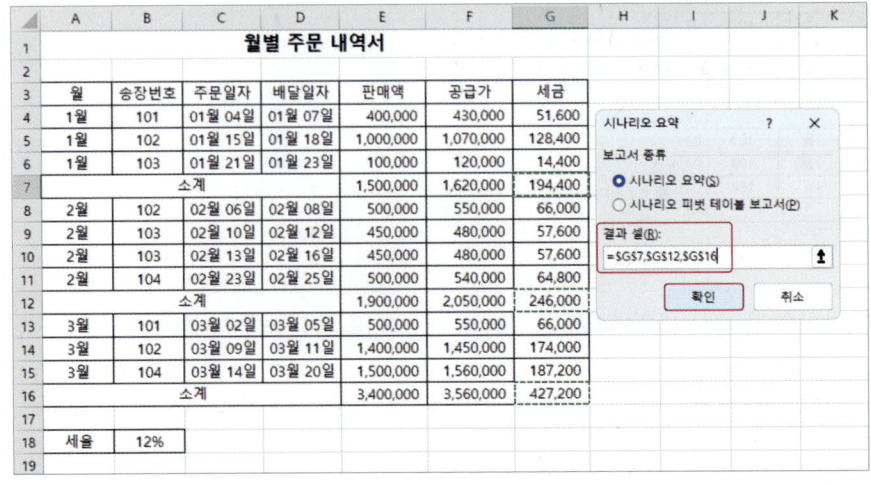

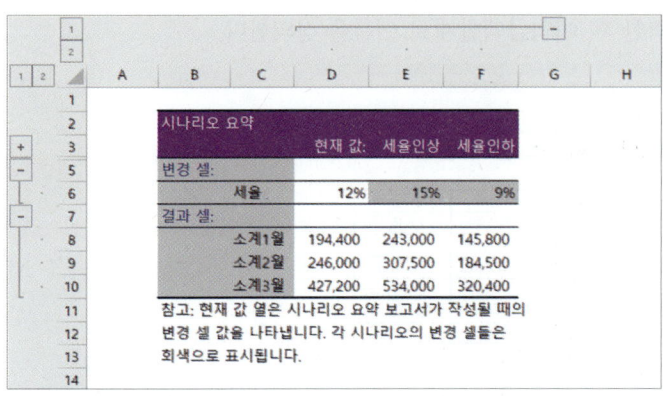

▲ '시나리오1(결과)' 시트

출제유형 ❷ '시나리오2' 시트에 다음의 지시사항을 처리하시오.

'KS 마트 특별기획전 원피스 판매 현황' 표에서 '마진율[A13]'과 '할인율[B13]' 셀이 다음과 같이 변동되는 경우 '판매금액의 합계[E10]' 셀과 '이익금액의 합계[F10]' 셀의 변동 시나리오를 작성하시오.

▶ [E10] 셀의 이름은 '판매금액합계', [F10] 셀의 이름은 '이익금액합계', [A13] 셀의 이름은 '마진율', [B13] 셀의 이름은 '할인율'로 정의하시오.
▶ 시나리오1 : 시나리오 이름은 '이익증가', 마진율은 45%, 할인율은 3%로 설정하시오.
▶ 시나리오2 : 시나리오 이름은 '이익감소', 마진율은 25%, 할인율은 8%로 설정하시오.
▶ 시나리오 요약 시트는 '시나리오2' 시트의 바로 앞에 위치시키시오.

※ 시나리오 요약 보고서 작성 시 정답과 일치하여야 하며, 오자로 인한 부분 점수는 인정하지 않음

	A	B	C	D	E	F
1	KS 마트 특별기획전 원피스 판매 현황					
2						
3	매장	매입원가	판매가	판매수량	판매금액	이익금액
4	아이잠	251,900	340,065	23	7,821,495	1,636,720
5	숭주군	180,400	243,540	67	16,317,180	3,414,521
6	데쿠	273,900	369,765	34	12,572,010	2,630,810
7	머니엄	178,750	241,313	56	13,513,500	2,827,825
8	카스	489,500	660,825	78	51,544,350	10,786,133
9	오보제	539,000	727,650	92	66,943,800	14,008,610
10	합계			350	168,712,335	35,304,618
11						
12	마진율	할인율				
13	35%	5%				

▲ '시나리오2' 시트

① [E10] 셀을 클릭한 후 '이름 상자'에 **판매금액합계**를 입력하고 Enter 를 누른다. 같은 방법으로 [F10] 셀을 클릭한 후 '이익금액합계'로 이름을 정의한다.

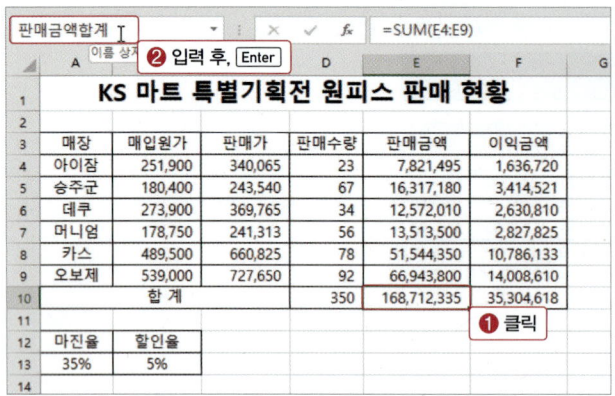

② [A12:B13] 영역을 드래그하여 범위 지정한 후, [수식]-[정의된 이름] 그룹의 [선택 영역에서 만들기]를 클릭한다.

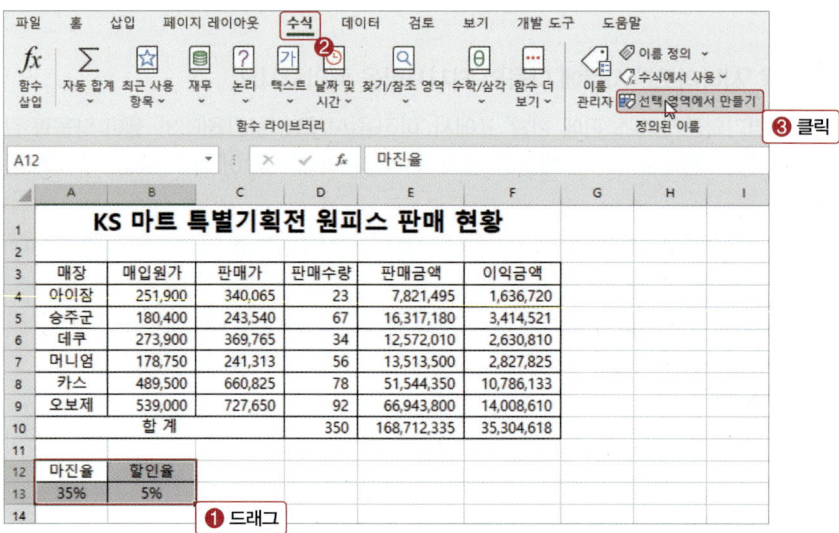

📌 **기적의 TIP**

- [선택 영역에서 만들기]를 이용하지 않고, 직접 '이름 상자'를 이용하여 이름을 정의해도 된다.
- [A13] 셀을 선택한 후 '이름 상자'에 「마진율」, [B13] 셀을 선택한 후 '이름 상자'에 「할인율」을 입력하여 이름을 정의한다.

③ [선택 영역에서 이름 만들기]에서 '첫 행'을 선택하고 [확인]을 클릭한다.

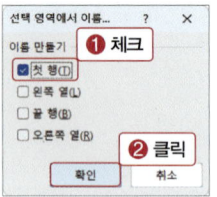

④ [A13:B13] 영역을 드래그하여 범위 지정한 후 [데이터]-[예측] 그룹의 [가상 분석]-[시나리오 관리자]를 클릭한다.

⑤ [시나리오 관리자]에서 [추가]를 클릭한 후, [시나리오 추가]에서 '시나리오 이름'에 **이익증가**를 입력하고 [확인]을 클릭한다.

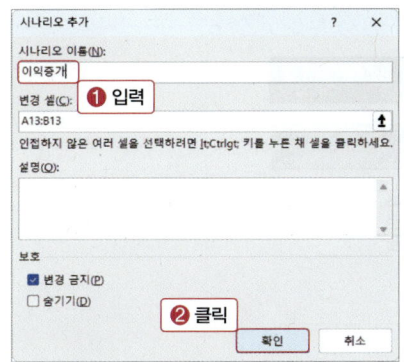

⑥ [시나리오 값]에서 마진율에 45%, 할인율에 3%를 입력하고 [추가]를 클릭한다.

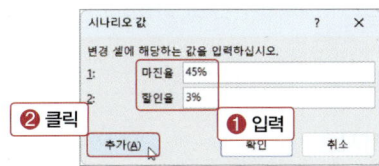

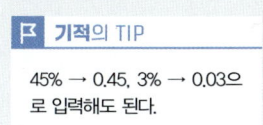

> 🔑 **기적**의 TIP
>
> 45% → 0.45, 3% → 0.03으로 입력해도 된다.

⑦ [시나리오 추가]에서 '시나리오 이름'에 **이익감소**를 입력하고 [확인]을 클릭한 후, [시나리오 값]에서 마진율에 25%, 할인율에 8%를 입력하고 [확인]을 클릭한다.

⑧ [시나리오 관리자]에서 [요약]을 클릭한다.

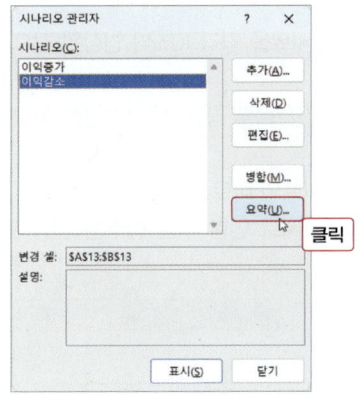

⑨ [시나리오 요약]에서 결과 셀에 커서를 두고 [E10:F10] 영역을 지정한 후 [확인]을 클릭한다.

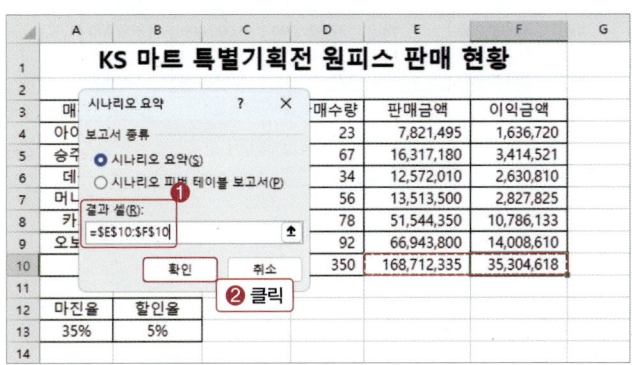

풀이결과

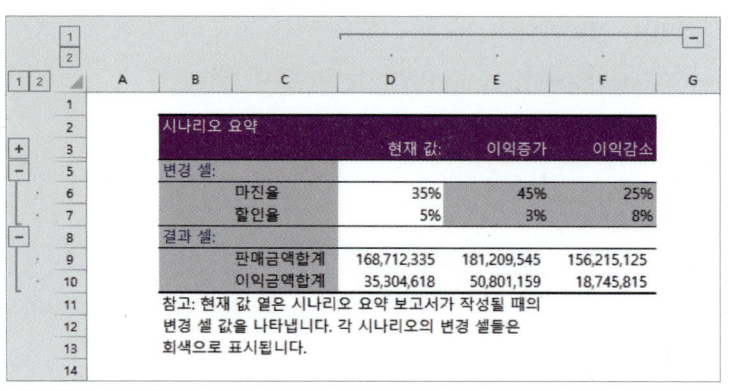

▲ '시나리오2(결과)' 시트

출제유형 ③ '시나리오3' 시트에 다음의 지시사항을 처리하시오.

'8월 학원 운영 현황' 표에서 '과목당수강료[A14]'와 '강사료[B14]' 셀이 다음과 같이 변동되는 경우 '이익 합계[H10]' 셀의 변동 시나리오를 작성하시오.

▶ [A14] 셀의 이름은 '과목당수강료', [B14] 셀의 이름은 '강사료', [H10] 셀의 이름은 '이익합계'로 정의하시오.
▶ 시나리오1 : 시나리오 이름은 '10%인상', 과목당수강료 및 강사료를 각각 10%씩 인상된 값으로 설정하시오.
▶ 시나리오2 : 시나리오 이름은 '20%인상', 과목당수강료 및 강사료를 각각 20%씩 인상된 값으로 설정하시오.
▶ 위 두 시나리오에 의한 '시나리오 요약' 시트는 '시나리오3' 시트의 바로 뒤에 위치시키시오.
※ 시나리오 요약 보고서 작성 시 정답과 일치하여야 하며, 오자로 인한 부분 점수는 인정하지 않음

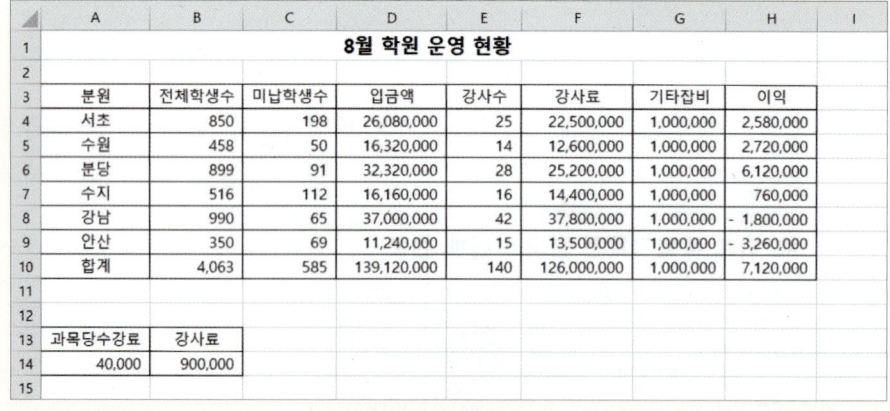

▲ '시나리오3' 시트

① [A13:B14] 영역을 드래그하여 범위 지정한 후, [수식]-[정의된 이름] 그룹의 [선택 영역에서 만들기]를 클릭한다.

> **기적의 TIP**
>
> • [A14] 셀을 선택한 후 이름 상자에 「과목당수강료」를 입력하여 이름을 정의할 수 있다.
> • [B14] 셀을 선택한 후 이름 상자에 「강사료」를 입력하여 이름을 정의할 수 있다.

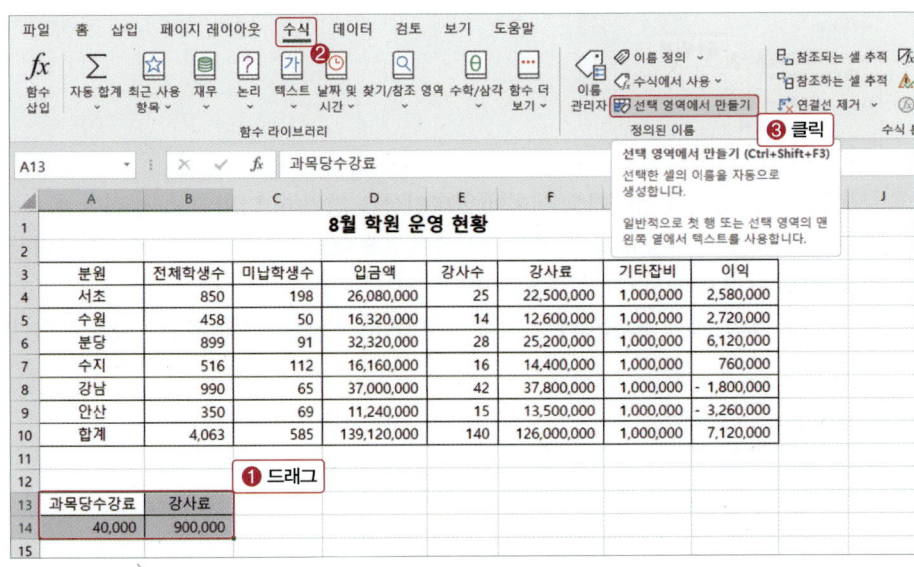

② [선택 영역에서 이름 만들기]에서 '첫 행'을 선택하고 [확인]을 클릭한다.

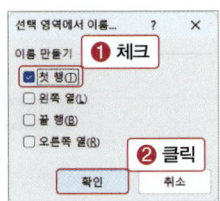

③ [H10] 셀을 클릭한 후 이름 상자에 **이익합계**를 입력하고 Enter 를 누른다.
④ [A14:B14] 영역을 드래그하여 범위 지정한 후 [데이터]-[예측] 그룹의 [가상 분석]-[시나리오 관리자]를 클릭한다.
⑤ [시나리오 관리자]에서 [추가]를 클릭한 후, [시나리오 추가]에서 시나리오 이름에 **10%인상**을 입력하고 [확인]을 클릭한다.

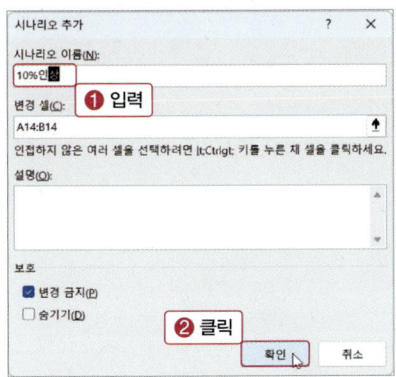

> **기적의 TIP**
>
> **이름 정의**
> • 이름은 문자나 밑줄, \ 중 하나로 시작해야 한다.
> • 이름은 공백을 포함할 수 없다.
> • 이름은 A1과 같은 셀 주소 형식이 될 수 없다.
> • 이름은 255자까지 지정할 수 있다.
> • 이름에서는 대소문자를 구분하지 않는다.

> **기적의 TIP**
>
> 과목당수강료와 강사료가 각각 10%씩 인상된 값으로 설정하기 위해 44000, 990000을 계산하여 입력한다.

⑥ [시나리오 값]에서 과목당수강료에 **44000**, 강사료에 **990000**을 입력하고 [추가]를 클릭한다.

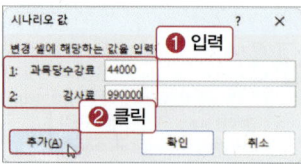

⑦ [시나리오 추가]에서 시나리오 이름에 **20%인상**을 입력하고 [확인]을 클릭한 후, [시나리오 값]에 과목당수강료에 **48000**, 강사료에 **1080000**을 입력하고 [확인]을 클릭한다.

⑧ [시나리오 관리자]에서 [요약]을 클릭한다.

⑨ [시나리오 요약]에서 결과 셀에 커서를 두고 [H10] 셀을 클릭한 후 [확인]을 클릭한다.

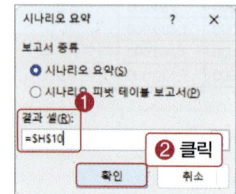

⑩ '시나리오3' 시트 앞에 생성된 '시나리오 요약' 시트명에서 마우스 왼쪽 버튼을 누른 상태에서 '시나리오3' 시트 뒤로 드래그한다.

> **기적의 TIP**
>
> 기본적으로 시나리오 요약 시트는 현재 작성한 시트 앞에 생성되는데, 만약 문제에서 뒤에 위치하라는 언급이 있다면 드래그하여 이동해야 한다. 만약, 이동하지 않을 경우 감점이 될 수 있다.

풀이결과

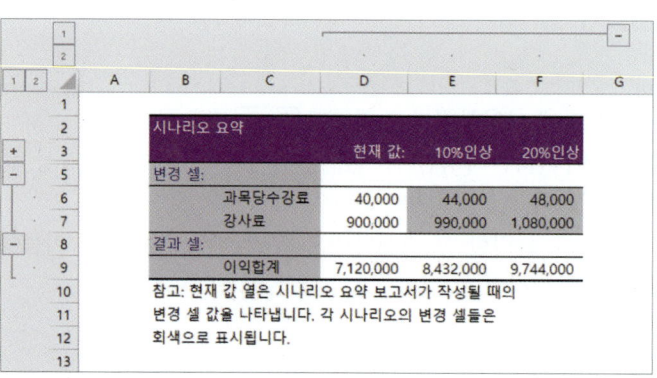

▲ '시나리오3(결과)' 시트

SECTION 06 피벗 테이블

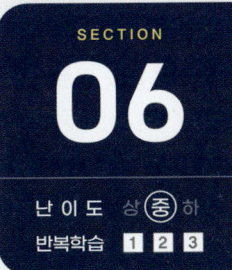

작업파일 [26컴활2급₩이론] 폴더의 '14피벗테이블' 파일을 열어서 작업하시오.

출제유형 ① '피벗테이블1' 시트에 다음의 지시사항을 처리하시오.

[피벗 테이블] 기능을 이용하여 '사원별 급여 지급 현황' 표의 부서명을 '행'으로 처리하고, 값에 '기본급', '야근수당', '성과금'의 평균을 순서대로 계산하시오.

▶ 피벗 테이블 보고서는 동일 시트의 [H3] 셀에서 시작하시오.
▶ 값 영역의 표시 형식은 '셀 서식' 대화상자에서 '숫자' 범주의 '1000 단위 구분 기호 사용'을 이용하여 지정하시오.
▶ 피벗 테이블 스타일은 '연한 파랑, 피벗 스타일 보통 9'로 설정하시오.

① 데이터 영역 [A3:F23]에서 임의의 셀을 클릭한 후, [삽입]-[표] 그룹의 [피벗 테이블](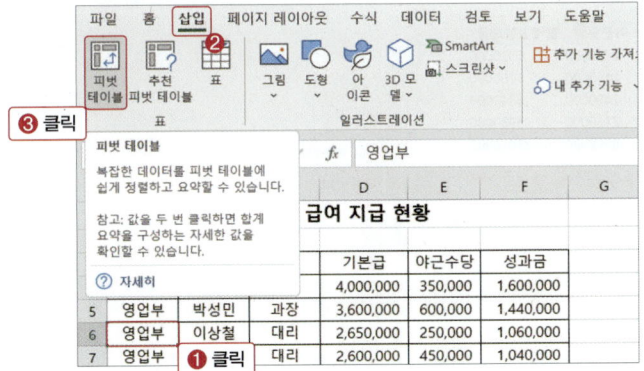)을 클릭한다.

🅕 기적의 TIP

사용하는 엑셀 버전에 따라 [피벗 테이블 만들기] 대화 상자가 아닌 [표 또는 범위의 피벗 테이블]로 표시될 수 있다.

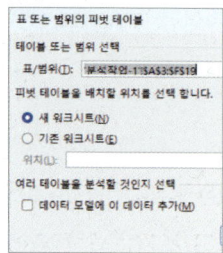

② [피벗 테이블 만들기]에서 '표 또는 범위 선택'에서 [A3:F23] 영역이 자동으로 지정되어 있는지 확인하고, '기존 워크시트'를 선택하고 [H3] 셀을 클릭한 후 [확인]을 클릭한다.

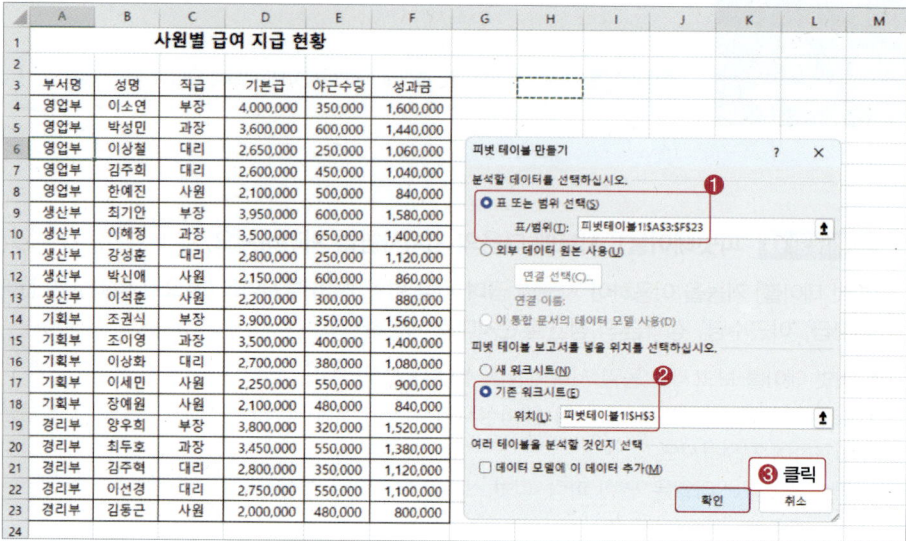

③ 오른쪽 '피벗 테이블 필드 목록'에서 '부서명'은 드래그하여 '행'으로, '기본급', '야근수당', '성과금'은 'Σ 값'으로 드래그한다.

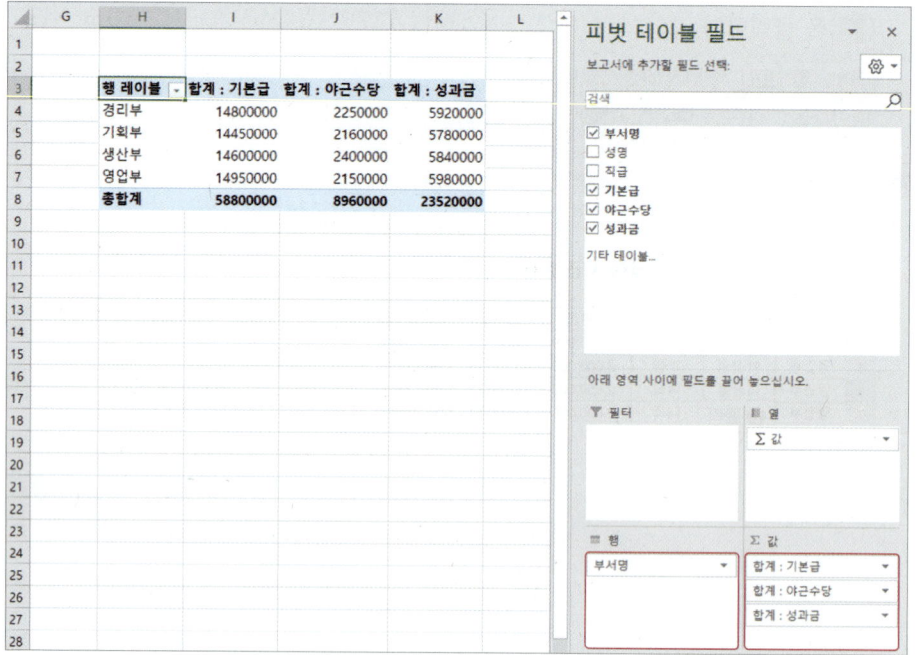

④ '값' 부분에 기본적으로 합계가 계산되는데, 합계를 평균으로 변경하기 위해서 [I3] 셀에 마우스 오른쪽 버튼을 눌러 [값 요약 기준]-[평균]을 선택한다.

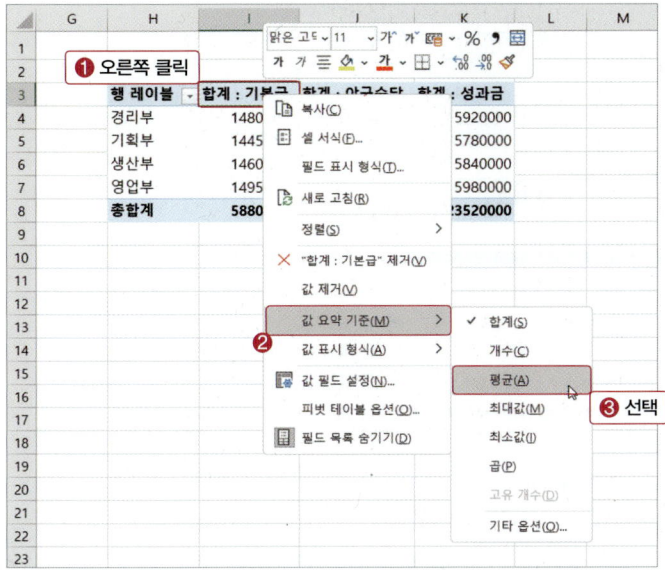

⑤ 같은 방법으로 '야근수당', '성과금'도 값 요약 기준을 '평균'으로 변경한다.
⑥ 값 영역의 표시 형식을 지정하기 위해서 [I3] 셀에서 마우스 오른쪽 버튼을 눌러 [값 필드 설정]을 선택한다.

> **기적의 TIP**
> [값 요약 기준]-[평균]을 선택하는 것을 생략하고, [값 필드 설정]에서 '평균'을 선택해도 된다.

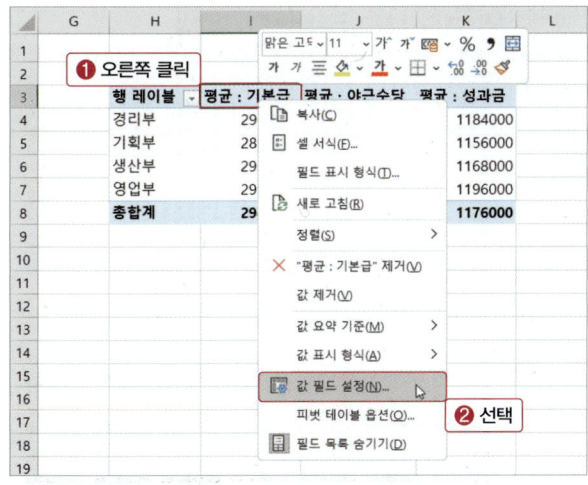

> **기적의 TIP**
> [I3] 셀에서 더블클릭하여 [값 필드 설정] 대화상자를 표시할 수 있다.

⑦ [값 필드 설정]에서 [표시 형식]을 클릭한다.

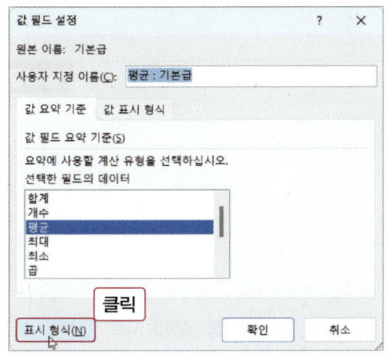

⑧ [셀 서식]에서 '숫자'를 선택한 후 '1000 단위 구분 기호 사용'을 체크하고 [확인]을 클릭하고, [값 필드 설정]에서 다시 한 번 [확인]을 클릭한다.

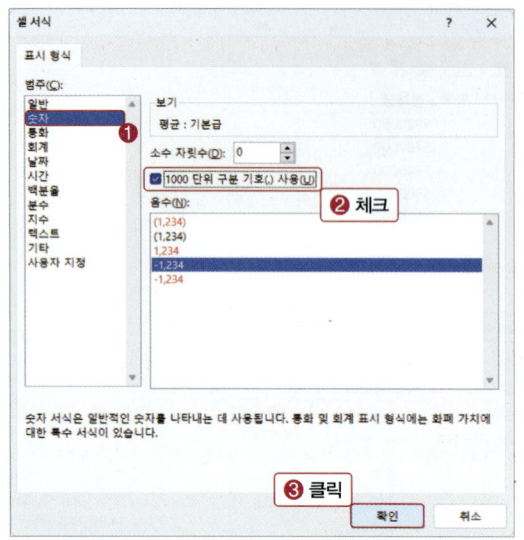

⑨ 같은 방법으로 '야근수당', '성과금'도 '숫자' 범주의 '1000 단위 구분 기호 사용'을 지정한다.

⑩ 피벗 테이블 안에 셀 포인트가 놓여 있는 상태에서 [디자인]-[피벗 테이블 스타일] 그룹의 '연한 파랑, 피벗 스타일 보통 9'를 선택한다.

> **기적의 TIP**
>
> [J3], [K3] 셀에서 각각 더블클릭하여 [값 필드 설정] 대화상자를 이용하여 [표시 형식]에서 지정한다.

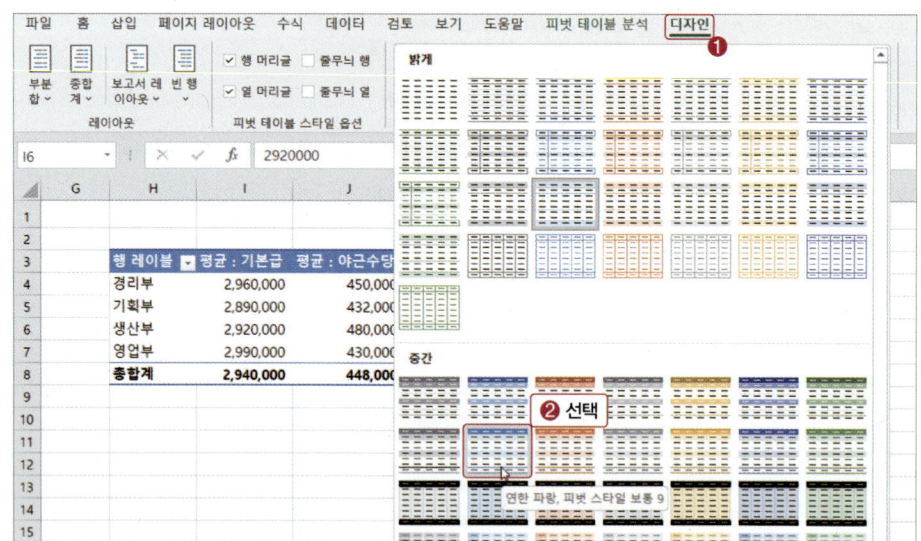

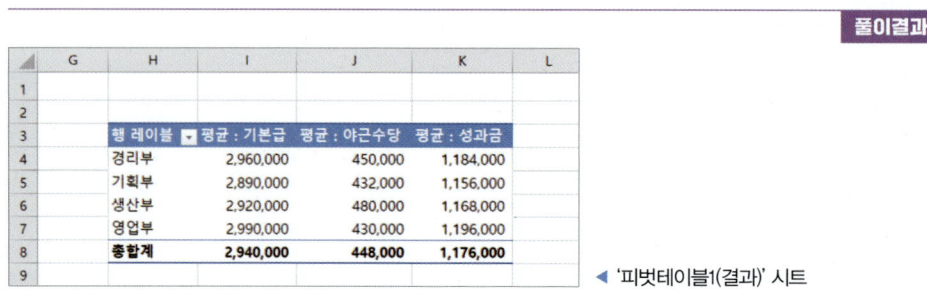

◀ '피벗테이블1(결과)' 시트

출제유형 ❷ '피벗테이블2' 시트에 다음의 지시사항을 처리하시오.

[피벗 테이블] 기능을 이용하여 '고객 예금 현황' 표의 이름을 '필터', 계약기간을 '행', 점포명을 '열'로 처리하고, 값에 '계약금액', '이자액'의 평균을 순서대로 계산한 후 행과 열의 총합계는 나타나지 않도록 피벗 테이블을 작성하시오.(단, ∑ 값은 행으로 위치)

▶ 피벗 테이블 보고서는 동일 시트의 [H3] 셀에서 시작하시오.
▶ 보고서 레이아웃은 '개요 형식으로 표시'로 지정하시오.
▶ 값 영역의 표시 형식은 '셀 서식' 대화상자에서 '숫자' 범주의 '1000 단위 구분 기호 사용'을 이용하여 지정하시오.
▶ 피벗 테이블 스타일은 '연한 주황, 피벗 스타일 보통 10'으로 설정하시오.

25년 출제

피벗 테이블 스타일은 '연한 주황, 피벗 스타일 보통 10'에 '행 머리글', '열 머리글', '줄무늬 열'을 설정하시오.
[디자인] 탭의 '피벗 테이블 스타일'을 선택하고, '피벗 테이블 스타일 옵션'에서 '줄무늬 열'을 추가로 체크한다.

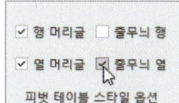

① 데이터 영역[A3:F16]에서 임의의 셀을 선택한 후 [삽입]-[표] 그룹의 [피벗 테이블](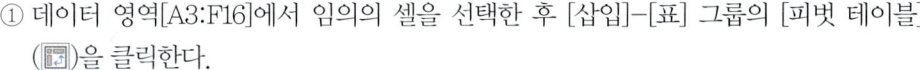)을 클릭한다.

② [피벗 테이블 만들기]에서 '표 또는 범위 선택'에서 범위가 잘못되어 있다면 '표/범위'를 선택한 후 [A3:F16] 영역을 드래그하여 추가한 후, '기존 워크시트'를 선택하고 [H3] 셀을 클릭한 후 [확인]을 클릭한다.

기적의 TIP

사용하는 엑셀 버전에 따라 [피벗 테이블 만들기] 대화상자가 아닌 [표 또는 범위의 피벗 테이블]로 표시될 수 있다.

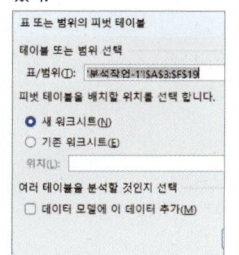

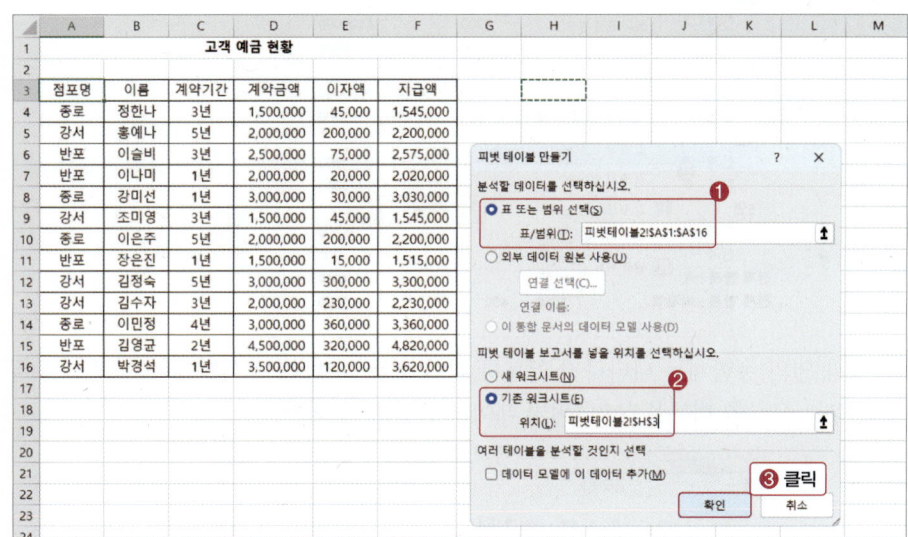

③ 오른쪽 '피벗 테이블 필드 목록'에서 '이름'은 드래그하여 '필터', '계약기간'은 '행', '점포명'은 '열'로, '계약금액', '이자액'은 '∑ 값'으로 드래그한다.

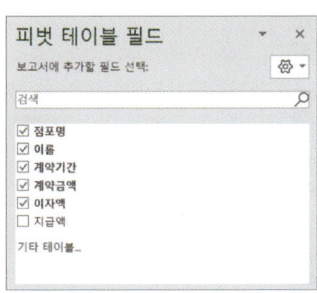 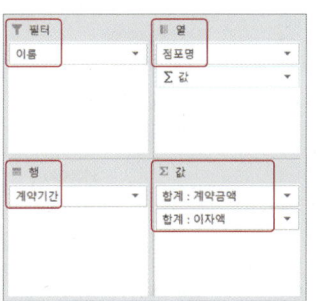

④ 열 레이블에 있는 'Σ 값'을 선택한 후 '행'으로 드래그한다.

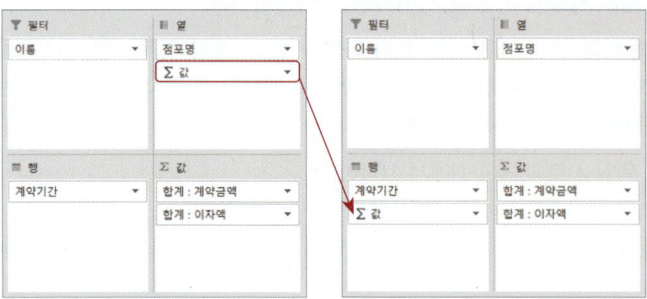

⑤ '값' 부분에 기본적으로 합계가 계산되는데, 합계를 평균으로 변경하기 위해서 [H6] 셀에 마우스 오른쪽 버튼을 눌러 [값 요약 기준]-[평균]을 클릭한다. 같은 방법으로 '이자액'도 값 요약 기준을 '평균'으로 변경한다.

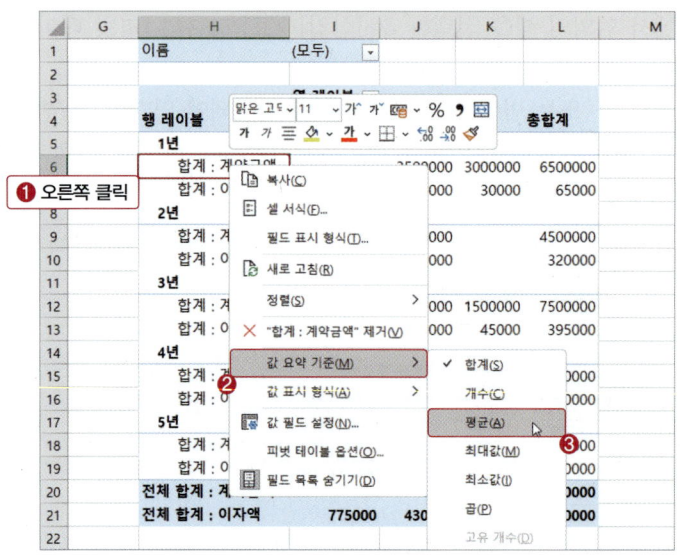

> **기적의 TIP**
>
> 피벗 테이블 안쪽에 커서를 두고 [피벗 테이블 분석]-[피 벗 테이블] 그룹에서 [옵션]을 클릭해도 [피벗 테이블 옵션] 대화상자를 표시할 수 있다.

⑥ 행과 열의 총합계는 나타나지 않도록 하기 위해 피벗 테이블 안에 셀 포인터를 두고 마우스 오른쪽 버튼을 눌러 [피벗 테이블 옵션]을 선택한다.

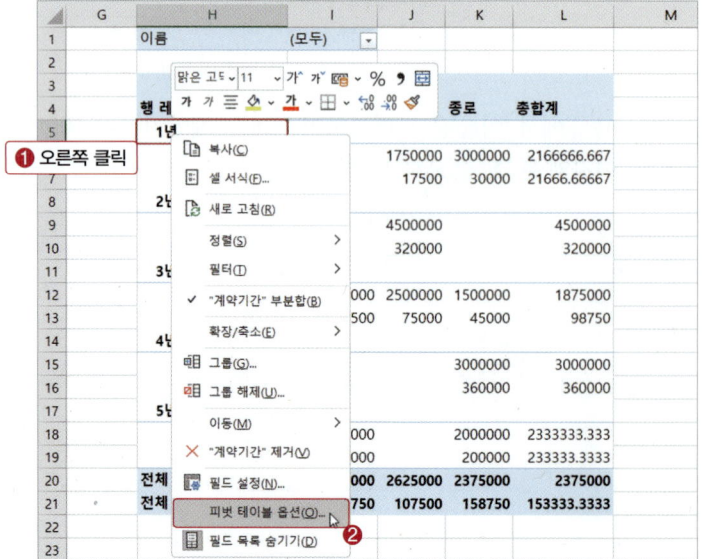

⑦ [피벗 테이블 옵션]의 [요약 및 필터] 탭에서 '행 총합계 표시', '열 총합계 표시' 체크를 해제하고 [확인]을 클릭한다.

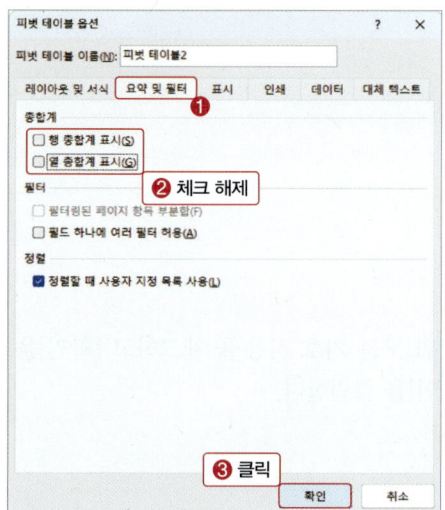

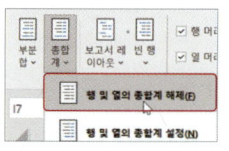

기적의 TIP

피벗 테이블 안쪽에 커서를 두고 [디자인]-[레이아웃] 그룹에서 [총합계]-[행 및 열의 총합계 해제]를 클릭하여 설정할 수 있다.

⑧ 보고서 레이아웃을 '개요 형식으로 표시'로 지정하기 위해 피벗 테이블 안에 셀 포인터를 두고 [디자인]-[레이아웃] 그룹에서 [보고서 레이아웃]을 클릭하여 [개요 형식으로 표시]를 선택한다.

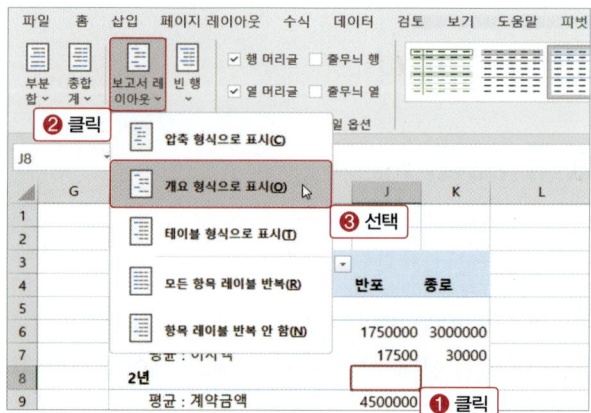

⑨ 값 영역의 표시 형식을 지정하기 위해서 [I6] 셀에서 마우스 오른쪽 버튼을 눌러 [값 필드 설정]을 선택한다.

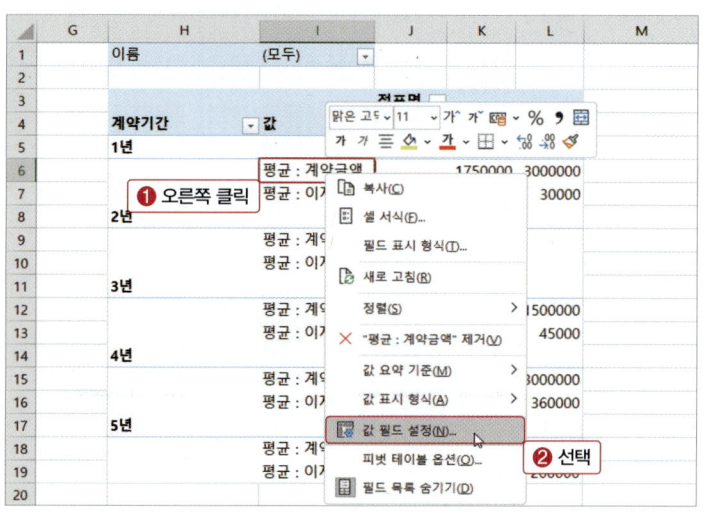

기적의 TIP

[I6] 셀에서 더블클릭하여 [값 필드 설정] 대화상자를 표시할 수 있다.

> **기적의 TIP**
>
> [값 요약 기준]-[평균]을 선택하지 않고, [값 필드 설정]에서 '평균'을 선택해도 된다.

⑩ [값 필드 설정]에서 [표시 형식]을 클릭한다.

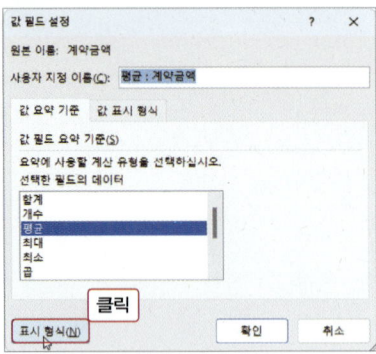

⑪ [셀 서식]에서 '숫자'를 선택한 후 '1000 단위 구분 기호 사용'을 체크하고 [확인]을 클릭한다. [값 필드 설정]에서 다시 한 번 [확인]을 클릭한다.

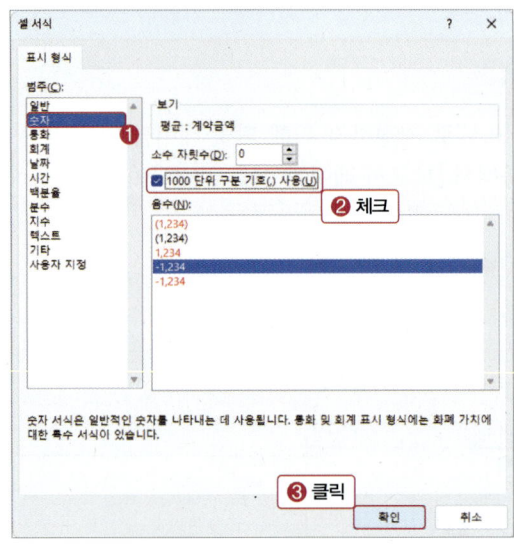

⑫ 같은 방법으로 '이자액'도 '숫자' 범주의 '1000 단위 구분 기호 사용'을 지정한다.

⑬ 피벗 테이블 안에 셀 포인트가 놓여 있는 상태에서 [디자인]-[피벗 테이블 스타일] 그룹의 '연한 주황, 피벗 스타일 보통 10'을 선택한다.

> **기적의 TIP**
>
> [I7] 셀에서 더블클릭하여 [값 필드 설정]에서 [표시 형식]을 클릭하여 설정한다.

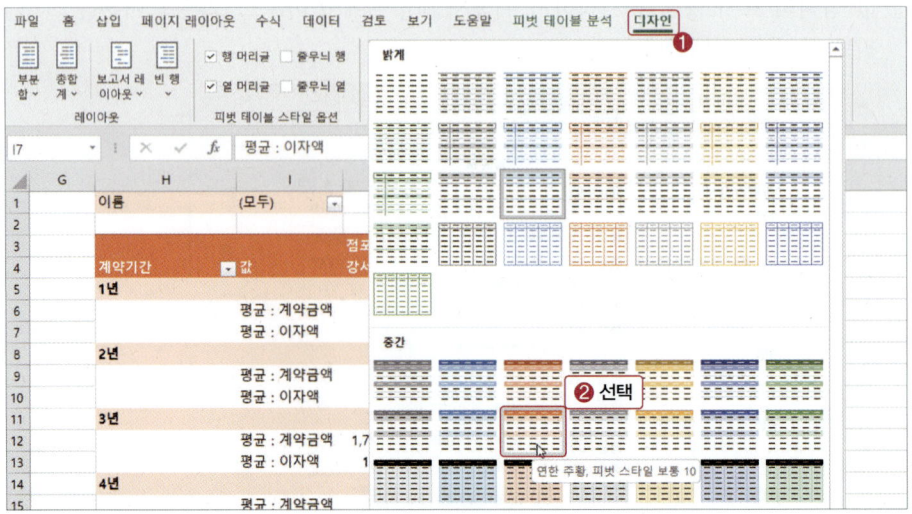

풀이결과

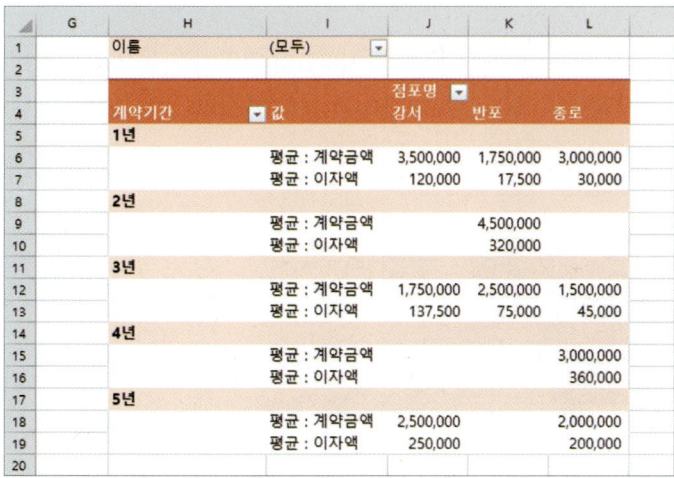

◀ '피벗테이블2(결과)' 시트

➕ 더 알기 TIP

[디자인]-[피벗 테이블 스타일]

'흰색, 피벗 스타일 밝게 23, 24, 26, 27, 28'을 선택한 후 [피벗 테이블 스타일 옵션]의 '줄무늬 행'이나 '줄무늬 열'을 체크하면 피벗 테이블 스타일 이름이 '연한 파랑~', '연한 주황~', '연한 노랑~', '연한 녹색~'으로 바뀌며, [피벗 테이블 스타일] 목록도 변경된다.

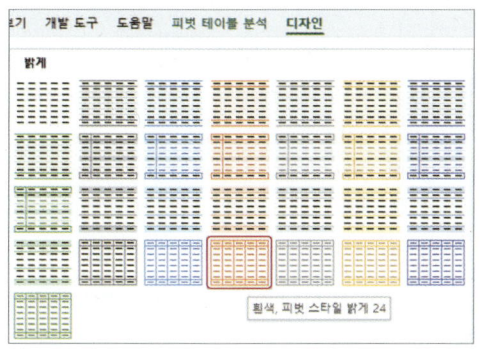 →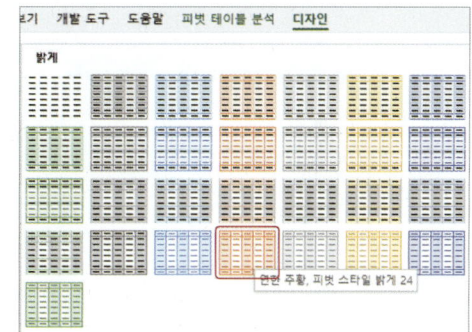

출제유형 ③ '피벗테이블3' 시트에 다음의 지시사항을 처리하시오.

[피벗 테이블] 기능을 이용하여 '임금명세표'의 직위를 '열', 근속기간을 '행'으로 처리하고, 값에 '기본급', '상여금'의 합계를 순서대로 계산하시오.

▶ 피벗 테이블 보고서는 동일 시트의 [A18] 셀에서 시작하시오.
▶ 피벗 테이블 보고서에서 근속기간은 1~5, 6~10, 11~15, 16~20 그룹으로 표시하시오.
▶ 값 영역의 표시 형식은 '셀 서식' 대화상자에서 '숫자' 범주의 '1000 단위 구분 기호 사용'을 이용하여 지정하시오.
▶ 피벗 테이블 보고서의 행의 총합계 표시는 나타나지 않도록 하고, 빈 셀은 '*' 기호로 표시되도록 지정하시오.
▶ 보고서 레이아웃은 '개요 형식으로 표시'로 지정하시오.

> **기적의 TIP**
>
> 합계[A13:G13]은 포함하지 않는다. 만약 포함하면 (비어있는 셀)이라고 표시된다.

① 데이터 영역[A3:G12]을 범위 지정한 후 [삽입]-[표] 그룹의 [피벗 테이블](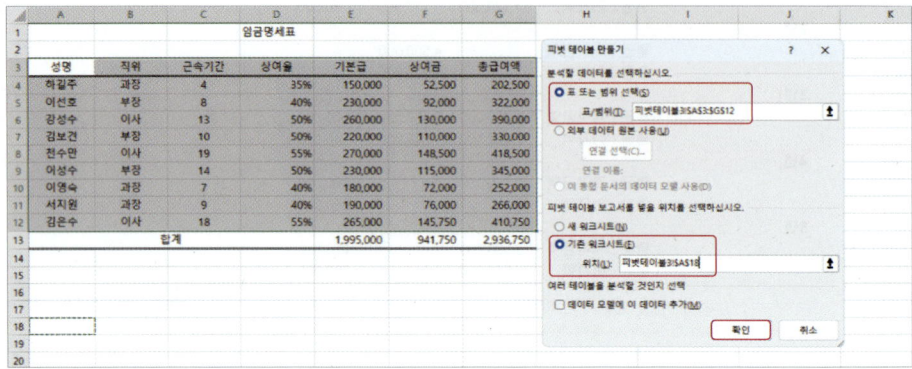)을 클릭한다.

② [피벗 테이블 만들기]에서 '표 또는 범위 선택'에서 [A3:G12] 영역이 자동으로 지정되어 있는지 확인하고, '기존 워크시트'를 선택하고 [A18] 셀을 클릭한 후 [확인]을 클릭한다.

> **기적의 TIP**
>
> 합계 영역을 포함하여 피벗테이블을 작성했다면 [피벗 테이블 분석]-[데이터] 그룹의 [데이터 원본 변경]을 클릭하여 범위를 수정한다.

③ 오른쪽 '피벗 테이블 필드 목록'에서 '직위'는 '열', '근속기간'은 '행'으로 드래그하고, '기본급', '상여금'은 'Σ 값'으로 드래그한다.

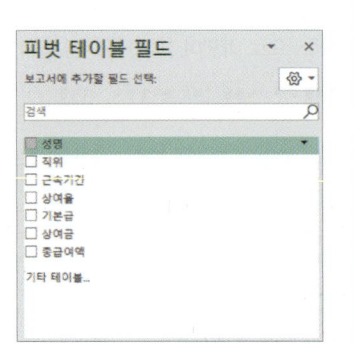

④ 근속기간을 그룹으로 표시하기 위해서 근속기간에 표시된 임의의 셀을 선택한 후 마우스 오른쪽 버튼을 눌러 [그룹]을 선택한다.

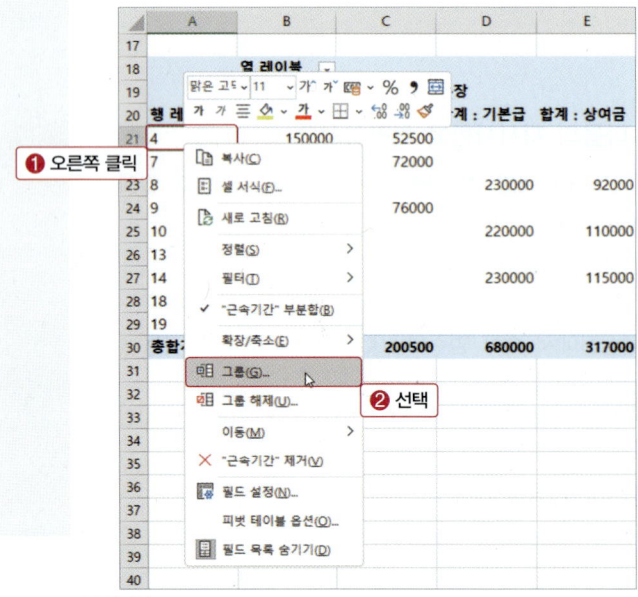

⑤ 1~5, 6~10, 11~15, 16~20 그룹으로 표시하기 위해서 [그룹화]에서 시작에 **1**, 끝에 **20**, 단위에 **5**를 입력하고 [확인]을 클릭한다.

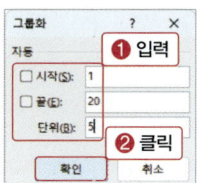

⑥ 값 영역의 표시 형식을 지정하기 위해서 [B20] 셀에서 마우스 오른쪽 버튼을 눌러 [값 필드 설정]을 선택한다.

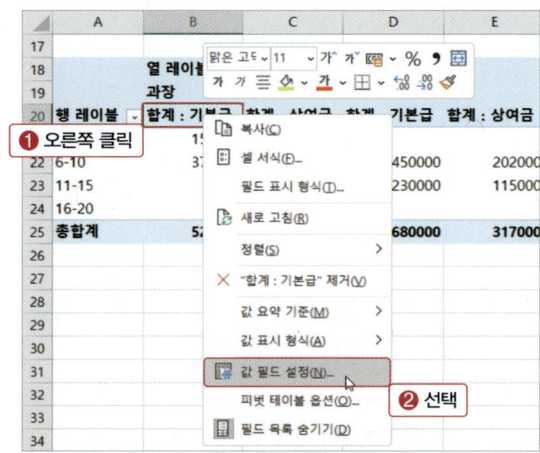

> **기적의 TIP**
>
> [B20] 셀에서 더블클릭하여 [값 필드 설정] 대화상자를 표시할 수 있다.

⑦ [값 필드 설정]에서 [표시 형식]을 클릭한다.

⑧ [셀 서식]에서 '숫자'를 선택한 후 '1000 단위 구분 기호 사용'을 체크하고 [확인]을 클릭하고, [값 필드 설정]에서 다시 한 번 [확인]을 클릭한다.

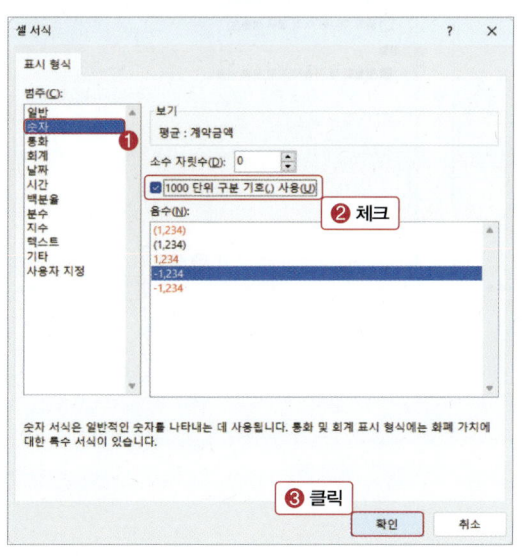

> **25년 출제**
>
> 이름이 '강미선'과 '김영균'만 표시되도록 설정하시오.
> '이름' 필터에서 목록 단추를 클릭하여 '여러 항목 선택'을 클릭한 후에 문제에 제시된 항목을 체크한다.
>
>

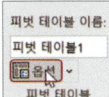
기적의 TIP

[C20] 셀에서 더블클릭하여 [값 필드 설정]에서 [표시 형식]을 클릭하여 설정한다.

기적의 TIP

피벗 테이블 안쪽에 커서를 두고 [피벗 테이블 분석]-[피벗 테이블] 그룹에서 [옵션]을 클릭해도 [피벗 테이블 옵션] 대화상자를 표시할 수 있다.

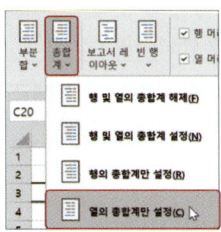

기적의 TIP

피벗 테이블 안쪽에 커서를 두고 [디자인]-[레이아웃] 그룹에서 [총합계]-[열의 총합계만 설정]을 클릭하여 설정할 수 있다.

⑨ 같은 방법으로 '상여금'도 '숫자' 범주의 '1000 단위 구분 기호 사용'을 지정한다.

⑩ 피벗 테이블 안쪽에 셀 포인터를 두고 마우스 오른쪽 버튼을 눌러 [피벗 테이블 옵션]을 선택한다.

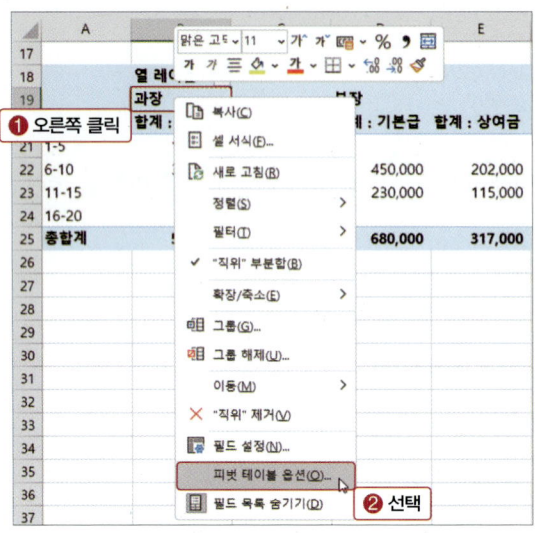

⑪ [피벗 테이블 옵션]의 [레이아웃 및 서식] 탭의 '빈 셀 표시'에 *을 입력한다. [요약 및 필터] 탭에서 '행 총합계 표시' 체크를 해제하고 [확인]을 클릭한다.

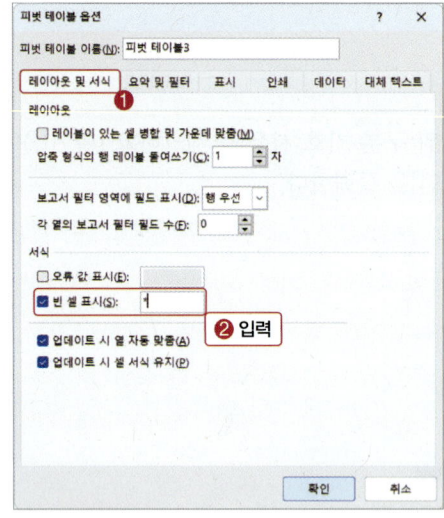
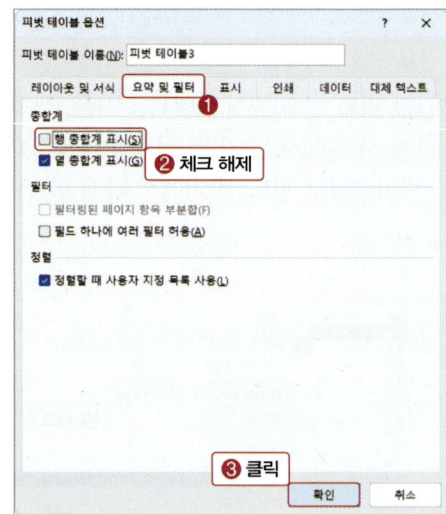

⑫ 보고서 레이아웃을 '개요 형식으로 표시'로 지정하기 위해 피벗 테이블 안에 셀 포인터를 두고 [디자인]-[레이아웃] 그룹에서 [보고서 레이아웃]을 클릭하여 [개요 형식으로 표시]를 선택한다.

풀이결과

	A	B	C	D	E	F	G	H
17								
18		직위	값					
19		과장		부장		이사		
20	근속기간	합계:기본급	합계:상여금	합계:기본급	합계:상여금	합계:기본급	합계:상여금	
21	1-5	150,000	52,500	*	*	*	*	
22	6-10	370,000	148,000	450,000	202,000	*	*	
23	11-15	*	*	230,000	115,000	260,000	130,000	
24	16-20	*	*	*	*	535,000	294,250	
25	총합계	520,000	200,500	680,000	317,000	795,000	424,250	
26								

▲ '피벗테이블3(결과)' 시트

+ 더 알기 TIP

[피벗 테이블 분석] 모음

피벗 테이블 안쪽에 커서를 두면 [피벗 테이블 분석]이 표시된다.

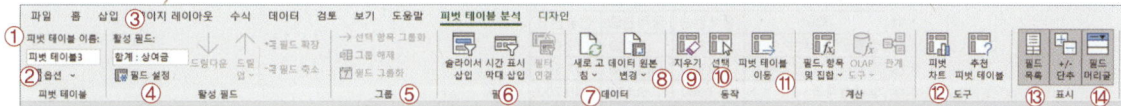

① **피벗 테이블 이름** : 피벗 테이블의 이름을 입력하거나 수정할 때 사용한다.
② **옵션** : [피벗 테이블 옵션]을 이용하여 피벗 테이블에 적용할 옵션을 설정한다.
③ **활성 필드** : 현재 선택된 활성 필드를 표시한다.
④ **필드 설정** : [값 필드 설정]을 이용하여 함수나 표시 형식을 변경한다.
⑤ **그룹** : 그룹/그룹 해제 또는 그룹을 선택할 때 사용한다.
⑥ **필터** : 슬라이서 삽입, 시간 표시 막대 삽입 등을 설정한다.
⑦ **새로 고침** : 원본 데이터의 변경 내용을 피벗 테이블에 반영한다.
⑧ **데이터 원본 변경** : 원본 데이터를 변경한다.
⑨ **지우기** : 피벗 테이블에 설정된 필드나 서식 및 필터를 제거한다.
⑩ **선택** : 피벗 테이블의 요소를 선택한다.
⑪ **피벗 테이블 이동** : 피벗 테이블의 위치를 변경한다.
⑫ **피벗 차트** : 피벗 테이블의 데이터를 이용하여 차트를 작성한다.
⑬ **필드 목록** : 필드 목록 창의 표시 여부를 지정한다.
⑭ **필드 머리글** : 필드의 행, 열, 값의 머리글의 표시 여부를 지정한다.

SECTION 07 통합

난이도 상중하
반복학습 1 2 3

작업파일 [26컴활2급₩이론] 폴더의 '15통합' 파일을 열어서 작업하시오.

25년 출제

[통합] 기능을 이용하여 [표1], [표2], [표3]에 대해 '공학부'로 끝나는 '정보인증', '국제인증', '전공인증'의 평균을 계산하시오.

*공학부'를 입력한 후 [통합]을 실행한다.

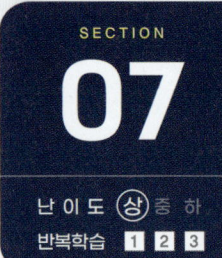

출제유형 ① '통합1' 시트에 다음의 지시사항을 처리하시오.

데이터 도구 [통합] 기능을 이용하여 [표1], [표2], [표3]에 대한 학과별 '정보인증', '국제인증', '전공인증'의 평균을 [표4]의 [G5:I8] 영역에 계산하시오.

	A	B	C	D	E	F	G	H	I	J
1			학과별 인증 점수 취득 평균							
2										
3	[표1] 2025년					[표4]				
4	학과	정보인증	국제인증	전공인증		학과	정보인증	국제인증	전공인증	
5	전기전자공학부	10,800	9,000	9,140		전기전자공학부				
6	교육학	9,200	13,780	13,080		컴퓨터·산업공학부				
7	컴퓨터·산업공학부	9,060	9,160	9,140		교육학				
8	실내건축과	3,780	3,680	2,840		실내건축과				
9										
10	[표2] 2024년									
11	학과	정보인증	국제인증	전공인증						
12	전기전자공학부	11,360	5,780	17,940						
13	컴퓨터·산업공학부	9,560	13,960	11,560						
14	실내건축과	3,960	9,140	19,700						
15	교육학	3,740	3,300	2,840						
16										
17	[표3] 2023년									
18	학과	정보인증	국제인증	전공인증						
19	전기전자공학부	9,360	7,080	9,120						
20	실내건축과	5,700	13,700	11,560						
21	컴퓨터·산업공학부	6,700	3,080	3,300						
22	교육학	9,560	14,960	9,680						
23										

▲ '통합1' 시트

① 데이터 통합 결과를 표시할 영역 [F4:I8]을 드래그하여 범위 지정한 후, [데이터]-[데이터 도구] 그룹의 [통합]()을 클릭한다.

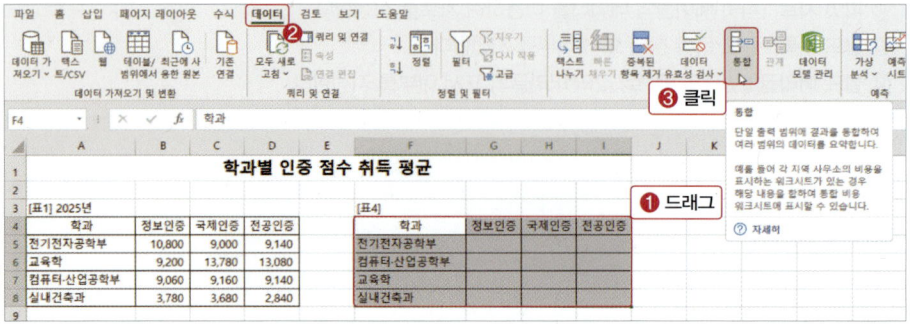

② [통합]에서 함수는 '평균'을 선택한다.

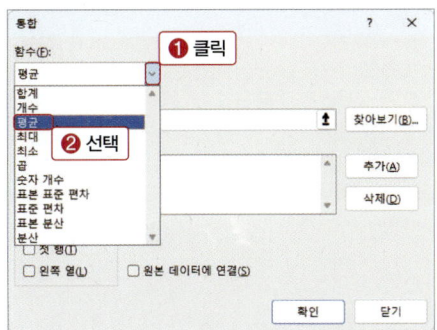

③ 데이터를 통합할 범위를 지정하기 위해 '참조'의 입력란을 클릭한 후 마우스로 [A4:D8] 영역을 드래그한 후 [추가]를 클릭한다.

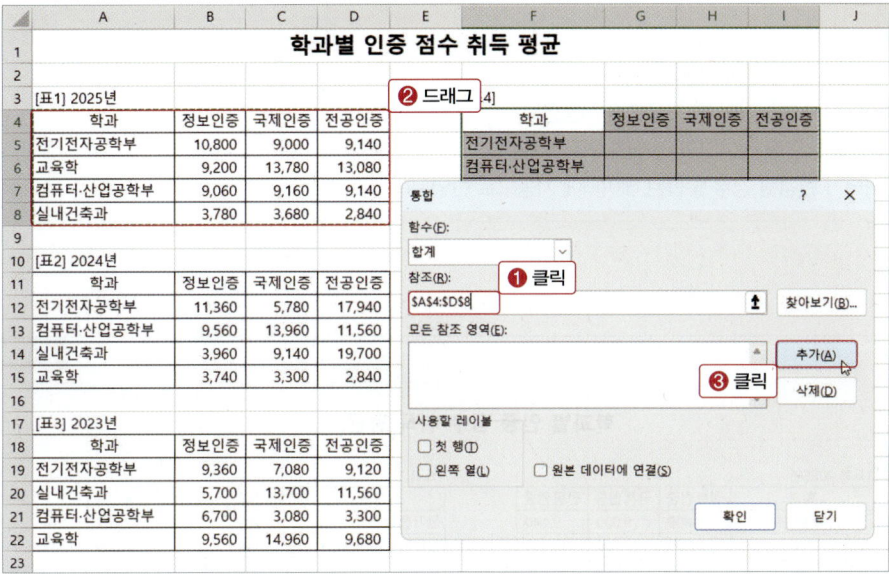

④ 같은 방법으로 [A11:D15], [A18:D22] 영역을 추가한다. 사용할 레이블은 '첫 행', '왼쪽 열'을 체크하고 [확인]을 클릭한다.

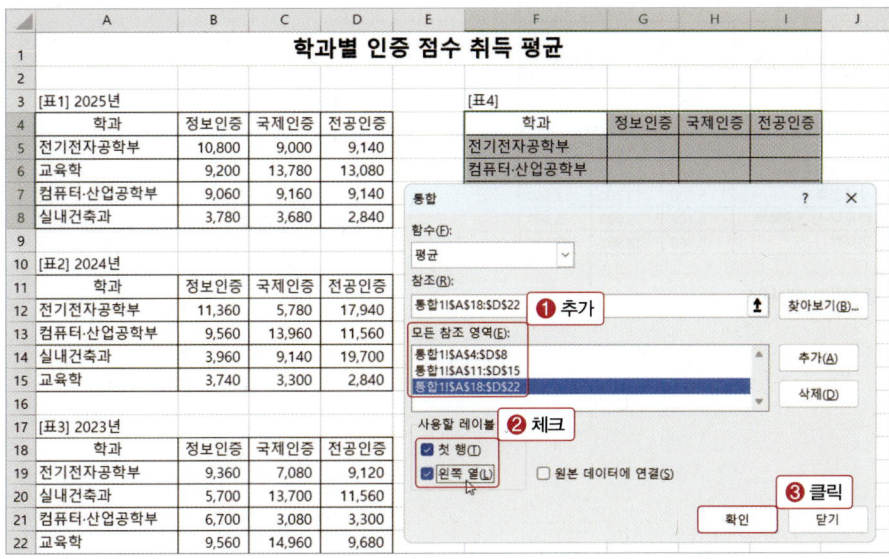

+ 더 알기 TIP

[통합] 대화상자

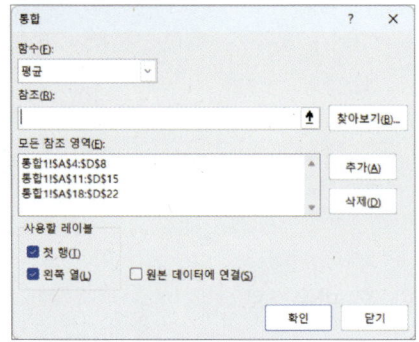

- **함수** : 사용할 함수를 선택한다.
- **참조** : 통합할 데이터 영역을 지정한다.
- **모든 참조 영역** : 지정한 모든 참조 영역이 표시된다.
- **첫 행** : 참조 영역 중 첫 행을 통합될 데이터의 행 이름으로 사용한다.
- **왼쪽 열** : 참조 영역 중 왼쪽 열을 통합될 데이터의 열 이름으로 사용한다.
- **원본 데이터 연결** : 원본 데이터가 변경될 경우 통합된 데이터에 자동으로 반영된다.

풀이결과

	A	B	C	D	E	F	G	H	I	J
1				학과별 인증 점수 취득 평균						
2										
3	[표1] 2025년					[표4]				
4	학과	정보인증	국제인증	전공인증		학과	정보인증	국제인증	전공인증	
5	전기전자공학부	10,800	9,000	9,140		전기전자공학부	10,507	7,287	12,067	
6	교육학	9,200	13,780	13,080		컴퓨터·산업공학부	8,440	8,733	8,000	
7	컴퓨터·산업공학부	9,060	9,160	9,140		교육학	7,500	10,680	8,533	
8	실내건축과	3,780	3,680	2,840		실내건축과	4,480	8,840	11,367	
9										
10	[표2] 2024년									
11	학과	정보인증	국제인증	전공인증						
12	전기전자공학부	11,360	5,780	17,940						
13	컴퓨터·산업공학부	9,560	13,960	11,560						
14	실내건축과	3,960	9,140	19,700						
15	교육학	3,740	3,300	2,840						
16										
17	[표3] 2023년									
18	학과	정보인증	국제인증	전공인증						
19	전기전자공학부	9,360	7,080	9,120						
20	실내건축과	5,700	13,700	11,560						
21	컴퓨터·산업공학부	6,700	3,080	3,300						
22	교육학	9,560	14,960	9,680						
23										

▲ '통합1(결과)' 시트

출제유형 ❷ '통합2' 시트에 다음의 지시사항을 처리하시오.

데이터 도구 [통합] 기능을 이용하여 [표1], [표2]에서 성명별 데이터의 '국어', '영어', '수학', '총점'의 평균을 '2학년 성적표' 표의 [I4:L10] 영역에 계산하시오.

	A	B	C	D	E	F	G	H	I	J	K	L	M
1													
2			[표1] 중간고사 성적표						[표3] 2학년 성적표				
3		성명	국어	영어	수학	총점		성명	국어	영어	수학	총점	
4		김창용	80	92	86	258		김창용					
5		정시윤	96	85	86	267		정시윤					
6		임소희	76	74	79	229		임소희					
7		유영석	84	62	85	231		유영석					
8		이민호	96	58	75	229		이민호					
9		한가희	86	79	81	246		한가희					
10		한지섭	85	95	82	262		한지섭					
11													
12			[표2] 기말고사 성적표										
13		성명	국어	영어	수학	총점							
14		김창용	82	96	82	260							
15		정시윤	94	82	90	266							
16		임소희	80	71	73	224							
17		유영석	83	68	89	240							
18		이민호	91	57	72	220							
19		한가희	79	72	84	235							
20		한지섭	81	94	72	247							
21													

▲ '통합2' 시트

① 데이터 통합 결과를 표시할 영역 [H3:L10]을 드래그하여 범위 지정한 후 [데이터]-[데이터 도구] 그룹의 [통합]()을 클릭하고, [통합]에서 함수는 '평균'을 선택한다.
② 데이터를 통합할 범위를 지정하기 위해 '참조'의 입력란을 클릭한 후 마우스로 [B3:F10] 영역을 드래그한 후 [추가]를 클릭한다.

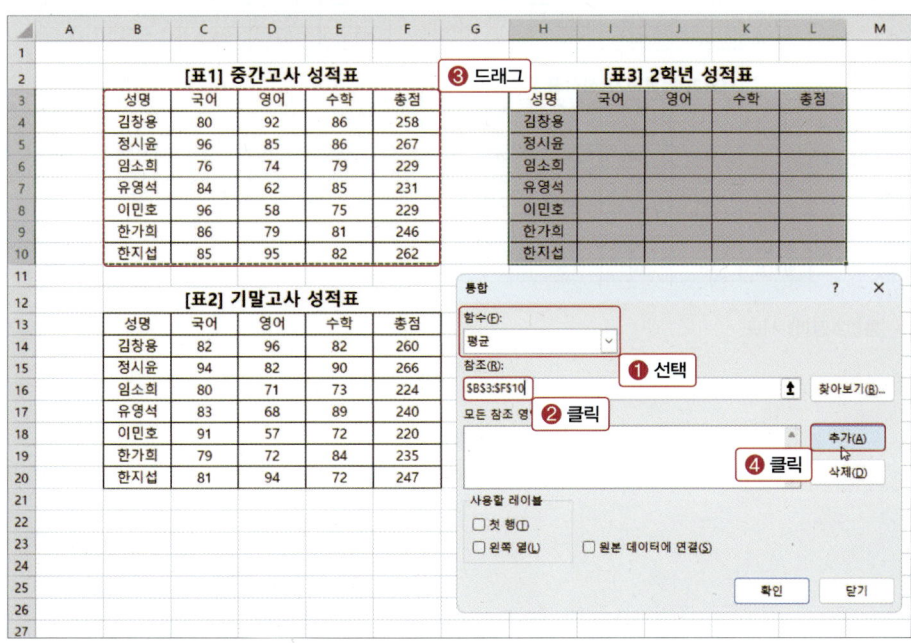

③ 같은 방법으로 [B13:F20] 영역을 추가한다. 사용할 레이블은 '첫 행', '왼쪽 열'을 체크하고 [확인]을 클릭한다.

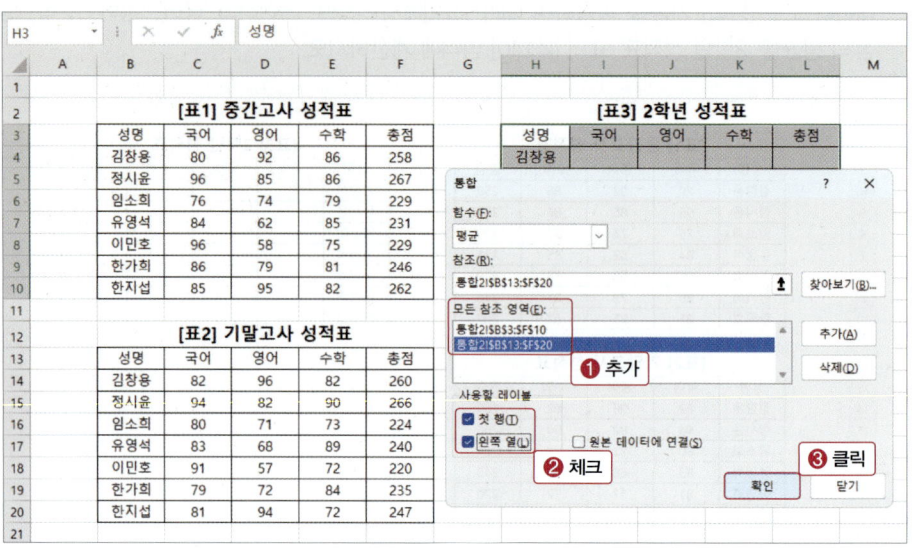

▲ '통합2(결과)' 시트

출제유형 ❸ '통합3' 시트에 다음의 지시사항을 처리하시오.

데이터 도구 [통합] 기능을 이용하여 [표1]에서 품목별 데이터 '입고량', '출고량', '재고량'의 품명이 '마우스'로 시작, '키'로 시작, '블루투스'로 시작하는 품목별 합계를 [표2]의 [H3:J5] 영역에 계산하시오.

	A	B	C	D	E	F	G	H	I	J	K
1	[표1]	컴퓨터용품 입출고 현황					[표2]	1/4분기 컴퓨터용품 입출고 현황			
2	월	품명	입고량	출고량	재고량		품명	입고량	출고량	재고량	
3	1월	마우스	200	186	14						
4	1월	마우스패드	150	120	30						
5	1월	키보드	300	255	45						
6	1월	키스킨	100	67	33						
7	1월	블루투스 이어폰	250	241	9						
8	1월	블루투스 헤드셋	150	111	39						
9	1월	블루투스 스피커	100	68	32						
10	2월	마우스	250	241	9						
11	2월	마우스패드	140	120	20						
12	2월	키보드	350	304	46						
13	2월	키스킨	100	65	35						
14	2월	블루투스 이어폰	300	236	64						
15	2월	블루투스 헤드셋	180	128	52						
16	2월	블루투스 스피커	120	101	19						
17	3월	마우스	300	241	59						
18	3월	마우스패드	150	135	15						
19	3월	키보드	350	301	49						
20	3월	키스킨	80	55	25						
21	3월	블루투스 이어폰	250	204	46						
22	3월	블루투스 헤드셋	150	124	26						
23	3월	블루투스 스피커	150	109	41						
24											

▲ '통합3' 시트

① '마우스'로 시작, '키'로 시작, '블루투스'로 시작하는 조건을 입력하기 위해 [G3:G5] 영역에 다음과 같이 조건을 입력한다.

	F	G	H	I	J	K
1		[표2]	1/4분기 컴퓨터용품 입출고 현황			
2		품명	입고량	출고량	재고량	
3		마우스*				
4		키*				
5		블루투스*				
6		입력				

② 데이터 통합 결과를 표시할 영역 [G2:J5]를 드래그하여 범위 지정한 후 [데이터]-[데이터 도구] 그룹의 [통합]( )을 클릭하고, [통합]에서 함수는 '합계'를 선택한다.

> **🏠 25년 출제**
>
> *는 임의의 모든 문자를 대신하는 문자로 '마우스*'는 마우스로 시작하는 모든 단어(셀)를 찾을 수 있다.

③ 데이터를 통합할 범위를 지정하기 위해 '참조'의 입력란을 클릭한 후 마우스로 [B2:E23] 영역을 드래그한 후 [추가]를 클릭한다.

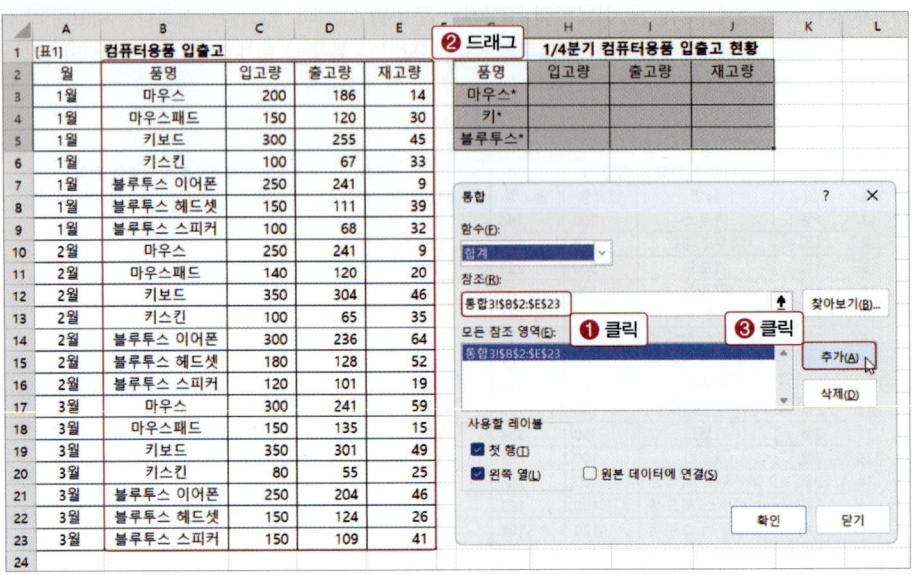

④ 사용할 레이블은 '첫 행', '왼쪽 열'을 체크하고 [확인]을 클릭한다.

풀이결과

▲ '통합3(결과)' 시트

CHAPTER

04

기타작업

학습 방향

기타작업에서는 총 2문항이 출제되며, 매크로 작성 및 연결, 차트 서식 지정과 관련된 문제가 출제됩니다. 각 문항은 부분 점수가 제공되므로, 요구사항을 가능한 한 많이 수행하는 것이 중요합니다. 기타작업은 실수가 적고 반복 연습이 가능하므로, 출제 유형에 익숙해지면 비교적 수월하게 점수를 확보할 수 있는 영역입니다.

난이도

중 SECTION 01 매크로   1-180
중 SECTION 02 차트   1-200

매크로

작업파일 [26컴활2급₩이론] 폴더의 '16매크로' 파일을 열어서 작업하시오.

+ 더 알기 TIP

리본 메뉴에 [개발 도구] 탭이 표시되어 있지 않다면

① [파일]을 클릭하여 [옵션]을 클릭한다.

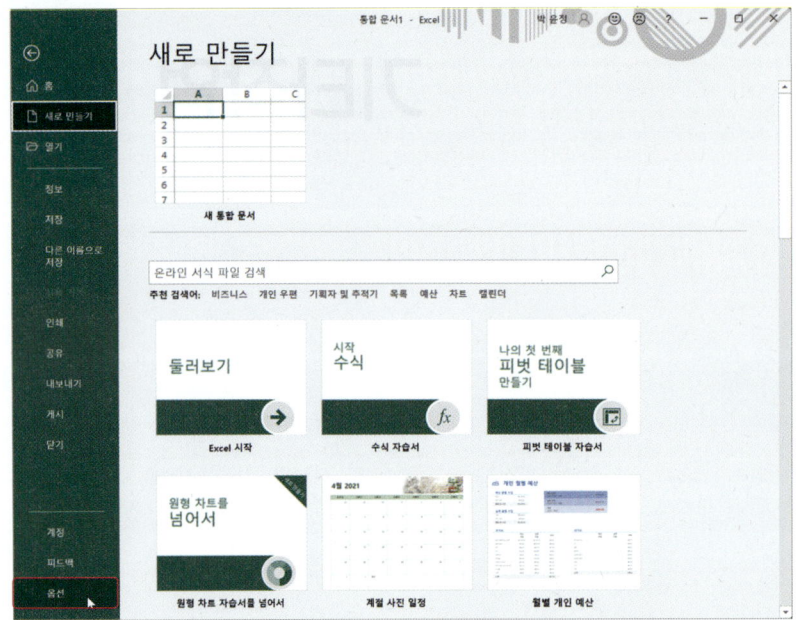

② '리본 사용자 지정'을 클릭한 후 '개발 도구'를 체크하고 [확인]을 클릭한다.

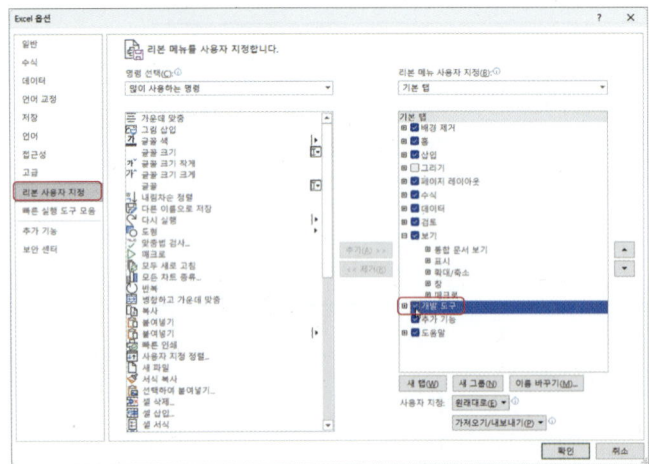

출제유형 ① '매크로1' 시트의 [표1]에서 다음과 같은 기능을 수행하는 매크로를 현재 통합 문서에 작성하고 실행하시오.

❶ [N4:N14] 영역에 평균을 계산하는 매크로를 생성하여 실행하시오.
  ▶ 매크로 이름 : 평균
  ▶ AVERAGE 함수 사용
  ▶ 평균은 1월부터 12월까지의 발생건수의 평균임
  ▶ [개발 도구]-[삽입]-[양식 컨트롤]의 '단추(□)'를 동일 시트의 [C18:D19] 영역에 생성하고, 텍스트를 '평균'으로 입력한 후 단추를 클릭할 때 '평균' 매크로가 실행되도록 설정하시오.

❷ [B3:B14], [D3:D14] 영역에 채우기 색을 '표준 색 - 파랑'으로 적용하는 매크로를 생성하여 실행하시오.
  ▶ 매크로 이름 : 서식
  ▶ [도형]-[사각형]의 '직사각형(□)'을 동일 시트의 [F18:G19] 영역에 생성하고, 텍스트를 '서식'으로 입력한 후 도형을 클릭할 때 '서식' 매크로가 실행되도록 설정하시오.
  ※ 셀 포인터의 위치에 상관없이 현재 통합문서에서 매크로가 실행되어야 정답으로 인정됨

01 '평균' 매크로

① [개발 도구]-[컨트롤] 그룹의 [삽입]-[단추(양식 컨트롤)](□)을 클릭한다.

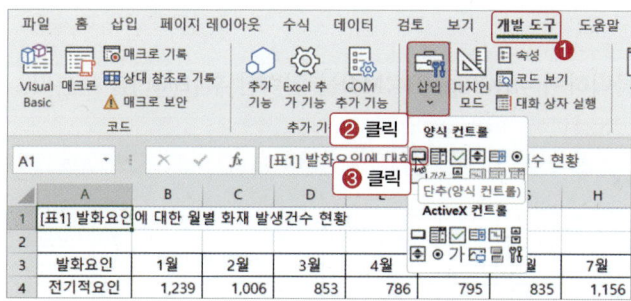

② 마우스 포인터가 '+'로 바뀐 다음 [C18:D19] 영역에 드래그하여 그리면 [매크로 지정] 대화상자가 나타난다.

> **기적의 TIP**
>
> Alt 를 누르면 셀의 모서리에 정확하게 맞추어 그릴 수 있다.

③ [매크로 지정]의 '매크로 이름'에 **평균**을 입력하고 [기록]을 클릭한다.

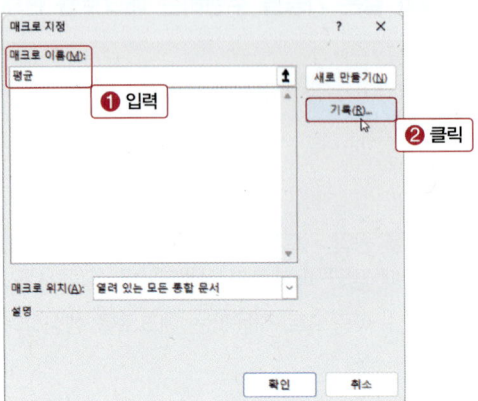

④ [매크로 기록]에 '평균'으로 매크로 이름이 자동으로 표시되면 [확인]을 클릭한다.

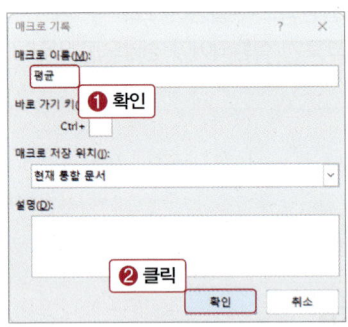

> **기적의 TIP**
> 함수는 대소문자 상관없이 입력이 가능하다.

⑤ 평균을 구할 [N4] 셀을 클릭하여 **=average(B4:M4)**를 입력한 후 Enter 를 누른다.

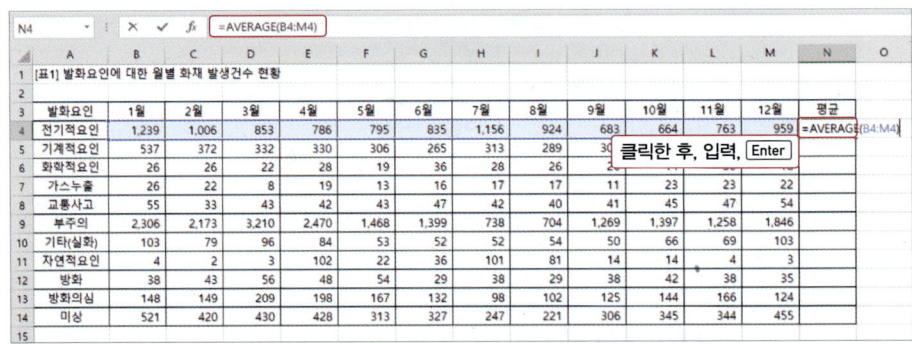

> **기적의 TIP**
> [B4:N14] 영역을 범위 지정한 후 [수식]-[함수 라이브러리] 그룹에서 [자동 합계]-[평균]을 클릭하여 평균을 구할 수 있다.
>
>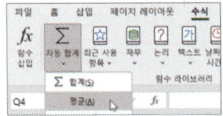

⑥ [N4] 셀을 클릭한 후 채우기 핸들을 이용하여 [N14] 셀까지 드래그하여 수식을 복사한다.

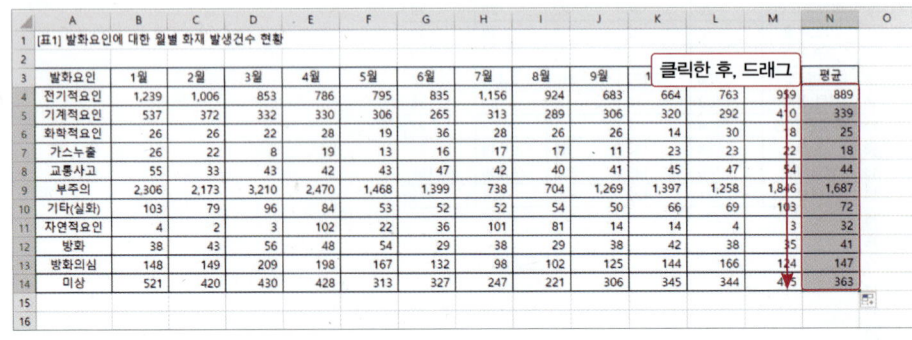

⑦ 매크로 기록을 종료하기 위해 [개발 도구]-[코드] 그룹의 [기록 중지](□)를 클릭한다.

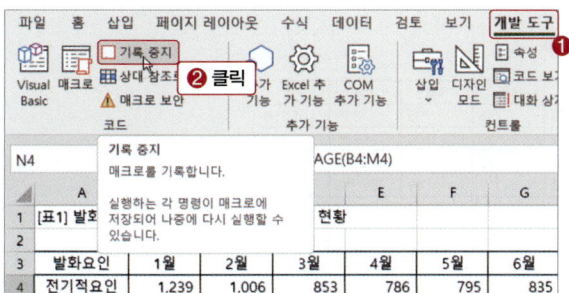

⑧ 단추에 텍스트를 수정하기 위해서 단추에서 마우스 오른쪽 버튼을 눌러 [텍스트 편집]을 선택한다.

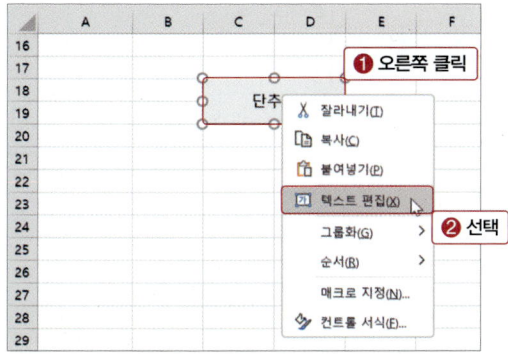

⑨ 단추에 입력된 '단추 1'을 지우고 **평균**을 입력한다.

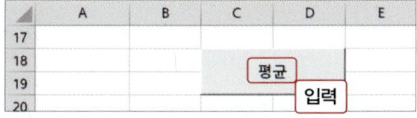

02 '서식' 매크로

① [삽입]-[일러스트레이션] 그룹에서 [도형]-[사각형]의 [직사각형](□)을 클릭한다.

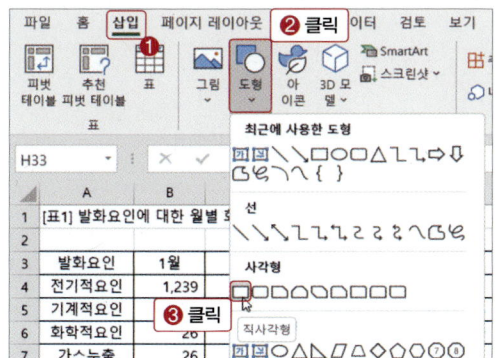

> **기적의 TIP**
>
> 도형을 그릴 때 Alt 를 누른 상태에서 드래그하면 셀 눈금선에 맞추어 도형을 그릴 수 있다.

② 마우스 포인터가 '+'로 바뀌면 [F18:G19] 영역에 드래그한다.

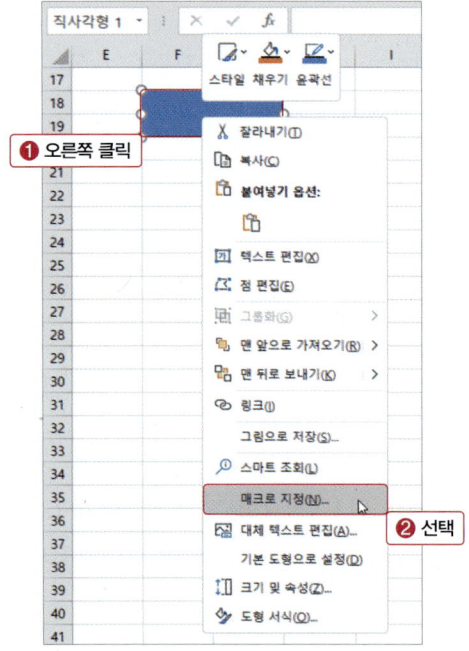

③ '직사각형' 도형에서 마우스 오른쪽 버튼을 눌러 [매크로 지정]을 선택한다.

④ [매크로 지정]의 '매크로 이름'에 **서식**을 입력하고 [기록]을 클릭한다.

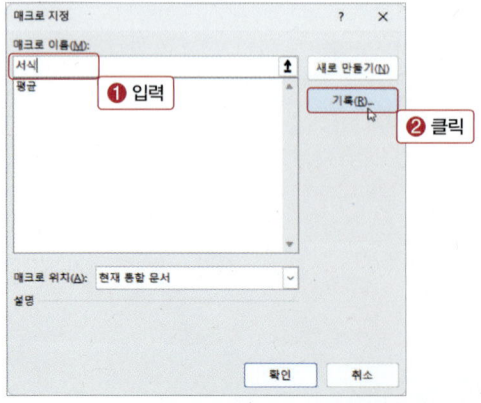

⑤ [매크로 기록]에 '서식'으로 매크로 이름이 자동으로 표시되면 [확인]을 클릭한다.

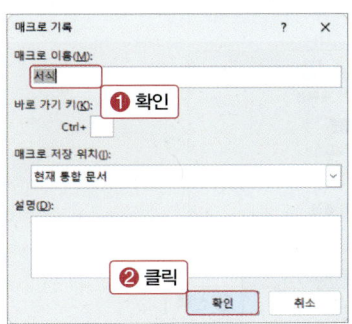

⑥ [B3:B14] 영역을 드래그하고 [Ctrl]을 누른 채 [D3:D14] 영역을 드래그하여 범위 지정한 후, [홈]-[글꼴] 그룹의 [채우기 색]( ) 도구를 클릭하여 '표준 색 – 파랑'을 선택한다.

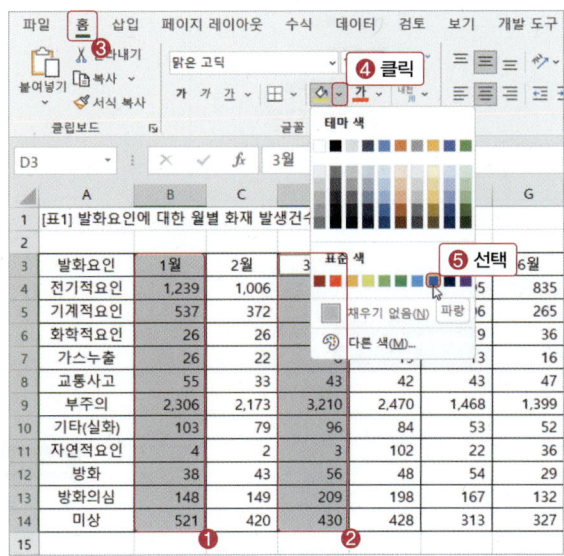

⑦ 매크로 기록을 종료하기 위해 [개발 도구]-[코드] 그룹의 [기록 중지]( )를 클릭한다.

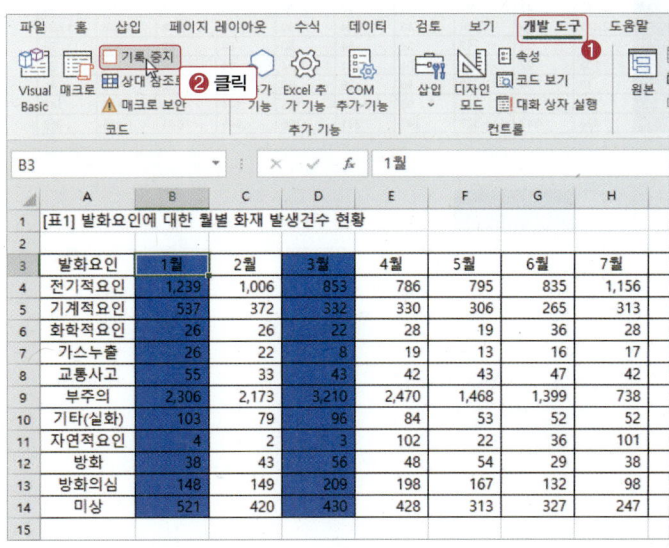

⑧ '직사각형' 도형에서 마우스 오른쪽 버튼을 눌러 [텍스트 편집]을 선택한다.

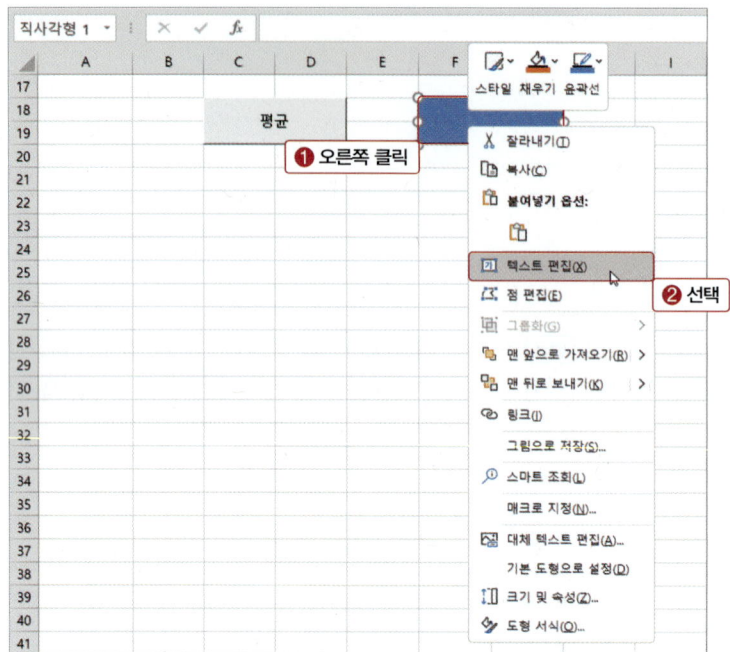

> 🅱 기적의 TIP
>
> 직사각형의 텍스트 '서식'은 문제에서 가운데 맞춤에 대한 언급이 없다면, 가운데 맞춤을 하지 않아도 된다.

⑨ **서식**을 입력한다.

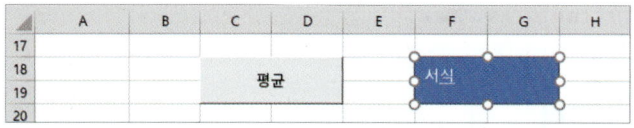

▲ '매크로1(결과)' 시트

출제유형 ❷ '매크로2' 시트의 [표]에서 다음과 같은 기능을 수행하는 매크로를 현재 통합 문서에 작성하고 실행하시오.

❶ [E4:E8] 영역에 총점을 계산하는 매크로를 생성하여 실행하시오.
  ▶ 매크로 이름 : 총점
  ▶ 총점 = 소양인증 + 직무인증
  ▶ [개발 도구]-[삽입]-[양식 컨트롤]의 '단추(□)'를 동일 시트의 [A10:B11] 영역에 생성하고, 텍스트를 '총점' 으로 입력한 후 단추를 클릭할 때 '총점' 매크로가 실행되도록 설정하시오.

❷ [A3:E8] 영역에 '모든 테두리(⊞)'를 적용하는 매크로를 생성하여 실행하시오.
  ▶ 매크로 이름 : 테두리
  ▶ [도형]-[기본 도형]의 '사각형: 빗면(▱)'을 동일 시트의 [D10:E11] 영역에 생성하고, 텍스트를 '테두리'로 입력한 후 도형을 클릭할 때 '테두리' 매크로가 실행되도록 설정하시오.
  ※ 셀 포인터의 위치에 상관없이 현재 통합문서에서 매크로가 실행되어야 정답으로 인정됨

01 '총점' 매크로

① [개발 도구]-[컨트롤] 그룹의 [삽입]-[단추(양식 컨트롤)](□)을 클릭한다.

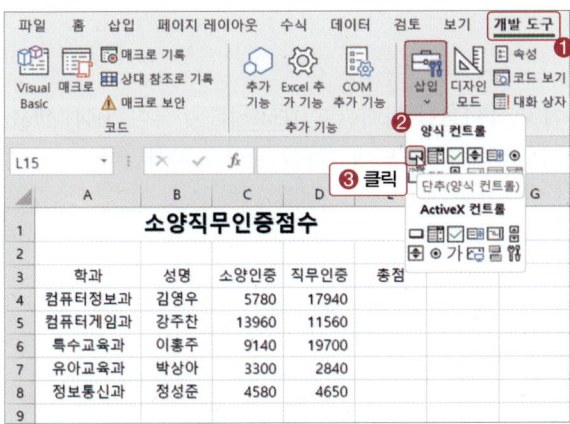

② 마우스 포인터가 '+'로 바뀐 다음 [A10:B11] 영역에 드래그하여 그리면 [매크로 지정] 대화상자가 나타난다.

③ [매크로 지정]에 **총점**을 입력하고 [기록]을 클릭한다.

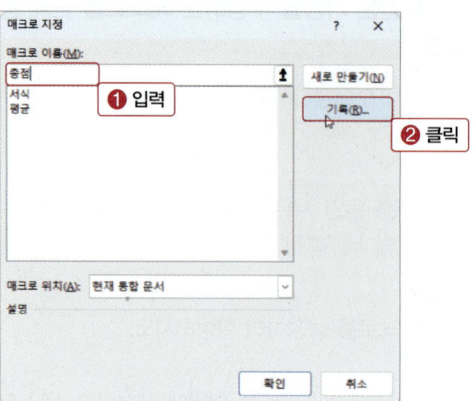

④ [매크로 기록]에 '총점'으로 매크로 이름이 자동으로 표시되면 [확인]을 클릭한다.

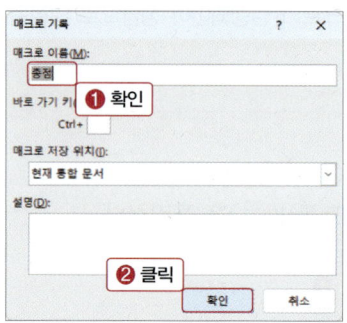

⑤ 총점을 구할 [E4] 셀을 클릭하여 **=C4+D4**를 입력한 후 Enter 를 누른다. [E4] 셀을 클릭한 후 채우기 핸들을 이용하여 [E8] 셀까지 드래그하여 수식을 복사한다.

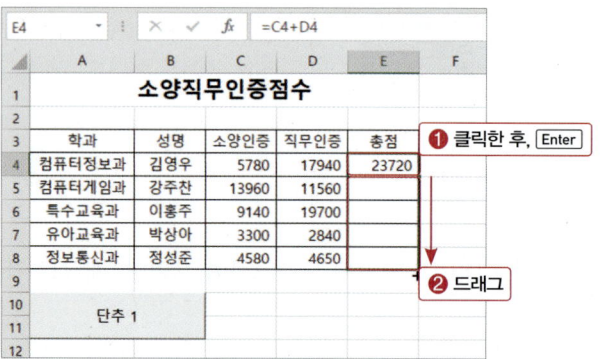

⑥ 임의의 셀을 클릭한 후 매크로 기록을 종료하기 위해 [개발 도구]-[코드] 그룹의 [기록 중지](□)를 클릭한다.

⑦ 단추에 텍스트를 수정하기 위해서 단추에서 마우스 오른쪽 버튼을 눌러 [텍스트 편집]을 선택한다.

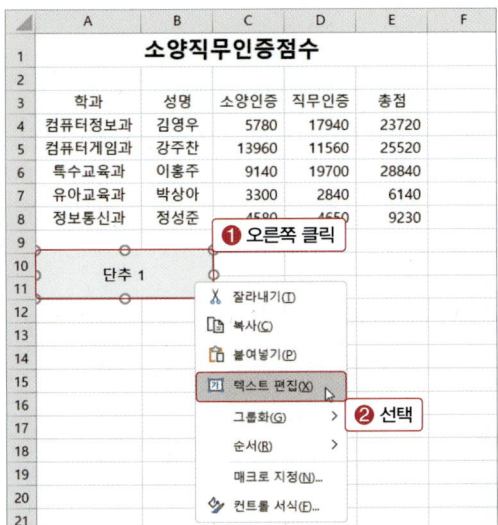

⑧ 단추에 입력된 '단추 1'을 지우고 **총점**을 입력한다.

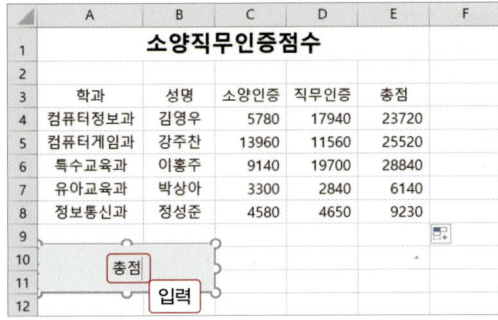

02 '서식' 매크로

① [삽입]-[일러스트레이션] 그룹에서 [도형]-[기본 도형]의 '사각형: 빗면(□)'을 클릭한다.

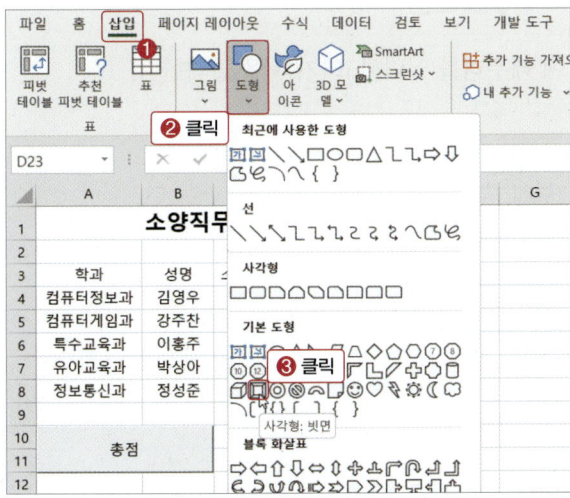

② 마우스 포인터가 '+'로 바뀌면 [D10:E11] 영역에 드래그한다.

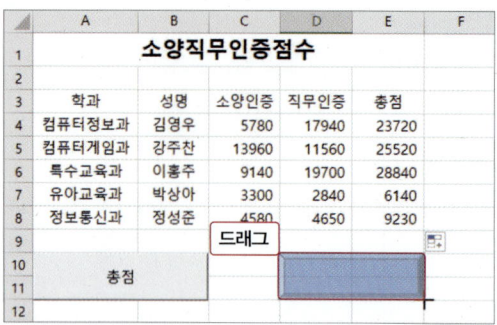

③ '빗면' 도형에서 마우스 오른쪽 버튼을 눌러 [매크로 지정]을 선택한다.

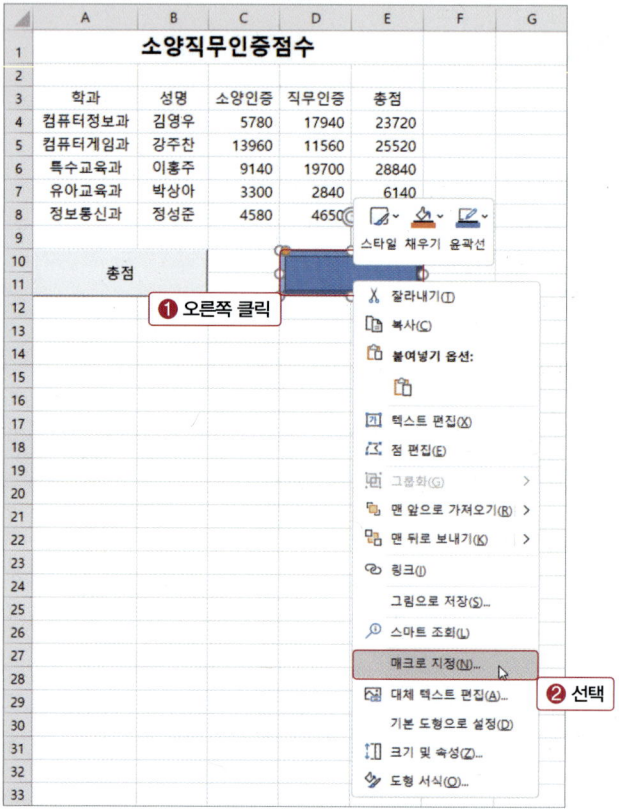

④ [매크로 지정]의 '매크로 이름'에 **테두리**를 입력하고 [기록]을 클릭한다.

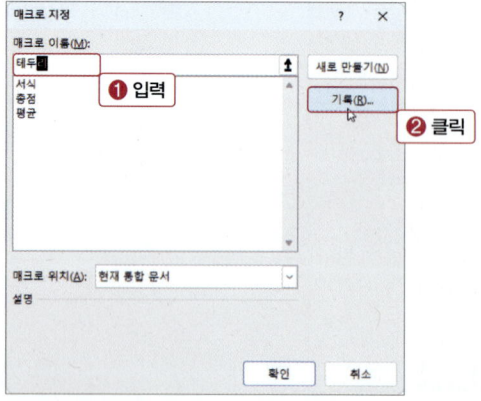

⑤ [매크로 기록]에 '테두리'로 매크로 이름이 자동으로 표시되면 [확인]을 클릭한다.
⑥ [A3:E8] 영역을 드래그하여 범위 지정한 후 [홈]-[글꼴] 그룹의 [테두리](⊞ ▾) 도구의 [모든 테두리](⊞)를 선택한다.

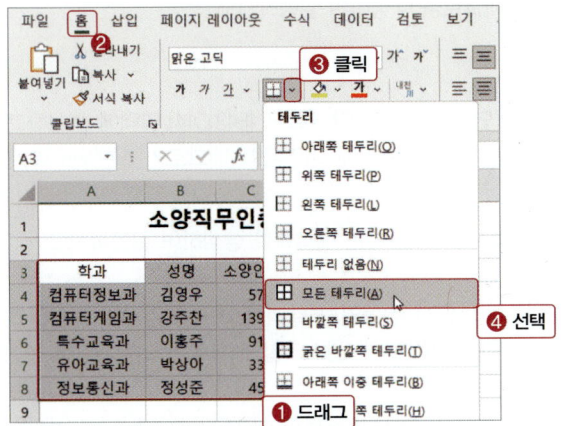

⑦ 매크로 기록을 종료하기 위해 [개발 도구]-[코드] 그룹의 [기록 중지](□)를 클릭한다.
⑧ '빗면' 도형에서 마우스 오른쪽 버튼을 눌러 [텍스트 편집]을 클릭한 후 **테두리**를 입력한다.

> **기적의 TIP**
> 빗면의 텍스트 '테두리'는 문제에서 가운데 맞춤에 대한 언급이 없다면, 가운데 맞춤을 하지 않아도 된다.

풀이결과

▲ '매크로2(결과)' 시트

출제유형 ❸ '매크로3' 시트의 [표]에서 다음과 같은 기능을 수행하는 매크로를 현재 통합 문서에 작성하고 실행하시오.

❶ [F4:F11] 영역에 이익금액을 계산하는 매크로를 생성하여 실행하시오.
  ▶ 매크로 이름 : 이익금액
  ▶ 이익금액 = 판매금액 – 매입금액
  ▶ [개발 도구]–[삽입]–[양식 컨트롤]의 '단추(□)'를 동일 시트의 [B13:C14] 영역에 생성하고, 텍스트를 '이익금액'으로 입력한 후 단추를 클릭할 때 '이익금액' 매크로가 실행되도록 설정하시오.

❷ [A3:F3] 영역에 셀 스타일을 '파랑, 강조색1'로 적용하는 매크로를 생성하여 실행하시오.
  ▶ 매크로 이름 : 셀스타일
  ▶ [도형]–[사각형]의 '사각형: 둥근 모서리(□)'를 동일 시트의 [E13:F14] 영역에 생성하고, 텍스트를 '셀스타일'로 입력한 후 도형을 클릭할 때 '셀스타일' 매크로가 실행되도록 설정하시오.
  ※ 셀 포인터의 위치에 상관없이 현재 통합문서에서 매크로가 실행되어야 정답으로 인정됨

> **기적의 TIP**
>
> 매크로 기록을 먼저 한 후 매크로를 연결하는 방법으로도 매크로를 연결할 수 있다. 2가지 방법 중에서 편한 방법을 사용하면 된다.

01 '이익금액' 매크로

① [개발 도구]–[코드] 그룹의 [매크로 기록](📹) 도구를 클릭한다.

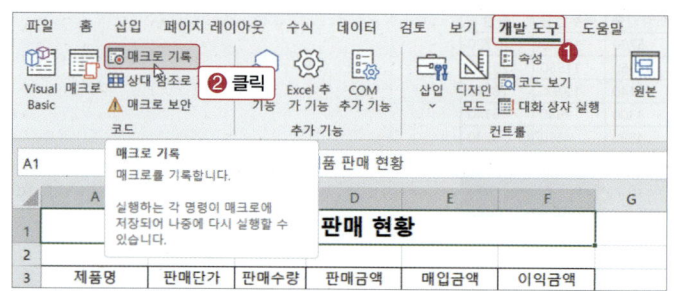

② [매크로 기록]에서 매크로 이름은 **이익금액**을 입력한 후 [확인]을 클릭한다.

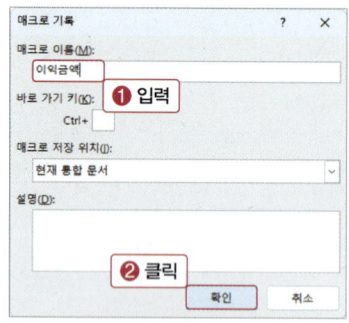

③ [F4] 셀을 클릭한 후 =D4-E4를 입력한 후 Enter 를 누른 후 [F4] 셀을 클릭한 후 채우기 핸들을 이용하여 [F11] 셀까지 드래그하여 수식을 복사한다.

④ 임의의 셀을 클릭한 후 매크로 기록을 종료하기 위해 [개발 도구]-[코드] 그룹의 [기록 중지](□)를 클릭한다.

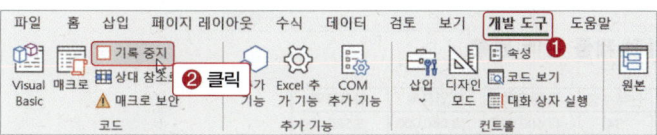

⑤ [개발 도구]-[컨트롤] 그룹의 [삽입]-[단추(양식 컨트롤)](□)을 클릭한다.

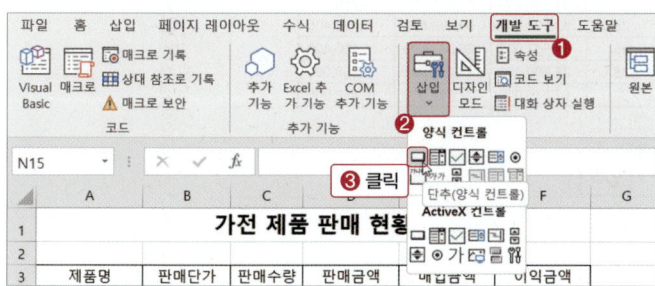

⑥ 마우스 포인터가 '+'로 바뀌면 [B13:C14] 영역에 드래그한다.

⑦ [매크로 지정] 대화상자가 표시되면 미리 기록한 매크로 '이익금액'을 선택하고 [확인]을 클릭한다.

> **기적의 TIP**
>
> 매크로 지정을 한 후 바로 텍스트를 입력하면 따로 마우스 오른쪽 버튼을 눌러 [텍스트 편집]을 이용하지 않아도 된다.

⑧ 단추가 선택된 상태에서 **이익금액**을 입력한다.

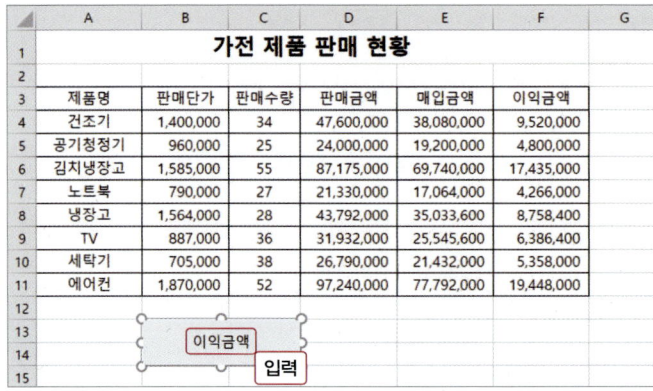

02 '셀스타일' 매크로

① [개발 도구]-[코드] 그룹의 [매크로 기록]() 도구를 클릭한다.
② [매크로 기록]에서 매크로 이름에 **셀스타일**을 입력한 후 [확인]을 클릭한다.

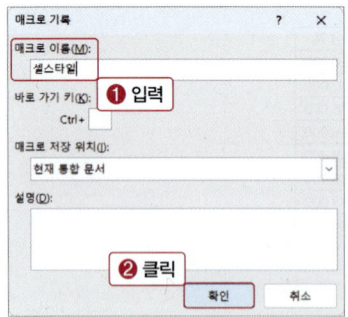

③ [A3:F3] 영역을 드래그하여 범위 지정한 후 [홈]-[스타일] 그룹에서 [셀 스타일]을 클릭하여 '파랑, 강조색1'을 선택한다.

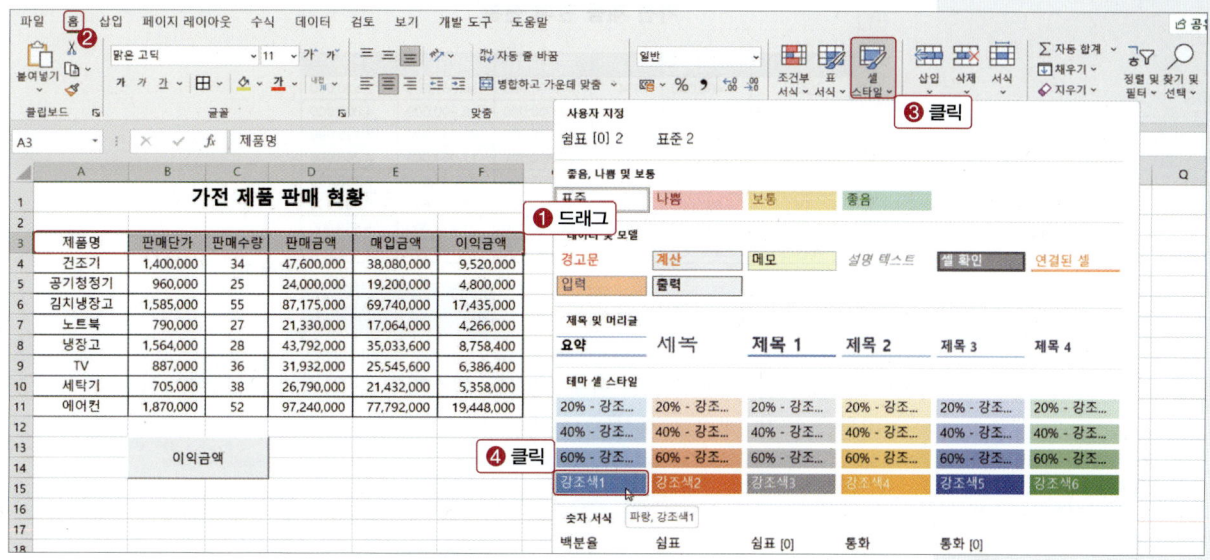

④ 임의의 셀을 클릭한 후 매크로 기록을 종료하기 위해 [개발 도구]-[코드] 그룹의 [기록 중지](□)를 클릭한다.

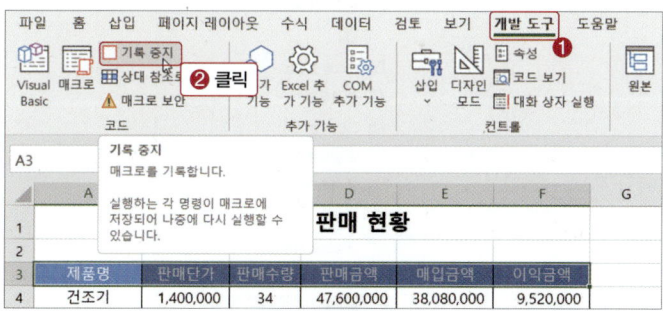

⑤ [삽입]-[일러스트레이션] 그룹에서 [도형]-[사각형]의 '사각형: 둥근 모서리(□)'를 클릭한다.

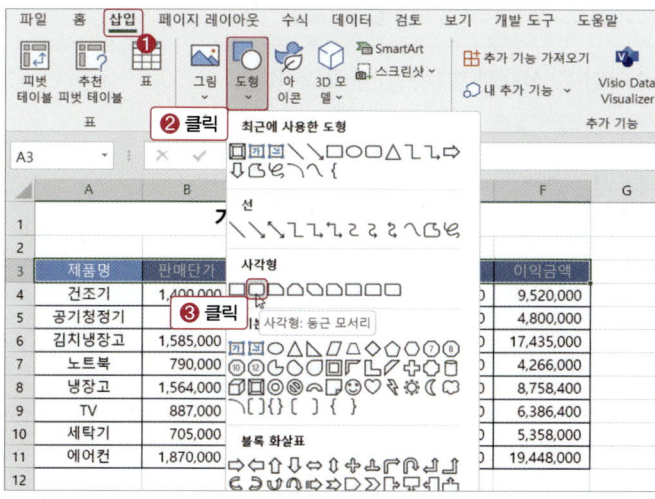

⑥ 마우스 포인터가 '+'로 바뀌면 [E13:F14] 영역에 드래그한다.

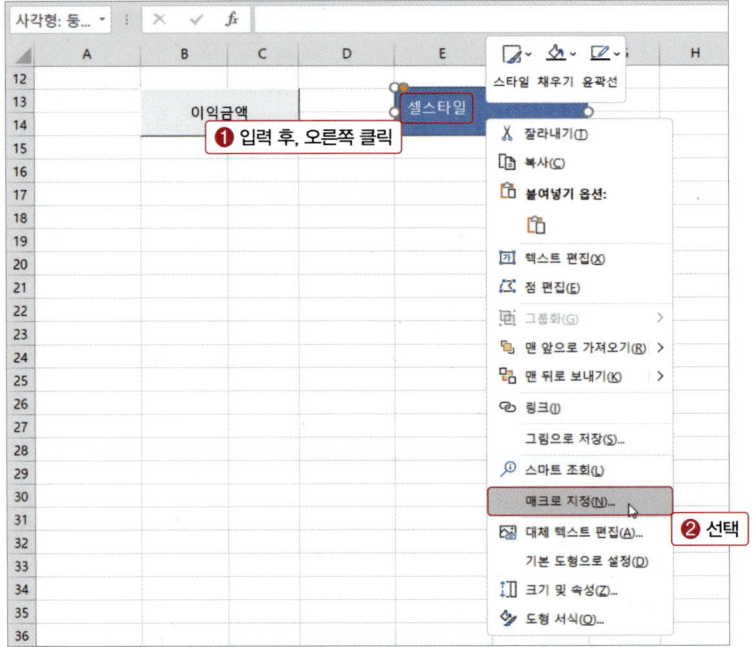

> **기적의 TIP**
>
> 사각형: 둥근 모서리의 텍스트 '셀스타일'은 문제에서 가운데 맞춤에 대한 언급이 없다면, 가운데 맞춤을 하지 않아도 된다.

⑦ 도형을 그린 후에 도형에 바로 텍스트 **셀스타일**을 입력하고, 도형에서 마우스 오른쪽 버튼을 눌러 [매크로 지정]을 선택한다.

⑧ [매크로 지정]에서 '셀스타일'을 선택하고 [확인]을 클릭한다.

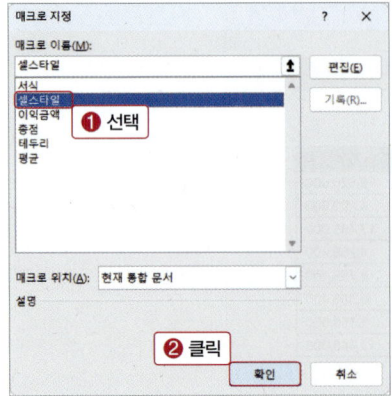

풀이결과

	A	B	C	D	E	F	G
1			가전 제품 판매 현황				
2							
3	제품명	판매단가	판매수량	판매금액	매입금액	이익금액	
4	건조기	1,400,000	34	47,600,000	38,080,000	9,520,000	
5	공기청정기	960,000	25	24,000,000	19,200,000	4,800,000	
6	김치냉장고	1,585,000	55	87,175,000	69,740,000	17,435,000	
7	노트북	790,000	27	21,330,000	17,064,000	4,266,000	
8	냉장고	1,564,000	28	43,792,000	35,033,600	8,758,400	
9	TV	887,000	36	31,932,000	25,545,600	6,386,400	
10	세탁기	705,000	38	26,790,000	21,432,000	5,358,000	
11	에어컨	1,870,000	52	97,240,000	77,792,000	19,448,000	
12							
13			이익금액		셀스타일		
14							
15							

▲ '매크로3(결과)' 시트

더 알기 TIP

매크로가 포함된 문서에 매크로를 실행하기 위해서

① 매크로를 포함한 문서에 '보안 경고' 메시지가 표시되면 '보안 경고'의 [콘텐츠 사용] 단추를 클릭한다.

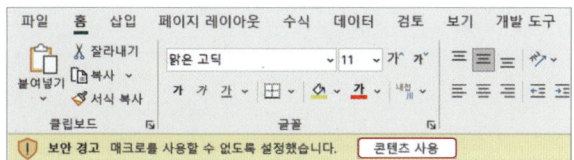

[보안 경고] 메시지 없이 통합 문서에 포함된 모든 컨텐츠를 사용하기 위해서

① [개발 도구]-[코드] 그룹의 [매크로 보안]을 클릭한다.

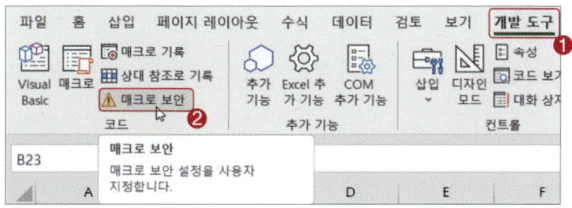

② '매크로 설정'의 'VBA 매크로 사용(권장 안 함, 위험한 코드가 시행될 수 있음)'을 선택하고 [확인]을 클릭한다.

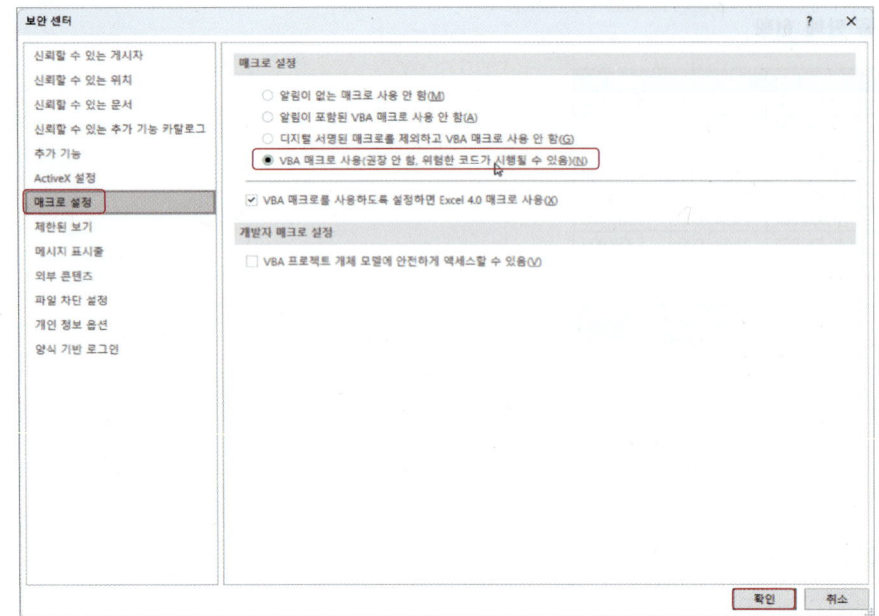

[보안 경고]에서 '이 콘텐츠 사용'이 표시되지 않을 때

① 모든 Microsoft Office 프로그램을 종료한다.
② 윈도우 검색창을 클릭한다.
③ [실행]에서 「regedit」을 입력한다.

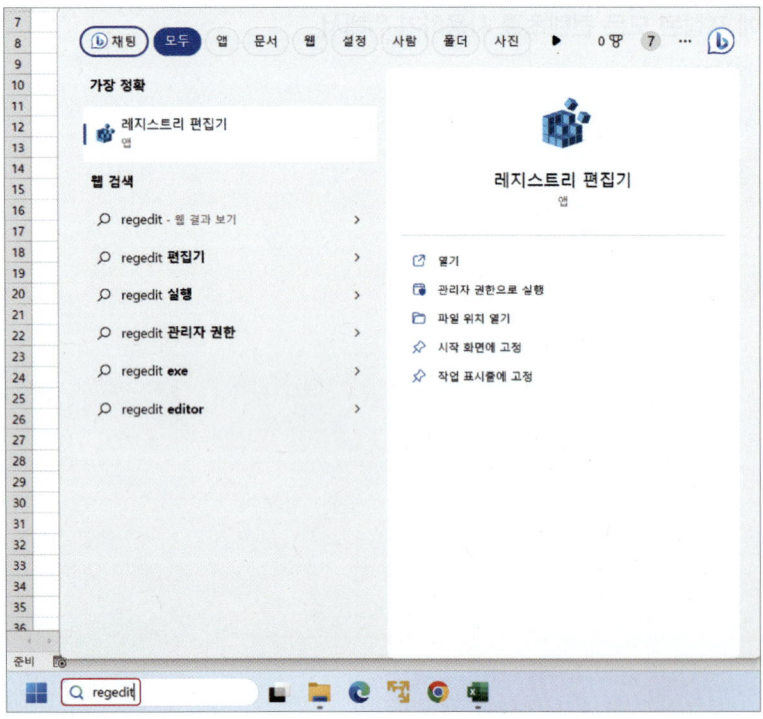

④ 다음 레지스트리 키를 찾아 클릭한다.

HKEY_CURRENT_USER → Software → Microsoft → Office → 16.0 → Excel → Security

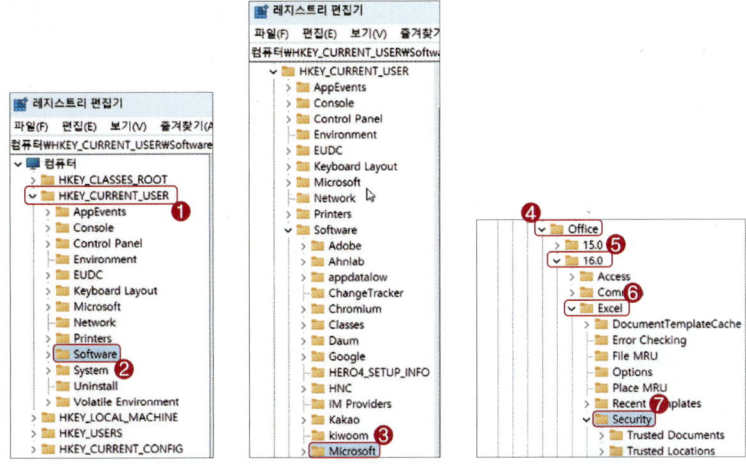

⑤ Security를 선택한 후 [편집]-[새로 만들기]-[DWORD(32비트) 값] 메뉴를 클릭한다.

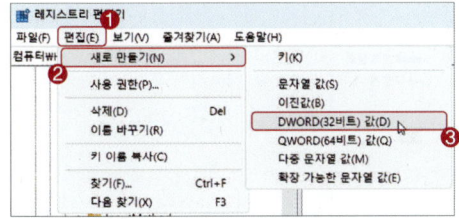

⑥ 「ExcelBypassEncryptedMacroScan」을 입력한 후 Enter 를 누른다.
⑦ 'ExcelBypassEncryptedMacroScan'에서 마우스 오른쪽 단추를 클릭하여 [수정]을 클릭한다.

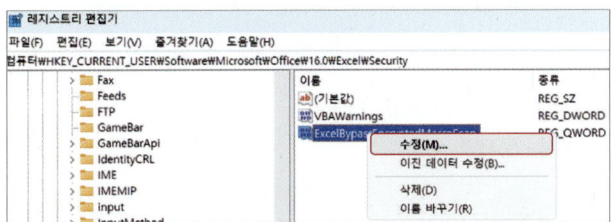

⑧ [DWORD 값 편집]에서 '값 데이터'에 「1」을 입력한 다음 [확인]을 클릭한다.

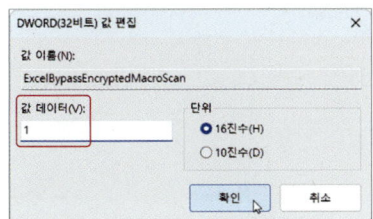

⑨ [파일]-[끝내기] 메뉴를 클릭하여 레지스트리 편집기를 종료한다.

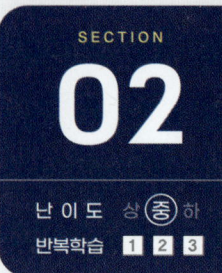

SECTION 02 차트

작업파일 [26컴활2급₩이론] 폴더의 '17차트' 파일을 열어서 작업하시오.

➕ 더 알기 TIP

차트 구성 요소 설명

① 차트 영역 : 차트의 전체 영역, 차트의 위치와 크기 조절 및 글꼴 조절
② 그림 영역 : 실제 그래프가 표시되는 영역
③ 차트 제목 : 차트의 내용을 대표하는 제목
④, ⑩ 세로(값) 축 : 그래프의 높낮이를 결정하는 데 기준이 되는 수치 자료를 나타내는 선
⑤, ⑪ 세로(값) 축 제목 : 값 축의 수치가 무엇을 의미하는지 알려주는 문자열
⑥ 가로(항목) 축 : 그래프가 표시될 각 문자 자료의 자리
⑦ 가로(항목) 축 제목 : 항목 축의 문자열이 무엇을 의미하는지 알려주는 문자열
⑧ 데이터 계열 : 수치 자료를 막대나 선의 도형으로 표현한 것으로 범례에 있는 한 가지 종류를 데이터 계열이라고 하며, 데이터 계열 중에 또 한 개를 데이터 요소라고 함
⑨ 범례 : 그래프의 각 색이나 모양이 어떤 데이터 계열인지 알려주는 표식

출제유형 ❶ '차트1' 시트의 차트를 지시사항에 따라 아래 그림과 같이 수정하시오.

※ 차트는 반드시 문제에서 제공한 차트를 사용하여야 하며, 신규로 작성 시 0점 처리됨

❶ '별정통신서비스' 계열이 제거되도록 데이터 범위를 수정하시오.
❷ 차트 종류를 '누적 세로 막대형'으로 변경하시오.
❸ 차트 제목은 '차트 위'로 추가하여 〈그림〉과 같이 입력하시오.
❹ '기간통신서비스' 계열의 '2023년' 요소에만 데이터 레이블 '값'을 표시하고, 레이블의 위치를 '가운데'로 설정하시오.
❺ 전체 계열의 계열 겹치기와 간격 너비를 각각 0%로 설정하고, 범례는 아래쪽에 표시하시오.

25년 출제

서비스[A3:A7], 2025년 [F3:F7]을 이용하여 원형 대 원형 차트를 작성하시오.

서비스[A3:A7], 2025년 [F3:F7] 영역을 범위 지정한 후 [삽입]-[차트] 그룹의 [원형]에서 '원형 대 원형'을 선택한다.

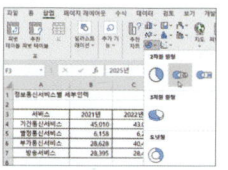

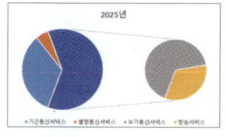

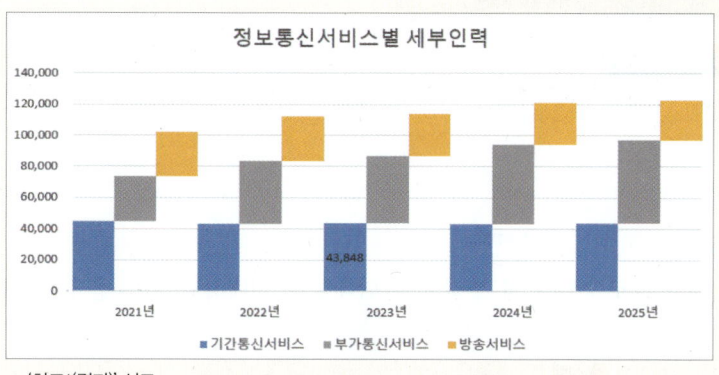

▲ '차트1(결과)' 시트

① 붉은색 '별정통신서비스' 계열을 선택한 후 마우스 오른쪽 버튼을 눌러 [삭제]를 선택한다.

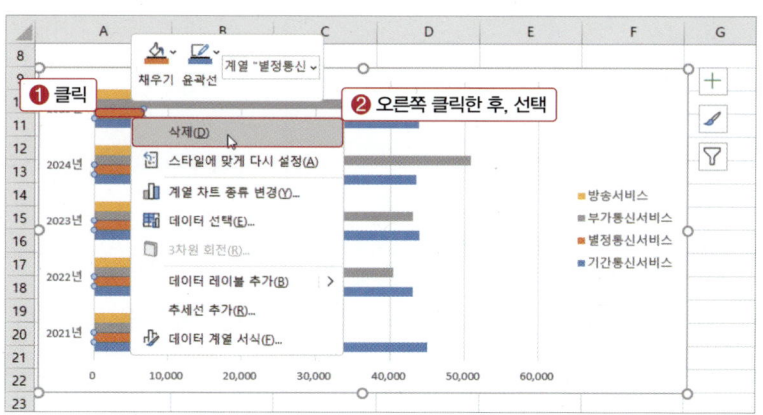

25년 출제

차트 제목을 도형 스타일 '색 윤곽선 – 파랑, 강조 1'을 설정하시오.

'차트 제목'을 선택한 후 [서식] 탭의 도형 스타일에서 '색 윤곽선 – 파랑, 강조 1'을 선택한다.

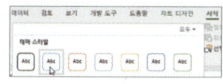

② 차트 종류를 변경하기 위해서 차트 영역 안에서 마우스 오른쪽 버튼을 눌러 [차트 종류 변경]을 선택한다.

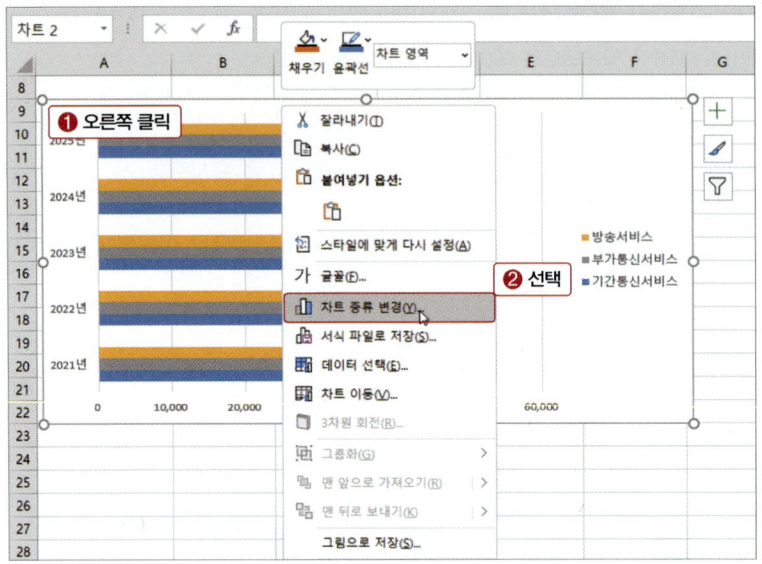

③ [차트 종류 변경]에서 '세로 막대형'의 '누적 세로 막대형'을 선택하고 [확인]을 클릭한다.

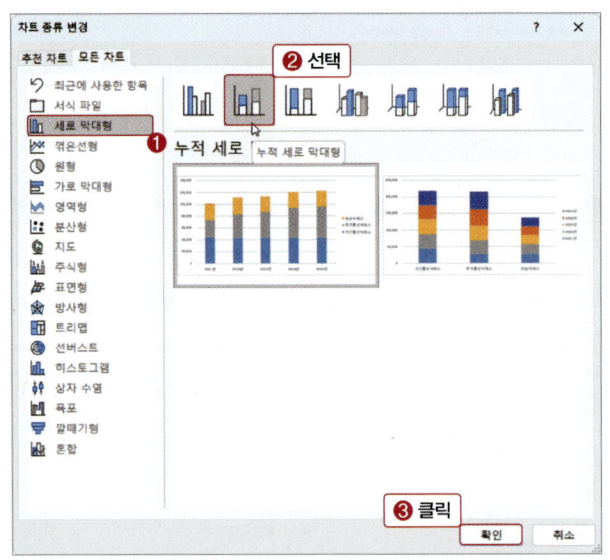

④ 차트 제목을 입력하기 위해서 [차트 요소](＋)를 클릭하여 [차트 제목]을 체크한다.

> **기적의 TIP**
>
> [차트 디자인]-[차트 레이아웃] 그룹에서 [차트 요소 추가]-[차트 제목]-[차트 위]를 클릭하여 '차트 제목'을 표시할 수 있다.
>
>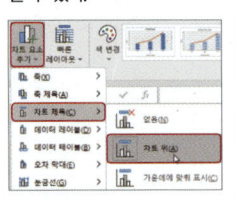

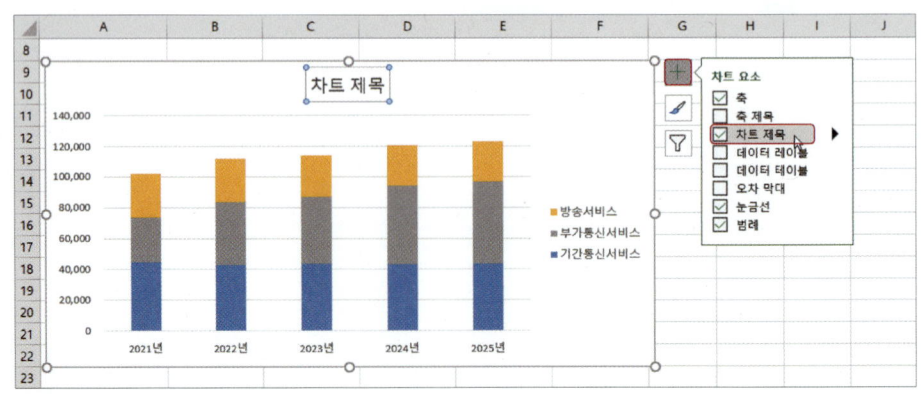

⑤ 차트 제목으로 **정보통신서비스별 세부인력**을 입력하고, '기간통신서비스' 계열의 '2023' 요소를 클릭하면 '기간통신서비스' 계열이 모두 선택된다.

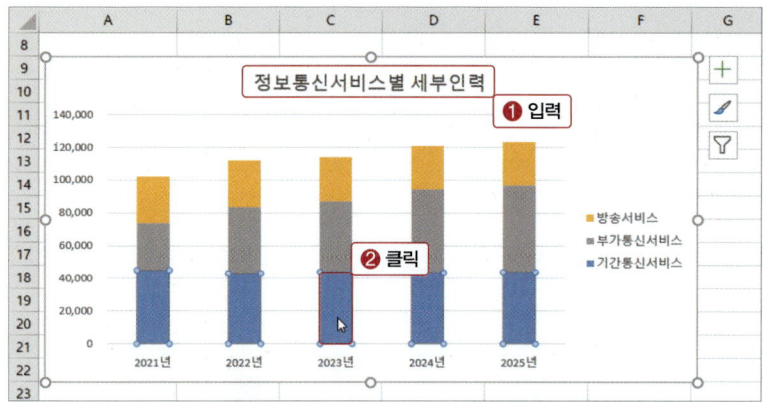

⑥ '기간통신서비스' 계열의 '2023' 요소를 다시 한 번 클릭하여 하나의 요소만을 선택한 후 마우스 오른쪽 버튼을 눌러 [데이터 레이블 추가]를 선택한다.

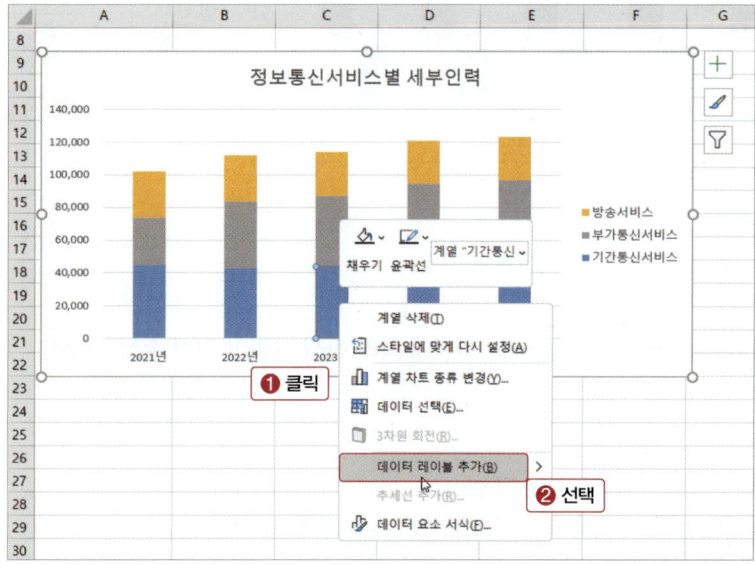

⑦ 전체 계열의 계열 겹치기와 간격 너비를 각각 0%로 설정하기 위해서, '방송서비스' 계열에서 마우스 오른쪽 버튼을 눌러 [데이터 계열 서식]을 선택한다.

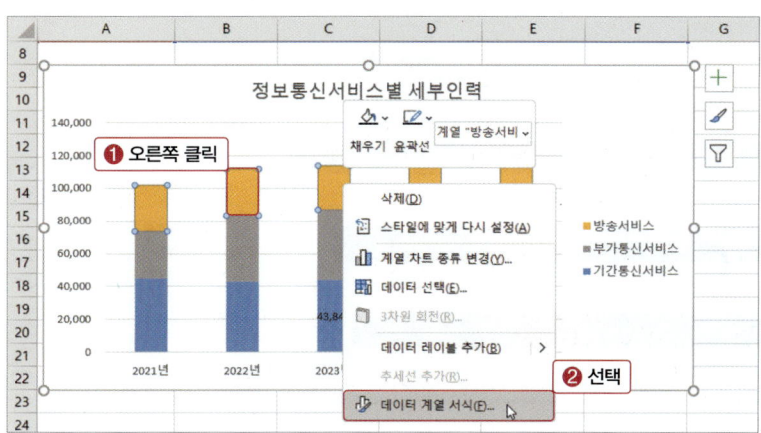

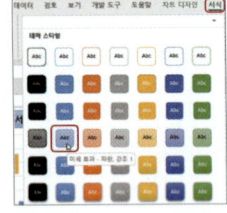

25년 출제

차트 제목은 '도형 스타일'의 '미세 효과 – 파랑, 강조1'의 서식을 적용하시오.

[서식]-[도형 스타일] 그룹의 '테마 스타일'에서 '미세 효과 – 파랑, 강조1'을 선택한다.

⑧ [데이터 계열 서식]의 '계열 옵션'에서 계열 겹치기 0, 간격 너비 0을 입력한다.

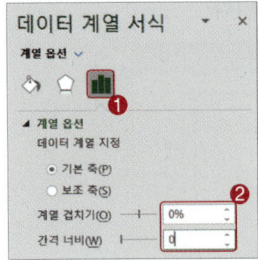

⑨ 범례 위치를 변경하기 위해서 [차트 요소](+)를 클릭하여 [범례]-[아래쪽]을 클릭한다.

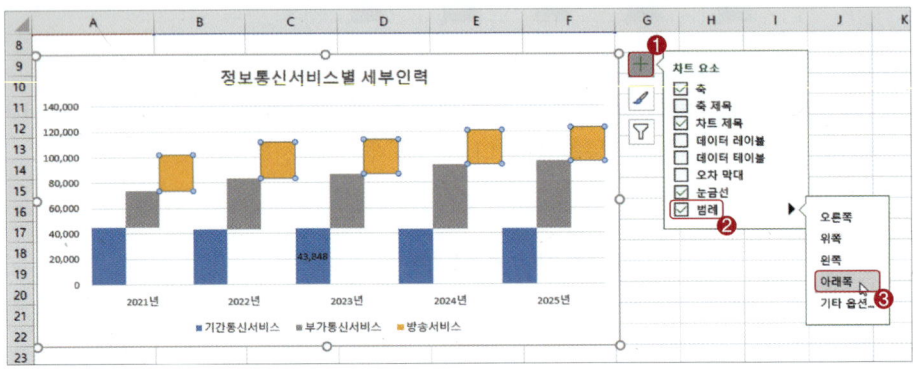

출제유형 ② '차트2' 시트의 차트를 지시사항에 따라 아래 그림과 같이 수정하시오.

※ 차트는 반드시 문제에서 제공한 차트를 사용하여야 하며, 신규로 작성 시 0점 처리됨

❶ '합계' 계열이 제거되도록 데이터 범위를 수정하시오.
❷ 차트 종류를 '누적 가로 막대형'으로 변경하시오.
❸ 차트 제목은 '차트 위'로 지정한 후 [A1] 셀과 연동되도록 설정하시오.
❹ '근로장학' 계열에만 데이터 레이블 '값'을 표시하고, 레이블의 위치를 '안쪽 끝에'로 설정하시오.
❺ 차트 영역의 그림자는 '안쪽: 가운데', 테두리 스타일은 너비 '2pt'와 '둥근 모서리'로 설정하시오.

25년 출제

차트 종류는 '3차원 묶은 세로 막대형'으로 변경하시오.

차트에서 마우스 오른쪽 버튼을 누르고 [차트 종류 변경]을 클릭하여 '3차원 묶은 세로 막대형'을 선택한다.

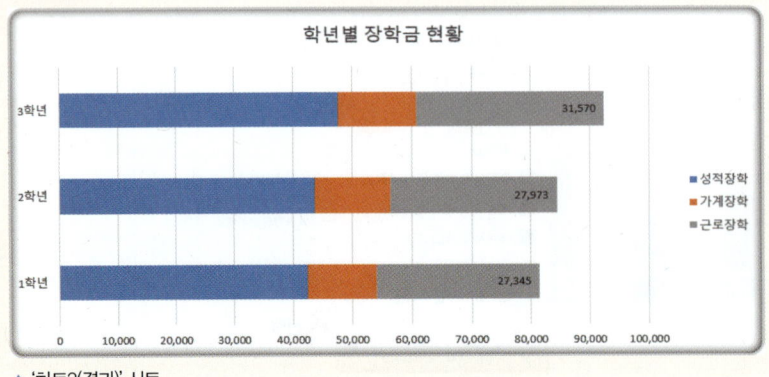

▲ '차트2(결과)' 시트

① '합계' 계열을 선택한 후 마우스 오른쪽 버튼을 눌러 [삭제]를 선택한다.

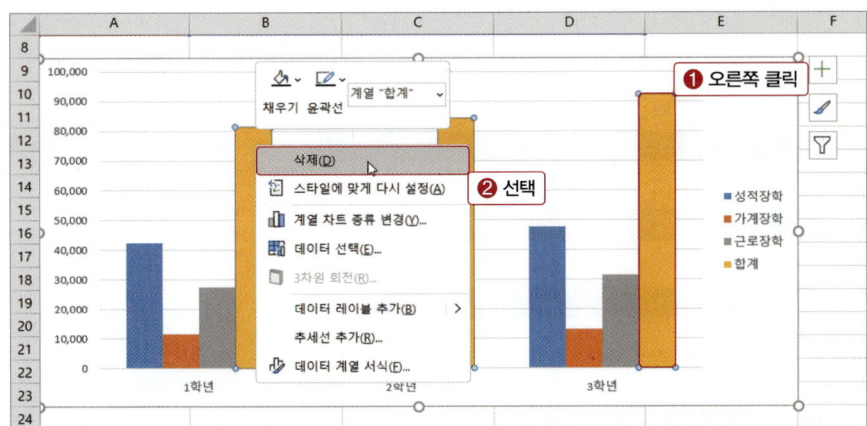

② 차트 안에서 마우스 오른쪽 버튼을 눌러 [차트 종류 변경]을 선택한다.

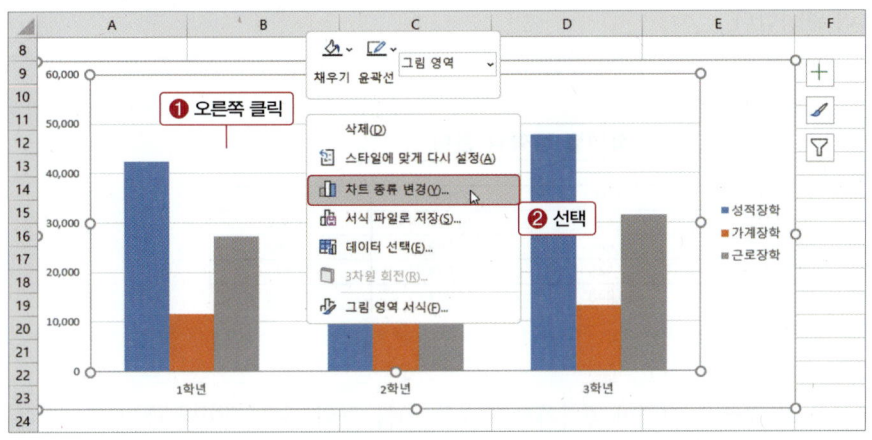

③ [차트 종류 변경]에서 '가로 막대형'의 '누적 가로 막대형'을 선택하고 [확인]을 클릭한다.

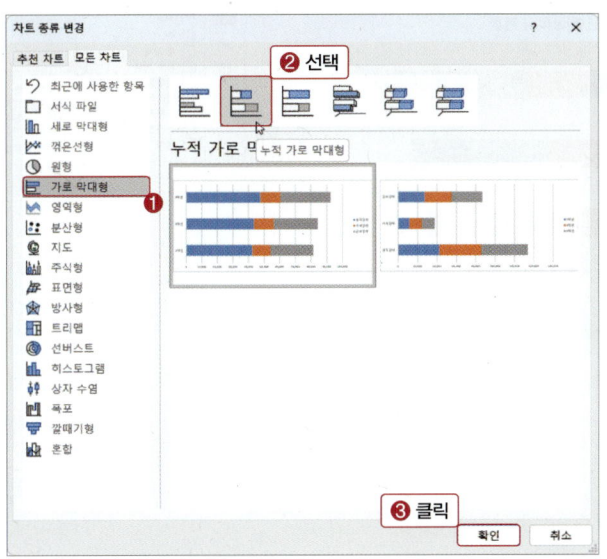

> **25년 출제**
>
> 3차원 회전에는 X회전 '0도', Y회전 '0도'로 설정하시오.
> 차트에서 마우스 오른쪽 버튼을 누르고 [3차원 회전]을 클릭하여 X 회전 0, Y 회전 0을 입력한다.
>
>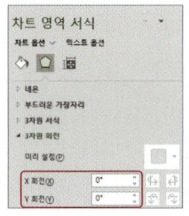

> **25년 출제**
>
> '성적장학' 계열은 '전체 원뿔형'으로 변경하시오.
> [테이블 디자인] 탭의 '성적장학' 계열을 선택한 후 [데이터 계열 서식]에서 '전체 원뿔형'을 선택한다.
>
>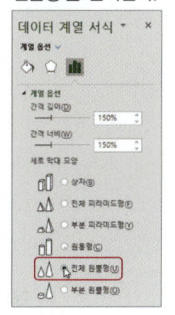

④ 차트 제목을 입력하기 위해서 [차트 요소](🞤)를 클릭하여 [차트 제목]을 체크한다.

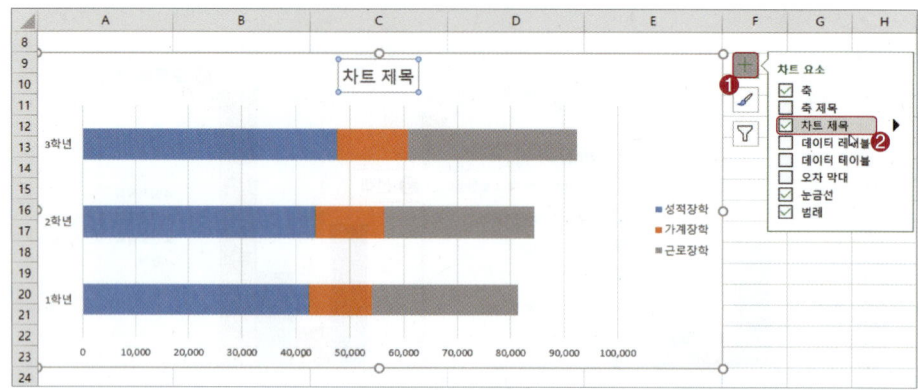

⑤ 차트 제목에 [A1] 셀을 연결하기 위해 차트 제목의 경계라인을 선택한 후, 수식 입력 줄에 =을 입력하고 마우스로 [A1] 셀을 클릭하면 '=차트2!$A$1'로 표시되고 Enter 를 눌러 완성한다.

⑥ '근로장학' 계열을 선택한 후 [차트 요소](🞤)를 클릭하여 [데이터 레이블]-[안쪽 끝에]를 클릭한다.

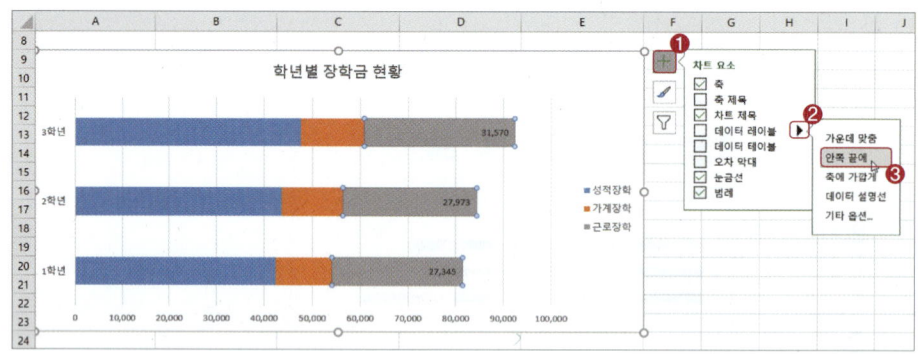

⑦ 차트 안에서 마우스 오른쪽 버튼을 눌러 [차트 영역 서식]을 선택한다.

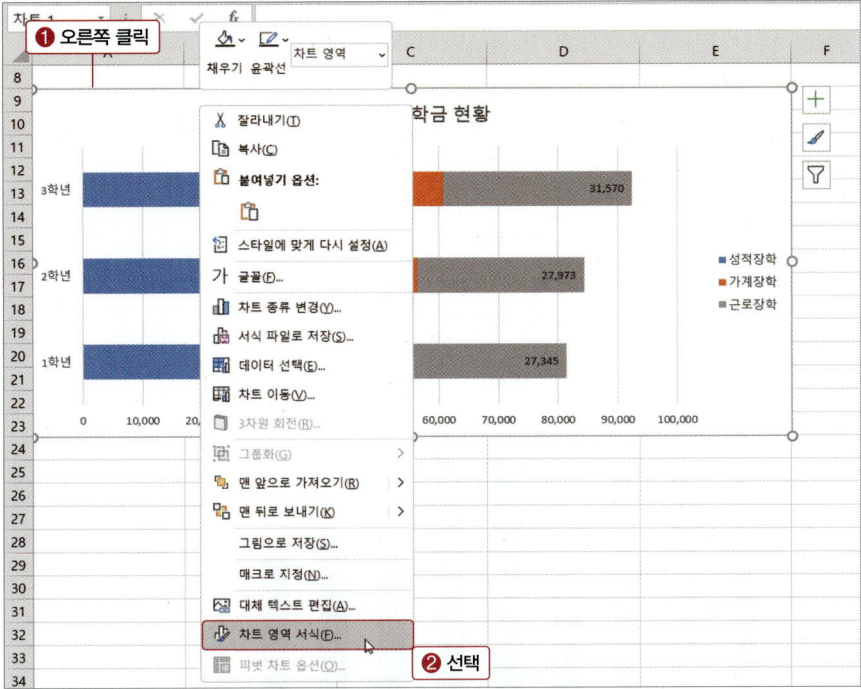

⑧ [차트 영역 서식]에서 [효과]를 선택한 후, '그림자'를 선택하고 '미리 설정'에서 '안쪽: 가운데'를 선택한다. [채우기 및 선]을 선택하고, '테두리'의 너비에 **2**를 입력하고, '둥근 모서리'를 체크한다.

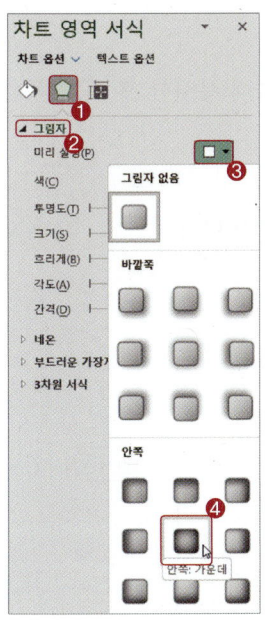 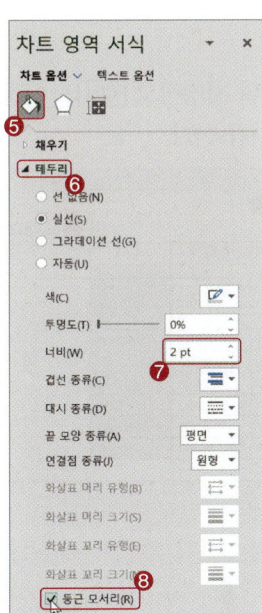

25년 출제

차트에 '기본 주 세로' 눈금선을 표시하시오.

[차트 요소]-[눈금선]-[기본 주 세로]를 체크한다.

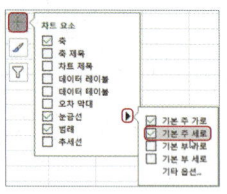

〈세로 눈금선 표시 결과 그림〉

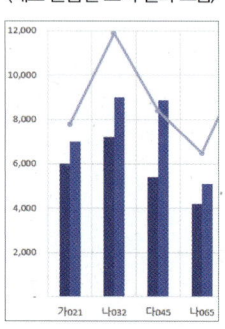

출제유형 ❸ '차트3' 시트의 차트를 지시사항에 따라 아래 그림과 같이 수정하시오.

※ 차트는 반드시 문제에서 제공한 차트를 사용하여야 하며, 신규로 작성 시 0점 처리됨

❶ 모델명별 '수익'이 차트에 표시되도록 데이터 범위를 추가하시오.
❷ '수익' 계열의 차트 종류를 '표식이 있는 꺾은선형'으로 변경한 후 보조 축으로 지정하고, 보조 세로(값) 축의 최대값을 200,000으로 지정하시오.
❸ '수익' 계열에서 '가023' 요소에만 데이터 레이블 '값'을 표시하고, 레이블의 위치를 '위쪽'으로 지정하시오.
❹ 세로(값) 축 제목은 '가로 제목'으로 추가하여 〈그림〉과 같이 입력하시오.
❺ 차트 영역은 '색 변경(단색 색상표 5)'로 지정하시오.

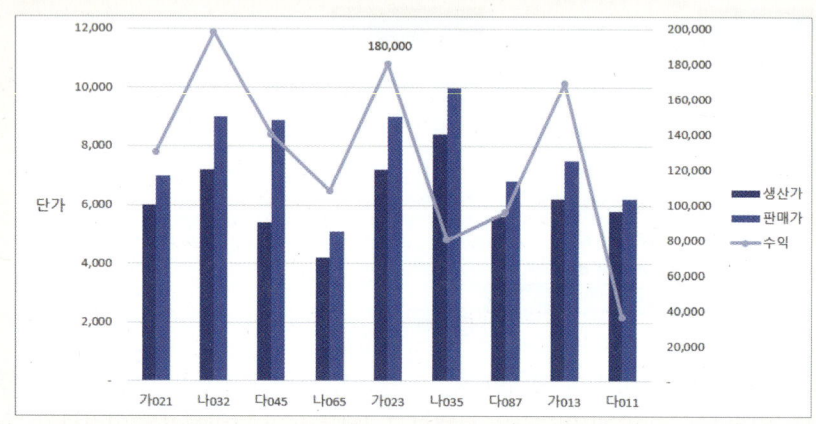

▲ '차트3(결과)' 시트

25년 출제

빠른 레이아웃에서 '레이아웃 3'을 지정하시오.

[차트 디자인]-[차트 레이아웃] 그룹의 [빠른 레이아웃]에서 '레이아웃 3'을 선택한다.

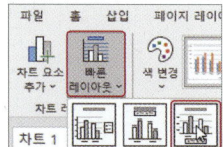

① [F3:F12] 영역을 드래그하여 범위 지정하고 Ctrl + C 를 눌러 복사한 후 차트를 선택한 후 Ctrl + V 를 눌러 붙여넣기를 한다.

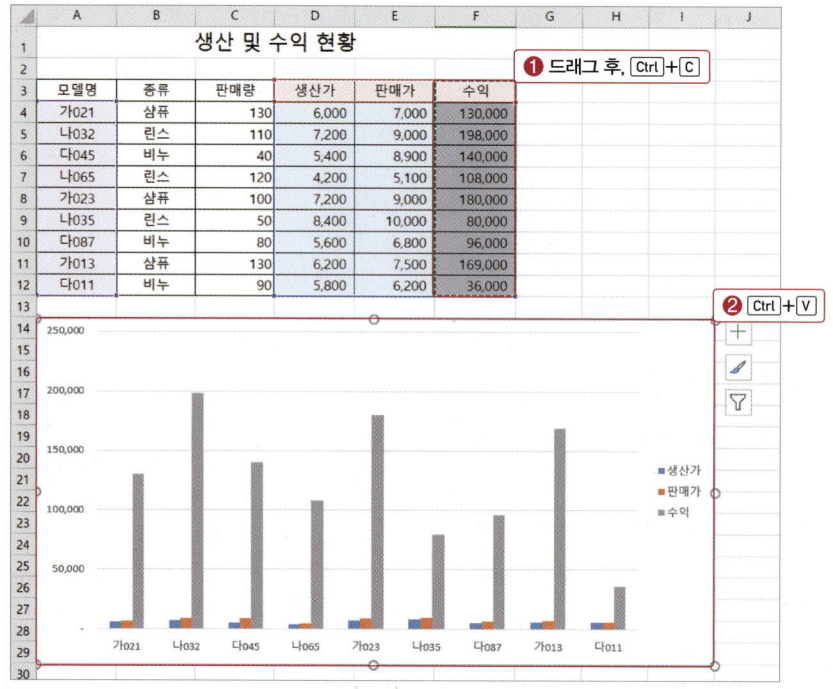

② '수익' 계열을 선택한 후 마우스 오른쪽 버튼을 눌러 [계열 차트 종류 변경]을 선택한다.

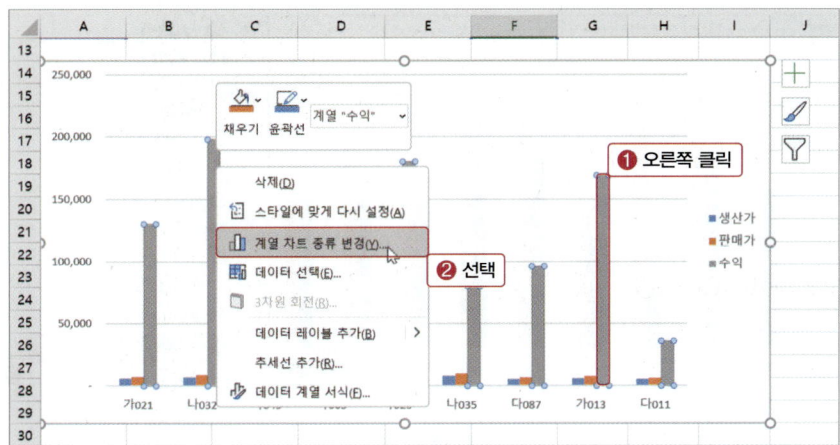

③ [차트 종류 변경]의 '수익' 계열을 '표식이 있는 꺾은선형'으로 변경한다.

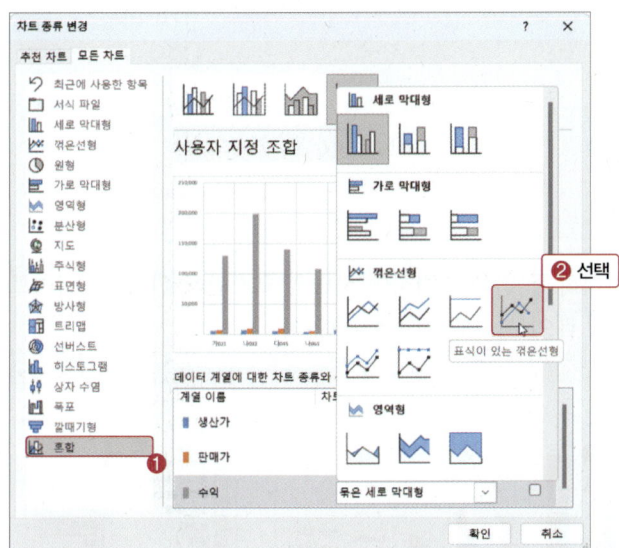

④ [차트 종류 변경]의 '수익' 계열에서 '보조 축'을 선택하고 [확인]을 클릭한다.

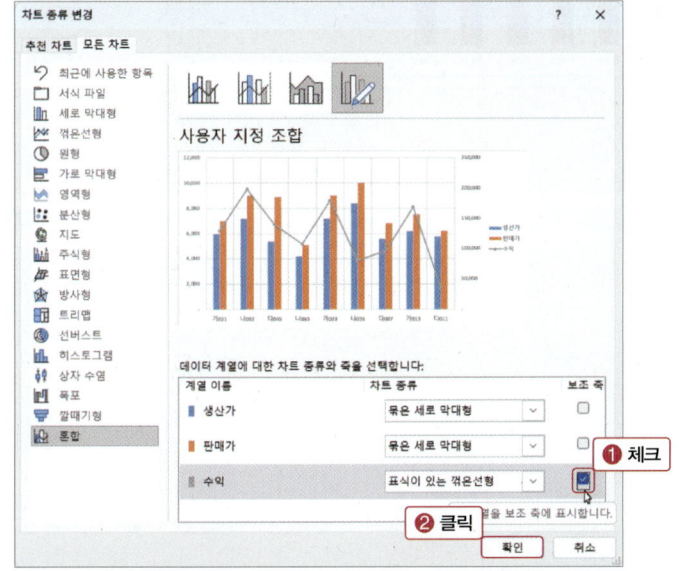

⑤ 보조 세로(값) 축에서 마우스 오른쪽 버튼을 눌러 [축 서식]을 선택한다.

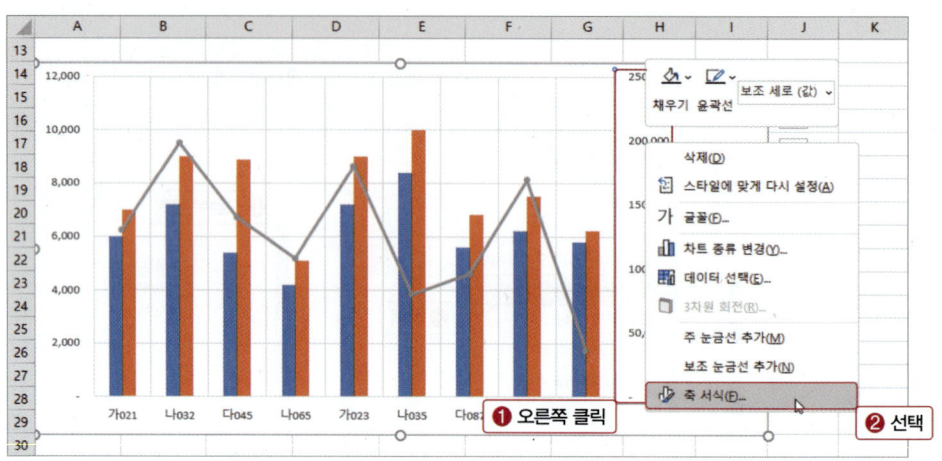

⑥ [축 서식]의 '축 옵션'에서 '최대값'에 200,000을 입력한다.

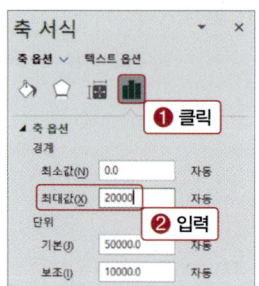

⑦ '수익' 계열의 '가023'을 천천히 두 번을 클릭하여 하나의 요소만을 선택한 후 [차트 요소](田)를 클릭하여 [데이터 레이블]-[위쪽]을 클릭한다.

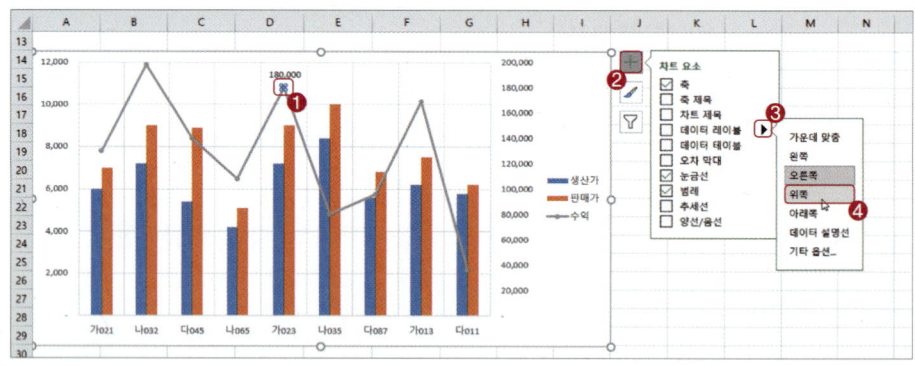

⑧ 차트를 선택한 후 [차트 요소](⊞)의 [축 제목]-[기본 세로]를 체크하고 **단가**를 입력한다.

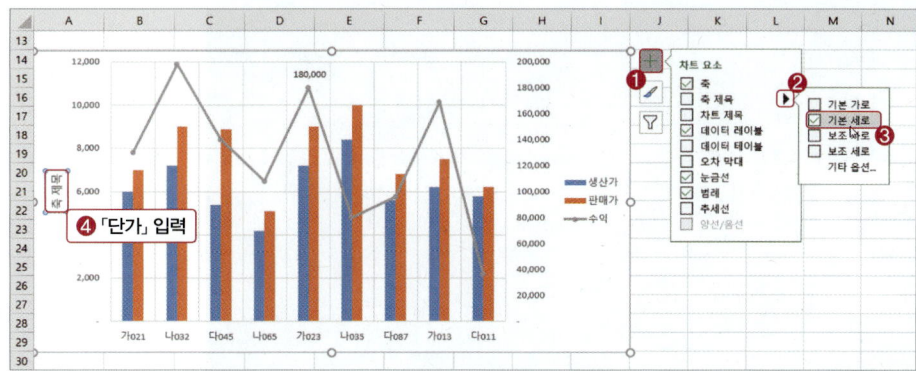

⑨ 세로(값) 축 제목을 선택한 후 [제목 옵션]의 [크기 및 속성]에서 텍스트 방향에서 '가로'를 선택한다.

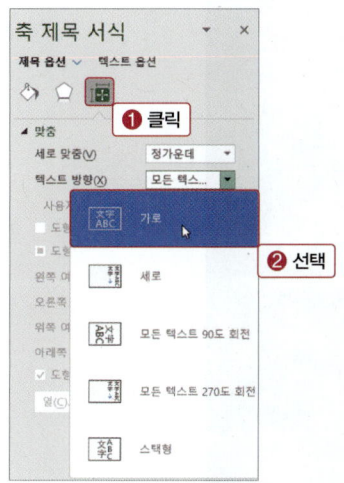

⑩ 차트를 선택한 후 [차트 디자인]-[차트 스타일] 그룹에서 [색 변경]을 클릭하여 단색형의 '단색 색상표 5'를 선택한다.

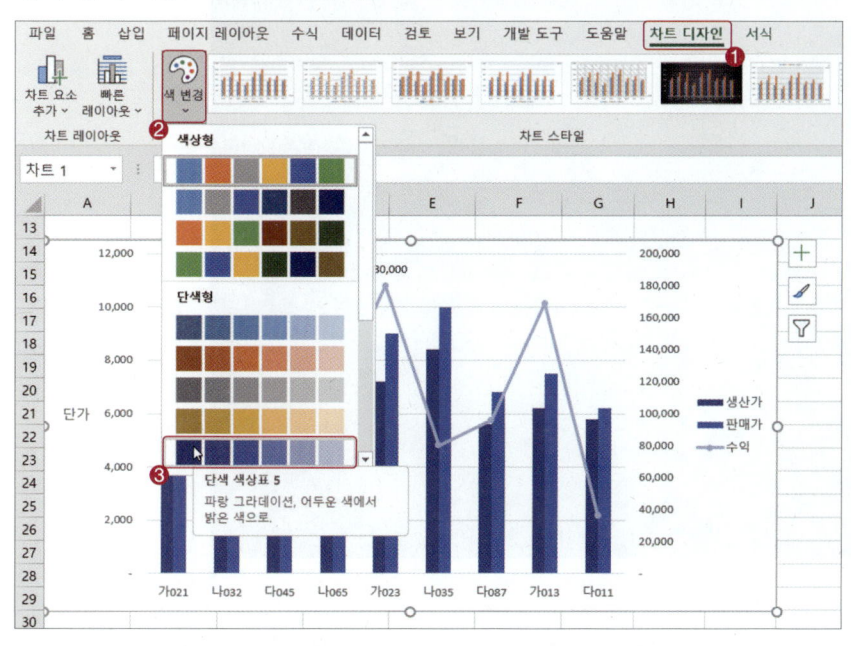

> 🏁 **기적의 TIP**
>
> '단색 색상표 5'는 오피스 버전에 따라 다르게 표시될 수 있다. 시험은 오피스 2021 버전으로 응시한다.

PART
02

대표 기출 따라하기

대표 기출 따라하기

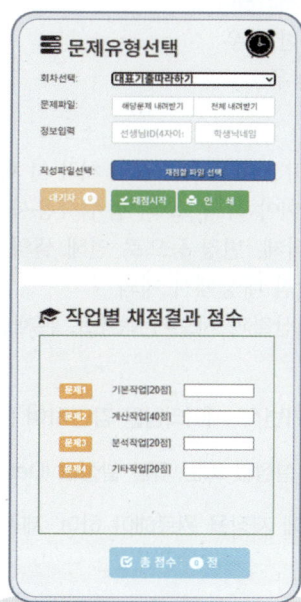

자동 채점 서비스(웹 용)

① comlicense.co.kr 접속
② '도서' 확인 후, [채점하기] 클릭
③ '회차'와 '채점할 파일' 선택
④ [채점시작] 클릭

대표 기출 따라하기

작업파일 [26컴활2급₩대표기출따라하기] 폴더의 '대표기출따라하기' 파일을 열어서 작업하시오.

합격 강의

프로그램명	제한시간
EXCEL 2021	40분

수험번호 : _____

성   명 : _____

------- 유의사항 -------

- 인적 사항 누락 및 잘못 작성으로 인한 불이익은 수험자 책임으로 합니다.
- 화면에 암호 입력창이 나타나면 아래의 암호를 입력하여야 합니다.
    ○ 암호: 6752$2
- 작성된 답안은 주어진 경로 및 파일명을 변경하지 마시고 그대로 저장해야 합니다. 이를 준수하지 않으면 실격 처리됩니다.
    답안 파일명의 예: C:₩OA₩수험번호8자리.xlsm
- 외부데이터 위치: C:₩OA₩파일명
- 별도의 지시사항이 없는 경우, 다음과 같이 처리 시 실격 처리됩니다.
    ○ 제시된 시트 및 개체의 순서나 이름을 임의로 변경한 경우
    ○ 제시된 시트 및 개체를 임의로 추가 또는 삭제한 경우
    ○ 외부데이터를 시험 시작 전에 열어본 경우
- 답안은 반드시 문제에서 지시 또는 요구한 셀에 입력하여야 하며 다음과 같이 처리 시 채점 대상에서 제외됩니다.
    ○ 제시된 함수가 있을 경우 제시된 함수만을 사용하여야 하며 그 외 함수사용시 채점대상에서 제외
    ○ 수험자가 임의로 지시하지 않은 셀의 이동, 수정, 삭제, 변경 등으로 인해 셀의 위치 및 내용이 변경된 경우 해당 작업에 영향을 미치는 관련문제 모두 채점 대상에서 제외
    ○ 도형 및 차트의 개체가 중첩되어 있거나 동일한 계산결과 시트가 복수로 존재할 경우 해당 개체나 시트는 채점 대상에서 제외
- 수식 작성 시 제시된 문제 파일의 데이터는 변경 가능한(가변적) 데이터임을 감안하여 문제 풀이를 하시오.
- 별도의 지시사항이 없는 경우, 주어진 각 시트 및 개체의 설정값 또는 기본 설정값 (Default)으로 처리하시오.
- 저장 시간은 별도로 주어지지 않으므로 제한된 시간 내에 저장을 완료해야 하며, 제한 시간 내에 저장이 되지 않은 경우에는 실격 처리됩니다.
- 출제된 문제의 용어는 MS Office LTSC Professional Plus 2021 기준으로 작성되어 있습니다.

대한상공회의소

문제 ❶ 기본작업 | 주어진 시트에서 다음 과정을 수행하고 저장하시오. 20점

01 '기본작업-1' 시트에 다음의 자료를 주어진 대로 입력하시오. (5점)

	A	B	C	D	E	F	G
1	상공산업 4월 매출현황						
2							
3	매출일자	거래처코드	매출지역	판매량	매출금액	연락처	
4	4월3일	BC103	강남구	230	276000	3470-1234	
5	4월5일	BL203	서초구	150	180000	3470-2200	
6	4월8일	AC205	송파구	270	324000	3470-3300	
7	4월12일	DU103	용산구	350	420000	3709-4321	
8	4월15일	GC104	양천구	420	504000	3470-5600	
9	4월15일	DB208	광진구	120	144000	3470-7890	
10	4월18일	MH303	종로구	630	756000	3709-4850	
11	4월20일	CT405	마포구	530	636000	3709-9870	
12	4월25일	PP206	노원구	290	348000	3709-7777	
13	4월28일	AN508	동작구	510	612000	3470-6360	
14							

02 '기본작업-2' 시트에 대하여 다음의 지시사항을 처리하시오. (각 2점)

① [A1:F1] 영역은 '병합하고 가운데 맞춤', 셀 스타일 '제목 1', 행의 높이를 '32'로 지정하시오.
② [A4:A6], [A7:A9], [A10:A12], [A13:A15] 영역은 '병합하고 가운데 맞춤'을 [A3:F3] 영역은 '가로 가운데 맞춤'을 지정하시오.
③ [D4:D15] 영역의 이름을 '가격'으로 정의하시오.
④ [D4:D15], [F4:F15] 영역은 사용자 지정 표시 형식을 이용하여 천 단위 구분 기호와 숫자 뒤에 "원"을 [표시 예]와 같이 표시하시오. [표시 예 : 11000 → 11,000원]
⑤ [A3:F15] 영역은 '모든 테두리(田)'를 적용하시오.

03 '기본작업-3' 시트에 대하여 다음의 지시사항을 처리하시오. (5점)

'상공 포장이사 예약 현황' 표에서 이사량(톤)이 6 이상이고 이사비용이 이사비용 평균 이상인 데이터를 고급 필터를 사용하여 검색하시오.
▶ 고급 필터 조건은 [A19:B20] 범위 내에 알맞게 입력하시오.
▶ 고급 필터 결과 복사 위치는 동일 시트의 [A23] 셀에서 시작하시오.

문제 ❷ 계산작업 | '계산작업' 시트에서 다음 과정을 수행하고 저장하시오. 40점

01 [표1]에서 출발시간[C3:C10]과 정류장수[B3:B10]를 이용하여 도착시간[D3:D10]을 표시하시오. (8점)
- ▶ 도착시간 = 출발시간 + 정류장수 × 정류장당 소요 시간(5분)
  [표시 예 : 정류장수가 4개이고 출발시간이 10:00면 도착시간은 10:20임]
- ▶ TIME, HOUR, MINUTE 함수 사용

02 [표2]에서 판매실적[I3:I10]이 가장 높은 부서는 "최우수부서", 두 번째로 높은 부서는 "우수부서", 그 외는 공백으로 비고[J3:J10]에 표시하시오. (8점)
- ▶ IF와 LARGE 함수 사용

03 [표3]에서 장르[B14:B23]가 "드라마"인 영화의 예매수량[D14:D23] 평균을 [D24] 셀에 계산하시오. (8점)
- ▶ 조건은 [E23:E24] 영역에 입력하시오.
- ▶ DSUM, DAVERAGE, DMAX 함수 중 알맞은 함수 사용

04 [표4]에서 최저층[H14:H24]과 최고층[I14:I24]을 이용하여 추첨자별 당첨층수[J14:J24]을 계산하시오. (8점)
- ▶ 당첨층수 뒤에 "층"을 표시 [표시 예 : 23층]
- ▶ RANDBETWEEN 함수와 & 연산자 사용

05 [표5]에서 수강코드[B28:B37]의 첫 번째 문자가 1이면 "공인중개사", 2이면 "사회복지사", 3이면 "주택관리사"를 수강과목[E28:E37]에 표시하시오. (8점)
- ▶ CHOOSE와 LEFT 함수 사용

문제 ❸ 분석작업 | 주어진 시트에서 다음 과정을 수행하고 저장하시오 20점

01 '분석작업-1' 시트에 대하여 다음의 지시사항을 처리하시오. (10점)

'4월 스마트폰 매출 현황' 표에서 판매수량[B4]과 판매가격[B5]이 다음과 같이 변동하는 경우 순이익[E6]의 변동 시나리오를 작성하시오.
- ▶ 셀 이름 정의 : [B4] 셀은 '판매수량', [B5] 셀은 '판매가격', [E6] 셀은 '순이익'으로 정의하시오.
- ▶ 시나리오1 : 시나리오 이름은 '인상증가', 판매수량은 250, 판매가격은 700,000으로 설정하시오.
- ▶ 시나리오2 : 시나리오 이름은 '인하감소', 판매수량은 150, 판매가격은 600,000으로 설정하시오.
- ▶ 위 시나리오에 의한 '시나리오 요약' 보고서는 '분석작업-1' 시트 바로 앞에 위치시키시오.
- ※ 시나리오 요약 보고서 작성 시 정답과 일치하여야 하며, 오자로 인한 부분점수는 인정하지 않음

02 '분석작업-2' 시트에 대하여 다음의 지시사항을 처리하시오. (10점)

데이터 도구 [통합] 기능을 이용하여 [표1], [표2], [표3]에서 제품코드별 1/4분기의 영업실적 합계를 [표4]의 [G10:I13] 영역에 계산하시오.

문제 ④ **기타작업** | 주어진 시트에서 다음 과정을 수행하고 저장하시오. 20점

01 '매크로작업' 시트의 [표]에서 다음과 같은 기능을 수행하는 매크로를 현재 통합 문서에 작성하고 실행하시오. (각 5점)

① [G4:G13] 영역에 총점을 계산하는 매크로를 생성하여 실행하시오.
- ▶ 매크로 이름 : 총점
- ▶ SUM 함수 사용
- ▶ [개발 도구] → [삽입] → [양식 컨트롤]의 '단추(□)'를 동일 시트의 [B15:C16] 영역에 생성하고, 텍스트를 "총점"으로 입력한 후 단추를 클릭할 때 '총점' 매크로가 실행되도록 설정하시오.

② [A3:G3] 영역에 글꼴 색 '표준 색 – 빨강', 채우기 색 '표준 색 – 노랑'을 지정하는 매크로를 생성하여 실행하시오.
- ▶ 매크로 이름 : 서식
- ▶ [도형] → [사각형]의 '사각형: 둥근 모서리(□)'를 동일 시트의 [E15:F16] 영역에 생성하고, 텍스트를 "서식"으로 입력한 후 도형을 클릭할 때 '서식' 매크로가 실행되도록 설정하시오.

※ 셀 포인터의 위치에 상관없이 현재 통합 문서에서 매크로가 실행되어야 정답으로 인정됨

02 '차트작업' 시트의 차트에서 다음 지시사항에 따라 아래 〈그림〉과 같이 차트를 수정하시오. (각 2점)

※ 차트는 반드시 문제에서 제공한 차트를 사용하여야 하며, 신규로 작성 시 0점 처리됨

① 차트의 종류를 '묶은 세로 막대형'으로 변경하시오.
② 차트 제목은 '차트 위'로 추가하여 〈그림〉과 같이 입력하고, 글꼴 '돋움', 크기 '16', 글꼴 색 '표준 색 – 녹색'으로 지정하시오.
③ '3월' 계열의 '루미큐브' 요소에만 데이터 레이블 '값'을 표시하고, 레이블의 위치를 '바깥쪽 끝에'로 지정하시오.
④ 세로(값) 축의 최소값을 1,000,000, 표시 단위를 '천'으로 지정하시오.
⑤ 차트 영역에 그림자는 '안쪽 가운데', 테두리 스타일은 '둥근 모서리'로 지정하시오.

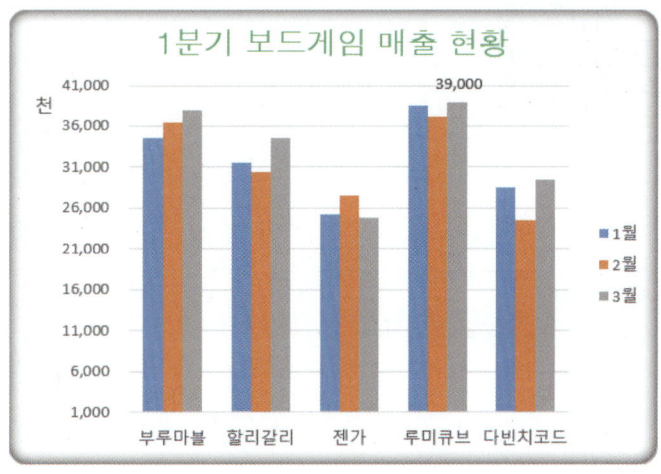

대표 기출 따라하기 정답

문제 ❶ 기본작업

01 자료 입력

	A	B	C	D	E	F	G
1	상공산업 4월 매출현황						
2							
3	매출일자	거래처코드	매출지역	판매량	매출금액	연락처	
4	4월3일	BC103	강남구	230	276000	3470-1234	
5	4월5일	BL203	서초구	150	180000	3470-2200	
6	4월8일	AC205	송파구	270	324000	3470-3300	
7	4월12일	DU103	용산구	350	420000	3709-4321	
8	4월15일	GC104	양천구	420	504000	3470-5600	
9	4월15일	DB208	광진구	120	144000	3470-7890	
10	4월18일	MH303	종로구	630	756000	3709-4850	
11	4월20일	CT405	마포구	530	636000	3709-9870	
12	4월25일	PP206	노원구	290	348000	3709-7777	
13	4월28일	AN508	동작구	510	612000	3470-6360	
14							

02 서식 지정

	A	B	C	D	E	F	G
1	상공 정육식당 소고기 판매 현황						
2							
3	종류	등급	포장일자	가격(200g)	판매량(kg)	총판매금액	
4	꽃등심	1+	02월 03일	22,500원	85	9,562,500원	
5		1등급	02월 05일	18,500원	92	8,510,000원	
6		2등급	02월 07일	13,500원	51	3,442,500원	
7	갈비살	1+	02월 03일	24,000원	78	9,360,000원	
8		1등급	02월 05일	21,000원	88	9,240,000원	
9		2등급	02월 07일	12,000원	63	3,780,000원	
10	안심	1+	02월 03일	19,800원	54	5,346,000원	
11		1등급	02월 05일	9,500원	42	1,995,000원	
12		2등급	02월 07일	8,600원	31	1,333,000원	
13	채끝살	1+	02월 03일	18,500원	35	3,237,500원	
14		1등급	02월 05일	16,000원	28	2,240,000원	
15		2등급	02월 07일	8,200원	12	492,000원	
16							

03 고급 필터

B20 fx =H4>=AVERAGE($H$4:$H$16)

	A	B	C	D	E	F	G	H	I
18									
19	이사량(톤)	평균							
20	>=6	FALSE							
21									
22									
23	예약일자	이사일자	계약자명	지역	이사량(톤)	차량(대)	이사거리	이사비용	
24	2025-02-10	2025-03-07	김대건	개봉동	8	2	11km	1,700,000	
25	2025-02-11	2025-03-04	고창희	아현동	8	2	13km	1,800,000	
26	2025-02-12	2025-03-14	최미은	성북동	7	2	24km	2,200,000	
27	2025-02-17	2025-03-03	이미정	상일동	8	2	34km	2,900,000	
28	2025-02-19	2025-03-14	구창일	신림동	9	2	12km	1,900,000	
29									

문제 ❷ 계산작업

01 도착시간

	A	B	C	D
1	[표1]	셔틀버스 운행 시간표		
2	목적지	정류장수	출발시간	도착시간
3	경복궁	6	8:00	8:30
4	광화문	3	8:10	8:25
5	청계천	4	8:10	8:30
6	인사동	5	8:50	9:15
7	북촌	7	8:50	9:25
8	남산	7	9:10	9:45
9	동대문	9	9:10	9:55
10	서울역	8	9:30	10:10

[D3] 셀에 「=TIME(HOUR(C3),MINUTE(C3)+B3*5,0)」를 입력하고 [D10] 셀까지 수식 복사

02 비고

	F	G	H	I	J
1	[표2]	영업부서별 실적표			
2	소속	부서명	매장위치	판매실적	비고
3	서울본부	강북영업	백화점	4,460	
4	서울본부	강서영업	쇼핑몰	6,800	우수부서
5	서울본부	강남영업	백화점	5,580	
6	서울본부	강동영업	쇼핑몰	3,560	
7	경기본부	분당영업	백화점	6,950	최우수부서
8	경기본부	평촌영업	백화점	2,890	
9	경기본부	수원영업	쇼핑몰	3,100	
10	인천본부	인천영업	백화점	4,570	

[J3] 셀에 「=IF(I3=LARGE($I$3:$I$10,1),"최우수부서",IF(I3=LARGE($I$3:$I$10,2),"우수부서",""))」를 입력하고 [J10] 셀까지 수식 복사

03 드라마 예매량 평균

	A	B	C	D	E
12	[표3]	영화예매현황			
13	영화제목	장르	상영등급	예매수량	
14	조커	드라마	15세이상	12,405	
15	알라딘	가족	전체	25,100	
16	남산의 부장들	드라마	15세이상	11,478	
17	극한직업	드라마	15세이상	30,100	
18	기생충	드라마	15세이상	33,542	
19	어벤져스	액션	12세이상	24,513	
20	걸캅스	코미디	15세이상	9,942	
21	엑시트	액션	12세이상	15,684	
22	백두산	가족	12세이상	14,214	<조건>
23	캡틴마블	액션	12세이상	13,548	장르
24	드라마 예매량 평균			21,881	드라마

[D24] 셀에 「=DAVERAGE(A13:D23,D13,E23:E24)」를 입력

04 당첨층수

	G	H	I	J
12	[표4]	아파트 당첨현황		
13	추첨자	최저층	최고층	당첨층수
14	김미정	1	30	22층
15	이시연	1	30	21층
16	오정환	1	30	13층
17	최사랑	1	30	13층
18	박지은	1	30	27층
19	민재준	1	30	26층
20	곽도원	1	30	16층
21	송하니	1	30	24층
22	강나래	1	30	25층
23	김진수	1	30	24층
24	방시훈	1	30	27층

[J14] 셀에 「=RANDBETWEEN(H14,I14)&"층"」을 입력하고 [J24] 셀까지 수식 복사

※ RANDBETWEEN 함수의 결과 값은 난수이므로 실행할 때마다 달라질 수 있음.

05 수강과목

	A	B	C	D	E
26	[표5]	자격증 수강등록 현황			
27	회원명	수강코드	수업일	강사명	수강과목
28	오미진	3-H-153	월/수/금	박진성	주택관리사
29	최수지	2-S-147	월/수/금	이하나	사회복지사
30	박미영	3-H-253	화/목	최하늘	주택관리사
31	민준호	1-R-189	월/수금	손미선	공인중개사
32	곽하나	2-S-247	화/목	이하나	사회복지사
33	송미래	3-H-253	화/목	최하늘	주택관리사
34	강준희	1-R-289	화/목	손미선	공인중개사
35	김영민	2-S-147	월/수/금	이하나	사회복지사
36	박지호	3-H-153	월/수/금	박진성	주택관리사
37	한준우	1-R-189	월/수금	손미선	공인중개사

[E28] 셀에 「=CHOOSE(LEFT(B28,1),"공인중개사","사회복지사","주택관리사")」를 입력하고 [E37] 셀까지 수식 복사

문제 ❸ 분석작업

01 시나리오

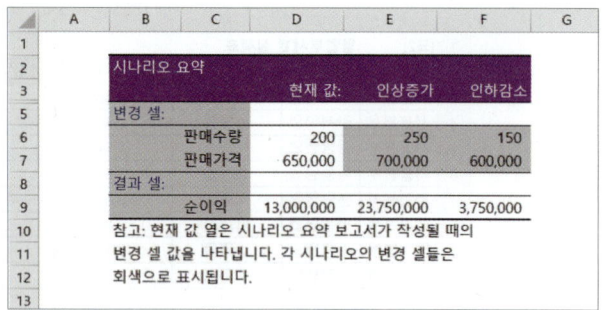

02 통합

E	F	G	H	I	J
	[표4]	**수도권 영업실적**		(단위 : 천원)	
	제품코드	1월	2월	3월	
	SMT-S1	12,300	14,200	14,700	
	SMT-S2	9,800	10,400	10,700	
	SMT-G1	11,600	11,800	12,200	
	SMT-I2	14,000	12,790	13,300	

문제 ❹ 기타작업

01 매크로

	A	B	C	D	E	F	G
1				전국 연합학력평가 성적표			
3		학생명	국어	수학	영어	사회탐구	과학탐구	총점
4		오미진	75	80	78	85	80	398
5		최수지	94	92	95	96	96	473
6		박미영	78	85	80	88	78	409
7		민준호	65	55	89	75	65	349
8		곽하나	89	88	87	90	95	449
9		송미래	86	98	94	75	92	445
10		강준희	77	59	88	85	94	403
11		김영민	93	95	94	92	94	468
12		박지호	92	88	65	85	75	405
13		한준우	85	86	94	89	85	439

총점   서식

02 차트

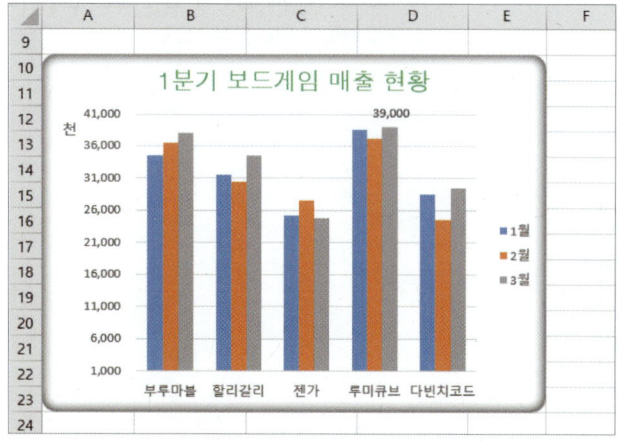

대표 기출 따라하기 해설

준비 | 파일 준비

26컴활2급₩대표기출따라하기₩대표기출따라하기.xlsm 파일을 열어 파일을 준비한다.

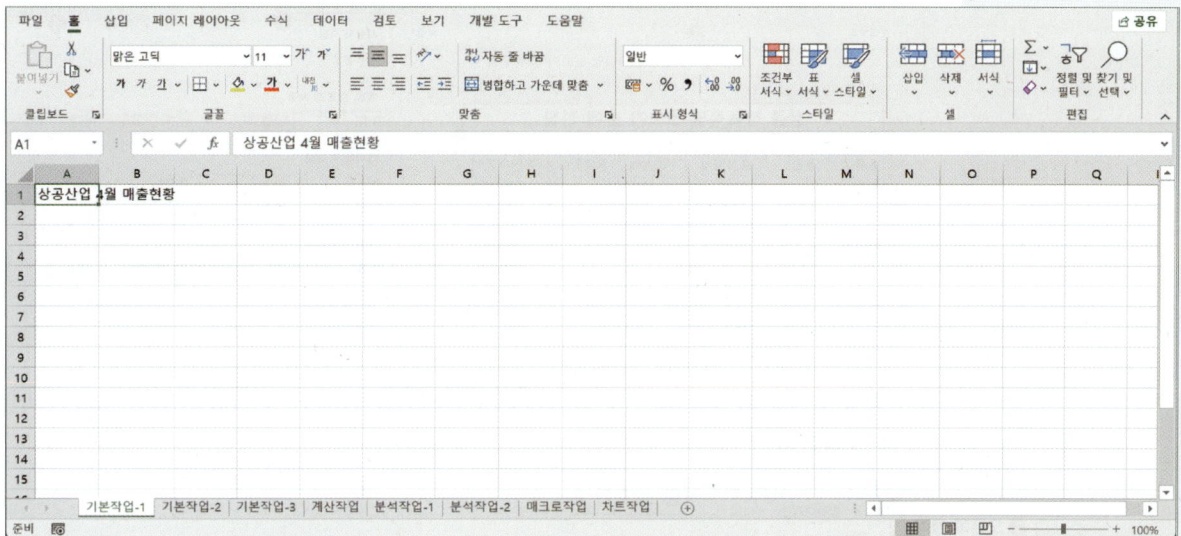

문제 ❶ | 기본작업

01 자료 입력('기본작업-1' 시트)

① [A3:F13] 영역에 문제에서 주어진 내용을 입력한다.

	A	B	C	D	E	F	G
1	상공산업 4월 매출현황						
2							
3	매출일자	거래처코드	매출지역	판매량	매출금액	연락처	
4	4월3일	BC103	강남구	230	276000	3470-1234	
5	4월5일	BL203	서초구	150	180000	3470-2200	
6	4월8일	AC205	송파구	270	324000	3470-3300	
7	4월12일	DU103	용산구	350	420000	3709-4321	
8	4월15일	GC104	양천구	420	504000	3470-5600	
9	4월15일	DB208	광진구	120	144000	3470-7890	
10	4월18일	MH303	종로구	630	756000	3709-4850	
11	4월20일	CT405	마포구	530	636000	3709-9870	
12	4월25일	PP206	노원구	290	348000	3709-7777	
13	4월28일	AN508	동작구	510	612000	3470-6360	
14							

02 서식 지정('기본작업-2' 시트)

① [A1:F1] 영역을 범위 지정한 후 [홈]-[맞춤] 그룹의 [병합하고 가운데 맞춤](圖)을 클릭한 후 [홈]-[스타일] 그룹에서 [셀 스타일]의 '제목 1'을 클릭한다.

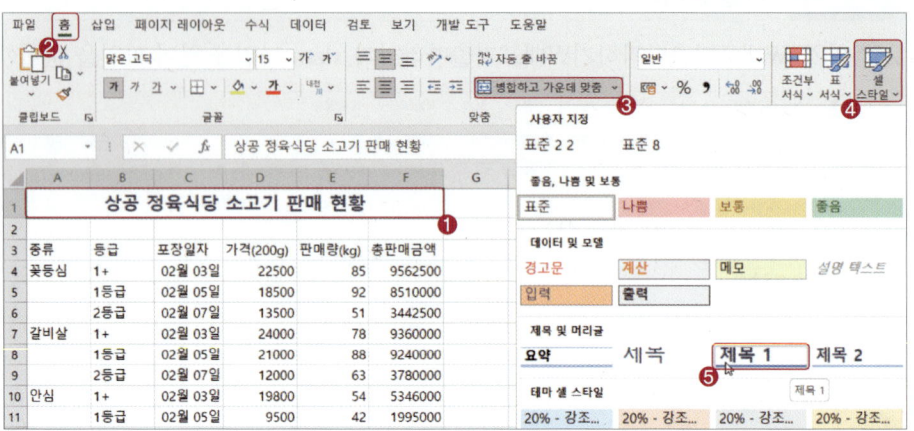

② 1행에서 마우스 오른쪽 버튼을 눌러 [행 높이]를 클릭한 후, 32를 입력하고 [확인]을 클릭한다.

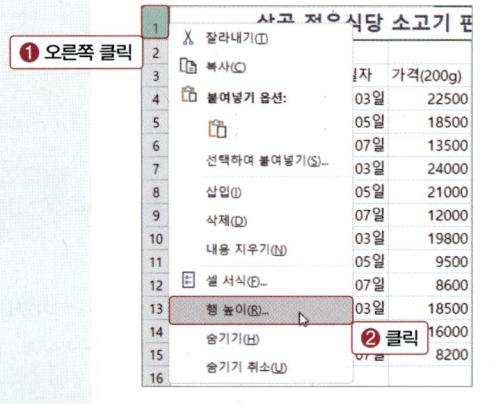

③ [Ctrl]을 이용하여 [A4:A6], [A7:A9], [A10:A12], [A13:A15] 영역을 범위 지정한 후, [홈]-[맞춤] 그룹의 [병합하고 가운데 맞춤](圖)을 클릭한다.

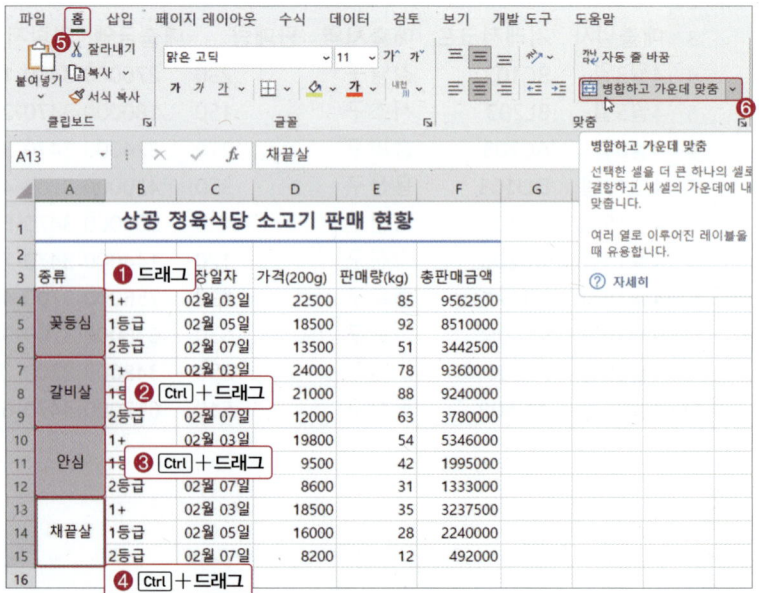

④ [A3:F3] 영역을 범위 지정한 후 [홈]-[맞춤] 그룹의 [가운데 맞춤](≡)을 클릭한다.

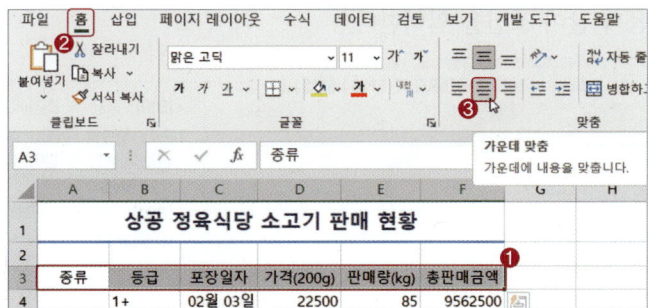

⑤ [D4:D15] 영역을 범위 지정한 후 '이름 상자'에 **가격**을 입력하고 Enter 를 누른다.

> **기적의 TIP**
>
> 이름 정의를 잘못하여 삭제하고자 할 때에는 [수식]-[정의된 이름] 그룹의 [이름 관리자]를 클릭하여 잘못 정의한 이름을 선택한 후 [삭제]를 클릭한 후 새롭게 이름을 정의한다.

⑥ [D4:D15], [F4:F15] 영역을 범위 지정한 후 마우스 오른쪽 버튼을 눌러 [셀 서식]을 클릭한 후 [표시 형식] 탭에서 '사용자 지정'에 #,###원을 입력한 후 [확인]을 클릭한다.

> **기적의 TIP**
>
> 마우스 오른쪽 버튼을 누른 후 키보드의 F 를 눌러도 셀 서식 메뉴가 나온다.

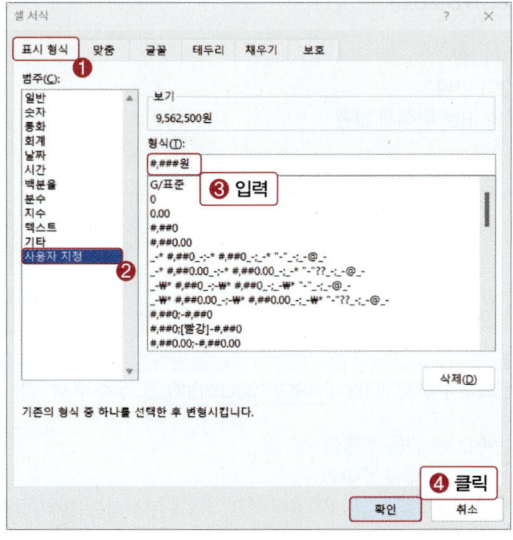

> **기적의 TIP**
>
> 천단위 구분 기호와 숫자 뒤에 '원'을 표시하기 위해서 사용자 지정에 #,##0"원"을 입력해도 가능하다.

> **기적의 TIP**
>
> #,###과 #,##0의 차이점
>
> | 서식 | #,### | #,##0 |
> |---|---|---|
> | 1234 | 1,234 | 1,234 |
> | 0 | | 0 |
>
> #은 유효하지 않은 0은 표시하지 않는다.

⑦ [A3:F15] 영역을 범위 지정한 후 [홈]-[글꼴] 그룹에서 [테두리](⊞▼) 도구의 [모든 테두리](⊞)를 클릭한다.

기적의 TIP

고급 필터를 잘못 작성하였을 때 조건 영역 또는 결과 영역을 선택한 후 [홈]-[편집] 그룹에서 [지우기]-[모두 지우기]를 클릭하여 삭제한다.

기적의 TIP

=H4>=AVERAGE($H$4:$H$16)
H4 : [H4], [H5], [H6]... 셀을 비교할 수 있도록 절대참조를 하지 않음
AVERAGE($H$4:$H$16) : 평균 값을 모든 셀에 동일한 값으로 비교해야하기 때문에 절대참조를 함

기적의 TIP

고급 필터 대화상자의 셀 주소를 직접 입력하는 것이 아니라 넣고자 하는 위치에 커서를 두고 마우스를 드래그하여 입력한다.

03 고급 필터('기본작업-3' 시트)

① [A19:B20] 영역에 다음과 같이 조건을 입력한다.

B20		fx	=H4>=AVERAGE($H$4:$H$16)
	A	B	C
18			
19	이사량(톤)	평균	
20	>=6	FALSE	
21			

- [B19] : 평균 (※ 조건에 수식을 사용할 때에는 필드명을 사용할 수 없어서 임의로 작성)
- [B20] : =H4>=AVERAGE($H$4:$H$16)

② [A3:H16] 영역을 범위 지정한 후 [데이터]-[정렬 및 필터] 그룹에서 [고급]( )을 클릭한다.

③ [고급 필터]에서 다음과 같이 지정하고 [확인]을 클릭한다.

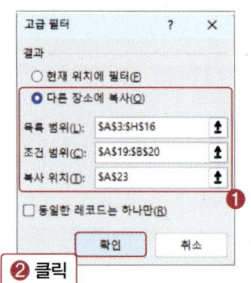

- 결과 : 다른 장소에 복사
- 목록 범위 : [A3:H16]
- 조건 범위 : [A19:B20]
- 복사 위치 : [A23]

문제 ❷ 계산작업('계산작업' 시트)

01 도착시간[D3:D10]

[D3] 셀에 다음과 같이 수식을 입력하고 [D10] 셀까지 수식을 복사한다.

💬 함수 설명 =TIME(HOUR(C3),MINUTE(C3)+B3*5,0)
                       ①   ②   ③

① HOUR(C3) : [C3] 셀에서 '시'에 해당한 값이 반환
② MINUTE(C3) : [C3] 셀에서 '분'에 해당한 값이 반환
③ ②+B3*5 : [B3] 셀에 5분씩을 곱한 후에 ②의 값을 더해서 반환
=TIME(①,③,0) : ①시 ③분 형식으로 표시

02 비고[J3:J10]

[J3] 셀에 다음과 같이 수식을 입력하고 [J10] 셀까지 수식을 복사한다.

💬 함수 설명 =IF(I3=LARGE($I$3:$I$10,1),"최우수부서",IF(I3=LARGE($I$3:$I$10,2),"우수부서",""))
                              ①   ②

① LARGE($I$3:$I$10,1) : [I3:I10] 영역에서 첫 번째로 큰 값을 추출함
② LARGE($I$3:$I$10,2) : [I3:I10] 영역에서 두 번째로 큰 값을 추출함
=IF(I3=①,"최우수부서",IF(I3=②,"우수부서","")) : [I3] 셀의 값이 ①과 같으면 '최우수부서', [I3] 셀의 값이 ②와 같으면 '우수부서', 나머지는 공백(" ")으로 표시

03 평균[D24]

① [E23:E24] 영역에 다음과 같이 조건을 입력한다.

	E
22	<조건>
23	장르
24	드라마

② [D24] 셀에 다음과 같이 수식을 입력한다.

> **함수 설명** =DAVERAGE(A13:D23,D13,E23:E24)
> [A13:D23] 영역에서 조건 '장르가 드라마'[E23:E24]에 해당한 자료를 예매수량[D13] 열에서 추출하여 평균을 구함

> **기적의 TIP**
> 수식을 작성한 후 수식을 복사할 때 공통으로 참조하는 영역은 절대참조를 반드시 해야 한다. 단, 수식을 하나의 셀에만 작성한다면, 절대참조를 해도 되고, 안 해도 결과에는 영향을 주지 않는다.

> **기적의 TIP**
> 'D13' 대신에 '4'를 입력해도 된다.
> =DAVERAGE(A13:D23,4, E23:E24)

04 당첨층수[J14:J24]

[J14] 셀에 다음과 같이 수식을 입력하고 [J24] 셀까지 수식을 복사한다.

> **함수 설명** =RANDBETWEEN(H14,I14)&"층"
> ① RANDBETWEEN(H14:I14) : 가장 작은 정수[H14] 셀과 가장 큰 정수[I14] 사이의 난수를 생성하여 반환
> ② &"층" : ①의 값의 뒤에 "층"을 표시 (예 : 23층)

> **기적의 TIP**
> RANDBETWEEN 함수는 임의 수를 구하는 함수이기 때문에 정답과 결과가 다를 수 있다. 또한, 실습할 때마다 결과도 다르다.

05 수강과목[E28:E37]

[E28] 셀에 다음과 같이 수식을 입력하고 [E37] 셀까지 수식을 복사한다.

> **함수 설명** =CHOOSE(LEFT(B28,1),"공인중개사","사회복지사","주택관리사")
> ① LEFT(B28,1) : [B28] 셀에서 왼쪽의 한 글자를 추출함
> =CHOOSE(①,"공인중개사","사회복지사","주택관리사") : ①의 값이 1이면 '공인중개사', 2이면 '사회복지사', 3이면 '주택관리사'로 표시

> **기적의 TIP**
> CHOOSE 함수는 함수 마법사를 이용하면 큰따옴표(" ")와 쉼표(,)를 입력하지 않아도 자동으로 처리해 주어서 오류를 줄이고, 좀 더 편하게 사용할 수 있다.
>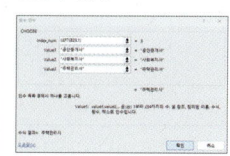

문제 ③ 분석작업

01 시나리오('분석작업-1' 시트)

① [B4] 셀을 클릭한 후 '이름 상자'에 **판매수량**을 입력한다.

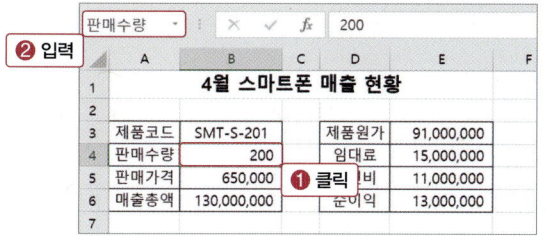

② 같은 방법으로 [B5] 셀은 '판매가격', [E6] 셀은 '순이익'으로 이름을 정의한다.

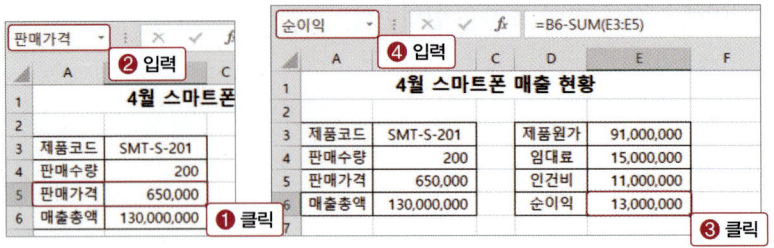

③ [B4:B5] 영역을 범위 지정한 후 [데이터]-[예측] 그룹의 [가상 분석]-[시나리오 관리자]를 클릭한다.

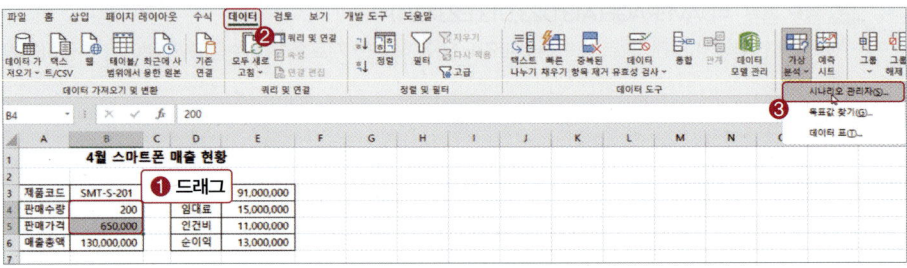

④ [시나리오 관리자]에서 [추가]를 클릭한다.

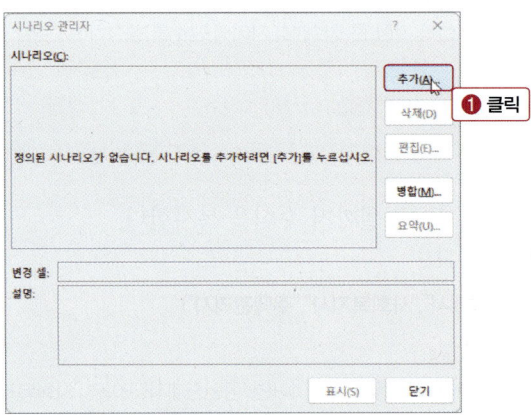

⑤ [시나리오 추가]에서 '시나리오 이름'에 **인상증가**를 입력하고, '변경 셀'은 [B4:B5]로 지정하고 [확인]을 클릭한다.

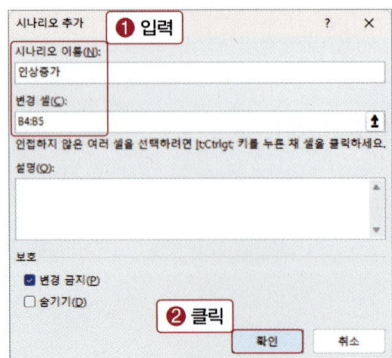

⑥ [시나리오 값]에서 '판매수량'에 250, '판매가격'에 700000을 입력하고 [추가]를 클릭한다.

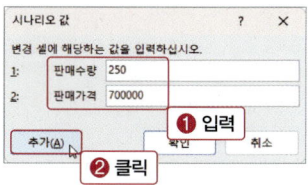

⑦ [시나리오 추가]에서 '시나리오 이름'에 **인하감소**를 입력하고 [확인]을 클릭한다.

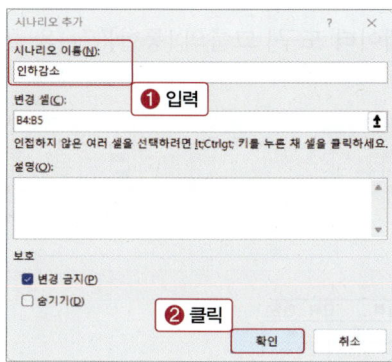

⑧ [시나리오 값]에서 '판매수량'에 150, '판매가격'에 600000을 입력하고 [확인]을 클릭한다.

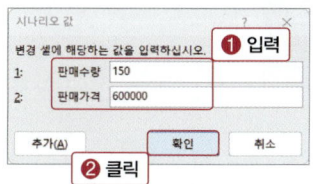

⑨ [시나리오 관리자]에서 [요약]을 클릭한다.

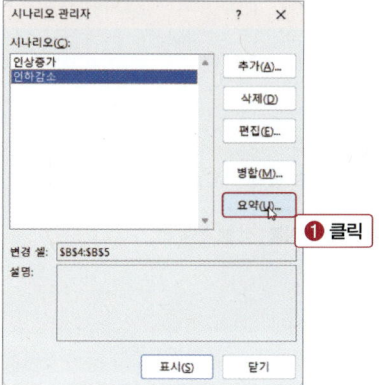

⑩ [시나리오 요약]에서 '결과 셀'에 [E6] 셀을 지정하고 [확인]을 클릭한다.

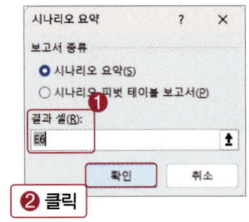

02 통합('분석작업-2' 시트)

① [F9:I13] 영역을 범위 지정한 후 [데이터]-[데이터 도구] 그룹의 [통합](📇)을 클릭한다.

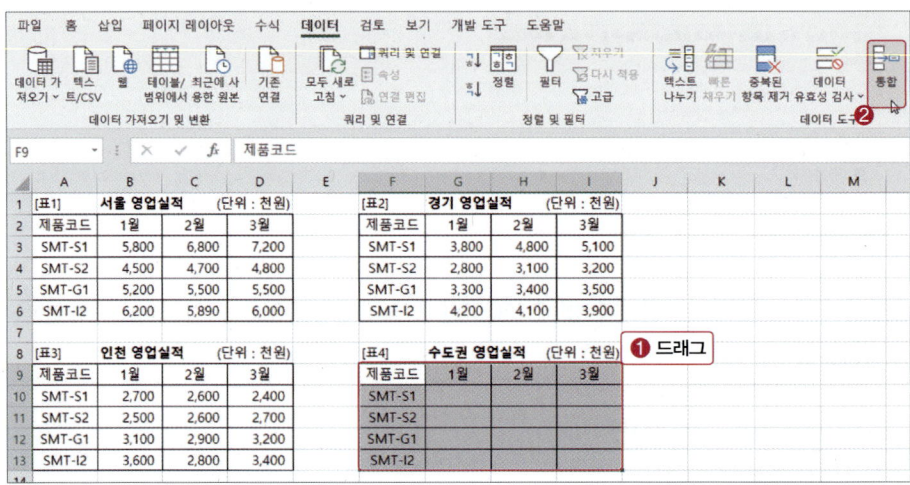

② [통합]에서 다음과 같이 지정하고 [확인]을 클릭한다.

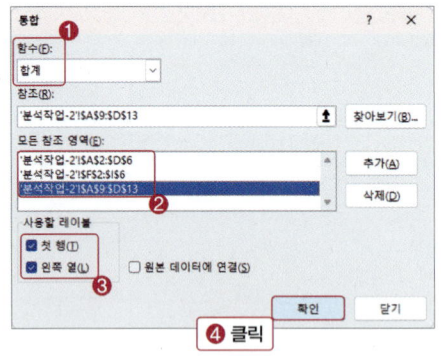

- **함수** : 합계
- **모든 참조 영역** : [A2:D6], [F2:I6], [A9:D13]
- **사용할 레이블** : 첫 행, 왼쪽 열

문제 ❹ 기타작업

01 매크로('매크로작업' 시트)

① [개발 도구]-[컨트롤] 그룹의 [삽입]-[단추(양식 컨트롤)](□)을 클릭한다.

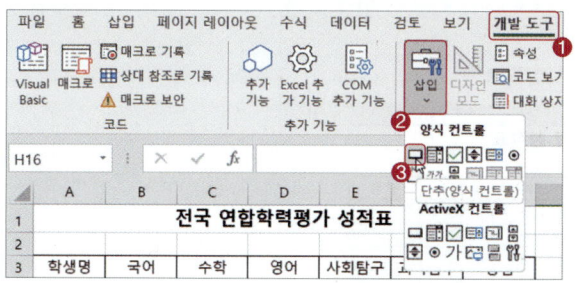

② 마우스 포인터가 '+'로 바뀐 다음 [B15:C16] 영역에 드래그하면 [매크로 지정] 대화 상자가 나타난다.

③ [매크로 지정]에서 '매크로 이름'에 **총점**을 입력하고 [기록]을 클릭한다.

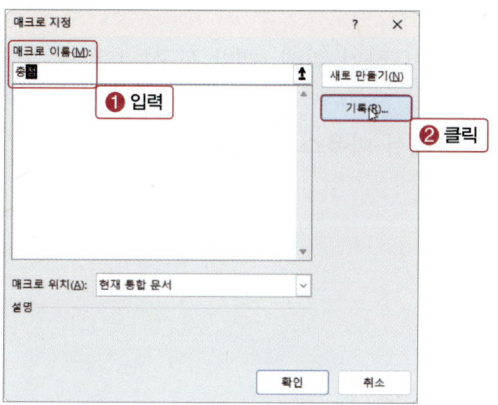

④ [매크로 기록]에 '총점'으로 매크로 이름이 자동으로 표시되면 [확인]을 클릭한다.

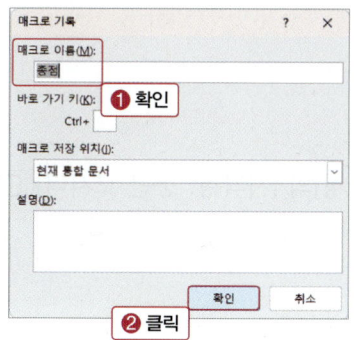

🏁 **기적의 TIP**

[개발 도구] 탭이 보이지 않을 때
[파일]-[옵션]-[리본 사용자 지정]에서 오른쪽 '기본 탭'에서 개발 도구에 체크한다.

🏁 **기적의 TIP**

셀에 드래그 할 때 [Alt]를 누르고 드래그하면 셀 크기에 맞춰 그릴 수 있다.

🏁 **기적의 TIP**

[개발 도구]-[코드] 그룹의 [매크로 기록]을 클릭하여 매크로 기록을 한 후 [기록 중지]를 클릭하고, [개발 도구]-[컨트롤] 그룹의 [양식]-[단추]를 이용하여 매크로 지정을 통하여 매크로를 연결하는 방법도 있다.

> **기적의 TIP**
> 자동합계 대신에 [G4] 셀에 「=SUM(B4:F4)」를 입력한 후 [G13] 셀까지 수식을 복사해도 된다.

⑤ [B4:G13] 영역을 범위 지정한 후 [수식]-[함수 라이브러리] 그룹에서 [자동 합계]-[합계]를 선택한다.

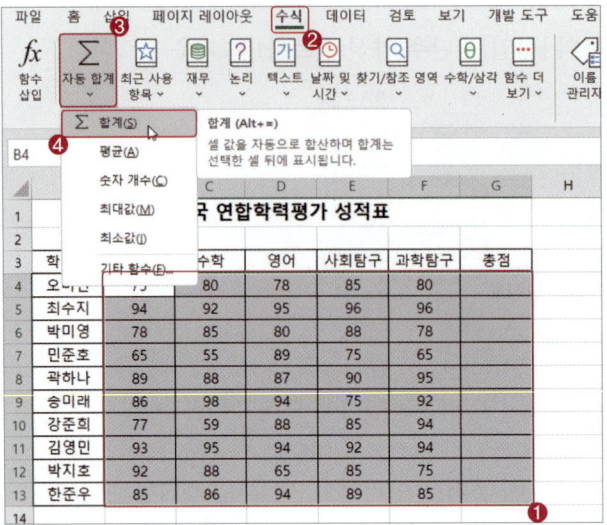

⑥ 임의의 셀을 클릭한 후 매크로 기록을 종료하기 위해 [개발 도구]-[코드] 그룹의 [기록 중지](□)를 클릭한다.

⑦ 단추에 텍스트를 수정하기 위해서 단추에서 마우스 오른쪽 버튼을 눌러 [텍스트 편집]을 선택한다.

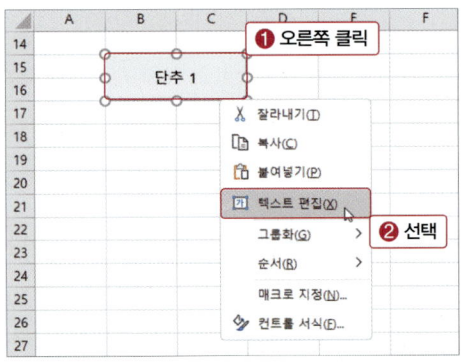

⑧ 단추에 입력된 '단추 1'을 지우고 **총점**을 입력한다.

⑨ [삽입]-[일러스트레이션] 그룹에서 [도형]-[사각형]의 [사각형: 둥근 모서리](□)를 클릭한다.

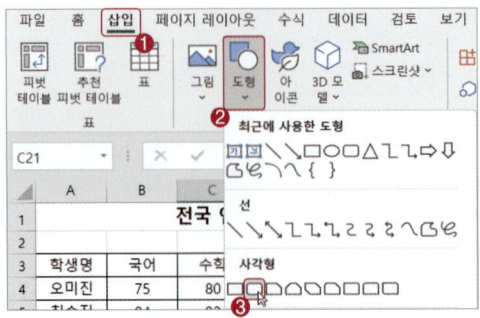

⑩ 마우스 포인터가 '+'로 바뀌면 [E15:F16] 영역에 드래그한다.
⑪ '사각형: 둥근 모서리'(🔲) 도형에서 마우스 오른쪽 버튼을 눌러 [매크로 지정]을 클릭한다.

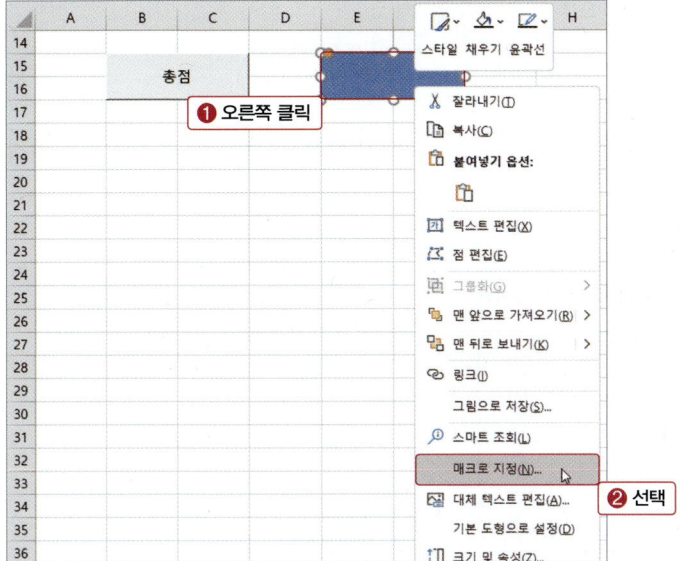

⑫ [매크로 지정]의 '매크로 이름'에 **서식**을 입력하고 [기록]을 클릭한다.

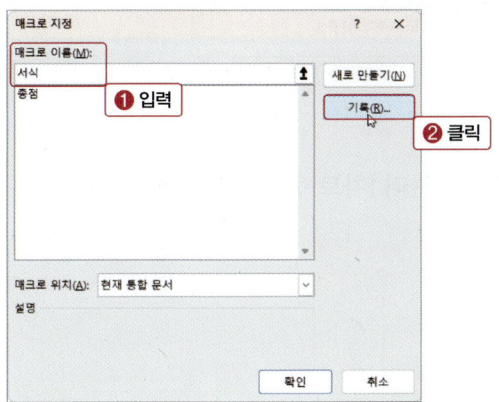

⑬ [매크로 기록]에 '서식'으로 매크로 이름이 자동으로 표시되면 [확인]을 클릭한다.
⑭ [A3:G3] 영역을 범위 지정한 후 [홈]-[글꼴] 그룹의 [글꼴 색](가▼) 도구를 클릭하여 '표준 색 - 빨강', [채우기 색](🎨▼) 도구를 클릭하여 '표준 색 - 노랑'을 선택한다.

⑮ 매크로 기록을 종료하기 위해 [개발 도구]-[코드] 그룹의 [기록 중지](□)를 클릭한다.

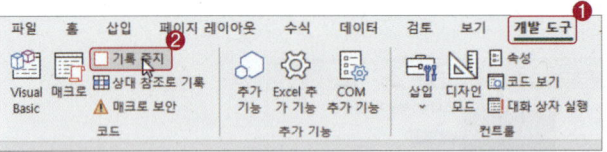

⑯ '사각형: 둥근 모서리'(□) 도형에서 마우스 오른쪽 버튼을 눌러 [텍스트 편집]을 클릭하여 서식을 입력한다.

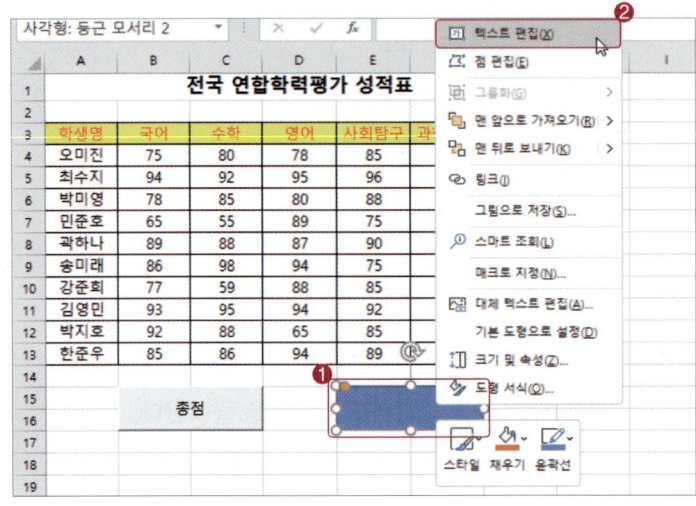

02 차트('차트작업' 시트)

① 차트를 선택한 후 마우스 오른쪽 버튼을 눌러 [차트 종류 변경]을 선택한다.

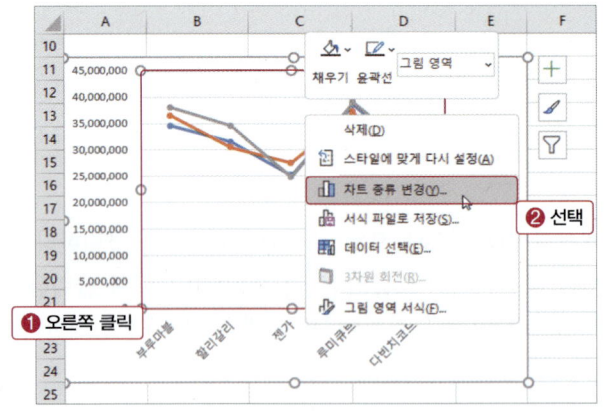

② [차트 종류 변경]에서 '세로 막대형'의 '묶은 세로 막대형'을 선택하고 [확인]을 클릭한다.

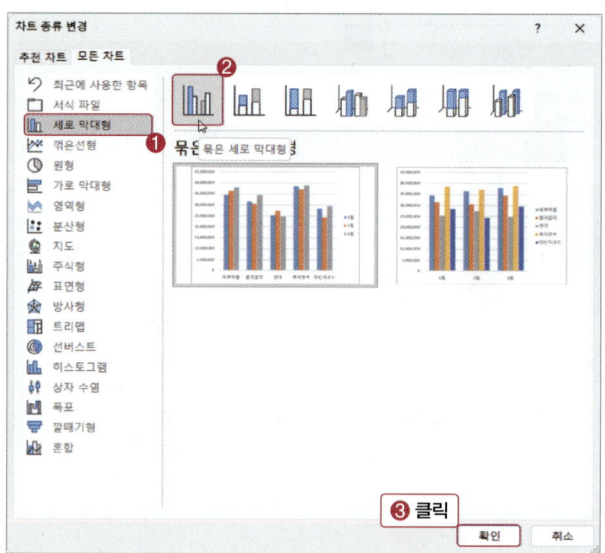

③ 차트를 선택한 후 [차트 요소](⊞)-[차트 제목]-[차트 위]를 클릭한 후 **1분기 보드게임 매출 현황**을 입력하고, [홈]-[글꼴] 그룹에서 '돋움', 크기 '16', 글꼴 색 '표준 색 - 녹색'을 선택한다.

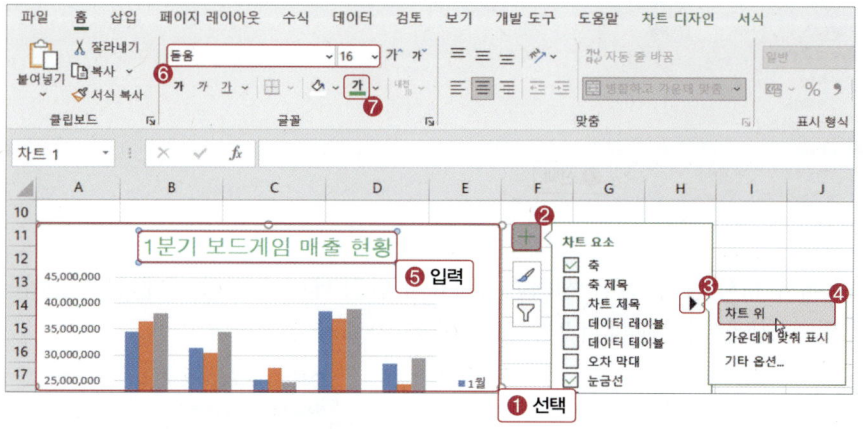

🚩 **기적의 TIP**

[차트 디자인]-[차트 레이아웃] 그룹에서 [차트 요소 추가]-[차트 제목]- [차트 위]를 클릭하여 '차트 제목'을 표시할 수 있다.

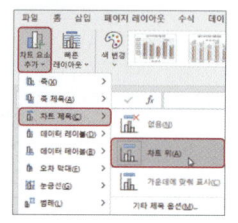

④ '3월' 계열의 '루미큐브' 요소를 천천히 2번 클릭한 후 [차트 요소](⊞)-[데이터 레이블]-[바깥쪽 끝에]를 클릭한다.

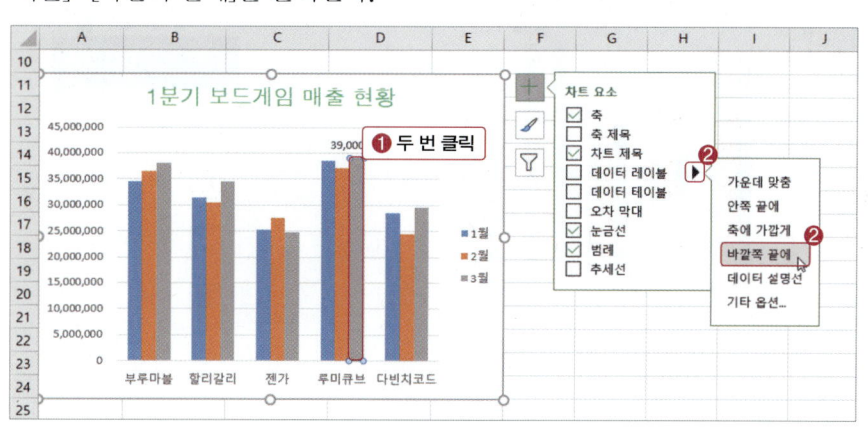

🚩 **기적의 TIP**

'루미큐브'의 '3월' 막대계열을 선택하면 회색 '3월' 계열이 모두 선택이 된다. 다시 한 번 '루미큐브'의 '3월'을 선택해야만 하나의 요소를 선택할 수 있다.

⑤ '세로 값(Y) 축'에서 마우스 오른쪽 버튼을 눌러 [축 서식]을 선택한다.

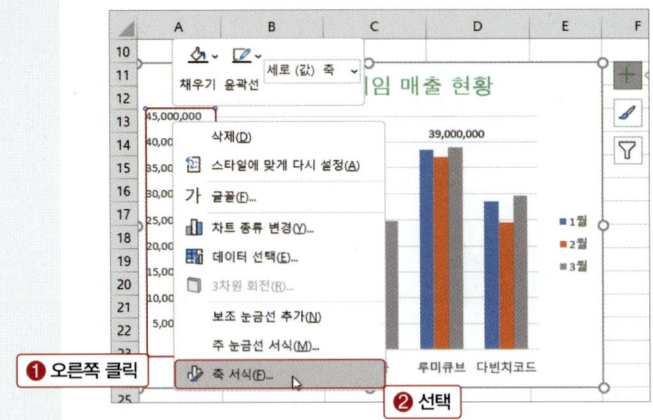

⑥ [축 서식]의 '축 옵션'에서 '최소값'에 1000000을 입력하고, 표시 단위는 '천'을 선택한다.

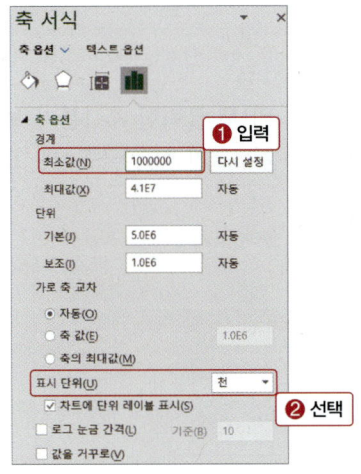

⑦ 차트에서 표시 단위 '천'을 선택한 후 [표시 단위 레이블 서식]-[레이블 옵션]-[크기 및 속성]에서 [맞춤]에서 '텍스트 방향'은 '가로'를 선택한다.

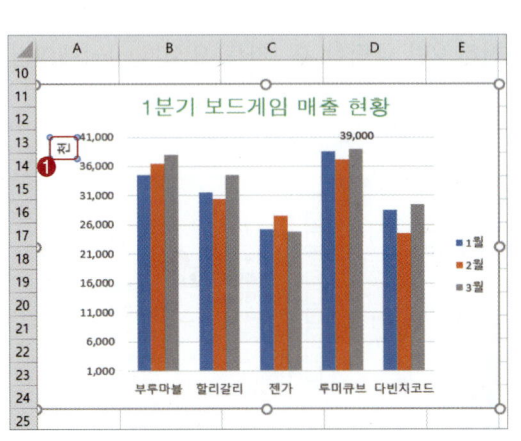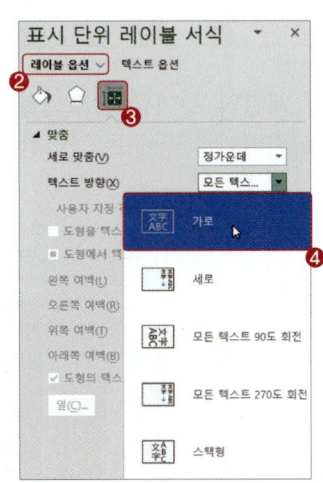

⑧ 차트에서 차트 영역을 선택한 후 [차트 영역 서식]-[차트 옵션]-[효과]에서 [그림자]의 '미리 설정'을 클릭하여 '안쪽 가운데'를 선택한다.

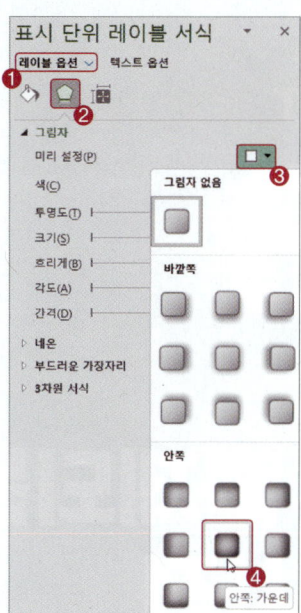

⑨ 차트 영역을 선택한 후 [차트 영역 서식]-[차트 옵션]-[채우기 및 선]에서 [테두리]의 '둥근 모서리'를 체크한다.

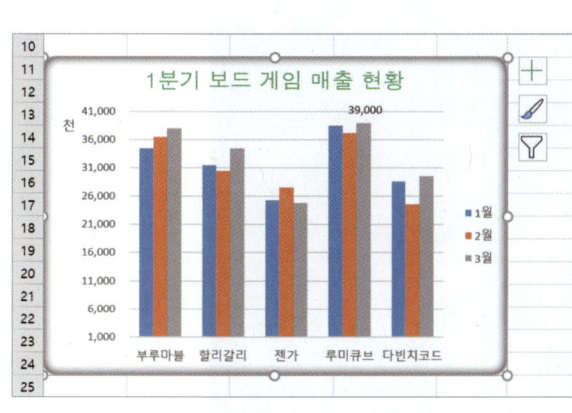
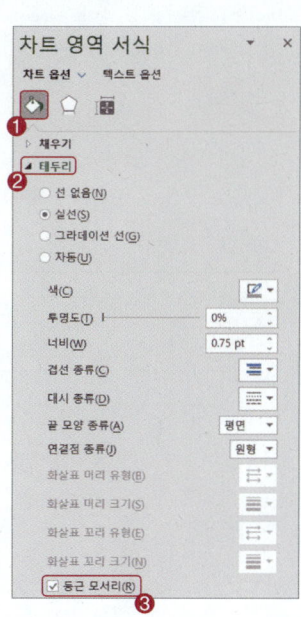

PART
03

자주 출제되는 함수사전

자주 출제되는 함수사전

날짜와 시간 함수(날짜와 시간.xlsx 파일 이용)

▶ 합격 강의

01 연도(YEAR)를 구하자.

형 식	=YEAR(일련 번호 또는 날짜 문자열)	
사용방법	=YEAR("2026/4/22")	2026

입사일자[B2:B6]를 이용하여 근무기간을 [C2:C6] 영역에 표시하시오.

▶ 근무기간 = 2026 - 입사일자의 년도   ▶ [표시 예 : 10년]
▶ YEAR 함수와 & 연산자 사용

	A	B	C
1	사원	입사일자	근무기간
2	최찬식	1998-01-03	
3	황요한	1992-10-03	
4	김울동	1995-10-05	
5	장길산	2003-04-02	
6	이은관	1997-02-01	

◀ 'YEAR1(예제)' 시트

정답 [C2] 셀에 「=2026-YEAR(B2)&"년"」를 입력하고 [C6] 셀까지 수식 복사

02 월(MONTH)을 구하자.

형 식	=MONTH(일련 번호 또는 날짜 문자열)	
사용방법	=MONTH("2026/4/22")	4

숫자(46142)를 함수를 사용하여 [E2] 셀에 '4'로 바꾸시오.

▶ MONTH 함수 사용

	A	B	C	D	E
1		월별 수출입 통계			
2	월별	1	2	3	46142
3	수산물	150,250	132,570	135,720	137,810
4	농산물	105,370	110,540	114,635	117,325
5	임산물	28,435	29,710	3,011	31,445
6	축산물	9,063	9,280	9,547	9,653

▲ 'MONTH(예제)' 시트

정답 [E2] 셀에 「=MONTH(46142)」를 입력

함수 설명 =MONTH(46142)
46142은 2026년 04월 30일을 나타내는 일련번호로 MONTH 함수를 통해 '4'라는 결과가 나온다.
[E2] 셀에서 Ctrl + 1 을 눌러 [표기 형식] 탭에서 '날짜'를 선택하면 확인할 수 있다.

03 일(DAY)을 구하자.

형식	=DAY(일련 번호 또는 날짜 문자열)	
사용방법	=DAY("2026/4/22")	22

기준일자[D2]를 사용하여 주문일자(일)[B4:B6]를 계산하여 표시하시오.

▶ 주문일자(일) = 기준일자[D2] − 소요기간(일)
▶ 주문일자(일)는 일(날)을 표시하는 숫자만 나타낼 것
▶ DAY 함수 사용

	A	B	C	D	E
1		납품일정계획			
2			기준일자:	26-02-10	
3	재료	주문일자(일)	소요기간(일)	납품일자(일)	
4	백설탕		5	15	
5	향료		7	10	
6	밀가루		9	9	
7					

▲ 'DAY(예제)' 시트

정답 [B4] 셀에 「=DAY($D$2)−DAY(C4)」를 입력하고 [B6] 셀까지 수식 복사

04 시(HOUR)를 구하자.

형식	=HOUR(일련 번호 또는 시간 문자열)	
사용방법	=HOUR("16:13:15")	16

출발시간에서 도착시간의 차이를 이용하여 요금[E3:E8]에 표시하시오.

▶ 단, 분 단위는 제외되며 시간당 4,000원 적용
▶ HOUR, MONTH, TODAY 중 알맞은 함수를 선택하여 사용

	A	B	C	D	E	F
1			버스 요금 정산표			
2	출발지	출발시간	도착지	도착시간	요금	
3	서울	9:00	대전	11:30		
4	부산	11:30	대구	14:30		
5	광주	9:30	속초	15:30		
6	대구	12:00	인천	17:00		
7	대전	8:00	수원	10:00		
8	인천	10:00	청주	12:10		
9						

▲ 'HOUR(예제)' 시트

정답 [E3] 셀에 「=(HOUR(D3)−HOUR(B3))*4000」을 입력하고 [E8] 셀까지 수식 복사 또는 「=HOUR(D3−B3)*4000」을 입력해도 된다.

05 분(MINUTE)을 구하자.

형식	=MINUTE(일련 번호 또는 시간 문자열)	
사용방법	=MINUTE("16:13:15")	13

특허 신청 일시[B3:B10]를 이용하여 시간을 [C3:C10] 영역에 표시하시오.
▶ 표시 예 : 15시10분
▶ HOUR, MINUTE 함수와 연산자 & 사용

	A	B	C	D
1	특허 신청 일시			
2	제출회사	특허 신청 일시	시간	
3	미리내	2026-09-09 9:45		
4	거장	2026-09-09 8:20		
5	제온	2026-09-10 18:35		
6	미크론	2026-09-09 8:45		
7	씽크	2026-09-10 15:10		
8	인포	2026-09-09 8:45		
9	신화	2026-09-11 11:40		
10	창조	2026-09-09 10:48		

▲ 'MINUTE(예제)' 시트

정답 [C3] 셀에 「=HOUR(B3)&"시"&MINUTE(B3)&"분"」를 입력하고 [C10] 셀까지 수식 복사

06 초(SECOND)를 구하자.

형식	=SECOND(일련 번호 또는 시간 문자열)	
사용방법	=SECOND("16:13:15")	15

07 현재 날짜(TODAY)를 구하자.

사용방법	=TODAY()	2026-08-15

미수금 현황에서 [E3] 셀에 작성일자를 표시하되 셀 형식을 '12년 3월 14일'의 형식으로 표시하시오.
▶ TODAY 함수와 셀 서식 활용

	A	B	C	D	E	F
1			미수금 현황			
2						
3				작성일		
4	거래처명	품목명	수량	판매금액	미수금	
5	고려화학	Blue	20	₩240,000	₩83,720	
6	명지페인트	Red300	7	₩84,000	₩312,000	
7	삼화페인트	Violet550	7	₩80,500	₩156,000	
8	고려화학	Red334	12	₩300,000		
9	삼화페인트	Yellow	12	₩150,000		
10	명지페인트	Violet550	7	₩80,500	₩130,000	
11	삼화페인트	Violet600	15	₩278,250	₩702,000	

◀ 'TODAY(예제)' 시트

정답 ① [E3] 셀에 「=TODAY()」를 입력
② [E3] 셀을 선택한 후 Ctrl+1을 눌러 [셀 서식]의 [표시 형식] 탭에서 범주는 '날짜', 형식은 '01년 3월 14일'을 선택

08 현재 날짜와 시간(NOW)을 구하자.

사용방법	=NOW()	2026-08-15 18:52

[B2] 셀에 시스템의 현재 날짜와 시간을 표시하시오.

▶ NOW 함수 사용
▶ 'yyyy년 mm월 dd일 h시 mm분' 형식으로 표시

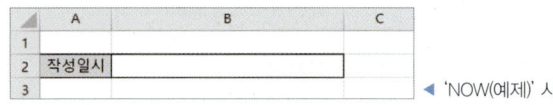

◀ 'NOW(예제)' 시트

정답
① [B2] 셀에 「=NOW()」를 입력
② [B2] 셀에서 Ctrl+1을 눌러 [셀 서식]의 [표시 형식] 탭에서 '범주'는 '사용자 지정'에 '형식'을 「yyyy년 mm월 dd일 h시 mm분」을 입력

09 날짜(DATE)를 구하자.

형식	=DATE(년, 월, 일)	
사용방법	=DATE(2026,5,10)	2026-05-10

공사계획표에서 비고란의 연도, 월, 일 표시의 숫자를 이용하여 공사개시일[B3:B5]을 구하시오.

◀ 'DATE(예제)' 시트

정답 공사개시일 [B3] 셀에 「=DATE(E3,G3,I3)」를 입력하고 [B5] 셀까지 수식 복사

10 시간(TIME)을 구하자.

형식	=TIME(시, 분, 초)	
사용방법	=TIME(12,30,30)	12:30:30

메모란에 표시된 시, 분, 초 단위의 숫자를 사용하여 주행개시시각[B3:B5]을 표시하시오.

▶ TIME 함수 사용

◀ 'TIME(예제)' 시트

정답 [B3] 셀에 「=TIME(E3,G3,I3)」를 입력하고 [B5] 셀까지 수식 복사

⑪ 요일(WEEKDAY)의 일련번호를 구하자.

형식	=WEEKDAY(일련번호, Returu_type) 옵션 Return_type 1 : 일요일을 1로 시작함(생략 시 기본설정) 2 : 월요일을 1로 시작함 3 : 월요일을 0으로 시작함	
사용방법	=WEEKDAY("2026-04-22",2)	3(3은 수요일을 의미)

생년월일[B3:B9]를 이용하여 해당되는 요일을 [C3:C9]에 계산하여 표시하시오.

▶ CHOOSE와 WEEKDAY 함수 사용
▶ 요일의 계산방식은 일요일부터 시작하는 1번 방식으로 지정
▶ '토요일'과 같이 문자열 전체를 표시하게 지정

	A	B	C	D
1	동호 회원			
2	회원명	생년월일	요일	
3	김상식	67-09-02		
4	이아영	72-10-10		
5	소시지	60-12-21		
6	박사영	75-03-14		
7	유정철	82-09-13		
8	송강	84-05-17		
9	임인성	83-08-07		
10				

▲ 'WEEKDAY(예제)' 시트

정답 [C3] 셀에 「=CHOOSE(WEEKDAY(B3,1),"일요일","월요일","화요일","수요일","목요일","금요일","토요일")」를 입력하고 [C9] 셀까지 수식 복사

⑫ 두 날짜 사이의 일 수(DAYS)를 반환한다.

형식	DAYS(종료 날짜, 시작 날짜) : 종료 날짜에서 시작 날짜를 빼서 두 날짜 사이의 일 수를 계산	
사용방법	=DAYS("2026-10-30","2026-10-10")	20

가입일[C3:C12]과 탈퇴일[D3:D12]을 이용하여 보상금[E3:E12]을 표시하시오.

▶ 보상금 = 가입비 × 가입기간 × 0.2%
▶ 가입기간은 가입일과 탈퇴일 사이의 날짜 수이며 DATE, DAYS, DAY 함수 중 알맞은 함수를 선택하여 사용
▶ DAYS 함수 사용

	A	B	C	D	E	F
1	탈퇴회원 보상금 산출					
2	회원명	가입비	가입일	탈퇴일	보상금	
3	김선우	30,000	01월 11일	09월 25일		
4	유세준	50,000	03월 15일	12월 13일		
5	손상훈	20,000	02월 25일	05월 21일		
6	김승완	30,000	04월 08일	08월 14일		
7	박진수	30,000	01월 04일	02월 04일		
8	정명우	20,000	03월 11일	09월 19일		
9	조성진	50,000	05월 25일	11월 30일		
10	최정일	50,000	02월 13일	12월 24일		
11	전승호	20,000	04월 23일	06월 13일		
12	이동찬	30,000	01월 25일	07월 22일		
13						

▲ 'DAYS(예제)' 시트

정답 [E3] 셀에 「=B3*DAYS(D3,C3)*0.2%」를 입력하고 [E12] 셀까지 수식 복사

⓭ 시작 날짜에 개월 수를 더한 날짜(EDATE)의 일련번호를 구하자.

형식	=EDATE(시작 날짜, 개월 수)	
사용방법	=EDATE("2026-10-19",1)	46345(2026-11-19)

시작 날짜에 개월을 더하여 수정된 날짜[C3:C8]에 표시하시오.

▶ EDATE 함수 사용

	A	B	C	D
1				
2	시작 날짜	개월	수정된 날짜	
3	2026-05-05	3		
4	2026-05-15	-1		
5	2026-06-06	2		
6	2026-07-17	-5		
7	2026-08-15	4		
8	2026-12-25	6		
9				

▲ 'EDATE(예제)' 시트

정답 [C3] 셀에 「=EDATE(A3,B3)」를 입력하고 [C8] 셀까지 수식 복사

⓮ 시작 날짜에 개월 수를 더한 달의 마지막 날짜(EOMONTH)의 일련번호를 구하자.

형식	=EOMONTH(시작 날짜, 개월 수)	
사용방법	=EOMONTH("2026-10-19",1)	46356(2026-11-30)

시작 날짜에 개월을 더한 마지막 날짜[C3:C8]를 표시하시오.

▶ EOMONTH 함수 사용

	A	B	C	D
1				
2	시작 날짜	개월	마지막 날짜	
3	2026-05-05	3		
4	2026-05-15	-1		
5	2026-06-06	2		
6	2026-07-17	-5		
7	2026-08-15	4		
8	2026-12-25	6		
9				

▲ 'EOMONTH(예제)' 시트

정답 [C3] 셀에 「=EOMONTH(A3,B3)」를 입력하고 [C8] 셀까지 수식 복사

⑮ 시작 날짜에 날짜 수를 더한 평일 수를 적용한 날짜(WORKDAY)의 일련번호를 구하자.

형식	=WORKDAY(시작 날짜, 날짜 수, [휴일])	
사용방법	=WORKDAY("2026-1-1",31)	46066(2026-02-13)

시작 날짜에 작업일수를 더해 공휴일을 제외한 평일 수만 계산하여 작업완료일[E3:E8]을 구하시오.

▶ WORKDAY 함수 사용

	A	B	C	D	E	F
1						
2	시작 날짜	작업일	공휴일1	공휴일2	작업완료일	
3	2021-01-01	130	05월 01일	06월 05일		
4	2022-01-01	160	03월 01일	04월 05일		
5	2023-01-01	180	02월 01일	05월 05일		
6	2024-01-01	200	06월 01일	08월 05일		
7	2025-01-01	220	07월 01일	09월 05일		
8	2026-01-01	250	08월 01일	09월 05일		
9						

▲ 'WORKDAY(예제)' 시트

정답 [E3] 셀에 「=WORKDAY(A3,B3,C3:D3)」를 입력하고 [E8] 셀까지 수식 복사

논리 함수(논리.xlsx파일 이용)

▶ 합격 강의

⓵ 조건을 판단(IF)해 보자.

형식	=IF(조건식, 값1, 값2)	
사용방법	=IF(C4>=20,5,0)	[C4] 셀의 값이 20 이상이면 5, 그렇지 않으면 0을 표기

① 점수가 90 이상이면 '우수', 90 미만 80 이상이면 '보통', 80 미만이면 '분발'이라고 등급[D3:D7] 영역에 표시하시오.

▶ IF 함수 사용

	A	B	C	D	E
1	상공주식회사 인사고과				
2	성명	부서	점수	등급	
3	류민수	경리부	95.8		
4	라우석	영업부	88.5		
5	김민석	관리부	72.6		
6	박우민	영업부	61.9		
7	강우식	관리부	88		
8					

▲ 'IF1(예제)' 시트

정답 [D3] 셀에 「=IF(C3>=90,"우수",IF(C3>=80,"보통","분발"))」를 입력하고 [D7] 셀까지 수식 복사

② 비만도 측정에서 신장[C3:C9]과 체중[D3:D9]을 이용한 판정을 기준으로 비만여부[E3:E9]를 구하시오.
- ▶ 판정 = 체중 − (신장 − 110)
- ▶ 비만여부는 판정이 6 이상이면 '비만', 6 미만 −5 이상이면 '표준', −5 미만이면 '허약'
- ▶ IF 함수 사용

	A	B	C	D	E	F
1			비만도 측정			
2	성명	성별	신장	체중	비만여부	
3	한장석	남	178	60		
4	오명희	여	152	58		
5	최철주	남	169	62		
6	마준희	여	162	45		
7	권길수	남	184	82		
8	장도애	여	175	68		
9	조서희	여	158	62		
10						

정답 [E3] 셀에 「=IF(D3−(C3−110))>=6,"비만",IF(D3−(C3−110))>=−5,"표준","허약"))」를 입력하고 [E9] 셀까지 수식 복사

▲ 'IF2(예제)' 시트

③ 판매일[B3:B10]을 이용하여 요일번호[D3:D10]를 유형 '1'로 구하고, 이때 요일번호가 '1'이면 '일요일', 그 외는 공란으로 표시하시오.
- ▶ IF와 WEEKDAY 함수 사용

	A	B	C	D	E
1		판매현황			
2	품목	판매일	수량	요일번호	
3	텔레비전	25-03-10	15		
4	전자레인지	25-03-11	8		
5	선풍기	25-06-01	30		
6	냉장고	24-04-20	20		
7	세탁기	24-05-17	12		
8	선풍기	24-06-10	31		
9	냉장고	24-11-12	24		
10	전자레인지	24-11-13	16		
11					

정답 [D3] 셀에 「=IF(WEEKDAY(B3,1)=1,"일요일","")」를 입력하고 [D10] 셀까지 수식 복사

▲ 'IF3(예제)' 시트

④ 근무년수[B3:B8]와 소득액[C3:C8]을 이용하여 세금[D3:D8]을 구하시오.
- ▶ 세금은 근무년수가 10 이상이면 소득액 × 20%, 5 이상 10 미만이면 소득액 × 15%, 5 미만이면 소득액 × 8%로 계산
- ▶ IF 함수 사용

	A	B	C	D	E
1		세금계산서			
2	직급코드	근무년수	소득액	세금	
3	H9	16	3,500,000		
4	H10	8	2,700,000		
5	H9	5	2,300,000		
6	H3	13	3,000,000		
7	H7	3	1,800,000		
8	H8	1	1,500,000		
9					

정답 [D3] 셀에 「=IF(B3>=10,C3*0.2,IF(B3>=5,C3*0.15,C3*0.08))」를 입력하고 [D8] 셀까지 수식 복사

▲ 'IF4(예제)' 시트

02 논리곱(AND)을 구하자.

정의	모든 논리식이 참(TRUE)일 경우에만 결과 값이 TRUE로 나타남	
형식	=AND(논리식1, 논리식2, …)	
사용방법	=AND(10〉5, 5〉2)	TRUE(모두 참이기 때문에)

① 필기[B3:B7]와 실기[C3:C7]가 40 이상이고 평균[E3:E7]이 60 이상이면 '합격', 나머지는 '불합격'이라고 판정 [F3:F7]에 표시하시오.

▶ IF와 AND 함수 사용

	A	B	C	D	E	F	G
1			컴퓨터활용 평가				
2	성명	필기	실기	총점	평균	판정	
3	김구호	75	45	120	60		
4	하창명	56	58	114	57		
5	민구연	38	24	62	31		
6	이상희	88	92	180	90		
7	오정민	83	39	122	61		
8							

▲ 'AND1(예제)' 시트

정답 [F3] 셀에 =IF(AND(B3>=40,C3>=40,E3>=60),"합격","불합격")를 입력하고 [F7] 셀까지 수식 복사

② 컴퓨터일반[B3:B8]과 워드[C3:C8]를 이용하여 합격여부를 [D3:D8]에 표시하시오.

▶ 합격여부는 컴퓨터일반과 워드의 평균이 60 이상이고, 워드가 70 이상이면 '합격', 그 이외에는 '불합격' 으로 표기
▶ AND, AVERAGE와 IF 함수 사용

	A	B	C	D	E
1		사원현황			
2	사원명	컴퓨터일반	워드	합격여부	
3	이지연	65	75		
4	한가람	77	25		
5	오두영	85	62		
6	안치연	90	88		
7	명기영	45	55		
8	나미인	50	78		
9					

▲ 'AND2(예제)' 시트

정답 [D3] 셀에 「=IF(AND(AVERAGE(B3:C3)>=60,C3>=70),"합격","불합격")」를 입력하고 [D8] 셀까지 수식 복사

❽ 논리합(OR)을 구하자.

정 의	논리식 중에 하나라도 TRUE가 있을 경우 결과 값으로 TRUE를 구함	
형 식	=OR(논리식1, 논리식2, ...)	
사용방법	=OR(10<5, 5<2)	FALSE(모두 거짓이기 때문에)

① 영어[B3:B9]나 전산[C3:C9] 점수가 80 이상이면 '합격' 그렇지 않으면 '불합격'으로 판정[D3:D9]에 표시하시오.

▶ IF와 OR 함수 사용

	A	B	C	D	E
1	남산㈜ 승진시험 성적 현황				
2	성명	영어	전산	판정	
3	박시영	80	80		
4	김명훈	85	60		
5	서태훈	80	75		
6	강수현	81	85		
7	정미숙	50	60		
8	김보람	60	80		
9	최정민	75	79		
10					

▲ 'OR1(예제)' 시트

정답 [D3] 셀에 「=IF(OR(B3>=80,C3>=80),"합격","불합격")」를 입력하고 [D9] 셀까지 수식 복사

② 주민등록번호[C3:C8]를 이용하여 [E3:E8]을 입력하시오.

▶ 주민등록 앞에서 여덟 번째 숫자가 '1' 또는 '3'이면 '남', '2' 또는 '4'이면 '여'로 표기
▶ IF, OR, MID 함수 사용

	A	B	C	D	E	F
1			소아병원 환자명단			
2	진료일	환자명	주민등록번호		성별	
3	09월 09일	조영아	121019-4156347			
4	09월 10일	박근애	130215-4029834			
5	09월 11일	최진영	151113-3623718			
6	09월 12일	이필용	141209-3214591			
7	09월 13일	장세미	160129-4828731			
8	09월 14일	정대수	151212-3675234			
9						

▲ 'OR2(예제)' 시트

정답 [E3] 셀에 「=IF(OR(MID(C3,8,1)="1",MID(C3,8,1)="3"),"남","여")」를 입력하고 [E8] 셀까지 수식 복사

04 수식에서 오류가 발생할 경우 지정한 값을 반환하고, 그렇지 않으면 수식 결과(IFERROR)를 반환하자.

형식	=IFERROR(수식, 값)	
사용방법	=IFERROR(4/가,"수식오류")	수식오류

'값1'을 '값2'로 나눈 값을 결과값[C3:C8]에 표시하시오. 단, 수식에 오류가 있을 때에는 '계산오류'라고 표시하시오.

▶ IFERROR 함수 사용

	A	B	C	D
1				
2	값1	값2	결과 값	
3	10	5		
4	35	없음		
5	40	8		
6	63	3		
7	64	4		
8	72	없음		
9				

▲ 'IFERROR(예제)' 시트

정답 [C3] 셀에 「=IFERROR(A3/B3,"계산오류")」를 입력하고 [C8] 셀까지 수식 복사

05 여러 조건에 대해 다른 결과 값(IFS)을 반환하자.

형식	=IFS(조건식1, 값1, 조건식2, 값2, ...)	
사용방법	=IFS(C3>=90,"A",C3>=80,"B",C3>=70,"C",TRUE,"F")	[C3] 셀의 값이 95이면 'A'

영어시험[C3:C9]를 이용하여 등급[D3:D9]을 표시하시오.

▶ 영어시험이 90 이상이면 'A', 80 이상이면 'B', 70 이상이면 'C', 그 외는 'F'로 표시
▶ IFS 함수 사용

	A	B	C	D	E
1		상공주식회사 인사고과			
2	성명	부서	영어시험	등급	
3	김소연	경리부	95.8		
4	한현숙	영업부	88.5		
5	이유진	관리부	72.6		
6	박소진	영업부	61.9		
7	유진희	관리부	88		
8	이수정	영업부	69.5		
9	고아진	관리부	75.6		
10					

▲ 'IFS(예제) 시트'

정답 [D3] 셀에 「=IFS(C3>=90,"A",C3>=80,"B",C3>=70,"C",TRUE,"F")」를 입력하고 [D9] 셀까지 수식 복사

06 조건식의 결과에 따라 다른 값(SWITCH)을 반환하자.

형식	=SWITCH(조건식, 결과값1, 반환값1, 결과값2, 반환값2, ...)	
사용방법	=SWITCH(B,"B","해피제과","G","참존제과","S","파랑제과")	해피제과

제품코드[A3:A12]를 이용하여 제작회사[E3:E12]을 표시하시오.

▶ 제품코드가 'B'로 시작하면 '해피제과', 'G'이면 '참존제과', 'S'이면 '파랑제과'로 표시
▶ SWITCH, LEFT 함수 사용

	A	B	C	D	E	F
1	제과류 분류표					
2	제품코드	성명	출시연도	단가(원)	제작회사	
3	BS-100	에이시	1974	500		
4	GU-200	짜이리툴	2000	500		
5	SN-300	꼬깔스넥	1983	500		
6	SN-301	멋동산	1975	700		
7	GI-200	쵸코파이	1974	500		
8	BI-301	오예에스	1984	400		
9	BS-101	체크칩스	1994	700		
10	GO-300	투우유	1987	500		
11	SN-302	고래밥	1984	500		
12	BI-202	마가레티	1987	300		
13						

▲ 'SWITCH(예제) 시트'

정답 [E3] 셀에 「=SWITCH(LEFT(A3,1),"B","해피제과","G","참존제과","S","파랑제과")」를 입력하고 [E12] 셀까지 수식 복사

데이터베이스 함수(데이터베이스.xlsx 파일 이용)

01 데이터베이스의 합계(DSUM)를 구하자.

형식	=DSUM(데이터베이스 범위, 필드 번호, 조건 범위)	
사용방법	=DSUM(A2:E10,5,D12:D13)	[A2:E10] 영역에서 [D12:D13]의 조건(제품분류가 가전제품)인 데이터를 찾아 5번째 열(매출액)에서 합계를 구함

제품분류[A3:A10] 중 가전제품의 매출액[E3:E10] 합계를 계산하여 [E13] 셀에 표시하시오.

▶ DSUM, COUNTIF, DMAX 중 알맞은 함수를 선택하여 사용

	A	B	C	D	E	F
1			제품 판매 현황			
2	제품분류	품명	판매가	판매량	매출액	
3	화장품	립스틱	13,524	45	608,580	
4	가전제품	면도기	7,200	89	640,800	
5	사무용품	만년필	2,900	230	667,000	
6	사무용품	타자기	18,000	30	540,000	
7	가전제품	선풍기	30,625	120	3,675,000	
8	화장품	비누	2,600	120	312,000	
9	화장품	삼푸	5,460	325	1,774,500	
10	가전제품	전기담요	66,120	60	3,967,200	
11						
12				제품분류	매출액	
13				가전제품		
14						

◀ 'DSUM(예제)' 시트

정답 [E13] 셀에 「=DSUM(A2:E10,5,D12:D13)」를 입력

02 데이터베이스의 평균(DAVERAGE)을 구하자.

형 식	=DAVERAGE(데이터베이스 범위, 필드 번호, 조건 범위)	
사용방법	=DAVERAGE(A2:E9,C2,B2:B3)	[A2:E9] 영역에서 [B2:B3]의 조건(임대평수가 40)인 데이터를 찾아 C열(임대료)에서 평균을 구함

임대평수가 40인 사무실의 임대료, 관리비, 부가세의 평균[C10:E10]을 구하시오.

▶ DAVERAGE, DMAX, DCOUNT 중 알맞은 함수를 선택하여 사용

	A	B	C	D	E
1	사무실 월 사용료 계산				
2	사무실	임대평수	임대료	관리비	부가세
3	1-101	40	502,200	50,200	55,240
4	1-102	35	439,425	43,925	48,335
5	2-101	28	351,540	35,140	38,668
6	2-102	40	495,000	49,500	54,450
7	2-103	20	251,100	25,100	27,620
8	3-101	40	451,000	45,100	49,610
9	3-102	35	439,425	43,925	48,335
10	40평 사무실 평균				

◀ 'DAVERAGE(예제)' 시트

정답 [C10] 셀에 「=DAVERAGE($A$2:$E$9,C2,$B$2:$B$3)」를 입력하고 [E10] 셀까지 수식 복사

함수 설명
- 임대료, 관리비, 부가세의 평균을 구하는 문제이기 때문에 하나의 식으로 복사하여 사용이 가능하다.
- 공통적인 부분 : 데이터베이스 범위 [A2:E9], 조건 범위 [B2:B3]은 절대참조
- 임대료, 관리비, 부가세 : 3, 4, 5 대신에 [C2], [D2], [E2]를 지정해도 된다.

03 데이터베이스의 숫자 개수(DCOUNT)를 구하자.

형 식	=DCOUNT(데이터베이스 범위, 필드 번호, 조건 범위)	
사용방법	=DCOUNT(A2:C10,3,E5:E6)	[A2:C10] 영역에서 [E5:E6]의 조건(칼로리가 20을 초과)인 데이터를 찾아 3번째 열(칼로리)에서 숫자의 개수를 구함

칼로리가 20을 초과하는 식품의 수를 [E9] 셀에 계산하여 표시하시오.

▶ DCOUNT 함수 사용

	A	B	C	D	E	F
1	음식별 칼로리량					
2	식 품	분 량 (g)	칼로리			
3	시금치	100	24			
4	브로콜리	100	28			
5	양상추	100	11		칼로리	
6	아스파라거스	100	18		>20	
7	연근	100	53			
8	양배추	100	20		식품수	
9	무	100	16			
10	셀러리	100	8			

◀ 'DCOUNT(예제)' 시트

정답 식품수 [E9] 셀에 「=DCOUNT(A2:C10,3,E5:E6)」를 입력

04 데이터베이스의 공백이 아닌 데이터의 개수(DCOUNTA)를 구하자.

형식	=DCOUNTA(데이터베이스 범위, 필드 번호, 조건 범위)	
사용방법	=DCOUNTA(A2:D13,1,A15:B16)	[A2:D13] 영역에서 [A15:B16]의 조건(나이가 25세 이상이고 성별이 '여')인 데이터를 찾아 1번째 열(출신지역)에서 공백이 아닌 데이터의 개수를 구함

나이가 25세 이상이고 성별이 '여'인 사원의 수를 구하여 인원수[C16]에 표시하시오.

▶ COUNTA, DCOUNTA, COUNT 중 알맞은 함수를 선택하여 사용

	A	B	C	D	E
1	신입 사원 현황				
2	출신지역	이름	나이	성별	
3	서울	최보라	26	여	
4	부산	임미나	23	여	
5	경기	윤지덕	25	남	
6	충청	추하영	22	여	
7	강원	지영은	21	여	
8	제주	김영찬	25	남	
9	전라	안광식	26	남	
10	대구	유호경	27	남	
11	인천	이청우	28	여	
12	대전	김미나	29	여	
13	광주	심재훈	24	남	
14					
15	나이	성별	인원수		
16	>=25	여			
17					

◀ 'DCOUNTA(예제)' 시트

정답 [C16] 셀에 「=DCOUNTA(A2:D13,1,A15:B16)」를 입력

함수 설명
- "1" 대신에 2 또는 3, 4를 입력해도 된다.
- DCOUNTA는 문자가 들어있는 셀에서도 개수를 구한다.

05 데이터베이스의 최대값(DMAX)을 구하자.

형식	=DMAX(데이터베이스 범위, 필드 번호, 조건 범위)	
사용방법	=DMAX(A2:C10,3,D5:D6)	[A2:C10] 영역에서 [D5:D6]의 조건(학과가 기계과)인 데이터를 찾아 3번째 열(성적)에서 최대값을 구함

06 데이터베이스의 최소값(DMIN)을 구하자.

형식	=DMIN(데이터베이스 범위, 필드 번호, 조건 범위)
사용방법	=DMIN(A2:F10,6,H10:H11) [A2:F10] 영역에서 [H10:H11]의 조건(지원부서가 홍보부)인 데이터를 찾아 6번째 열(총점)에서 최소값을 구함

① '학과'가 기계과인 학생들 중 최고성적과 최저성적의 차이를 [E6] 셀에 계산하시오.

▶ DMAX와 DMIN 함수 사용

	A	B	C	D	E	F
1		성적현황				
2	이름	학과	성적			
3	강소영	전자과	89.5			
4	이소영	기계과	91.6			
5	현승수	기계과	85.4	학과	차이값	
6	나하나	경영과	90.5	기계과		
7	장하나	경영과	93.6			
8	김장희	기계과	83.4			
9	이문성	경영과	78.5			
10	문혜성	전자과	81.7			
11						

▲ 'DMAX,DMIN1(예제)' 시트

정답 [E6] 셀에 「=DMAX(A2:C10,3,D5:D6)-DMIN(A2:C10,3,D5:D6)」를 입력

② 지원부서[B3:B10]가 "홍보부"인 지원자들의 총점[F3:F10] 중 최대값과 최소값을 [F11] 셀에 [표시 예]와 같이 표시하시오.

▶ [표시 예 : 100(최소 88)]
▶ 조건은 [H10:H11] 영역에 입력하시오.
▶ DMAX와 DMIN 함수의 & 연산자 이용
▶ 함수는 DMAX, DMIN 순서로 적용하시오.

	A	B	C	D	E	F	G	H	I
1		신입사원 응시 현황							
2	응시번호	지원부서	필기	면접	자격증	총점			
3	A18011	경리부	37	25	27	89			
4	A18012	경리부	29	26	25	80			
5	A18013	경리부	38	28	29	95			
6	A18014	경리부	31	21	22	74			
7	A18015	홍보부	27	19	29	75			
8	A18016	홍보부	35	27	26	88			
9	A18017	홍보부	39	26	25	90		<조건>	
10	A18018	홍보부	31	22	24	77			
11		홍보부 총점 최대최소값							
12									

▲ 'DMAX,DMIN2(예제)' 시트

정답 [F11] 셀에 「=DMAX(A2:F10,6,H10:H11)&"(최소 "&DMIN(A2:F10,6,H10:H11)&")"」를 입력
단, 조건은 [H10] 셀에 「지원부서」, [H11] 셀에 「홍보부」를 입력

문자열 함수(문자열.xlsx 파일 이용)

01 문자열의 왼쪽(LEFT)에서 문자를 추출하자.

형식	=LEFT(문자열, 구할 문자수)	
사용방법	=LEFT("KOREA",3)	KOR

① 학번[B3:B10]을 이용하여 입학년도[E3:E10]를 아래의 [표시 예]와 같이 나타내시오.
▶ [표시 예 : 2026년]
▶ 학번의 처음 2자리가 입학년도임
▶ LEFT 함수와 연산자 & 사용

	A	B	C	D	E	F
1		동아리 회원 현황				
2	성명	학번	계열	학과	입학년도	
3	구영화	2421919	문과	철학		
4	조아영	2321934	사범	국어교육		
5	박천수	2251912	공과	전자		
6	안영자	2161905	의과	의예		
7	최경민	2090423	문과	사학		
8	김건호	2262007	의과	치의예		
9	오상철	2351845	공과	컴퓨터		
10	장성희	2431922	이과	수학		
11						

▲ 'LEFT1(예제)' 시트

정답 [E3] 셀에 「=20&LEFT(B3,2)&"년"」를 입력하고 [E10] 셀까지 수식 복사

② 회원번호[A3:A12]를 이용하여 가입일자[E3:E12]를 표시하시오.
▶ 가입일자의 '연도'는 2000 + 회원번호 1, 2번째 자리, '월'은 회원번호 3, 4번째 자리, '일'은 회원번호 5, 6번째 자리임
▶ DATE, MID, LEFT 함수 사용

	A	B	C	D	E	F
1		상공마트 회원관리				
2	회원번호	회원명	등급	포인트	가입일자	
3	22062403	조현준	우수	90,425		
4	20120123	이도현	VIP	183,496		
5	21092202	이은지	일반	38,654		
6	21043001	박지원	우수	924,637		
7	23072610	유영일	일반	13,258		
8	22082106	한지민	일반	24,352		
9	20010512	강성민	VIP	125,493		
10	21121114	신영희	일반	30,146		
11	21082305	최선영	우수	89,351		
12	22101904	이건우	일반	42,352		
13						

▲ 'LEFT2(예제)' 시트

정답 [E3] 셀에 「=DATE(2000+LEFT(A3,2),MID(A3,3,2),MID(A3,5,2))」를 입력하고 [E12] 셀까지 수식 복사

③ 보육원 유아명단에서 주민등록번호[C3:C8]의 앞의 6자리를 이용하여 생년월일[D3:D8]에 해당하는 날짜를 나타내시오.

▶ DATE, LEFT, MID 함수와 연산자 & 사용

	A	B	C	D	E
1	보육원 유아명단				
2	유아명	연락처	주민등록번호	생년월일	
3	고소은	258-9632	240604-456789		
4	박철수	145-6987	230303-345678		
5	김재영	458-9687	220905-323232		
6	나빛나	897-8526	230101-432345		
7	최순애	147-8529	210616-467459		
8	강철준	987-1235	220331-394857		
9					

▲ 'LEFT3(예제)' 시트

정답 [D3] 셀에 「=DATE(20&LEFT(C3,2),MID(C3,3,2),MID(C3,5,2))」를 입력하고 [D8] 셀까지 수식 복사

02 문자열의 중간(MID)에서 문자를 추출하자.

형식	=MID(문자열, 시작 위치, 문자수)	
사용방법	=MID("KOREA",3, 2)	RE

① 주민등록번호[C3:C13]를 이용하여 생년월일[D3:D13]를 표시하시오.

▶ DATE, MID 함수 사용

	A	B	C	D	E
1	동호회 회원 현황				
2	성명	지역	주민등록번호	생년월일	
3	조수홍	마포구	800621-1******		
4	최유영	서초구	930823-2******		
5	윤정민	노원구	881201-1******		
6	조인성	관악구	830725-1******		
7	유현진	서초구	860903-1******		
8	현상화	마포구	920817-2******		
9	유시연	관악구	841113-2******		
10	신선미	노원구	811023-2******		
11	이동현	노원구	910103-1******		
12	김강준	마포구	880802-1******		
13	박혜리	서초구	900617-2******		
14					

▲ 'MID1(예제)' 시트

정답 [D3] 셀에 「=DATE(MID(C3,1,2),MID(C3,3,2),MID(C3,5,2))」를 입력하고 [D13] 셀까지 수식 복사

② 제품코드[A3:A12]의 앞에서 네 번째 자리가 '1'이면 '해피제과', '2'이면 '참존제과', '3'이면 '파랑제과'로 제작회사[E3:E12]에 표시하시오.

▶ CHOOSE와 MID 함수 사용

	A	B	C	D	E	F
1	제과류 분류표					
2	제품코드	성명	출시연도	단가(원)	제작회사	
3	BS-100	에이시	1974	500		
4	GU-200	짜이리톨	2000	500		
5	SN-300	꼬깔스넥	1983	500		
6	SN-301	멋동산	1975	700		
7	PI-200	쵸코파이	1974	500		
8	PI-301	오예에스	1984	400		
9	BS-101	체크칩스	1994	700		
10	CO-300	투우유	1987	500		
11	SN-302	고래밥	1984	500		
12	PI-202	마가레티	1987	300		
13						

▲ 'MID2(예제)' 시트

정답 [E3] 셀에 「=CHOOSE(MID(A3,4,1),"해피제과","참존제과","파랑제과")」를 입력하고 [E12] 셀까지 수식 복사

03 문자열의 오른쪽(RIGHT)에서 문자를 추출하자.

형 식	=RIGHT(문자열, 구할 문자수)	
사용방법	=RIGHT("KOREA",3)	REA

사원번호[A3:A10]를 이용하여 직책[E3:E10]을 나타내시오.

▶ 사원번호의 마지막 번호가 'P'이면 '부장', 'G'이면 '과장', 'S'이면 '사원'으로 표기
▶ IF와 RIGHT 함수 사용

	A	B	C	D	E	F
1			사내 서클회원 현황			
2	사원번호	사원명	부서	구내번호	직책	
3	9901S	고상수	영업부	101		
4	9603G	정진호	홍보부	203		
5	9211P	장영자	기획부	302		
6	9005P	안경자	홍보부	202		
7	9508G	조호철	기획부	303		
8	9804S	김성식	총무부	402		
9	9907S	이미나	영업부	103		
10	9403G	장철진	영업부	102		
11						

▲ 'RIGHT(예제)' 시트

정답 [E3] 셀에 「=IF(RIGHT(A3,1)="P","부장",IF(RIGHT(A3,1)="G","과장","사원"))」를 입력하고 [E10] 셀까지 수식 복사

04 영문자의 소문자(LOWER)로 변환하자.

형식	=LOWER(문자열)	
사용방법	=LOWER("YOUNGJIN")	youngjin

'...을'[B3:B5]에 표시되어 있는 영문 대문자를 소문자로 바꾸어 [C3:C5]에 표시하시오.

▶ LOWER 함수 사용

	A	B	C	D	E
1		원고 수정내용			
2	페이지	...을	...으로	비고	
3	23	(PAPERLESS)		위에서 3째줄	
4	46	(E-MAIL)		위에서 9째줄	
5	73	HTTP://WWW.		위에서 5째줄	
6					

▲ 'LOWER(예제)' 시트

정답 '...으로'[C3] 셀에 「=LOWER(B3)」를 입력하고 [C5] 셀까지 수식 복사

05 영문자의 대문자(UPPER)로 변환하자.

형식	=UPPER(문자열)	
사용방법	=UPPER("youngjin")	YOUNGJIN

초과강의명[A2:A5]을 이용하여 강의기호[B2:B5]를 구하시오.

▶ 강의기호는 초과강의명 뒤의 4 글자를 뺀 나머지이며, 대문자로 표기
▶ UPPER, LEFT, LEN 함수 사용

	A	B	C
1	초과강의명	강의기호	
2	asp(공개강의)_WEB		
3	Jsp(재수강)_WEB		
4	cgi(교양)_WEB		
5	nsapi/isapi_ASP		
6			

▲ 'UPPER(예제)' 시트

정답 [B2] 셀에 「=UPPER(LEFT(A2,LEN(A2)-4))」를 입력하고 [B5] 셀까지 수식 복사

함수 설명
LEN 함수는 [A2] 셀의 텍스트를 세워서 개수를 구하는 함수이다.

06 영문자의 첫 글자만 대문자(PROPER)로 변환하자.

형식	=PROPER(문자열)	
사용방법	=PROPER("youngjin")	Youngjin

① 현재[B3:B5]에 표시되어 있는 영문자의 첫글자만 대문자가 되도록 수정[C3:C5]에 표시하시오.

▶ PROPER 함수 사용

	A	B	C	D	E
1	영어단어 교정				
2	시트 번호	현재	수정	비고	
3	Sheet1	average		표2	
4	Sheet2	total		표7	
5	Sheet3	sum		표12	
6					

▲ 'PROPER1(예제)' 시트

정답 [C3] 셀에 「=PROPER(B3)」를 입력하고 [C5] 셀까지 수식 복사

② [표1]에서 팀명[B3:B8]에 대해 전체 문자를 대문자로 변환하고, 국가[C3:C8]에 대해 첫 문자를 대문자로 변환하여 팀명(국가)[D3:D8]에 표시하시오.

▶ [표시 예 : 팀명이 'star', 국가가 'korea'인 경우 'STAR(Korea)'로 표시]
▶ UPPER와 & 연산자, PROPER 함수 이용

	A	B	C	D	E
1	[표1] 세계 클럽컵 축구대회				
2	순위	팀명	국가	팀명(국가)	
3	1	susung	korea		
4	2	baroserona	spain		
5	3	chelsy	england		
6	4	roma	italy		
7	5	hoven	netherlands		
8	6	isac	france		
9					

▲ 'PROPER2(예제)' 시트

정답 [D3] 셀에 「=UPPER(B3)&"("&PROPER(C3)&")"」를 입력하고 [D8] 셀까지 수식 복사

07 텍스트 값에서 다른 텍스트 값(FIND)을 찾자. (대/소문자 구분)

형식	=FIND(찾을 텍스트, 찾을 텍스트를 포함한 텍스트)	
사용방법	=FIND("X","EXCEL")	2

Beauty news[A3:A8]에서 쉼표(,) 앞에 있는 글자만을 추출하여 회사명[B3:B8]에 표시하시오.

▶ MID, FIND 함수 사용

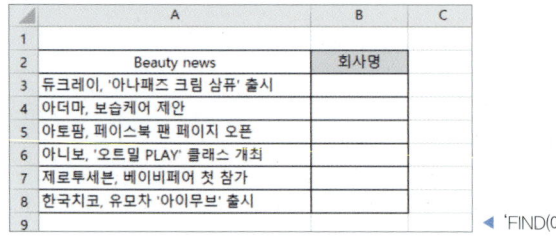

◀ 'FIND(예제)' 시트

정답 [B3] 셀에 「=MID(A3,1,FIND(",",A3)-1)」를 입력하고 [B8] 셀까지 수식 복사

08 텍스트 값에서 다른 텍스트 값(SEARCH)을 찾아 시작 위치를 구하자. (대/소문자 구분 안 함)

형식	=SEARCH(찾을 텍스트, 찾을 텍스트를 포함한 텍스트)	
사용방법	=SEARCH("N","printer")	4

엄마표 백일상 차리기[A3:A9]에서 공백( ) 앞에 있는 글자만을 추출하여 회사명[B3:B9]에 표시하시오.

▶ LEFT, SEARCH 함수 사용

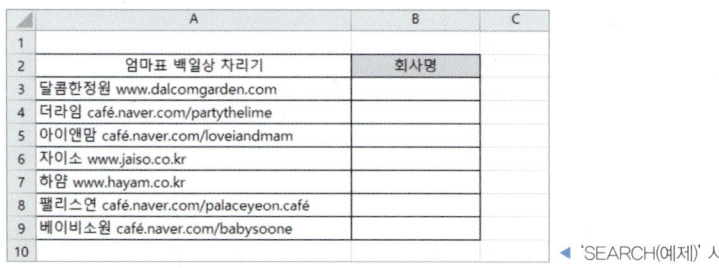

◀ 'SEARCH(예제)' 시트

정답 [B3] 셀에 「=LEFT(A3,SEARCH(" ",A3)-1)」를 입력하고 [B9] 셀까지 수식 복사

수학과 삼각 함수(수학과 삼각.xlsx 파일 이용)

01 총합(SUM)을 구하자.

형식	=SUM(수치1, 수치2, ...)	
사용방법	=SUM(10,20,30)	60

① 각 지점의 재고수량[D4:D10]을 누계하여 재고누계[E4:E10]에 표시하시오.

▶ SUM, SUMIF, DSUM 중 알맞은 함수를 선택하여 사용

	A	B	C	D	E	F
1			지점별 재고 현황			
2					단위: 대	
3	지점	매입수량	판매수량	재고수량	재고누계	
4	부산	3,382	3,299	83		
5	영등포	2,290	1,567	723		
6	강북	3,457	3,420	37		
7	강서	1,578	1,578	-		
8	강동	2,106	2,000	106		
9	강남	4,250	4,239	11		
10	광주	2,350	2,278	72		
11						

▲ 'SUM1(예제)' 시트

정답 [E4] 셀에 「=SUM($D$4:D4)」를 입력하고 [E10] 셀까지 수식 복사

② 필기 시험 평가에서 영어[B3:B10], 전산[C3:C10], 상식[D3:D10]의 세 과목합계가 270 이상이면 '우수상', 그 외에는 공란으로 평가[E3:E10]에 표시하시오.

▶ IF와 SUM 함수 사용

	A	B	C	D	E	F
1	필기 시험 평가					
2	성명	영어	전산	상식	평가	
3	장혁준	75	86	85		
4	이선돌	92	89	94		
5	민영호	50	98	90		
6	곽태우	55	90	95		
7	전준호	65	85	70		
8	박태식	75	65	40		
9	차만석	86	100	95		
10	이미자	85	68	98		
11						

▲ 'SUM2(예제)' 시트

정답 [E3] 셀에 「=IF(SUM(B3:D3)>=270,"우수상","")」를 입력하고 [E10] 셀까지 수식 복사

③ 상식[C3:C11]과 영어[D3:D11]의 합이 140 이상이고 컴퓨터[E3:E11]가 80 이상이면 "합격", 이외에는 공백을 결과[F3:F11]에 표시하시오.

▶ IF, SUM, AND 함수 사용

사원번호	사원명	상식	영어	컴퓨터	결과
	승진 시험 결과				
100321	김민호	86	87	50	
113574	유옥영	64	76	77	
103893	문보람	92	93	98	
129647	박훈규	75	71	83	
112365	김진희	53	67	71	
124573	최대건	69	86	88	
106987	정태회	69	54	81	
100638	이해윤	84	83	89	
116845	우정승	92	91	90	

▲ 'SUM3(예제)' 시트

정답 [F3] 셀에 「=IF(AND(SUM(C3:D3)>=140,E3>=80),"합격","")」를 입력하고 [F11] 셀까지 수식 복사

02 반올림(ROUND)을 하자.

형식	=ROUND(수치, 자릿수)			
사용방법	=ROUND(3.14156,2)	3.14	=ROUND(1567,-2)	1600

① 측정치[B4:B8]을 소수점 둘째 자리까지 나타나도록 조정하여 조정 측정치[C4:C8]에 표시하시오.

▶ ROUND, ROUNDDOWN, ROUNDUP 함수 중 알맞은 함수를 이용
▶ 단, 소수점 이하 3번째 자리에서 반올림함 [표시 예 : 6.35479 → 6.35]

조사시기	측정치	조정 측정치
서울 산성비(Ph) 측정 현황		
2026. 6	6.35479	
2026. 5	6.213459	
2026. 4	6.285789	
2026. 3	5.784565	
2026. 2	6.012423	

▲ 'ROUND1(예제)' 시트

정답 [C4] 셀에 「=ROUND(B4,2)」를 입력하고 [C8] 셀까지 수식 복사

② '출신고'가 '우주고'인 학생들의 종합[E3:E12] 점수의 평균을 구하여 [C15]에 표시하시오.
▶ 우주고 종합은 소수점 이하 둘째 자리에서 반올림하여 표시하시오. [표시 예 : 64.66 → 64.7]
▶ ROUND와 DAVERAGE 함수 사용

	A	B	C	D	E	F
1	경시대회 성적					
2	성명	출신고	필기	실기	종합	
3	고영인	우주고	77	97	87	
4	성수영	대한고	77	89	83	
5	은혜영	상공고	56	76	66	
6	남민철	대한고	88	80	84	
7	구정철	우주고	88	93	90.5	
8	박대철	우주고	91	67	79	
9	전소영	상공고	85	56	70.5	
10	여혜경	우주고	76	89	82.5	
11	기민해	대한고	34	90	62	
12	변진철	상공고	59	91	75	
13						
14			우주고 종합 평균			
15						
16						

▲ 'ROUND2(예제)' 시트

정답 [C15] 셀에 「=ROUND(DAVERAGE(A2:E12,E2,B2:B3),1)」를 입력

03 올림(ROUNDUP)을 하자.

형식	=ROUNDUP(수치, 자릿수)			
사용방법	=ROUNDUP(3.14156,2)	3.15	=ROUNDUP(1567,-2)	1600

품목[A3:A8]이 '세탁기'인 자료의 매출액[D3:D8]의 합계를 구하여 [E5] 셀에 표시하시오.
▶ 세탁기 품목의 매출액합계는 백 단위에서 올림하여 천 단위까지 표기 [표시 예 : 124,780 → 125,000]
▶ DSUM과 ROUNDUP 함수 사용

	A	B	C	D	E	F	G	H
1	가전제품 판매현황							
2	품목	수량	단가	매출액				
3	세탁기	15	1,575	23,625				
4	DVD 재생	20	3,287	65,740	세탁기 품목의 매출액합계			
5	냉장고	13	1,795	23,335				
6	DVD 재생	18	3,687	66,366				
7	세탁기	11	2,874	31,614				
8	세탁기	15	12,959	194,385				
9								

▲ 'ROUNDUP(예제)' 시트

정답 [E5] 셀에 「=ROUNDUP(DSUM(A2:D8,D2,A2:A3),-3)」를 입력

04 내림(ROUNDDOWN)을 하자.

형식	=ROUNDDOWN(수치, 자릿수)			
사용방법	=ROUNDDOWN(3.14156,2)	3.14	=ROUNDDOWN(1567,-2)	1500

총지급액[D4:D9]을 다음과 같이 조정하여 조정지급액[E4:E9]에 표시하시오.

▶ 천 단위 미만은 내림하여 표시할 것 [표시 예 : 521,663 → 521,000]
▶ ROUND, ROUNDUP, ROUNDDOWN 중 알맞은 함수를 이용

	A	B	C	D	E	F
1		휴가비 지급 내역서				
2					(단위:원)	
3	사원명	휴가비	특별휴가비	총지급액	조정지급액	
4	김성원	234,543	33,345	267,888		
5	최지성	455,654	65,655	521,309		
6	노재성	576,767	56,565	633,332		
7	성지영	565,454	57,678	623,132		
8	피천동	787,897	76,766	864,663		
9	심양섭	788,877	78,787	867,664		
10						

▲ 'ROUNDDOWN(예제)' 시트

정답 [E4] 셀에 「=ROUNDDOWN(D4,-3)」를 입력하고 [E9] 셀까지 수식 복사

05 조건에 맞는 값의 총합(SUMIF)을 구하자.

형식	=SUMIF(범위, 검색조건, 합계범위)	
사용방법	=SUMIF(A1:A10,">=40",C1:C10)	[A1:A10] 영역의 수치에서 40 이상의 데이터가 있는 경우에 [C1:C10]에 대응하는 곳에 있는 데이터의 합계를 구함

① 경력[C3:C7]이 10년 이상 되는 사원의 수당[D3:D7]의 합을 [D8]에 구하시오.

▶ SUMIF, COUNTIF 중 알맞은 함수를 선택하여 사용

	A	B	C	D	E
1		사원 현황			
2		이름	경력	수당	
3		이민호	17	100,000	
4		최창수	10	60,000	
5		박지은	15	80,000	
6		연지연	2	20,000	
7		한상호	5	40,000	
8		10년 이상 사원 수당 합			
9					

▲ 'SUMIF1(예제)' 시트

정답 [D8] 셀에 「=SUMIF(C2:C7,">=10",D2:D7)」를 입력

② A-Market, B-Market의 가격차이[D2:D7]가 0보다 작은 A-Market의 상품의 가격합계를 [F7] 셀에 표시하시오.

▶ SUMIF, COUNTIF 중 알맞은 함수 사용

	A	B	C	D	E	F	G
1	상품	A-Market	B-Market	가격차이			
2	어린이바스	5,490	4,980	510			
3	바디클린저	6,470	5,100	1,370			
4	헤어샴프	5,520	5,100	420			
5	선크림	6,500	7,400	-900			
6	풋케어1	5,200	4,800	400		A-Market	
7	핸드케어	4,800	5,200	-400			
8							

▲ 'SUMIF2(예제)' 시트

정답 [F7] 셀에 「=SUMIF(D2:D7,"<0",B2:B7)」를 입력

③ 판매금액[D3:D15]을 이용하여 서점별 판매금액 합계를 [D17:D19] 영역에 표시하시오.

▶ 판매금액 합계의 십의 자리는 올림하여 표시하시오. [표시 예 : 905,994 → 906,000]
▶ ROUNDUP와 SUMIF 함수 사용

	A	B	C	D	E
1	도서 거래 현황				
2	서점명	출고단가	거래량	판매금액	
3	세종서점	5763	15	86,445	
4	상공문고	4567	21	95,907	
5	대한서적	4532	16	72,512	
6	대한서적	6231	17	105,927	
7	세종서점	6520	18	117,360	
8	상공문고	9870	32	315,840	
9	세종서점	7450	25	186,250	
10	대한서적	6543	18	117,774	
11	상공문고	6289	23	144,647	
12	대한서적	5546	23	127,558	
13	세종서점	6800	25	170,000	
14	대한서적	8700	25	217,500	
15	상공문고	7600	46	349,600	
16					
17		상공문고 판매금액 합계			
18		세종서점 판매금액 합계			
19		대한서적 판매금액 합계			
20					

▲ 'SUMIF3(예제)' 시트

정답 [D17] 셀에 「=ROUNDUP(SUMIF($A$3:$A$15,B17,$D$3:$D$15),-2)」를 입력하고 [D19] 셀까지 수식 복사
※ [B17], [C17], [D17] 셀은 셀 서식을 이용하여 '판매금액 합계'가 표시되어 있음

④ 집행금액이 200,000 이상 300,000 미만인 금액의 총합을 구하여 [D3] 셀에 표시하시오.

▶ SUMIF 함수 사용

	A	B	C	D	E	F	G
1		대출금 집행내역					
2	이름	날짜	집행금액	200000~300000원 집행금액의 합계			
3	김미라	04월 02일	250,000				
4	강은철	04월 05일	345,000				
5	고아라	04월 08일	705,000				
6	김성일	04월 15일	120,000				
7	감우성	04월 17일	234,000				
8	오빈나	04월 21일	123,500				
9	김시은	04월 28일	258,000				
10							

▲ 'SUMIF4(예제)' 시트

정답 [D3] 셀에 「=SUMIF(C3:C9,">=200000",C3:C9)-SUMIF(C3:C9,">=300000",C3:C9)」를 입력 또는 [D3] 셀에 「=SUMIF(C3:C9,">=200000")-SUMIF(C3:C9,">=300000")」를 입력해도 된다.

06 절대값(ABS)을 구하자.

형 식	=ABS(수치)	
사용방법	=ABS(-2002)	2002 (절대값은 음수와 양수에서 +, -를 뗀 수를 말함)

① '신촌' 소속의 영업평가의 합계와 '종로' 소속의 영업평가의 합계의 차이를 구하여 [B15] 셀에 절대값으로 표시하시오.

▶ ABS와 SUMIF 함수 사용

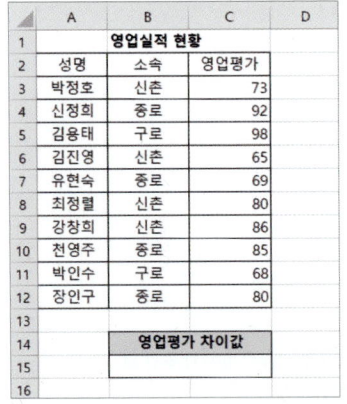

◀ 'ABS1(예제)' 시트

정답 [B15] 셀에 「=ABS(SUMIF(B3:B12,"신촌",C3:C12)-SUMIF(B3:B12,"종로",C3:C12))」를 입력

② 판매점[A3:A9]이 '중구'인 냉장고[B3:B9]의 최대수량에서 판매점[A3:A9]이 '중구'인 세탁기[D3:D9]의 최소수량의 차이를 구하여 [A12] 셀에 표시하시오.

▶ 중구지점의 냉장고 최대수량과 중구지점의 세탁기 최소수량의 차이는 항상 양수 값을 갖도록 계산
▶ ABS, DMAX, DMIN 함수 사용

	A	B	C	D	E	F	G
1	매출 판매 수량 집계				(단위 : 대)		
2	판매점	냉장고	홈시어터	세탁기	합계		
3	중구	78	86	75	239		
4	동구	85	86	95	266		
5	중구	98	78	98	274		
6	북구	100	95	98	293		
7	동구	85	75	75	235		
8	중구	100	95	98	293		
9	북구	85	75	75	235		
10							
11	중구지점의 냉장고 최대수량과 중구지점의 세탁기 최소수량의 차이						
12							
13							

◀ 'ABS2(예제)' 시트

정답 [A12] 셀에 「=ABS(DMAX(A2:E9,B2,A2:A3)-DMIN(A2:E9,D2,A2:A3))」를 입력

07 나눗셈의 나머지(MOD)를 구하자.

형식	=MOD(수치, 나누는 수)	
사용방법	=MOD(10,3)	1

① 각 품목의 생산량[B2:B6]을 상자당 개수[C2:C6]에 맞추어 상자에 담아 출하시키고 남은 나머지[D2:D6]를 표시하시오.

▶ MOD, MODE.SNGL, INT 중 알맞은 함수를 선택하여 사용

	A	B	C	D	E
1	품목	생산량	상자당 개수	나머지	
2	사과	250	24		
3	배	170	16		
4	복숭아	330	30		
5	오렌지	290	17		
6	감	560	34		
7					

▲ 'MOD1(예제)' 시트

정답 [D2] 셀에 「=MOD(B2,C2)」를 입력하고 [D6] 셀까지 수식 복사

② 세대수[B3:B11]의 숫자가 짝수이면 짝수, 홀수이면 홀수라고 짝홀수[C3:C11]에 표시하시오.
▶ IF와 MOD 함수 사용

	A	B	C	D
1	지역별 세대수 현황			
2	지역	세대수	짝홀수	
3	경기도	253,875		
4	강원도	150,770		
5	충청북도	159,441		
6	충청남도	270,016		
7	전라북도	269,507		
8	전라남도	408,708		
9	경상북도	405,806		
10	경상남도	355,713		
11	제주도	48,996		

▲ 'MOD2(예제)' 시트

정답 [C3] 셀에 「=IF(MOD(B3,2)=0,"짝수","홀수")」를 입력하고 [C11] 셀까지 수식 복사

③ 차량번호[A4:A8]를 이용하여 차량 5부제를 실시하려 한다. 차량번호의 끝자리가 1과 6인 경우 '월', 2와 7인 경우 '화', 3과 8인 경우 '수', 4와 9인 경우 '목', 5와 0인 경우 '금'으로 쉬는날[C4:C8] 영역에 표시하시오.
▶ IF, MOD, RIGHT 함수 사용

	A	B	C	D
1	차량 5부제			
2				
3	차량번호	차종	쉬는날	
4	70조2855	카니발		
5	43러2908	마티즈		
6	01저4047	체어맨		
7	65라2564	로체		
8	55아2093	에스엠3		

▲ 'MOD3(예제)' 시트

정답 [C4] 셀에 「=IF(MOD(RIGHT(A4,1),5)=1,"월",IF(MOD(RIGHT(A4,1),5)=2,"화",IF(MOD(RIGHT(A4,1),5)=3,"수",IF(MOD(RIGHT(A4,1),5)=4,"목","금"))))」를 입력하고 [C8] 셀까지 수식 복사

08 수치를 넘지 않는 최대 정수(INT)를 구하자.

형식	=INT(수치)			
사용방법	=INT(3.14156)	3	=INT(-10.8)	-11
	양의 값은 같은 값을 산출, 음의 값에서는 INT(수치)=TRUNC(수치) -1			

① 건구온도와 습구온도를 이용하여, 불쾌지수[D3:D9]를 표시하시오.
▶ 불쾌지수 = (건구온도 + 습구온도) × 0.72 + 40.6
▶ 불쾌지수는 정수로 표시하시오. [표시 예 : 66.736 → 66]
▶ ABS, INT, FACT, RAND, PI 중 알맞은 함수 사용

	A	B	C	D	E
1					
2	일자	건구온도	습구온도	불쾌지수	
3	08월 15일	30.4	30		
4	08월 16일	29.6	45		
5	08월 17일	28.7	32		
6	08월 18일	26.3	10		
7	08월 19일	26.7	15		
8	08월 20일	25	20		
9	08월 21일	23.1	30		

▲ 'INT1(예제)' 시트

정답 [D3] 셀에 「=INT((B3+C3)*0.72+40.6)」를 입력하고 [D9] 셀까지 수식 복사

② 각 창고에 저장되어 있는 총저장량[C3:C9]을 일일사용량[D3:D9]씩 사용할 경우 사용일수와 나머지를 사용일[E3:E9]에 계산하시오.
- ▶ 사용일수와 나머지 표시 방법 : 사용일수가 15일이고 나머지가 8인 경우 "15일(8남음)"으로 표시
- ▶ MOD, INT 함수와 & 연산자 사용

	A	B	C	D	E	F
1		창고별 사용현황				
2	구분	지역	총저장량	일일사용량	사용일	
3	1창고	안산	5,000	24		
4	2창고	화성	5,500	32		
5	3창고	수원	3,500	18		
6	4창고	평택	4,000	26		
7	5창고	안성	4,500	17		
8	6창고	의왕	5,000	22		
9	7창고	용인	4,000	24		
10						

▲ 'INT2(예제)' 시트

정답 [E3] 셀에 「=INT(C3/D3)&"일("&MOD(C3,D3)&"남음)"」를 입력하고 [E9] 셀까지 수식 복사

09 소수점 아래를 버린 정수(TRUNC)를 구하자.

형식	=TRUNC(수치, [자리수])			
사용방법	=TRUNC(3.14156)	3	=TRUNC(-10,8)	-10

각 학생들의 중간, 수행, 기말 점수에 대한 평균을 구하여 평균[E3:E9]에 표시하시오.
- ▶ 반올림 없이 소수 이하 첫째자리까지 표시하시오. [표시 예 : 94.37 → 94.3]
- ▶ AVERAGE와 TRUNC 함수 사용

	A	B	C	D	E	F
1	1학기 국어 성적					
2	성명	중간	수행	기말	평균	
3	김정훈	78.45	45.78	87.23		
4	오석현	88.79	87.34	90.45		
5	이영선	92.45	80.23	78.23		
6	임현재	88.45	77.54	98.56		
7	남정왕	88.66	89.12	89.54		
8	고문섭	90	90.23	77.45		
9	라동훈	48.54	94.35	67.79		
10						

◀ 'TRUNC(예제)' 시트

정답 [E3] 셀에 「=TRUNC(AVERAGE(B3:D3),1)」를 입력하고 [E9] 셀까지 수식 복사

❿ 여러 조건을 만족하는 셀(SUMIFS)을 더하자.

형식	=SUMIFS(합계를 구할 범위, 조건 범위1, 조건1, 조건 범위2, 조건2, …)	
사용방법	=SUMIFS(A1:A20, B1:B20, ">0", C1:C20, "<10")	[B1:B20] 영역의 숫자가 0보다 크고, [C1:C20] 영역의 숫자가 10보다 작은 경우에 [A1:A20] 영역에서 합계를 구함

① 분류는 '스킨케어'이고, 브랜드는 '에뛰드하우스'인 가격의 합계를 구하여 [C15] 셀에 표시하시오.

▶ SUMIFS 함수 사용

	A	B	C	D	E
1					
2	분류	브랜드	제품명	가격	
3	스킨케어	스킨푸드	블랙슈가 마스크 워시오프	7,700	
4	메이크업	바닐라코	스파클링 나이트 팔레트	28,000	
5	스킨케어	에뛰드하우스	리얼 아트 클렌징 오일 모이스처	12,800	
6	스킨케어	토니모리	인텐스 듀얼 이펙트 슬리핑팩	15,800	
7	스킨케어	이니스프리	에코사이언스 링클스팟 에센스	33,000	
8	메이크업	스킨푸드	생과일 립 앤 치크	6,000	
9	스킨케어	에뛰드하우스	수분 가득 콜라겐 퍼스트 원액 에센스	15,000	
10	베이스 메이크업	이니스프리	미네랄 멜팅 파운데이션	12,000	
11	베이스 메이크업	바닐라코	프라임 프라이머 클래식	18,000	
12	스킨케어	쏘내추럴	라이트 에너자이징 페이셜 트리트먼트 오일	24,000	
13					
14	분류	브랜드	가격		
15	스킨케어	에뛰드하우스			
16					

◀ 'SUMIFS1(예제)' 시트

정답 [C15] 셀에 「=SUMIFS(D3:D12,A3:A12,A15,B3:B12,B15)」를 입력

② 성별[B3:B10]이 "여"이면서 지역[C3:C10]이 "인천"인 사원들의 판매금액[D3:D10] 합계를 [D11] 셀에 계산하시오.

▶ COUNTIFS, SUMIFS, AVERAGEIFS 함수 중 알맞은 함수 사용

	A	B	C	D	E
1		제품 판매 현황			
2	사원명	성별	지역	판매금액	
3	신병훈	남	서울	1,250,000	
4	김민서	여	인천	1,000,000	
5	김대현	남	인천	1,340,000	
6	정회식	남	인천	1,090,000	
7	지성미	여	서울	1,290,000	
8	최미경	여	서울	1,150,000	
9	황진주	여	인천	1,320,000	
10	장세용	남	서울	1,330,000	
11	인천지역 여사원 판매금액 합계				
12					

▲ 'SUMIFS2(예제)' 시트

정답 [D11] 셀에 「=SUMIFS(D3:D10,B3:B10,"여",C3:C10,"인천")」를 입력

찾기와 참조 함수(찾기와 참조.xlsx 파일 이용)

01 HLOOKUP 함수로 열의 셀 값을 구하자.

정 의	범위의 첫 행을 검색하여 지정한 행에서 해당하는 열의 셀 값을 구한다.
형 식	=HLOOKUP(검색값, 범위, 행번호, [검색유형]) 옵션 검색유형 • TRUE(=생략) : 일치하는 값이 없을 경우 값 미만의 최대값을 검색 • FALSE(=0) : 일치하는 값이 없을 경우 #N/A 에러를 발생
사용방법	=HLOOKUP("123",A1:F3,2) [A1:F3] 영역의 1행에서 "123"을 찾아 2행에서 같은 열에 있는 값을 나타냄

① 진료코드[C3:C9]와 진료코드표[A12:E14]를 이용하여 진료과목[E3:E9]을 구하시오.
  ▶ VLOOKUP, HLOOKUP, CHOOSE 중 알맞은 함수를 선택하여 사용

	A	B	C	D	E	F
1		환자진료현황				
2	초진일	재진일	진료코드	환자명	진료과목	
3	01월 12일	01월 25일	NE	조성진		
4	01월 13일	02월 14일	IT	박성희		
5	01월 14일	01월 20일	PE	도명준		
6	01월 15일	03월 06일	SU	장영호		
7	01월 16일	02월 26일	IT	정승환		
8	01월 17일	04월 24일	NE	김가영		
9	01월 18일	02월 11일	PE	서영철		
10						
11	<진료코드표>					
12	진료코드	PE	IT	SU	NE	
13	담당의사	김영희	나준길	최만영	조수진	
14	진료과목	소아과	내과	외과	신경과	
15						

▲ 'HLOOKUP1(예제)' 시트

정답 [E3] 셀에 「=HLOOKUP(C3,$A$12:$E$14,3,FALSE)」를 입력하고 [E9] 셀까지 수식 복사

② 대출 기준표[B12:E13]를 이용하여 연봉[B3:B9]에 따른 대출가능액[C3:C9]을 표시하시오.

- 연봉이 5000 이상이면 대출가능액이 2000, 4000 이상 5000 미만이면 1500, 3000 이상 4000 미만이면 1000, 1000 이상 3000 미만이면 200
- HLOOKUP 함수 사용

	A	B	C	D	E	F
1	대출가능액		(단위:만 원)			
2	이름	연봉	대출가능액			
3	이세창	4,000				
4	김은정	2,000				
5	최은철	1,000				
6	김성실	3,000				
7	고성현	5,000				
8	이은성	4,000				
9	김희도	3,000				
10						
11	대출 기준표					
12	연봉	1,000	3,000	4,000	5,000	
13	대출가능액	200	1,000	1,500	2,000	
14						

▲ 'HLOOKUP2(예제)' 시트

정답 [C3] 셀에 「=HLOOKUP(B3,$B$12:$E$13,2)」를 입력하고 [C9] 셀까지 수식 복사

③ 제품코드[A3:A6]와 제품별 단가표[A9:E10]를 이용하여 제품별 판매금액[D3:D6]을 구하시오.

- 판매금액 = 판매수량 × 판매단가
- 판매단가는 제품코드의 왼쪽 첫 번째 글자와 제품별 단가표의 제품기호[B9:E9]를 참조
- HLOOKUP와 LEFT 함수 사용

	A	B	C	D	E	F
1	가전 제품 판매 현황					
2	제품코드	제품명	판매수량	판매금액		
3	S-1289	냉장고	5			
4	K-3456	TV	35			
5	H-1234	컴퓨터	120			
6	U-5647	VTR	12			
7						
8			제품별 단가표			
9	제품기호	H	K	S	U	
10	판매단가	887,000	463,000	785,000	346,000	
11						

▲ 'HLOOKUP3(예제)' 시트

정답 [D3] 셀에 「=C3*HLOOKUP(LEFT(A3,1),$B$9:$E$10,2,0)」를 입력하고 [D6] 셀까지 수식 복사

02 VLOOKUP 함수로 행의 셀 값을 구하자.

정의	범위의 첫 열을 검색하여 지정한 열에서 해당하는 행의 셀 값을 구한다.
형식	=VLOOKUP(검색값, 범위, 열번호, [검색유형]) 옵션 검색유형 • TRUE(=생략) : 일치하는 값이 없을 경우 값 미만의 최대값을 검색 • FALSE(=0) : 일치하는 값이 없을 때는 #N/A 에러를 발생
사용방법	=VLOOKUP("123",A1:F3,2) — [A1:F3] 영역의 A열에서 "123"을 찾아 2열에서 같은 행에 있는 값을 나타냄

① 면접등급[C3:C10]과 면접등록표[G4:H8]를 이용하여 평가점수[E3:E10]를 구하시오.
  ▶ 평가점수 = 평점 + 필기점수
  ▶ HLOOKUP, VLOOKUP, INDEX 함수 중 알맞은 함수를 선택하여 사용

	A	B	C	D	E	F	G	H	I
1	입사 지원자 현황								
2	성명	부서	면접등급	필기점수	평가점수		<면접등급표>		
3	김한국	영업부	A	45			면접등급	평점	
4	정미애	영업부	B	25			A	50	
5	박진만	총무부	B	40			B	40	
6	강현태	총무부	A	30			C	30	
7	강수정	영업부	E	25			D	20	
8	최현우	총무부	D	30			E	10	
9	박미정	영업부	D	36					
10	안혁진	영업부	C	42					
11									

▲ 'VLOOKUP1(예제)' 시트

정답 [E3] 셀에 「=VLOOKUP(C3,$G$4:$H$8,2,FALSE)+D3」을 입력하고 [E10] 셀까지 수식 복사

② 등록번호[C3:C8]와 학교코드표[F3:G8]를 이용하여 출신학교[D3:D8]를 표시하시오.
  ▶ 학교코드는 등록번호의 왼쪽의 두 번째 문자를 이용하여 계산
  ▶ MID와 VLOOKUP 함수 사용

	A	B	C	D	E	F	G	H
1	대한고 신입생 지원 현황					학교코드표		
2	접수번호	성명	등록번호	출신학교		학교코드	학교명	
3	1	김민찬	123			1	상계중	
4	2	홍길동	148			2	동호중	
5	3	안국현	157			3	명성중	
6	4	도지원	116			4	성동여중	
7	5	박수영	139			5	상공중	
8	6	이덕철	161			6	대한중	
9								

▲ 'VLOOKUP2(예제)' 시트

정답 [D3] 셀에 「=VLOOKUP(MID(C3,2,1),$F$3:$G$8,2,0)」를 입력하고 [D8] 셀까지 수식 복사

03 리스트에서 값을 선택(CHOOSE)하자.

형식	=CHOOSE(인덱스번호, 값1, 값2, ...)	
사용방법	=CHOOSE(2,"월","화","수")	"화" (2번째에 해당하는 값)

① 사원코드[A3:A11]의 오른쪽 끝 문자가 '1'이면 '영업부', '2'이면 '인사부', '3'이면 '총무부', '4'이면 '기획부'로 소속부서[D3:D11]에 표시하시오.

▶ CHOOSE와 RIGHT 함수 사용

	A	B	C	D	E
1	상공전자 사원 현황				
2	사원코드	성명	근무년수	소속부서	
3	H203-1	이지원	12		
4	K102-2	나오미	13		
5	B333-3	권경애	8		
6	D104-2	강수영	15		
7	F405-3	나우선	19		
8	G306-4	임철수	28		
9	H203-1	이미지	18		
10	G408-4	진주여	21		
11	M109-3	방대현	18		
12					

▲ 'CHOOSE1(예제)' 시트

정답 [D3] 셀에 「=CHOOSE(RIGHT(A3,1),"영업부","인사부","총무부","기획부")」를 입력하고 [D11] 셀까지 수식 복사

② 승진시험[C3:C10]에 대한 순위를 구하여 1-2위는 '승진', 3-4위는 '보너스', 5-8위는 '현상유지'로 결과[D3:D10]에 표시하시오.

▶ CHOOSE와 RANK.EQ 함수 사용
▶ 순위는 승진시험 성적이 높을수록 1순위

	A	B	C	D	E
1		인사기록표			
2	사원번호	사원명	승진시험	결과	
3	251011	권미숙	86		
4	252123	박정현	78		
5	253012	장동수	96		
6	254103	이인균	74		
7	252012	윤선화	80		
8	251023	주성권	92		
9	251024	양정현	68		
10	251025	한효숙	90		
11					

▲ 'CHOOSE2(예제)' 시트

정답 [D3] 셀에 「=CHOOSE(RANK.EQ(C3,$C$3:$C$10),"승진","승진","보너스","보너스","현상유지","현상유지","현상유지","현상유지")」를 입력하고 [D10] 셀까지 수식 복사

04 셀 범위나 배열(INDEX)에서 참조나 값을 구하자.

형식	=INDEX(범위, 행 번호, 열 번호, [참조 영역 번호])	
사용방법	=INDEX({1,2,3;4,5,6;7,8,9},1,3) $\begin{bmatrix} 1 & 2 & 3 \\ 4 & 5 & 6 \\ 7 & 8 & 9 \end{bmatrix}$ 에서 1행, 3열의 값	3

① 리프트 요금표에서 정회원의 오후권 요금을 찾아서 [H3] 셀에 표시하시오.

▶ INDEX 함수 사용

	A	B	C	D	E	F	G	H	I
1	리프트 요금표								
2	구분	전일권	오전권	오후권	야간권			오후권	
3	콘도회원	30,000	18,000	19,000	15,000		정회원		
4	정회원	45,000	25,000	26,000	23,000				
5	준회원	50,000	30,000	31,000	28,000				
6	비회원	53,000	35,000	37,000	35,000				
7									

▲ 'INDEX1(예제)' 시트

정답 [H3] 셀에 「=INDEX(B3:E6,2,3)」를 입력

② [B3:E6] 영역을 참조하여 출발지(서울)에서 도착지(수원)까지의 택배요금을 계산하여 [E8] 셀에 표시하시오.

▶ INDEX 함수와 MID 함수 사용
▶ 출발지와 도착지의 구분은 ( ) 안의 두 자리 숫자를 이용한다.

	A	B	C	D	E	F
1		수도권 택배 요금표				
2		서울(01)	인천(02)	수원(03)	안양(04)	
3	서울(01)	5000	10000	15000	14000	
4	인천(02)	10000	5000	18000	17000	
5	수원(03)	15000	18000	5000	8000	
6	안양(04)	14000	17000	8000	5000	
7			출발코드	도착코드	요금	
8			서울(01)	수원(03)		
9						

▲ 'INDEX2(예제)' 시트

정답 [E8] 셀에 「=INDEX(B3:E6,MID(C8,4,2),MID(D8,4,2))」를 입력

05 참조의 열 번호를 반환(COLUMN)하자.

형식	=COLUMN(참조)	
사용방법	=COLUMN(C10)	3(C는 세 번째 열)

번호[B4:F4] 영역에 현재 열 번호를 이용하여 1, 2, 3, 4, 5로 표시하시오.

▶ COLUMN 함수 사용

	A	B	C	D	E	F	G
1							
2	아이와 지하철 여행 떠나볼까?						
3							
4	번호						
5	장소	어린이 박물관	뽀로로파크	롯데월드	서울대공원	딸기가 좋아	
6	지하철	4호선 이촌역	1, 2호선 신도림역	2, 8호선 잠실역	4호선 대공원역	8호선 몽촌토성역	
7	테마	무료로 떠나는 체험여행	뽀통령의 품으로	동화 속 나라	동물원 산책하기	친환경 오감체험장	
8							

▲ 'COLUMN(예제)' 시트

정답 [B4] 셀에 「=COLUMN()-1」를 입력하고 [F4] 셀까지 수식 복사

06 참조의 열 수를 반환(COLUMNS)하자.

형 식	=COLUMNS(배열)	
사용방법	=COLUMNS(C1:E4)	3(C, D, E 3개의 열)

07 참조의 행 번호를 반환(ROW)하자.

형 식	=ROW(참조)	
사용방법	=ROW(C10)	10

순서[A7:A10] 영역에 현재 행 번호를 이용하여 1, 2, 3, 4로 표시하시오.

▶ ROW 함수 사용

	A	B	C
1			
2	양배추 파프리카 샐러드		
3			
4	재료 : 양배추 20g, 주황 노랑 파프리카 15g씩, 홍시 30g, 찐 밤 20g		
5			
6	순서	내용	
7		홍시는 숟가락으로 으깨거나 믹서에 간다.	
8		파프리카와 양배추는 다진다.	
9		찐 밤은 속을 파서 으깬다.	
10		볼에 ①~③을 넣고 섞는다.	
11			

▲ 'ROW(예제)' 시트

정답 [A7] 셀에 「=ROW()-6」를 입력하고 [A10] 셀까지 수식을 복사

08 참조의 행 수를 반환(ROWS)하자.

형 식	=ROWS(배열)	
사용방법	=ROWS(C1:E4)	4

통계 함수(통계.xlsx 파일 이용)

01 숫자의 평균값(AVERAGE)을 구하자.

형식	=AVERAGE(수치1, 수치2, …)	
사용방법	=AVERAGE(10,20,30)	20

① 교양[B3:B8], 영어[C3:C8], 컴퓨터[D3:D8] 영역에 대해 평균[B9:D9]을 구하시오.
▶ HOUR, ABS, AVERAGE 중 알맞은 함수를 선택하여 사용

▲ 'AVERAGE1(예제)' 시트

정답 [B9] 셀에 「=AVERAGE(B3:B8)」를 입력하고 [D9] 셀까지 수식 복사

② 개인별 실적 현황에서 1월[C3:C9] 실적이 1월 평균실적 이상이면 '우수', 그렇지 않으면 공란으로 평가 [D3:D9]에 표시하시오.
▶ IF와 AVERAGE 함수 사용

▲ 'AVERAGE2(예제)' 시트

정답 [D3] 셀에 「=IF(C3>=AVERAGE($C$3:$C$9),"우수","")」를 입력하고 [D9] 셀까지 수식 복사

③ 입사 시험 성적에서 서류전형[B3:B11], 필기[C3:C11], 면접[D3:D11]의 점수평균과 선발기준[B14:D15]을 참조하여 결과를 계산하여 [E3:E11] 영역에 표시하시오.

▶ 결과는 서류전형, 필기, 면접의 점수평균이 80 이상이면 '상', 60 이상 80 미만이면 '중', 60 미만이면 '하'로 표시

▶ AVERAGE와 HLOOKUP 함수 사용

	A	B	C	D	E	F
1		입사 시험 성적				
2	성명	서류전형	필기	면접	결과	
3	안도해	92	78	95		
4	임지훈	45	67	88		
5	남성남	76	89	76		
6	오기자	98	92	85		
7	최현도	77	56	72		
8	김미해	86	67	85		
9	유덕철	78	88	68		
10	나도향	92	82	78		
11	태지우	60	60	55		
12						
13			선발기준			
14	점수평균	0	60	80		
15	결과	하	중	상		
16						

▲ 'AVERAGE3(예제)' 시트

정답 [E3] 셀에 「=HLOOKUP(AVERAGE(B3:D3),$B$14:$D$15,2)」를 입력하고 [E11] 셀까지 수식 복사

02 숫자와 문자열, 논리값의 평균(AVERAGEA)을 구하자.

형식	=AVERAGEA(수치1, 수치2, ...)	
사용방법	=AVERAGEA(80,25,45,70,TRUE)	44.2

각 심사관별로 1차 ~ 5차까지의 평가 점수의 평균값[G3:G5]을 계산하시오.

▶ '미실시', '중단'도 평균값 계산에 포함시킬 것

▶ AVERAGEA 함수 사용

	A	B	C	D	E	F	G	H
1			프로젝트-T 심사표					
2	심사관	1차평가	2차평가	3차평가	4차평가	5차평가	평균값	
3	1심사관	8	9	7	미실시	10		
4	2심사관	9	9	8	7	중단		
5	3심사관	7	7	9	7	9		
6								

▲ 'AVERAGEA(예제)' 시트

정답 [G3] 셀에 「=AVERAGEA(B3:F3)」를 입력하고 [G5] 셀까지 수식 복사

03 최대값(MAX)을 구하자.

형식	=MAX(값1, 값2, ...)	
사용방법	=MAX(10,20,30)	30

총점[E3:E9] 중에서 가장 큰 값을 구하여 최고점수[D11]에 표시하시오.

▶ RANK.EQ, MAX, MIN 함수 중 알맞은 함수를 선택하여 사용

	A	B	C	D	E	F
1	경진대회 성적 결과					
2	성명	필기	홈페이지	검색	총점	
3	이광수	97	56	99	252	
4	김동현	67	78	89	234	
5	이상한	70	90	78	238	
6	김정숙	90	92	68	250	
7	한현희	92	45	90	227	
8	정상두	66	96	70	232	
9	황석영	79	90	89	258	
10						
11				최고점수		
12						

▲ 'MAX(예제)' 시트

정답 [D11] 셀에 「=MAX(E3:E9)」를 입력

04 최소값(MIN)을 구하자.

형식	=MIN(값1, 값2, ...)	
사용방법	=MIN(10,20,30)	10

상담개론[B3:B8], 영업실습[C3:C8], 어학[D3:D8] 성적의 최고 점수와 최저 점수의 점수차이를 구하여 [B9:D9]에 표시하시오.

▶ MAX와 MIN 함수 사용

	A	B	C	D	E
1		연수 성적			
2	사원명	상담개론	영업실습	어학	
3	김덕우	77	98	83	
4	남효수	100	88	99	
5	정지용	67	45	77	
6	탁호영	94	76	58	
7	구연아	56	90	34	
8	김미나	82	73	84	
9	점수차이				
10					

▲ 'MAX,MIN(예제)' 시트

정답 [B9] 셀에 「=MAX(B3:B8)-MIN(B3:B8)」를 입력하고 [D9] 셀까지 수식 복사

05 데이터 범위에서 몇 번째 큰 값(LARGE)을 구하자.

형 식	=LARGE(범위, 순위)	
사용방법	=LARGE(A1:A10,3)	[A1:A10] 영역에서 3번째 큰 값을 구함

이용일수[B3:B11] 중에서 4번째로 이용일수가 많은 회원이름을 고객명[C14]에 표시하시오.

▶ VLOOKUP과 LARGE 함수 사용

▲ 'LARGE(예제)' 시트

정답 [C14] 셀에 「=VLOOKUP(LARGE(B3:B11,4),B3:D11,2,FALSE)」를 입력

06 데이터 범위에서 몇 번째 작은 값(SMALL)을 구하자.

형 식	=SMALL(범위, 순위)	
사용방법	=SMALL(A1:A10,2)	[A1:A10] 영역에서 2번째 작은 값을 구함

[B3:E7]에서 세 번째로 큰 점수와 두 번째로 작은 점수의 차이를 [D10] 셀에 구하시오.

▶ MIN, LARGE, SMALL, MAX 중 알맞은 함수 2개를 선택하여 사용

◀ 'SMALL(예제)' 시트

정답 [D10] 셀에 「=LARGE(B3:E7,3)-SMALL(B3:E7,2)」를 입력

07 수치의 순위(RANK.EQ)를 구하자.

형식	RANK.EQ(값, 참조 영역, [순위 결정 방법]) : 참조 영역 중에서 순위를 구함(순위가 같으면 값 집합에서 가장 높은 순위가 반환됨)
	옵션
	• 0 또는 FALSE : 내림차순(가장 큰 값이 1등) – 생략하면 FALSE가 됨
	• 1 또는 TRUE : 오름차순(가장 작은 값이 1등)
	※ 범위는 고정된 영역을 참조해야 하므로 절대 주소 형식을 사용
사용방법	RANK.EQ(D3,$D$3:$D$9) [D3] 셀이 [D3:D9] 영역에서 순위를 구함(공동 1등일 때 둘 다 1로 반환)

① 기말[D3:D9]에 대한 순위를 구하여 1~3위는 '상위권', 4~5위는 '중위권', 6~7위는 '하위권'으로 평가[E3:E9]에 표시하시오.

▶ 순위는 기말점수 중 가장 높은 점수가 1위
▶ IF와 RANK.EQ 함수 사용

	A	B	C	D	E	F
1			기말고사 성적표			
2	학번	출석	중간	기말	평가	
3	202501	8	85	83		
4	202502	9	79	86		
5	202503	10	68	75		
6	202504	7	91	86		
7	202505	9	89	88		
8	202506	10	72	82		
9	202507	7	54	78		
10						

◀ 'RANK1(예제)' 시트

정답 [E3] 셀에 「=IF(RANK.EQ(D3,$D$3:$D$9)<=3,"상위권",IF(RANK.EQ(D3,$D$3:$D$9)<=5,"중위권","하위권"))」를 입력하고 [E9] 셀까지 수식 복사

② 1학년 신체검사표에서 키[C3:C11]에 대한 순위와 좌석기준표[B14:D15]를 이용하여 배정자리[D3:D11]를 구하시오.

▶ 키순위는 키가 작은 사람이 1위
▶ 키순위가 1~3이면 가열, 4~6이면 나열, 7~9이면 다열로 계산
▶ HLOOKUP과 RANK.EQ 함수 사용

	A	B	C	D	E
1	1학년 신체검사표				
2	번호	성명	키	배정자리	
3	30602	오정선	166		
4	30606	정현정	162		
5	30610	김민정	158		
6	30614	장혜련	175		
7	30618	한시연	163		
8	30622	도연탁	168		
9	30626	연기정	172		
10	30630	임덕영	170		
11	30634	안남정	169		
12					
13	좌석기준표				
14	키순위	1	4	7	
15	배정자리	가열	나열	다열	
16					

◀ 'RANK2(예제)' 시트

정답 [D3] 셀에 「=HLOOKUP(RANK.EQ(C3,$C$3:$C$11,1),$B$14:$D$15,2)」를 입력하고 [D11] 셀까지 수식 복사

08 표본의 분산(VAR.S)을 구하자.

형식	=VAR.S(수치1, 수치2, …)	
사용방법	=VAR.S(A1:A5)	[A1:A5] 영역의 분산을 구함

'신체현황'에서 키에 대한 분산을 계산하되 소수 2자리에서 올림하여 소수 1자리로 표시하시오.

▶ VAR.S 함수 사용

	A	B	C
1		신체현황	
2	성명	키	
3	김민수	171	
4	박정호	169	
5	심보미	158	
6	이용재	174	
7	정찬길	175	
8	최소현	160	
9	한송희	161	
10	분산		
11			

▲ 'VAR(예제)' 시트

정답 [B10] 셀에 「=ROUNDUP(VAR.S(B3:B9),1)」를 입력

09 표준편차(STDEV.S)를 구하자.

형식	=STDEV.S(수치1, 수치2,, …)	
사용방법	=STDEV.S(A1:A5)	[A1:A5] 영역의 표준편차를 구함

워드[C4:C8], 스프레드시트[D4:D8], 데이터베이스[E4:E8] 영역에 대해 각각의 표준편차[C9:E9]를 표시하시오.

▶ VAR.S, STDEV.S 함수 중 알맞은 함수를 이용

	A	B	C	D	E	F
1		컴퓨터활용능력 인증 결과				
2						
3		성명	워드	스프레드시트	데이터베이스	
4		이상훈	84	100	68	
5		장도열	77	99	88	
6		강민정	98	77	90	
7		박성식	78	66	95	
8		최만해	67	85	79	
9		표준편차				
10						

▲ 'STDEV(예제)' 시트

정답 [C9] 셀에 「=STDEV.S(C4:C8)」를 입력하고 [E9] 셀까지 수식 복사

⑩ 수치 데이터의 개수(COUNT)를 구하자.

형식	=COUNT(값1, 값2, …)	
사용방법	=COUNT(10,20,30)	3

① 영어점수[C4:C10]을 이용하여 응시 인원수[E4]를 구하시오.

▶ COUNT, ROUND, ABS 함수 중 알맞은 함수를 이용

	A	B	C	D	E	F
1		영어 시험 점수				
2						
3		이름	영어점수		응시 인원수	
4		강인월	90			
5		차영국	100			
6		이미자	85			
7		류장결	70			
8		송태영	95			
9		박상영	65			
10		최현구	80			
11						

▲ 'COUNT1(예제)' 시트

정답 [E4] 셀에 「=COUNT(C4:C10)」를 입력

② 방통대 시험 평가에서 과제물[B3:B13], 중간[C3:C13], 기말[D3:D13]의 점수가 모두 존재하면 '이수완료', 그렇지 않으면 '재수강'으로 평가[E3:E13]에 표시하시오.

▶ IF와 COUNT 함수 사용

	A	B	C	D	E	F
1	방통대 시험 평가					
2	성명	과제물	중간	기말	평가	
3	이천소	78	85	76		
4	김주영	85	85	54		
5	박진영	89		84		
6	위정호	85	78	87		
7	이규병		85	65		
8	현진수	82	96	95		
9	송채영	95	85	75		
10	조기남	45	89			
11	황현남	75	65	84		
12	채진성	52	45	78		
13	박추영	45	45			
14						

▲ 'COUNT2(예제)' 시트

정답 [E3] 셀에 「=IF(COUNT(B3:D3)=3,"이수완료","재수강")」를 입력하고 [E13] 셀까지 수식 복사

⓫ 공백이 아닌 데이터의 개수(COUNTA)를 구하자.

형 식	=COUNTA(값1, 값2, …)	
사용방법	=COUNTA(가,나,다)	3

1일차부터 3일차까지의 기간[B4:D12]을 이용하여 방학 중 연수 기간 동안의 총 결석 횟수를 구하여 [C14] 셀에 표시하시오.

▶ [표시 예 : 3 → 3회]
▶ COUNTA 함수와 & 연산자 이용

	A	B	C	D	E
1	방학 중 연수 참석 현황				
2				(결석표시 : X)	
3	성명	1일차	2일차	3일차	
4	김성호		X	X	
5	고준영				
6	강길자	X			
7	공성수			X	
8	박달자	X			
9	정성실				
10	태진영		X	X	
11	오수영				
12	장영순	X	X	X	
13					
14	연수 기간 중 총결석 횟수				
15					

▲ 'COUNTA(예제)' 시트

정답 [C14] 셀에 「=COUNTA(B4:D12) &"회"」를 입력

⓬ 공백 셀의 개수(COUNTBLANK)를 구하자.

형 식	=COUNTBLANK(범위)	
사용방법	=COUNTBLANK(B3:B10)	[B3:B10] 영역 안에 공백 셀의 개수

① 공통필수, 전공필수, 전공선택 각각의 대금을 미납한 학생의 수를 미납자수[B11:D11]에 표시하시오.

▶ 단, 'O' 표시는 대금을 납부한 것을 의미
▶ COUNTBLANK, COUNT, DCOUNT 중 알맞은 함수를 선택하여 사용

	A	B	C	D	E
1	대금 납부 현황				
2	성명	공통필수	전공필수	전공선택	
3	어동철	O		O	
4	인당수		O		
5	기형도	O		O	
6	안지만	O	O		
7	신호연			O	
8	윤동훈	O	O	O	
9	임미영		O	O	
10	구대성	O		O	
11	미납자수				
12					

◀ 'COUNTBLANK1(예제)' 시트

정답 [B11] 셀에 「=COUNTBLANK(B3:B10)」를 입력하고 [D11] 셀까지 수식 복사

② 1~4회차[B4:E13]까지 출석("○")이 3회 이상이면 "이수", 그렇지 않으면 공백으로 이수여부[F4:F13]에 표시하시오.

▶ IF와 COUNTBLANK 함수 사용

	A	B	C	D	E	F	G
1	교양강좌 이수현황						
2	학번	출석				이수여부	
3		1회차	2회차	3회차	4회차		
4	2025001	○		○	○		
5	2025002	○	○	○	○		
6	2025003	○	○		○		
7	2025004		○				
8	2025005			○	○		
9	2025006	○	○		○		
10	2025007				○		
11	2025008	○		○			
12	2025009	○	○	○			
13	2025010		○	○	○		
14							

▲ 'COUNTBLANK2(예제)' 시트

정답 [F4] 셀에 「=IF(COUNTBLANK(B4:E4)<=1,"이수","")」를 입력하고 [F13] 셀까지 수식 복사

13 조건에 맞는 셀의 개수(COUNTIF)를 구하자.

형식	=COUNTIF(범위, 검색조건)
사용방법	=COUNTIF(A1:A10,"영진")	[A1:A10] 영역에서 "영진" 문자열이 입력된 셀 개수를 구함

① 근무점수[C3:C11]가 70 이상 80 미만인 사람 수를 구하여 [D5] 셀에 표시하시오.

▶ COUNT, COUNTIF, SUMIF 중 알맞은 함수를 선택하여 사용

	A	B	C	D	E	F
1	직원 근무 평가					
2	성명	입사일	근무점수			
3	박정호	2015-06-06	73			
4	신정희	2020-04-01	68	70점대		
5	김용태	2019-05-06	98			
6	김진영	2017-11-01	65			
7	유현숙	2021-01-01	69			
8	최정렬	2018-06-10	80			
9	강창희	2016-09-11	86			
10	천영주	2021-06-10	70			
11	박인수	2022-05-06	68			
12						

▲ 'COUNTIF1(예제)' 시트

정답 [D5] 셀에 「=COUNTIF(C3:C11,"<80")-COUNTIF(C3:C11,"<70")」를 입력하거나 「=COUNTIF(C3:C11,">=70")-COUNTIF(C3:C11,">=80")」을 입력

② '성명'별 '컴퓨터일반', '스프레드시트', '실기' 중 40 미만인 과목이 1개 이상이면 '탈락', 그 이외는 '본선출전'으로 판정[E3:E11]에 표시하시오.

▶ IF와 COUNTIF 함수 사용

	A	B	C	D	E	F
1	컴퓨터 활용 능력 시험					
2	성명	컴퓨터일반	스프레드시트	실기	판정	
3	나영인	45	78	90		
4	김민탁	87	20	90		
5	연제식	98	89	90		
6	강철민	39	89	65		
7	소인영	78	90	34		
8	임인애	70	90	100		
9	보아라	80	70	90		
10	전보아	76	70	49		
11	성수진	70	45	67		
12						

▲ 'COUNTIF2(예제)' 시트

정답 [E3] 셀에 「=IF(COUNTIF(B3:D3,"<40")>=1,"탈락","본선출전")」를 입력하고 [E11] 셀까지 수식 복사

③ 1과목[B3:B12], 2과목[C3:C12], 3과목[D3:D12]이 각각 40 이상이면서 평균이 60 이상이면 "합격"을, 이외에는 "불합격"을 합격여부[E3:E12]에 표시하시오.

▶ IF, AND, AVERAGE, COUNTIF 함수 사용

	A	B	C	D	E	F
1		필기시험결과				
2	수험번호	1과목	2과목	3과목	합격여부	
3	J786001	84	88	76		
4	J786002	90	91	93		
5	J786003	87	76	39		
6	J786004	88	80	81		
7	J786005	64	61	53		
8	J786006	33	50	62		
9	J786007	68	52	64		
10	J786008	57	38	61		
11	J786009	68	57	59		
12	J786010	72	71	76		
13						

▲ 'COUNTIF3(예제)' 시트

정답 [E3] 셀에 「=IF(AND(COUNTIF(B3:D3,">=40")=3,AVERAGE(B3:D3)>=60),"합격","불합격")」를 입력하고 [E12] 셀까지 수식 복사

⑭ 최빈값(MODE.SNGL)을 구하자.

형 식	=MODE.SNGL(값1, 값2, ...)	
사용방법	=MODE.SNGL(10,20,40,40,40)	40

경기별 골인수에서 가장 빈번하게 발생한 골인수를 [D11] 셀에 표시하시오.

▶ MODE.SNGL 함수 사용

	A	B	C	D	E
1		경기별 골인수			
2					
3	구분	잠실경기장	수원경기장	성남경기장	
4	제1경기	4	2	4	
5	제2경기	2	1	3	
6	제3경기	3	3	2	
7	제4경기	1	2	0	
8	제5경기	3	3	1	
9					
10				최빈수	
11					
12					

▲ 'MODE.SNGL(예제)' 시트

정답 [D11] 셀에 「=MODE.SNGL(B4:D8)」를 입력

⑮ 조건을 만족하는 모든 셀의 평균(AVERAGEIF)을 반환하자.

형 식	=AVERAGEIF(범위, 조건, 평균을 구할 범위)	
사용방법	=AVERAGEIF(A2:A5,">250000",B2:B5)	[A2:A5] 영역에서 250000보다 큰 데이터의 [B2:B5] 영역에서 평균을 구함

출석이 8일 이상인 중간[C3:C9], 기말[D3:D9]의 평균을 구하여 [B12:C12]에 표시하시오.

▶ AVERAGEIF 함수 사용

	A	B	C	D	E
1					
2	이름	출석	중간	기말	
3	이주아	8	85	83	
4	김민주	9	79	86	
5	박예준	10	68	75	
6	이재원	7	91	86	
7	최준수	9	89	88	
8	강진욱	10	72	82	
9	황환빈	7	54	78	
10					
11	출석	중간	기말		
12	>=8				
13					

▲ 'AVERAGEIF(예제)' 시트

정답 [B12] 셀에 「=AVERAGEIF($B$3:$B$9,$A$12,C3:C9)」를 입력하고 [C12] 셀까지 수식 복사

⓰ 여러 조건을 만족하는 모든 셀의 평균(AVERAGEIFS)을 반환하자.

형식	=AVERAGEIFS(평균범위, 조건범위1, 조건1, 조건범위2, 조건2, …)	
사용방법	=AVERAGEIFS(B2:B5,B2:B5,">70",B2:B5,"<90")	[B2:B5] 영역에서 70~90의 조건에 해당한 데이터의 평균을 구함

① 성별이 '남'이고, 신장이 170 이상인 데이터의 체중의 평균을 구하여 [D12] 셀에 표시하시오.

▶ AVERAGEIFS 함수 사용

	A	B	C	D
1	비만도 측정			
2	성명	성별	신장	체중
3	한장석	남	178	60
4	오명희	여	152	58
5	최철주	남	169	62
6	마준희	여	162	45
7	권길수	남	184	82
8	장도애	여	175	68
9	조서희	여	158	62
10				
11		성별	신장	체중 평균
12		남	>=170	
13				

▲ 'AVERAGEIFS1(예제)' 시트

정답 [D12] 셀에 「=AVERAGEIFS(D3:D9,B3:B9,B12,C3:C9,C12)」를 입력

② 성별[B3:B12]이 "여"이면서 직위[C3:C12]가 "대리"인 사원들의 성과급 평균을 계산하여 [E13] 셀에 표시하시오.

▶ ROUND, AVERAGEIFS 함수 사용
▶ 성과급의 평균은 천의 자리는 반올림하여 만의 자리까지 표시 [표시 예 : 4,853,000 → 4,850,000]

	A	B	C	D	E
1	성과급 지급 현황				
2	성명	성별	직위	호봉	성과급
3	고회식	남	과장	4	4,800,000
4	조광희	남	대리	5	4,000,000
5	이진녀	여	대리	5	4,000,000
6	최중성	남	과장	3	4,600,000
7	권지향	여	과장	2	4,500,000
8	김영택	남	대리	1	3,200,000
9	조정휴	남	대리	3	3,600,000
10	고인숙	여	과장	3	4,600,000
11	변효정	여	대리	2	3,400,000
12	정은경	여	대리	4	3,800,000
13	직위가 대리인 여사원 성과급 평균				
14					

▲ 'AVERAGEIFS2(예제)' 시트

정답 [E13] 셀에 「=ROUND(AVERAGEIFS(E3:E12,B3:B12,"여",C3:C12,"대리"),-4)」를 입력

⑰ 여러 범위에 걸쳐 조건을 적용하고 모든 조건에 만족하는 셀의 개수(COUNTIFS)를 반환하자.

형 식	=COUNTIFS(조건 범위1, 조건1, 조건 범위2, 조건2, ...)	
사용방법	=COUNTIFS(B5:D5,"=예",B3:D3,"=예")	모든 조건에 만족한 셀의 개수를 구함

근무점수가 60점대에 해당한 인원수를 COUNTIFS 함수를 이용하여 구하여 [D5] 셀에 표시하시오.

▶ COUNTIFS 함수 사용

	A	B	C	D	E	F
1	직원 근무 평가					
2	성명	입사일	근무점수			
3	박정호	2015-06-06	73			
4	신정희	2020-04-01	68		60점대	
5	김용태	2019-05-06	98			
6	김진영	2017-11-01	65			
7	유현숙	2021-01-01	69			
8	최정렬	2018-06-10	80			
9	강창희	2016-09-11	86			
10	천영주	2021-06-10	70			
11	박인수	2022-05-06	68			
12						

▲ 'COUNTIFS(예제)' 시트

정답 [D5] 셀에 「=COUNTIFS(C3:C11,">=60",C3:C11,"<70")」를 입력

⑱ 숫자, 텍스트, 논리 값 등 인수 목록에서 최대값(MAXA)을 반환하자.

형 식	=MAXA(값1, 값2, 값3 ...)	
사용방법	=MAXA(0,0,1,TRUE)	1 (True가 1임)

각 심사관별로 1차~5차까지의 평가 점수의 최대값[G3:G5]을 계산하시오.

▶ MAXA 함수 사용

	A	B	C	D	E	F	G	H
1			프로젝트-T 심사표					
2	심사관	1차평가	2차평가	3차평가	4차평가	5차평가	최대값	
3	1심사관	0.8	TRUE	0.5	미실시	TRUE		
4	2심사관	0.5	0	FALSE	0.2	중단		
5	3심사관	0.6	오류	0.3	0.1	0		
6								

▲ 'MAXA(예제)' 시트

정답 [G3] 셀에 「=MAXA(B3:F3)」를 입력하고 [G5] 셀까지 수식 복사

⑲ 숫자, 텍스트, 논리 값 등 인수 목록에서 최소값(MINA)을 반환하자.

형 식	=MINA(값1, 값2, 값3, ...)	
사용방법	=MINA(0,1, FALSE, 1)	0 (False가 0임)

PART
04

자주 출제되는 계산작업

계산작업 문제 01회

작업파일 [26컴활2급₩계산작업] 폴더의 '계산작업' 파일을 열어서 작업하시오.

	A	B	C	D	E	F	G	H	I	J	K
1	[표1]	문화센터 수강일					[표2]	학년별 동아리 지원 현황			
2	구분	이름	수강일자	요일			학생명	학년	관현악부	독서클럽	밴드부
3	학생	정재윤	2025-09-07	주말반			전서윤	3학년	O		O
4	학생	김진산	2025-09-11	평일반			민지수	1학년		O	O
5	학생	박다올	2025-09-04	평일반			정혜성	2학년	O		O
6	일반	장하은	2025-09-13	주말반			윤여운	1학년	O	O	
7	일반	황현조	2025-09-19	평일반			강소라	3학년		O	O
8	일반	김예지	2025-09-08	평일반			김채연	1학년	O	O	
9	일반	황린	2025-09-25	평일반			이진희	2학년	O	O	
10							박소율	3학년		O	O
11	[표3]	문화센터 등록자 인적사항					최나영	2학년		O	O
12	성명	성별	주민등록번호	프로그램	기간		공수지	3학년	O		
13	이주호	남자	950208-1******	피아노	3개월		관현악부에 지원한 3학년 학생수				2
14	민지은	여자	030504-4******	드럼	6개월						
15	김서은	여자	960209-2******	바이올린	3개월		[표4]	센터등록 현황			
16	박정환	남자	040904-3******	포크기타	6개월		성명	성별	회원ID	이메일주소	
17	황성현	남자	011014-3******	보컬	3개월		이주호	남자	Juho1	Juho1@naver.net	
18	정소희	여자	941017-2******	난타	6개월		민지은	여자	JEMIN	JEMIN@daum.com	
19	구현우	남자	880409-1******	색소폰	3개월		김서은	여자	Seo91	Seo91@naver.net	
20	최사랑	여자	031124-4******	일렉기타	6개월		박정환	남자	jhpark	jhpark@daum.com	
21	성미란	여자	980106-2******	첼로	6개월		황성현	남자	hwang5	hwang5@daum.com	
22	장정호	남자	020807-3******	피아노	3개월		정소희	여자	dance1	dance1@naver.net	
23							구현우	남자	hyunw	hyunw@daum.com	
24	[표5]						최사랑	여자	lovechoi	lovechoi@naver.net	
25	선수명	소속팀	개인점수				성미란	여자	mimi	mimi@daum.com	
26	조현우	서울	85				장정호	남자	tiger2	tiger2@naver.net	
27	김혁진	부산	89								
28	민준수	광주	92								
29	성도경	서울	87								
30	곽승호	광주	92								
31	서현국	부산	91								
32	이정현	광주	89								
33	박정호	서울	95	전체 평균 - 서울 평균							
34	공필승	부산	95	1.555555556							
35											

01 [표1]에서 수강일자[C3:C9]의 요일의 값을 이용하여 월~금은 '평일반', 토~일은 '주말반'으로 요일 [D3:D9] 영역에 표시하시오. (8점)

▶ WEEKDAY 함수는 '월요일'이 '1'로 반환되는 방식을 이용
▶ IF, WEEKDAY 함수 사용

02 [표2]에서 학년이 3학년에 해당한 관현악부의 학생수를 [K13] 셀에 표시하시오. (8점)
- ▶ 조건은 [M12:M13] 영역에 입력
- ▶ DCOUNTA 함수 사용

03 [표3]의 주민등록번호[C13:C22]를 이용하여 성별[B13:B22] 영역에 표시하시오. (8점)
- ▶ 주민등록번호의 8번째 숫자가 1 또는 3이면 '남자', 2 또는 4이면 '여자'로 표시
- ▶ IF, OR, MID 함수 사용

04 [표4]에서 이메일주소[J17:J26] 영역에서 @앞에 입력된 글자만을 추출하여 회원ID[I17:I26] 영역에 표시하시오. (8점)
- ▶ [표시 예 : Juho1@naver.net → Juho1]
- ▶ MID, SEARCH 함수 사용

05 [표5]에서 개인점수[C26:C34]의 평균에서 소속팀이 '서울'에 해당한 평균값을 뺀 차이값을 [D34] 셀에 표시하시오. (8점)
- ▶ AVERAGE, DAVERAGE 함수 사용

해설

01 요일[D3:D9]

[D3] 셀에 =IF(WEEKDAY(C3,2)<=5,"평일반","주말반")를 입력하고 [D9] 셀까지 수식을 복사한다.

> 💬 **함수 설명**
> =IF(WEEKDAY(C3,2)<=5,"평일반","주말반")
>   ①
> ① WEEKDAY(C3,2) : [C3] 셀의 요일 번호를 숫자로 반환 (월은 1, 화는 2, 수는 3, 목은 4… 로 반환됨)
>
> =IF(①<=5,"평일반","주말반") : ①의 값이 1~5는 '평일반', 그 외는 '주말반'으로 표시

02 관현악부에 지원한 3학년 학생수[K13]

[M12:M13] 영역에 다음과 같이 조건을 입력한 후, [K13] 셀에 =DCOUNTA(G2:K12,I2,M12:M13)를 입력한다.

	M	N
11		
12	학년	
13	3학년	
14		

> 💬 **함수 설명**
> [G2:K12] 영역에서 [M12:M13] 영역의 조건에 만족한 데이터를 [I] 열에서 공백이 아닌 셀의 개수를 구함

03 성별[B13:B22]

[B13] 셀에 =IF(OR(MID(C13,8,1)="1",MID(C13,8,1)="3"),"남자","여자")를 입력하고 [B22] 셀까지 수식을 복사한다.

함수 설명

=IF(OR(MID(C13,8,1)="1",MID(C13,8,1)="3"),"남자","여자")
          ①   ②

① MID(C13,8,1)="1" : [C13] 셀에서 8번째부터 시작하여 1글자를 추출한 값이 '1'과 같은지 비교
② MID(C13,8,1)="3" : [C13] 셀에서 8번째부터 시작하여 1글자를 추출한 값이 '3'과 같은지 비교
③ OR(①,②) : ① 또는 ② 중에 하나라도 TRUE 값이 있다면 TRUE 값이 반환

=IF(③,"남자","여자") : ③의 값이 TRUE이면 '남자', 그 외는 '여자'로 표시

04 회원ID[I17:I26]

[I17] 셀에 =MID(J17,1,SEARCH("@",J17,1)−1)를 입력하고 [I26] 셀까지 수식을 복사한다.

함수 설명

=MID(J17,1,SEARCH("@",J17,1)−1)
             ①

① SEARCH("@",J17,1) : '@'를 [J17] 셀에서 첫 번째 시작위치부터 찾아서 위치 값을 구함

=MID(J17,1,①−1) : [J17] 셀에서 첫 번째 시작하여 ①−1 값의 위치까지 값을 구함

05 전체 평균 − 서울 평균[D34]

[D34] 셀에 =AVERAGE(C26:C34)−DAVERAGE(A25:C34,C25, B25:B26)를 입력한다.

함수 설명

=AVERAGE(C26:C34)−DAVERAGE(A25:C34,C25,B25:B26)
         ①   ②

① AVERAGE(C26:C34) : [C26:C34] 영역의 평균값을 구함
② DAVERAGE(A25:C34,C25,B25:B26) : [A25:C34] 영역에서 소속팀이 '서울'에 해당한 개인점수의 평균값을 구함

계산작업 문제 02회

작업파일 [26컴활2급₩계산작업] 폴더의 '계산작업' 파일을 열어서 작업하시오.

합격 강의

01. [표1]의 중간시험, 기말시험의 평균값을 이용하여 학점평가기준표[B12:G14] 영역을 참조하여 학점[D3:D9] 영역에 표시하시오. (8점)

- ▶ 시험 평균 = (중간시험 + 기말시험) / 2
- ▶ 시험 평균이 95 이상이면 A+, 90 이상이면 A, 80 이상이면 B, 70 이상이면 C, 60 이상이면 D, 0 이상일 경우 F로 표시
- ▶ HLOOKUP, AVERAGE 함수 사용

02 [표2]에서 소속팀[J3:J12]이 '서울'이 아니면서 개인전[K3:K12] 성적이 40 이상인 총점의 평균을 [M13] 셀에 표시하시오. (8점)

- ▶ 평균은 반올림하여 소수 이하 1자리로 표시
- ▶ ROUND, AVERAGEIFS 함수 사용

03 [표3]의 인사평가[C18:C27]을 이용하여 특별상여급 지급비율표[G19:H22]를 참조하여 특별상여금 계산하여 [E18:E27] 영역에 표시하시오. (8점)

- ▶ 특별상여금 = 기본급 × 지급비율
- ▶ 값에 오류가 있을 때에는 '평가오류'로 표시
- ▶ IFERROR, VLOOKUP 함수 사용

04 [표4]에서 공항코드[K18:K26]는 대문자, 공항명[L18:L26]은 첫 글자만 대문자로 [표시 예]와 같이 공항코드(공항명)[M18:M26] 영역에 표시하시오. (8점)

- ▶ [표시 예 : 공항코드(icn), 공항명(incheon) → ICN(Incheon)]
- ▶ UPPER, PROPER 함수와 & 연산자 이용

05 [표5]에서 운행시작[B31:B38], 운행종료[C31:C38] 시간을 이용하여 이용요금계산[D31:D38] 영역에 표시하시오. (8점)

- ▶ 이용요금은 10분당 1,000원
- ▶ HOUR, MINUTE 함수 사용

해설

01 학점[D3:D9]

[D3] 셀에 =HLOOKUP(AVERAGE(B3:C3),$B$12:$G$14,3,TRUE)를 입력하고 [D9] 셀까지 수식을 복사한다.

함수 설명
=HLOOKUP(AVERAGE(B3:C3),$B$12:$G$14,3,TRUE)
         ─────────①─────────

① AVERAGE(B3:C3) : [B3:C3] 영역을 평균을 구함

=HLOOKUP(①,$B$12:$G$14,3,TRUE) : ①의 값을 [B12:G14] 영역의 첫 번째 행에서 값을 찾아 3번째 행에서 값을 찾아옴

02 총점 평균[M13]

[M13] 셀에 =ROUND(AVERAGEIFS(M3:M12,J3:J12,"<>서울",K3:K12,">=40"),1)를 입력한다.

함수 설명
=ROUND(AVERAGEIFS(M3:M12,J3:J12,"<>서울",K3:K12,">=40"),1)
       ──────────────────①──────────────────

① AVERAGEIFS(M3:M12,J3:J12,"<>서울",K3:K12,">=40")
: [J3:J12] 영역에서 '서울'과 같지 않고, [K3:K12] 영역에서 40 이상인 [M3:M12] 영역을 평균을 구함

=ROUND(①,1) : ①의 값을 반올림하여 소수 이하 1자리까지 표시

03 특별상여금[E18:E27]

[E18] 셀에 =IFERROR(D18*VLOOKUP(C18,$G$19:$H$22,2,FALSE),"평가오류")를 입력하고 [E27] 셀까지 수식을 복사한다.

> **함수 설명**
>
> =IFERROR(D18*VLOOKUP(C18,$G$19:$H$22,2,FALSE),"평가오류")
>   ①
>
> ① VLOOKUP(C18,$G$19:$H$22,2,FALSE) : [C18] 셀의 값을 [G19:H22] 영역의 첫 번째 열에서 값을 찾아 2번째 열에서 정확하게 일치하는 값을 찾아옴
>
> =IFERROR(D18*①,"평가오류") : [D18]*①의 값에 오류가 있을 때는 '평가오류'를 표시

04 공항코드(공항명)[M18:M26]

[M18] 셀에 =UPPER(K18)&"("&PROPER(L18)&")"를 입력하고 [M26] 셀까지 수식을 복사한다.

> **함수 설명**
>
> =UPPER(K18)&"("&PROPER(L18)&")"
>   ①   ②
>
> ① UPPER(K18) : [K18] 셀을 대문자로 표시
> ② PROPER(L18) : [L18] 셀은 첫 글자만 대문자로 표시
>
> =①&"("&②&")" : ①(②) 형식으로 표시

05 이용요금계산[D31:D38]

[D31] 셀에 =(HOUR(C31-B31)*60+MINUTE(C31-B31))/10*1000를 입력하고 [D38] 셀까지 수식을 복사한다.

> **함수 설명**
>
> =(HOUR(C31-B31)*60+MINUTE(C31-B31))/10*1000
>   ①   ②
>
> ① HOUR(C31-B31) : [C31-B31] 계산한 시간에서 시(HOUR)만 추출함
> ② MINUTE(C31-B31) : [C31-B31] 계산한 시간에서 분(MINUTE)만 추출함
>
> (①*60+②)/10*1000 : ((시간은 60분이라서 *60) + (분))을 구한 값에 10분당 1000원씩 계산하기 위해서 /10으로 계산

계산작업 문제 03회

작업파일 [26컴활2급₩계산작업] 폴더의 '계산작업' 파일을 열어서 작업하시오.

	A	B	C	D	E	F	G	H	I	J	K	L
1	[표1]	단체전 최종점수				[표2]	마라톤 결과					
2	소속팀	성명	연령	점수		가슴번호	연령	기록				
3	GER	K. 미셸	25	55		1199	31	2시간12분				
4	ROC	G. 스베틀라나	23	54		2776	36	2시간08분				
5	KOR	A. 산	20	50		3584	29	2시간11분				
6	GER	U. 리사	33	55		1731	23	2시간14분				
7	KOR	J. 민희	22	56		3024	32	2시간09분				
8	ROC	O. 엘레나	28	53		2176	32	2시간16분				
9	KOR	K. 채영	25	54		1749	27	2시간13분		가장 빠른 기록		❷
10	GER	S. 카롤라인	20	53		1188	32	2시간10분		2시간8분38초		
11	ROC	P. 크세니아	32	51		2425	24	2시간15분				
12						3104	31	2시간17분				
13	조건											
14	소속팀	팀 KOR 평균 점수		53.33	❶							
15	KOR											
16												
17	[표3]	키즈카페 이용 현황				[표4]	청약가점 현황					
18	이용자	나이	입장시간	퇴장시간	이용요금 ❸	가입자	무주택기간	부양가족수	청약통장 가입기간	가점등급 ❹		
19	김지우	8	11:00	12:30	9,000	김호명	28	30	15	A		
20	민송희	7	11:00	12:30	9,000	정우진	30	25	14	B		
21	정현수	9	11:10	13:10	12,000	성경호	28	20	16	B		
22	박중성	10	11:10	13:40	15,000	장수호	18	30	15	B		
23	임우주	8	11:30	13:30	12,000	민지수	26	20	12	C		
24	강나희	8	11:40	13:50	13,000	염의지	32	35	17	A		
25	곽민준	7	11:50	14:00	13,000	이정우	20	15	10	D		
26	장사랑	6	11:50	14:30	16,000	박마음	16	25	15	C		
27	최성수	9	12:00	14:00	12,000	최수형	26	30	16	A		
28												
29	[표5]	월간 초과근무시간 현황				<가점등급표>						
30	지점명	매니저명	시급	초과근무시간	월지급액	가점	0 이상	40 이상	50 이상	60 이상	70 이상	
31	강남점	이주형	15,000	18	270,000		40 미만	50 미만	60 미만	70 미만		
32	대학로점	송선우	18,500	24	444,000	가점등급	E	D	C	B	A	
33	명동점	민채윤	16,500	15	247,500							
34	강남점	장하나	18,500	9	166,500							
35	명동점	공민선	15,000	12	180,000							
36	대학로점	박서온	18,500	14	259,000							
37	강남점	김정우	16,500	10	165,000							
38	대학로점	박윤서	15,000	21	315,000							
39	명동점	정현성	16,500	15	247,500							
40												
41	지점명	초과근무시간 ❺										
42	강남점	37										
43	명동점	42										
44	대학로점	59										

01 [표1]에서 소속팀이 'KOR'인 점수의 평균을 반올림하여 소수점 이하 2자리까지 [D14] 셀에 표시하시오. (8점)

▶ 조건은 [A14:A15] 영역에 입력
▶ [표시 예 : 101.276 → 101.28]
▶ ROUND, DAVERAGE 함수 사용

02 [표2]에서 기록[H3:H12]이 가장 빠른 선수의 기록을 찾아 [J10] 셀에 표시하시오. (8점)
- [표시 예 : 2:11:46 → 2시간11분46초]
- HOUR, MINUTE, SECOND, SMALL 함수와 & 연산자 사용

03 [표3]의 입장시간[C19:C27]과 퇴장시간[D19:D27]을 이용하여 이용요금을 계산하여 [E19:E27] 영역에 표시하시오. (8점)
- 이용요금은 10분당 1,000원으로 계산
- HOUR, MINUTE 함수 사용

04 [표4]의 무주택기간, 부양가족수, 청약통장 가입기간을 이용하여 가점을 계산하여 〈가점등급표〉를 참조하여 가점등급[K19:K27] 영역에 표시하시오. (8점)
- 가점 = 무주택기간 + 부양가족수 + 청약통장 가입기간
- 가점등급은 가점이 0이상 40미만이면 'E', 40이상 50미만이면 'D', 50이상 60미만이면 'C', 60이상 70미만은 'B', 70이상은 'A'
- HLOOKUP, SUM 함수 사용

05 [표5]를 이용하여 지점명[A31:A39]별 초과근무시간[D31:D39] 합계를 계산하여 [B42:B44] 영역에 표시하시오. (8점)
- SUMIF, SUMIFS, COUNTIF, COUNTIFS 함수 중 선택하여 사용

해설

01 평균 점수[D14]

① [A14:A15] 영역에 조건을 입력한다.

	A
13	조건
14	소속팀
15	KOR
16	

② [D14] 셀에 =ROUND(DAVERAGE(A2:D11, D2,A14:A15),2)를 입력한다.

함수 설명

=ROUND(DAVERAGE(A2:D11,D2,A14:A15),2)
              ①

① DAVERAGE(A2:D11,D2,A14:A15) : [A2:D11] 영역에서 [A14: A15] 영역의 조건에 만족한 D열에서 평균을 구함

=ROUND(①,2) : ①의 값을 반올림하여 소수점 이하 2자리까지 표시함

02 가장 빠른 기록[J10]

[J10] 셀에 =HOUR(SMALL(H3:H12,1))&"시간"&MINUTE(SMALL(H3:H12,1))&"분"&SECOND(SMALL(H3:H12,1))&"초"를 입력한다.

> **함수 설명**
> =HOUR(SMALL(H3:H12,1))&"시간"&MINUTE(SMALL(H3:H12,1))&"분"&SECOND(SMALL(H3:H12,1))&"초"
> ① ② ③ ④ (번호 표시)
>
> ① SMALL(H3:H12,1) : [H3:H12] 영역에서 첫 번째 빠른 기록을 가져옴
> ② HOUR(①) : ①에서 '시' 부분만 추출함
> ③ MINUTE(①) : ①에서 '분' 부분만 추출함
> ④ SECOND(①) : ①에서 '초' 부분만 추출함
>
> =②&"시간"&③&"분"&④&"초" : ②시간③분④초 형식으로 표시

03 이용요금[E19:E27]

[E19] 셀에 =(HOUR(D19-C19)*60+MINUTE(D19-C19))/10*1000를 입력하고 [E27] 셀까지 수식을 복사한다.

> **함수 설명**
> =(HOUR(D19-C19)*60+MINUTE(D19-C19))/10*1000
> ① ②
>
> ① HOUR(D19-C19) : [D19-C19] 계산한 시간에서 시(HOUR)만 추출함
> ② MINUTE(D19-C19) : [D19-C19] 계산한 시간에서 분(MINUTE)만 추출함
>
> (①*60+②)/10*1000 : ((시간은 60분이라서 *60) + (분))을 구한 값에 10분당 1000원씩 계산하기 위해서 /10으로 계산

04 가점등급[K19:K27]

[K19] 셀에 =HLOOKUP(SUM(H19:J19),$H$30:$L$32,3,TRUE)를 입력하고 [K27] 셀까지 수식을 복사한다.

> **함수 설명**
> =HLOOKUP(SUM(H19:J19),$H$30:$L$32,3,TRUE)
>
> ① SUM(H19:J19) : [H19:J19] 영역의 합계를 구함
>
> =HLOOKUP(①,$H$30:$L$32,3,TRUE) : ①의 값을 [H30:L32] 영역의 첫 번째 행에서 값을 찾아 3번째 행에서 값을 찾아옴

05 초과근무시간[B42:B44]

[B42] 셀에 =SUMIF($A$31:$A$39,A42,$D$31:$D$39)를 입력하고 [B44] 셀까지 수식을 복사한다.

> **함수 설명**
> [A31:A39] 영역에서 [A42] 셀(강남점)을 찾아 같은 행의 [D31:D39] 셀의 합계를 구함

계산작업 문제 04회

작업파일 [26컴활2급₩계산작업] 폴더의 '계산작업' 파일을 열어서 작업하시오.

	A	B	C	D	E	F	G	H	I	J	K
1	[표1]	차량판매 현황					[표2]	차량5부제		<운행제한 요일표>	
2	영업사원명	근무년수	2023년	2024년	비고		차량번호	운휴일		끝번호	요일
3	민정호	9	45	42	★		2하2005	금요일		1	월요일
4	정우진	16	51	60			3다7709	목요일		2	화요일
5	한성준	8	28	34			2부2893	수요일		3	수요일
6	김수철	12	45	55			8더5562	화요일		4	목요일
7	오희연	9	42	58	★		4머8681	월요일		0	금요일
8	민종선	7	35	39							
9	박성훈	6	40	43	★						
10											
11	[표3]	빌딩 입주기업 하계휴가 일정표					[표4]	청약 가입자 현황			
12	기업명	휴가시작일	일수	출근일			신청순서	가입자	가입지역	청약가입일자	가입코드
13	케이전자	2025-07-26	5	2025-08-01			1	김호명	seoul	2006-03-05	1Se2006
14	미래유통	2025-08-02	7	2025-08-12			2	정우진	busan	2007-04-06	2Bu2007
15	나라기업	2025-08-16	4	2025-08-21			3	성경호	ulsan	2005-10-13	3Ul2005
16	월드비젼	2025-08-02	5	2025-08-08			4	장수호	incheon	2011-04-05	4In2011
17	스카이무역	2025-07-26	7	2025-08-05			5	민지수	daejeon	2010-08-02	5Da2010
18	정호정공	2025-08-02	4	2025-08-07			6	염의지	seoul	2011-04-05	6Se2011
19	합동상사	2025-08-02	5	2025-08-08			7	이정우	incheon	2009-10-04	7In2009
20	영남기업	2025-07-26	4	2025-07-31			8	박마음	busan	2007-02-10	8Bu2007
21	사랑재단	2025-08-09	5	2025-08-15							
22											
23	[표5]	선택과목 평균									
24	학년	영역구분	선택과목명	평균							
25	2	사탐	윤리	90.51	2학년 사탐 최대최저						
26	3	과탐	생명과학	78.16	90.51(최저75.24)						
27	2	사탐	역사	75.24							
28	2	과탐	물리학	86.45							
29	3	과탐	화학	65.89							
30	2	사탐	일반사회	84.32							
31	3	사탐	윤리	90.12							
32	3	과탐	지구과학	78.56							
33	2	사탐	지리	79.58							
34	3	사탐	일반사회	91.54							
35	3	과탐	물리학	89.41							
36	3	사탐	역사	85.32							
37	2	과탐	화학	89.54							
38	3	사탐	일반사회	75.95							
39	2	과탐	생명과학	78.54							

01 [표1]에서 근무년수가 10년 미만이고, 2023년, 2024년 중에서 40 이상이 1회 이상이면 '★' 그 외는 공백으로 비고[E3:E9] 영역에 표시하시오. (8점)

▶ IF, AND, COUNTIF 함수 사용

02 [표2]에서 〈운행제한 요일표〉를 참조하여 차량번호[G3:G7]의 마지막 숫자가 1 또는 6이면 '월요일', 2 또는 7이면 '화요일', 3 또는 8이면 '수요일', 4 또는 9이면 '목요일', 5 또는 0이면 '금요일'로 운휴일[H3:H7] 영역에 표시하시오. (8점)
▶ VLOOKUP, MOD, RIGHT 함수 사용

03 [표3]의 휴가시작일[B13:B21]에 일수[C13:C21]을 더하여 출근일[D13:D21]에 표시하시오. (8점)
▶ WORKDAY 함수 사용

04 [표4]의 신청순서[F13:F20], 가입지역[H13:H20], 청약가입일자[I13:I20]을 참조하여 가입코드[J13:J20]을 표시하시오. (8점)
▶ 가입코드는 신청순서, 가입지역은 왼쪽 2글자를 첫 글자만 대문자, 청약가입일자의 년도를 연결하여 표시
▶ [표시 예 : 신청순서1, 가입지역 seoul, 청약가입일자 2006-03-05 → 1Se2006]
▶ PROPER, LEFT, YEAR 함수와 & 연산자 사용

05 [표5]를 이용하여 학년이 2학년이고 영역구분이 사탐에 해당한 평균의 최대값과 최소값을 [표시 예]와 같이 [E26] 셀에 표시하시오. (8점)
▶ [표시 예 : 최대값 85.05, 최소값 60.12 → 85.05(최저60.12)]
▶ 조건은 [A24:B25] 영역을 참조
▶ DMAX, DMIN 함수와 & 연산자 사용

해설

01 비고[E3:E9]

[E3] 셀에 =IF(AND(B3<10,COUNTIF(C3:D3,">=40")>=1),"★","")를 입력하고 [E9] 셀까지 수식을 복사한다.

💬 함수 설명

=IF(AND(B3<10,COUNTIF(C3:D3,">=40")>=1),"★","")
         ②   ①
         ─────────────────
                ②

① COUNTIF(C3:D3,">=40") : [C3:D3] 영역에서 40 이상인 셀의 개수를 구함
② AND(B3<10,①>=1) : [B3] 셀의 값이 10보다 작고 ①의 값이 1이상이면 TRUE 값이 반환

=IF(②,"★","") : ②의 값이 TRUE이면 '★', 그 외는 공백으로 표시

02 운휴일[H3:H7]

[H3] 셀에 =VLOOKUP(MOD(RIGHT(G3,1),5),$J$3:$K$7,2,FALSE)를 입력하고 [H7] 셀까지 수식을 복사한다.

💬 함수 설명

=VLOOKUP(MOD(RIGHT(G3,1),5),$J$3:$K$7,2,FALSE)
              ①
         ──────────────
              ②

① RIGHT(G3,1) : [G3] 셀에서 오른쪽에서 1글자를 추출함
② MOD(①,5) : ①의 값을 5로 나눈 나머지 값을 구함

=VLOOKUP(②,$J$3:$K$7,2,FALSE) : ②의 값을 [J3:K7] 영역의 첫 번째 열에서 찾아 정확하게 일치하는 값을 2번째 열의 값을 찾아옴

03 출근일[D13:D21]

[D13] 셀에 =WORKDAY(B13,C13)를 입력하고 [D21] 셀까지 수식을 복사한다.

> **함수 설명**
> [B13] 셀의 날짜에 평일 일수로 [C13] 셀의 값을 더한 날짜를 구함

04 가입코드[J13:J20]

[J13] 셀에 =F13 & PROPER(LEFT(H13,2)) & YEAR(I13)를 입력하고 [J20] 셀까지 수식을 복사한다.

> **함수 설명**
> =F13 & PROPER(LEFT(H13,2)) & YEAR(I13)
>   ②   ①   ③
> ① LEFT(H13,2) : [H13] 셀에서 왼쪽에서부터 시작하여 2글자를 추출함
> ② PROPER(①) : ①의 값을 첫 글자는 대문자로 표시
> ③ YEAR(I13) : [I13] 셀의 년도를 구함

05 2학년 사탕 최대최저[E26]

[E26] 셀에 =DMAX(A24:D39,D24,A24:B25)&"(최저"&DMIN(A24:D39,D24,A24:B25)&")"를 입력한다.

> **함수 설명**
> =DMAX(A24:D39,D24,A24:B25)&"(최저"&DMIN(A24:D39,D24,A24:B25)&")"
>   ①   ②
> ① DMAX(A24:D39,D24,A24:B25) : [A24:D39] 영역에서 [A24:B25] 영역의 조건에 만족한 데이터의 [D]열에서 최대값을 구함
> ② DMIN(A24:D39,D24,A24:B25) : [A24:D39] 영역에서 [A24:B25] 영역의 조건에 만족한 데이터의 [D]열에서 최소값을 구함
>
> =①&"(최저"&②&")" : ①(최저②) 형식으로 표시

계산작업 문제 05회

작업파일 [26컴활2급₩계산작업] 폴더의 '계산작업' 파일을 열어서 작업하시오.

	A	B	C	D	E	F	G	H	I	J
1	[표1]	매출분석				[표2]	동아리 활동 현황			
2	대리점명	사원명	매출금액	순위		성명	동아리명	가입일	활동일수	
3	서울	민정호	23,545,850			민지희	테니스	2018-03-05	2,030	
4	대전	정우진	34,545,721	3위		성미진	배드민턴	2019-04-15	1,624	
5	서울	한성준	45,689,420	1위		김성훈	탁구	2020-05-24	1,219	
6	대전	김수철	12,587,120			최민정	테니스	2018-02-22	2,041	
7	서울	오희연	32,123,480			김창훈	탁구	2019-07-12	1,536	
8	부산	민종선	42,189,420	2위		이수현	테니스	2021-01-01	997	
9	대전	박성훈	32,978,140			김광림	탁구	2020-12-20	1,009	
10	서울	최우성	21,487,450			최미정	배드민턴	2020-05-04	1,239	
11										
12	대리점명		대전점 합계							
13	대전		80,111,000							
14										
15	[표3]	2학기 성적표				[표4]	청약가입현황			
16	성명	중간고사	기말고사	평균	비고	성명	청약통장가입기간	청약금액	결과	
17	전서윤	78	95	86.5	면담	김호명	12	9,000,000		
18	민지수	89	79	84	면담	정우진	8	10,000,000		
19	정혜성	92	94	93		성경호	10	12,000,000	평균보다큼	
20	윤여운	88	91	89.5		장수호	9	7,000,000		
21	강소라	65	78	71.5	면담	민지수	11	11,000,000	평균보다큼	
22	김채연	95	82	88.5		염의지	13	10,000,000	평균보다큼	
23	이진희	96	89	92.5		이정우	7	6,000,000		
24	박소율	82	75	78.5	면담	박마음	5	7,000,000		
25	최나영	76	65	70.5	면담					
26	공수지	64	75	69.5	면담					
27	전연승	96	90	93						
28										
29	[표5]	안전교육 참석 현황								
30	참석자명	1회차	2회차	3회차	4회차	이수여부				
31	마영택		O		O					
32	전미영	O	O	O	O	이수				
33	장미선		O		O					
34	이동성	O	O	O		이수				
35	김정호	O	O		O	이수				
36	안진성	O			O					
37	기소영	O	O		O	이수				

① [표1]에서 대리점명이 대전에 해당한 매출금액의 합계를 백 단위에서 올림하여 [표시 예]와 같이 [C13] 셀에 표시하시오. (8점)
- ▶ [A12:A13] 영역에 조건을 입력하여 사용
- ▶ [표시 예 : 79,812,320 → 79,813,000]
- ▶ DSUM, DAVERAGE, ROUNDUP, ROUNDDOWN 함수 중 알맞은 함수 사용

② [표2]에서 가입일[H3:H10]에서 오늘 날짜까지 활동일수를 계산하여 [I3:I10] 영역에 표시하시오. (8점)
- ▶ DAYS, TODAY 함수 사용

③ [표3]에서 평균이 전체 평균의 중간값 이하이면 '면담', 그 외는 공백으로 비고[E17:E27] 영역에 표시하시오. (8점)
- ▶ IF, MEDIAN, MODE.SNGL, STDEV.S 함수 중 알맞은 함수 사용

④ [표4]에서 청약통장가입기간이 전체 청약통장가입기간 평균보다 크고, 청약금액이 전체 청약금액 평균보다 큰 경우 '평균보다큼'을 표시하고, 그 외는 공백으로 [J17:J24] 영역에 표시하시오. (8점)
- ▶ IF, AND, AVERAGE 함수 사용

⑤ [표5]를 이용하여 안전교육 3회 이상이면 '이수', 그 외는 공백으로 이수여부[F31:F37] 영역에 표시하시오. (8점)
- ▶ 안전교육에 이수한 부분에 'O'가 표시됨
- ▶ IF, COUNTBLANK 함수 사용

해설

① 대전점 합계[C13]

[A12:A13] 영역에 다음과 같이 조건을 입력한 후, [C13] 셀에 =ROUNDUP(DSUM(A2:D10,C2,A12:A13),-3)를 입력한다.

	A	B
11		
12	대리점명	
13	대전	
14		

함수 설명 =ROUNDUP(DSUM(A2:D10,C2,A12:A13),-3)
　　　　　　　　　　　①

① DSUM(A2:D10,C2,A12:A13) : [A2:D10] 영역에서 [A12:A13]의 조건에 만족한 데이터의 C열 매출금액의 합계를 구함

=ROUNDUP(①,-3) : ①의 값을 백의 자리에서 올림하여 표시

02 활동일수[I3:I10]

[I3] 셀에 =DAYS(TODAY(),H3)를 입력하고 [I10] 셀까지 수식을 복사한다.

> **함수 설명**
>
> =DAYS(TODAY(),H3)
>   ①
>
> ① TODAY() : 오늘 날짜를 구함
>
> =DAYS(①,H3) : [H3]의 날짜부터 오늘 날짜까지의 일수를 구함

※ 실습하는 날짜에 따라 결과가 다름

03 비고[E17:E27]

[E17] 셀에 =IF(D17<=MEDIAN($D$17:$D$27),"면담","")를 입력하고 [E27] 셀까지 수식을 복사한다.

> **함수 설명**
>
> =IF(D17<=MEDIAN($D$17:$D$27),"면담","")
>   ①
>
> ① MEDIAN($D$17:$D$27) : [D17:D27] 영역의 중간값을 구함
>
> =IF(D17<=①,"면담","") : [D17] 셀의 값이 ①의 값 이하이면 '면담', 그 외는 공백으로 표시

04 결과[J17:J24]

[J17] 셀에 =IF(AND(H17>AVERAGE($H$17:$H$24),I17>AVERAGE($I$17:$I$24)),"평균보다 큼","")를 입력하고 [J24] 셀까지 수식을 복사한다.

> **함수 설명**
>
>   ③
> =IF(AND(H17>AVERAGE($H$17:$H$24),I17>AVERAGE
>   ①   ②
> ($I$17:$I$24)),"평균보다큼","")
>
> ① AVERAGE($H$17:$H$24) : [H17:H24] 영역의 평균값을 구함
> ② AVERAGE($I$17:$I$24) : [I17:I24] 영역의 평균값을 구함
> ③ AND(H17>①,I17>②) : [H17] 셀의 값이 ①보다 크고 [I17] 셀의 값이 ②보다 크면 TRUE 값이 반환
>
> =IF(③,"평균보다큼","") : ③의 값이 TRUE이면 '평균보다큼', 그 외는 공백으로 표시

05 이수여부[F31:F37]

[F31] 셀에 =IF(COUNTBLANK(B31:E31)<=1,"이수","")를 입력하고 [F37] 셀까지 수식을 복사한다.

> **함수 설명**
>
> =IF(COUNTBLANK(B31:E31)<=1,"이수","")
>   ①
>
> ① COUNTBLANK(B31:E31) : [B31:E31] 영역의 비어 있는 셀의 개수를 구함
>
> =IF(①<=1,"이수","") : ①의 값이 1이하이면 '이수', 그 외는 공백으로 표시

계산작업 문제 06회

작업파일 [26컴활2급₩계산작업] 폴더의 '계산작업' 파일을 열어서 작업하시오.

	A	B	C	D	E	F	G	H	I	J	K	L
1	[표1]	급여현황						[표2]	자동차 주행 기록			
2	사원명	소속팀	직위	기본급	상여금			소속	선수명	출발시간	도착시간	주행기록 ❷
3	민선아	재무팀	선임	3,300,000	1,155,000			노원마스터	강소라	15:24:32	16:18:24	0:55:52
4	최민지	마케팅팀	팀장	4,500,000	1,575,000			강남자동차	정민지	15:55:24	16:11:55	0:16:31
5	여서연	홍보팀	주임	2,800,000	980,000			강동마스터	한여선	13:35:33	14:43:37	1:10:04
6	김성원	마케팅팀	선임	3,300,000	1,155,000			강북자동차	김소희	14:18:16	17:49:02	3:30:46
7	강호성	마케팅팀	책임	3,900,000	1,365,000			서초마스터	이정후	14:32:41	14:59:21	0:28:40
8	성나영	홍보팀	선임	3,400,000	1,190,000			사당자동차	최인선	17:12:29	18:28:21	1:15:52
9	이정훈	마케팅팀	주임	2,700,000	945,000			용산자동차	박성훈	14:58:02	15:15:32	0:17:30
10	정호성	재무팀	책임	3,800,000	1,330,000							
11												
12	상여금이 1,300,000원 보다 크면서,				3명 ❶			[표4]	실비보험 청구 구비서류		기본공제액	8,000
13	평균기본급이상인 사원수							환자명	환자ID	공단부담금	본인부담금	구비서류 ❹
14								최영호	C09121	154,800	98,500	영수증
15	[표3]	택배 요금표						민백훈	C10122	12,540	5,600	
16		서울	수도권	타지역	제주도			안영미	C08231	252,400	152,400	진단서
17	서울	5,000	5,000	6,000	9,000			정호환	C09873	85,760	35,680	영수증
18	수도권	5,000	5,000	6,000	9,000			김선영	C08620	198,500	125,000	진단서
19	타지역	6,000	6,000	5,000	9,000			이미선	C07320	8,590	3,500	
20	제주도	9,000	9,000	9,000	5,000			최은수	C20003	105,760	102,000	영수증
21								우서연	C21921	198,560	124,500	진단서
22			출발지	도착지	택배요금 ❸			박민준	C08201	985,600	86,420	영수증
23			서울	타지역	6,000							
24												
25	[표5]	인사평가결과										
26	사번	성별	점수									
27	C0702	여	91.2									
28	C0703	여	95.4									
29	C0704	남	92.4									
30	C0705	여	89.3									
31	C0706	여	88.7									
32	C0707	남	93.1		성별	평균 ❺						
33	C0708	여	89.4		남	88.5						
34	C0709	남	88.7		여	91.4						
35	C0710	여	94.1									
36	C0711	남	79.5									

① [표1]에서 상여금이 1,300,000 보다 크고, 기본급이 기본급의 전체 평균 이상인 사원수를 계산하여 [표시 예]와 같이 [E12] 셀에 표시하시오. (8점)

▶ [표시 예 : 2 → 2명]
▶ COUNTIFS, AVERAGE 함수와 & 연산자 이용

② [표2]에서 소속[H3:H9], 출발시간[J3:J9], 도착시간[K3:K9]를 이용하여 주행기록[L3:L9]을 계산하시오. (8점)

▶ 주행기록 = 도착시간 - 출발시간
▶ 소속의 오른쪽 세 글자가 "마스터"이면 주행기록에 2분을 추가할 것
▶ IF, TIME, RIGHT 함수 사용

03 [표3]의 택배요금표를 참조하여 출발지와 도착지 번호를 찾아 [표3]의 택배요금표에서 값을 찾아 [E23] 셀에 표시하시오. (8점)

▶ INDEX, MATCH 함수 사용

04 [표4]에서 본인부담금에서 기본공제액을 뺀 차액이 100000 이상이면 '진단서', 차액이 1000 이상이면 '영수증', 그 외는 공백을 구비서류[L15:L23] 영역에 표시하시오. (8점)

▶ IFS 함수 사용

05 [표5]를 이용하여 성별별 점수의 평균을 올림하여 소수점 이하 1자리로 [F33:F34] 영역에 표시하시오. (8점)

▶ ROUNDUP, AVERAGEIF 함수 사용

해설

01 사원수[E12]

[E12] 셀에 =COUNTIFS(E3:E10,">1300000",D3:D10,">="&AVERAGE(D3:D10))&"명"를 입력한다.

> 💬 **함수 설명**
>
> =COUNTIFS(E3:E10,">1300000",D3:D10,">="&AVERAGE(D3:D10))&"명"
>   ①
>
> ① AVERAGE(D3:D10) : [D3:D10] 영역의 평균을 구함
>
> =COUNTIFS(E3:E10,">1300000",D3:D10,">="&①)&"명" : [E3:E10] 영역에서 1,300,000보다 크고, [D3:D10] 영역의 값이 ①의 값 이상인 셀의 개수를 구한 후에 '명'을 붙여서 표시

02 주행기록[L3:L9]

[L3] 셀에 =IF(RIGHT(H3,3)="마스터",(K3-J3)+TIME(,2,),K3-J3)를 입력하고 [L9] 셀까지 수식을 복사한다.

> 💬 **함수 설명**
>
> =IF(RIGHT(H3,3)="마스터",(K3-J3)+TIME(,2,),K3-J3)
>   ①   ②
>
> ① RIGHT(H3,3) : [H3] 셀에서 오른쪽에서 3글자를 추출함
> ② (K3-J3)+TIME(,2,) : [K3-J3] 값이 2분을 더함
>
> =IF(①="마스터",②,K3-J3) : ①이 마스터와 같으면 ②, 그 외는 [K3-J3] 셀의 결과 값을 표시

03 택배요금[E23]

[E23] 셀에 =INDEX(B17:E20,MATCH(C23,A17:A20,0),MATCH(D23,B16:E16,0))를 입력한다.

> **함수 설명**
> =INDEX(B17:E20,MATCH(C23,A17:A20,0),MATCH(D23,B16:E16,0))
>   　　　　　　①　　　　　　②
>
> ① MATCH(C23,A17:A20,0) : [C23] 셀의 값을 [A17:A20] 영역에서 상대적인 위치 값을 구함
> ② MATCH(D23,B16:E16,0) : [D23] 셀의 값을 [B16:E16] 영역에서 상대적인 위치 값을 구함

04 구비서류[L15:L23]

[L15] 셀에 =IFS(K15-$L$13>=100000,"진단서",K15-$L$13>=1000,"영수증",TRUE,"")를 입력하고 [L23] 셀까지 수식을 복사한다.

> **함수 설명**
> =IFS(K15-$L$13>=100000,"진단서",K15-$L$13>=1000,"영수증",TRUE,"")
>   ①　　　　　　　　　　　　①
>
> ① K15-$L$13 : (본인부담금 - 기본공제액) 값을 구함
>
> =IFS(①>=100000,"진단서",①>=1000,"영수증",TRUE,"") :
> ①의 값이 100000 이상이면 '진단서', ①의 값이 1000 이상이면 '영수증', 그 외는 공백으로 표시

05 평균[F33:F34]

[F33] 셀에 =ROUNDUP(AVERAGEIF($B$27:$B$36,E33,$C$27:$C$36),1)를 입력하고 [F34] 셀까지 수식을 복사한다.

> **함수 설명**
> =ROUNDUP(AVERAGEIF($B$27:$B$36,E33,$C$27:$C$36),1)
>   ①
>
> ① AVERAGEIF($B$27:$B$36,E33,$C$27:$C$36) : [B27:B36] 영역에서 [E33] 셀의 값을 찾아 같은 행의 [C27:C36] 영역의 평균값을 구함

계산작업 문제 07회

작업파일 [26컴활2급₩계산작업] 폴더의 '계산작업' 파일을 열어서 작업하시오.

	A	B	C	D	E	F	G	H	I	J	K	L	M
1	[표1]	1학기 등록현황				[표2]	청소년문학상 수상내역						
2	등록번호	학생명	주민등록번호	성별❶		참가자명	문장력	참신성	총점	수상내역❷			
3	Y2100201	최진영	980405-13XXXX	남		인지선	92	89	181	장려상			
4	Y2100202	민호진	010612-34XXXX	남		정수현	89	96	185	동상		<수상내역 표>	
5	Y2100203	박사랑	020804-41XXXX	여		박민주	92	98	190	금상		순위	수상
6	Y2100204	김미영	020505-42XXXX	여		최소현	96	93	189	은상		1	대상
7	Y2100205	주진수	991228-15XXXX	남		연정훈	88	91	179	장려상		2	금상
8	Y2100206	안수연	010130-42XXXX	여		강미소	91	89	180	장려상		3	은상
9	Y2100207	강나영	980607-21XXXX	여		송소희	89	93	182	장려상		4	동상
10	Y2100208	이수영	011218-42XXXX	여		이정연	97	98	195	대상		6	장려상
11						김선	94	94	188	동상			
12													
13	[표3]	직업체험관 이용현황						[표4]	추석선물세트 주문현황			
14	체험일자	학생명	희망직업	성별	근무처	체험관 닉네임❸		주문코드	주문일자	가격	세트분류❹		
15	06월 20일	정우진	chef	남	종로	종로CHEF		FR0903A	2025-09-03	56,000	과일세트		
16	06월 20일	최민혁	dancer	남	강남	강남DANCER		MT0905B	2025-09-05	98,000	고기세트		
17	06월 20일	정여진	doctor	여	대전	대전DOCTOR		HS0905A	2025-09-05	36,000	기타세트		
18	06월 20일	공서연	engineer	여	울산	울산ENGINEER		MT0908C	2025-09-08	78,000	고기세트		
19	06월 20일	성정훈	farmer	남	충주	충주FARMER		RS0908B	2025-09-08	45,000	기타세트		
20	06월 20일	김현수	rider	남	송파	송파RIDER		FR0910C	2025-09-10	45,000	과일세트		
21	06월 20일	민지우	nurse	여	인천	인천NURSE		FR0910B	2025-09-10	55,000	과일세트		
22	06월 20일	안정연	teacher	여	강서	강서TEACHER		SR0913A	2025-09-13	42,000	기타세트		
23	06월 20일	서정희	soldier	여	철원	철원SOLDIER							
24	06월 20일	이정훈	fisher	남	남해	남해FISHER							
25													
26	[표5]	볼링동아리 현황				<수준표>							
27	학생명	성별	학년	평균점수		평균점수	수준						
28	정우진	남	1학년	75		80	초보						
29	최민혁	남	2학년	128		110	중급						
30	정여진	여	3학년	142		145	고급						
31	공서연	여	1학년	135									
32	성정훈	남	2학년	132		학년별 볼링수준							
33	김현수	남	1학년	110		학년	평균수준❺						
34	민지우	여	3학년	154		3학년	고급						
35	안정연	여	2학년	104		2학년	중급						
36	서정희	여	1학년	125		1학년	중급						
37	이정훈	남	3학년	175									
38	전인지	여	3학년	163									
39	한혜진	여	2학년	142									
40	권상우	남	3학년	172									

01 [표1]의 주민등록번호[C3:C10]의 8번째 숫자가 1 또는 3이면 '남', 2 또는 4 이면 '여'를 성별[D3:D10] 영역에 표시하시오. (8점)
  ▶ CHOOSE, MID 함수 사용

02 [표2]의 총점[I3:I11]의 순위를 구하고 〈수상내역 표〉를 참조하여 수상내역을 찾아 [J3:J11] 영역에 표시하시오. (8점)

- ▶ 순위가 1등은 '대상', 2등은 '금상', 3등은 '은상', 4~5등은 '동상', 6등부터는 '장려상'으로 표시
- ▶ VLOOKUP, RANK.EQ 함수 사용

03 [표3]의 근무처와 희망직업의 공백을 제거하고 대문자로 연결하여 체험관 닉네임[F15:F24] 영역에 표시하시오. (8점)

- ▶ [표시 예 : 근무처가 '종로'와 희망직업 ' chef' → 종로CHEF]
- ▶ UPPER, TRIM 함수와 & 연산자 사용

04 [표4]의 주문코드[H15:H22]의 왼쪽의 2글자가 'FR'이면 '과일세트', 'MT'이면 '고기세트', 그 외는 '기타세트'를 세트분류[K15:K22] 영역에 표시하시오. (8점)

- ▶ IFS, LEFT 함수

05 [표5]의 학년별 평균점수의 평균값을 구하고 〈수준표〉를 참조하여 [G34:G36] 영역에 평균수준을 표시하시오. (8점)

- ▶ 평균값이 80 이상 110 미만이면 '초보', 110 이상 145 미만이면 '중급', 145 이상이면 '고급'으로 표시
- ▶ VLOOKUP, AVERAGEIF 함수 사용

해설

01 성별[D3:D10]

[D3] 셀에 =CHOOSE(MID(C3,8,1),"남","여","남","여")를 입력하고 [D10] 셀까지 수식을 복사한다.

> **함수 설명**
> =CHOOSE(MID(C3,8,1),"남","여","남","여")
>   ①
> ① MID(C3,8,1) : [C3] 셀의 8번째부터 시작하여 1글자를 추출
>
> =CHOOSE(①,"남","여","남","여") : ①의 값이 1이면 '남', 2이면 '여', 3이면 '남', 4이면 '여'

02 수상내역[J3:J11]

[J3] 셀에 =VLOOKUP(RANK.EQ(I3,$I$3:$I$11),$L$6:$M$10,2,TRUE)를 입력하고 [J11] 셀까지 수식을 복사한다.

> **함수 설명**
> =VLOOKUP(RANK.EQ(I3,$I$3:$I$11),$L$6:$M$10,2,TRUE)
>   ①
> ① RANK.EQ(I3,$I$3:$I$11) : [I3] 셀의 값을 [I3:I11] 영역에서 순위를 구함
>
> =VLOOKUP(①,$L$6:$M$10,2,TRUE) : ①의 값을 [L6:M10] 영역의 첫 번째 열에서 찾아 2번째 열에서 값을 찾아옴

03 체험관 닉네임[F15:F24]

[F15] 셀에 =E15&UPPER(TRIM(C15))를 입력하고 [F24] 셀까지 수식을 복사한다.

> **함수 설명**
>
> =E15&UPPER(TRIM(C15))
>   ②   ①
>
> ① TRIM(C15) : [C15] 셀의 공백을 제거
> ② UPPER(①) : ①의 값을 대문자로 표시
>
> =E15&② : [E15] 셀과 ②을 연결하여 표시

04 세트분류[K15:K22]

[K15] 셀에 =IFS(LEFT(H15,2)="FR","과일세트",LEFT(H15,2)="MT","고기세트",TRUE,"기타세트")를 입력하고 [K22] 셀까지 수식을 복사한다.

> **함수 설명**
>
> =IFS(LEFT(H15,2)="FR","과일세트",LEFT(H15,2)="MT","고
>   ①   ①
> 기세트",TRUE,"기타세트")
>
> ① LEFT(H15,2) : [H15] 셀에서 왼쪽에서부터 2글자를 추출함
>
> =IFS(①="FR","과일세트",①="MT","고기세트",TRUE,"기타세트") : ①의 값이 'FR'이면 '과일세트', ①의 값이 'MT'이면 '고기세트' 그 외는 '기타세트'로 표시

05 평균수준[G34:G36]

[G34] 셀에 =VLOOKUP(AVERAGEIF($C$28:$C$40,F34,$D$28:$D$40),$F$28:$G$30,2)를 입력하고 [G36] 셀까지 수식을 복사한다.

> **함수 설명**
>
> =VLOOKUP(AVERAGEIF($C$28:$C$40,F34,$D$28:$D$40),$F$28:$G$30,2)
>   ①
>
> ① AVERAGEIF($C$28:$C$40,F34,$D$28:$D$40) : [C28:C40] 영역에서 [F34] 셀의 값을 찾아 같은 행의 [D28:D40] 영역의 평균값을 구함
>
> =VLOOKUP(①,$F$28:$G$30,2) : ①의 값을 [F28:G30] 영역의 첫 번째 열에서 값을 찾아 2번째 열에서 값을 추출함

계산작업 문제 08회

작업파일 [26컴활2급\계산작업] 폴더의 '계산작업' 파일을 열어서 작업하시오.

	A	B	C	D	E	F	G	H	I	J	K	L	M
1	[표1]	1학기 평가결과						[표2]	반찬 만들기 실습 일정			<코드별 실습요일>	
2	학과코드	성명	중간평가	기말평가	출석점수	결과 ❶		반찬코드	분류	실습요일 ❷		끝번호	요일
3	T1	오민수	70	65	72			D4207	김치반찬	수요일		1	월요일
4	T2	정지영	95	95	95	장학생		C0105	밑반찬	월요일		2	화요일
5	S2	남궁연	85	85	71			B3702	국/찌개	화요일		3	수요일
6	S1	백석희	90	95	100			D4508	찜요리	목요일		4	목요일
7	T2	서은혁	60	55	60			C0916	조림요리	화요일		5	월요일
8	D2	강이수	100	90	95	장학생		B2104	무침요리	목요일		6	화요일
9	T1	신경숙	90	95	89			A2013	죽	수요일		7	수요일
10	T1	이문영	85	80	65			A1011	나물	월요일		8	목요일
11													
12	[표3]	동호회 멤버						[표4]	꽃배달 주문현황				
13	성명	성별	주민등록번호	생년월일 ❸				상품코드	주문자	상품명	구분 ❹		
14	고재경	남	920222-104****	1992년02월22일				M-120	이민수	순간	분재		
15	구혜란	여	851019-225****	1985년10월19일				N-082	김병훈	비앙카	화분		
16	김비승	여	991111-222****	1999년11월11일				S-035	최주영	러브 블라썸	꽃상자		
17	김상균	남	000105-357****	2000년01월05일				M-072	길미라	하이라이트	분재		
18	김양미	여	820202-215****	1982년02월02일				S-141	나태후	사랑데이	꽃상자		
19	김연규	남	970920-179****	1997년09월20일				N-033	전영태	첫사랑	화분		
20	김영숙	여	011211-465****	2001년12월11일				M-037	조영선	빛이나	분재		
21	공익균	남	810409-145****	1981년04월09일				A-028	박민혜	비올레타	코드오류		
22	김자윤	여	921121-262****	1992년11월21일									
23	김주현	여	020521-447****	2002년05월21일				<구분표>					
24								상품코드	S	N	M		
25	[표5]	회원 관리 현황						구분	꽃상자	화분	분재		
26	회원코드	구매횟수	총결제액	고객등급 ❺									
27	MV-501	5	1,760,000	일반									
28	MV-502	12	4,230,000	일반									
29	MV-503	24	7,800,000	골드									
30	MV-504	8	2,820,000	일반									
31	MV-505	11	3,880,000	일반									
32	MV-506	22	7,750,000	골드									
33	MV-507	16	5,640,000	일반									
34	MV-508	27	9,510,000	MVG									
35	MV-509	24	8,450,000	MVG									
36	MV-510	18	6,340,000	골드									

01 [표1]에서 중간평가, 기말평가의 합이 190 이상이고, 출석점수 90 이상이면 '장학생', 그 외는 공백으로 결과[F3:F10] 영역에 표시하시오. (8점)

▶ IF, AND, SUM 함수 사용

02 [표2]의 반찬코드[H3:H10]의 마지막 숫자를 이용하여 <코드별 실습요일> 표를 참조하여 실습요일을 [J3:J10] 영역에 표시하시오. (8점)

▶ VLOOKUP, RIGHT 함수 사용

03 [표3]에서 주민등록번호[C14:C23]에서 하이픈(-)의 다음 문자가 2 이하이면 '19', 그 외는 '20'을 년도에 붙여서 생년월일을 [D14:D23] 영역에 표시하시오. (8점)

▶ [표시 예 : 920222-104**** → 1992년02월22일]
▶ IF, MID, LEFT 함수와 & 연산자 사용

04 [표4]의 상품코드[H14:H21] 왼쪽의 한 글자를 이용하여 〈구분표〉를 참조하여 구분[K14:K21] 영역에 표시하시오. (8점)

▶ 상품코드의 'S'로 시작하면 '꽃상자', 'N'으로 시작하면 '화분', 'M'으로 시작하면 '분재'로 표시
▶ S, N, M으로 시작하지 않는 경우에는 '코드오류'로 표시
▶ IFERROR, HLOOKUP, LEFT 함수 사용

05 [표5]의 총결제액[C27:C36] 영역의 순위를 구하여 고객등급을 [D27:D36] 영역에 표시하시오. (8점)

▶ 순위가 1~2등은 'MVG', 3~5등은 '골드', 그 외는 '일반'으로 표시
▶ CHOOSE, RANK.EQ 함수 사용

해설

① 결과[F3:F10]

[F3] 셀에 =IF(AND(SUM(C3:D3)>=190,E3>=90),"장학생","")를 입력하고 [F10] 셀까지 수식을 복사한다.

💬 **함수 설명**

=IF(AND(SUM(C3:D3)>=190,E3>=90),"장학생","")
         ①
      ②

① SUM(C3:D3) : [C3:D3] 영역의 합계를 구함
② AND(①>=190,E3>=90) : ①의 값이 190 이상이고, [E3] 셀의 값이 90 이상이면 TRUE 값이 반환

=IF(②,"장학생","") : ②의 값이 TRUE 이면 '장학생', 그 외는 공백으로 표시

② 실습요일[J3:J10]

[J3] 셀에 =VLOOKUP(RIGHT(H3,1),$L$3:$M$10,2,FALSE)를 입력하고 [J10] 셀까지 수식을 복사한다.

💬 **함수 설명**

=VLOOKUP(RIGHT(H3,1),$L$3:$M$10,2,FALSE)
              ①

① RIGHT(H3,1) : [H3] 셀에서 오른쪽에서 한 글자를 추출함

=VLOOKUP(①,$L$3:$M$10,2,FALSE) : ①의 값을 [L3:M10] 영역의 첫 번째 열에서 찾아 2번째 열에서 정확하게 일치하는 값을 찾아옴

03 생년월일[D14:D23]

[D14] 셀에 =IF(MID(C14,8,1)<="2","19","20")&LEFT(C14,2)&"년"&MID(C14,3,2)&"월"&MID(C14,5,2)&"일"를 입력하고 [D23] 셀까지 수식을 복사한다.

> **함수 설명**
>
> =IF(<u>MID(C14,8,1)</u><="2","19","20")&<u>LEFT(C14,2)</u>&"년"&<u>MID</u>
> ① ②
> <u>MID(C14,3,2)</u>&"월"&<u>MID(C14,5,2)</u>&"일"
> ③ ④
>
> ① MID(C14,8,1) : [C14] 셀에서 8번째부터 시작하여 1글자를 추출
> ② LEFT(C14,2) : [C14] 셀에서 왼쪽에서 2글자를 추출
> ③ MID(C14,3,2) : [C14] 셀에서 3번째부터 시작하여 2글자를 추출
> ④ MID(C14,5,2) : [C14] 셀에서 5번째부터 시작하여 2글자를 추출
>
> =IF(①<="2","19","20")&②&"년"&③&"월"&④&"일" : ①의 값이 문자 2이하이면 '19②년③월④일', 그 외로 '20②년③월④일' 으로 표시

04 구분[K14:K21]

[K14] 셀에 =IFERROR(HLOOKUP(LEFT(H14,1),$I$24:$K$25,2,FALSE),"코드오류")를 입력하고 [K21] 셀까지 수식을 복사한다.

> **함수 설명**
>
> =IFERROR(<u>HLOOKUP(LEFT(H14,1),$I$24:$K$25,2,FALSE)</u>,
> ①
> ②
> "코드오류")
>
> ① LEFT(H14,1) : [H14] 셀에서 왼쪽에서부터 1글자를 추출함
> ② HLOOKUP(①,$I$24:$K$25,2,FALSE) : ①의 값을 [I24:K25] 영역의 첫 번째 행에서 찾아 2번째 행에서 정확하게 일치하는 값을 찾음
>
> =IFERROR(②,"코드오류") : ②의 값에 오류가 있다면 '코드오류'로 표시

05 고객등급[D27:D36]

[D27] 셀에 =CHOOSE(RANK.EQ(C27,$C$27:$C$36),"MVG","MVG","골드","골드","골드","일반","일반","일반","일반","일반")를 입력하고 [D36] 셀까지 수식을 복사한다.

> **함수 설명**
>
> =CHOOSE(<u>RANK.EQ(C27,$C$27:$C$36)</u>,"MVG","MVG",
> ①
> "골드","골드","골드","일반","일반","일반","일반","일반")
>
> ① RANK.EQ(C27,$C$27:$C$36) : [C27] 셀의 값이 [C27:C36] 영역에서 몇 등인지 순위를 구함
>
> =CHOOSE(①,"MVG","MVG","골드","골드","골드","일반","일반","일반","일반","일반") : ①의 값이 1이면 'MVG', 2이면 'MVG', 3이면 '골드', 4이면 '골드', 5이면 '골드', 6이면 '일반', ... 으로 10등까지 표시

계산작업 문제 09회

작업파일 [26컴활2급₩계산작업] 폴더의 '계산작업' 파일을 열어서 작업하시오.

	A	B	C	D	E	F	G	H	I	J
1	[표1]	온라인 요리 수강 현황				[표2]	가구제품 구매등록 현황			
2	과목	분류	결제방법	총수강료		제품코드	가구명	가격	기타	구매등록일
3	디자인케이크	제과제빵	카드	1,250,000		220628D	독서실 책상	369,000	E0(친환경)	2022-06-28
4	건강쿠키	제과제빵	현금	1,000,000		210405B	헤이즐 침대	745,000	E0목재	2021-04-05
5	혼밥요리	한식	카드	1,340,000		210513S	3인 소파	1,860,000	패브릭	2021-05-13
6	쌀베이킹	제과제빵	카드	1,090,000		230122B	수납형 침대	419,000	E0(친환경)	2023-01-22
7	나만의커피	음료	현금	1,290,000		191230D	5단 책상세트	499,000	E0(친환경)	2019-12-30
8	매일반찬	제과제빵	카드	1,150,000		201206C	알렉스 의자	189,000	헤드레스트포함	2020-12-06
9	홈샌드위치	한식	카드	1,320,000		241210D	그로잉 책상	149,000	책상단품	2024-12-10
10	홈칵테일	음료	현금	1,330,000		220312B	침대 프레임 SS	315,000	E0(친환경)	2022-03-12
11		제과제빵 카드 수강료 합계		3,490,000		241223D	슬라이딩책장	249,000	E0(친환경)	2024-12-23
12					❶					❷
13	[표3]	반려견 간식 판매현황				[표4]	한가위 선물세트 판매현황			
14	간식명	분류	판매수량	통조림 비율		선물세트명	판매량			기타
15	닭가슴살 캔	통조림	121	42%			22년	23년	24년	
16	페디그리 캔	통조림	88		❸	곶감 세트	186	198	193	편차큼
17	굿프랜드	개껌	104			한과 세트	184	187	192	
18	헬로도기	통조림	82			멸치 세트	188	187	197	편차큼
19	연근오리칩	비스킷	79			조미김 세트	187	188	193	
20	덴탈라이프	개껌	93			사과/배 세트	191	190	194	
21	퍼피프랜드	통조림	113			굴비 세트	190	191	193	
22	말티즈 펫욱	육포	90			갈비 세트	186	188	205	편차큼
23	우유껌	개껌	103							
24	칼슘본 사사미	비스킷	85							
25										
26	[표5]	도서 할인 가격								
27	출판일	도서명		정가	판매가	❺				
28	2021-06-08	완전한 행복		15,800	14,220					
29	2020-07-08	달러구트 꿈 백화점		13,800	12,420					
30	2019-10-04	부의 인문학		13,500	12,015					
31	2014-11-17	미움받을 용기		14,900	12,963					
32	2016-02-22	미라클모닝		12,000	10,560					
33	2021-04-28	소크라테스 익스프레소		18,000	16,200					
34	2021-04-28	미드나잇 라이브러리		15,800	14,220					
35	2020-06-30	기분이 태도가 되지 않게		14,000	12,600					
36	2015-11-24	사피엔스		22,000	19,360					
37	2018-10-20	이기적 유전자		20,000	17,800					
38										
39	<할인율표>									
40	출판	2013년 이상	2015년 이상	2018년 이상	2020년 이상					
41	연도	2015년 미만	2018년 미만	2020년 미만						
42	할인율	13%	12%	11%	10%					

01 [표1]에서 분류가 '제과제빵'이고, 결제방법이 '카드'인 총수강료의 합계를 [D11] 셀에 표시하시오. (8점)
▶ SUMIFS 함수 사용

02 [표2]의 제품코드[F3:F11]의 왼쪽의 6글자를 이용하여 구매등록일을 [J3:J11] 영역에 표시하시오. (8점)
- ▶ 제품코드의 왼쪽 6글자는 년도(2자리), 월(2자리), 일(2자리)를 표시
- ▶ 년도에 2000을 더하여 표시
- ▶ DATE, LEFT, MID 함수 사용

03 [표3]에서 분류가 '통조림'에 해당한 판매수량의 비율을 [D15] 셀에 표시하시오. (8점)
- ▶ 통조림비율 = '통조림'의 합계/전체 합계
- ▶ SUMIF, SUM 함수 사용

04 [표4]에서 선물세트명별 22~24년 판매량의 표준편차 값이 전체 판매량의 표준편차 값보다 크면 '편차큼', 그 외는 공백으로 기타[J16:J22] 영역에 표시하시오. (8점)
- ▶ IF, STDEV.S 함수 사용

05 [표5]에서 출판일의 년도를 이용하여 〈할인율표〉를 참조하여 할인율을 찾아 정가에서 할인율을 뺀 금액을 판매가[E28:E37] 영역에 표시하시오. (8점)
- ▶ 출판년도가 2013년~2015년 미만은 13%, 2015년~2018년 미만은 12%, 2018년~2020년 미만은 11%, 2020년 이상은 10% 할인
- ▶ HLOOKUP, YEAR 함수 사용

해설

01 수강료 합계[D11]

[D11] 셀에 =SUMIFS(D3:D10,B3:B10,"제과제빵",C3:C10,"카드")를 입력한다.

> **함수 설명**
> [B3:B10] 영역에서 '제과제빵'이고, [C3:C10] 영역에서 '카드'인 데이터의 같은 행의 [D3:D10] 영역에서 합계를 구함

02 구매등록일[J3:J11]

[J3] 셀에 =DATE(2000+LEFT(F3,2),MID(F3,3,2),MID(F3,5,2))를 입력하고 [J11] 셀까지 수식을 복사한다.

> **함수 설명**
> =DATE(2000+LEFT(F3,2),MID(F3,3,2),MID(F3,5,2))
>   ①   ②   ③
> ① LEFT(F3,2) : [F3] 셀에서 왼쪽의 2글자를 추출
> ② MID(F3,3,2) : [F3] 셀의 왼쪽에서 3번째에서 시작하여 2글자를 추출
> ③ MID(F3,5,2) : [F3] 셀의 왼쪽에서 5번째에서 시작하여 2글자를 추출
>
> =DATE(2000+①,②,③) : 년(2000+①), 월(②), 일(③)을 넣어 날짜 형식으로 표시

③ 통조림 비율[D15]

[D15] 셀에 =SUMIF(B15:B24,"통조림",C15:C24)/SUM(C15:C24)를 입력한다.

> **함수 설명**
> =SUMIF(B15:B24,"통조림",C15:C24)/SUM(C15:C24)
>   ①   ②
> ① SUMIF(B15:B24,"통조림",C15:C24) : [B15:B24] 영역에서 '통조림'을 찾아 [C15:C24] 영역에서 합계를 구함
> ② SUM(C15:C24) : [C15:C24] 영역의 합계를 구함

④ 기타[J16:J22]

[J16] 셀에 =IF(STDEV.S(G16:I16)>STDEV.S($G$16:$I$22),"편차큼","")를 입력하고 [J22] 셀까지 수식을 복사한다.

> **함수 설명**
> =IF(STDEV.S(G16:I16)>STDEV.S($G$16:$I$22),"편차큼","")
>   ①   ②
> ① STDEV.S(G16:I16) : [G16:I16] 영역의 표준편차를 구함
> ② STDEV.S($G$16:$I$22) : [G16:I22] 영역의 표준편차를 구함
>
> =IF(①>②,"편차큼","") : ①의 값이 ② 보다 클 경우 '편차큼'을 표시하고, 그 외는 공백으로 표시

⑤ 판매가[E28:E37]

[E28] 셀에 =D28*(1-HLOOKUP(YEAR(A28),$B$40:$E$42,3,TRUE))를 입력하고 [E37] 셀까지 수식을 복사한다.

> **함수 설명**
>   ①
> =D28*(1-HLOOKUP(YEAR(A28),$B$40:$E$42,3,TRUE))
>   ②
> ① YEAR(A28) : [A28] 셀에서 연도를 구함
> ② HLOOKUP(①,$B$40:$E$42,3,TRUE) : ①의 값을 [B40:E42] 영역의 첫 번째 행에서 값을 찾아 3번째 행에서 값을 추출함
>
> =D28*(1-②) 또는 D28-D28*② 으로 작성해도 계산의 결과는 동일

계산작업 문제 10회

작업파일 [26컴활2급₩계산작업] 폴더의 '계산작업' 파일을 열어서 작업하시오.

	A	B	C	D	E	F	G	H	I	J	K	L	M
1	[표1]	사무실 근무현황					[표2]	모의고사 성적표					
2	사원명	결근	지각	조퇴	비고		학생명	성별	영어	수학	국어	평균	
3	박성령	0	1	1			전성훈	남	85	90	88	87.7	
4	지우진	0	2	0			민서윤	여	94	88	92	91.3	
5	민서라	1	2	1	주의		강한나	여	80	78	92	83.3	
6	정아영	0	2	1			정채희	여	90	92	85	89.0	
7	안영재	0	0	1			이중환	남	96	89	91	92.0	
8	이석훈	2	1	1	주의		김선영	여	75	96	85	85.3	
9	김우희	1	2	0			이서연	여	80	87	75	80.7	
10	박초온	0	1	2			박종훈	남	90	93	87	90.0	
11	성미령	1	1	2	주의		최희정	여	87	78	92	85.7	
12	최성훈	0	2	1				남학생 최고-최저 평균차이				4.4	
13					❶							❷	
14													
15	[표3]	직원 근무시간 집계					[표4]	가전제품 판매현황		(단위:천원)			
16	근무일	근무시간	초과근무시간	초과근무누적합계			제품코드	제품명	판매량	판매금액		<제품 단가표>	
17	02월 01일	145	10				WAS-20	세탁기A	100	75,000		제품번호	단가
18	02월 02일	160	25				DRY-20	건조기B	100	80,000		WAS-A	750
19	02월 03일	150	25	보통			WSM-15	세탁기C	100	85,000		DRY-B	800
20	02월 04일	160	30	보통			WAS-30	세탁기A	125	93,750		WSM-C	850
21	02월 05일	155	35	과다			WSM-25	세탁기C	110	93,500			
22	02월 06일	170	40	과다			DRY-40	건조기B	125	100,000			
23	02월 07일	165	45	경고			WAS-40	세탁기A	105	78,750			
24					❸					❹			
25	[표5]	신입사원 연수평가결과											
26	사원명	연수점수	평가등급	소속팀평가	총점		<가산비율표>						
27	전수민	90	A	인사팀=15점	114		평가등급	A	B	C	D		
28	이규진	89	B	영업팀=10점	106		가산비율	10%	8%	5%	2%		
29	임지호	78	C	개발팀=20점	102								
30	서민준	92	A	인사팀=15점	116								
31	고우람	89	C	개발팀=20점	113								
32	민설현	92	B	영업팀=10점	109								
33	최중호	88	C	개발팀=20점	112								
34	박정환	94	A	영업팀=10점	113								
35	김민지	87	D	인사팀=15점	104								
36					❺								

❶ [표1]에서 결근, 지각, 조퇴가 1회 이상 모두 있다면 '주의', 그 외는 공백으로 비고[E3:E12] 영역에 표시하시오. (8점)

▶ IF, COUNTIF 함수 사용

❷ [표2]에서 남학생의 평균의 최고 점수와 최저 점수의 차이값을 올림하여 소수점 이하 1자리로 [L12] 셀에 표시하시오. (8점)

▶ 조건은 [H2:H3] 영역을 참조
▶ ROUNDUP, DMAX, DMIN 함수 사용

03 [표3]의 초과근무시간[D17:D23]의 누적 초과근무시간의 합이 50 이상이면 '보통', 120 이상이면 '과다', 200 이상이면 '경고', 50 미만이면 공백으로 초과근무누적합계[D17:D23] 영역에 표시하시오. (8점)
▶ IF, SUM 함수 사용

04 [표4]의 제품코드[G17:G23]의 왼쪽의 4글자와 제품명[H17:H23]의 마지막 문자를 조합하여 제품번호를 만들어 〈제품 단가표〉를 참조하여 판매금액[J17:J23] 영역에 표시하시오. (8점)
▶ 판매금액 = 판매량 × 단가
▶ VLOOKUP, LEFT, RIGHT 함수와 & 연산자 사용

05 [표5]의 연수점수[B27:B35]에 가산비율과 소속팀평가[D27:D35]를 더하여 총점[E27:E35] 영역에 표시하시오. (8점)
▶ 가산비율은 평가등급이 'A'이면 10%, 'B'이면 8%, 'C'이면 5%, 'D'이면 2%
▶ 소속팀평가는 '인사팀=15점'에서 15를 의미함
▶ 총점 = 연수점수 × (1 + 가산비율) + 소속팀평가 점수
▶ HLOOKUP, MID 함수 사용

해설

01 비고[E3:E12]

[E3] 셀에 =IF(COUNTIF(B3:D3,">=1")=3,"주의","")를 입력하고 [E12] 셀까지 수식을 복사한다.

> **함수 설명**
> =IF(COUNTIF(B3:D3,">=1")=3,"주의","")
>   ①
> ① COUNTIF(B3:D3,">=1") : [B3:D3] 영역에서 1 이상인 셀의 개수를 구함
>
> =IF(①=3,"주의","") : ①의 값이 3이면 '주의', 그 외는 공백으로 표시

02 평균차이[L12]

[L12] 셀에 =ROUNDUP(DMAX(G2:L11,6,H2:H3)-DMIN(G2:L11,6, H2:H3),1)를 입력한다.

> **함수 설명**
> =ROUNDUP(DMAX(G2:L11,6,H2:H3)-DMIN(G2:L11,6,H2:H3),1)
>   ①   ②
> ① DMAX(G2:L11,6,H2:H3) : [G2:L11] 영역에서 [H2:H3] 조건에 만족한 데이터를 6번째 열(평균)의 최대값을 구함
> ② DMIN(G2:L11,6,H2:H3) : [G2:L11] 영역에서 [H2:H3] 조건에 만족한 데이터를 6번째 열(평균)의 최소값을 구함
>
> =ROUNDUP(①-②,1) : ①-②의 값을 올림하여 소수점 이하 1자리까지 표시

03 초과근무누적합계[D17:D23]

[D17] 셀에 =IF(SUM($C$17:C17)>=200,"경고", IF(SUM($C$17: C17)>=120,"과다",IF(SUM($C$17:C17)>=50,"보통"," ")))를 입력하고 [D23] 셀까지 수식을 복사한다.

> **함수 설명**
>
> =IF(SUM($C$17:C17))=200,"경고",IF(SUM($C$17:C17))=120,
>   ①   ①
> "과다",IF(SUM($C$17:C17))=50,"보통",""))))
>   ①
>
> ① SUM($C$17:C17) : [C17] 셀부터 시작하여 [C17] 셀까지 합계를 구함(수식을 복사하면 [C17] 셀은 고정이 되어 있어서 [C17:C18], [C17:C19], … 으로 누적 합계를 구함)
>
> =IF(①)=200,"경고",IF(①)=120,"과다",IF(①)=50,"보통","")))
> : ①의 값이 200 이상이면 '경고', 120 이상이면 '과다', 50 이상이면 '보통', 그 외는 공백으로 표시
> (50부터 비교하면 '보통', '공백'만 표시되고, 120과 200은 50보다 크거나 같은 값이라서 모두 '보통'으로 표시됨)

04 판매금액[J17:J23]

[J17] 셀에 =VLOOKUP(LEFT(G17,4)&RIGHT(H17,1),$L$18: $M$20,2,0)*I17를 입력하고 [J23] 셀까지 수식을 복사한다.

> **함수 설명**
>
>   ①   ②
> =VLOOKUP(LEFT(G17,4)&RIGHT(H17,1),$L$18:$M$20,2,
>   ③
> 0)*I17
>
> ① LEFT(G17,4) : [G17] 셀에서 왼쪽에서부터 4글자를 추출함
> ② RIGHT(H17,1) : [H17] 셀에서 오른쪽에서부터 1글자를 추출함
> ③ VLOOKUP(①&②,$L$18:$M$20,2,0) : ①&②의 값을 [L18:M20] 영역의 첫 번째 열에서 찾아 2번째 열에서 정확하게 일치하는 값을 찾아옴
>
> =③*I17 : ③(단가)*[I17] 판매량

05 총점[E27:E35]

[E27] 셀에 =B27*(1+HLOOKUP(C27,$H$27:$K$28,2,FALSE))+ MID(D27,5,2)를 입력하고 [E35] 셀까지 수식을 복사한다.

> **함수 설명**
>
> =B27*(1+HLOOKUP(C27,$H$27:$K$28,2,FALSE))+MID
>   ①
> (D27,5,2)
>   ②
>
> ① HLOOKUP(C27,$H$27:$K$28,2,FALSE) : [C27] 셀의 값을 [H27:K28] 영역의 첫 번째 행에서 찾아 2번째 행에서 정확하게 일치하는 값을 찾아옴
> ② MID(D27,5,2) : [D27] 셀에서 5번째부터 시작하여 2글자를 추출함
>
> =B27*(1+①)+② 또는 =B27+(B27*①)+②로 계산이 가능함

이기적과 함께 또, 기적
또, 합격

이기적 강의는
무조건 0원!

이기적 영진닷컴

공부하다가
궁금한 사항은?

이기적 스터디 카페

이렇게
기막힌
적중률

컴퓨터활용능력
2급 실기 기본서
2권·문제집

"이" 한 권으로 합격의 "기적"을 경험하세요!

PART 01

상시 기출문제

상시 기출문제

자동 채점 서비스(웹 용)

① comlicense.co.kr 접속
② '도서' 확인 후, [채점하기] 클릭
③ '회차'와 '채점할 파일' 선택
④ [채점시작] 클릭

상시 기출문제 01회

작업파일 [26컴활2급₩상시기출문제] 폴더의 '상시기출문제1회' 파일을 열어서 작업하시오.

문제 ❶ 기본작업 | 주어진 시트에서 다음 과정을 수행하고 저장하시오. 20점

01 '기본작업-1' 시트에 다음의 자료를 주어진 대로 입력하시오. (5점)

	A	B	C	D	E	F
1	대학 학과별 학생 및 교원 현황					
2						
3	학과코드	학과명	전체 학생수	전체교원	정원/전임(겸임)	전임비율
4	FW-54800	전자공학과	170	8명	8/3(5)	0.37
5	LM-46035	건축공학과	174	6명	6/5(1)	0.83
6	SU-87521	기계공학과	126	9명	9/3(6)	0.33
7	AM-86358	화학공학과	171	7명	7/4(3)	0.57
8	LS-14290	물리학과	131	6명	6/6(0)	1
9	RO-43819	환경공학과	175	8명	8/7(1)	0.87
10	FS-71285	수학과	225	6명	6/5(1)	0.83
11						

02 '기본작업-2' 시트에 대하여 다음의 지시사항을 처리하시오. (각 2점)

① [A1:F1] 영역은 '병합하고 가운데 맞춤', 글꼴 '새굴림', 글꼴 크기 '16', 글꼴 스타일 '굵게'로 지정하시오.

② [A3:F3], [A4:B11] 영역은 '가로 가운데 맞춤', [A12:E12] 영역은 '병합하고 가운데 맞춤'을 지정하고, [A3:F3] 영역은 셀 스타일 '녹색, 강조색6'을 적용하시오.

③ [C4:D11] 영역은 사용자 지정 서식을 이용하여 천 단위 구분 기호와 '개'를 붙여서 표시하고, [F4:F12] 영역은 천 단위 구분 기호와 천 단위로 표시하고 '천원'을 붙여서 [표시 예]와 같이 표시하시오. [표시 예 : 1234 → 1,234개, 0 → 0개, 450936576 → 450,937천원]

④ [B4:B11] 영역의 이름을 '제품명'으로 정의하시오.

⑤ [A3:F12] 영역에 '모든 테두리'(田)를 적용한 후 '굵은 바깥쪽 테두리'(田)를 적용하여 표시하시오.

03 '기본작업-3' 시트에서 다음의 지시사항을 처리하시오. (5점)

[A4:I18] 영역에 대해 습도(%)가 '50' 이하이면서 바람속도(m/s)가 '4' 이상인 행 전체의 글꼴 색을 '표준 색 – 파랑', 글꼴 스타일을 '굵은 기울임꼴'을 지정하는 조건부 서식을 작성하시오.

▶ AND 함수 사용
▶ 단, 규칙 유형은 '수식을 사용하여 서식을 지정할 셀 결정'을 사용하고, 한 개의 규칙으로만 작성하시오.

문제 ❷ 계산작업 | '계산작업' 시트에서 다음 과정을 수행하고 저장하시오.   40점

01 [표1]에서 가입일[C3:C9]이 2022년 이전인 고객에게 "특별할인쿠폰"을 표시하고, 그렇지 않으면 공백으로 비고[D3:D9]에 표시하시오. (8점)

▶ IF, YEAR 함수 사용

02 [표2]에서 정기권구분[H3:H9]과 개월[I3:I9], 자전거요금표[G12:K15]를 이용하여 대여금액[J3:J9]을 계산하시오. (8점)

▶ INDEX, MATCH, LEFT 함수 사용

03 [표3]에서 강수확률[D14:D21]이 50% 이상이고, 풍속[C14:C21]이 3.0m/s 이상인 도시의 수를 [D23] 셀에 계산하시오. (8점)

▶ SUMIFS, COUNTIFS, AVERAGEIFS 중 알맞은 함수 사용

04 [표4]에서 지역코드[G19:G26]와 사용량[J19:J26]을 이용하여 점검[K19:K26] 영역에 다음과 같이 표시하시오. (8점)

▶ 지역코드가 "D"로 시작하고 사용량이 200이상이면 "수도관 확인" 표시하고, 나머지는 공백을 표시
▶ IF, IFERROR, AND, FIND 함수

05 [표5]에서 혈중알코올농도(%)[B28:B36]에 따른 처벌 기준을 [E28:E36] 영역에 계산하시오. (8점)

▶ 0.03% 미만이면 공백으로 표시하고, 0.03 이상 0.08 미만 이면 '주의', 0.08 이상 0.15 미만이면 '면허정지', 0.15이상 이면 '면허취소' 표시
▶ IFS 함수 사용

문제 ❸ 분석작업 | 주어진 시트에서 다음 과정을 수행하고 저장하시오. 20점

01 '분석작업-1' 시트에 대하여 다음의 지시사항을 처리하시오. (10점)

[부분합] 기능을 이용하여 '수질오염 검사'표에 그림과 같이 검사번호의 개수와 지역별로 '오염농도(mg/L)', 'pH값'의 평균을 계산하시오.

▶ '지역'은 '서울-인천-대전-부산' 순으로 정렬하시오.
▶ 개수와 평균의 값은 각각 하나의 행에 표시하고, 개수와 평균은 위에 명시된 순서대로 처리하시오.
▶ 개요는 지우고, 표 서식의 '녹색, 표 스타일 밝게 14' 서식을 적용하시오.

	A	B	C	D	E	F	G	H
1	수질오염 검사							
2								
3	검사번호	지역	오염종류	오염농도(mg/L)	수질상태	검사기관	pH값	적합여부
4	W001	서울	질소화합물	1.2	불량	환경청	6.8	부적합
5	W004	서울	유기물질	3	불량	수질연구소	6.9	부적합
6	W008	서울	유기물질	4	불량	수질연구소	6.5	부적합
7	W012	서울	유기물질	2.5	불량	수질연구소	6.6	부적합
8		서울 평균		2.675			6.7	
9	4	서울 개수						
10	W005	인천	질소화합물	0.5	양호	환경청	7.2	적합
11	W009	인천	질소화합물	0.7	양호	환경청	7	적합
12		인천 평균		0.6			7.1	
13	2	인천 개수						
14	W003	대전	인공화학물질	0.8	불량	환경청	6.5	부적합
15	W006	대전	중금속	0.01	양호	수질연구소	7.4	적합
16	W010	대전	중금속	0.03	양호	수질연구소	7.3	적합
17		대전 평균		0.28			7.066666667	
18	3	대전 개수						
19	W002	부산	중금속	0.05	양호	수질연구소	7.1	적합
20	W007	부산	인공화학물질	1.1	불량	환경청	6.7	부적합
21	W011	부산	인공화학물질	0.9	불량	환경청	6.8	부적합
22		부산 평균		0.683333333			6.866666667	
23	3	부산 개수						
24		전체 평균		1.2325			6.9	
25	12	전체 개수						

02 '분석작업-2' 시트에 대하여 다음의 지시사항을 처리하시오. (10점)

'수도 사용량' 표를 이용하여 지역은 '행 레이블'로 처리하고, 설치 위치는 '열 레이블', 값에는 사용량(m^3)의 합계와 청구금액의 평균을 계산하는 피벗 테이블을 작성하시오.

▶ 피벗 테이블의 보고서는 동일 시트의 [I3] 셀에서 시작하시오.
▶ 청구금액의 평균 서식은 1000 단위 구분 기호를 사용하시오.
▶ 보고서 레이아웃은 '개요 형식'으로 지정하고, 총합계는 열의 총합계만 표시하고, '레이블이 있는 셀 병합 및 가운데 맞춤'과 빈 셀에는 ＊를 표시하시오.
▶ 피벗 테이블 스타일은 '연한 녹색, 피벗 스타일 밝게 21' 서식을 적용하시오.

문제 ④ 기타작업 | 주어진 시트에서 다음 과정을 수행하고 저장하시오. 20점

01 '매크로작업' 시트의 [표]에서 다음과 같은 기능을 수행하는 매크로를 현재 통합 문서에 작성하고 실행하시오. (각 5점)

① [F4:F15] 영역에 소요시간을 계산하는 매크로를 생성하여 실행하시오.
  ▶ 매크로 이름 : 소요시간
  ▶ 소요시간 = 완료시간 − 출동시간
  ▶ [개발 도구]-[컨트롤]-[삽입]-[양식 컨트롤]의 '단추(□)'를 동일 시트의 [H3:I4] 영역에 생성하고, 텍스트를 '소요시간' 으로 입력한 후 단추를 클릭할 때 '소요시간' 매크로가 실행되도록 설정하시오.

② [A3:F3] 영역에 가로 가운데 맞춤, 채우기 색 '표준 색-자주', 글꼴 색 '흰색, 배경1' 서식을 적용하는 매크로를 생성하여 실행하시오.
  ▶ 매크로 이름 : 서식
  ▶ [삽입]-[일러스트레이션]-[도형]-[기본 도형]의 '배지(◯)'를 동일 시트의 [H6:I7] 영역에 생성하고, 텍스트를 '서식'으로 입력한 후 도형을 클릭할 때 '서식' 매크로가 실행되도록 설정하시오.

  ※ 셀 포인터의 위치에 상관없이 현재 통합문서에서 매크로가 실행되어야 정답으로 인정됨

02 '차트작업' 시트의 차트를 지시사항에 따라 아래 그림과 같이 수정하시오. (각 2점)

  ※ 차트는 반드시 문제에서 제공한 차트를 사용하여야 하며, 신규로 작성 시 0점 처리됨

① 차트 종류를 '누적 세로 막대형'으로 변경하고 '스티로폼' 계열은 제거되도록 데이터 범위를 수정하시오.
② 차트 제목은 '차트 위'로 지정한 후 [B1] 셀과 연동하고 글꼴 크기를 18로 지정하시오.
③ 범례는 오른쪽에 배치하고, 세로 (값) 축의 최소값 0, 최대값 500, 기본 단위 100 으로 설정하시오.
④ 레이블은 '캔고철류'에만 표시하고, '글꼴 색 − 흰색, 배경1'로 설정하시오.
⑤ 차트 영역의 테두리에는 '둥근 모서리'를 설정하고 너비를 '1pt'로 설정하시오.

상시 기출문제 01회 정답

문제 ❶ 기본작업

01 자료 입력

	A	B	C	D	E	F	G
1	대학 학과별 학생 및 교원 현황						
2							
3	학과코드	학과명	전체 학생수	전체교원	정원/전임(겸임)	전임비율	
4	FW-54800	전자공학과	170	8명	8/3(5)	0.37	
5	LM-46035	건축공학과	174	6명	6/5(1)	0.83	
6	SU-87521	기계공학과	126	9명	9/3(6)	0.33	
7	AM-86358	화학공학과	171	7명	7/4(3)	0.57	
8	LS-14290	물리학과	131	6명	6/6(0)	1	
9	RO-43819	환경공학과	175	8명	8/7(1)	0.87	
10	FS-71285	수학과	225	6명	6/5(1)	0.83	
11							

02 서식 지정

	A	B	C	D	E	F	G
1			제품별 판매 현황				
2							
3	제품코드	제품명	판매량	재고량	가격	총매출	
4	P-9707	노트북	2,736개	246개	164,816	450,937천원	
5	P-2163	데스크탑	3,103개	137개	11,452	35,536천원	
6	P-5568	모니터	3,865개	392개	24,726	95,566천원	
7	P-1587	키보드	3,113개	218개	239,257	744,807천원	
8	P-9884	마우스	4,234개	471개	72,082	305,195천원	
9	P-9825	프린터	4,477개	154개	59,307	265,517천원	
10	P-5200	스캐너	3,467개	158개	235,925	817,952천원	
11	P-7359	헤드셋	4,338개	428개	79,168	343,431천원	
12			합계			3,058,941천원	
13							

03 조건부 서식

	A	B	C	D	E	F	G	H	I	J
1	기상 데이터 관리									
2										
3	지역	날짜	기온(°C)	습도(%)	바람속도(m/s)	기압(hPa)	강수량(mm)	일출시간	일몰시간	
4	서울	2026-03-01	15	65	3.5	1012	0	6:30	18:15	
5	*부산*	*2026-03-01*	*18*	*45*	*4.2*	*1010*	*2*	*6:40*	*18:20*	
6	대전	2026-03-01	16	60	2.8	1011	0.5	6:35	18:10	
7	대구	2026-03-01	20	75	3	1013	1	6:45	18:25	
8	인천	2026-03-01	14	80	2.5	1010	0	6:20	18:00	
9	광주	2026-03-01	17	68	3.3	1012	0.1	6:25	18:05	
10	*울산*	*2026-03-01*	*19*	*50*	*4*	*1011*	*0*	*6:38*	*18:18*	
11	수원	2026-03-01	16	69	3.1	1012	0	6:30	18:10	
12	강릉	2026-03-01	18	65	3.7	1014	0	6:32	18:12	
13	제주	2026-03-01	21	77	5	1010	3	6:50	18:30	
14	여수	2026-03-01	22	79	3.8	1013	2	6:55	18:35	
15	*창원*	*2026-03-01*	*20*	*48*	*4.3*	*1011*	*0.5*	*6:40*	*18:25*	
16	원주	2026-03-01	13	70	2.6	1012	0	6:15	17:55	
17	평택	2026-03-01	14	68	3.2	1011	0.2	6:20	18:00	
18	청주	2026-03-01	19	66	3	1012	0	6:35	18:15	
19										

문제 ❷ 계산작업

01 비고

	A	B	C	D	E
1	[표1]				
2	고객ID	구매금액	가입일	비고	
3	A1234	1,500,000	2022-05-12	특별할인쿠폰	
4	B5678	800,000	2021-08-24	특별할인쿠폰	
5	A9101	2,100,000	2023-03-01		
6	D1122	1,200,000	2020-11-10	특별할인쿠폰	
7	E3145	950,000	2024-07-30		
8	F5679	3,000,000	2023-01-30		
9	A8012	2,500,000	2021-07-15	특별할인쿠폰	
10					

[D3] 셀에 「=IF(YEAR(C3)<=2022,"특별할인쿠폰","")」를 입력하고 [D9] 셀까지 수식 복사

02 대여금액

	G	H	I	J	K	L
1	[표2]					
2	성명	정기권구분	개월	대여금액		
3	김미정	학생정기권	1	10,000		
4	서진수	일반정기권	6	75,000		
5	박주영	일반정기권	6	75,000		
6	원영현	학생정기권	12	90,000		
7	오선영	일반정기권	3	40,000		
8	최온미	학생정기권	3	27,000		
9	박진희	전기자전거	6	120,000		
10						
11	자전거요금표					
12	구분	1	3	6	12	
13	일반	15,000	40,000	75,000	140,000	
14	학생	10,000	27,000	50,000	90,000	
15	전기	25,000	65,000	120,000	220,000	
16						

[J3] 셀에 「=INDEX($H$13:$K$15,MATCH(LEFT(H3,2),$G$13:$G$15,0),MATCH(I3,$H$12:$K$12,1))」를 입력하고 [J9] 셀까지 수식 복사

03 강수확률/풍속 개수

	A	B	C	D	E
12	[표3]				
13	도시	기온	풍속(m/s)	강수확률(%)	
14	서울	15	2.5	10	
15	부산	22	3.5	80	
16	대전	18	2	20	
17	인천	12	4	90	
18	제주	24	3	5	
19	강릉	20	3	50	
20	광주	27	2.8	75	
21	대구	30	4.5	10	
22					
23			강수확률/풍속 개수	3	
24					

[D23] 셀에 「=COUNTIFS(D14:D21,">=50",C14:C21,">=3.0")」를 입력

04 점검

	G	H	I	J	K
17	[표4]				
18	지역코드	주소	나이	사용량(㎡)	점검
19	D215	옥산리	75	200	수도관 확인
20	A015	시산리	45	30	
21	B432	쌍계리	58	50	
22	C113	금평리	68	100	
23	D125	중안리	81	250	수도관 확인
24	D073	전암리	73	10	
25	A048	양산천	48	70	
26	D090	도고리	90	40	

[K19] 셀에 「=IF(AND(IFERROR(FIND("D",G19)>0,FALSE),J19>=200),"수도관 확인","")」를 입력하고 [K26] 셀까지 수식 복사

05 처벌기준

	A	B	C	D	E	F
26	[표5]					
27	운전자	혈중알코올 농도(%)	단속장소	단속시간	처벌기준	
28	김철수	0.05	강남역	22:30	주의	
29	박영희	0.08	홍대입구	23:10	면허정지	
30	이민수	0.03	서울역	21:45	주의	
31	최지훈	0.12	신촌	00:15	면허정지	
32	장은영	0.15	강북구청	01:30	면허취소	
33	오상지	0.02	합정역	20:55		
34	강민호	0.1	종로3가	02:00	면허정지	
35	박철호	0.25	인천공항	22:00	면허취소	
36	한지수	0.2	노원구청	23:45	면허취소	
37						

[E28] 셀에 「=IFS(B28)=0.15,"면허취소",B28)=0.08,"면허정지",B28)=0.03,"주의",B28<0.03,"")」를 입력하고 [E36] 셀까지 수식 복사
또는 =IFS(B28<0.03,"",B28<0.08,"주의",B28<0.15,"면허정지",B28>=0.15,"면허취소")와 같이 작성

문제 ❸ 분석작업

01 부분합

	A	B	C	D	E	F	G	H	I
1	수질오염 검사								
2									
3	검사번호	지역	오염종류	오염농도(mg/L)	수질상태	검사기관	pH값	적합여부	
4	W001	서울	질소화합물	1.2	불량	환경청	6.8	부적합	
5	W004	서울	유기물질	3	불량	수질연구소	6.9	부적합	
6	W008	서울	유기물질	4	불량	수질연구소	6.5	부적합	
7	W012	서울	유기물질	2.5	불량	수질연구소	6.6	부적합	
8			서울 평균	2.675			6.7		
9	4		서울 개수						
10	W005	인천	질소화합물	0.5	양호	환경청	7.2	적합	
11	W009	인천	질소화합물	0.7	양호	환경청	7	적합	
12			인천 평균	0.6			7.1		
13	2		인천 개수						
14	W003	대전	인공화학물질	0.8	불량	환경청	6.5	부적합	
15	W006	대전	중금속	0.01	양호	수질연구소	7.4	적합	
16	W010	대전	중금속	0.03	양호	수질연구소	7.3	적합	
17			대전 평균	0.28			7.066666667		
18	3		대전 개수						
19	W002	부산	중금속	0.05	양호	수질연구소	7.1	적합	
20	W007	부산	인공화학물질	1.1	불량	환경청	6.7	부적합	
21	W011	부산	인공화학물질	0.9	불량	환경청	6.8	부적합	
22			부산 평균	0.683333333			6.866666667		
23	3		부산 개수						
24			전체 평균	1.2325			6.9		
25	12		전체 개수						
26									

02 피벗 테이블

	H	I	J	K	L	M
1						
2			설치 위치	값		
3			단독 주택		아파트	
4		지역	합계 : 사용량(㎡)	평균 : 청구금액	합계 : 사용량(㎡)	평균 : 청구금액
5		서울	120	24,000	20	12,000
6		인천	*	*	70	21,000
7		대전	50	15,000	40	24,000
8		부산	30	18,000	95	28,500
9		총합계	200	20,000	225	22,500

문제 ④ 기타작업

01 매크로

	A	B	C	D	E	F	G	H	I	J
1	소방출동 현황									
2										
3	출동번호	출동인원	출동시간	완료시간	출동유형	소요시간				
4	F001	15	14:32	20:17	화재	5:45		소요시간		
5	F002	4	8:15	10:45	구조	2:30				
6	F003	14	9:40	20:20	화재	10:40				
7	F004	5	1:05	21:40	구조	20:35		서식		
8	F005	16	2:50	7:40	화재	4:50				
9	F006	3	3:30	7:55	구조	4:25				
10	F007	24	2:20	15:20	화재	13:00				
11	F008	5	13:05	22:33	구조	9:28				
12	F009	13	3:05	17:30	화재	14:25				
13	F010	7	7:30	10:02	구조	2:32				
14	F011	12	2:50	15:40	화재	12:50				
15	F012	4	13:20	15:55	구조	2:35				

02 차트

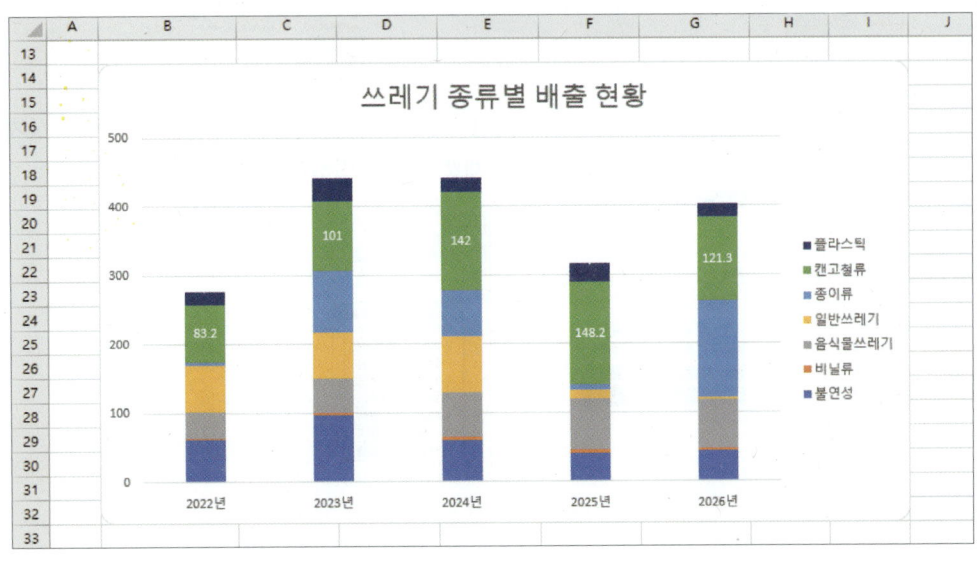

상시 기출문제 01회 해설

문제 ① 기본작업

01 자료 입력('기본작업-1' 시트)

[A3:F10] 셀까지 문제를 보고 오타 없이 작성한다.

02 서식 지정('기본작업-2' 시트)

① [A1:F1] 영역을 범위 지정한 후 [홈]-[맞춤] 그룹에서 [병합하고 가운데 맞춤](🔲)을 클릭한 후, [글꼴] 그룹에서 글꼴 '새굴림', 크기 '16', '굵게'를 선택한다.

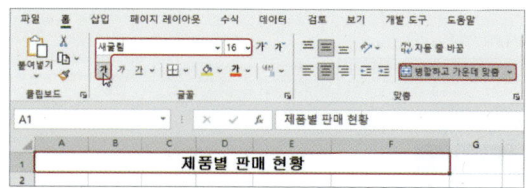

② [A3:F3], [A4:B11] 영역을 범위 지정한 후 [홈]-[맞춤] 그룹에서 [가로 가운데 맞춤](≡)을 클릭한다.

③ [A12:E12] 영역을 범위 지정한 후 [홈]-[맞춤] 그룹에서 [병합하고 가운데 맞춤](🔲)을 클릭한다.

④ [A3:F3] 영역을 범위 지정한 후 [홈]-[스타일] 그룹의 [셀 스타일]을 클릭하여 '녹색, 강조색6'을 선택한다.

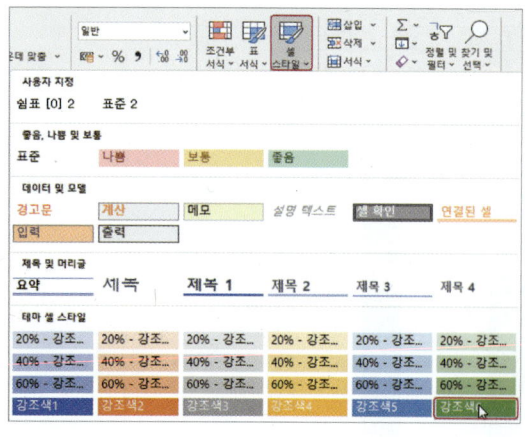

⑤ [C4:D11] 영역을 범위 지정한 후 Ctrl+1을 눌러 [표시 형식] 탭의 '사용자 지정'에 #,##0개를 입력하고 [확인]을 클릭한다.

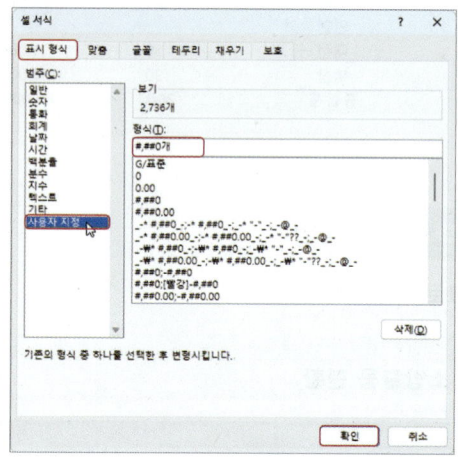

⑥ [F4:F12] 영역을 범위 지정한 후 Ctrl+1을 눌러 [표시 형식] 탭의 '사용자 지정'에 #,##0,"천원" 또는 #,###,"천원"을 입력하고 [확인]을 클릭한다.

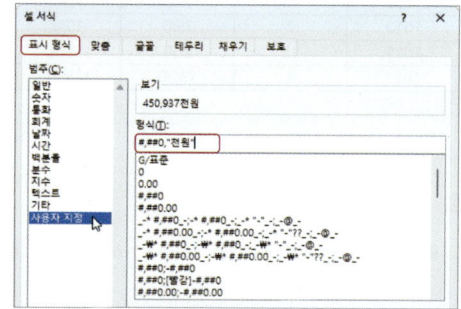

⑦ [B4:B11] 영역을 범위 지정한 후 '이름 상자'에 **제품명**을 입력하고 Enter를 누른다.

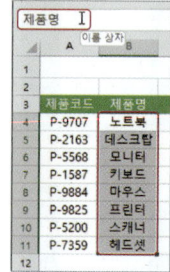

⑧ [A3:F12] 영역을 범위 지정한 후 [홈]-[글꼴] 그룹에서 [테두리](⊞▾) 도구의 [모든 테두리](⊞)를 클릭한 후 [굵은 바깥쪽 테두리](⊞)를 클릭한다.

03 조건부 서식('기본작업-3' 시트)

① [A4:H18] 영역을 범위 지정한 후 [홈]-[스타일] 그룹에서 [조건부 서식]-[새 규칙]을 클릭한다.
② '▶ 수식을 사용하여 서식을 지정할 셀 결정'을 선택하고 =AND($D4<=50,$E4>=4)을 입력한 후 [서식]을 클릭한다.

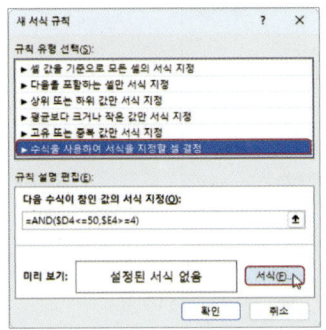

③ [글꼴] 탭에서 '굵은 기울임꼴', 글꼴 색은 '표준 색 - 파랑'을 선택하고 [확인]을 클릭하고 [새 서식 규칙]에서 [확인]을 클릭한다.

문제 ❷   계산작업('계산작업' 시트)

01 비고 [D3:D9]

[D3] 셀에 =IF(YEAR(C3)<=2022,"특별할인쿠폰","")를 입력하고 [D9] 셀까지 수식을 복사한다.

02 대여금액 [J3:J9]

[J3] 셀에 =INDEX($H$13:$K$15,MATCH(LEFT(H3,2),$G$13:$G$15,0),MATCH(I3,$H$12:$K$12,1))를 입력하고 [J9] 셀까지 수식을 복사한다.

03 강수확률/풍속 개수 [D23]

[D23] 셀에 =COUNTIFS(D14:D21,">=50",C14:C21,">=3.0")를 입력한다.

04 점검 [K19:K26]

[K19] 셀에 =IF(AND(IFERROR(FIND("D",G19)>0,FALSE),J19>=200),"수도관 확인","")를 입력하고 [K26] 셀까지 수식을 복사한다.

05 처벌기준 [E28:E36]

[E28] 셀에 =IFS(B28>=0.15,"면허취소",B28>=0.08,"면허정지",B28>=0.03,"주의",B28<0.03,"")를 입력하고 [E36] 셀까지 수식을 복사한다.

> **기적의 TIP**
> 또는 아래와 같이 작성해도 된다.
> =IFS(B28<0.03,"",B28<0.08,"주의",B28<0.15,"면허정지",B28>=0.15,"면허취소")

문제 ❸   분석작업

01 부분합('분석작업-1' 시트)

① [데이터]-[정렬 및 필터] 그룹에서 [정렬](🔲)을 클릭한다.
② 정렬 기준은 '지역'을 선택하고 정렬에서 '사용자 지정 목록'을 선택한다.

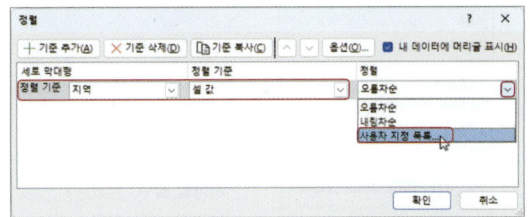

③ [사용자 지정 목록]에서 **서울, 인천, 대전, 부산**을 입력하고 [추가]를 클릭하고 [확인]을 클릭한다.

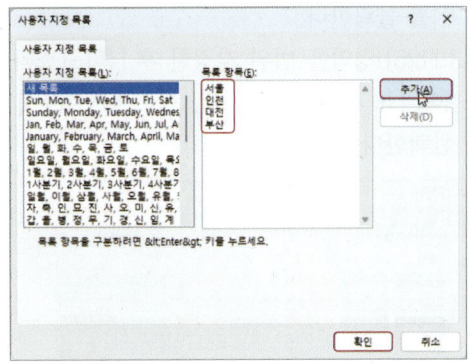

④ [정렬]에서 [확인]을 클릭한다.

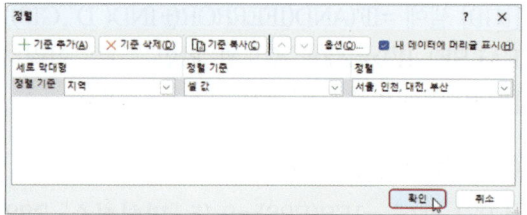

⑤ 데이터 안에 마우스 포인터를 두고, [데이터]-[개요] 그룹의 [부분합](⊞)을 클릭한다.
⑥ 다음과 같이 지정하고 [확인]을 클릭한다.

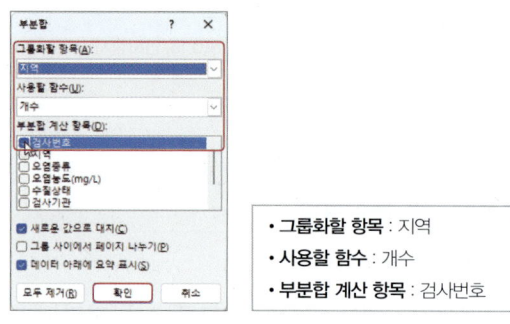

- **그룹화할 항목** : 지역
- **사용할 함수** : 개수
- **부분합 계산 항목** : 검사번호

⑦ 다시 한 번 [데이터]-[개요] 그룹의 [부분합](⊞)을 클릭하여 다음과 같이 [확인]을 클릭한다.

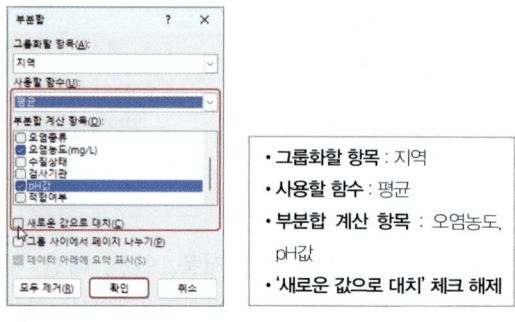

- **그룹화할 항목** : 지역
- **사용할 함수** : 평균
- **부분합 계산 항목** : 오염농도, pH값
- **'새로운 값으로 대치' 체크 해제**

⑧ [데이터]-[개요] 그룹의 [그룹 해제]-[개요 지우기]를 클릭한다.
⑨ [A3:H25] 영역을 범위 지정한 후 [홈]-[스타일] 그룹의 [표 서식]에서 '녹색, 표 스타일 밝게 14'를 선택한다.

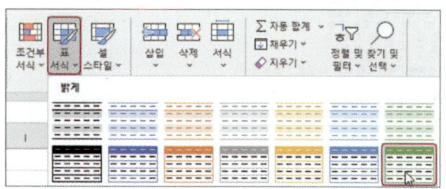

⑩ [표 서식]에서 [확인]을 클릭한다.

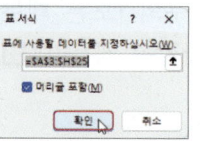

02 피벗 테이블('분석작업-2' 시트)

① [A3:G15] 영역 안에 커서를 두고 [삽입]-[표] 그룹의 [피벗 테이블](▦)을 클릭한다.
② [피벗 테이블 만들기]에서 '기존 워크시트'의 [I3] 셀을 지정하고 [확인]을 클릭한다.

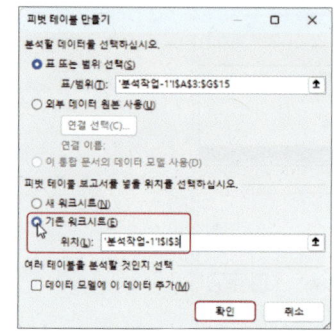

③ 다음과 같이 열, 행, 값을 지정한다.

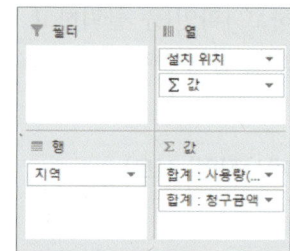

④ '합계 : 청구금액'[K5] 셀에서 더블클릭하여 '평균'을 선택하고 [표시 형식]을 클릭하여 '숫자'의 1000 단위 구분 기호(,) 사용을 체크하고 [확인]을 클릭한다.

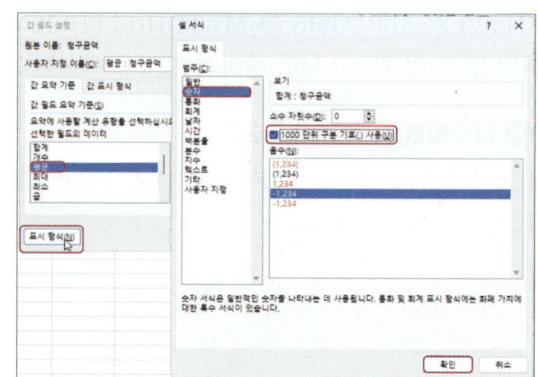

⑤ [디자인]-[레이아웃] 그룹의 [보고서 레이아웃]-[개요 형식으로 표시]를 클릭한다.
⑥ [디자인]-[레이아웃] 그룹의 [총합계]-[열의 총합계만 설정]을 클릭한다.
⑦ [피벗 테이블 분석]-[피벗 테이블] 그룹의 [옵션]을 클릭하여 '레이블이 있는 셀 병합 및 가운데 맞춤'을 체크하고, 빈 셀 표시에 *를 입력하고 [확인]을 클릭한다.

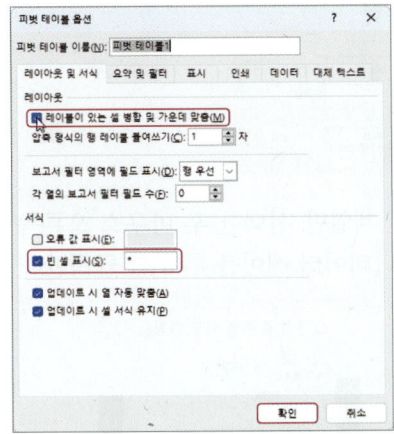

⑧ [디자인]-[피벗 테이블 스타일] 그룹에서 '연한 녹색, 피벗 스타일 밝게 21'을 선택한다.

문제 ④ 기타작업

01 매크로('매크로작업' 시트)

① [개발 도구]-[컨트롤] 그룹의 [삽입]-[단추(양식 컨트롤)](□)을 클릭한다.
② 마우스 포인터가 '+'로 바뀌면 [H3:I4] 영역에 드래그한다.
③ [매크로 지정]의 '매크로 이름'에 **소요시간**을 입력하고 [기록]을 클릭한다.

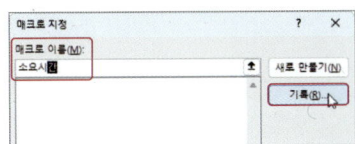

④ [매크로 기록]에 '소요시간'으로 매크로 이름이 표시되면 [확인]을 클릭한다.

⑤ [F4] 셀에 =D4-C4를 입력하고 [F15] 셀까지 수식을 복사한다.

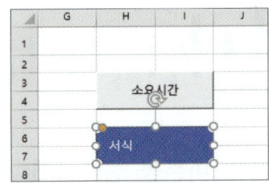

⑥ 임의의 셀을 클릭한 후 매크로 기록을 종료하기 위해 [개발 도구]-[코드] 그룹의 [기록 중지](□)를 클릭한다.
⑦ 단추에 텍스트를 수정하기 위해서 단추에서 마우스 오른쪽 버튼을 눌러 [텍스트 편집]을 클릭한다.
⑧ 단추에 입력된 '단추 1'을 지우고 **소요시간**을 입력한다.
⑨ [삽입]-[일러스트레이션] 그룹에서 [도형]-[기본 도형]의 '배지'(○)를 클릭한다.
⑩ 마우스 포인터가 '+'로 바뀌면 [H6:I7] 영역에 드래그한 후 **서식**을 입력한다.

⑪ '배지'(○) 도형에서 마우스 오른쪽 버튼을 눌러 [매크로 지정]을 클릭한다.
⑫ [매크로 지정]에 **서식**을 입력하고 [기록]을 클릭한다.
⑬ [매크로 기록]에 '서식'으로 매크로 이름이 표시되면 [확인]을 클릭한다.

⑭ [A3:F3] 영역을 범위 지정한 후 [홈]-[맞춤] 그룹에서 [가로 가운데 맞춤](≡)을 클릭하고, [글꼴] 그룹의 [채우기 색]에서 '표준 색 – 자주', [글꼴 색]에서 '흰색, 배경1'을 선택한다.

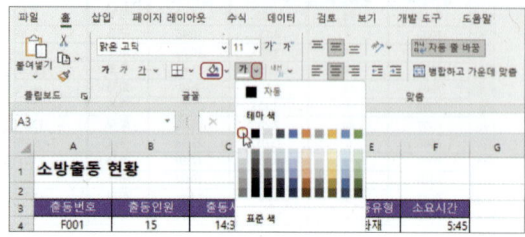

⑮ 임의의 셀을 클릭한 후 매크로 기록을 종료하기 위해 [개발 도구]-[코드] 그룹에서 [기록 중지](□)를 클릭한다.

02 차트('차트작업' 시트)

① 차트에서 마우스 오른쪽 버튼을 눌러 [차트 종류 변경]을 클릭한 후 '세로 막대형'의 '누적 세로 막대형'을 선택하고 [확인]을 클릭한다.

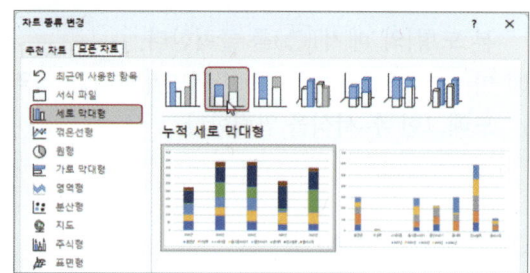

② 차트에서 마우스 오른쪽 버튼을 눌러 [데이터 선택]을 클릭한다.

③ 기존 '차트 데이터 범위'를 지운 후 [B4:G6], [B8:G12] 영역으로 수정하고 [확인]을 클릭한다.

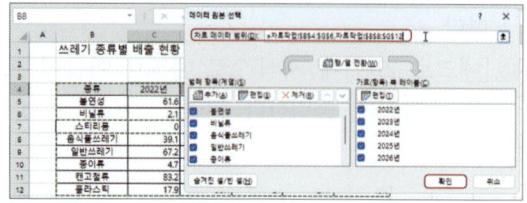

④ [차트 요소](+)-[차트 제목]을 선택한다.

⑤ '차트 제목'을 선택한 후 수식 입력줄에 =를 입력하고 [B1] 셀을 클릭한 후 Enter 를 누른다.

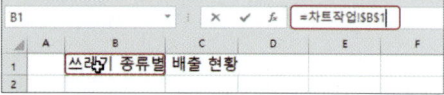

⑥ '차트 제목'을 선택한 후 [홈]-[글꼴] 그룹에서 글꼴 크기 '18'을 선택한다.

⑦ [차트 요소](+)-[범례]-[오른쪽]을 선택한다.

⑧ 세로 (값) 축에서 마우스 오른쪽 버튼을 눌러 [축 서식]을 클릭하여 '축 옵션'에서 최소값은 0, 최대값은 500, 기본 단위는 100을 입력한다.

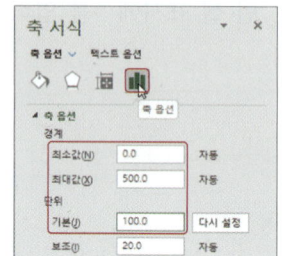

⑨ '캔고철류' 계열만 선택한 후 마우스 오른쪽 버튼을 눌러 [데이터 레이블 추가]를 클릭한다.

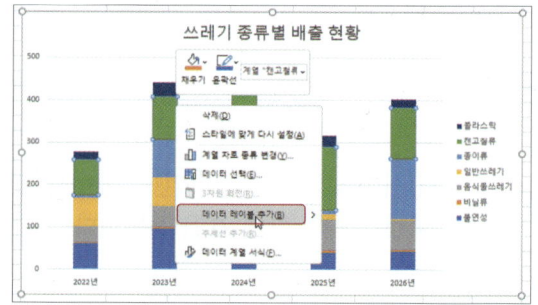

⑩ '캔고철류' 계열의 데이터 레이블을 선택한 후 [홈]-[글꼴] 그룹에서 글꼴 색 '흰색, 배경1'을 선택한다.

⑪ 차트 영역을 선택한 후 [채우기 및 선]에서 테두리 너비는 1을 입력하고, '둥근 모서리'를 체크한다.

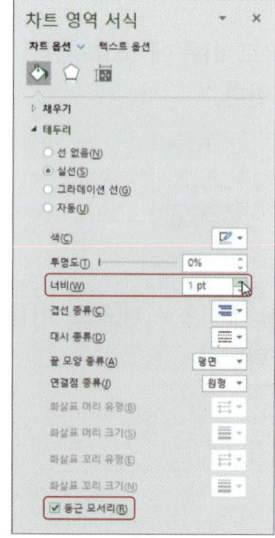

상시 기출문제 02회

작업파일 [26컴활2급₩상시기출문제] 폴더의 '상시기출문제2회' 파일을 열어서 작업하시오.

문제 ❶ 기본작업 | 주어진 시트에서 다음 과정을 수행하고 저장하시오. 20점

01 '기본작업-1' 시트에 다음의 자료를 주어진 대로 입력하시오. (5점)

	A	B	C	D	E	F	G	H
1	출판 연도별 대여 횟수							
2								
3	도서 ID	책 제목	저자	장르	출판 연도	대여 횟수	가격 (원)	평점
4	A47X9	조용한 바다	김하늘	소설	2018	320	15900	4.5
5	W82P3	인공지능 기초	이지수	기술	2021	215	29900	4.7
6	L19K2	마음 챙김의 예술	박수진	자기계발	2019	400	12900	4.6
7	Z93M8	Deep Space Explorers	David Johnson	과학	2020	180	19900	4.4
8	B62Y7	경제의 흐름	최민호	경제	2017	290	18500	4.3
9	K28X1	데이터 분석의 모든 것	강유진	기술	2022	150	34000	4.8
10	Y51J6	역사 속 숨은 이야기	김수연	역사	2016	350	14500	4.2
11	D73V4	여행의 순간	박민준	여행	2019	420	16000	4.5
12	X72M5	철학 한 스푼	오은정	철학	2020	230	17000	4.4
13	F29Q8	The Art of Mindfulness	Sophia Bennett	자기계발	2018	280	15000	4.3
14								

02 '기본작업-2' 시트에 대하여 다음의 지시사항을 처리하시오. (각 2점)

① [A1:H1] 영역은 '병합하고 가운데 맞춤', 글꼴 '새굴림', 글꼴 크기 '16', 글꼴 스타일 '굵게'로 지정하고 1행의 행 높이는 27로 설정하시오.
② [A3:B3], [E3:F3], [G3:H3] 영역은 '병합하고 가운데 맞춤'을 지정하고, [A3:B3], [E3:H3], [A4:H4] 영역은 채우기 색 '녹색, 강조6, 80% 더 밝게'를 적용하시오.
③ [D5:D16] 영역은 사용자 지정 서식을 이용하여 입력된 값 뒤에 %를 붙여 [표시 예]와 같이 표시하시오. [표시 예 : 3.2 → 3.2%, 0 → 0%]
④ [G3] 셀의 비율을 '比率'로 한자 변환하시오.
⑤ [A3:B3], [E3:H3], [A4:H16] 영역에 '모든 테두리'(⊞)를 적용한 후 [A4:H4] 영역은 '가로 가운데 맞춤'을 지정하고, 아래에는 '아래쪽 이중 테두리'(▤)를 적용하여 표시하시오.

03 '기본작업-3' 시트에서 다음의 지시사항을 처리하시오. (5점)

'기상 데이터 관리' 표에서 풍속(m/s)이 '4' 이상이면서 습도(%)가 '50' 이하인 데이터의 '지역', '기온(℃)', '습도(%)', '기압(hPa)', '강수량(mm)', '풍속(m/s)' 필드만 순서대로 고급 필터를 사용하여 검색하시오.
▶ 조건은 [A20:B22] 영역 내에 알맞게 입력하시오.
▶ 결과는 [A24] 셀부터 표시하시오.

문제 ❷   계산작업 | '계산작업' 시트에서 다음 과정을 수행하고 저장하시오.   **40점**

01 [표1]에서 진단[E3:E10]이 '고혈당'인 혈압[C3:C10]의 평균을 [E12] 셀에 계산하시오. (8점)
  ▶ 평균값은 반올림하여 소수 이하 1자리까지 표시하고, 평균값 뒤에 (mmHg)를 붙여서 표시
  ▶ [표시 예 : 123.45 → 123.5(mmHg)]
  ▶ ROUND, AVERAGEIF 함수와 & 연산자 사용

02 [표2]에서 예금 종류[I3:I10]와 코드[J3:J10], 예금 상품[H12:K13]을 참조하여 연이율(%)을 구하고, 나이[H3:H10], 예금액[K3:K10]을 이용하여 이자[L3:L10]를 계산하시오. (8점)
  ▶ 나이가 65세 미만일 경우 세금 15.4%, 그 외는 0
  ▶ 이자 = 예금액 × 연이율(%) × (1-세금)
  ▶ HLOOKUP, RIGHT, IF 함수와 & 연산자 사용

03 [표3]에서 날짜[A17:A24]의 년도와 월을 이용하여 코드[D17:D24]를 표시하시오. (8점)
  ▶ 월이 1~3이면 'Q1', 4~6이면 'Q2', 7~9이면 'Q3', 10~12이면 'Q4'를 날짜의 년도 두 글자와 함께 표시 [표시 예 : 2010-03-01 → 10-Q1]
  ▶ RIGHT, YEAR, IFS, MONTH 함수와 & 연산자 사용

04 [표4]에서 확통[I17:I24]과 미적[J17:J24]을 이용하여 기하의 평균[K27]을 계산하시오. (8점)
  ▶ 조건은 확통이 85점 이상이면서 미적이 65점 이상인 기하의 평균 계산
  ▶ 조건은 [H26:I28] 영역 안에 입력하고, 기하의 평균값은 숫자 뒤에 '점'을 표시 [표시 예 : 87점]
  ▶ DAVERAGE 함수와 & 연산자 사용

05 [표5]에서 배출량(톤)[C28:C35]의 순위를 구한 후 등급[D28:D35]을 표시하시오. (8점)
  ▶ 순위의 등급은 순위가 1~2일 경우 '상', 3~4일 경우 '중', 5~6일 경우 '하'로 표시하고, 그 외는 공백으로 표시
  ▶ 순위는 내림차순으로 구함
  ▶ IFERROR, CHOOSE, RANK.EQ 함수 사용

문제 ③ 분석작업 | 주어진 시트에서 다음 과정을 수행하고 저장하시오 20점

01 '분석작업-1' 시트에 대하여 다음의 지시사항을 처리하시오. (10점)

'세목별 미납현황' 표를 이용하여 '미환급유형'은 필터, '세목명'은 행 레이블, '납세자유형'은 열 레이블, 값에는 '미환급건수'와 '미환급금액' 합계를 계산하는 피벗 테이블을 작성하시오.

- ▶ 피벗 테이블의 보고서는 동일 시트의 [B25] 셀에서 시작하시오.
- ▶ 미환급건수은 1000 단위 구분 기호와 '건'을 붙여서 표시하고, 미환급금액은 사용자 지정 이름은 '미환급금액비율', 값 표시 형식은 '열 합계 비율'로 표시하시오.
- ▶ 보고서 레이아웃은 '개요 형식'으로 지정하고, 열의 총합계만 표시하시오.
- ▶ 피벗 테이블 스타일은 '흰색, 피벗 스타일 밝게 23' 서식을 적용하고, '줄무늬 행'을 표시하시오.

02 '분석작업-2' 시트에 대하여 다음의 지시사항을 처리하시오. (10점)

[데이터 통합] 기능을 이용하여 [표1], [표2], [표3]에서 '국'과 '드'로 끝나는 국가별 'GDP 성장률', '실업률', '물가 상승률'의 평균을 [표4]에 계산하시오.

문제 ④ 기타작업 | 주어진 시트에서 다음 과정을 수행하고 저장하시오. 20점

01 '매크로작업' 시트의 [표]에서 다음과 같은 기능을 수행하는 매크로를 현재 통합 문서에 작성하고 실행하시오. (각 5점)

① [G4:G15] 영역에 SUM 함수를 이용하여 소계를 계산하는 매크로를 생성하여 실행하시오.
- ▶ 매크로 이름 : 소계
- ▶ 소계 = '전체관람가~청소년관람불가'까지의 합계
- ▶ [개발 도구]-[컨트롤]-[삽입]-[양식 컨트롤]의 '단추(□)'를 동일 시트의 [I3:J4] 영역에 생성하고, 텍스트를 '소계'로 입력한 후 단추를 클릭할 때 '소계' 매크로가 실행되도록 설정하시오.

② [C4:G15] 영역은 셀 스타일 '보통'과 '쉼표[0]'를 적용하는 매크로를 생성하여 실행하시오.
- ▶ 매크로 이름 : 서식
- ▶ [삽입]-[일러스트레이션]-[도형]-[기본 도형]의 '팔각형(⬢)'을 동일 시트의 [I6:J7] 영역에 생성하고, 텍스트를 '서식'으로 입력한 후 도형을 클릭할 때 '서식' 매크로가 실행되도록 설정하시오.

※ 셀 포인터의 위치에 상관없이 현재 통합문서에서 매크로가 실행되어야 정답으로 인정됨

02 '차트작업' 시트의 차트를 지시사항에 따라 아래 그림과 같이 수정하시오. (각 2점)

※ 차트는 반드시 문제에서 제공한 차트를 사용하여야 하며, 신규로 작성 시 0점 처리됨

① '수축기혈압', '이완기혈압' 차트 종류를 '표식이 있는 꺾은선형'의 '보조 축'으로 변경하고, '식후1시간혈당', '식후2시간혈당' 계열은 제거되도록 데이터 범위를 수정하시오.

② 수축기혈압(mmHg) 계열의 '2026-03-08' 요소에 '말풍선: 모서리가 둥근 사각형' 도형으로 데이터 레이블을 위쪽에 표시하시오.

③ 차트 제목은 [B1] 셀과 연동하여 표시하고, 가로 (항목) 축의 표시 형식은 월, 일(예: 03-05) 표시되도록 설정하시오.

④ 범례는 위쪽에 배치하고, 꺾은선형에 '최고/최저값 연결선'을 표시하시오.

⑤ 차트 영역에 '오프셋: 오른쪽 아래' 그림자를 표시하고, 테두리에는 '둥근 모서리'를 설정하고 너비는 '1pt'로 설정하시오.

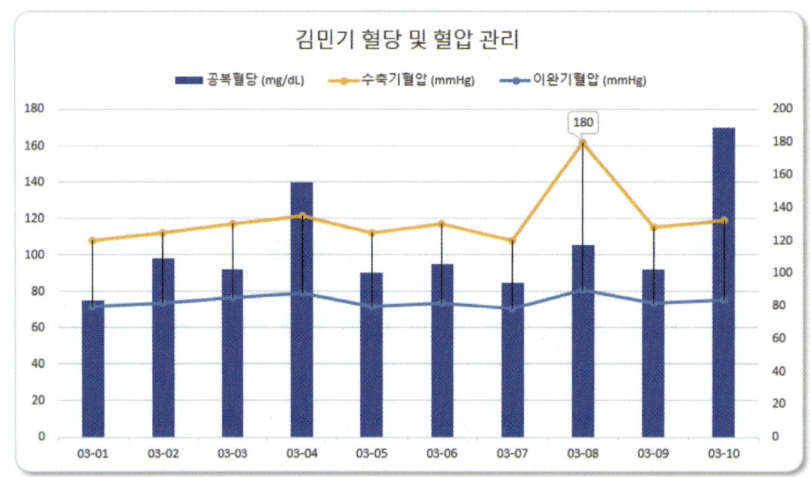

상시 기출문제 02회 정답

문제 ① 기본작업

01 자료 입력

	A	B	C	D	E	F	G	H
1	출판 연도별 대여 횟수							
2								
3	도서 ID	책 제목	저자	장르	출판 연도	대여 횟수	가격 (원)	평점
4	A47X9	조용한 바다	김하늘	소설	2018	320	15900	4.5
5	W82P3	인공지능 기초	이지수	기술	2021	215	29900	4.7
6	L19K2	마음 챙김의 예술	박수진	자기계발	2019	400	12900	4.6
7	Z93M8	Deep Space Explorers	David Johnson	과학	2020	180	19900	4.4
8	B62Y7	경제의 흐름	최민호	경제	2017	290	18500	4.3
9	K28X1	데이터 분석의 모든 것	강유진	기술	2022	150	34000	4.8
10	Y51J6	역사 속 숨은 이야기	김수연	역사	2016	350	14500	4.2
11	D73V4	여행의 순간	박민준	여행	2019	420	16000	4.5
12	X72M5	철학 한 스푼	오은정	철학	2020	230	17000	4.4
13	F29Q8	The Art of Mindfulness	Sophia Bennett	자기계발	2018	280	15000	4.3

02 서식 지정

	A	B	C	D	E	F	G	H
1	지역별 경제 지표 데이터							
2								
3	지역				지수		비율	
4	지역코드	지역명	GDP	실업률(%)	소비자물가	주택가격	자영업	경제활동참가
5	EC-1001	서울	4,200	3.2%	105.4	120.5	23.5	64.2
6	EC-1002	부산	3,500	3.8%	103.1	98.3	25.8	62.7
7	EC-1003	대구	3,200	4.1%	102.7	95.7	26.4	61.5
8	EC-1004	인천	3,900	3.5%	104.2	110.1	24.2	63
9	EC-1005	광주	3,100	4%	101.8	94.5	27.1	60.8
10	EC-1006	대전	3,400	3.7%	102.3	97.2	25	62
11	EC-1007	울산	4,500	3%	106.5	125.3	22.7	65.1
12	EC-1008	수원	3,800	3.6%	103.8	108.7	24.8	62.9
13	EC-1009	청주	3,200	3.9%	102.1	95.2	26	61.2
14	EC-1010	전주	3,000	4.2%	101.5	93.4	27.5	60.3
15	EC-1011	창원	3,600	3.4%	103.5	99.8	25.2	62.5
16	EC-1012	제주	3,100	3.8%	101.2	92.7	28.3	59.7

03 고급 필터

	A	B	C	D	E	F
19						
20	풍속(m/s)	습도(%)				
21	>=4	<=50				
22						
23						
24	지역	기온(°C)	습도(%)	기압(hPa)	강수량(mm)	풍속(m/s)
25	부산	18	45	1010	2	4.2
26	울산	19	50	1011	0	4
27	창원	20	48	1011	0.5	4.3

문제 ❷ 계산작업

① 평균 혈압

	A	B	C	D	E
1	[표1]				
2	이름	나이	혈압	식후1시간혈당	진단
3	김민수	45	120	180	고혈당
4	이지은	50	130	140	정상
5	박서준	31	125	170	정상
6	최지혜	28	135	150	고혈당
7	최민호	25	150	190	고혈당
8	강유진	41	123	170	관리
9	김수연	32	110	180	관리
10	홍수지	48	120	150	고혈당
11					
12				평균 혈압	131.3(mmHg)
13					

[E12] 셀에 「=ROUND(AVERAGEIF(E3:E10,"고혈당",C3:C10),1)&"(mmHg)"」을 입력

② 이자

	F	G	H	I	J	K	L
1		[표2]					
2		고객명	나이	예금 종류	코드	예금액	이자
3		김민수	45	정기예금	A	30,000,000	812,160
4		이수정	66	정기예금	B	60,000,000	2,100,000
5		박지훈	30	적립식예금	C	10,000,000	321,480
6		최영수	25	정기예금	D	15,000,000	507,600
7		한지원	26	정기예금	A	12,000,000	324,864
8		윤다온	35	정기예금	B	35,000,000	1,036,350
9		정우진	23	적립식예금	C	20,000,000	642,960
10		오세진	70	정기예금	D	40,000,000	1,600,000
11							
12		예금 상품	예금A	예금B	예금C	예금D	
13		연이율(%)	3.20%	3.50%	3.80%	4.00%	
14							

[L3] 셀에 「=K3*HLOOKUP(RIGHT(I3,2)&J3,$H$12:$K$13,2,0) * (1-IF(H3〈65,15.4%,0))」을 입력하고 [L10] 셀까지 수식 복사

③ 코드

	A	B	C	D	E
15	[표3]				
16	날짜	작물명	품종명칭	코드	
17	2010-03-01	밤나무	산과수	10-Q1	
18	2013-04-03	백운풀	특용	13-Q2	
19	2008-06-01	표고	버섯류	08-Q2	
20	2008-09-01	감나무	산과수	08-Q3	
21	2008-05-01	황해쑥	특용	08-Q2	
22	2010-01-05	기린초	야생화	10-Q1	
23	2009-02-01	벌개미취	야생화	09-Q1	
24	2009-12-01	곰솔	조경수	09-Q4	
25					

[D17] 셀에 「=RIGHT(YEAR(A17),2)&"-"&IFS(MONTH(A17)〈=3,"Q1",MONTH(A17)〈=6,"Q2",MONTH(A17)〈=9,"Q3",MONTH(A17)〈=12,"Q4")」을 입력하고 [D24] 셀까지 수식 복사

04 기하의 평균

	G	H	I	J	K	L
15	[표4]					
16	번호	이름	확통	미적	기하	
17	1	김민수	89	84	84	
18	2	이수정	80	75	75	
19	3	박지훈	70	66	66	
20	4	최영수	56	51	52	
21	5	한지원	36	31	99	
22	6	윤다은	93	84	90	
23	7	정우진	84	74	81	
24	8	오세진	72	62	69	
25						
26		확통	미적		기하의 평균	
27		>=85	>=65		87점	
28						

① [H26:I27] 영역에 조건 입력
② [K27] 셀에 「=DAVERAGE(G16:K24,K16,H26:I27)&"점"」을 입력

05 등급

	A	B	C	D	E
26	[표5]				
27	지역	폐기물 종류	배출량(톤)	등급	
28	서울	일반	3200	상	
29	부산	음식물	2500	상	
30	대구	재활용	1900	중	
31	인천	특수	1450	하	
32	광주	일반	900		
33	대구	재활용	1800	중	
34	인천	특수	1200	하	
35	광주	일반	850		
36					

[D28] 셀에 「=IFERROR(CHOOSE(RANK.EQ(C28,$C$28:$C$35),"상","상","중","중","하","하"),"")」를 입력하고 [D35] 셀까지 수식 복사

문제 ❸ 분석작업

01 피벗 테이블

	A	B	C	D	E	F
22						
23		미환급유형	(모두)			
24						
25			납세자유형	값		
26			개인		법인	
27		세목명	합계 : 미환급건수	미환급금액비율	합계 : 미환급건수	미환급금액비율
28		담배소비세		0.00%	1건	8.67%
29		등록면허세	7건	0.22%		0.00%
30		자동차세	1,170건	40.71%	61건	72.25%
31		재산세	84건	7.70%	8건	5.74%
32		주민세	1건	0.03%	3건	3.47%
33		지방소득세	190건	14.03%	30건	9.87%
34		취득세	15건	37.31%		0.00%
35		총합계	1,467건	100.00%	103건	100.00%
36						

02 데이터 통합

F	G	H	I	J
[표4]				
국가	GDP 성장률	실업률	물가 상승률	
*국	3.43%	4.38%	3.08%	
*드	2.17%	3.32%	1.72%	

문제 ④ 기타작업

01 매크로

	A	B	C	D	E	F	G
1	영화 등급별 현황						
3	매체	종별	전체관람가	12세이상	15세이상	청소년관람불가	소계
4	국내영화	공연실황	38	12	2	1	53
5	국내영화	극영화	43	118	133	616	910
6	국내영화	실험영화	2	2	-	-	4
7	국내영화	다큐멘터리	38	34	2	1	75
8	국내영화	단편영화	43	79	36	2	160
9	국내영화	애니메이션	22	1	2	-	25
10	국외영화	문화영화	-	-	1	-	1
11	국외영화	다큐멘터리	10	5	6	-	21
12	국외영화	애니메이션	68	26	10	1	105
13	국외영화	극영화	20	96	153	1,837	2,106
14	국외영화	단편영화	1	3	1	-	5
15	국외영화	공연실황	4	-	-	-	4

소계

서식

02 차트

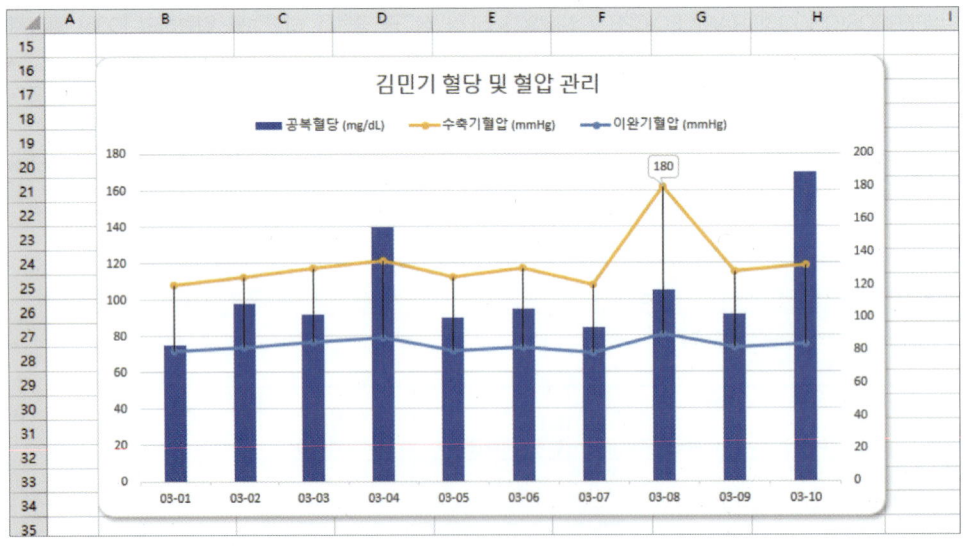

상시 기출문제 02회 해설

문제 ❶ 기본작업

01 자료 입력('기본작업-1' 시트)

[A3:H13] 셀까지 문제를 보고 오타 없이 작성한다.

02 서식 지정('기본작업-2' 시트)

① [A1:H1] 영역을 범위 지정한 후 [홈]-[맞춤] 그룹에서 [병합하고 가운데 맞춤](🔳)을 클릭한 후 [홈]-[글꼴] 그룹에서 글꼴 '새굴림', 크기 '16', '굵게'를 선택한다.

② 1행에서 마우스 오른쪽 버튼을 눌러 [행 높이]를 클릭하여 27을 입력한다.

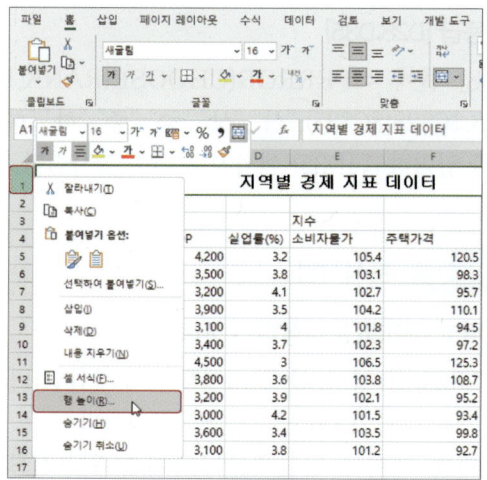

③ [A3:B3], [E3:F3], [G3:H3] 영역을 범위 지정한 후 [홈]-[맞춤] 그룹에서 [병합하고 가운데 맞춤](🔳)을 클릭한다.

④ [A3:B3], [E3:H3], [A4:H4] 영역을 범위 지정한 후 [홈]-[글꼴] 그룹에서 [채우기 색](🎨)을 클릭하여 '녹색, 강조6, 80% 더 밝게'를 선택한다.

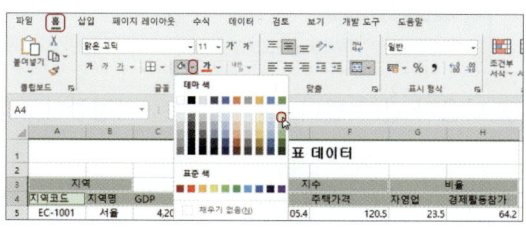

⑤ [D4:D16] 영역을 범위 지정한 후 Ctrl+1을 눌러 [표시 형식] 탭의 '사용자 지정' G/표준 뒤에 "%"를 입력하고 [확인]을 클릭한다.

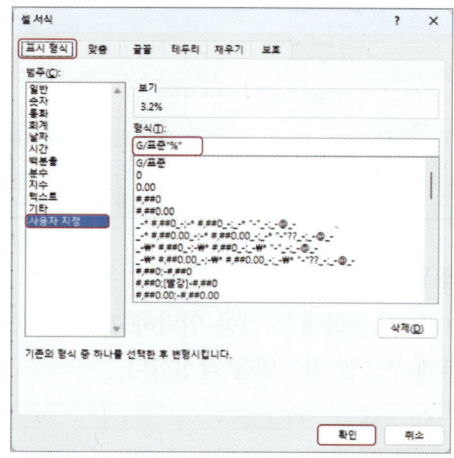

> **기적의 TIP**
>
> [표시 형식] 탭에서 일반을 선택하면 'G/표준'으로 표시되는데, 특별한 서식 지정 없이 입력한 값을 있는 그대로 표시하는 기본 서식을 의미한다.

⑥ [G3] 셀의 비율을 범위 지정한 후 키보드의 〈한자〉를 눌러 '比率'을 선택하고 [변환]을 클릭한다.

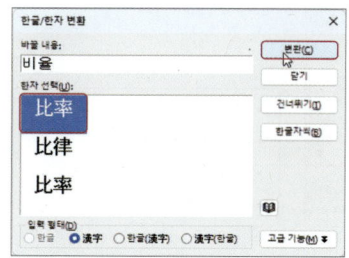

⑦ [A3:B3], [E3:H3], [A4:H16] 영역을 범위 지정한 후 [홈]-[글꼴] 그룹에서 [테두리](🔳▼) 도구의 [모든 테두리](⊞)를 클릭한다.

⑧ [A4:H4] 영역을 범위 지정한 후 [홈]-[맞춤] 그룹에서 [가로 가운데 맞춤](≡)을 클릭한 후, [글꼴] 그룹에서 [테두리](⊞ ˅) 도구의 [아래쪽 이중 테두리](⊞)를 클릭한다.

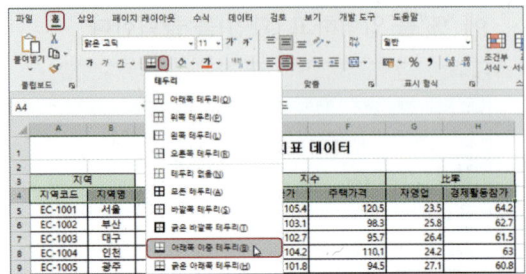

03 고급 필터('기본작업-3' 시트)

① [A20:B21] 영역에 '조건'을 입력하고, [A24:F24] 영역에 추출할 필드명을 작성한다.

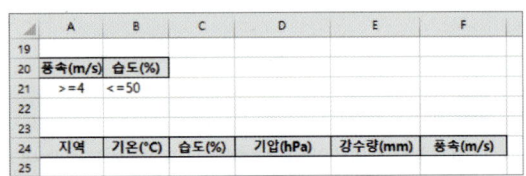

② [데이터]-[정렬 및 필터] 그룹의 [고급](▽)을 클릭한다.

③ [고급 필터]에서 다음 그림과 같이 지정한 후 [확인]을 클릭한다.

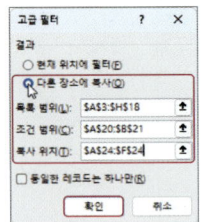

- 결과 : '다른 장소에 복사'
- 목록 범위 : [A3:H18]
- 조건 범위 : [A20:B21]
- 복사 위치 : [A24:F24]

문제 ❷ 계산작업('계산작업' 시트)

01 평균 혈압 [E12]

[E12] 셀에 =ROUND(AVERAGEIF(E3:E10,"고혈당",C3:C10),1)&"(mmHg)"를 입력한다.

02 이자 [L3:L10]

[L3] 셀에 =K3*HLOOKUP(RIGHT(I3,2)&J3,$H$12:$K$13,2,0) * (1-IF(H3<65,15.4%,0))를 입력하고 [L10] 셀까지 수식을 복사한다.

03 코드 [D17:D24]

[D17] 셀에 =RIGHT(YEAR(A17),2)&"-"&IFS(MONTH(A17)<=3,"Q1",MONTH(A17)<=6,"Q2",MONTH(A17)<=9,"Q3",MONTH(A17)<=12,"Q4")를 입력하고 [D24] 셀까지 수식을 복사한다.

04 기하의 평균[K27]

① [H26:I27] 영역에 조건을 입력한다.

	G	H	I	J
25				
26		확통	미적	
27		>=85	>=65	
28				

② [K27] 셀에 =DAVERAGE(G16:K24,K16,H26:I27)&"점"를 입력한다.

05 등급 [D28:D35]

[D28] 셀에 =IFERROR(CHOOSE(RANK.EQ(C28,$C$28:$C$35),"상","상","중","중","하","하"),"")를 입력하고 [D35] 셀까지 수식을 복사한다.

문제 ❸ 분석작업

01 피벗 테이블('분석작업-1' 시트)

① [B3:H21] 영역 안에 커서를 두고 [삽입]-[표] 그룹의 [피벗 테이블](📊)을 클릭한다.

② [피벗 테이블 만들기]에서 '기존 워크시트'의 [B25] 셀을 지정하고 [확인]을 클릭한다.

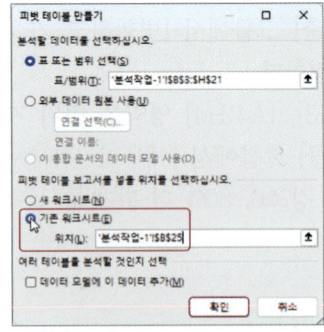

③ 다음과 같이 필터, 열, 행, 값을 지정한다.

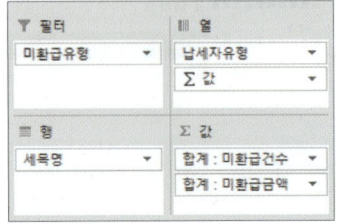

④ '합계 : 미환급건수'[C27] 셀에서 더블클릭하여 [표시 형식]을 클릭하여 '사용자 지정'에 **#,##0 건**을 입력하고 [확인]을 클릭한다.

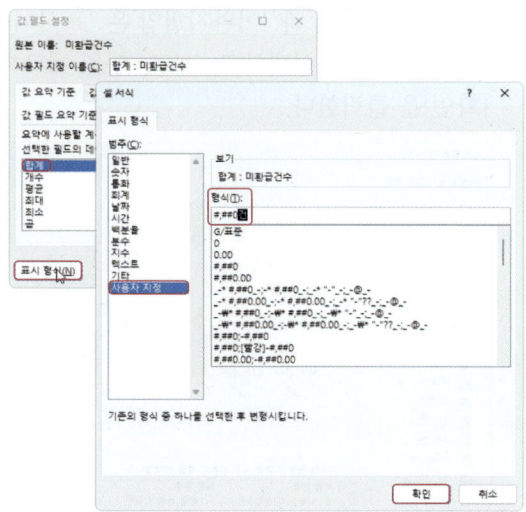

⑤ [D27] 셀에서 더블클릭하여 '사용자 지정 이름'에 **미환급금액비율**을 입력하고 [값 표시 형식]에서 '열 합계 비율'을 선택하고 [확인]을 클릭한다.

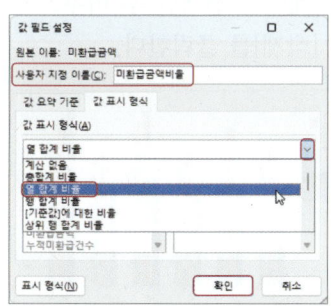

⑥ [디자인]-[레이아웃] 그룹의 [보고서 레이아웃]-[개요 형식으로 표시]를 클릭한다.
⑦ [디자인]-[레이아웃] 그룹의 [총합계]-[열의 총합계만 설정]을 클릭한다.
⑧ [디자인]-[피벗 테이블 스타일] 그룹에서 '흰색, 피벗 스타일 밝게 23'을 선택하고, '줄무늬 행'을 체크한다.

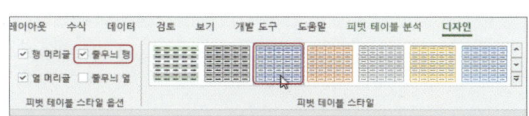

> **기적의 TIP**
>
> 줄무늬 행을 체크하면 '흰색, 피벗 스타일 밝게 23'이 '연한 파랑, 피벗 스타일 밝게 23'으로 명칭이 변경된다.

02 데이터 통합('분석작업-2' 시트)

① [F4:F5] 영역에 다음과 같이 조건을 입력한다.

	E	F	G	H	I	J
1						
2		[표4]				
3		국가	GDP 성장률	실업률	물가 상승률	
4		*국				
5		*드				
6						

② [F3:I5] 영역을 범위 지정한 후 [데이터]-[데이터 도구] 그룹의 [통합]()을 클릭한다.
③ 함수는 '평균', 모든 참조 영역에 [A3:D7], [A10:D14], [A17:D21] 영역을 드래그하여 추가한 후 '첫 행', '왼쪽 열'을 체크하고 [확인]을 클릭한다.

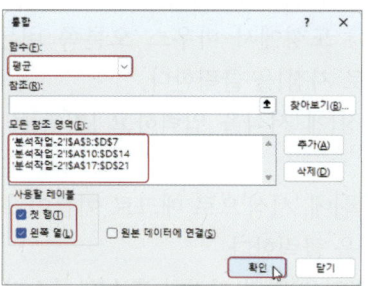

문제 ④ 기타작업

01 매크로('매크로작업' 시트)

① [개발 도구]-[컨트롤] 그룹의 [삽입]-[단추(양식 컨트롤)]()을 클릭한다.
② 마우스 포인터가 '+'로 바뀌면 [I3:J4] 영역에 드래그한다.
③ [매크로 지정]의 '매크로 이름'에 **소계**를 입력하고 [기록]을 클릭한다.
④ [매크로 기록]에 '소계'로 매크로 이름이 표시되면 [확인]을 클릭한다.
⑤ [G4] 셀에 **=SUM(C4:F4)**를 입력하고 [G15] 셀까지 수식을 복사한다.

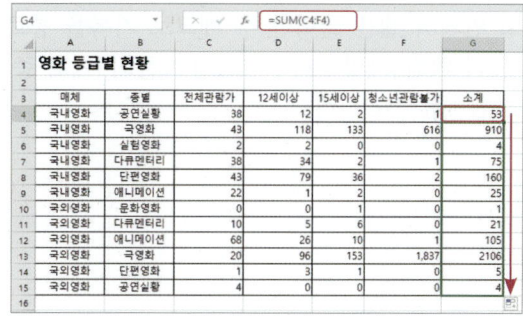

⑥ 임의의 셀을 클릭한 후 매크로 기록을 종료하기 위해 [개발 도구]-[코드] 그룹의 [기록 중지](□)를 클릭한다.
⑦ 단추에 텍스트를 수정하기 위해서 단추에서 마우스 오른쪽 버튼을 눌러 [텍스트 편집]을 클릭한다.
⑧ 단추에 입력된 '단추 1'을 지우고 **소계**를 입력한다.
⑨ [삽입]-[일러스트레이션] 그룹에서 [도형]-[기본 도형]의 '팔각형'(◯)을 클릭한다.
⑩ 마우스 포인터가 '+'로 바뀌면 [I6:J7] 영역에 드래그한 후 **서식**을 입력한다.
⑪ '팔각형'(◯) 도형에서 마우스 오른쪽 버튼을 눌러 [매크로 지정]을 클릭한다.
⑫ [매크로 지정]에 **서식**을 입력하고 [기록]을 클릭한다.
⑬ [매크로 기록]에 '서식'으로 매크로 이름이 표시되면 [확인]을 클릭한다.
⑭ [C4:G15] 영역을 범위 지정한 후 [홈]-[스타일] 그룹에서 [셀 스타일]에서 '보통'을 선택하고, 다시 [셀 스타일]에서 '쉼표[0]'을 선택한다.

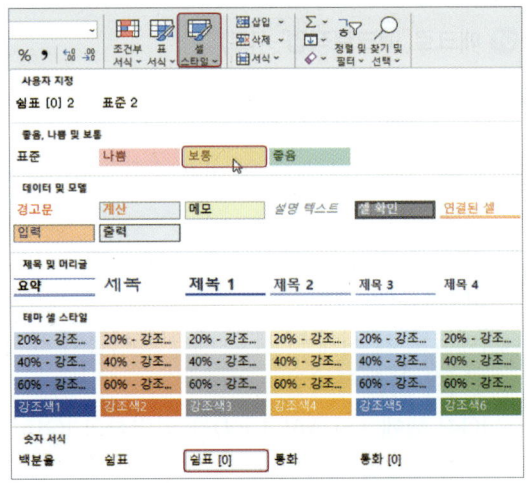

⑮ 임의의 셀을 클릭한 후 매크로 기록을 종료하기 위해 [개발 도구]-[코드] 그룹의 [기록 중지](□)를 클릭한다.

02 차트('차트작업' 시트)

① '수축기혈압' 계열을 선택한 후 마우스 오른쪽 버튼을 눌러 [계열 차트 종류 변경]을 클릭한 후, '수축기혈압'과 '이완기혈압'은 '표식이 있는 꺾은선형'을 선택하고, '보조 축'을 체크하고 [확인]을 클릭한다.

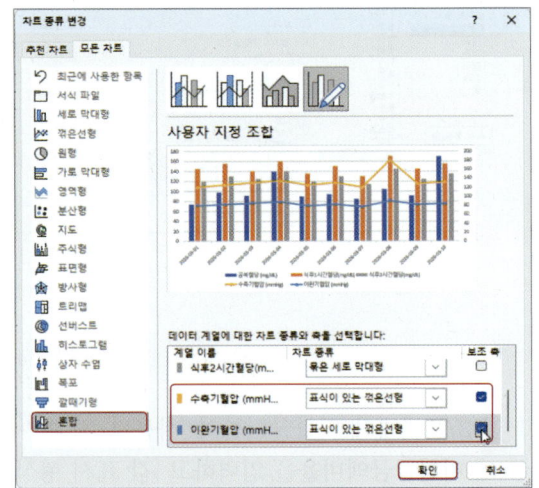

② '식후1시간혈당' 계열을 선택한 후 마우스 오른쪽 버튼을 눌러 [삭제]를 클릭한다.

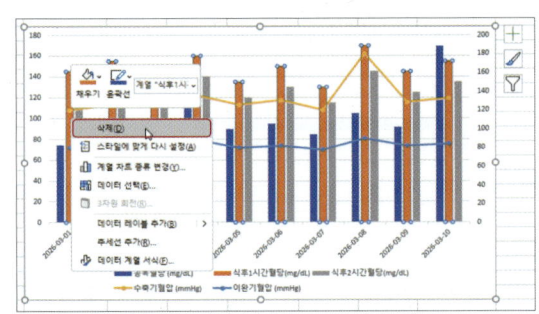

③ 같은 방법으로 '식후2시간혈당' 계열을 선택한 후 Delete 를 눌러 삭제한다.

④ 수축기혈압의 '2026-03-08' 요소를 천천히 2번 클릭한 후, [차트 요소](┼)-[데이터 레이블]-[위쪽]을 클릭한다.

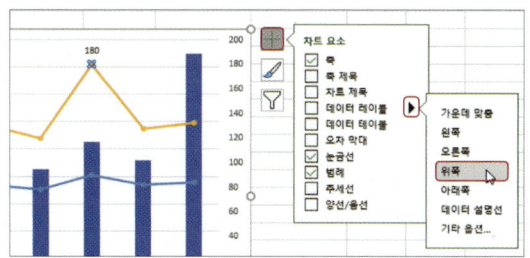

⑤ 데이터 레이블을 선택한 후 마우스 오른쪽 버튼을 눌러 [데이터 레이블 도형 변경]을 클릭한 후 '말풍선: 모서리가 둥근 사각형'을 선택한다.

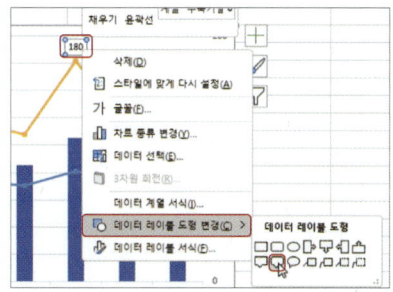

⑥ [차트 요소](┼)-[차트 제목]을 선택한다.
⑦ '차트 제목'을 선택한 후 수식 입력줄에 =를 입력하고 [B1] 셀을 클릭한 후 Enter 를 누른다.

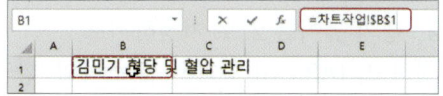

⑧ 가로 (항목) 축을 선택한 후 마우스 오른쪽 버튼을 눌러 [축 서식]을 클릭한 후 '축 옵션'의 '표시 형식'에서 '사용자 지정'을 선택하고 '서식 코드'에 mm-dd을 입력하고 [추가]를 클릭한다.

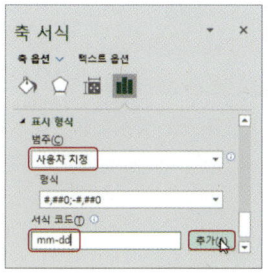

⑨ [차트 요소]-[범례]-[위쪽]을 선택한다.
⑩ 꺾은선형('수축기혈압' 또는 '이완기혈압')을 선택한 후 [차트 디자인]-[차트 레이아웃] 그룹의 [차트 요소 추가]-[선]-[최고/최저값 연결선]을 클릭한다.

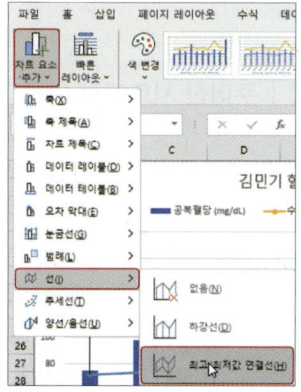

⑪ 차트 영역을 선택한 후 [차트 영역 서식]의 [효과]의 그림자 '미리 설정'에서 '오프셋 : 오른쪽 아래'를 선택한다.

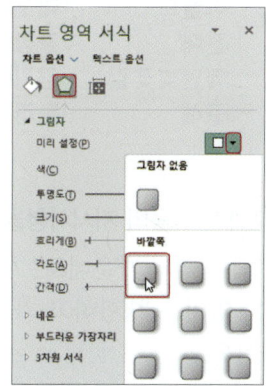

⑫ [채우기 및 선]에서 테두리 너비는 1을 입력하고, '둥근 모서리'를 체크한다.

상시 기출문제 03회

작업파일 [26컴활2급₩상시기출문제] 폴더의 '상시기출문제3회' 파일을 열어서 작업하시오.

문제 ❶ 기본작업 | 주어진 시트에서 다음 과정을 수행하고 저장하시오. 20점

01 '기본작업-1' 시트에 다음의 자료를 주어진 대로 입력하시오. (5점)

	A	B	C	D	E
1	3~5월 봄꽃 축제				
2					
3	축제명	장소	지역	날짜	
4	수국축제	휴애리	제주도 서귀포시	04.05 ~ 06.16	
5	수선화 축제	화담숲	경기도 광주시	03.29 ~ 04.28	
6	매화 축제	광양	전라남도 광양시	03.08 ~ 03.17	
7	유채꽃 축제	웨이뷰	제주도 제주시	03.15 ~ 05.31	
8	목련 축제	천리포수목원	충청남도 태안군	03.29 ~ 04.21	
9	튤립 트래블	이월드	대구 달서구	04.06 ~ 04.25	
10	군항제	진해	경상남도 창원시	03.22 ~ 04.01	
11	벚꽃 축제	에덴벚꽃길	경기도 가평군	04.06 ~ 04.14	
12	산수유꽃 축제	구례	전라남도 구례군	03.09 ~ 03.27	
13					

02 '기본작업-2' 시트에 대하여 다음의 지시사항을 처리하시오. (각 2점)

① [A1:G1] 영역은 '선택 영역의 가운데로', 셀 스타일 '제목 2', 행의 높이를 27로 지정하시오.
② [C4:C9], [C10:C13] 영역은 '병합하고 가운데 맞춤'을 지정하고, [A3:G3] 영역은 셀 스타일 '황금색, 강조색4'로 지정하시오.
③ [C3] 셀의 '구분'을 한자 '區分'으로 변환하시오.
④ [E4:E13] 영역은 사용자 지정 표시 형식을 이용하여 문자 뒤에 "요일"을 [표시 예]와 같이 표시하시오. [표시 예 : 화 → 화요일]
⑤ [A3:G13] 영역은 '모든 테두리'(⊞)를 적용한 후 '굵은 바깥쪽 테두리'(🔲)를 적용하여 표시하시오.

03 '기본작업-3' 시트에서 다음의 지시사항을 처리하시오. (5점)

[A3:A11] 영역의 데이터를 텍스트 나누기를 실행하여 나타내시오.
▶ 데이터는 쉼표(,)로 구분되어 있음

문제 ❷ 계산작업 | '계산작업' 시트에서 다음 과정을 수행하고 저장하시오. 40점

01 [표1]에서 종료시간[C3:C10]에서 시작시간[B3:B10]을 뺀 이용시간[D3:D10]를 [표시 예]와 같이 표시하시오. (8점)

- ▶ 종료시간에서 시작시간을 뺀 시간 단위에서 30분을 초과한 경우 한 시간을 더하여 뒤에 '시간'을 붙여 표시 [표시 예 : 2시간]
- ▶ HOUR, MINUTE, IF 함수 사용

02 [표2]에서 지점명이 '광화문'인 계약건수와 계약총액의 평균을 일의 자리에서 내림하여 [H10:I10] 영역에 표시하시오. (8점)

- ▶ 조건은 [K8:K9] 영역에 입력
- ▶ DAVERAGE, ROUND, ROUNDUP, ROUNDDOWN 함수 중 사용

03 [표3]에서 영어점수[C14:C21]가 60점 이상이고, 과학점수[D14:D21]가 60점 이상인 학생이 전체 학생 중에 차지하는 비율을 [D23] 셀에 표시하시오. (8점)

- ▶ 비율 = 영어점수 60점 이상이고 과학점수 60점 이상인 학생수 / 전체 학생수
- ▶ COUNTIFS, COUNTA 함수 사용

04 [표4]에서 기준일[I12]과 입사일[G14:G22]을 이용하여 근무년수를 구하고, 지역[H14:H22]에 따른 연차일수를 더한 휴가일수[I14:I22]를 계산하시오. (8점)

- ▶ 휴가일수 = (기준년도 – 입사년도) × 3 + 지역이 서울이면 5일, 그 외 지역은 7일
- ▶ IF, YEAR 함수 사용

05 [표5]에서 학번[A27:A33]를 이용하여 학과코드표[F28:G30]를 참조하여 학과[D27:D33]를 표시하시오. (8점)

- ▶ 학과코드는 학번의 왼쪽 2글자를 이용하고, 〈학과코드표〉에 없을 경우에는 '코드오류'로 표시
- ▶ IFERROR, VLOOKUP, LEFT 함수 사용

문제 ❸ 분석작업 | 주어진 시트에서 다음 과정을 수행하고 저장하시오 20점

01 '분석작업-1' 시트에 대하여 다음의 지시사항을 처리하시오. (10점)

[정렬] 기능을 이용하여 '구분'을 '노트북-TV-컴퓨터' 순으로 정렬하고, 동일한 구분인 경우 '판매이익'의 글꼴 색이 'RGB(255, 0, 0)'인 값이 위에 표시되도록 정렬하시오.

02 '분석작업-2' 시트에 대하여 다음의 지시사항을 처리하시오. (10점)

'판매 현황' 표에서 '일반[B12]'와 '골드[B13]' 셀이 다음과 같이 변동하는 경우 '이익금합계[H10]' 셀의 변동 시나리오를 작성하시오.

- ▶ [B12] 셀의 이름은 '일반', [B13] 셀의 이름은 '골드', [H10] 셀의 이름은 '판매이익합계'로 정의하시오.
- ▶ 시나리오1 : 시나리오 이름은 '인상', 일반은 15%, 골드 20%로 설정하시오.

▶ 시나리오2 : 시나리오 이름은 '인하', 일반은 10%, 골드 15%로 설정하시오.
▶ 시나리오 요약 시트는 '분석작업-2' 시트의 바로 앞에 위치시키시오.
※ 시나리오 요약 보고서 작성 시 정답과 일치하여야 하며, 오자로 인한 부분 점수는 인정하지 않음

문제 ④ 기타작업 | 주어진 시트에서 다음 과정을 수행하고 저장하시오. 20점

01 '매크로작업' 시트의 [표1]에서 다음과 같은 기능을 수행하는 매크로를 현재 통합 문서에 작성하고 실행하시오. (각 5점)

① [G4:G10] 영역에 1월, 2월, 3월의 평균을 계산하는 매크로를 생성하여 실행하시오.
  ▶ 매크로 이름 : 평균
  ▶ AVERAGE 함수 사용
  ▶ [개발 도구] → [삽입] → [양식 컨트롤]의 '단추'(□)를 동일 시트의 [I3:J4] 영역에 생성하고, 텍스트를 '평균'으로 입력한 후 단추를 클릭할 때 '평균' 매크로가 실행되도록 설정하시오.

② [G4:G10] 영역에 채우기 색 '표준 색 – 노랑'을 적용하는 매크로를 생성하여 실행하시오.
  ▶ 매크로 이름 : 서식
  ▶ [도형] → [기본 도형]의 '정육면체'(⌂)를 동일 시트의 [I6:J7] 영역에 생성하고, 텍스트를 '서식'으로 입력한 후 도형을 클릭할 때 '서식' 매크로가 실행되도록 설정하시오.
  ※ 셀 포인터의 위치에 상관없이 현재 통합 문서에서 매크로가 실행되어야 정답으로 인정됨

02 '차트작업' 시트의 차트를 지시사항에 따라 아래 그림과 같이 수정하시오. (각 2점)

※ 차트는 반드시 문제에서 제공한 차트를 사용하여야 하며, 신규로 작성 시 0점 처리됨

① '2024년'과 '2025년' 계열만 표시되도록 데이터 범위를 수정하고 행과 열을 전환하여 표시하시오.
② 차트 종류를 '3차원 묶은 세로 막대형'으로 변경하고 세로 막대 모양은 '원통형'으로 변경하시오.
③ 범례는 '위쪽'에 배치한 후 세로 축 제목 '금액'을 입력하고, 텍스트 방향을 '세로'로 표시하시오.
④ 최소 경계는 '500,000'으로 지정하고, 2025년 '상여금' 요소에 항목 이름과 값을 데이터 설명선과 함께 추가하시오.
⑤ 차트 영역은 도형 스타일을 '색 윤곽선 – 녹색, 강조 6'으로 지정하시오.

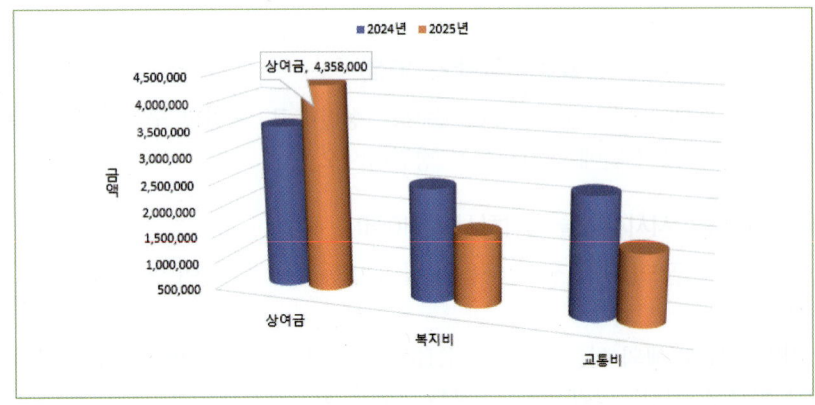

상시 기출문제 03회 정답

문제 ① 기본작업

01 자료 입력

	A	B	C	D	E
1	3~5월 봄꽃 축제				
2					
3	축제명	장소	지역	날짜	
4	수국축제	휴애리	제주도 서귀포시	04.05 ~ 06.16	
5	수선화 축제	화담숲	경기도 광주시	03.29 ~ 04.28	
6	매화 축제	광양	전라남도 광양시	03.08 ~ 03.17	
7	유채꽃 축제	웨이브	제주도 제주시	03.15 ~ 05.31	
8	목련 축제	천리포수목원	충청남도 태안군	03.29 ~ 04.21	
9	튤립 트래블	이월드	대구 달서구	04.06 ~ 04.25	
10	군항제	진해	경상남도 창원시	03.22 ~ 04.01	
11	벚꽃 축제	에덴벚꽃길	경기도 가평군	04.06 ~ 04.14	
12	산수유꽃 축제	구례	전라남도 구례군	03.09 ~ 03.27	
13					

02 서식 지정

	A	B	C	D	E	F	G	H
1				연계전공 가능 전공				
2								
3	과목코드	과목명	소속	모집인원	수업요일	학점	담당교수	
4	KJ230	국제통상학		120	월요일	3	이철호	
5	YD124	융합디자인학		70	화요일	3	김갑수	
6	PT642	핀테크	미래	90	수요일	2	오대국	
7	GH988	지역혁신인재		60	목요일	2	송정수	
8	YH187	의료융합전공		80	화요일	3	강호찬	
9	EG563	에너지융합전공		50	수요일	3	최한국	
10	IG643	인지과학		95	월요일	2	전부강	
11	GG912	공공리더십	서울	85	화요일	2	황태호	
12	DG982	디지털예술학		75	수요일	2	박가수	
13	IT347	외교통상학		100	목요일	3	유보순	
14								

03 텍스트 나누기

	A	B	C	D	E	F	G
1	건강관리센터 회원명단						
2							
3	회원번호	회원명	회원구분	종목	등록일	회비	
4	ST-9980	홍민영	정회원	골프	3월 1일	110000	
5	QW-1597	박진형	준회원	수영	2월 10일	55000	
6	BN-7541	이소라	정회원	테니스	4월 4일	70000	
7	QW-5784	이나영	준회원	수영	5월 2일	55000	
8	ST-6543	송성례	정회원	골프	7월 5일	115000	
9	BN-2589	민상준	준회원	테니스	9월 13일	75000	
10	OP-5556	최영찬	정회원	헬스	10월 19일	80000	
11	OP-6363	황부영	준회원	헬스	11월 11일	81000	
12							

문제 ❷ 계산작업

01 이용시간

	A	B	C	D
1	[표1]			
2	고객번호	시작시간	종료시간	이용시간
3	T-1235	10:10	12:40	2시간
4	S-5871	13:00	16:50	4시간
5	T-9874	11:20	12:10	1시간
6	S-1258	12:10	15:30	3시간
7	T-7410	14:20	16:20	2시간
8	S-8522	15:50	17:40	2시간
9	S-9654	16:20	19:00	3시간
10	T-5478	9:20	13:50	4시간

▶ [D3] 셀에 「=IF(MINUTE(C3-B3)>30,HOUR(C3-B3)+1,HOUR(C3-B3))&"시간"」를 입력하고 [D10] 셀까지 수식 복사

02 광화문 지점 평균

	F	G	H	I	J	K	L
1	[표2]						
2	성명	지점명	계약건수	계약총액			
3	구현서	영등포	125	32,565,411			
4	김경화	광화문	172	49,545,125			
5	최준기	남양주	132	39,887,110			
6	유근선	영등포	127	20,100,095			
7	김은혜	남양주	211	57,998,011		<조건>	
8	허윤기	영등포	101	19,885,445		지점명	
9	유제관	광화문	97	35,225,440		광화문	
10	광화문 지점 평균		130	42,385,280			

① [K8:K9] 영역에 조건을 입력
② [H10] 셀에 「=ROUNDDOWN(DAVERAGE($F$2:$I$9,H2,$K$8:$K$9),-1)」를 입력하고 [I10] 셀까지 수식 복사

03 영어, 과학 우수 학생비율

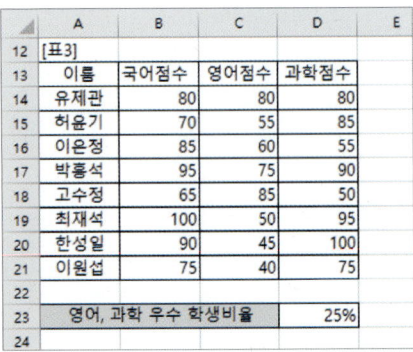

	A	B	C	D
12	[표3]			
13	이름	국어점수	영어점수	과학점수
14	유제관	80	80	80
15	허윤기	70	55	85
16	이은정	85	60	55
17	박홍석	95	75	90
18	고수정	65	85	50
19	최재석	100	50	95
20	한성일	90	45	100
21	이원섭	75	40	75
22				
23	영어, 과학 우수 학생비율			25%

▶ [D23] 셀에 「=COUNTIFS(C14:C21,">=60",D14:D21,">=60")/COUNTA(A14:A21)」를 입력

04 휴가일수

	F	G	H	I	J
12	[표4]		기준일	2025-10-10	
13	이름	입사일	지역	휴가일수	
14	강호빈	2013-10-01	서울	41	
15	김소진	2014-11-10	경기	40	
16	최한나	2012-09-05	대전	46	
17	전미자	2015-05-07	서울	35	
18	황구연	2017-04-03	부산	31	
19	이보준	2019-06-07	광주	25	
20	유승하	2018-07-03	대구	28	
21	박준미	2011-12-12	서울	47	
22	오조국	2020-01-16	인천	22	
23					

[I14] 셀에 「=(YEAR($I$12)−YEAR(G14))*3+IF(H14="서울",5,7)」을 입력하고 [I22] 셀까지 수식 복사

05 학과

	A	B	C	D	E	F	G	H
25	[표5]							
26	학번	성명	평가점수	학과		<학과코드표>		
27	DE101	고승수	465	디자인		학과코드	학과	
28	MT203	구만리	604	코드오류		DE	디자인	
29	CO303	노상식	383	컴퓨터		MI	미디어	
30	DE202	나잘난	465	디자인		CO	컴퓨터	
31	MI404	마고수	382	미디어				
32	CO214	박홍철	391	컴퓨터				
33	DE981	사수해	572	디자인				
34								

[D27] 셀에 「=IFERROR(VLOOKUP(LEFT(A27,2),$F$28:$G$30,2,0),"코드오류")」를 입력하고 [D33] 셀까지 수식 복사

문제 ❸ 분석작업

01 정렬

	A	B	C	D	E	F	G
1			전자제품 판매현황				
2							
3	판매일자	구분	판매단가	판매량	판매금액	판매이익	
4	6월1일	노트북	920,000	18	16,560,000	4,968,000	
5	6월4일	노트북	1,260,000	7	8,820,000	2,646,000	
6	6월2일	노트북	1,020,000	19	19,380,000	5,814,000	
7	6월3일	노트북	1,070,000	23	24,610,000	7,383,000	
8	6월2일	TV	1,560,000	9	14,040,000	4,212,000	
9	6월3일	TV	1,460,000	11	16,060,000	4,818,000	
10	6월1일	TV	1,850,000	13	24,050,000	7,215,000	
11	6월4일	TV	1,120,000	22	24,640,000	7,392,000	
12	6월1일	컴퓨터	1,220,000	20	24,400,000	7,320,000	
13	6월2일	컴퓨터	1,180,000	25	29,500,000	8,850,000	
14	6월3일	컴퓨터	1,420,000	21	29,820,000	8,946,000	
15	6월4일	컴퓨터	1,250,000	17	21,250,000	6,375,000	
16							

02 시나리오

	A	B	C	D	E	F	G
1							
2		시나리오 요약					
3				현재 값:	인상	인하	
5		변경 셀:					
6			일반	12%	15%	10%	
7			골드	18%	20%	15%	
8		결과 셀:					
9			판매이익합계	9,633,600	7,461,000	11,853,000	
10		참고: 현재 값 열은 시나리오 요약 보고서가 작성될 때의					
11		변경 셀 값을 나타냅니다. 각 시나리오의 변경 셀들은					
12		회색으로 표시됩니다.					
13							

문제 ❹ 기타작업

01 매크로

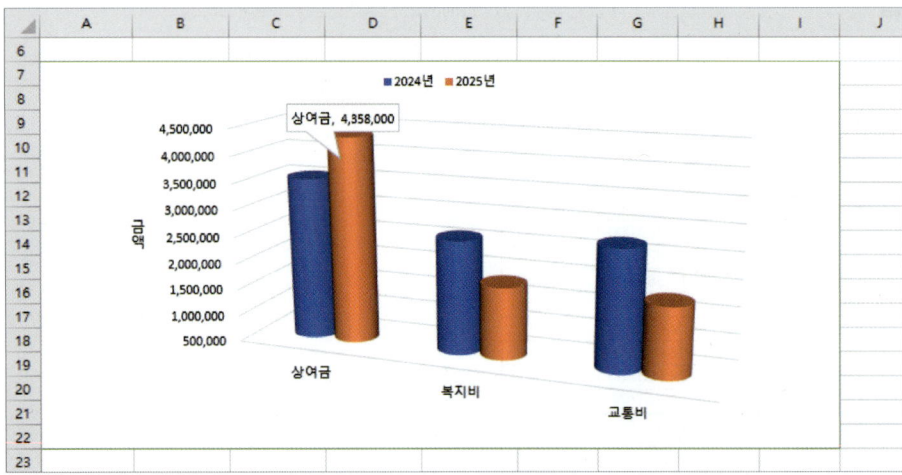

02 차트

상시 기출문제 03회 해설

문제 ❶ 기본작업

01 자료 입력('기본작업-1' 시트)

[A3:D12] 셀까지 문제를 보고 오타 없이 작성한다.

02 서식 지정('기본작업-2' 시트)

① [A1:G1] 영역을 범위 지정한 후 Ctrl + 1 을 눌러 [맞춤] 탭에서 가로의 '선택 영역의 가운데로'를 선택하고 [확인]을 클릭한다.

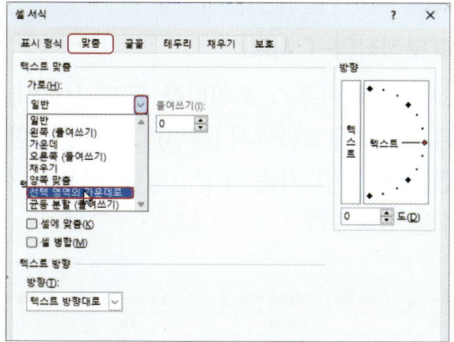

② [A1:G1] 영역이 범위 지정된 상태에서 [홈]–[스타일] 그룹의 [셀 스타일]을 클릭하여 '제목 2'를 선택한다.

③ 1행 머리글에서 마우스 오른쪽 버튼을 눌러 [행 높이]를 클릭하여 27을 입력한다.

④ [C4:C9], [C10:C13] 영역을 범위 지정한 후 [홈]–[맞춤] 그룹에서 [병합하고 가운데 맞춤](圄)을 클릭한다.

⑤ [A3:G3] 영역을 범위 지정한 후 [홈]–[스타일] 그룹의 [셀 스타일]을 클릭하여 '황금색, 강조색 4'를 선택한다.

⑥ [C3] 셀의 '구분'을 범위 지정한 후 한자를 눌러 한자 '區分'을 선택하고 [변환]을 클릭한다.

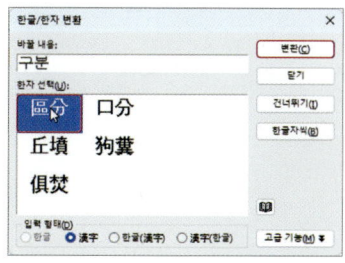

⑦ [E4:E13] 영역을 범위 지정한 후 Ctrl + 1 을 눌러 '사용자 지정'에 @"요일"을 입력하고 [확인]을 클릭한다.

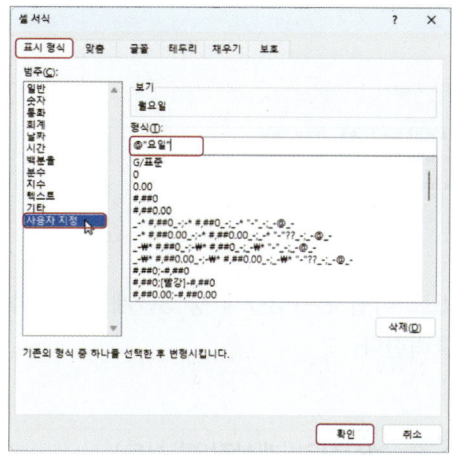

⑧ [A3:G13] 영역을 범위 지정한 후 [홈]–[글꼴] 그룹에서 [테두리](圕▾) 도구의 [모든 테두리](圖)를 클릭한 후 [굵은 바깥쪽 테두리](圗)를 클릭한다.

03 텍스트 나누기('기본작업-3' 시트)

① [A3:A11] 영역을 범위 지정한 후 [데이터]–[데이터 도구] 그룹에서 [텍스트 나누기](圕)를 클릭한다.

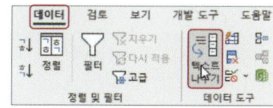

② [텍스트 마법사 – 3단계 중 1단계]에서 '구분 기호로 분리됨'을 선택하고 [다음]을 클릭한다.

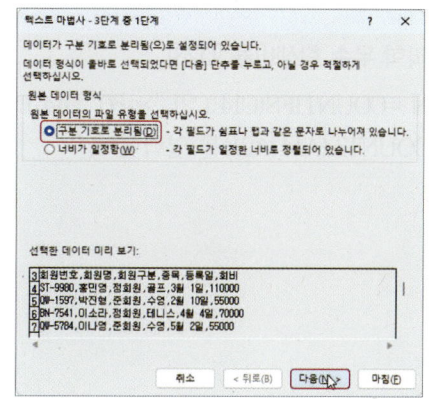

③ [텍스트 마법사 - 3단계 중 2단계]에서 '쉼표'를 선택하고 [다음]을 클릭한다.

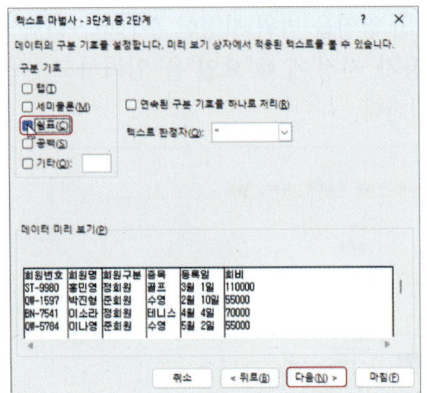

④ [텍스트 마법사 - 3단계 중 3단계]에서 [마침]을 클릭한다.

문제 ❷ 계산작업('계산작업' 시트)

01 이용시간 [D3:D10]

[D3] 셀에 =IF(MINUTE(C3-B3)>30,HOUR(C3-B3)+1,HOUR(C3-B3))&"시간"를 입력하고 [D10] 셀까지 수식을 복사한다.

02 광화문 지점 평균 [H10:I10]

① [K8:K9] 영역에 다음과 같이 조건을 입력한다.

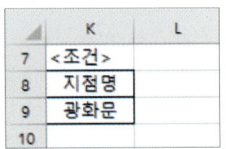

② [H10] 셀에 =ROUNDDOWN(DAVERAGE($F$2:$I$9,H2,$K$8:$K$9),-1)를 입력하고 [I10] 셀까지 수식을 복사한다.

03 영어, 과학 우수 학생비율 [D23]

[D23] 셀에 =COUNTIFS(C14:C21,">=60",D14:D21,">=60")/COUNTA(A14:A21)를 입력한다.

04 휴가일수[I14:I22]

[I14] 셀에 =(YEAR($I$12)-YEAR(G14))*3+IF(H14="서울",5,7)를 입력하고 [I22] 셀까지 수식을 복사한다.

05 학과 [D27:D33]

[D27] 셀에 =IFERROR(VLOOKUP(LEFT(A27,2),$F$28:$G$30,2,0),"코드오류")를 입력하고 [D33] 셀까지 수식을 복사한다.

문제 ❸ 분석작업

01 정렬('분석작업-1' 시트)

① 데이터 안에 마우스 포인터를 두고, [데이터]-[정렬 및 필터] 그룹에서 [정렬](圖)을 클릭한다.
② [정렬]에서 정렬 기준 '구분', 정렬 '사용자 지정 목록'을 선택한다.

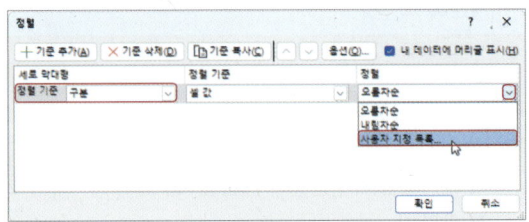

③ [사용자 지정 목록]에서 **노트북, TV, 컴퓨터**를 입력한 후 [추가]를 클릭하고 [확인]을 클릭한다.

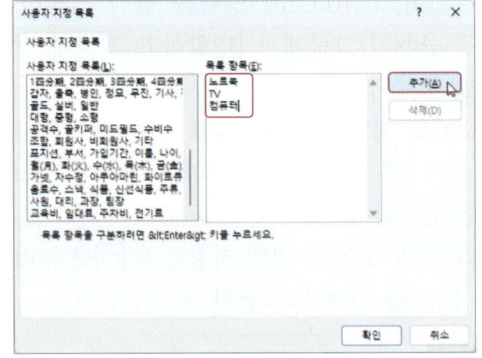

④ [정렬]에서 [기준 추가]를 추가한 후 다음 기준 '판매이익', '글꼴 색', 'RGB(255,0,0)', '위에 표시'를 선택하고 [확인]을 클릭한다.

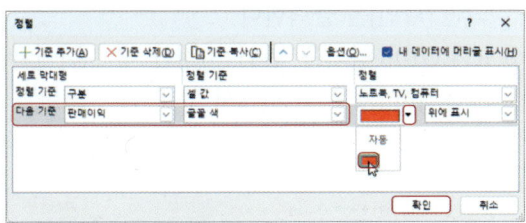

02 시나리오('분석작업-2' 시트)

① [B12] 셀을 선택한 후 '이름 상자'에 **일반**을 입력한다.

② [B13] 셀을 선택한 후 '골드', [H10] 셀을 선택한 후 '판매이익합계'로 이름을 정의한다.
③ [B12:B13] 영역을 범위 지정한 후 [데이터]-[예측] 그룹의 [가상 분석]-[시나리오 관리자]를 클릭한 후 [추가]를 클릭한다.
④ [시나리오 추가]에서 시나리오 이름에 **인상**을 입력하고 [확인]을 클릭한다.

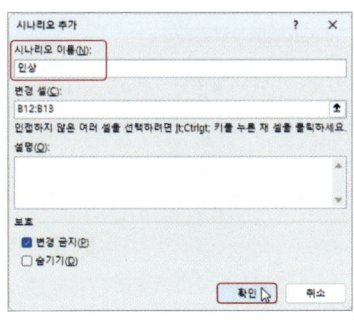

⑤ [시나리오 값]에 일반은 15%, 골드는 20%를 입력하고 [추가]를 클릭한다.

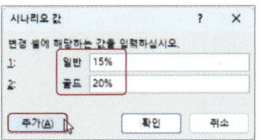

⑥ [시나리오 추가]에 **인하**를 입력하고, [시나리오 값]에 일반은 10%, 골드는 15%를 입력하고 [확인]을 클릭한다.
⑦ [시나리오 관리자]에서 [요약]을 클릭한다.

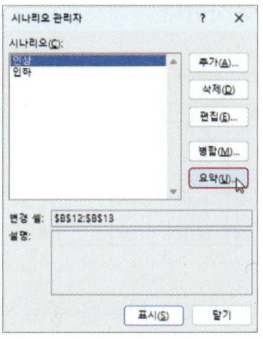

⑧ [시나리오 요약]에서 결과 셀에 [H10] 셀을 지정하고 [확인]을 클릭한다.

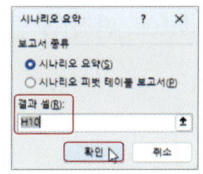

문제 ④ 기타작업

01 매크로('매크로작업' 시트)

① [개발 도구]-[컨트롤] 그룹의 [삽입]-[단추(양식 컨트롤)](□)을 클릭한다.
② 마우스 포인터가 '+'로 바뀌면 [I3:J4] 영역에 드래그한다.
③ [매크로 지정]의 '매크로 이름'에 **평균**을 입력하고 [기록]을 클릭한다.

④ [매크로 기록]에 '평균'으로 매크로 이름이 표시되면 [확인]을 클릭한다.

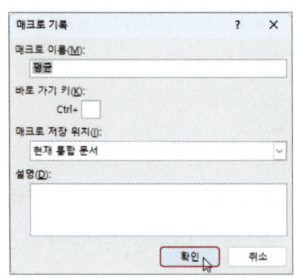

⑤ [G4] 셀에 =AVERAGE(D4:F4)를 입력하고 [G10] 셀까지 수식을 복사한다.

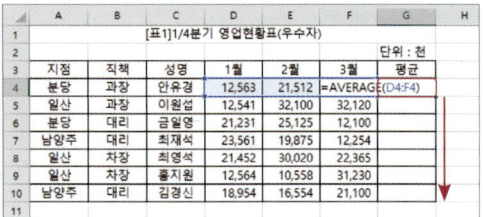

⑥ 임의의 셀을 클릭한 후 매크로 기록을 종료하기 위해 [개발 도구]-[코드] 그룹의 [기록 중지](□)를 클릭한다.

⑦ 단추에 텍스트를 수정하기 위해서 단추에서 마우스 오른쪽 버튼을 눌러 [텍스트 편집]을 클릭한다.

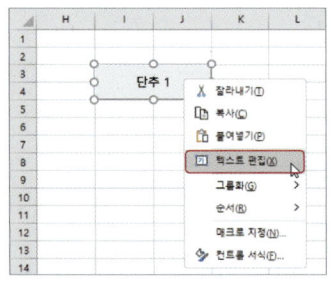

⑧ 단추에 입력된 '단추 1'을 지우고 **평균**을 입력한다.

⑨ [삽입]-[일러스트레이션] 그룹에서 [도형]-[기본 도형]의 '정육면체'(□)를 클릭한다.

⑩ 마우스 포인터가 '+'로 바뀌면 [I6:J7] 영역에 드래그한 후 **서식**을 입력한다.

⑪ 정육면체(□) 도형에서 마우스 오른쪽 버튼을 눌러 [매크로 지정]을 클릭한다.

⑫ [매크로 지정]에 **서식**을 입력하고 [기록]을 클릭한다.

⑬ [매크로 기록]에 '서식'으로 매크로 이름이 표시되면 [확인]을 클릭한다.

⑭ [G4:G10] 영역을 범위 지정한 후 [홈]-[글꼴] 그룹에서 [채우기 색]에서 '표준 색 - 노랑'을 선택한다.

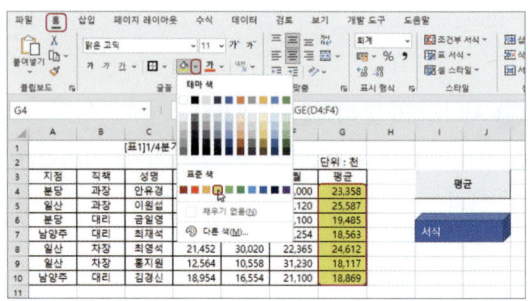

⑮ 임의의 셀을 클릭한 후 매크로 기록을 종료하기 위해 [개발 도구]-[코드] 그룹의 [기록 중지](□)를 클릭한다.

02 차트('차트작업' 시트)

① 차트에서 마우스 오른쪽 버튼을 눌러 [데이터 선택]을 클릭한다.

② 기존 '차트 데이터 범위'를 지운 후 [A2:A5], [D2:E5] 영역으로 수정하고 [행/열 전환]을 클릭한 후 [확인]을 클릭한다.

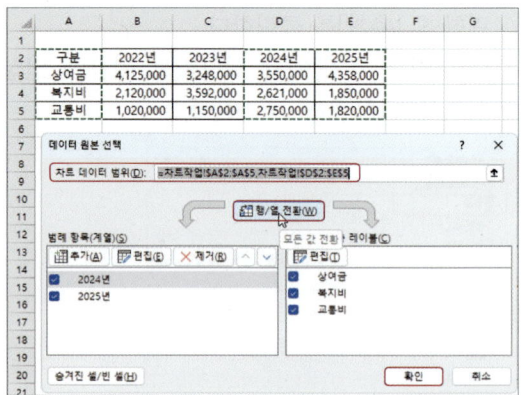

③ 차트에서 마우스 오른쪽 버튼을 눌러 [차트 종류 변경]을 클릭한 후 '세로 막대형'의 '3차원 묶은 세로 막대형'을 선택하고 [확인]을 클릭한다.

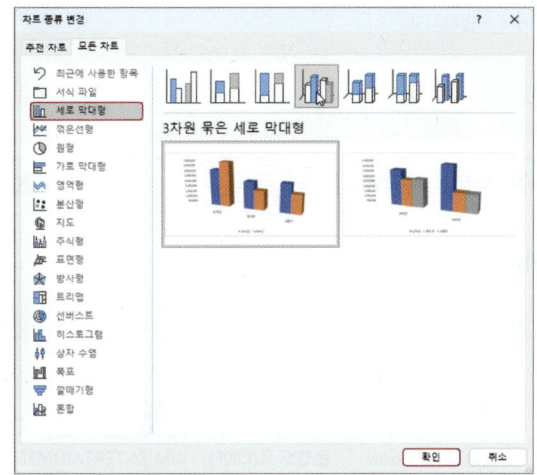

④ '2024년'계열을 선택한 후 마우스 오른쪽 버튼을 눌러 [데이터 계열 서식]을 클릭한 후 세로 막대 모양에서 '원통형'을 선택한다.

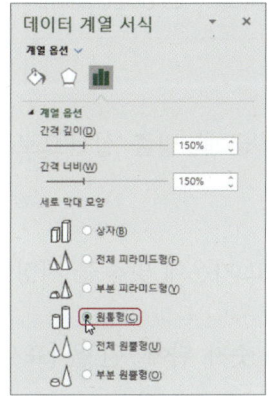

⑤ 같은 방법으로 '2025년'계열도 세로 막대 모양을 '원통형'으로 변경한다.
⑥ [차트 요소]-[범례]-[위쪽]을 선택한다.

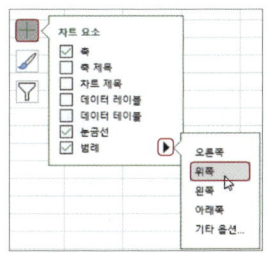

⑦ [차트 요소]-[축 제목]-[기본 세로]을 선택하고 **금액**을 입력한다.
⑧ 세로 축 제목을 선택한 후 [축 제목 서식]을 선택하고 텍스트 방향을 '세로'로 선택한다.

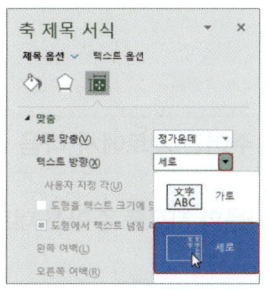

⑨ 세로(값) 축을 선택한 후 [축 서식]의 '축 옵션'에서 최소값 **500000**을 입력한다.

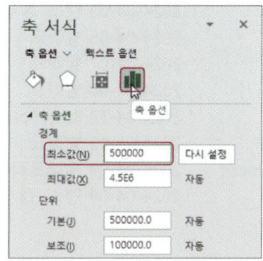

⑩ '2025년'계열의 '상여금' 요소를 천천히 2번 클릭한 후 마우스 오른쪽 버튼을 눌러 [데이터 레이블 추가]-[데이터 설명선 추가]를 클릭한다.

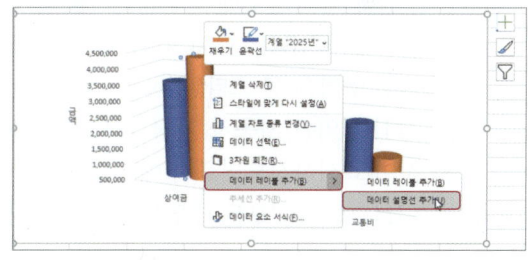

⑪ 차트 영역을 선택한 후 [서식]-[도형 스타일] 그룹의 '테마 스타일'에서 '색 윤곽선 – 녹색, 강조 6'을 선택한다.

상시 기출문제 04회

작업파일 [26컴활2급₩상시기출문제] 폴더의 '상시기출문제4회' 파일을 열어서 작업하시오.

문제 ❶ 기본작업 | 주어진 시트에서 다음 과정을 수행하고 저장하시오. 20점

01 '기본작업-1' 시트에 다음의 자료를 주어진 대로 입력하시오. (5점)

	A	B	C	D	E	F
1	4월 줄시 음악앨범					
2						
3	발매사	출시일	장르	노래제목		기획사
4	카카오엔터테인먼트	2024-04-13	트로트	미투리	박서진	BSTAR COMPANY
5	카카오엔터테인먼트	2024-04-08	댄스, 발라드	Beautiful Shadow	온앤오프(ONF)	WM ENTERTAINMENT
6	NHN벅스	2024-04-06	발라드	눈물의 여왕	폴킴	소리날리
7	지니뮤직	2024-04-07	발라드	단	노을	IK PRODUCTION, GTMNY
8	카카오엔터테인먼트	2024-04-08	발라드	고백하는 거 맞아	남규리	뮤직카우
9	카카오엔터테인먼트	2024-04-12	R&B/Soul	눈치	김민석	STUDIO SOON
10	카카오엔터테인먼트	2024-04-12	발라드	여우야	설인아	by the winter, 캐슐뮤직
11	Stone Music Entertainment	2024-04-09	국내드라마, 발라드	야한 사진관	승민(Stay Kids)	지니뮤직
12	카카오엔터테인먼트	2024-04-09	댄스, 랩/힙합, 발라드	소화	EPEX(이펙스)	C9 Entertainment

02 '기본작업-2' 시트에 대하여 다음의 지시사항을 처리하시오. (각 2점)

① [A1:I1] 영역은 '병합하고 가운데 맞춤', 글꼴 '궁서', 크기 18, 글꼴 스타일 '굵게', 밑줄 '실선'으로 지정하시오.
② [A1] 셀의 제목 앞뒤에 특수문자 "♠"을 삽입하시오.
③ [A3:A4], [B3:B4], [C3:C4], [D3:G3], [H3:H4], [I3:I4] 영역은 '병합하고 가운데 맞춤'을 지정하고, [A3:I4] 영역은 셀 스타일 '녹색, 강조색6'을 지정하시오.
④ [I5:I14] 영역은 사용자 지정 표시 형식을 이용하여 천 단위 구분 기호와 숫자 뒤에 "원"을 [표시 예]와 같이 표시하시오. [표시 예 : 134000 → 134,000원, 0 → 0원]
⑤ [A3:I14] 영역은 '모든 테두리'(⊞)를 적용한 후 '굵은 바깥쪽 테두리'(▣)를 적용하여 표시하시오.

03 '기본작업-3' 시트에서 다음의 지시사항을 처리하시오. (5점)

[A4:G16] 영역에서 대출금액이 대출금액 평균보다 큰 경우 행 전체에 대하여 글꼴 색을 '표준 색 - 파랑', 글꼴 스타일을 '굵은 기울임꼴'로 지정하는 조건부 서식을 작성하시오.
▶ AVERAGE 함수 사용
▶ 단, 규칙 유형은 '수식을 사용하여 서식을 지정할 셀 결정'을 사용하고, 한 개의 규칙으로만 작성하시오.

문제 ❷ 계산작업 | '계산작업' 시트에서 다음 과정을 수행하고 저장하시오. 40점

01 [표1]에서 회원ID[B3:B8]에 동일한 ID가 2개 이상이면 '우수회원', 그렇지 않으면 '일반'을 회원구분[B11:E11]에 표시하시오. (8점)

▶ IF, COUNTIF 함수 사용

02 [표2]에서 출발일재[I3:I11]를 이용하여 출발요일[J3:J11]을 표시하시오. (8점)

▶ 요일번호는 '일요일'이 1로 시작하는 방법으로 지정 [표시 예 : 월요일]
▶ CHOOSE, WEEKDAY 함수 사용

03 [표3]에서 중간고사[D15:D22]가 90점 이상이고, 기말고사[E15:E22]이 90 이상인 성적 우수 장학생 수[E23]를 계산하시오. (8점)

▶ 계산된 장학생 수 뒤에는 '명'을 포함하여 표시 [표시 예 : 2명]
▶ SUMIFS, AVERAGEIFS, COUNTIFS 함수 중 알맞은 함수와 & 연산자 사용

04 [표4]에서 전월매출액[J15:J22] 중 세 번째로 큰 값과 두 번째로 작은 값의 차이를 [J23] 셀에 계산하시오. (8점)

▶ LARGE, SMALL 함수 사용

05 [표5]에서 지점명[A27:A34]과 제품코드[B27:B34]의 마지막 한 문자, 가격표[G27:J29]를 이용하여 판매가를 구한 후 판매금액[D27:D34]을 계산하시오. (8점)

▶ 판매금액 : 판매수량 × 판매가
▶ HLOOKUP, RIGHT 함수와 & 연산자 사용

문제 ❸ 분석작업 | 주어진 시트에서 다음 과정을 수행하고 저장하시오 20점

01 '분석작업-1' 시트에 대하여 다음의 지시사항을 처리하시오. (10점)

[부분합] 기능을 이용하여 [표1]에서 '업무부서'별로 '기본급', '수당', '식대', '교통비'의 최대를 계산한 후, 최소를 계산하시오.

▶ 정렬은 '업무부서'를 기준으로 오름차순으로 정렬하시오.
▶ 최대와 최소는 위에 명시된 순서대로 처리하시오.
▶ 부분합에 '녹색, 표 스타일 보통 7' 서식을 적용하시오.
▶ 개요는 지우시오.

02 '분석작업-2' 시트에 대하여 다음의 지시사항을 처리하시오. (10점)

[피벗 테이블] 기능을 이용하여 '급여대장' 표의 직급은 '필터', 지점명은 '행', 근무부서는 '열'로 처리하고, '값'에 인센티브와 총지급액의 평균을 계산하시오.

▶ 피벗 테이블 보고서는 동일 시트의 [A22] 셀에서 시작하시오.
▶ 'Σ' 기호를 '행' 영역으로 이동하시오.
▶ 피벗 테이블 보고서는 열의 총합계만 설정하시오.

문제 ④ 기타작업 | 주어진 시트에서 다음 과정을 수행하고 저장하시오. 20점

01 '매크로작업' 시트의 [표]에서 다음과 같은 기능을 수행하는 매크로를 현재 통합 문서에 작성하고 실행하시오. (각 5점)

① [G4:G12] 영역에 판매코드별 이익률을 계산하는 매크로를 생성하여 실행하시오.
- ▶ 매크로 이름 : 이익률
- ▶ 이익률 = 순이익 / 판매금액
- ▶ [개발 도구] → [삽입] → [양식 컨트롤]의 '단추(□)'를 동일 시트의 [B14:C15] 영역에 생성하고, 텍스트를 '이익률'로 입력한 후 단추를 클릭할 때 '이익률' 매크로가 실행되도록 설정하시오.

② [B4:B12] 영역은 '간단한 날짜'로 표시하는 매크로를 생성하여 실행하시오.
- ▶ 매크로 이름 : 서식
- ▶ [도형] → [사각형]의 '사각형: 둥근 모서리'(□)를 동일 시트의 [E14:F15] 영역에 생성하고, 텍스트를 '서식'으로 입력한 후 도형을 클릭할 때 '서식' 매크로가 실행되도록 설정하시오.
- ※ 셀 포인터의 위치에 상관없이 현재 통합 문서에서 매크로가 실행되어야 정답으로 인정됨

02 '차트작업' 시트의 차트를 지시사항에 따라 아래 그림과 같이 수정하시오. (각 2점)

※ 차트는 반드시 문제에서 제공한 차트를 사용하여야 하며, 신규로 작성 시 0점 처리됨

① '평균' 계열이 차트에 표시되도록 데이터 범위를 추가하고, '행/열 전환'을 지정하시오.
② '평균' 계열의 차트 종류를 '표식이 있는 꺾은선형'으로 변경하고, 선은 너비 '4pt', 선 스타일 '완만한 선'으로 지정하시오.
③ '평균' 계열만 데이터 레이블 '값'을 표시하고, 레이블의 위치를 '위쪽'으로 지정하시오.
④ 범례는 '위쪽'에 배치한 후 도형 스타일을 '미세 효과 - 파랑, 강조 5'로 지정하시오.
⑤ 세로(값) 축의 기본 단위는 10, 표시 형식은 '숫자', 소수 자릿수는 1로 지정하시오.

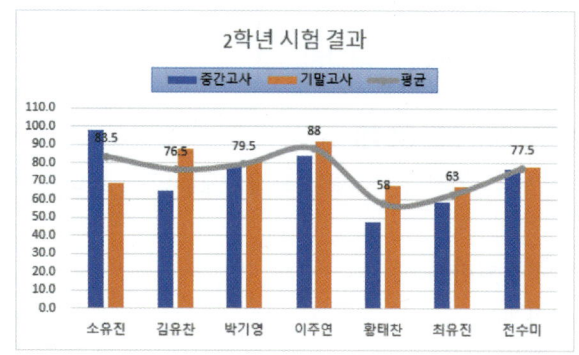

상시 기출문제 04회 정답

문제 ① 기본작업

01 자료 입력

	A	B	C	D	E	F	G
1	4월 출시 음악앨범						
2							
3	발매사	출시일	장르	노래제목		기획사	
4	카카오엔터테인먼트	2024-04-13	트로트	미투리	박서진	BSTAR COMPANY	
5	카카오엔터테인먼트	2024-04-08	댄스, 발라드	Beautiful Shadow	온앤오프(ONF)	WM ENTERTAINMENT	
6	NHN벅스	2024-04-06	발라드	눈물의 여왕	폴킴	소리날리	
7	지니뮤직	2024-04-07	발라드	단	노을	IK PRODUCTION, GTMNY	
8	카카오엔터테인먼트	2024-04-08	발라드	고백하는 거 맞어	남규리	뮤직카우	
9	카카오엔터테인먼트	2024-04-12	R&B/Soul	눈치	김민석	STUDIO SOON	
10	카카오엔터테인먼트	2024-04-12	발라드	여우야	설인아	by the winter, 캐슬뮤직	
11	Stone Music Entertainment	2024-04-09	국내드라마, 발라드	야한 사진관	승민(Stay Kids)	지니뮤직	
12	카카오엔터테인먼트	2024-04-09	댄스, 랩/힙합, 발라드	소화	EPEX(이펙스)	C9 Entertainment	
13							

02 서식 지정

	A	B	C	D	E	F	G	H	I	J
1	♠직원별 영업 실적 현황♠									
2										
3	직원명	근무지	직급	분기				합계	영업총액	
4				1분기	2분기	3분기	4분기			
5	최맹규	지사	사원	118	111	125	286	640	13,440,000원	
6	강범서	지사	사원	198	119	162	259	738	15,498,000원	
7	이서연	본사	대리	269	156	261	105	791	16,611,000원	
8	김숙현	지사	대리	145	285	119	109	658	13,818,000원	
9	박준우	본사	과장	119	146	279	266	810	17,010,000원	
10	김도연	지사	과장	271	285	102	282	940	19,740,000원	
11	황정연	본사	차장	276	236	122	281	915	19,215,000원	
12	임정온	지사	차장	222	121	149	245	737	15,477,000원	
13	방지성	본사	부장	341	219	282	145	987	20,727,000원	
14	전경민	지사	부장	285	271	182	169	907	19,047,000원	
15										

03 조건부 서식

	A	B	C	D	E	F	G	H
1	1사분기 대출 현황							
2								
3	고객코드	대출일	대출종류	금리	우대	대출금액	기간(월)	
4	*TS65-023*	*01월 07일*	*청년대출*	*변동*	*우대*	*22,500,000*	*36*	
5	TS04-652	01월 25일	버팀목대출	고정	일반	15,000,000	48	
6	TS11-002	01월 31일	신혼부부대출	변동	우대	12,000,000	50	
7	TS10-021	02월 02일	전세대출	고정	우대	9,750,000	72	
8	*TS09-655*	*02월 05일*	*주택담보대출*	*변동*	*일반*	*36,000,000*	*80*	
9	TS13-007	02월 08일	청년대출	고정	우대	14,250,000	82	
10	*TS06-659*	*02월 22일*	*신혼부부대출*	*고정*	*우대*	*30,000,000*	*92*	
11	*TS08-004*	*02월 27일*	*신용대출*	*변동*	*일반*	*27,000,000*	*100*	
12	TS12-031	03월 02일	전세대출	변동	우대	11,700,000	64	
13	*TS12-652*	*03월 07일*	*주택담보대출*	*변동*	*일반*	*18,000,000*	*48*	
14	TS13-003	03월 16일	청년대출	고정	일반	13,500,000	72	
15	TS09-065	03월 21일	버팀목대출	변동	우대	12,300,000	75	
16	TS12-982	03월 27일	주택담보대출	고정	일반	5,000,000	65	
17								

문제 ❷ 계산작업

01 회원구분

	A	B	C	D	E
1	[표1]				
2	대여일자	회원ID	이름	분류	코드
3	6월1일	TS-12	김채원	어문	TS-1123
4	6월2일	UO-12	이현정	취미	SS-1205
5	6월3일	TS-12	강현주	소설	KQ-1234
6	6월7일	UO-12	박소연	수필	TY-0987
7	6월13일	RB-12	최소진	여행	ZY-4356
8	6월15일	WE-12	황준서	자기개발	BN-1498
9					
10	회원ID	TS-12	RB-12	WE-12	UO-12
11	회원구분	우수회원	일반	일반	우수회원
12					

[B11] 셀에 「=IF(COUNTIF($B$3:$B$8,B10)>=2,"우수회원","일반")」를 입력하고 [E11] 셀까지 수식 복사

02 출발요일

	G	H	I	J
1	[표2]			
2	이름	출장지	출발일자	출발요일
3	이차돌	두바이	2025-07-22	화요일
4	차독진	스페인	2025-09-20	토요일
5	오차희	미국	2025-10-10	금요일
6	김국진	프랑스	2025-11-12	수요일
7	서오진	이탈리아	2025-12-13	토요일
8	김서연	영국	2025-09-09	화요일
9	배한나	핀란드	2025-08-28	목요일
10	전온주	스웨덴	2025-06-06	금요일
11	강우경	덴마크	2025-04-14	월요일
12				

[J3] 셀에 「=CHOOSE(WEEKDAY(I3,1),"일요일","월요일","화요일","수요일","목요일","금요일","토요일")」를 입력하고 [J11] 셀까지 수식 복사

03 성적 우수 장학생 수

	A	B	C	D	E	F
13	[표3]					
14	학번	이름	학과코드	중간고사	기말고사	
15	25B208	김수진	B2	98	98	
16	24B111	최한나	B1	66	87	
17	25C212	이소정	C2	70	59	
18	23C201	장진경	C2	59	53	
19	25A202	김민진	A2	87	98	
20	24B110	서우찬	B1	90	92	
21	25B225	박이솔	B2	64	76	
22	25C123	신성우	C1	99	75	
23		성적 우수 장학생 수			2명	
24						

[E23] 셀에 「=COUNTIFS(D15:D22,">=90",E15:E22,">=90")&"명"」를 입력

04 전월매출액 차이

	G	H	I	J	K
13	[표4]				
14	기기종류	판매량	매출액	전월매출액	
15	식기세척기	870	31,200,150	31,450,110	
16	세탁기	129	45,981,000	38,746,900	
17	냉장고	107	43,540,000	41,240,000	
18	TV	202	21,743,220	25,453,980	
19	에어컨	976	94,581,600	85,974,210	
20	청소기	546	20,090,000	19,864,540	
21	전자레인지	233	16,780,000	13,259,830	
22	컴퓨터	570	78,896,450	68,794,380	
23		전월매출액 차이		21,375,460	
24					

[J23] 셀에 「=LARGE(J15:J22,3)-SMALL(J15:J22,2)」를 입력

05 판매금액

	A	B	C	D	E	F	G	H	I	J	K
25	[표5]										
26	지점명	제품코드	판매수량	판매금액		<가격기준표>					
27	경기	TT123-S	11	8,470,000		구분	서울T	서울S	경기T	경기S	
28	서울	SS980-T	8	7,440,000		원가	750,000	670,000	450,000	580,000	
29	경기	Y1234-S	6	4,620,000		판매가	930,000	890,000	610,000	770,000	
30	서울	R1012-S	7	6,230,000							
31	서울	HD156-T	5	4,650,000							
32	경기	P0981-T	9	5,490,000							
33	경기	OI123-S	12	9,240,000							
34	서울	RO123-T	13	12,090,000							
35											

[D27] 셀에 「=HLOOKUP(A27&RIGHT(B27,1),$G$27:$J$29,3,0)*C27」을 입력하고 [D34] 셀까지 수식 복사

문제 ❸ 분석작업

01 부분합

	A	B	C	D	E	F	G	H	I
1	[표1]								
2	사원번호	근무지	업무부서	기본급	수당	시간외근무	식대	교통비	
3	CH-33	제주지사	관리부서	3,700,000	280,000	*	90,000	60,000	
4	GC-15	인천본사	관리부서	2,900,000	280,000	2	60,000	130,000	
5	IA-73	충청지사	관리부서	2,200,000	446,000	5	100,000	50,000	
6	DF-93	경기지사	관리부서	2,500,000	200,000	7	60,000	100,000	
7			관리부서 최소	2,200,000	200,000		60,000	50,000	
8			관리부서 최대	3,700,000	446,000		100,000	130,000	
9	GH-81	충청지사	생산부서	2,300,000	228,000	2	90,000	100,000	
10	IB-86	경기지사	생산부서	3,600,000	228,000	2	150,000	80,000	
11	CE-55	충청지사	생산부서	2,900,000	260,000	6	90,000	70,000	
12	AB-80	경기지사	생산부서	3,600,000	428,000	2	90,000	110,000	
13	HD-75	인천본사	생산부서	2,400,000	420,000	4	100,000	120,000	
14			생산부서 최소	2,300,000	228,000		90,000	70,000	
15			생산부서 최대	3,600,000	428,000		150,000	120,000	
16	BA-85	경기지사	연구팀	3,600,000	200,000	*	140,000	50,000	
17	HI-34	경기지사	연구팀	1,600,000	246,000	*	150,000	90,000	
18	EK-21	충청지사	연구팀	2,000,000	228,000	5	70,000	50,000	
19	HO-90	경기지사	연구팀	1,700,000	440,000	3	90,000	130,000	
20	AK-63	제주지사	연구팀	3,300,000	220,000	8	150,000	130,000	
21	FK-81	충청지사	연구팀	2,900,000	380,000	6	90,000	140,000	
22	FG-80	충청지사	연구팀	2,900,000	370,000	2	150,000	130,000	
23			연구팀 최소	1,600,000	200,000		70,000	50,000	
24			연구팀 최대	3,600,000	440,000		150,000	140,000	
25	GC-99	인천본사	영업부서	3,300,000	460,000	3	120,000	120,000	
26	AB-52	경기지사	영업부서	2,300,000	240,000	4	150,000	60,000	
27	CD-67	경기지사	영업부서	2,900,000	228,000	*	90,000	120,000	
28	BC-18	인천본사	영업부서	1,900,000	270,000	*	100,000	100,000	
29	EE-88	인천본사	영업부서	2,800,000	420,000	3	150,000	60,000	
30			영업부서 최소	1,600,000	228,000		90,000	60,000	
31			영업부서 최대	3,300,000	460,000		150,000	120,000	
32			전체 최소값	1,600,000	200,000		60,000	50,000	
33			전체 최대값	3,700,000	460,000		150,000	140,000	
34									

02 피벗 테이블

	A	B	C	D	E
19					
20	직급	(모두)			
21					
22		열 레이블			
23	행 레이블	관리팀	연구팀	영업팀	
24	광화문				
25	평균 : 인센티브	400000	626000	1374000	
26	평균 : 총지급액	4240000	4631000	5874000	
27	서대문				
28	평균 : 인센티브	495200	900000		
29	평균 : 총지급액	4225200	4640000		
30	을지로				
31	평균 : 인센티브			855000	
32	평균 : 총지급액			4777500	
33	전체 평균 : 인센티브	457120	808666.6667	1028000	
34	전체 평균 : 총지급액	4231120	4637000	5143000	
35					

문제 ④ 기타작업

01 매크로

	A	B	C	D	E	F	G
1			5월 판매 이익률 현황				
2							
3	판매코드	날짜	판매가	판매수량	판매금액	순이익	이익률
4	TSB-001	2025-05-02	25,870	325	8,407,750	3,078,500	37%
5	TSB-002	2025-05-07	29,870	311	9,289,570	2,158,700	23%
6	TSB-003	2025-05-11	26,780	279	7,471,620	2,368,750	32%
7	TSB-004	2025-05-16	27,120	284	7,702,080	2,968,700	39%
8	TSB-005	2025-05-18	25,930	292	7,571,560	1,897,000	25%
9	TSB-006	2025-05-21	24,740	198	4,898,520	1,144,500	23%
10	TSB-007	2025-05-23	21,650	211	4,568,150	1,369,870	30%
11	TSB-008	2025-05-28	28,630	247	7,071,610	3,148,790	45%
12	TSB-009	2025-05-31	23,570	264	6,222,480	2,698,700	43%
13							
14			이익률			서식	
15							
16							

02 차트

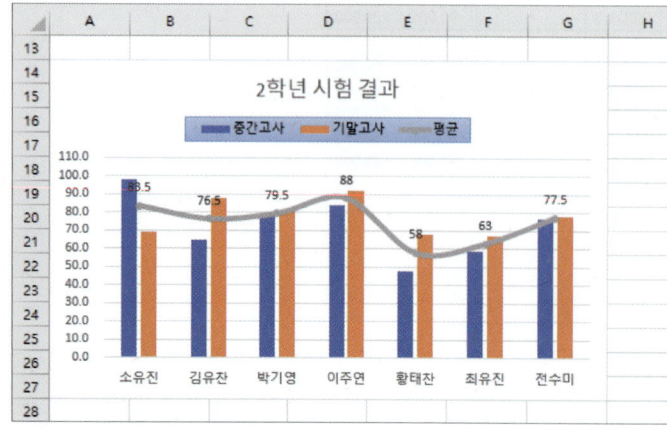

상시 기출문제 04회 해설

문제 ① 기본작업

01 자료 입력('기본작업-1' 시트)

[A3:F12] 셀까지 문제를 보고 오타 없이 작성한다.

02 서식 지정('기본작업-2' 시트)

① [A1:I1] 영역을 범위 지정한 후 [홈]-[맞춤] 그룹에서 [병합하고 가운데 맞춤](🔲)을 클릭한 후 [글꼴] 그룹에서 글꼴 '궁서', 크기 '18', 굵게, 밑줄을 선택한다.

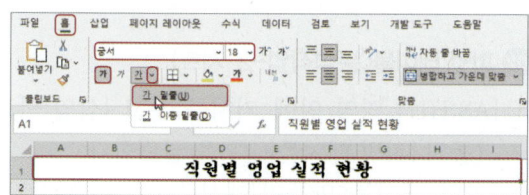

② [A1] 셀의 '직' 앞에 커서를 두고 ㅁ을 입력한 후 한자를 눌러 목록에서 '♠'을 선택한다. 같은 방법으로 '황' 뒤에 '♠'를 입력한다.

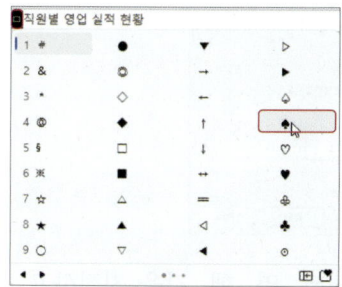

③ [A3:A4], [B3:B4], [C3:C4], [D3:G3], [H3:H4], [I3:I4] 영역을 범위 지정한 후 [홈]-[맞춤] 그룹에서 [병합하고 가운데 맞춤](🔲)을 클릭한다.

④ [A3:I4] 영역을 범위 지정한 후 [홈]-[스타일] 그룹에서 [셀 스타일]에서 '녹색, 강조색 6'을 선택한다.

⑤ [I5:I14] 영역을 범위 지정한 후 Ctrl+1을 눌러 [표시 형식] 탭의 '사용자 지정'에 #,##0"원"를 입력하고 [확인]을 클릭한다.

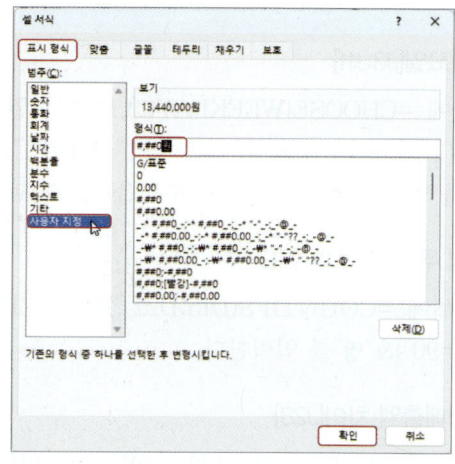

⑥ [A3:I14] 영역을 범위 지정한 후 [홈]-[글꼴] 그룹에서 [테두리](🔲 ▾) 도구의 [모든 테두리](🔲)를 클릭한 후 [굵은 바깥쪽 테두리](🔲)를 클릭한다.

03 조건부 서식('기본작업-3' 시트)

① [A4:G16] 영역을 범위 지정한 후 [홈]-[스타일] 그룹에서 [조건부 서식]-[새 규칙]을 클릭한다.

② '▶ 수식을 사용하여 서식을 지정할 셀 결정'을 선택하여 =$F4>AVERAGE($F$4:$F$16)을 입력하고 [서식]을 클릭한다.

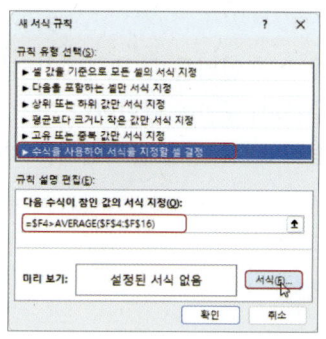

③ [글꼴] 탭에서 '굵은 기울임꼴', 글꼴 색은 '표준 색 - 파랑'을 선택하고 [확인]을 클릭한다.

문제 ❷ 계산작업('계산작업' 시트)

01 회원구분[B11:E11]

[B11] 셀에 =IF(COUNTIF($B$3:$B$8,B10)>=2, "우수회원","일반")를 입력하고 [E11] 셀까지 수식을 복사한다.

02 출발요일[J3:J11]

[J3] 셀에 =CHOOSE(WEEKDAY(I3,1),"일요일", "월요일","화요일","수요일","목요일","금요일","토요일")를 입력하고 [J11] 셀까지 수식을 복사한다.

03 성적 우수 장학생 수[E23]

[E23] 셀에 =COUNTIFS(D15:D22,">=90",E15: E22,">=90")&"명"를 입력한다.

04 전월매출액 차이[J23]

[J23] 셀에 =LARGE(J15:J22,3)-SMALL(J15: J22,2)를 입력한다.

05 판매금액[D27:D34]

[D27] 셀에 =HLOOKUP(A27&RIGHT(B27,1),$G$27:$J$29,3,0)*C27을 입력하고 [D34] 셀까지 수식을 복사한다.

문제 ❸ 분석작업

01 부분합('분석작업-1' 시트)

① '업무부서'[C2] 셀을 클릭한 후 [데이터]-[정렬 및 필터] 그룹에서 [텍스트 오름차순 정렬]을 클릭한다.
② 데이터 안에 마우스 포인터를 두고, [데이터]-[개요] 그룹의 [부분합]을 클릭한다.
③ 다음과 같이 지정하고 [확인]을 클릭한다.

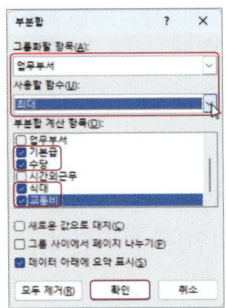

- **그룹화할 항목** : 업무부서
- **사용할 함수** : 최대
- **부분합 계산 항목** : 기본급, 수당, 식대, 교통비

④ 다시 한 번 [데이터]-[개요] 그룹의 [부분합]을 클릭하여 다음과 같이 지정하고 [확인]을 클릭한다.

- **그룹화할 항목** : 업무부서
- **사용할 함수** : 최소
- **부분합 계산 항목** : 기본급, 수당, 식대, 교통비
- **'새로운 값으로 대치' 체크 해제**

⑤ [A2:H33] 영역을 범위 지정한 후 [홈]-[스타일] 그룹의 [표 서식]을 클릭하여 '녹색, 표 스타일 보통 7'을 선택한다.
⑥ 부분합 영역 밖을 클릭한 후 [데이터]-[개요] 그룹에서 [그룹 해제]-[개요 지우기]를 클릭한다.

02 피벗 테이블('분석작업-2' 시트)

① [A3:H17] 영역 안에 커서를 두고 [삽입]-[표] 그룹의 [피벗 테이블]을 클릭한다.
② [피벗 테이블 만들기]에서 '기존 워크시트'의 [A22] 셀을 지정하고 [확인]을 클릭한다.

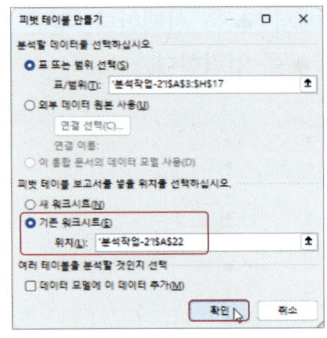

③ 다음과 같이 필터, 열, 행, 값을 지정하고, Σ 값을 행으로 드래그한다.

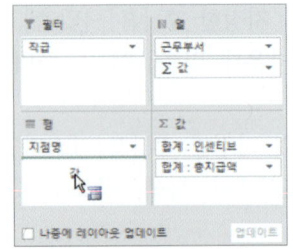

④ '합계: 인센티브'[A25] 셀에서 마우스 오른쪽 버튼을 눌러 [값 요약 기준]-[평균]을 클릭한다. 같은 방법으로 '합계: 총지급액'[A26] 셀의 총지급액도 '평균'으로 변경한다.

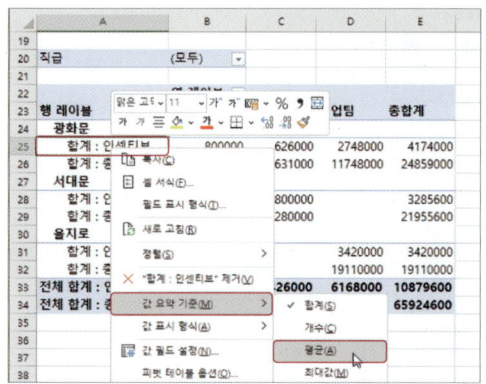

⑤ [디자인]-[레이아웃] 그룹의 [총합계]-[열의 총합계만 설정]을 클릭한다.

문제 ④ 기타작업

01 매크로('매크로작업' 시트)

① [개발 도구]-[컨트롤] 그룹의 [삽입]-[단추(양식 컨트롤)](□)을 클릭한다.
② 마우스 포인터가 '+'로 바뀌면 [B14:C15] 영역에 드래그한다.
③ [매크로 지정]의 '매크로 이름'에 **이익률**을 입력하고 [기록]을 클릭한다.

④ [매크로 기록]에 '이익률'로 매크로 이름이 표시되면 [확인]을 클릭한다.

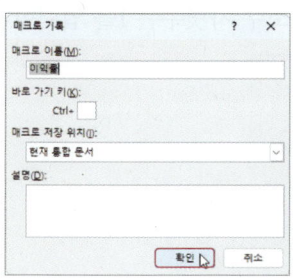

⑤ [G4] 셀에 **=F4/E4**를 입력하고 [G12] 셀까지 수식을 복사한다.

⑥ 임의의 셀을 클릭한 후 매크로 기록을 종료하기 위해 [개발 도구]-[코드] 그룹의 [기록 중지](□)를 클릭한다.
⑦ 단추에 텍스트를 수정하기 위해서 단추에서 마우스 오른쪽 버튼을 눌러 [텍스트 편집]을 클릭한다.
⑧ 단추에 입력된 '단추 1'을 지우고 **이익률**을 입력한다.
⑨ [삽입]-[일러스트레이션] 그룹에서 [도형]-[사각형]의 '사각형: 둥근 모서리'(□)를 클릭한다.
⑩ 마우스 포인터가 '+'로 바뀌면 [E14:F15] 영역에 드래그한 후 서식을 입력한다.
⑪ '사각형: 둥근 모서리'(□) 도형에서 마우스 오른쪽 버튼을 눌러 [매크로 지정]을 클릭한다.
⑫ [매크로 지정]에 **서식**을 입력하고 [기록]을 클릭한다.
⑬ [매크로 기록]에 '서식'으로 매크로 이름이 표시되면 [확인]을 클릭한다.
⑭ [B4:B12] 영역을 범위 지정한 후 [홈]-[표시 형식] 그룹에서 '간단한 날짜'를 선택한다.

⑮ 임의의 셀을 클릭한 후 매크로 기록을 종료하기 위해 [개발 도구]-[코드] 그룹의 [기록 중지](□)를 클릭한다.

02 차트('차트작업' 시트에서 작성)

① 차트에서 마우스 오른쪽 버튼을 눌러 [데이터 선택]을 클릭한다.

② 기존 '차트 데이터 범위'를 지운 후 [A3:D10] 영역으로 수정한 후 [행/열 전환]을 클릭한 후 [확인]을 클릭한다.

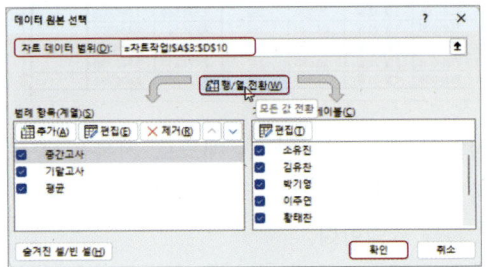

③ '평균' 계열을 선택한 후 마우스 오른쪽 버튼을 눌러 [계열 차트 종류 변경]을 클릭한다.

④ [차트 종류 변경]에서 '혼합'을 선택하고, 평균은 '표식이 있는 꺾은선형'을 선택하고 [확인]을 클릭한다.

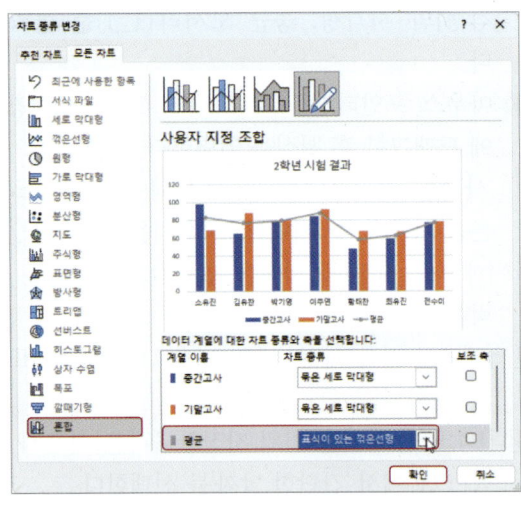

⑤ '평균' 계열을 선택한 후 마우스 오른쪽 버튼을 누르고 [데이터 계열 서식]을 클릭한 후 너비는 4로 지정하고, '완만한 선'을 체크한다.

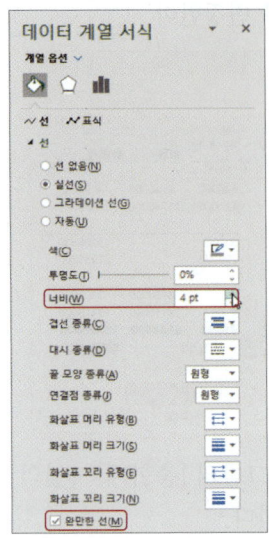

⑥ '평균' 계열을 선택한 후 [차트 요소](+)-[데이터 레이블]-[위쪽]을 선택한다.

⑦ [차트 요소](+)-[범례]-[위쪽]을 클릭한 후 '범례'를 선택한 후 [서식]-[도형 스타일] 그룹의 '테마 스타일'에서 '미세 효과 - 파랑, 강조5'를 선택한다.

⑧ 세로(값) 축을 선택한 후 축 옵션에서 단위 '기본'에 10을 입력한다.

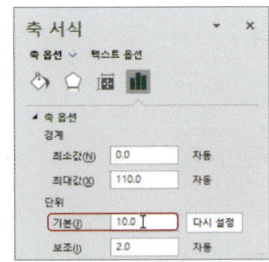

⑨ 세로(값) 축을 선택한 후 '표시 형식'에서 범주 '숫자'를 선택하고, 소수 자릿수는 1을 입력한다.

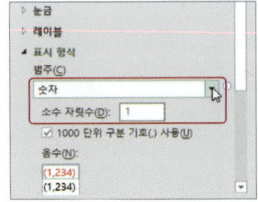

상시 기출문제 05회

작업파일 [26컴활2급₩상시기출문제] 폴더의 '상시기출문제5회' 파일을 열어서 작업하시오.

문제 ❶ 기본작업 | 주어진 시트에서 다음 과정을 수행하고 저장하시오. 20점

01 '기본작업-1' 시트에 다음의 자료를 주어진 대로 입력하시오. (5점)

	A	B	C	D	E	F	G
1	교원확보율						
2							
3	학과코드	학과명	전체 학생수	전체교원	정원/전임(겸임)	전임비율	
4	KA-45267	경영정보과	140	6명	6/3(3)	50.00%	
5	SQ-89163	사회복지과	150	7명	7/4(3)	57.14%	
6	TB-37245	유아교육과	210	9명	9/6(3)	66.67%	
7	AV-32896	정보통신과	150	8명	8/3(5)	37.50%	
8	CT-92578	컴퓨터공학과	105	4명	7/3(1)	75.00%	
9	PW-41283	식품생명공학과	120	7명	7/5(2)	71.43%	
10							

02 '기본작업-2' 시트에 대하여 다음의 지시사항을 처리하시오. (각 2점)

① [A1:F1] 영역은 '병합하고 가운데 맞춤', 글꼴 '맑은 고딕', 글꼴 크기 '16', 글꼴 스타일 '굵게', 밑줄 '이중 실선'으로 지정하시오.
② [A4:A6], [A7:A9], [B4:B6], [F4:F6], [F7:F9] 영역은 '병합하고 가운데 맞춤'을 지정하고, [A3:F3] 영역은 셀 스타일 '파랑, 강조색5'를 적용하시오.
③ [C4:C6] 영역은 사용자 지정 표시 형식을 이용하여 문자 뒤에 '%'를 [표시 예]와 같이 표시하시오.
   [표시 예 : 80~90 → 80~90%]
④ [D4:D9] 영역의 이름을 '배점'으로 정의하시오.
⑤ [A3:F9] 영역에 '모든 테두리'(⊞)를 적용한 후 '굵은 바깥쪽 테두리'(⊡)를 적용하여 표시하시오.

03 '기본작업-3' 시트에서 다음의 지시사항을 처리하시오. (5점)

[A4:H18] 영역에서 학번이 '2019'로 시작하는 행 전체에 대하여 글꼴 색을 '표준 색-빨강'으로 지정하는 조건부 서식을 작성하시오.
▶ LEFT 함수 사용
▶ 단, 규칙 유형은 '수식을 사용하여 서식을 지정할 셀 결정'을 사용하고, 한 개의 규칙으로만 작성하시오.

문제 ❷ 계산작업 | '계산작업' 시트에서 다음 과정을 수행하고 저장하시오. 40점

01 [표1]에서 응시일[C3:C9]이 월요일부터 금요일이면 '평일', 그 외에는 '주말'로 요일[D3:D9]에 표시하시오. (8점)

- ▶ 단, 요일 계산 시 월요일이 1 인 유형으로 지정
- ▶ IF, WEEKDAY 함수 사용

02 [표2]에서 중간고사[G3:G9], 기말고사[H3:H9]와 학점기준표[G12:K14]를 참조하여 학점[I3:I9]을 계산하시오. (8점)

- ▶ 평균은 각 학생의 중간고사와 기말고사로 구함
- ▶ AVERAGE, HLOOKUP 함수 사용

03 [표3]에서 학과[A14:A21]가 '경영학과'인 학생들의 평점에 대한 평균을 [D24] 셀에 계산하시오. (8점)

- ▶ 평균은 소수점 이하 셋째자리에서 반올림하여 둘째자리까지 표시 [표시 예: 3.5623 → 3.56]
- ▶ 조건은 [A24:A25] 영역에 입력하시오.
- ▶ DAVERAGE, ROUND 함수 사용

04 [표4]에서 커뮤니케이션[B29:B35], 회계[C29:C35], 경영전략[D29:D35]이 모두 70 이상인 학생 수를 [D37] 셀에 계산하시오. (8점)

- ▶ COUNT, COUNTIF, COUNTIFS 함수 중 알맞은 함수 사용

05 [표5]에서 학과[F29:F36]의 앞 세 문자와 입학일자[G29:G36]의 연도를 이용하여 입학코드[H29:H36]를 표시하시오. (8점)

- ▶ 학과의 첫 글자만 대문자로 표시
  [표시 예 : 학과가 'HEALTHCARE', 입학일자가 '2021-03-01'인 경우 → Hea2021]
- ▶ LEFT, PROPER, YEAR 함수와 & 연산자 사용

문제 ❸ 분석작업 | 주어진 시트에서 다음 과정을 수행하고 저장하시오 20점

01 '분석작업-1' 시트에 대하여 다음의 지시사항을 처리하시오. (10점)

[부분합] 기능을 이용하여 '소양인증포인트 현황' 표에 과 같이 학과별 '합계'의 최대를 계산한 후 '기본영역', '인성봉사', '교육훈련'의 평균을 계산하시오.
- ▶ 정렬은 '학과'를 기준으로 오름차순으로 처리하시오.
- ▶ 최대와 평균은 위에 명시된 순서대로 처리하시오.

	A	B	C	D	E	F
1	소양인증포인트 현황					
2						
3	학과	성명	기본영역	인성봉사	교육훈련	합계
4	경영정보	정소영	85	75	75	235
5	경영정보	주경철	85	85	75	245
6	경영정보	한기철	90	70	85	245
7	경영정보 평균		87	77	78	
8	경영정보 최대					245
9	유아교육	강소미	95	65	65	225
10	유아교육	이주현	100	90	80	270
11	유아교육	한보미	80	70	90	240
12	유아교육 평균		92	75	78	
13	유아교육 최대					270
14	정보통신	김경호	95	75	95	265
15	정보통신	박주영	85	50	80	215
16	정보통신	임정민	90	80	60	230
17	정보통신 평균		90	68	78	
18	정보통신 최대					265
19	전체 평균		89	73	78	
20	전체 최대값					270
21						

02 '분석작업-2' 시트에 대하여 다음의 지시사항을 처리하시오. (10점)

데이터 도구 [통합] 기능을 이용하여 [표1], [표2], [표3]에 대한 학과별 '정보인증', '국제인증', '전공인증'의 합계를 [표4]의 [G5:I8] 영역에 계산하시오.

문제 ④ 기타작업 | 주어진 시트에서 다음 과정을 수행하고 저장하시오. 20점

01 '매크로작업' 시트의 [표]에서 다음과 같은 기능을 수행하는 매크로를 현재 통합 문서에 작성하고 실행하시오. (각 5점)

① [E4:E8] 영역에 총점을 계산하는 매크로를 생성하여 실행하시오.
- ▶ 매크로 이름 : 총점
- ▶ 총점 = 소양인증 + 직무인증
- ▶ [개발 도구]−[컨트롤]−[삽입]−[양식 컨트롤]의 '단추'(□)를 동일 시트의 [G3:H4] 영역에 생성하고, 텍스트를 '총점'으로 입력한 후 단추를 클릭할 때 '총점' 매크로가 실행되도록 설정하시오.

② [A3:E3] 영역에 채우기 색으로 '표준 색−노랑'을 적용하는 매크로를 생성하여 실행하시오.
- ▶ 매크로 이름 : 채우기
- ▶ [삽입]−[일러스트레이션]−[도형]−[기본 도형]의 '사각형: 빗면'(□)을 동일 시트의 [G6:H7] 영역에 생성하고, 텍스트를 '채우기'로 입력한 후 도형을 클릭할 때 '채우기' 매크로가 실행되도록 설정하시오.
- ※ 셀 포인터의 위치에 상관없이 현재 통합문서에서 매크로가 실행되어야 정답으로 인정됨

02 '차트작업' 시트의 차트를 지시사항에 따라 아래 그림과 같이 수정하시오. (각 2점)

※ 차트는 반드시 문제에서 제공한 차트를 사용하여야 하며, 신규로 작성 시 0점 처리됨
① '합계' 계열과 '2020년' 요소가 제거되도록 데이터 범위를 수정하시오.
② 차트 종류를 '누적 세로 막대형'으로 변경하시오.
③ 차트 제목은 '차트 위'로 지정한 후 [A1] 셀과 연동되도록 설정하시오.
④ '근로장학' 계열에만 데이터 레이블 '값'을 표시하고, 레이블의 위치를 '안쪽 끝'에로 설정하시오.
⑤ 차트 영역의 테두리에는 '둥근 모서리'를 설정하시오.

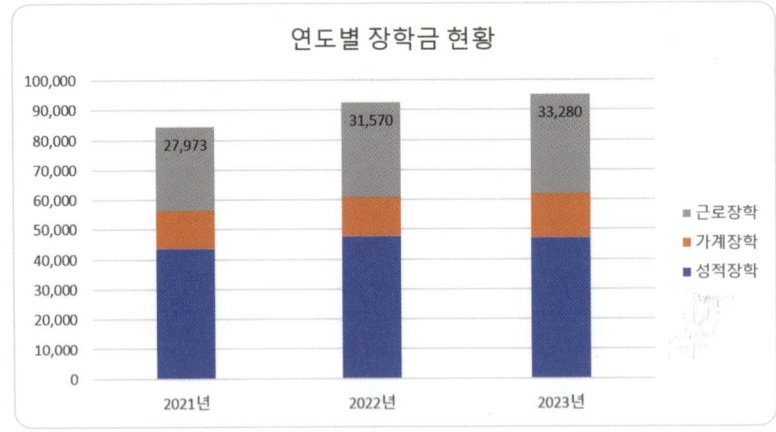

상시 기출문제 05회 정답

문제 ① 기본작업

01 자료 입력

	A	B	C	D	E	F	G
1	교원확보율						
2							
3	학과코드	학과명	전체 학생수	전체교원	정원/전임(겸임)	전임비율	
4	KA-45267	경영정보과	140	6명	6/3(3)	50.00%	
5	SQ-89163	사회복지과	150	7명	7/4(3)	57.14%	
6	TB-37245	유아교육과	210	9명	9/6(3)	66.67%	
7	AV-32896	정보통신과	150	8명	8/3(5)	37.50%	
8	CT-92578	컴퓨터공학과	105	4명	7/3(1)	75.00%	
9	PW-41283	식품생명공학과	120	7명	7/5(2)	71.43%	
10							

02 서식 지정

03 조건부 서식

	A	B	C	D	E	F	G	H	I
1	컴퓨터활용 성적								
2									
3	학번	이름	중간	중간(40)	기말	기말(40)	출석(20)	합계	
4	201713056	김대훈	25	63	15	58	18	66	
5	201809060	김세인	68	84	10	55	16	72	
6	201621010	김송희	38	69	8	54	18	67	
7	201618036	김은지	30	65	30	65	20	72	
8	201915093	김지수	88	94	90	95	20	96	
9	201714036	박병재	44	72	5	53	18	68	
10	201830056	박준희	43	71	20	60	16	69	
11	201809025	박하늘	25	63	20	60	16	65	
12	201906050	윤경문	88	94	50	75	16	84	
13	201618046	이다정	88	94	80	90	20	94	
14	201915058	이종희	-	50	10	55	18	60	
15	201915087	임천규	50	75	40	70	20	78	
16	201702075	임태헌	20	60	15	58	20	67	
17	201915065	최서현	50	75	40	70	20	78	
18	201820030	홍주희	34	67	10	55	16	65	
19									

문제 ❷ 계산작업

01 요일

	A	B	C	D	E
1	[표1] 자격증 응시일				
2	응시지역	성명	응시일	요일	
3	광주	김종민	2022-12-06	평일	
4	서울	강원철	2023-05-14	주말	
5	안양	이진수	2022-09-26	평일	
6	부산	박정민	2023-03-09	평일	
7	인천	한수경	2023-06-03	주말	
8	제주	유미진	2023-05-12	평일	
9	대전	정미영	2022-09-17	주말	
10					

[D3] 셀에 「=IF(WEEKDAY(C3,2)<=5,"평일","주말")」를 입력하고 [D9] 셀까지 수식 복사

02 학점

	F	G	H	I	J	K	L
1	[표2]						
2	성명	중간고사	기말고사	학점			
3	김미정	85	90	B			
4	서진수	65	70	D			
5	박주영	70	95	B			
6	원영현	90	75	B			
7	오선영	60	75	D			
8	최은미	95	85	A			
9	박진희	70	85	C			
10							
11	학점기준표						
12	평균	0 이상	60 이상	70 이상	80 이상	90 이상	
13		60 미만	70 미만	80 미만	90 미만	100 이하	
14	학점	F	D	C	B	A	
15							

[I3] 셀에 「=HLOOKUP(AVERAGE(G3:H3),$G$12:$K$14,3,TRUE)」를 입력하고 [I9] 셀까지 수식 복사

03 경영학과 평균 평점

	A	B	C	D	E
12	[표3]				
13	학과	성명	생년월일	평점	
14	컴퓨터학과	유창상	2005-10-20	3.45	
15	경영학과	김현수	2004-03-02	4.02	
16	경영학과	한경수	2004-08-22	3.67	
17	컴퓨터학과	정수연	2002-01-23	3.89	
18	정보통신과	최경철	2005-05-12	3.12	
19	정보통신과	오태환	2006-07-05	3.91	
20	컴퓨터학과	임장미	2005-10-26	4.15	
21	경영학과	이민호	2003-06-27	3.52	
22					
23	조건				
24	학과	경영학과 평균 평점		3.74	
25	경영학과				
26					

[D24] 셀에 「=ROUND(DAVERAGE(A13:D21,D13,A24:A25),2)」를 입력

04 모든 과목이 70 이상인 학생 수

	A	B	C	D	E
27	[표4]				
28	학생명	커뮤니케이션	회계	경영전략	
29	유창상	77	75	88	
30	김현수	58	76	78	
31	한경수	68	70	80	
32	정수연	53	69	94	
33	최경철	73	75	91	
34	오태환	55	67	88	
35	임장미	95	89	79	
36					
37	모든 과목이 70 이상인 학생 수			3	
38					

[D37] 셀에 「=COUNTIFS(B29:B35,">=70",C29:C35,">=70",D29:D35,">=70")」를 입력

05 입학코드

	F	G	H	I
27	[표5]			
28	학과	입학일자	입학코드	
29	HEALTHCARE	2021-03-01	Hea2021	
30	HEALTHCARE	2023-03-02	Hea2023	
31	COMPUTER	2021-03-01	Com2021	
32	COMPUTER	2023-03-01	Com2023	
33	DESIGN	2020-03-01	Des2020	
34	DESIGN	2022-03-02	Des2022	
35	ARTS-THERAPY	2020-03-01	Art2020	
36	ARTS-THERAPY	2022-03-02	Art2022	
37				

[H29] 셀에 「=PROPER(LEFT(F29,3))&YEAR(G29)」를 입력하고 [H36] 셀까지 수식 복사

문제 ❸ 분석작업

01 부분합

	A	B	C	D	E	F
1	소양인증포인트 현황					
2						
3	학과	성명	기본영역	인성봉사	교육훈련	합계
4	경영정보	정소영	85	75	75	235
5	경영정보	주경철	85	85	75	245
6	경영정보	한기철	90	70	85	245
7	경영정보 평균		87	77	78	
8	경영정보 최대					245
9	유아교육	강소미	95	65	65	225
10	유아교육	이주현	100	90	80	270
11	유아교육	한보미	80	70	90	240
12	유아교육 평균		92	75	78	
13	유아교육 최대					270
14	정보통신	김경호	95	75	95	265
15	정보통신	박주영	85	50	80	215
16	정보통신	임정민	90	80	60	230
17	정보통신 평균		90	68	78	
18	정보통신 최대					265
19	전체 평균		89	73	78	
20	전체 최대값					270
21						

02 데이터 통합

	A	B	C	D	E	F	G	H	I
1	학과별 인증 점수 취득 총점								
2									
3	[표1] 2021년					[표4]			
4	학과	정보인증	국제인증	전공인증		학과	정보인증	국제인증	전공인증
5	컴퓨터정보과	10,800	9,000	9,140		컴퓨터정보과	31,520	21,860	36,200
6	유아교육과	9,200	13,780	13,080		컴퓨터게임과	25,320	26,200	24,000
7	컴퓨터게임과	9,060	9,160	9,140		유아교육과	22,500	32,040	25,600
8	특수교육과	3,780	3,680	2,840		특수교육과	13,440	26,520	34,100
9									
10	[표2] 2022년								
11	학과	정보인증	국제인증	전공인증					
12	컴퓨터정보과	11,360	5,780	17,940					
13	컴퓨터게임과	9,560	13,960	11,560					
14	특수교육과	3,960	9,140	19,700					
15	유아교육과	3,740	3,300	2,840					
16									
17	[표3] 2023년								
18	학과	정보인증	국제인증	전공인증					
19	컴퓨터정보과	9,360	7,080	9,120					
20	특수교육과	5,700	13,700	11,560					
21	컴퓨터게임과	6,700	3,080	3,300					
22	유아교육과	9,560	14,960	9,680					

문제 ④ 기타작업

01 매크로

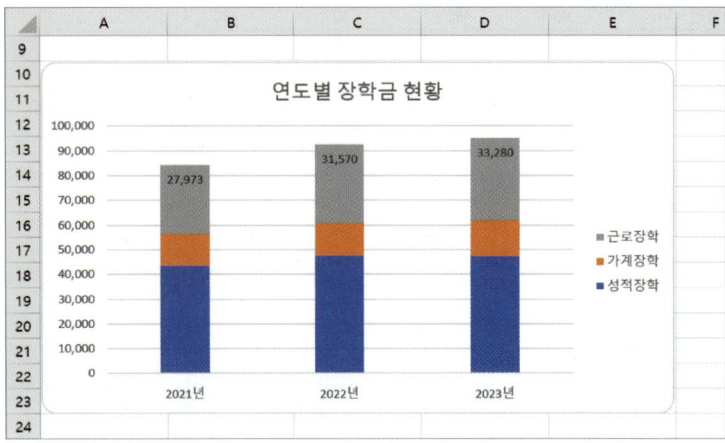

02 차트

	A	B	C	D	E	F
9						

연도별 장학금 현황

- 근로장학
- 가계장학
- 성적장학

상시 기출문제 05회 해설

문제 ❶ 기본작업

01 자료 입력('기본작업-1' 시트)
[A3:F9] 영역에 문제에서 주어진 내용을 입력한다.

02 서식 지정('기본작업-2' 시트)
① [A1:F1] 영역을 범위 지정한 후 [홈]-[맞춤] 그룹에서 [병합하고 가운데 맞춤](🖽)을 클릭한 후 [홈]-[글꼴] 그룹에서 '맑은 고딕', 크기 '16', '굵게', '이중 밑줄'을 지정한다.

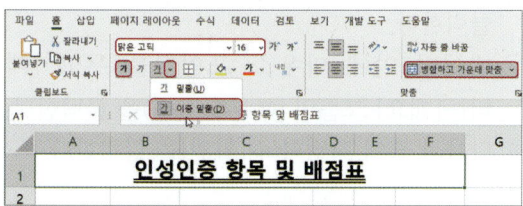

② [A4:A6], [A7:A9], [B4:B6], [F4:F6], [F7:F9] 영역을 범위 지정한 후 [홈]-[맞춤] 그룹에서 [병합하고 가운데 맞춤](🖽)을 클릭한다.
③ [A3:F3] 영역을 범위 지정한 후 [홈]-[스타일] 그룹의 '셀 스타일'에서 '파랑, 강조색5'를 선택한다.
④ [C4:C6] 영역을 범위 지정한 후 Ctrl + 1 을 눌러 '사용자 지정'에 @"%"를 입력하고 [확인]을 클릭한다.

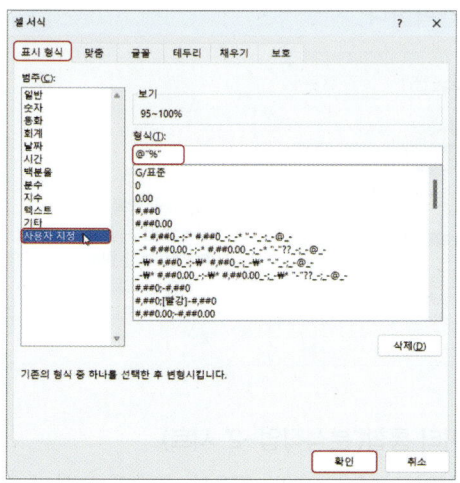

⑤ [D4:D9] 영역을 범위 지정한 후 '이름 상자'에 배점을 입력한다.
⑥ [A3:F9] 영역을 범위 지정한 후 [홈]-[글꼴] 그룹에서 [테두리](🖽▼) 도구의 [모든 테두리](🖽)를 클릭한 후 [굵은 바깥쪽 테두리](🖽)를 클릭한다.

03 조건부 서식('기본작업-3' 시트)
① [A4:H18] 영역을 범위 지정한 후 [홈]-[스타일] 그룹에서 [조건부 서식]-[새 규칙]을 클릭한다.
② '▶ 수식을 사용하여 서식을 지정할 셀 결정'을 선택하고, =LEFT($A4,4)="2019"를 입력하고 [서식]을 클릭한다.
③ [글꼴] 탭에서 글꼴 색은 '표준 색 – 빨강'을 선택하고 [확인]을 클릭하고 [새 서식 규칙]에서 [확인]을 클릭한다.

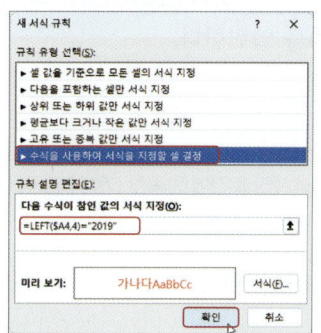

문제 ❷ 계산작업('계산작업' 시트)

01 요일[D3:D9]
[D3] 셀에 =IF(WEEKDAY(C3,2)<=5,"평일","주말")를 입력하고 [D9] 셀까지 수식을 복사한다.

> 💬 **함수 설명**
> ① WEEKDAY(C3,2) : [C3] 셀의 요일 번호를 반환함(월요일 1, 화요일 2, ...)
>
> =IF(①<=5,"평일","주말") : ①의 값이 5이하이면 '평일', 그 외는 '주말'로 표시

02 학점[I3:I9]

[I3] 셀에 =HLOOKUP(AVERAGE(G3:H3),$G$12:$K$14,3,TRUE)를 입력하고 [I9] 셀까지 수식을 복사한다.

💬 함수 설명

① AVERAGE(G3:H3) : [G3:H3] 영역의 평균을 구함

=HLOOKUP(①,$G$12:$K$14,3,TRUE) : ①의 값을 [G12:K14] 영역의 첫 번째 행에서 찾아 같은 열의 3번째 행에서 값을 추출함

03 경영학과 평점 평균[D24]

① [A24:A25] 영역에 조건을 입력한다.

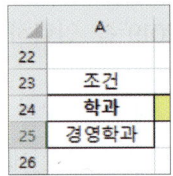

② [D24] 셀에 =ROUND(DAVERAGE(A13:D21,D13,A24:A25),2)를 입력한다.

💬 함수 설명

① DAVERAGE(A13:D21,D13,A24:A25) : [A13:D21] 영역에서 학과가 '경영학과'[A24:A25] 조건에 만족한 D열의 평균을 구함

=ROUND(①,2) : ①의 값을 반올림하여 소수점 이하 2자리까지 표시

04 모든 과목이 70 이상인 학생 수[D37]

[D37] 셀에 =COUNTIFS(B29:B35,">=70",C29:C35,">=70",D29:D35,">=70")를 입력한다.

05 입학코드[H29:H36]

[H29] 셀에 =PROPER(LEFT(F29,3))&YEAR(G29)를 입력하고 [H36] 셀까지 수식을 복사한다.

💬 함수 설명

① LEFT(F29,3) : [F29] 셀 값에서 왼쪽의 3글자를 추출함
② YEAR(G29) : [G29] 셀의 년도를 구함

=PROPER(①)&② : ①의 값을 첫 글자만 대문자로 표시하고 ②를 붙여서 표시

문제 ❸ 분석작업

01 부분합('분석작업-1' 시트)

① '학과' [A3] 셀을 클릭한 후 [데이터]-[정렬 및 필터] 그룹에서 [텍스트 오름차순 정렬](↓)을 클릭한다.

② 데이터 안에 마우스 포인터를 두고 [데이터]-[개요] 그룹의 [부분합](▦)을 클릭한다.

③ 다음과 같이 지정하고 [확인]을 클릭한다.

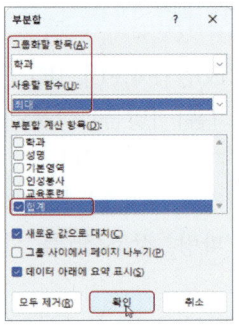

- 그룹화할 항목 : 학과
- 사용할 함수 : 최대
- 부분합 계산 항목 : 합계

④ 다시 한 번 [데이터]-[개요] 그룹의 [부분합](▦)을 클릭하여 다음과 같이 지정하고 [확인]을 클릭한다.

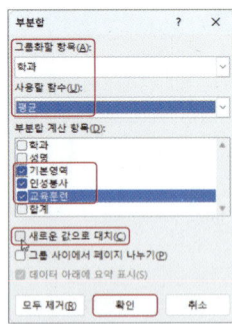

- 그룹화할 항목 : 학과
- 사용할 함수 : 평균
- 부분합 계산 항목 : 기본영역, 인성봉사, 교육훈련
- '새로운 값으로 대치' 체크 해제

02 데이터 통합('분석작업-2' 시트)

① [F4:I8] 영역을 범위 지정한 후 [데이터]-[데이터 도구] 그룹의 [통합](▦)을 클릭한다.

② 함수는 '합계', 모든 참조 영역에 [A4:D8], [A11:D15], [A18:D22] 영역을 드래그하여 추가한 후 '첫 행', '왼쪽 열'을 체크하고 [확인]을 클릭한다.

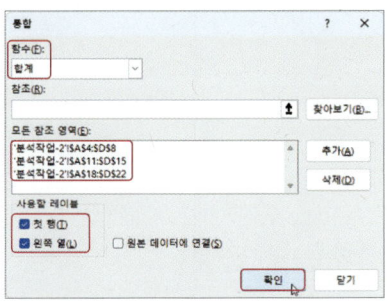

문제 ④ 기타작업

01 매크로('매크로작업' 시트)

① [개발 도구]-[컨트롤] 그룹의 [삽입]-[단추(양식 컨트롤)](□)을 클릭한다.

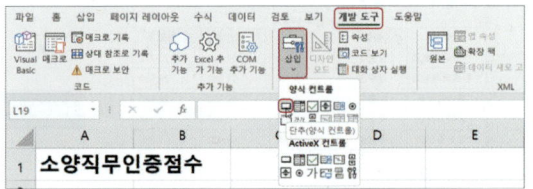

② 마우스 포인터가 '+'로 바뀌면 Alt를 누른 상태에서 [G3:H4] 영역에 드래그하면 [매크로 지정] 대화상자가 나타난다.

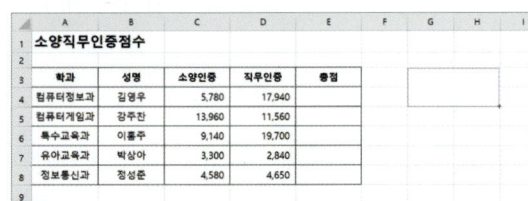

③ [매크로 지정]에 **총점**을 입력하고 [기록]을 클릭한다.

④ [매크로 기록]에 '총점'으로 매크로 이름이 표시되면 [확인]을 클릭한다.

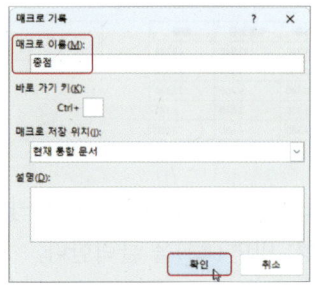

⑤ [E4] 셀에 =C4+D4를 입력하고 [E8] 셀까지 수식을 복사한다.

⑥ 임의의 셀을 클릭한 후 매크로 기록을 종료하기 위해 [개발 도구]-[코드] 그룹의 [기록 중지](□)를 클릭한다.

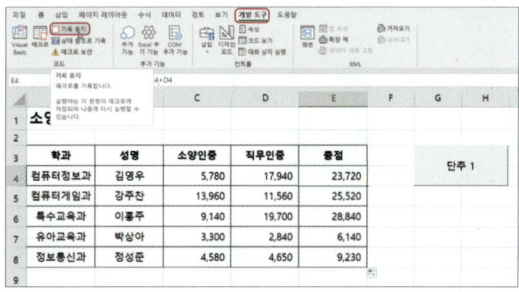

⑦ 단추에 텍스트를 수정하기 위해서 단추에서 마우스 오른쪽 버튼을 눌러 [텍스트 편집]을 클릭한다.

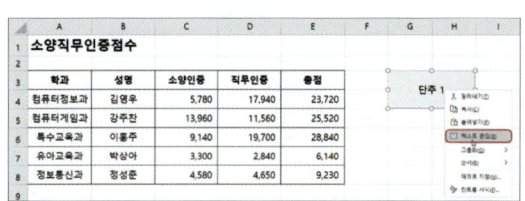

⑧ 단추에 입력된 '단추 1'을 지우고 **총점**을 입력한다.

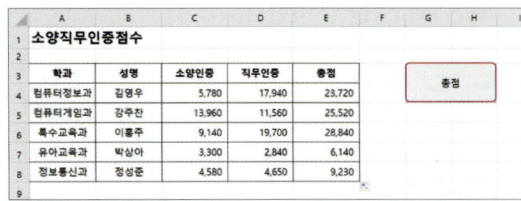

⑨ [삽입]-[일러스트레이션] 그룹에서 [도형]-[기본 도형]의 '사각형: 빗면'(▢)을 클릭한다.

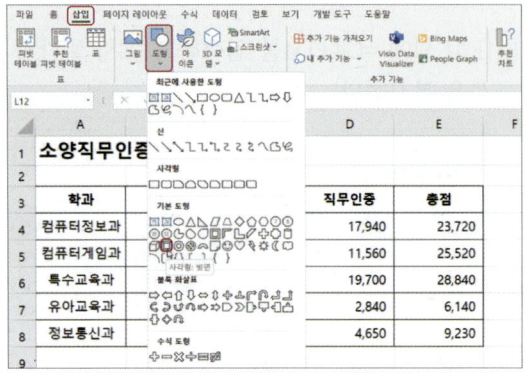

⑩ 마우스 포인터가 '+'로 바뀌면 Alt 를 누른 상태에서 [G6:H7] 영역에 드래그한다.

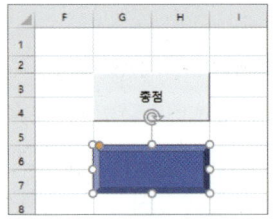

⑪ '사각형: 빗면'(▢) 도형에서 마우스 오른쪽 버튼을 눌러 [매크로 지정]을 클릭한다.

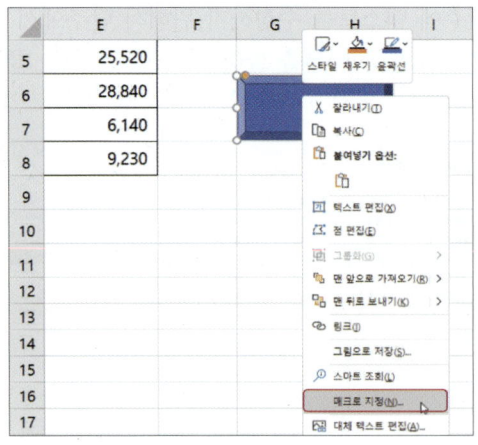

⑫ [매크로 지정]의 '매크로 이름'에 **채우기**를 입력하고 [기록]을 클릭한다.

⑬ [매크로 기록]에 '채우기'로 매크로 이름이 표시되면 [확인]을 클릭한다.

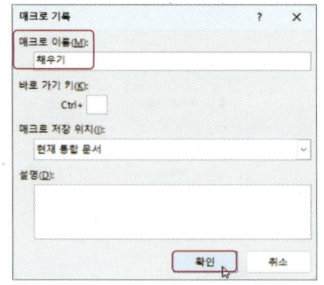

⑭ [A3:E3] 영역을 범위 지정한 후 [홈]-[글꼴] 그룹의 [채우기 색](🎨▼) 도구를 클릭하여 '표준 색 - 노랑'을 선택한다.

⑮ 매크로 기록을 종료하기 위해 [개발 도구]-[코드] 그룹의 [기록 중지](▢)를 클릭한다.

⑯ '사각형: 빗면'(▢) 도형에서 마우스 오른쪽 버튼을 눌러 [텍스트 편집]을 클릭하여 **채우기**를 입력한다.

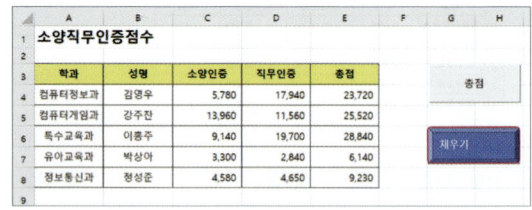

02 차트('차트작업' 시트)

① 차트에서 마우스 오른쪽 버튼을 눌러 [데이터 선택]을 클릭한다.

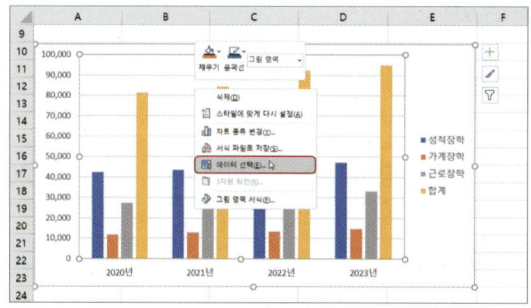

② 기존 '차트 데이터 범위'를 지운 후 [A3:A6], [C3:E6] 영역으로 수정한 후 [확인]을 클릭한다.

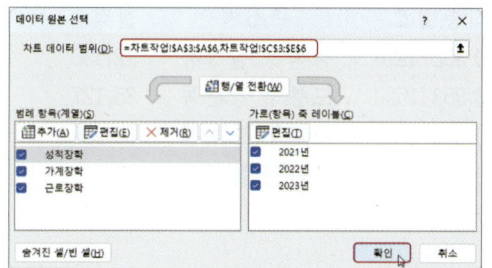

③ 차트에서 마우스 오른쪽 버튼을 눌러 [차트 종류 변경]을 클릭한 후 '세로 막대형'에서 '누적 세로 막대형'을 선택하고 [확인]을 클릭한다.

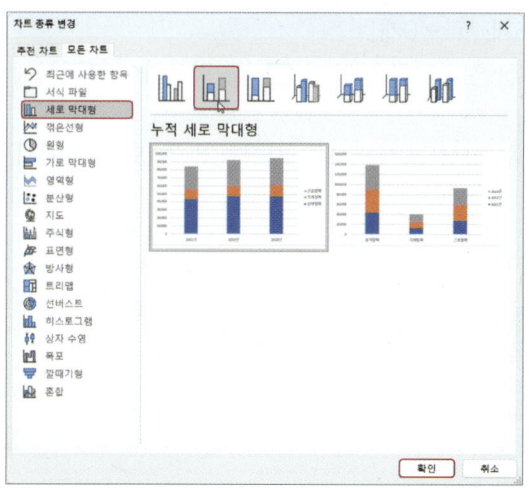

④ 차트를 선택하고 [차트 요소](⊞)-[차트 제목]을 체크한 후 차트 제목이 선택된 상태에서 수식 입력줄에 =을 입력한 후 [A1] 셀을 클릭하고 Enter 를 누른다.

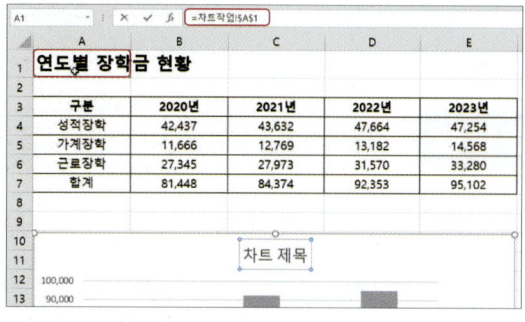

⑤ '근로장학' 계열을 선택한 후 [차트 디자인]-[차트 레이아웃] 그룹의 [차트 요소 추가]-[데이터 레이블]-[안쪽 끝에]를 클릭한다.

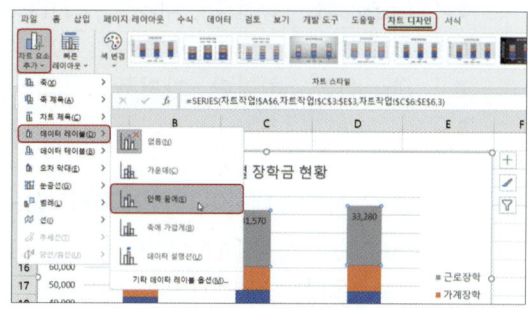

⑥ 차트에서 마우스 오른쪽 버튼을 눌러 [차트 영역 서식]을 클릭한 후 [채우기 및 선]에서 '테두리'의 '둥근 모서리'를 체크한다.

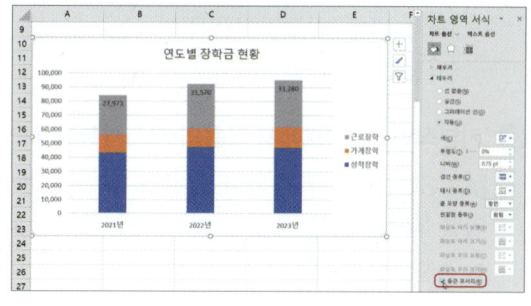

상시 기출문제 06회

작업파일 [26컴활2급₩상시기출문제] 폴더의 '상시기출문제6회' 파일을 열어서 작업하시오.

문제 ❶ 기본작업 | 주어진 시트에서 다음 과정을 수행하고 저장하시오. 20점

01 '기본작업-1' 시트에 다음의 자료를 주어진 대로 입력하시오. (5점)

	A	B	C	D	E	F	G	H
1	상공마트 인사기록							
2								
3	사번	성명	부서	입사일자	직통번호	주소지	실적	
4	Jmk-3585	김충희	경리부	2015-05-18	02) 302-4915	강북구 삼양동	12,530	
5	Gpc-2273	박선종	식품부	2017-02-18	02) 853-1520	도봉구 쌍문동	35,127	
6	Aud-3927	이국명	총무부	2016-03-01	02) 652-4593	마포구 도화동	65,238	
7	Sbu-4528	최미란	가전부	2018-11-15	02) 526-2694	성북구 본암동	58,260	
8								

02 '기본작업-2' 시트에 대하여 다음의 지시사항을 처리하시오. (각 2점)

① [A5:A6], [A7:A9], [A10:A12], [A13:B13] 영역은 '병합하고 가운데 맞춤'을 지정하고, [C4:G4] 영역은 글꼴 스타일 '굵게', 채우기 색 '표준 색-노랑'으로 지정하시오.
② [C5:H13] 영역은 사용자 지정 표시 형식을 이용하여 1000 단위 구분 기호와 숫자 뒤에 '개'를 [표시 예]와 같이 표시하시오. [표시 예 : 3456 → 3,456개, 0 → 0개]
③ [A3:H13] 영역에 '모든 테두리(⊞)'를 적용한 후 '굵은 바깥쪽 테두리(▣)'를 적용하여 표시하시오.
④ [B5:B12] 영역의 이름을 '제품명'으로 정의하시오.
⑤ [H7] 셀에 '최고인기품목'이라는 메모를 삽입한 후 항상 표시되도록 지정하고, 메모 서식에서 맞춤 '자동 크기'를 설정하시오.

03 '기본작업-3' 시트에서 다음의 지시사항을 처리하시오. (5점)

[A4:G15] 영역에 대하여 직위가 '주임'이면서 총급여가 4,000,000 미만인 행 전체에 대하여 글꼴 스타일을 '굵게', 글꼴 색을 '표준 색-파랑'으로 지정하는 조건부 서식을 작성하시오.
▶ AND 함수 사용
▶ 단, 규칙 유형은 '수식을 사용하여 서식을 지정할 셀 결정'을 사용하고, 한 개의 규칙으로만 작성하시오.

문제 ❷ 계산작업 | '계산작업' 시트에서 다음 과정을 수행하고 저장하시오. 40점

01 [표1]에서 지점[A3:A10]이 동부인 매출액[C3:C10]의 합계를 [C13] 셀에 계산하시오. (8점)
  ▶ 동부지점 합계는 백의 자리에서 올림하여 천의 자리까지 표시 [표시 예 : 1,234,123 → 1,235,000]
  ▶ 조건은 [A12:A13] 영역에 입력하시오.
  ▶ DSUM, ROUND, ROUNDUP, ROUNDDOWN 함수 중 알맞은 함수들을 선택하여 사용

02 [표2]에서 상여금[J3:J10]이 1,200,000보다 크면서 기본급이 기본급의 평균 이상인 인원수를 [J12] 셀에 표시하시오. (8점)
  ▶ 계산된 인원 수 뒤에 '명'을 포함하여 표시 [표시 예 : 2명]
  ▶ AVERAGE, COUNTIFS 함수와 & 연산자 사용

03 [표3]에서 주민등록번호[C17:C24]의 왼쪽에서 8번째 문자가 '1' 또는 '3' 이면 '남', '2' 또는 '4' 이면 '여'를 성별[D17:D24]에 표시하시오. (8점)
  ▶ CHOOSE, MID 함수 사용

04 [표4]에서 총점[I17:I24]이 첫 번째로 높은 사람은 '최우수', 두 번째로 높은 사람은 '우수', 그렇지 않은 사람은 공백을 순위[J17:J24]에 표시하시오. (8점)
  ▶ IF, LARGE 함수 사용

05 [표5]에서 원서번호[A29:A36]의 왼쪽에서 첫 번째 문자와 [B38:D39] 영역을 참조하여 지원학과[D29:D36]를 표시하시오. (8점)
  ▶ 단, 오류발생시 지원학과에 '코드오류'로 표시
  ▶ IFERROR, HLOOKUP, LEFT 함수 사용

문제 ❸ 분석작업 | 주어진 시트에서 다음 과정을 수행하고 저장하시오 20점

01 '분석작업-1' 시트에 대하여 다음의 지시사항을 처리하시오. (10점)
  [시나리오 관리자] 기능을 이용하여 [표1]에서 집행률계[D10]가 다음과 같이 변동하는 경우 집행액합계 [C10]의 변동 시나리오를 작성하시오.
  ▶ [C10] 셀의 이름은 '집행액합계', [D10] 셀의 이름은 '집행률계'로 정의하시오.
  ▶ 시나리오1 : 시나리오 이름은 '비율인상', 집행률계를 80으로 설정하시오.
  ▶ 시나리오2 : 시나리오 이름은 '비율인하', 집행률계를 50으로 설정하시오.
  ▶ 시나리오 요약 시트는 '분석작업-1' 시트의 바로 왼쪽에 위치해야 함
  ※ 시나리오 요약 보고서 작성 시 정답과 일치하여야 하며, 오자로 인한 부분점수는 인정하지 않음

02 '분석작업-2' 시트에 대하여 다음의 지시사항을 처리하시오. (10점)
  [정렬] 기능을 이용하여 [표1]에서 '포지션'을 투수-포수-내야수-외야수 순으로 정렬하고, 동일한 포지션인 경우 '가입기간'의 셀 색이 'RGB(219,219,219)'인 값이 위에 표시되도록 정렬하시오.

문제 ④ 기타작업 | 주어진 시트에서 다음 과정을 수행하고 저장하시오. 20점

01 '매크로작업' 시트의 [표1]에서 다음과 같은 기능을 수행하는 매크로를 현재 통합 문서에 작성하고 실행하시오. (각 5점)

① [N4:N14] 영역에 1월부터 12월까지의 평균을 계산하는 매크로를 생성하여 실행하시오.
  ▶ 매크로 이름 : 평균
  ▶ AVERAGE 함수 사용
  ▶ [개발 도구]-[삽입]-[양식 컨트롤]의 '단추'를 동일 시트의 [C17:D19] 영역에 생성하고, 텍스트를 '평균'으로 입력한 후 단추를 클릭할 때 '평균' 매크로가 실행되도록 설정하시오.

② [B3:B14], [D3:D14] 영역에 글꼴 색을 '표준 색-빨강'으로 적용하는 매크로를 생성하여 실행하시오.
  ▶ 매크로 이름 : 서식
  ▶ [삽입]-[일러스트레이션]-[도형]-[기본 도형]의 '사각형: 빗면(□)'을 동일 시트의 [F17:G19] 영역에 생성하고, 텍스트를 '서식'으로 입력한 후 도형을 클릭할 때 '서식' 매크로가 실행되도록 설정하시오.

※ 셀 포인터의 위치에 상관없이 현재 통합문서에서 매크로가 실행되어야 정답으로 인정됨

02 '차트작업' 시트의 차트를 지시사항에 따라 아래 그림과 같이 수정하시오. (각 2점)

※ 차트는 반드시 문제에서 제공한 차트를 사용하여야 하며, 신규로 작성 시 0점 처리됨

① '별정통신서비스' 계열이 제거되도록 데이터 범위를 수정하시오.
② 차트 종류를 '누적 세로 막대형'으로 변경하시오.
③ 차트 제목은 '차트 위'로 지정한 후 [A1] 셀과 연동되도록 설정하시오.
④ '부가통신서비스' 계열의 '2023년' 요소에만 데이터 레이블 '값'을 표시하고, 레이블의 위치를 '안쪽 끝에'로 설정하시오.
⑤ 전체 계열의 계열 겹치기와 간격 너비를 각각 0%로 설정하시오.

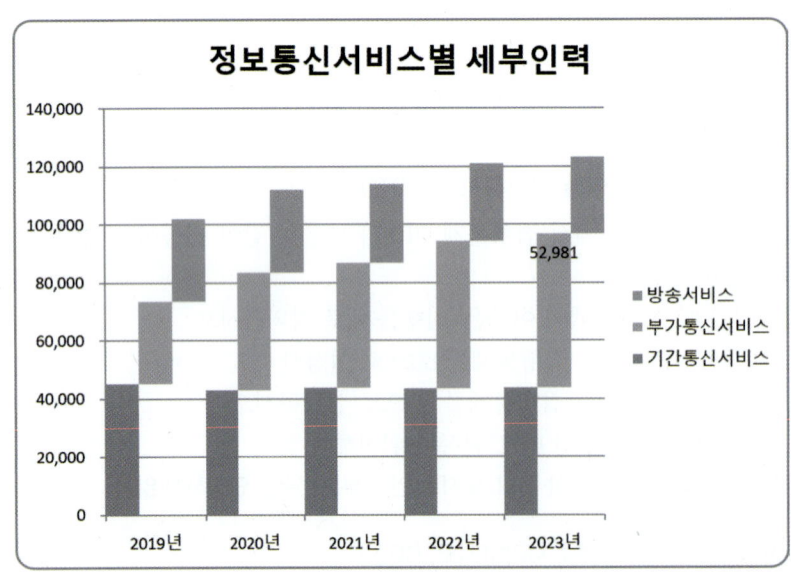

상시 기출문제 06회 정답

문제 ① 기본작업

01 자료 입력

	A	B	C	D	E	F	G
1	상공마트 인사기록						
2							
3	사번	성명	부서	입사일자	직통번호	주소지	실적
4	Jmk-3585	김충희	경리부	2015-05-18	02) 302-4915	강북구 삼양동	12,530
5	Gpc-2273	박선종	식품부	2017-02-18	02) 853-1520	도봉구 쌍문동	35,127
6	Aud-3927	이국명	총무부	2016-03-01	02) 652-4593	마포구 도화동	65,238
7	Sbu-4528	최미란	가전부	2018-11-15	02) 526-2694	성북구 돈암동	58,260

02 서식 지정

	A	B	C	D	E	F	G	H
1	상공유통 3월 라면류 매출현황							
2								
3	제품군	제품명	강북		강서	경기		제품별합계
4			삼양마트	수유마트	화곡마트	김포마트	강화마트	
5	짜장	왕짜장면	25개	58개	56개	32개	24개	195개
6		첨짜장면	52개	36개	27개	47개	36개	198개
7	짬뽕	왕짬뽕면	125개	156개	204개	157개	347개	989개 ← 최고인기품목
8		첨짬뽕면	34개	62개	62개	34개	82개	274개
9		핫짬뽕면	85개	36개	75개	64개	28개	288개
10	비빔면	열무비빔면	68개	92개	51개	73개	54개	338개
11		고추장면	31개	30개	42개	17개	25개	145개
12		메밀면	106개	88개	124개	64개	72개	454개
13	마트별합계		526개	558개	641개	488개	668개	2,881개

03 조건부 서식

	A	B	C	D	E	F	G
1	상공상사 3월분 급여지급명세서						
2							
3	사번	성명	직위	기본급	제수당	상여금	총급여
4	SJ01-023	민제필	부장	4,273,000	882,000	1,068,250	6,223,250
5	SJ04-012	나일형	과장	3,697,000	724,000	924,250	5,345,250
6	SJ11-002	제선영	주임	2,856,000	430,000	714,000	4,000,000
7	SJ10-021	박민준	대리	3,047,000	524,000	761,750	4,332,750
8	SJ09-015	최세연	대리	3,140,000	480,000	785,000	4,405,000
9	SJ13-007	장태현	사원	2,510,000	320,000	627,500	3,457,500
10	SJ06-019	추양선	과장	3,506,000	542,000	876,500	4,924,500
11	SJ08-004	피종현	대리	3,200,000	360,000	800,000	4,360,000
12	**SJ12-031**	**김나리**	**주임**	**2,734,000**	**324,000**	**683,500**	**3,741,500**
13	SJ12-012	이정선	사원	2,473,000	268,000	618,250	3,359,250
14	**SJ13-003**	**박청국**	**주임**	**2,810,000**	**302,000**	**702,500**	**3,814,500**
15	SJ09-001	김평순	대리	2,980,000	347,000	745,000	4,072,000

문제 ❷ 계산작업

01 동부지점 합계

	A	B	C	D	E
1	[표1]				
2	지점	이름	매출액	순위	
3	동부	김연주	28,561,500		
4	서부	홍기민	38,651,200		
5	남부	채동식	19,560,000		
6	북부	이민섭	32,470,000		
7	서부	길기훈	56,587,200	1위	
8	남부	남재영	36,521,700		
9	동부	민기영	52,438,600	2위	
10	북부	박소연	37,542,300		
11					
12	지점		동부지점 합계		
13	동부		81,001,000		
14					

[C13] 셀에 「=ROUNDUP(DSUM(A2:D10,C2,A12:A13),-3)」를 입력

02 평균기본급이상인 인원수

	F	G	H	I	J	K
1	[표2]					
2	이름	부서	직위	기본급	상여금	
3	박영덕	영업부	부장	3,560,000	2,512,000	
4	주민경	생산부	과장	3,256,000	1,826,000	
5	태진형	총무부	사원	2,560,000	1,282,000	
6	최민수	생산부	대리	3,075,000	1,568,000	
7	김평주	생산부	주임	2,856,000	1,240,000	
8	한서라	영업부	사원	2,473,000	1,195,000	
9	이국선	총무부	사원	2,372,000	1,153,000	
10	송나정	영업부	주임	2,903,000	1,200,000	
11						
12	상여금이 1,200,000원 보다 크면서,				3명	
13	평균기본급이상인 인원수					
14						

[J12] 셀에 「=COUNTIFS(J3:J10,">1200000", I3:I10,">=" &AVERAGE(I3:I10))&"명"」를 입력

03 성별

	A	B	C	D	E
15	[표3]				
16	학번	이름	주민등록번호	성별	
17	M1602001	이민영	990218-2304567	여	
18	M1602002	도홍진	010802-3065821	남	
19	M1602003	박수진	011115-4356712	여	
20	M1602004	최만수	980723-1935645	남	
21	M1602005	조용덕	991225-1328650	남	
22	M1602006	김태훈	021222-3264328	남	
23	M1602007	편승주	010123-3652942	남	
24	M1602008	곽나래	001015-4685201	여	
25					

[D17] 셀에 「=CHOOSE(MID(C17,8,1),"남","여","남","여")」를 입력하고 [D24] 셀까지 수식 복사

04 순위

	F	G	H	I	J	K
15	[표4]					
16	이름	국사	상식	총점	순위	
17	이후정	82	94	176	우수	
18	백천경	63	83	146		
19	민경배	76	86	162		
20	김태하	62	88	150		
21	이사랑	92	96	188	최우수	
22	곽난영	85	80	165		
23	장채리	62	77	139		
24	봉전미	73	68	141		
25						

[J17] 셀에 「=IF(LARGE($I$17:$I$24,1)=I17,"최우수",IF(LARGE($I$17:$I$24,2)=I17,"우수",""))」를 입력하고 [J24] 셀까지 수식 복사

05 지원학과

	A	B	C	D	E
27	[표5]				
28	원서번호	이름	거주지	지원학과	
29	M-120	이민수	서울시 강북구	멀티미디어	
30	N-082	김병훈	대전시 대덕구	네트워크	
31	S-035	최주영	인천시 남동구	소프트웨어	
32	M-072	길미라	서울시 성북구	멀티미디어	
33	S-141	나태후	경기도 김포시	소프트웨어	
34	N-033	전영태	경기도 고양시	네트워크	
35	M-037	조영선	강원도 춘천시	멀티미디어	
36	A-028	박민혜	서울시 마포구	코드오류	
37					
38	학과코드	S	N	M	
39	학 과 명	소프트웨어	네트워크	멀티미디어	
40					

[D29] 셀에 「=IFERROR(HLOOKUP(LEFT(A29,1),$B$38:$D$39,2,FALSE),"코드오류")」를 입력하고 [D36] 셀까지 수식 복사

문제 ❸ 분석작업

01 시나리오

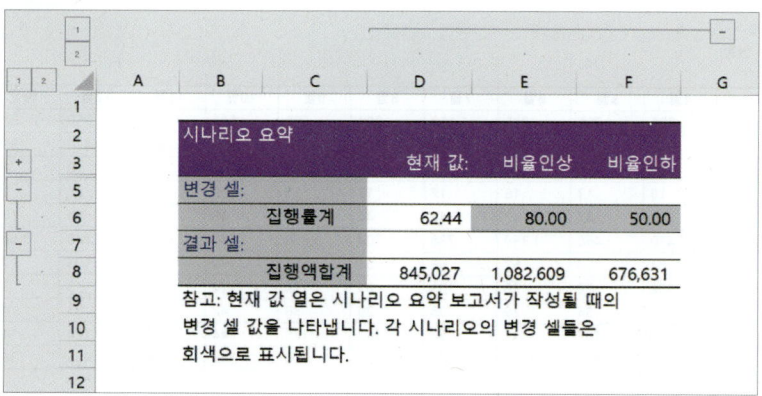

02 정렬

	A	B	C	D	E	F	G
1	[표1] 상공상사 야구동호회 회원명부						
2							
3	포지션	이름	부서	나이	가입기간	참여도	비고
4	투수	이해탁	총무부	32	6년	A급	
5	투수	왕전빈	경리부	26	1년	C급	
6	투수	주병선	생산부	28	2년	B급	
7	포수	김신수	생산부	30	6년	B급	
8	포수	허웅진	구매부	34	8년	A급	감독
9	내야수	박평천	총무부	43	8년	A급	회장
10	내야수	갈문주	생산부	31	4년	C급	
11	내야수	민조항	영업부	27	3년	B급	
12	내야수	최배훈	영업부	26	1년	A급	
13	외야수	길주병	생산부	41	8년	C급	
14	외야수	김빈우	경리부	32	5년	A급	총무
15	외야수	한민국	구매부	33	7년	B급	
16	외야수	나대영	생산부	26	2년	A급	
17	외야수	편대민	영업부	28	4년	B급	

문제 ❹ 기타작업

01 매크로

발화요인	1월	2월	3월	4월	5월	6월	7월	8월	9월	10월	11월	12월	평균
전기적요인	1,239	1,006	853	786	795	835	1,156	924	683	664	763	959	889
기계적요인	537	372	332	330	306	265	313	289	306	320	292	410	339
화학적요인	26	26	22	28	19	36	28	26	26	14	30	18	25
가스누출	26	22	8	19	13	16	17	17	11	23	23	22	18
교통사고	55	33	43	42	43	47	42	40	41	45	47	54	44
부주의	2,306	2,173	3,210	2,470	1,468	1,399	738	704	1,269	1,397	1,258	1,846	1,687
기타(실화)	103	79	96	84	53	52	52	54	50	66	69	103	72
자연적요인	4	2	3	102	22	36	101	81	14	14	4	3	32
방화	38	43	56	48	54	29	38	29	38	42	38	35	41
방화의심	148	149	209	198	167	132	98	102	125	144	166	124	147
미상	521	420	430	428	313	327	247	221	306	345	344	455	363

[표1] 발화요인에 대한 월별 화재 발생건수 현황

평균 / 서식

02 차트

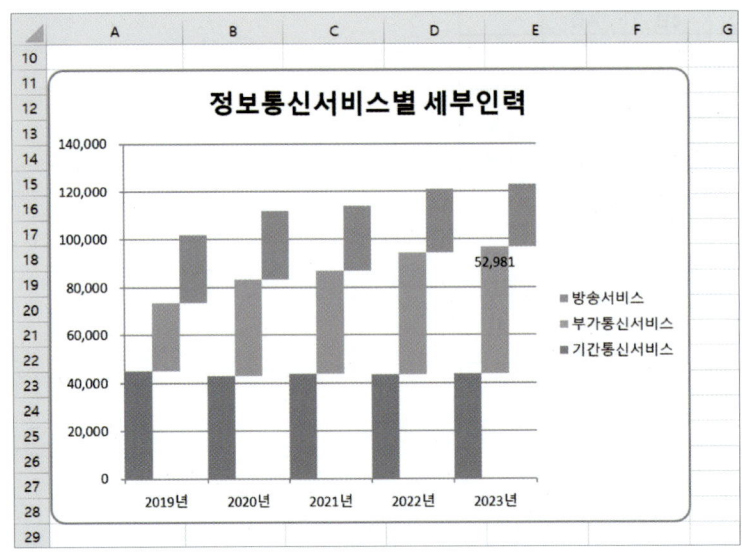

정보통신서비스별 세부인력
- 방송서비스
- 부가통신서비스
- 기간통신서비스

상시 기출문제 06회 해설

문제 ① 기본작업

01 자료 입력('기본작업-1' 시트)
[A3:G7] 영역에 문제에서 주어진 내용을 입력한다.

02 서식 지정('기본작업-2' 시트)
① [A5:A6], [A7:A9], [A10:A12], [A13:B13] 영역을 범위 지정한 후 [홈]-[맞춤] 그룹에서 [병합하고 가운데 맞춤](圖)을 클릭한다.

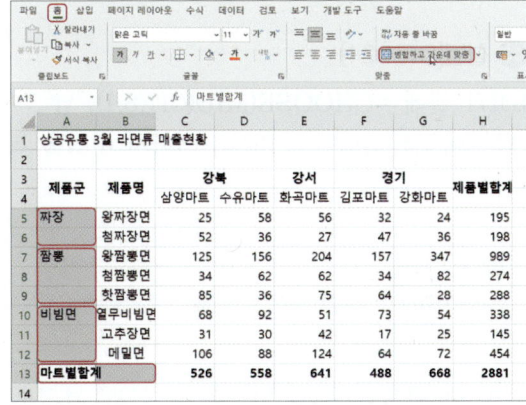

② [C4:G4] 영역을 범위 지정한 후 [홈]-[글꼴] 그룹에서 '굵게', [채우기 색](◇▼) 도구를 클릭하여 '표준 색 – 노랑'을 선택한다.

③ [C5:H13] 영역을 범위 지정한 후 Ctrl + 1 을 눌러 '사용자 지정'에 #,##0개를 입력하고 [확인]을 클릭한다.

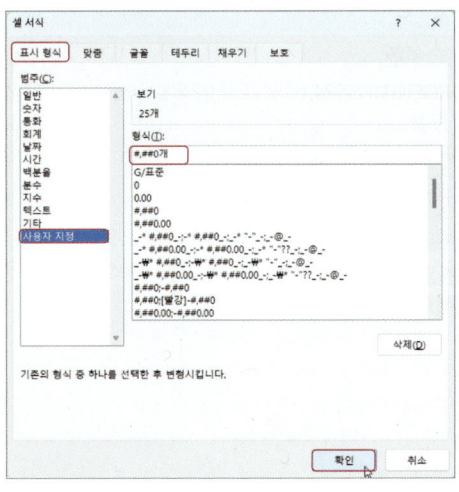

④ [A3:H13] 영역을 범위 지정한 후 [홈]-[글꼴] 그룹에서 [테두리](田▼) 도구의 [모든 테두리](田)를 클릭한 후 [굵은 바깥쪽 테두리](□)를 클릭한다.

⑤ [B5:B12] 영역을 범위 지정한 후 '이름 상자'에 **제품명**을 입력한다.

⑥ [H7] 셀을 클릭한 후 마우스 오른쪽 버튼을 눌러 [메모 삽입]을 클릭한 후 **최고인기품목**을 입력하고, [H7] 셀에서 마우스 오른쪽 버튼을 눌러 [메모 표시/숨기기]를 클릭한다.

⑦ 메모 상자의 경계라인에서 마우스 오른쪽 버튼을 눌러 [메모 서식]을 클릭한 후 [맞춤] 탭에서 '자동 크기'를 체크하고 [확인]을 클릭한다.

03 조건부 서식('기본작업-3' 시트)

① [A4:G15] 영역을 범위 지정한 후 [홈]-[스타일] 그룹에서 [조건부 서식]-[새 규칙]을 클릭한다.
② '▶ 수식을 사용하여 서식을 지정할 셀 결정'을 선택하고, =AND($C4="주임",$G4<4000000)를 입력하고 [서식]을 클릭한다.
③ [글꼴] 탭에서 '굵게', 글꼴 색은 '표준 색 - 파랑'을 선택하고 [확인]을 클릭하고 [새 서식 규칙]에서 [확인]을 클릭한다.

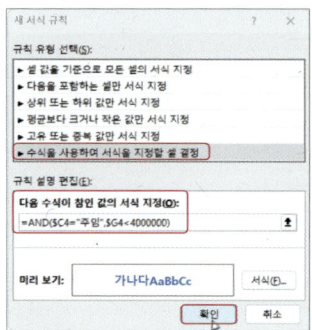

문제 ❷ 계산작업('계산작업' 시트)

01 동부지점 합계[C13]

① [A12:A13] 영역에 조건을 입력한다.

② [C13] 셀에 =ROUNDUP(DSUM(A2:D10,C2,A12:A13),-3)를 입력한다.

> **함수 설명**
> ① DSUM(A2:D10,C2,A12:A13) : [A2:D10] 영역에서 지점이 '동부'[A12:A13] 조건에 만족한 데이터의 C열의 합계를 구함
>
> =ROUNDUP(①,-3) : ①의 값을 올림하여 백의 자리까지 0으로 표시

02 평균기본급이상인 인원수[J12]

[J12] 셀에 =COUNTIFS(J3:J10,">1200000",I3:I10,">="&AVERAGE(I3:I10))&"명"를 입력한다.

> **함수 설명**
> ① AVERAGE(I3:I10) : [I3:I10] 영역의 평균을 구함
> ② COUNTIFS(J3:J10,">1200000", I3:I10,">="&①) : [J3:J10] 영역이 '1200000' 보다 크고, [I3:I10] 영역의 ① 이상인 셀의 개수를 구함
>
> =②&"명" : ②의 값이 '명'을 붙여서 표시

03 성별[D17:D24]

[D17] 셀에 =CHOOSE(MID(C17,8,1),"남","여","남","여")를 입력하고 [D24] 셀까지 수식을 복사한다.

> **함수 설명**
> ① MID(C17,8,1) : [C17] 셀에서 왼쪽에서 8번째부터 시작하여 1글자를 추출함
>
> =CHOOSE(①,"남","여","남","여") : ①의 값이 1이면 '남', 2이면 '여', 3이면 '남', 4이면 '여'로 표시

04 순위[J17:J24]

[J17] 셀에 =IF(LARGE($I$17:$I$24,1)=I17,"최우수",IF(LARGE($I$17:$I$24,2)=I17,"우수",""))를 입력하고 [J24] 셀까지 수식을 복사한다.

> **함수 설명**
> ① LARGE($I$17:$I$24,1) : [I17:I24] 영역에서 첫 번째로 큰 값을 구함
> ② LARGE($I$17:$I$24,2) : [I17:I24] 영역에서 두 번째로 큰 값을 구함
>
> =IF(①=I17,"최우수",IF(②=I17,"우수","")) : ①의 값이 [I17] 셀과 같으면 '최우수', ②의 값이 [I17] 셀과 같으면 '우수'로 그 외는 공백으로 표시

05 지원학과[D29:D36]

[D29] 셀에 =IFERROR(HLOOKUP(LEFT(A29,1),$B$38:$D$39,2,FALSE),"코드오류")를 입력하고 [D36] 셀까지 수식을 복사한다.

> 📝 **함수 설명**
> ① LEFT(A29,1) : [A29] 셀 값의 왼쪽에 한 글자를 추출
> ② HLOOKUP(①,$B$38:$D$39,2,FALSE) : ①의 값을 [B38:D39] 영역의 첫 번째 행에서 찾아 같은 열의 2번째 행에서 정확하게 일치하는 값을 추출함
> =IFERROR(②,"코드오류") : ②의 값에 오류 값이 있다면 '코드오류'로 표시

문제 ③ 분석작업

01 시나리오('분석작업-1' 시트)

① [C10] 셀을 클릭한 후 '이름 상자'에 **집행액합계**를 입력하고 Enter 를 누른다.
② [D10] 셀을 클릭한 후 '이름 상자'에 **집행률계**를 입력하고 Enter 를 누른다.
③ [D10] 셀을 클릭한 후 [데이터]-[예측] 그룹에서 [가상 분석]-[시나리오 관리자]를 클릭한다.
④ [시나리오 관리자]에서 [추가]를 클릭한 후 '시나리오 이름'에 **비율인상**을 입력하고 [확인]을 클릭한다.

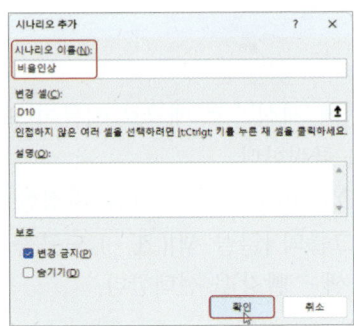

⑤ [시나리오 값]에 80을 입력하고 [추가]를 클릭한다.

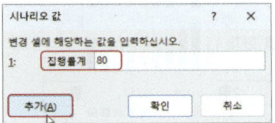

⑥ '시나리오 이름'에 **비율인하**를 입력하고 [확인]을 클릭하고 '시나리오 값'에 50을 입력하고 [확인]을 클릭한다.
⑦ [시나리오 관리자]에서 [요약]을 클릭한 후 '결과 셀'에 커서를 두고 [C10] 셀을 클릭하여 지정한 후 [확인]을 클릭한다.

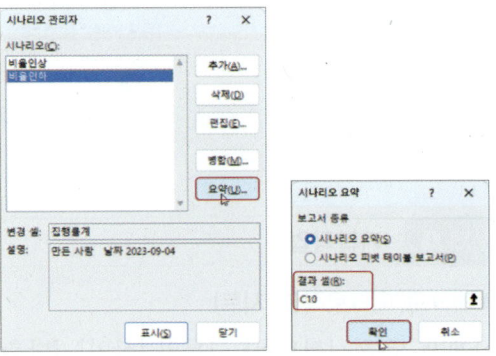

02 데이터 정렬('분석작업-2' 시트)

① [A3:G17] 영역을 범위 지정한 후 [데이터]-[정렬 및 필터] 그룹의 [정렬]()을 클릭한다.
② '정렬 기준'은 '포지션', '정렬'에서 '사용자 지정 목록...'을 선택하고 **투수, 포수, 내야수, 외야수**를 입력하고 [추가] 클릭하고 [확인]을 클릭한다.

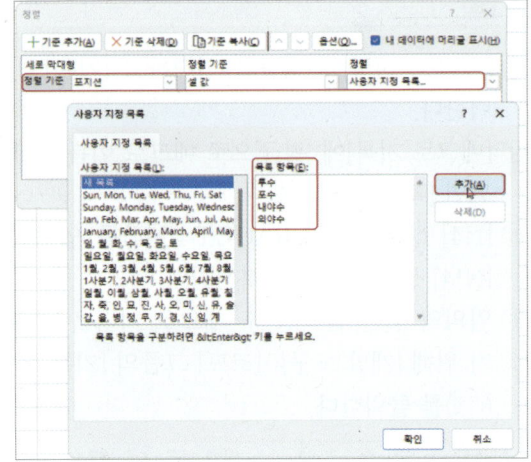

③ [기준 추가]를 클릭한 후 다음 기준에서 '가입기간', 정렬 기준에서 '셀 색', 정렬에서 'RGB (219, 219, 219)'을 선택하고, '위에 표시'를 선택하고 [확인]을 클릭한다.

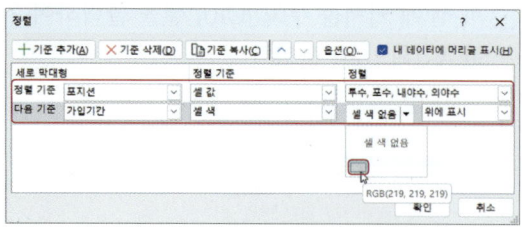

문제 ④ 기타작업

01 매크로('매크로작업' 시트)

① [개발 도구]-[컨트롤] 그룹의 [삽입]-[단추(양식 컨트롤)](□)을 클릭한다.
② 마우스 포인터가 '+'로 바뀌면 Alt 를 누른 상태에서 [C17:D19] 영역에 드래그하면 [매크로 지정] 대화상자가 나타난다.

③ [매크로 지정]에 **평균**을 입력하고 [기록]을 클릭한다.
④ [매크로 기록]에 '평균'으로 매크로 이름이 표시되면 [확인]을 클릭한다.
⑤ [N4] 셀에 **=AVERAGE(B4:M4)**를 입력하고 [N14] 셀까지 수식을 복사한다.
⑥ 임의의 셀을 클릭한 후 매크로 기록을 종료하기 위해 [개발 도구]-[코드] 그룹의 [기록 중지](□)를 클릭한다.

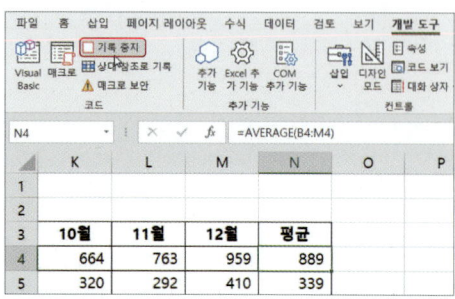

⑦ 단추에 텍스트를 수정하기 위해서 단추에서 마우스 오른쪽 버튼을 눌러 [텍스트 편집]을 클릭한다.
⑧ 단추에 입력된 '단추 1'을 지우고 **평균**을 입력한다.

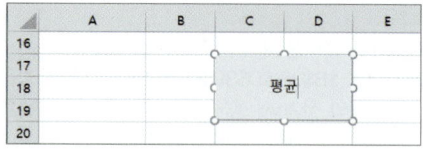

⑨ [삽입]-[일러스트레이션] 그룹에서 [도형]-[기본 도형]의 '사각형: 빗면'(□)을 클릭한다.
⑩ 마우스 포인터가 '+'로 바뀌면 Alt 를 누른 상태에서 [F17:G19] 영역에 드래그한다.
⑪ '사각형: 빗면'(□) 도형에서 마우스 오른쪽 버튼을 눌러 [매크로 지정]을 클릭한다.
⑫ [매크로 지정]의 '매크로 이름'에 **서식**을 입력하고 [기록]을 클릭한다.

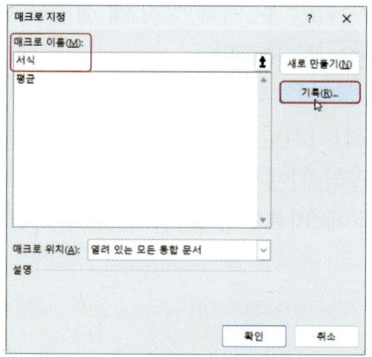

⑬ [매크로 기록]에 '서식'으로 매크로 이름이 표시되면 [확인]을 클릭한다.
⑭ [B3:B14], [D3:D14] 영역을 범위 지정한 후 [홈]-[글꼴] 그룹의 [글꼴 색](가▼) 도구를 클릭하여 '표준 색 - 빨강'을 선택한다.

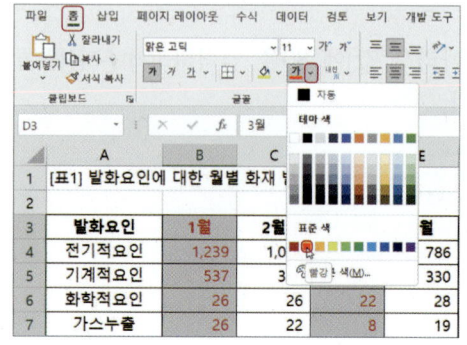

⑮ 매크로 기록을 종료하기 위해 [개발 도구]-[코드] 그룹의 [기록 중지](□)를 클릭한다.

⑯ '사각형: 빗면'(□) 도형에서 마우스 오른쪽 버튼을 눌러 [텍스트 편집]을 클릭하여 **서식**을 입력한다.

02 차트('차트작업' 시트)

① '별정통신서비스' 계열을 선택한 후 마우스 오른쪽 버튼을 눌러 [삭제]를 클릭한다.

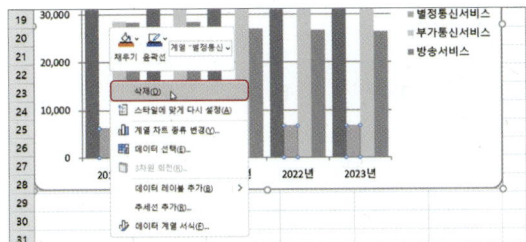

② 차트에서 마우스 오른쪽 버튼을 눌러 [차트 종류 변경]을 클릭한 후 '세로 막대형'에서 '누적 세로 막대형'을 선택하고 [확인]을 클릭한다.

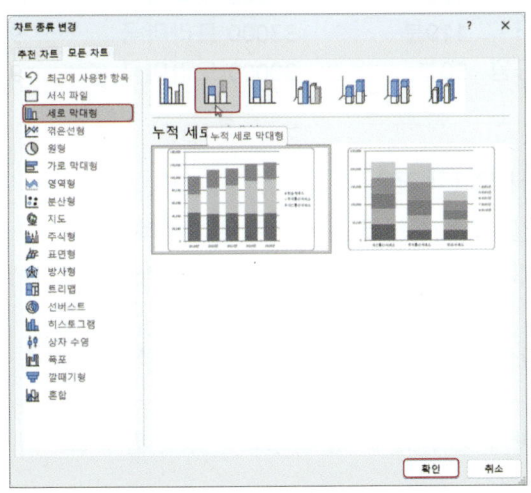

③ [차트 디자인]-[차트 레이아웃] 그룹의 [차트 요소 추가]-[차트 제목]-[차트 위]를 클릭한다.

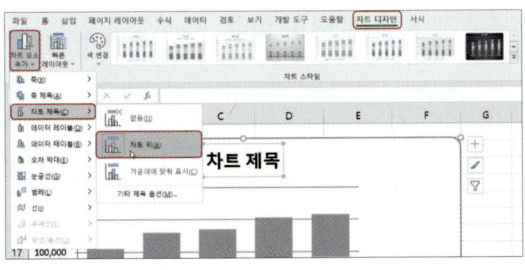

④ 차트 제목을 선택한 후 수식 입력줄에 =을 입력하고 [A1] 셀을 클릭한다.

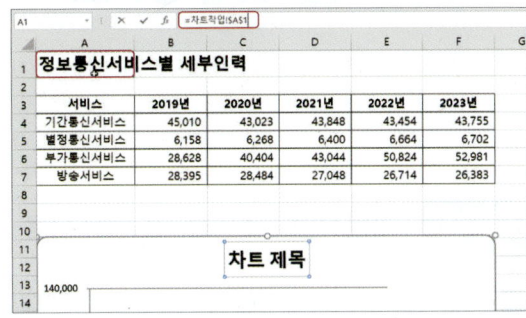

⑤ '부가통신서비스'의 '2023년' 요소를 천천히 2번 클릭한 후 [차트 디자인]-[차트 레이아웃] 그룹의 [차트 요소 추가]-[데이터 레이블]-[안쪽 끝에]를 클릭한다.

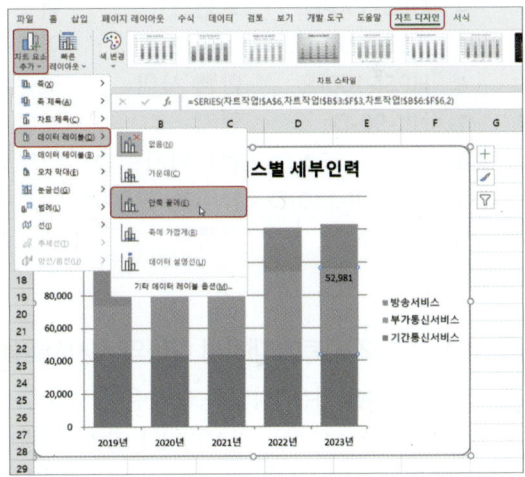

⑥ 데이터 막대에서 마우스 오른쪽 버튼을 눌러 [데이터 계열 서식]을 클릭하여 '계열 겹치기'는 0, '간격 너비'는 0을 입력한다.

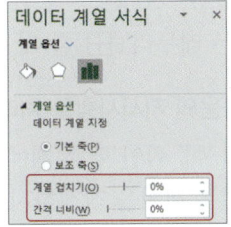

상시 기출문제 07회

작업파일 [26컴활2급₩상시기출문제] 폴더의 '상시기출문제7회' 파일을 열어서 작업하시오.

문제 ❶ 기본작업 | 주어진 시트에서 다음 과정을 수행하고 저장하시오. 20점

01 '기본작업-1' 시트에 다음의 자료를 주어진 대로 입력하시오. (5점)

	A	B	C	D	E	F	G
1	대학로 연극 공연 일정						
2							
3	공연코드	공연명	장소	러닝타임	관람료	장르	평점
4	OPS-150-D	오펀스	아트원씨어터	150분	66000	드라마극	9.8
5	BOBO-90-C	보잉보잉	아트하우스	90분	18000	코미디극	10
6	HPSI-100-R	한뼘 사이	라온아트홀	100분	19900	로맨스극	9.9
7	HK-90-D	헝키	스튜디오블루	90분	66000	드라마극	9.9
8	OWDS-150-D	올드위키드송	스테이지	150분	60000	드라마극	9.7
9	BTPSDI-110-D	뷰티풀 선데이	아트원씨어터	110분	33000	드라마극	9.3
10	GG-90-D	가족	해오름예술공원	90분	30000	드라마극	9.2
11							

02 '기본작업-2' 시트에 대하여 다음의 지시사항을 처리하시오. (각 2점)

① [A1:G1] 영역은 '병합하고 가운데 맞춤', 셀 스타일 '제목 1', 행의 높이를 27로 지정하시오.
② [A4:A6], [A7:A8], [A9:A11] 영역은 '병합하고 가운데 맞춤'을, [A3:G3] 영역은 '가로 가운데 맞춤', 채우기 색을 '표준 색 - 노랑'으로 지정하시오.
③ [E7] 셀에 '인기 상품'이라는 메모를 삽입한 후 항상 표시되도록 지정하고, 메모 서식에서 맞춤 '자동 크기'를 지정하시오.
④ [E4:E11] 영역은 사용자 지정 표시 형식을 이용하여 숫자 뒤에 "명"을 [표시 예]와 같이 표시하시오.
[표시 예 : 12 → 12명, 0 → 0명]
⑤ [A3:G11] 영역은 '모든 테두리'(⊞)를 적용한 후 '굵은 바깥쪽 테두리'(□)를 적용하여 표시하시오.

03 '기본작업-3' 시트에서 다음의 지시사항을 처리하시오. (5점)

[A4:G14] 영역에서 성이 '이' 씨인 행 전체에 대하여 글꼴 색을 '표준 색 - 파랑', 글꼴 스타일을 '굵은 기울임꼴'로 지정하는 조건부 서식을 작성하시오.
▶ LEFT 함수 사용
▶ 단, 규칙 유형은 '수식을 사용하여 서식을 지정할 셀 결정'을 사용하고, 한 개의 규칙으로만 작성하시오.

문제 ❷ 계산작업 | '계산작업' 시트에서 다음 과정을 수행하고 저장하시오. 40점

01 [표1]에서 사원번호[A3:A12]의 첫 번째 문자가 "B"이면 "본사", 그 외는 "지사"를 소속[G3:G12]에 표시하시오. (8점)
  ▶ IF, LEFT 함수 사용

02 [표1]에서 사원번호[A3:A12]의 세 번째 문자와 지역코드표[B15:D16]를 이용하여 근무지[H3:H12]를 표시하시오. (8점)
  ▶ HLOOKUP, MID 함수 사용

03 [표1]에서 부서[C3:C12]가 '생산'인 사원의 인사평가[E3:E12] 중 최저 점수와 부서[C3:C12]가 '영업'인 사원의 인사평가[E3:E12] 중 최저 점수의 평균을 [J3] 셀에 계산하시오. (8점)
  ▶ 조건은 [F15:G16] 영역에 입력
  ▶ AVERAGE, DMIN 함수 사용

04 [표1]에서 근무년수[D3:D12]가 5년 이상 10년 미만인 사원의 비율을 [J6] 셀에 계산하시오. (8점)
  ▶ 비율 = 5년 이상 10년 미만인 사원수 / 전체 사원수
  ▶ COUNTIFS, COUNT 함수 사용

05 [표1]에서 출근시간[F3:F12]이 가장 빠른 사원의 기록을 찾아 [J9] 셀에 계산하시오. (8점)
  ▶ [표시 예 : 8:23:12 → 8시23분12초]
  ▶ HOUR, MINUTE, SECOND, SMALL 함수와 & 연산자 사용

문제 ❸ 분석작업 | 주어진 시트에서 다음 과정을 수행하고 저장하시오. 20점

01 '분석작업-1' 시트에 대하여 다음의 지시사항을 처리하시오. (10점)

[부분합] 기능을 이용하여 '거래업체별 거래현황' 표에 〈그림〉과 같이 거래업체명별로 '실지급액'의 최대값을 계산한 후 '거래금액', '할인액'의 평균을 계산하시오.

▶ 정렬은 '거래업체명'을 기준으로 오름차순으로 처리하시오.
▶ 최대값과 평균은 위에 명시된 순서대로 처리하시오.

	A	B	C	D	E
1		거래업체별 거래현황			
2					
3	거래일자	거래업체명	거래금액	할인액	실지급액
4	09월 01일	미래상사	11,250,000	1,350,000	9,900,000
5	09월 08일	미래상사	12,400,000	1,480,000	10,920,000
6	09월 11일	미래상사	13,950,000	1,670,000	12,280,000
7	09월 14일	미래상사	14,420,000	1,730,000	12,690,000
8	09월 22일	미래상사	14,780,000	1,770,000	13,010,000
9	09월 23일	미래상사	13,580,000	1,100,000	12,480,000
10		미래상사 평균	13,396,667	1,516,667	
11		미래상사 최대			13,010,000
12	09월 03일	영재상사	12,990,000	1,550,000	11,440,000
13	09월 07일	영재상사	15,000,000	1,800,000	13,200,000
14	09월 12일	영재상사	16,040,000	1,920,000	14,120,000
15	09월 15일	영재상사	13,680,000	1,640,000	12,040,000
16	09월 20일	영재상사	13,000,000	1,560,000	11,440,000
17		영재상사 평균	14,142,000	1,694,000	
18		영재상사 최대			14,120,000
19	09월 02일	우리상사	14,360,000	1,720,000	12,640,000
20	09월 13일	우리상사	13,300,000	1,590,000	11,710,000
21	09월 16일	우리상사	15,550,000	1,860,000	13,690,000
22	09월 19일	우리상사	11,990,000	1,430,000	10,560,000
23	09월 25일	우리상사	15,970,000	1,250,000	14,720,000
24		우리상사 평균	14,234,000	1,570,000	
25		우리상사 최대			14,720,000
26		전체 평균	13,891,250	1,588,750	
27		전체 최대값			14,720,000
28					

02 '분석작업-2' 시트에 대하여 다음의 지시사항을 처리하시오. (10점)

데이터 도구 [통합] 기능을 이용하여 [표1]의 이마트, 홈플러스, 롯데마트의 제품별 1~4분기 판매량의 평균을 [표2]의 [I3:L7] 영역에 계산하시오.

문제 ④ 기타작업 | 주어진 시트에서 다음 과정을 수행하고 저장하시오. 20점

01 '매크로작업' 시트의 [표]에서 다음과 같은 기능을 수행하는 매크로를 현재 통합 문서에 작성하고 실행하시오. (각 5점)

① [G4:G9] 영역에 학교별로 1~5차의 평균을 계산하는 매크로를 생성하여 실행하시오.
- ▶ 매크로 이름 : 평균
- ▶ AVERAGE 함수 사용
- ▶ [도형] → [기본 도형]의 '사각형: 빗면'(▱)을 동일 시트의 [I3:J4] 영역에 생성하고, 텍스트를 '평균'으로 입력한 후 도형을 클릭할 때 '평균' 매크로가 실행되도록 설정하시오.

② [A3:G3] 영역에 글꼴 색 '표준 색 – 파랑', 채우기 색 '표준 색 – 주황'을 적용하는 매크로를 생성하여 실행하시오.
- ▶ 매크로 이름 : 서식
- ▶ [개발 도구] → [삽입] → [양식 컨트롤]의 '단추'(▭)를 동일 시트의 [I6:J7] 영역에 생성하고, 텍스트를 '서식'으로 입력한 후 단추를 클릭할 때 '서식' 매크로가 실행되도록 설정하시오.

※ 셀 포인터의 위치에 상관없이 현재 통합 문서에서 매크로가 실행되어야 정답으로 인정됨

02 '차트작업' 시트의 차트를 지시사항에 따라 아래 그림과 같이 수정하시오. (각 2점)

※ 차트는 반드시 문제에서 제공한 차트를 사용하여야 하며, 신규로 작성 시 0점 처리됨

① '합계' 계열과 '2021년' 요소가 제거되도록 데이터 범위를 수정하시오.
② 세로(값) 축의 최대 경계는 200, 기본 단위는 40으로 지정하시오.
③ '수채화' 계열에만 데이터 레이블 '값'을 표시하고, 레이블의 위치를 '바깥쪽 끝에'로 지정하시오.
④ 범례는 '위쪽'에 배치한 후 도형 스타일을 '미세 효과 – 황금색, 강조 4'로 지정하시오.
⑤ 차트 영역에 그림자는 '안쪽 : 가운데', 테두리는 '둥근 모서리'로 지정하시오.

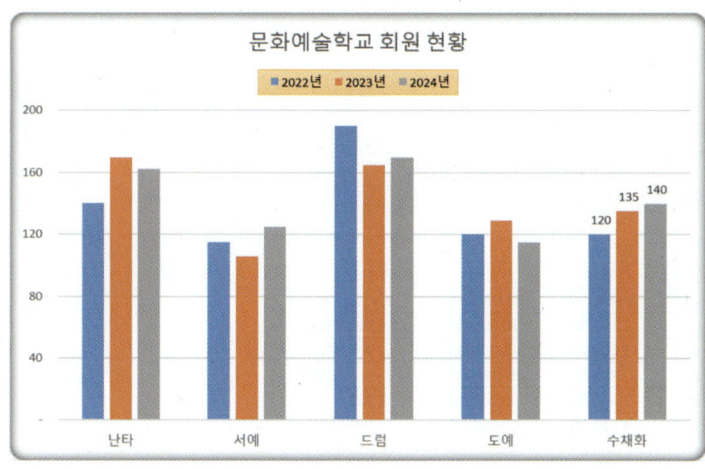

상시 기출문제 07회 정답

문제 ① 기본작업

01 자료 입력

	A	B	C	D	E	F	G	H
1	대학로 연극 공연 일정							
2								
3	공연코드	공연명	장소	러닝타임	관람료	장르	평점	
4	OPS-150-D	오펀스	아트원씨어터	150분	66000	드라마극	9.8	
5	BOBO-90-C	보잉보잉	아트하우스	90분	18000	코미디극	10	
6	HPSI-100-R	한뼘 사이	라온아트홀	100분	19900	로맨스극	9.9	
7	HK-90-D	헝키	스튜디오블루	90분	66000	드라마극	9.9	
8	OWDS-150-D	올드위키드송	스테이지	150분	60000	드라마극	9.7	
9	BTPSDI-110-D	뷰티풀 선데이	아트원씨어터	110분	33000	드라마극	9.3	
10	GG-90-D	가족	해오름예술공원	90분	30000	드라마극	9.2	
11								

02 서식 지정

	A	B	C	D	E	F	G	H
1			집합형 디지털 새싹 캠프 현황					
2								
3	지역	참여대상	프로그램명	학교	접수인원	교육 일시	시간	
4	서울	초3	자율주행차 캠프	서울교육대학교	30명	2/17 ~ 2/18	13:30 ~ 17:00	
5		초3	재미있는 피지컬 컴퓨팅 캠프	서울교육대학교	45명	2/15 ~ 2/16	09:00 ~ 12:30	
6		초3-4	둠칫둠칫 AI 아뜰리에	국민대학교	20명	2/20 ~ 2/23	14:00 ~ 16:00	
7	경기	초4-6	화성에서 식물 키우기	한국항공대	50명	2/11 ~ 2/12	09:00 ~ 14:00	
8		초4-6	아두이노로 식물 키워봐요!	가천대학교	31명	2/10 ~ 2/11	10:00 ~ 13:30	
9	서울	중학교	로봇을 활용한 인공지능 학습	한성대학교	18명	2/13 ~ 2/14	13:00 ~ 17:00	
10		중학교	영상분석기반 자율주행자동차	한양대학교	27명	2/23 ~ 2/24	09:00 ~ 16:00	
11		고등학교	오렌지데이터마이닝 캠프	성균관대학교	21명	2/25 ~ 2/26	09:00 ~ 16:00	
12								

03 조건부 서식

	A	B	C	D	E	F	G	H
1	지역별 미수금 현황							
2								
3	지역	담당자	매출액	결제방식	할인액	수금액	미수금	
4	*인천*	*이형중*	*45,000,000*	*현금*	*3,600,000*	*30,000,000*	*11,400,000*	
5	대구	김성운	34,000,000	현금	2,700,000	30,000,000	1,300,000	
6	부산	한채영	49,800,000	현금	3,900,000	45,000,000	900,000	
7	*광주*	*이은주*	*28,600,000*	*현금*	*2,200,000*	*25,000,000*	*1,400,000*	
8	울산	채진아	36,800,000	현금	2,900,000	30,000,000	3,900,000	
9	강원도	하지율	54,500,000	현금	4,300,000	50,000,000	200,000	
10	전라도	김정은	28,000,000	현금	2,200,000	20,000,000	5,800,000	
11	*경상도*	*이동현*	*38,500,000*	*현금*	*3,000,000*	*33,000,000*	*2,500,000*	
12	서울	민방식	50,000,000	카드	1,500,000	45,000,000	3,500,000	
13	대전	안병욱	52,000,000	카드	1,500,000	40,000,000	10,500,000	
14	*충청도*	*이찬성*	*46,800,000*	*카드*	*1,400,000*	*42,000,000*	*3,400,000*	
15								

문제 ❷ 계산작업

	A	B	C	D	E	F	G	H	I	J	K	L	M
1	[표1]												
2	사원번호	이름	부서	근무년수	인사평가	출근시간	소속	근무지		생산, 영업 인사평가 최저 점수 평균			
3	G-S890	최예솔	생산	13	87	8:30:20	지사	서울		78.5			
4	B-K247	신동민	영업	5	94	8:45:35	본사	경기					
5	G-I679	김국자	생산	3	78	7:59:21	지사	인천		근무년수가 5년 이상 10년 미만 비율			
6	B-S247	이옥희	영업	8	84	8:22:54	본사	서울		30%			
7	G-K375	강성민	관리	12	78	7:45:35	지사	경기					
8	G-S614	우재호	관리	16	91	8:05:56	지사	서울		가장 빠른 출근 시간			
9	B-K978	곽정우	생산	7	82	8:12:38	본사	경기		7시45분35초			
10	B-I140	유전수	영업	20	79	8:55:10	본사	인천					
11	G-S124	오수민	생산	18	82	8:05:25	지사	서울					
12	G-S852	박기찬	생산	2	95	7:51:30	지사	서울					
13													

1. 소속[G3:G12]
[G3] 셀에 「=IF(LEFT(A3,1)="B","본사","지사")」를 입력하고 [G12] 셀까지 수식 복사

2. 근무지[H3:H12]
[H3] 셀에 「=HLOOKUP(MID(A3,3,1),$B$15:$D$16,2,0)」를 입력하고 [H12] 셀까지 수식 복사

3. 생산, 영업 인사평가 최저 점수 평균[J3]
[J3] 셀에 「=AVERAGE(DMIN(A2:E12,E2,F15:F16),DMIN(A2:E12,E2,G15:G16))」를 입력

4. 근무년수가 5년 이상 10년 미만 비율[J6]
[J6] 셀에 「=COUNTIFS(D3:D12,">=5",D3:D12,"<10")/COUNT(D3:D12)」를 입력

5. 가장 빠른 출근 시간[J9]
[J9] 셀에 「=HOUR(SMALL(F3:F12,1))&"시"&MINUTE(SMALL(F3:F12,1))&"분"&SECOND(SMALL(F3:F12,1))&"초"」를 입력

문제 ❸ 분석작업

01 부분합

	A	B	C	D	E
1		거래업체별 거래현황			
2					
3	거래일자	거래업체명	거래금액	할인액	실지급액
4	09월 01일	미래상사	11,250,000	1,350,000	9,900,000
5	09월 08일	미래상사	12,400,000	1,480,000	10,920,000
6	09월 11일	미래상사	13,950,000	1,670,000	12,280,000
7	09월 14일	미래상사	14,420,000	1,730,000	12,690,000
8	09월 22일	미래상사	14,780,000	1,770,000	13,010,000
9	09월 23일	미래상사	13,580,000	1,100,000	12,480,000
10		미래상사 평균	13,396,667	1,516,667	
11		미래상사 최대			13,010,000
12	09월 03일	영재상사	12,990,000	1,550,000	11,440,000
13	09월 07일	영재상사	15,000,000	1,800,000	13,200,000
14	09월 12일	영재상사	16,040,000	1,920,000	14,120,000
15	09월 15일	영재상사	13,680,000	1,640,000	12,040,000
16	09월 20일	영재상사	13,000,000	1,560,000	11,440,000
17		영재상사 평균	14,142,000	1,694,000	
18		영재상사 최대			14,120,000
19	09월 02일	우리상사	14,360,000	1,720,000	12,640,000
20	09월 13일	우리상사	13,300,000	1,590,000	11,710,000
21	09월 16일	우리상사	15,550,000	1,860,000	13,690,000
22	09월 19일	우리상사	11,990,000	1,430,000	10,560,000
23	09월 25일	우리상사	15,970,000	1,250,000	14,720,000
24		우리상사 평균	14,234,000	1,570,000	
25		우리상사 최대			14,720,000
26		전체 평균	13,891,250	1,588,750	
27		전체 최대값			14,720,000
28					

02 통합

	H	I	J	K	L
1	[표2]	마트 판매량 평균			
2	제품	1분기	2분기	3분기	4분기
3	맛김치	243	202	210	197
4	포기김치	150	188	172	229
5	총각김치	143	104	115	110
6	백김치	75	80	76	78
7	열무김치	105	90	97	74

문제 ④ 기타작업

01 매크로

	A	B	C	D	E	F	G
1				디지털 새싹 참여 현황			
2							
3	학교명	1차	2차	3차	4차	5차	평균
4	서울교육대학교	150	180	160	200	210	180
5	한양대학교	130	150	200	120	220	164
6	항공대학교	250	300	280	260	320	282
7	성균관대학교	220	190	200	150	190	190
8	상명대학교	180	200	210	250	130	194
9	가천대학교	160	150	170	200	250	186

평균

서식

02 차트

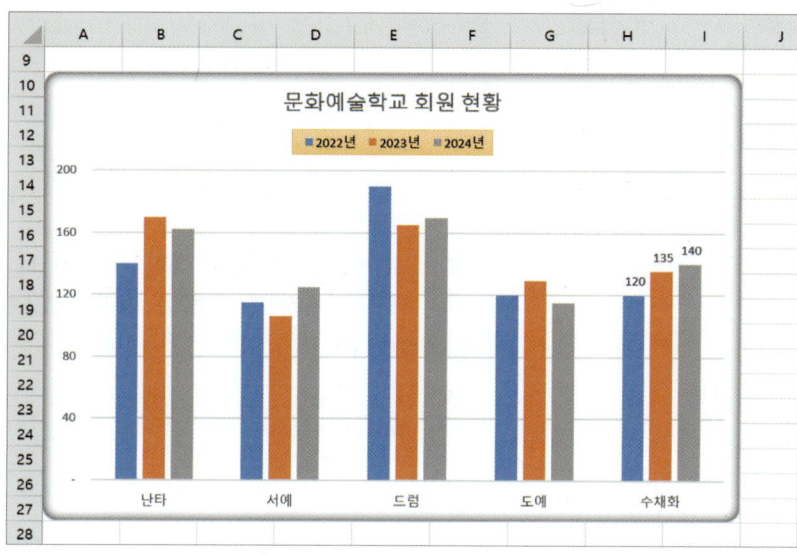

상시 기출문제 07회 해설

문제 ❶ 기본작업

01 자료 입력('기본작업-1' 시트)
[A3:G10] 셀까지 문제를 보고 오타 없이 작성한다.

02 서식 지정('기본작업-2' 시트)
① [A1:G1] 영역을 범위 지정한 후 [홈]-[맞춤] 그룹에서 [병합하고 가운데 맞춤](圖)을 클릭한 후 [홈]-[스타일] 그룹에서 [셀 스타일]을 클릭하여 '제목 1'을 선택한다.

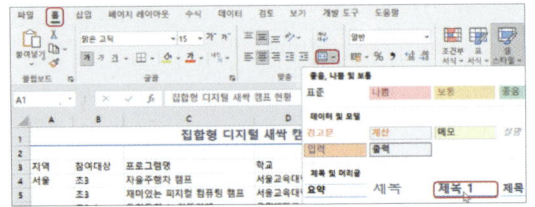

② 1행 머리글에서 마우스 오른쪽 버튼을 눌러 [행 높이]를 클릭한 후 27을 입력하고 [확인]을 클릭한다.

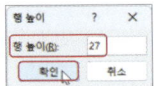

③ [A4:A6], [A7:A8], [A9:A11] 영역을 범위 지정한 후 [홈]-[맞춤] 그룹에서 [병합하고 가운데 맞춤](圖)을 클릭한다.

④ [A3:G3] 영역을 범위 지정한 후 [홈]-[맞춤] 그룹에서 [가운데 맞춤](≡)을 클릭한 후 [홈]-[글꼴] 그룹에서 [채우기 색](◇▼) 도구를 클릭하여 '표준 색 - 노랑'을 지정한다.

⑤ [E7] 셀에서 마우스 오른쪽 버튼을 눌러 [메모 삽입]을 클릭하여 기존 사용자 이름을 지우고, **인기 상품**을 입력한다.

⑥ [E7] 셀에서 마우스 오른쪽 버튼을 눌러 [메모 표시/숨기기]를 클릭한다.

⑦ 메모 상자 경계라인에서 마우스 오른쪽 버튼을 눌러 [메모 서식]을 클릭한 후 [맞춤] 탭에서 '자동 크기'를 체크하고 [확인]을 클릭한다.

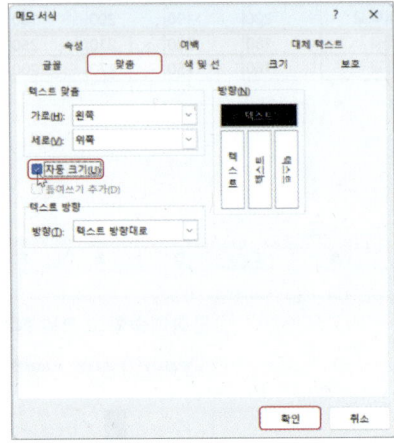

⑧ [E4:E11] 영역을 범위 지정한 후 Ctrl+1을 눌러 '사용자 지정'에 0**"명"**을 입력하고 [확인]을 클릭한다.

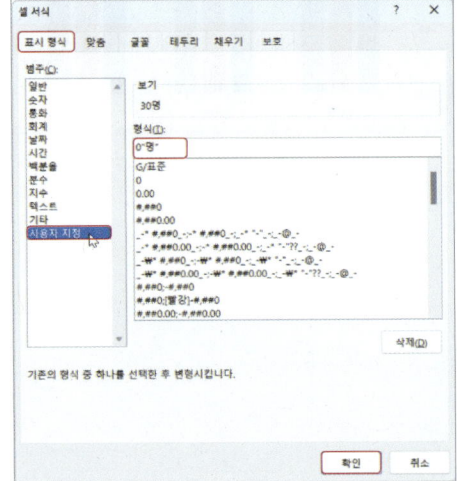

⑨ [A3:G11] 영역을 범위 지정한 후 [홈]-[글꼴] 그룹에서 [테두리](⊞▼) 도구의 [모든 테두리](⊞)를 클릭한 후 [굵은 바깥쪽 테두리](⊡)를 클릭한다.

03 조건부 서식('기본작업-3' 시트)

① [A4:G14] 영역을 범위 지정한 후 [홈]-[스타일] 그룹에서 [조건부 서식]-[새 규칙]을 클릭한다.
② '▶ 수식을 사용하여 서식을 지정할 셀 결정'을 선택하고, =LEFT($B4,1)="이"를 입력하고 [서식]을 클릭한다.
③ [글꼴] 탭에서 '굵은 기울임꼴', 글꼴 색은 '표준 색 – 파랑'을 선택하고 [확인]을 클릭한다.

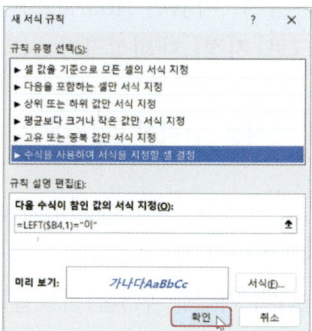

문제 ❷ 계산작업('계산작업' 시트)

01 소속[G3:G12]

[G3] 셀에 =IF(LEFT(A3,1)="B","본사","지사")를 입력하고 [G12] 셀까지 수식을 복사한다.

02 근무지[H3:H12]

[H3] 셀에 =HLOOKUP(MID(A3,3,1),$B$15:$D$16,2,0)를 입력하고 [H12] 셀까지 수식을 복사한다.

03 생산, 영업 인사평가 최저 점수 평균[J3]

① [F15:G16] 영역에 다음과 같이 조건을 입력한다.

② [J3] 셀에 =AVERAGE(DMIN(A2:E12,E2,F15:F16),DMIN(A2:E12,E2,G15:G16))를 입력한다.

04 근무년수가 5년 이상 10년 미만 비율[J6]

[J6] 셀에 =COUNTIFS(D3:D12,">=5",D3:D12,"<10")/COUNT(D3:D12)를 입력한다.

05 가장 빠른 출근 시간[J9]

[J9] 셀에 =HOUR(SMALL(F3:F12,1))&"시"&MINUTE(SMALL(F3:F12,1))&"분"&SECOND(SMALL(F3:F12,1))&"초"를 입력한다.

문제 ❸ 분석작업

01 부분합('분석작업-1' 시트)

① '거래업체명' [B3] 셀을 클릭한 후 [데이터]-[정렬 및 필터] 그룹에서 [텍스트 오름차순 정렬](가↓)을 클릭한다.
② 데이터 안에 마우스 포인터를 두고, [데이터]-[개요] 그룹의 [부분합](▦)을 클릭한다.
③ [부분합]에서 다음과 같이 지정하고 [확인]을 클릭한다.

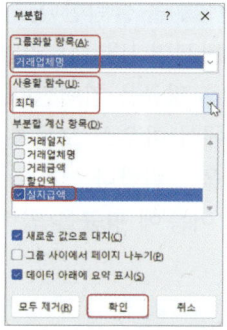

- 그룹화할 항목 : 거래업체명
- 사용할 함수 : 최대
- 부분합 계산 항목 : 실지급액

④ 다시 [데이터]-[개요] 그룹의 [부분합](▦)을 클릭하여 다음과 같이 지정하고 [확인]을 클릭한다.

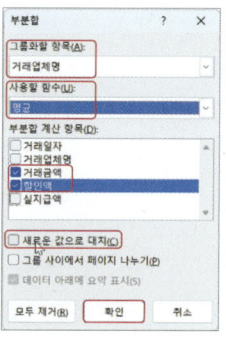

- 그룹화할 항목 : 거래업체명
- 사용할 함수 : 평균
- 부분합 계산 항목 : 거래금액, 할인액
- '새로운 값으로 대치' 체크 해제

02 통합('분석작업-2' 시트)

① [H2:L7] 영역을 범위 지정한 후 [데이터]-[데이터 도구] 그룹의 [통합]()을 클릭한다.
② 함수는 '평균', 모든 참조 영역에 [B2:F17] 영역을 드래그하여 추가한 후 '첫 행', '왼쪽 열'을 체크하고 [확인]을 클릭한다.

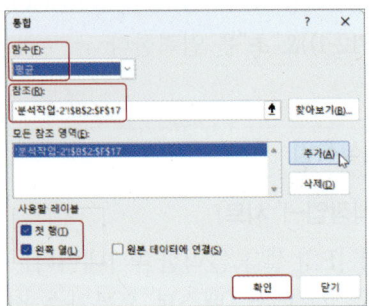

문제 ④ 기타작업

01 매크로('매크로작업' 시트)

① [삽입]-[일러스트레이션] 그룹에서 [도형]-[기본 도형]의 '사각형: 빗면'()을 클릭한다.
② 마우스 포인터가 '+'로 바뀌면 [I3:J4] 영역에 Alt 를 누르고 드래그한 후 **평균**을 입력한다.
③ '사각형: 빗면'() 도형에서 마우스 오른쪽 버튼을 눌러 [매크로 지정]을 클릭한다.
④ [매크로 지정]의 '매크로 이름'에 **평균**을 입력하고 [기록]을 클릭한다.

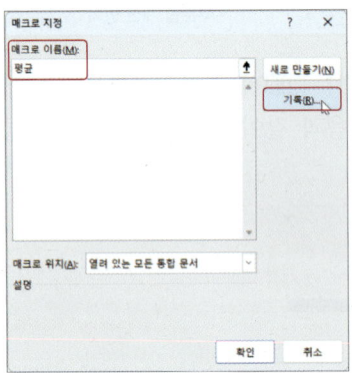

⑤ [매크로 기록]에 '평균'으로 매크로 이름이 표시되면 [확인]을 클릭한다.
⑥ [G4] 셀에 =AVERAGE(B4:F4)을 입력하고 [G9] 셀까지 수식을 복사한다.
⑦ 임의의 셀을 클릭한 후 매크로 기록을 종료하기 위해 [개발 도구]-[코드] 그룹의 [기록 중지]()를 클릭한다.
⑧ [개발 도구]-[컨트롤] 그룹의 [삽입]-[단추(양식 컨트롤)]()을 클릭한다.
⑨ 마우스 포인터가 '+'로 바뀌면 [I6:J7] 영역에 드래그하면 [매크로 지정] 대화상자가 나타난다.
⑩ [매크로 지정]에 **서식**을 입력하고 [기록]을 클릭한다.
⑪ [매크로 기록]에서 '서식'으로 매크로 이름이 표시되면 [확인]을 클릭한다.
⑫ [A3:G3] 영역을 범위 지정한 후 [홈]-[글꼴] 그룹에서 [글꼴 색]() 도구에서 '표준 색 - 파랑'을 선택하고 [채우기 색]() 도구에서 '표준 색 - 주황'을 선택한다.

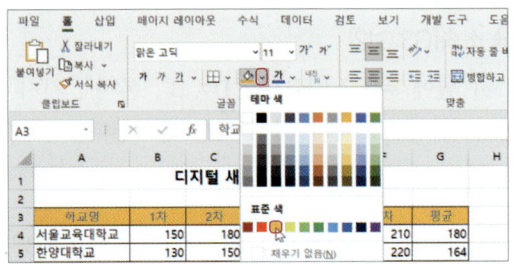

⑬ 임의의 셀을 클릭한 후 매크로 기록을 종료하기 위해 [개발 도구]-[코드] 그룹의 [기록 중지]()를 클릭한다.
⑭ 단추에 텍스트를 수정하기 위해서 단추에서 마우스 오른쪽 버튼을 눌러 [텍스트 편집]을 클릭한다.
⑮ 단추에 입력된 '단추 1'을 지우고 **서식**을 입력한다.

02 차트('차트작업' 시트)

① 차트에서 마우스 오른쪽 버튼을 눌러 [데이터 선택]을 클릭한다.
② 기존 '차트 데이터 범위'를 지운 후 [A3:A8], [C3:E8] 영역으로 수정한 후 [확인]을 클릭한다.

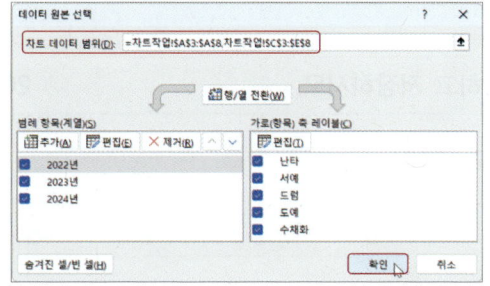

③ 세로(값) 축에서 마우스 오른쪽 버튼을 눌러 [축 서식]을 클릭하여 '축 옵션'에서 최대값은 200, 단위 '기본'은 40을 입력한다.

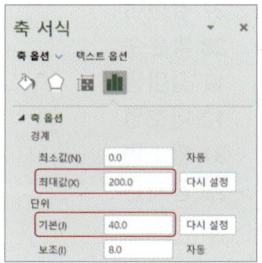

④ '2022년' 계열의 '수채화' 요소를 천천히 2번 클릭하여 하나의 요소만 클릭한 후 [차트 요소](田)-[데이터 레이블]-[바깥쪽 끝에]를 클릭한다.

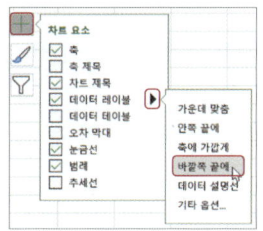

⑤ 같은 방법으로 '2023년', '2024년' 계열의 '수채화' 요소에 '바깥쪽 끝에' 데이터 레이블을 표시한다.
⑥ [차트 요소](田)-[범례]-[위쪽]을 클릭한 후 '범례'를 선택한 후 [서식]-[도형 스타일] 그룹의 '테마 스타일'에서 '미세 효과 – 황금색, 강조 4'를 선택한다.

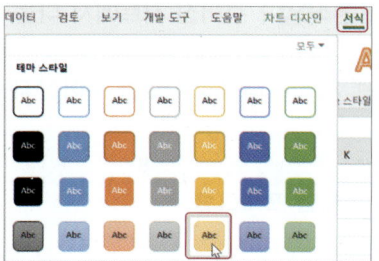

⑦ 차트를 선택한 후 [서식]-[도형 스타일] 그룹의 [도형 효과]-[그림자]에서 '안쪽 : 가운데'를 선택한다.

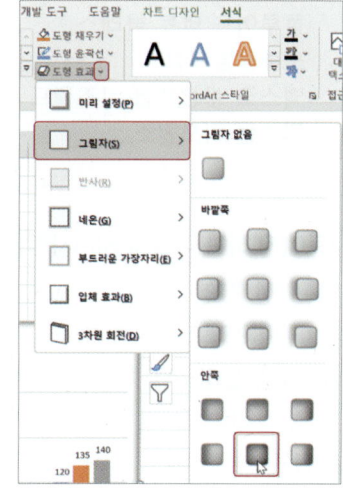

⑧ [차트 영역 서식]의 [채우기 및 선]에서 '테두리'의 '둥근 모서리'를 체크한다.

상시 기출문제 08회

작업파일 [26컴활2급₩상시기출문제] 폴더의 '상시기출문제8회' 파일을 열어서 작업하시오.

문제 ❶ 기본작업 | 주어진 시트에서 다음 과정을 수행하고 저장하시오. 20점

01 '기본작업-1' 시트에 다음의 자료를 주어진 대로 입력하시오. (5점)

	A	B	C	D	E	F
1	어린이 체험 프로그램					
2						
3	체험코드	체험명	분류	체험비	신청인원	담당자
4	TK-010	킨텍스 상상체험 키즈월드	테마/놀이동산	14500	15	고한나
5	AH-210	초등역사체험	액티비티 체험	34900	21	최준수
6	TS-340	실내썰매	테마/놀이동산	14500	27	강현미
7	TT-279	수목원 테마파크	테마/놀이동산	11000	28	박은수
8	AA-535	플루이드 아트 클래스	액티비티 체험	50000	17	김미영
9	AD-876	도예공방체험	액티비티 체험	20000	12	이호영
10	TK-458	벡스코 상상체험 키즈월드	테마/놀이동산	14500	31	황소민
11	AK-243	키즈런 퍼포먼스	액티비티 체험	29000	29	장지연

02 '기본작업-2' 시트에 대하여 다음의 지시사항을 처리하시오. (각 2점)

① [A1:G1] 영역은 '선택 영역의 가운데로', 크기 14, 글꼴 스타일 '굵은 기울임꼴', 밑줄 '이중 실선(회계용)', 행의 높이를 30으로 지정하시오.
② [A4:A6], [A7:A9], [A10:A11] 영역은 '병합하고 가운데 맞춤'을, [A3:G3] 영역은 셀 스타일을 '연한 녹색, 60% – 강조색6'으로 지정하시오.
③ [D4:F11] 영역은 사용자 지정 표시 형식을 이용하여 천 단위 구분 기호를 [표시 예]와 같이 표시하시오. [표시 예 : 258963 → 258,963, 0 → 0]
④ [F7] 셀에 "판매1위"라는 메모를 삽입한 후 항상 표시되도록 지정하고, 메모 서식에서 맞춤 '자동 크기'를 지정하시오.
⑤ [A3:G11] 영역은 '모든 테두리'(⊞)를 적용한 후 '굵은 바깥쪽 테두리'(▢)를 적용하여 표시하시오.

03 '기본작업-3' 시트에서 다음의 지시사항을 처리하시오. (5점)

'보건복지부 종사자 현황' 표에서 장애인복지시설이 300 이상이거나 지역자활센터 200 이상인 데이터인 고급 필터를 사용하여 검색하시오.
▶ 고급 필터 조건은 [A15:B17] 영역 내에 알맞게 입력하시오.
▶ 고급 필터 결과는 '지역', '장애인복지시설', '지역자활센터'만 순서대로 표시하시오.
▶ 고급 필터 결과 복사 위치는 동일 시트의 [A19] 셀에서 시작하시오.

문제 ❷ 계산작업 | '계산작업' 시트에서 다음 과정을 수행하고 저장하시오. 40점

01 [표1]에서 상품코드[C3:C9], 주문시간[G3:G9], 도착시간[H3:H9]을 이용하여 배송시간[I3:I9]을 계산하시오. (8점)

- ▶ 배송시간 = 도착시간 - 주문시간
- ▶ 상품코드의 오른쪽 한 문자가 '1'이면 배송시간에 1시간을 빼서 계산
- ▶ IF, RIGHT, TIME 함수 사용

02 [표1]에서 상품코드[C3:C9]의 마지막 끝 글자가 "1"이면 "음식", "2"이면 "화장품", "3"이면 "의류", "4"이면 "과일"로 분류[J3:J9]에 표시하시오. (8점)

- ▶ CHOOSE, RIGHT 함수 사용

03 [표1]에서 회원ID[A3:A9]에 동일한 회원ID가 2개 이상이면 "우수", 그렇지 않으면 "일반"을 회원구분[B12:E12]에 표시하시오. (8점)

- ▶ IF, COUNTIF 함수 사용

04 [표1]에서 성별[D3:D9]이 "남"인 회원의 최대 적립포인트[F3:F9]와 성별이 "여"인 회원의 최대 적립포인트[F3:F9]의 평균을 [G12] 셀에 계산하시오. (8점)

- ▶ 조건은 [A15:B16] 영역에 입력하시오.
- ▶ 적립포인트 평균은 소수점 이하 둘째 자리에서 올림하여 첫째 자리까지 표시
  [표시 예 : 96.12 → 96.2]
- ▶ ROUNDUP, AVERAGE, DMAX 함수 사용

05 [표1]에서 구매횟수[E3:E9], 적립포인트[F3:F9]가 모두 3위 이내인 우수회원의 수를 [G15] 셀에 계산하시오. (8점)

- ▶ COUNTIFS, LARGE 함수와 & 연산자 사용

문제 ❸ 분석작업 | 주어진 시트에서 다음 과정을 수행하고 저장하시오 20점

01 '분석작업-1' 시트에 대하여 다음의 지시사항을 처리하시오. (10점)

[피벗 테이블] 기능을 이용하여 '제품 생산현황' 표의 제품코드는 '필터', 생산공장은 '행'으로 처리하고, '값'에는 불량수량의 합계와 목표수량, 생산수량의 평균을 계산하시오.
- ▶ 피벗 테이블 보고서는 동일 시트의 [A24] 셀에서 시작하시오.
- ▶ 값 영역의 목표수량과 생산수량의 평균은 '셀 서식' 대화상자에서 '숫자' 범주의 천단위 구분 기호와 소수 자릿수를 이용하여 소수점 이하 2자리까지 지정하시오.
- ▶ 피벗 테이블에 '연한 파랑, 피벗 스타일 보통 16' 서식을 지정하시오.

02 '분석작업-2' 시트에 대하여 다음의 지시사항을 처리하시오. (10점)

[시나리오 관리자] 기능을 이용하여 '가전제품 판매현황' 표에서 순이익율[I4]이 다음과 같이 변동되는 경우 순이익합계[G16]의 변동 시나리오를 작성하시오.
- ▶ [I4] 셀의 이름은 '순이익율', [G16] 셀의 이름은 '순이익합계'로 정의하시오.
- ▶ 시나리오1 : 시나리오 이름은 '순이익율증가', 순이익율은 25%로 설정하시오.
- ▶ 시나리오2 : 시나리오 이름은 '순이익율감소', 순이익율은 15%로 설정하시오.
- ▶ 시나리오 요약 시트는 '분석작업-2' 시트 바로 왼쪽에 위치해야 함
- ※ 시나리오 요약 보고서 작성 시 정답과 일치하여야 하며, 오자로 인한 부분 점수는 인정하지 않음

문제 ❹ 기타작업 | 주어진 시트에서 다음 과정을 수행하고 저장하시오. 20점

01 '매크로작업' 시트의 [표]에서 다음과 같은 기능을 수행하는 매크로를 현재 통합 문서에 작성하고 실행하시오. (각 5점)

① [F3:F11] 영역에 애견용품 달성률을 계산하는 매크로를 생성하여 실행하시오.
- ▶ 매크로 이름 : 달성률
- ▶ 달성률 = 판매량/목표량
- ▶ [도형] → [기본 도형]의 '사각형: 빗면'(□)을 동일 시트의 [H2:I3] 영역에 생성하고, 텍스트를 '달성률'로 입력한 후 도형을 클릭할 때 '달성률' 매크로가 실행되도록 설정하시오.

② [A2:F2] 영역에 채우기 색을 '표준 색 – 주황', [F3:F11] 영역을 '백분율 스타일'로 지정하는 매크로를 생성하여 실행하시오.
- ▶ 매크로 이름 : 서식
- ▶ [개발 도구] → [삽입] → [양식 컨트롤]의 '단추'(□)를 동일 시트의 [H5:I6] 영역에 생성하고, 텍스트를 '서식'으로 입력한 후 단추를 클릭할 때 '서식' 매크로가 실행되도록 설정하시오.
- ※ 셀 포인터의 위치에 상관없이 현재 통합 문서에서 매크로가 실행되어야 정답으로 인정됨

02 '차트작업' 시트의 차트를 지시사항에 따라 아래 그림과 같이 수정하시오. (각 2점)

※ 차트는 반드시 문제에서 제공한 차트를 사용하여야 하며, 신규로 작성 시 0점 처리됨

① '분기평균' 계열과 '평균' 요소가 제거되도록 데이터 범위를 수정하시오.
② 차트 종류를 '100% 기준 누적 세로 막대형'으로 변경하시오.
③ 차트 제목은 '차트 위'로 지정한 후 [A1] 셀과 연동되도록 설정하시오.
④ 차트에 '기본 주 세로' 눈금선을 표시하시오.
⑤ 차트 스타일의 '색 변경'을 '단색 색상표 1'로 지정하시오.

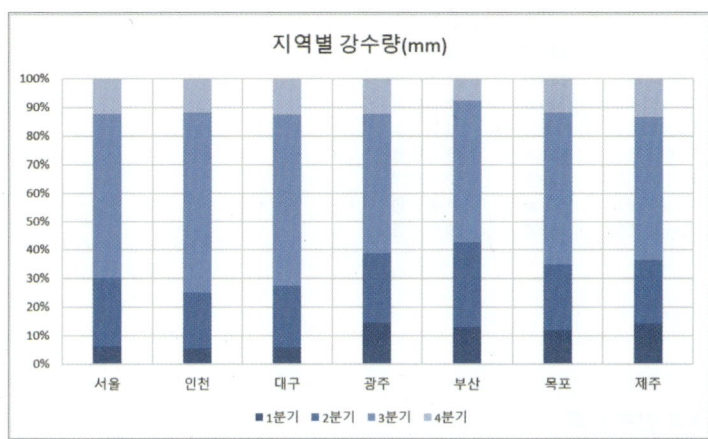

상시 기출문제 08회 정답

문제 ① 기본작업

01 자료 입력

	A	B	C	D	E	F	G
1	어린이 체험 프로그램						
2							
3	체험코드	체험명	분류	체험비	신청인원	담당자	
4	TK-010	킨텍스 상상체험 키즈월드	테마/놀이동산	14500	15	고한나	
5	AH-210	초등역사체험	액티비티 체험	34900	21	최준수	
6	TS-340	실내썰매	테마/놀이동산	14500	27	강현미	
7	TT-279	수목원 테마파크	테마/놀이동산	11000	28	박은수	
8	AA-535	플루이드 아트 클래스	액티비티 체험	50000	17	김미영	
9	AD-876	도예공방체험	액티비티 체험	20000	12	이호영	
10	TK-458	벡스코 상상체험 키즈월드	테마/놀이동산	14500	31	황소민	
11	AK-243	키즈런 퍼포먼스	액티비티 체험	29000	29	장지연	
12							

02 서식 지정

	A	B	C	D	E	F	G	H
1			반려동물용품 판매 현황					
2								
3	분류	상품명	단위	판매가	판매량	총액	순위	
4	고양이용품	짜먹는 츄르	10개	17,900	15	268,500	8	
5		로얄캐닌 키튼	2kg	24,000	20	480,000	5	
6		두부두부 고양이모래	7L x 6	26,820	18	482,760	4	판매1위
7	강아지용품	애견패드	20g x 400매	32,900	37	1,217,300	1	
8		미니 인도어 어덜트	8.7kg	73,900	12	886,800	2	
9		무무 스테이크	100g x 5팩	10,900	34	370,600	6	
10	관상어	거북이수족관	기본세트	74,600	10	746,000	3	
11		안핑크 LED 어항 조명	30큐브용	19,500	19	370,500	7	
12								

03 고급 필터

	A	B	C	D
14				
15	장애인복지시설	지역자활센터		
16	>=300			
17		>=200		
18				
19	지역	장애인복지시설	지역자활센터	
20	서울	450	300	
21	경기	295	310	
22	인천	350	190	
23	대전	280	250	
24				

문제 ❷ 계산작업

	A	B	C	D	E	F	G	H	I	J	K
1	[표1]										
2	회원ID	성명	상품코드	성별	구매횟수	적립포인트	주문시간	도착시간	배송시간	분류	
3	TG-01	강나리	DU-091	여	15	98.2	16:30:20	17:55:40	0:25:20	음식	
4	VB-03	김윤진	DV-083	남	13	78.6	8:20:30	19:20:20	10:59:50	의류	
5	TG-05	황태준	DD-072	남	10	85.4	11:30:20	18:30:40	7:00:20	화장품	
6	VB-06	이나준	DA-061	남	12	85.9	12:20:40	13:59:20	0:38:40	음식	
7	TG-01	강나리	DY-082	여	9	79.1	9:30:20	17:20:40	7:50:20	화장품	
8	VB-06	이나준	DP-094	남	7	95.4	13:34:14	20:25:10	6:50:56	과일	
9	TG-01	강나리	DR-053	여	18	93.2	9:41:20	18:30:20	8:49:00	의류	
10											
11	회원ID	TG-01	TG-05	VB-03	VB-06		남여최대평균점수				
12	회원구분	우수	일반	일반	우수		96.8				
13											
14	<조건>						우수회원 수				
15	성별	성별					2				
16	남	여									
17											

1. 배송시간[I3:I9]

[I3] 셀에 「=IF(RIGHT(C3,1)="1",(H3-G3)-TIME(1,,),H3-G3)」를 입력하고 [I9] 셀까지 수식 복사

2. 분류[J3:J9]

[J3] 셀에 「=CHOOSE(RIGHT(C3,1),"음식","화장품","의류","과일")」를 입력하고 [J9] 셀까지 수식 복사

3. 회원구분[B12:E12]

[B12] 셀에 「=IF(COUNTIF($A$3:$A$9,B11)>=2,"우수","일반")」를 입력하고 [E12] 셀까지 수식 복사

4. 남여최대평균점수[G12]

[G12] 셀에 「=ROUNDUP(AVERAGE(DMAX(A2:F9,F2,A15:A16),DMAX(A2:F9,F2,B15:B16)),1)」를 입력

5. 우수회원 수[G15]

[G15] 셀에 「=COUNTIFS(E3:E9,">="&LARGE(E3:E9,3),F3:F9,">="&LARGE(F3:F9,3))」를 입력

문제 ❸ 분석작업

01 피벗 테이블

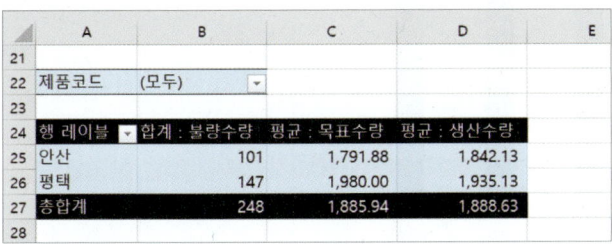

02 시나리오

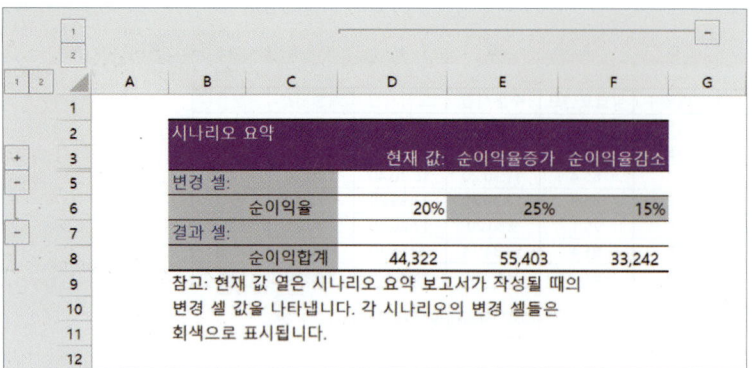

문제 ❹ 기타작업

01 매크로

	A	B	C	D	E	F	G	H	I	J
1	[표] 애견용품 판매현황									
2	상품명	가격	목표량	판매량	총판매액	달성률				
3	강아지패드	24,450	150	120	2,934,000	80%		달성률		
4	스킨파우더	35,000	100	110	3,850,000	110%				
5	기관지 영양제	23,900	65	58	1,386,200	89%				
6	강아지 유산균	49,100	50	37	1,816,700	74%		서식		
7	로얄캐닌	25,630	250	350	8,970,500	140%				
8	오라틴 치약	12,890	80	100	1,289,000	125%				
9	노령견 관절 미펫낼름	59,000	40	26	1,534,000	65%				
10	배변봉투 리필	190	1,000	1,190	226,100	119%				
11	새밀린	33,850	95	87	2,944,950	92%				
12										

02 차트

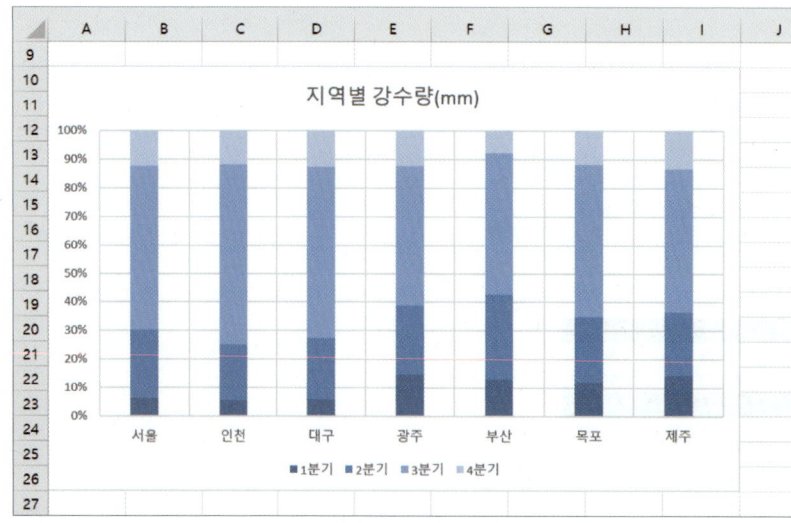

상시 기출문제 08회 해설

문제 ① 기본작업

01 자료 입력('기본작업-1' 시트)

[A3:F11] 셀까지 문제를 보고 오타 없이 작성한다.

02 서식 지정('기본작업-2' 시트)

① [A1:G1] 영역을 범위 지정한 후 Ctrl+1을 눌러 [맞춤] 탭에서 가로 '선택 영역의 가운데로'를 선택한다.

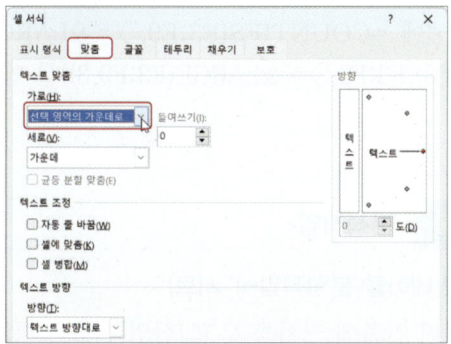

② [글꼴] 탭에서 '굵은 기울임꼴', 크기 '14', 밑줄 '이중 실선(회계용)'을 지정하고 [확인]을 클릭한다.

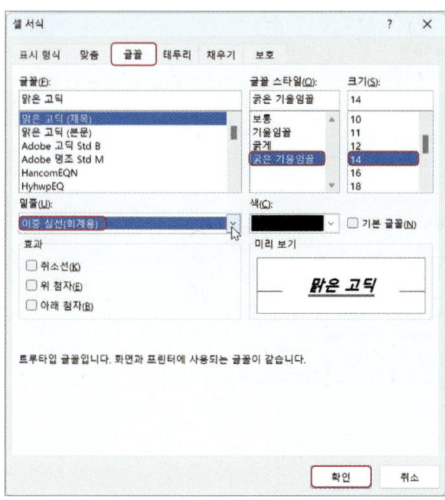

③ 1행 머리글에서 마우스 오른쪽 버튼을 눌러 [행 높이]를 클릭한 후 30을 입력하고 [확인]을 클릭한다.

④ [A4:A6], [A7:A9], [A10:A11] 영역을 범위 지정한 후 [홈]-[맞춤] 그룹에서 [병합하고 가운데 맞춤](圉)을 클릭한다.

⑤ [A3:G3] 영역을 범위 지정한 후 [홈]-[스타일] 그룹에서 [셀 스타일]의 '연한 녹색, 60% - 강조색6'을 선택한다.

⑥ [D4:F11] 영역을 범위 지정한 후 Ctrl+1을 눌러 '사용자 지정'에 #,##0을 입력하고 [확인]을 클릭한다.

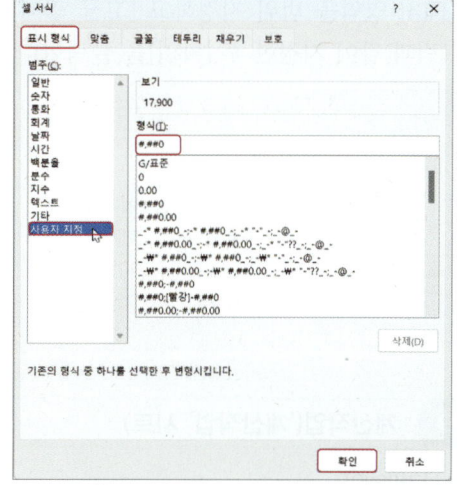

⑦ [F7] 셀에서 마우스 오른쪽 버튼을 눌러 [메모 삽입]을 클릭하여 기존 사용자 이름을 지우고, **판매1위**를 입력한다.

⑧ [F7] 셀에서 마우스 오른쪽 버튼을 눌러 [메모 표시/숨기기]를 클릭한다.

⑨ 메모 상자 경계라인에서 마우스 오른쪽 버튼을 눌러 [메모 서식]을 클릭한 후 [맞춤] 탭에서 '자동 크기'를 체크하고 [확인]을 클릭한다.

⑩ [A3:G11] 영역을 범위 지정한 후 [홈]-[글꼴] 그룹에서 [테두리](田 ▾) 도구의 [모든 테두리](田)를 클릭한 후 [굵은 바깥쪽 테두리](田)를 클릭한다.

03 고급필터('기본작업-3' 시트)

① 다음 그림과 같이 [A15:B17] 영역에 '조건'을 입력하고, [A19:C19] 영역에 추출할 필드를 작성한다.

	A	B	C	D
14				
15	장애인복지시설	지역자활센터		
16	>=300			
17		>=200		
18				
19	지역	장애인복지시설	지역자활센터	
20				

② [데이터]-[정렬 및 필터] 그룹의 [고급](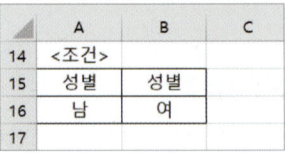)을 클릭한다.

③ [A3:F13] 영역을 범위 지정하고 [고급 필터]에서 그림과 같이 지정한 후 [확인]을 클릭한다.

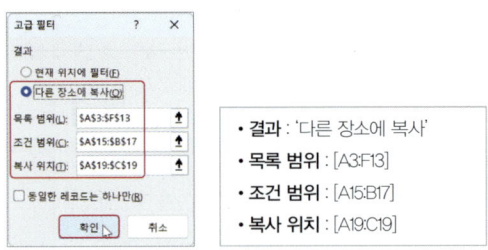

- 결과 : '다른 장소에 복사'
- 목록 범위 : [A3:F13]
- 조건 범위 : [A15:B17]
- 복사 위치 : [A19:C19]

문제 ② 계산작업('계산작업' 시트)

01 배송시간[I3:I9]

[I3] 셀에 =IF(RIGHT(C3,1)="1",(H3-G3)-TIME(1,,),H3-G3)를 입력하고 [I9] 셀까지 수식을 복사한다.

02 분류[J3:J9]

[J3] 셀에 =CHOOSE(RIGHT(C3,1),"음식","화장품","의류","과일")를 입력하고 [J9] 셀까지 수식을 복사한다.

03 회원구분[B12:E12]

[B12] 셀에 =IF(COUNTIF($A$3:$A$9,B11)>=2,"우수","일반")를 입력하고 [E12] 셀까지 수식을 복사한다.

04 남여최대평균점수[G12]

① [A15:B16] 영역에 다음과 같이 조건을 입력한다.

	A	B	C
14	<조건>		
15	성별	성별	
16	남	여	
17			

② [G12] 셀에 =ROUNDUP(AVERAGE(DMAX(A2:F9,F2,A15:A16),DMAX(A2:F9,F2,B15:B16)),1)를 입력한다.

05 우수회원 수[G15]

[G15] 셀에 =COUNTIFS(E3:E9,">="&LARGE(E3:E9,3),F3:F9,">="&LARGE(F3:F9,3))를 입력한다.

문제 ③ 분석작업

01 피벗 테이블('분석작업-1' 시트)

① 데이터 안쪽에 커서를 두고 [삽입]-[표] 그룹에서 [피벗 테이블](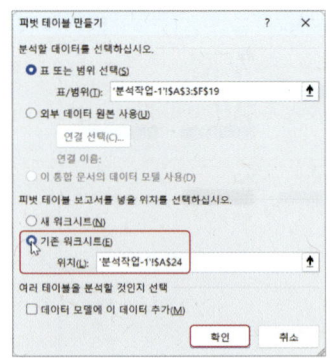)을 클릭한다.

② [피벗 테이블 만들기]에서 '기존 워크시트'를 클릭한 후 [A24] 셀로 지정한 후 [확인]을 클릭한다.

③ [피벗 테이블 필드]에서 다음과 같이 지정한다.

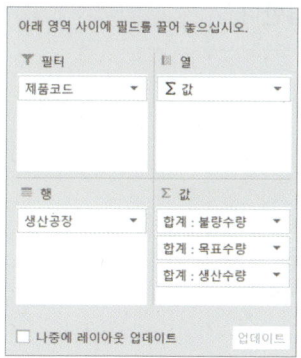

④ [C24] 셀을 더블클릭하여 [값 필드 설정]에서 '평균'을 선택하고 [표시 형식]을 클릭한다.

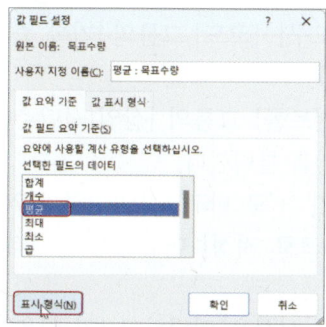

⑤ [셀 서식]의 범주 '숫자'에서 '1000 단위 구분 기호(,) 사용'을 체크하고, 소수 자릿수는 '2'로 지정하고 [확인]을 클릭한다.

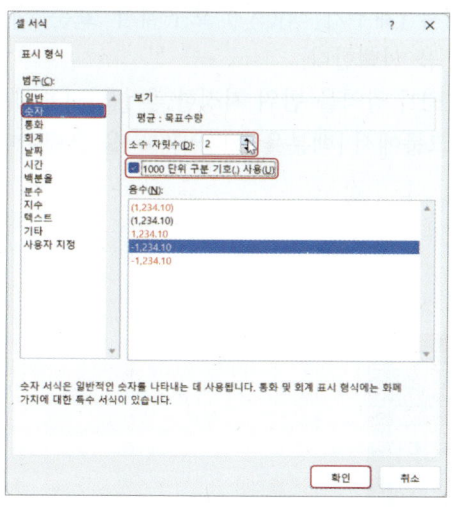

⑥ 같은 방법으로 '평균 : 생산수량' [D24] 셀도 함수는 '평균', '1000 단위 구분 기호' 표시와 소수 자릿수는 '2'로 지정한다.

⑦ [디자인]-[피벗 테이블 스타일] 그룹에서 '연한 파랑, 피벗 스타일 보통 16'을 선택한다.

02 시나리오('분석작업-2' 시트)

① [I4] 셀을 클릭한 후 '이름 상자'에 **순이익율**을 입력하고 Enter 를 누른다.

② [G16] 셀을 클릭한 후 '이름 상자'에 **순이익합계**를 입력하고 Enter 를 누른다.

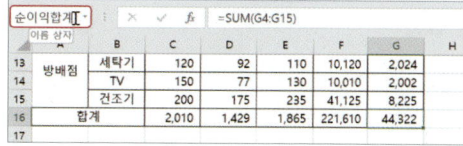

③ [I4] 셀을 클릭한 후 [데이터]-[예측] 그룹에서 [가상 분석]-[시나리오 관리자]를 클릭한다.

④ [시나리오 관리자]에서 [추가]를 클릭한 후 '시나리오 이름'에 **순이익율증가**를 입력하고 [확인]을 클릭한다.

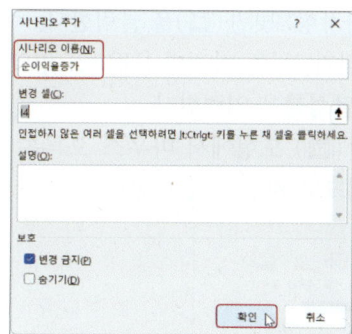

⑤ [시나리오 값]에서 '순이익율'은 25%를 입력하고 [추가]를 클릭한다.

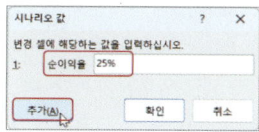

⑥ '시나리오 이름'에 **순이익율감소**를 입력하고 [확인]을 클릭하고 '시나리오 값'에 15%를 입력하고 [확인]을 클릭한다.

⑦ [시나리오 관리자]에서 [요약]을 클릭한 후 '결과 셀'에 커서를 두고 [G16] 셀을 클릭하여 지정한 후 [확인]을 클릭한다.

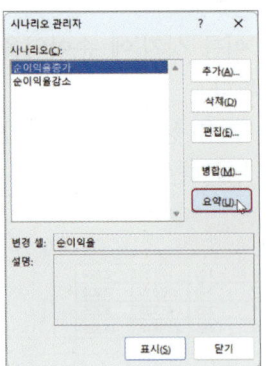

문제 ④ 기타작업

01 매크로('매크로작업' 시트)

① [삽입]-[일러스트레이션] 그룹에서 [도형]-[기본 도형]의 '사각형: 빗면'(□)을 클릭한다.
② 마우스 포인터가 '+'로 바뀌면 [H2:I3] 영역에 드래그한 후 **달성률**을 입력한다.
③ '사각형: 빗면'(□) 도형에서 마우스 오른쪽 버튼을 눌러 [매크로 지정]을 클릭한다.

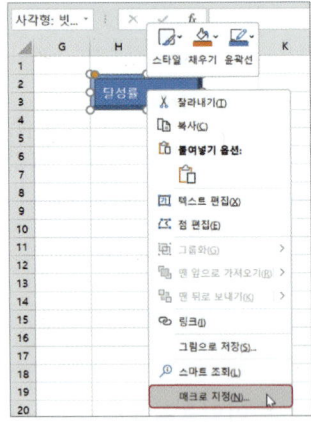

④ [매크로 지정]의 '매크로 이름'에 **달성률**을 입력하고 [기록]을 클릭한다.

⑤ [매크로 기록]에 '달성률'로 매크로 이름이 표시되면 [확인]을 클릭한다.

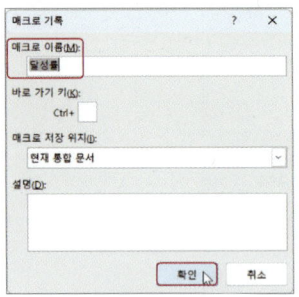

⑥ [F3] 셀에 =D3/C3을 입력하고 [F11] 셀까지 수식을 복사한다.
⑦ 임의의 셀을 클릭한 후 매크로 기록을 종료하기 위해 [개발 도구]-[코드] 그룹의 [기록 중지](□)를 클릭한다.
⑧ [개발 도구]-[컨트롤] 그룹의 [삽입]-[단추(양식 컨트롤)](□)을 클릭한다.
⑨ 마우스 포인터가 '+'로 바뀌면 [H5:I6] 영역에 드래그하면 [매크로 지정] 대화상자가 나타난다.
⑩ [매크로 지정]에 **서식**을 입력하고 [기록]을 클릭하고 [매크로 기록]에 '서식'으로 매크로 이름이 표시되면 [확인]을 클릭한다.
⑪ [A2:F2] 영역을 범위 지정한 후 [홈]-[글꼴] 그룹에서 [채우기 색](◇▼) 도구에서 '표준 색 - 주황'을 선택한다.
⑫ [F3:F11] 영역을 범위 지정한 후 [홈]-[표시 형식] 그룹에서 [백분율 스타일](%)을 클릭한다.

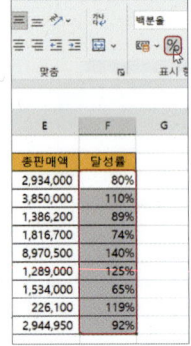

⑬ 임의의 셀을 클릭한 후 매크로 기록을 종료하기 위해 [개발 도구]-[코드] 그룹의 [기록 중지](□)를 클릭한다.
⑭ 단추에 텍스트를 수정하기 위해서 단추에서 마우스 오른쪽 버튼을 눌러 [텍스트 편집]을 클릭한다.
⑮ 단추에 입력된 '단추 1'을 지우고 **서식**을 입력한다.

02 차트('차트작업' 시트)

① 차트에서 마우스 오른쪽 버튼을 눌러 [데이터 선택]을 클릭한다.
② 기존 '차트 데이터 범위'를 지운 후 [A3:H7] 영역으로 수정한 후 [확인]을 클릭한다.

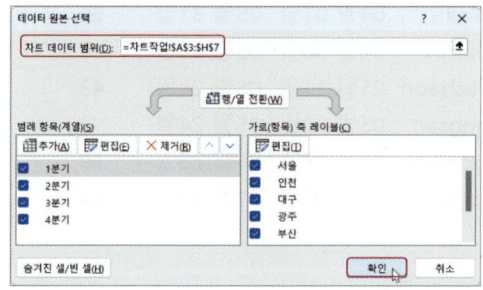

③ 차트에서 마우스 오른쪽 버튼을 눌러 [차트 종류 변경]을 클릭한다.
④ [차트 종류 변경]에서 '세로 막대형'의 '100% 기준 누적 세로 막대형'을 선택하고 [확인]을 클릭한다.

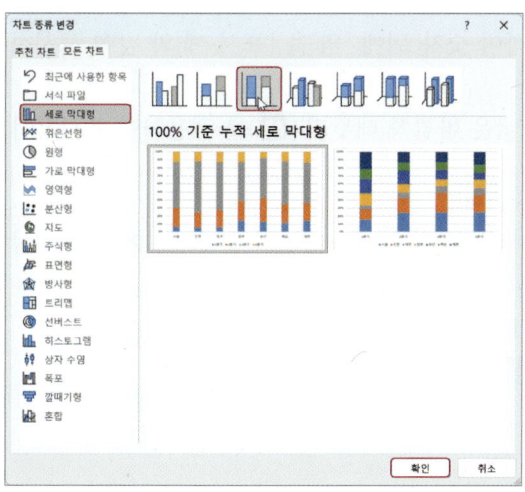

⑤ 차트를 선택하고 [차트 요소](⊞)-[차트 제목]을 체크한 후 수식 입력줄에 =을 입력하고 [A1] 셀을 클릭한 후 Enter 를 누른다.

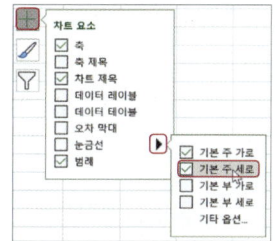

⑥ 차트를 선택하고 [차트 요소](⊞)-[눈금선]-[기본 주 세로]를 체크한다.

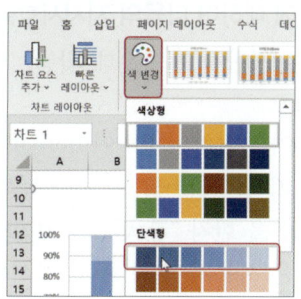

⑦ 차트를 선택한 후 [차트 디자인]-[차트 스타일] 그룹 [색 변경]에서 '단색 색상표 1'을 선택한다.

상시 기출문제 09회

작업파일 [26컴활2급₩상시기출문제] 폴더의 '상시기출문제9회' 파일을 열어서 작업하시오.

문제 ❶ 기본작업 | 주어진 시트에서 다음 과정을 수행하고 저장하시오. 20점

01 '기본작업-1' 시트에 다음의 자료를 주어진 대로 입력하시오. (5점)

	A	B	C	D	E	F	G	H
1	꽃축제 현황							
2								
3	축제행사명	테마	지역	지자체	시작일	종료일	행사기간	
4	수선화 툴립 축제	수선화	충청남도	Asan	04월 01일	05월 31일	60	
5	유채한 봄	유채꽃	대구광역시	Dalseo	04월 30일	05월 15일	15	
6	장미원축제	장미	경기도	Gwacheon	05월 11일	06월 23일	43	
7	천성산 철쭉제	철쭉	경상남도	Yangsan	05월 12일	05월 24일	12	
8	라벤더가든	라벤더	전라북도	Gochang	05월 27일	06월 26일	30	
9	여름 수국축제	수국	제주특별자치도	Seogwipo	05월 27일	07월 20일	54	
10								

02 '기본작업-2' 시트에 대하여 다음의 지시사항을 처리하시오. (각 2점)

① [A1:F1] 영역은 '병합하고 가운데 맞춤', 글꼴 '돋움', 글꼴 크기 '16', 글꼴 스타일 '굵게', 행의 높이를 24로 지정하시오.
② [C4:C7], [C8:C11], [C12:C15] 영역은 '병합하고 가운데 맞춤'을 지정하고, [A3:F3] 영역은 글꼴 스타일 '굵게', 채우기 색 '표준 색 - 연한 녹색'으로 지정하시오.
③ [C3] 셀의 "등급"을 한자 "等級"으로 변환하시오.
④ [F4:F15] 영역은 사용자 지정 표시 형식을 이용하여 숫자 뒤에 "명"을 [표시 예]와 같이 표시하시오. [표시 예 : 0 → 0명, 25 → 25명]
⑤ [A3:F15] 영역은 '모든 테두리'(田)를 적용한 후 '굵은 바깥쪽 테두리'(🔲)를 적용하여 표시하시오.

03 '기본작업-3' 시트에서 다음의 지시사항을 처리하시오. (5점)

'상공물류센터 지역별 관리현황' 표에서 면적(제곱미터)가 9000 이상이면서 근무인원이 300 이상인 데이터를 고급필터를 사용하여 검색하시오.
▶ 고급 필터 조건은 [A20:B21] 범위 내에 알맞게 입력하시오.
▶ 고급 필터 결과 복사 위치는 동일 시트의 [A24] 셀에서 시작하시오.

문제 ❷ 계산작업 | '계산작업' 시트에서 다음 과정을 수행하고 저장하시오. 40점

01 [표1]에서 대리점[B3:B11]이 '서울'인 매출금액[C3:C11]의 평균을 [C12] 셀에 계산하시오. (8점)
- ▶ 서울 매출금액 평균은 백의 자리에서 내림하여 천의 자리까지 표시 [표시 예 : 14,980 → 14,000]
- ▶ 조건은 [D11:D12] 영역에 입력하시오.
- ▶ ROUNDDOWN, DAVERAGE 함수 사용

02 [표2]에서 평균[I3:I12]을 기준으로 순위를 구하여 1위는 '1등', 2위는 '2등', 3위는 '3등', 그 외는 공백을 비고 [J3:J12]에 표시하시오. (8점)
- ▶ 순위는 평균 점수가 높으면 1위
- ▶ IF, RANK.EQ, CHOOSE 함수 사용

03 [표3]에서 분류[A16:A24]가 '캠핑용품'인 제품 중 판매실적[C16:C24]이 가장 높은 제품명을 [D25] 셀에 표시하시오. (8점)
- ▶ DMAX, VLOOKUP 함수 사용

04 [표4]의 구매횟수[G16:G25]가 200 이상이고 적립금액[H16:H25]이 적립금액의 평균보다 크면 'MVG', 그 외는 공백으로 회원등급[I16:I25]에 표시하시오. (8점)
- ▶ AVERAGE, AND, IF 함수 사용

05 [표5]에서 성별[B29:B36]이 '남'인 점수[C29:C36] 합계와 성별이 '여'인 점수 합계 차이를 절대값으로 [C37] 셀에 계산하시오. (8점)
- ▶ SUMIF, ABS 함수 사용

문제 ❸ 분석작업 | 주어진 시트에서 다음 과정을 수행하고 저장하시오 20점

01 '분석작업-1' 시트에 대하여 다음의 지시사항을 처리하시오. (10점)

[목표값 찾기] 기능을 이용하여 '영업점별 굿즈 주문 현황' 표에서 '영등포점'의 판매액[D12]이 9,500,000이 되려면 주문량[B12]이 얼마나 되어야 하는지 계산하시오.

02 '분석작업-2' 시트에 대하여 다음의 지시사항을 처리하시오. (10점)

[시나리오 관리자] 기능을 이용하여 '제품 납품 현황' 표에서 이익률[B14]이 다음과 같이 변동하는 경우 이익금합계[F11]의 변동 시나리오를 작성하시오.
- ▶ [B14] 셀의 이름은 '이익률', [F11] 셀의 이름은 '이익금합계'로 정의하시오.
- ▶ 시나리오1 : 시나리오 이름은 '이익률인상', 이익률은 30%로 설정하시오.
- ▶ 시나리오2 : 시나리오 이름은 '이익률인하', 이익률은 10%로 설정하시오.
- ▶ 시나리오 요약 시트는 '분석작업-2' 시트 바로 왼쪽에 위치해야 함

※ 시나리오 요약 보고서 작성 시 정답과 일치하여야 하며, 오자로 인한 부분점수는 인정하지 않음

문제 ④ 기타작업 | 주어진 시트에서 다음 과정을 수행하고 저장하시오. 20점

01 '매크로작업' 시트의 [표]에서 다음과 같은 기능을 수행하는 매크로를 현재 통합 문서에 작성하고 실행하시오. (각 5점)

① [G3:G10] 영역에 총점을 계산하는 매크로를 생성하여 실행하시오.
  - ▶ 매크로 이름 : 총점
  - ▶ 총점 : 과제 + 출석 + 중간 + 기말
  - ▶ SUM 함수 사용
  - ▶ [개발 도구]-[삽입]-[양식 컨트롤]의 '단추'(□)를 동일 시트의 [B12:C13] 영역에 생성하고, 텍스트를 '총점'으로 입력한 후 단추를 클릭할 때 '총점' 매크로가 실행되도록 설정하시오.

② [A2:G2] 영역에 셀 스타일 '녹색, 강조색 6'을 적용하는 매크로를 생성하여 실행하시오.
  - ▶ 매크로 이름 : 셀스타일
  - ▶ [도형]-[블록 화살표]의 '화살표: 오각형'(▷)을 동일 시트의 [E12:F13] 영역에 생성하고, 텍스트를 '셀스타일'로 입력한 후 도형을 클릭할 때 '셀스타일' 매크로가 실행되도록 설정하시오.
  - ※ 셀 포인터의 위치에 상관없이 현재 통합문서에서 매크로가 실행되어야 정답으로 인정됨

02 '차트작업' 시트의 차트를 지시사항에 따라 아래 그림과 같이 수정하시오. (각 2점)

※ 차트는 반드시 문제에서 제공한 차트를 사용하여야 하며, 신규로 작성 시 0점 처리됨

① 부서가 '영업부'의 출장비와 교통비만 표시되도록 데이터 범위를 수정하시오.
② 각 계열의 '배민석' 요소에만 데이터 레이블 '값'을 표시하고, 레이블의 위치를 '안쪽 끝에'로 지정하시오.
③ 차트 제목은 〈그림〉과 같이 입력하고, 도형 스타일 '색 윤곽선 – 파랑, 강조1'로 지정하시오.
④ 전체 계열의 계열 겹치기를 0%, 간격 너비를 80%로 설정하시오.
⑤ 차트 영역의 테두리는 '네온: 5pt, 파랑, 강조색 1' 네온 효과를 지정하시오.

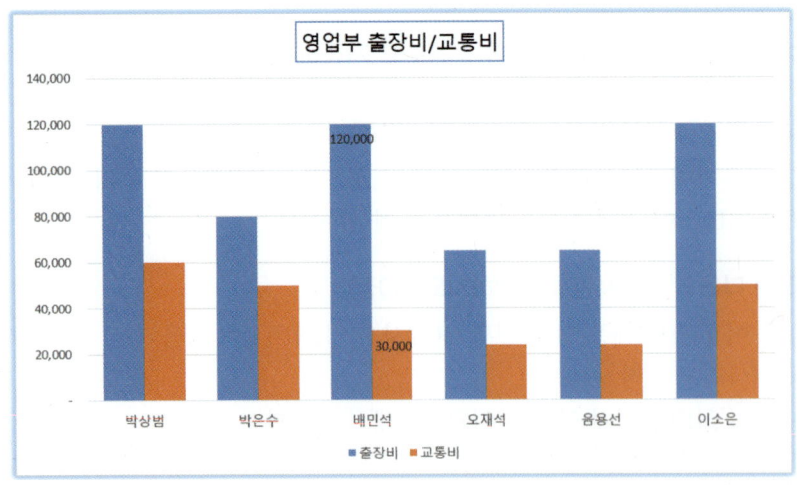

상시 기출문제 09회 정답

문제 ① 기본작업

01 자료 입력

	A	B	C	D	E	F	G
1	꽃축제 현황						
2							
3	축제행사명	테마	지역	지자체	시작일	종료일	행사기간
4	수선화 튤립 축제	수선화	충청남도	Asan	04월 01일	05월 31일	60
5	유채한 봄	유채꽃	대구광역시	Dalseo	04월 30일	05월 15일	15
6	장미원축제	장미	경기도	Gwacheon	05월 11일	06월 23일	43
7	천성산 철쭉제	철쭉	경상남도	Yangsan	05월 12일	05월 24일	12
8	라벤더가든	라벤더	전라북도	Gochang	05월 27일	06월 26일	30
9	여름 수국축제	수국	제주특별자치도	Seogwipo	05월 27일	07월 20일	54

02 서식 지정

	A	B	C	D	E	F
1	상공스포츠센터 레슨 현황					
2						
3	종목명	수강코드	等級	담당코치	레슨요일	레슨인원
4	테니스	TE-103	초급	이영택	월	25명
5	탁구	TT-104		윤승민	화	30명
6	배드민턴	BT-105		임용대	수	28명
7	골프	GF-106		김세리	목	40명
8	테니스	TE-203	중급	정미라	화	20명
9	탁구	TT-204		연정화	수	25명
10	배드민턴	BT-205		박수현	목	23명
11	골프	GF-206		조경주	목	35명
12	테니스	TE-303	고급	이영택	월	15명
13	탁구	TT-304		강택수	화	20명
14	배드민턴	BT-305		윤연성	수	18명
15	골프	GF-306		김인비	수	30명

03 고급 필터

	A	B	C	D	E	F
19						
20	면적(제곱미터)	근무인원				
21	>=9000	>=300				
22						
23						
24	관리코드	준공일자	센터명	책임자명	면적(제곱미터)	근무인원
25	SGL-19-002	2024-05-01	대전	유연석	10,200	345
26	SGL-20-003	2025-05-12	부산	정이정	12,000	382
27	SGL-19-007	2024-12-05	전주	윤수연	9,200	305

문제 ❷ 계산작업

01 서울 매출금액 평균

	A	B	C	D	E
1	[표1]				
2	사원명	대리점	매출금액		
3	조현우	서울	23,545,850		
4	김혁진	부산	34,545,721		
5	민준수	광주	45,689,420		
6	성도경	서울	12,587,120		
7	곽승호	광주	32,123,480		
8	서현국	부산	42,189,420		
9	이정현	광주	32,978,140		
10	박정호	서울	21,487,450	<조건>	
11	공필승	부산	18,587,651	대리점	
12	서울 매출금액 평균		19,206,000	서울	
13					

[C12] 셀에 「=ROUNDDOWN(DAVERAGE(A2:C11,C2, D11:D12),-3)」를 입력

02 비고

	F	G	H	I	J	K
1	[표2]					
2	성명	중간고사	기말고사	평균	비고	
3	전서윤	78	95	86.5		
4	민지수	89	79	84		
5	정혜성	92	93	92.5	2등	
6	윤여운	88	91	89.5		
7	강소라	65	78	71.5		
8	김채연	95	82	88.5		
9	이진희	95	89	92	3등	
10	박소율	82	75	78.5		
11	최나영	76	65	70.5		
12	전연승	96	90	93	1등	
13						

[J3] 셀에 「=IF(RANK.EQ(I3,$I$3:$I$12)<=3,CHOOSE(RANK.EQ(I3,$I$3:$I$12),"1등","2등","3등"),"")」를 입력하고 [J12] 셀까지 수식 복사

03 판매실적이 가장 많은 제품

	A	B	C	D	E
14	[표3]				
15	분류	브랜드	판매실적	제품명	
16	캠핑용품	퍼즈	163	캠핑랜턴	
17	주방용품	바이마르	158	스텐냄비	
18	욕실용품	다올	132	욕실화	
19	캠핑용품	토토비즈	168	캠핑매트	
20	주방용품	휘슬러	102	프라이팬	
21	욕실용품	듀오	192	샤워기	
22	캠핑용품	마그피아	185	자석행거	
23	주방용품	오블롱	113	식기세트	
24	욕실용품	송월	198	타월세트	
25	판매실적이 가장 많은 제품			자석행거	
26					

[D25] 셀에 「=VLOOKUP(DMAX(A15:D24,3,A15:A16), C16:D24,2,FALSE)」를 입력

04 회원등급

	F	G	H	I	J
14	[표4]				
15	회원번호	구매횟수	적립금액	회원등급	
16	SG-001	88	1,056,000		
17	SG-002	75	900,000		
18	SG-003	201	2,412,000	MVG	
19	SG-004	211	1,980,000	MVG	
20	SG-005	205	1,140,000		
21	SG-006	68	816,000		
22	SG-007	132	1,584,000		
23	SG-008	211	2,532,000	MVG	
24	SG-009	128	1,536,000		
25	SG-010	92	1,104,000		
26					

[I16] 셀에 「=IF(AND(G16>=200,H16>AVERAGE($H$16: $H$25)),"MVG","")」를 입력하고 [I25] 셀까지 수식 복사

05 남녀 점수 차이

	A	B	C	D
27	[표5]			
28	사번	성별	점수	
29	C0702	여	91.2	
30	C0704	남	92.4	
31	C0705	여	89.3	
32	C0707	남	93.1	
33	C0708	여	89.4	
34	C0709	남	88.7	
35	C0710	여	94.1	
36	C0711	남	79.5	
37	남녀 점수 차이		10.3	
38				

[C37] 셀에 「=ABS(SUMIF(B29:B36,"남",C29:C36)- SUMIF(B29:B36,"여",C29:C36))」를 입력

문제 ❸ 분석작업

01 목표값 찾기

	A	B	C	D	E
1	영업점별 굿즈 주문 현황				
2					
3	영업점	주문량	단가	판매액	
4	을지로점	350	20,000	7,000,000	
5	강남점	600	20,000	12,000,000	
6	노원점	250	20,000	5,000,000	
7	송파점	280	20,000	5,600,000	
8	강동점	250	20,000	5,000,000	
9	강서점	400	20,000	8,000,000	
10	구로점	550	20,000	11,000,000	
11	동작점	220	20,000	4,400,000	
12	영등포점	475	20,000	9,500,000	
13					

02 시나리오

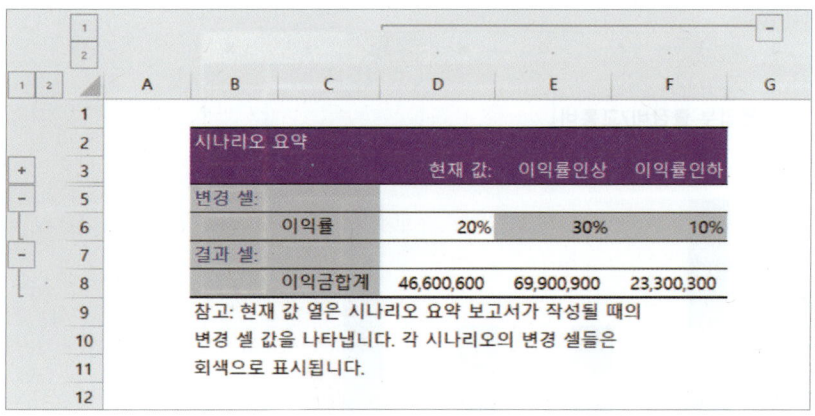

문제 ❹ 기타작업

01 매크로

	A	B	C	D	E	F	G	H
1								
2	이름	학과	과제	출석	중간	기말	총점	
3	이현정	컴퓨터공학과	13	11	23	30	77	
4	송수정	컴퓨터공학과	19	10	16	26	71	
5	문병용	컴퓨터공학과	14	11	15	25	65	
6	김혜영	컴퓨터공학과	20	15	21	15	71	
7	이문성	전자공학과	10	15	22	27	74	
8	우용표	전자공학과	14	12	27	28	81	
9	김후영	컴퓨터공학과	16	19	15	23	73	
10	김민국	컴퓨터공학과	18	13	16	23	70	
11								
12		총점			셀스타일			
13								
14								

02 차트

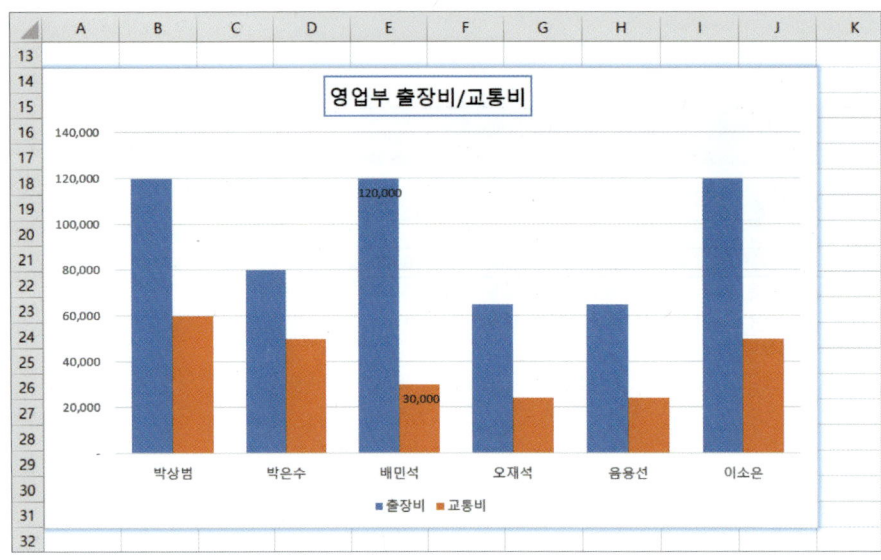

상시 기출문제 09회 해설

문제 ① 기본작업

01 자료 입력('기본작업-1' 시트)

[A3:G9] 셀까지 문제를 보고 오타 없이 작성한다.

02 서식 지정('기본작업-2' 시트)

① [A1:F1] 영역을 범위 지정한 후 [홈]-[맞춤] 그룹에서 [병합하고 가운데 맞춤](圖)을 클릭한 후 [홈]-[글꼴] 그룹에서 '돋움', 크기 '16', '굵게' 지정한다.

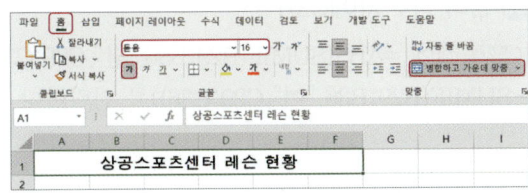

② 1행 머리글에서 마우스 오른쪽 버튼을 눌러 [행 높이]를 클릭한 후 24를 입력하고 [확인]을 클릭한다.

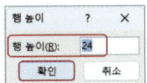

③ [C4:C7], [C8:C11], [C12:C15] 영역을 범위 지정한 후 [홈]-[맞춤] 그룹에서 [병합하고 가운데 맞춤](圖)을 클릭한다.

④ [A3:F3] 영역을 범위 지정한 후 [홈]-[글꼴] 그룹에서 '굵게', [채우기 색](◇ ▾) 도구를 클릭하여 '표준 색 - 연한 녹색'으로 지정한다.

⑤ [C3] 셀의 '등급'을 범위 지정한 후 [한자]를 눌러 '等級'을 선택하고 [변환]을 클릭한다.

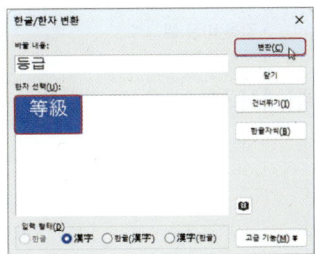

⑥ [F4:F15] 영역을 범위 지정한 후 [Ctrl]+[1]을 눌러 '사용자 지정'에 0"명"를 입력하고 [확인]을 클릭한다.

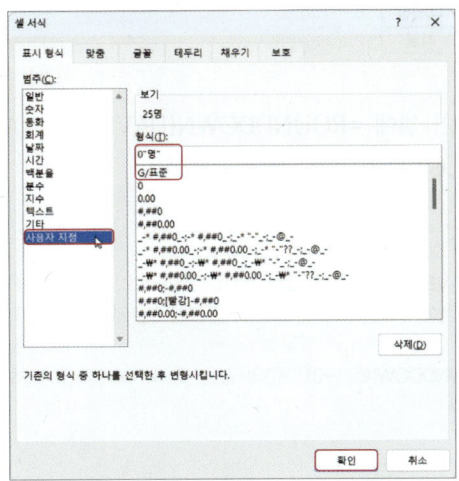

⑦ [A3:F15] 영역을 범위 지정한 후 [홈]-[글꼴] 그룹에서 [테두리](⊞ ▾) 도구의 [모든 테두리](⊞)를 클릭한 후 [굵은 바깥쪽 테두리](□)를 클릭한다.

03 고급 필터('기본작업-3' 시트)

① [A20:B21] 영역에 '조건'을 입력한다.

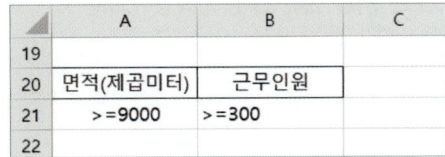

② [데이터]-[정렬 및 필터] 그룹의 [고급](▽)을 클릭한다.

③ [고급 필터]에서 그림과 같이 지정한 후 [확인]을 클릭한다.

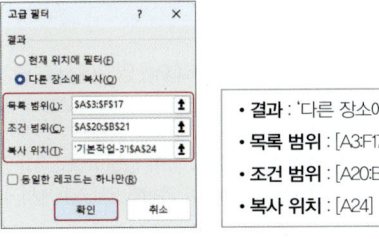

- 결과 : '다른 장소에 복사'
- 목록 범위 : [A3:F17]
- 조건 범위 : [A20:B21]
- 복사 위치 : [A24]

문제 ❷   계산작업('계산작업' 시트)

01 서울 매출금액 평균[C12]

① [D11:D12] 영역에 조건을 입력한다.

	D	E
10	<조건>	
11	대리점	
12	서울	
13		

② [C12] 셀에 =ROUNDDOWN(DAVERAGE(A2: C11,C2,D11:D12),-3)를 입력한다.

> 💬 함수 설명
>
> ① DAVERAGE(A2:C11,C2,D11:D12) : [A2:C11] 영역에서 대리점이 '서울'[D11:D12] 조건에 만족한 C열의 평균을 구함
>
> =ROUNDDOWN(①,-3) : ①의 값을 백의 자리에서 내림하여 표시

02 비고[J3:J12]

[J3] 셀에 =IF(RANK.EQ(I3,$I$3:$I$12)<=3, CHOOSE(RANK.EQ(I3,$I$3:$I$12),"1등","2등", "3등"),"")를 입력하고 [J12] 셀까지 수식을 복사한다.

> 💬 함수 설명
>
> ① RANK.EQ(I3,$I$3:$I$12) : [I3] 셀의 값을 [I3:I12] 영역에서 순위를 구함
> ② CHOOSE(①,"1등","2등","3등") : ①의 값이 1이면 "1등", 2이면 "2등", 3이면 "3등"을 표시
>
> =IF(①<=3,②,"") : ①의 값이 3이하이면 ②을 표시, 그 외는 공백으로 표시

03 판매실적이 가장 많은 제품[D25]

[D25] 셀에 =VLOOKUP(DMAX(A15:D24,3,A15: A16),C16:D24,2,FALSE)를 입력한다.

> 💬 함수 설명
>
> ① DMAX(A15:D24,3,A15:A16) : [A15:D24] 영역에서 분류가 '캠핑용품'[A15:A16] 조건에 만족한 C열의 최대값을 구함
>
> =VLOOKUP(①,C16:D24,2,FALSE) : ①의 값을 [C16:D24] 영역의 첫 번째 열(C열)에서 값을 찾아 2번째 열(D열)에서 정확하게 일치하는 값을 찾아 표시

04 회원등급[I16:I25]

[I16] 셀에 =IF(AND(G16>=200,H16>AVERAGE ($H$16:$H$25)),"MVG","")를 입력하고 [I25] 셀까지 수식을 복사한다.

> 💬 함수 설명
>
> ① AVERAGE($H$16:$H$25) : [H16:H25] 영역의 평균을 구함
> ② AND(G16>=200,H16>①) : [G16] 셀의 값이 200 이상이고, [H16] 셀의 값이 ①보다 크면 TRUE 값을 표시
>
> =IF(②,"MVG","") : ②의 값이 TRUE이면 'MVG', 그 외는 공백으로 표시

05 남녀 점수 차이[C37]

[C37] 셀에 =ABS(SUMIF(B29:B36,"남",C29:C36) -SUMIF(B29:B36,"여",C29:C36))를 입력한다.

> 💬 함수 설명
>
> ① SUMIF(B29:B36,"남",C29:C36) : [B29:B36] 영역에서 '남'을 찾아 [C29:C36] 영역의 합계를 구함
> ② SUMIF(B29:B36,"여",C29:C36) : [B29:B36] 영역에서 '여'를 찾아 [C29:C36] 영역의 합계를 구함
>
> =ABS(①-②) : ①-②의 값을 양수로 표시

문제 ❸   분석작업

01 목표값 찾기('분석작업-1' 시트)

① [D12] 셀을 선택한 후 [데이터]-[예측] 그룹에서 [가상 분석]-[목표값 찾기]를 클릭한다.

② 다음과 같이 지정하고 [확인]을 클릭한다.

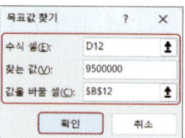

- 수식 셀 : D12
- 찾는 값 : 9500000
- 값을 바꿀 셀 : B12

③ [목표값 찾기 상태]에서 [확인]을 클릭한다.

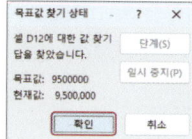

02 시나리오('분석작업-2' 시트)

① [B14] 셀을 클릭한 후 '이름 상자'에 **이익률**을 입력하고 Enter 를 누른다.

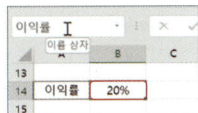

② [F11] 셀을 클릭한 후 '이름 상자'에 **이익금합계**를 입력하고 Enter 를 누른다.
③ [B14] 셀을 클릭한 후 [데이터]-[예측] 그룹에서 [가상 분석]-[시나리오 관리자]를 클릭한다.
④ [시나리오 관리자]에서 [추가]를 클릭한 후 '시나리오 이름'에 **이익률인상**을 입력하고 [확인]을 클릭한다.

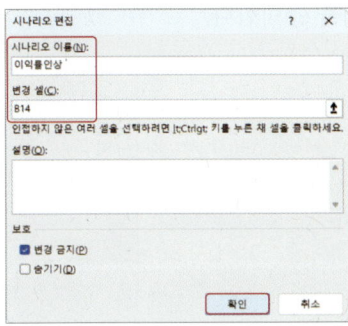

⑤ [시나리오 값]에서 **30%**를 입력하고 [추가]를 클릭한다.
⑥ '시나리오 이름'에 **이익률인하**를 입력하고 [확인]을 클릭하고 '시나리오 값'을 **10%**를 입력하고 [확인]을 클릭한다.
⑦ [시나리오 관리자]에서 [요약]을 클릭한 후 '결과 셀'에 커서를 두고 [F11] 셀을 클릭하여 지정한 후 [확인]을 클릭한다.

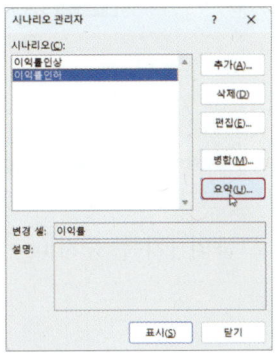

문제 ❹ 기타작업

01 매크로('매크로작업' 시트)

① [개발 도구]-[컨트롤] 그룹의 [삽입]-[단추(양식 컨트롤)](□)을 클릭한다.

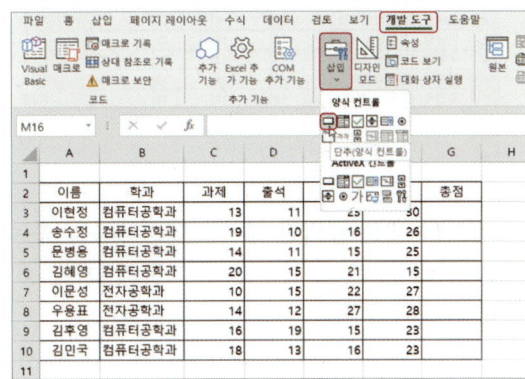

② 마우스 포인터가 '+'로 바뀌고 [B12:C13] 영역에 드래그하면 [매크로 지정] 대화상자가 나타난다.
③ [매크로 지정]에 **총점**을 입력하고 [기록]을 클릭한다.

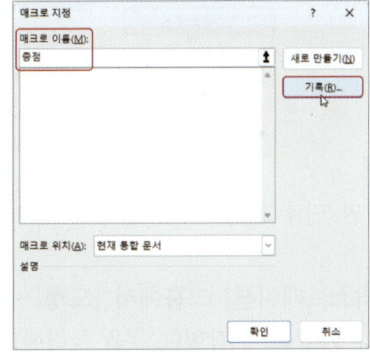

④ [매크로 기록]에 '총점'으로 매크로 이름이 표시되면 [확인]을 클릭한다.

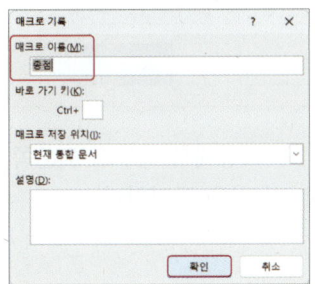

⑤ [G3] 셀에 =SUM(C3:F3)을 입력하고 [G10] 셀까지 수식을 복사한다.

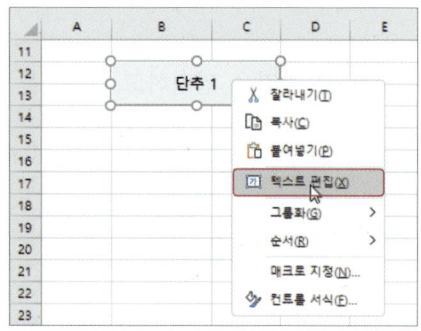

⑥ 임의의 셀을 클릭한 후 매크로 기록을 종료하기 위해 [개발 도구]-[코드] 그룹의 [기록 중지](□)를 클릭한다.

⑦ 단추에 텍스트를 수정하기 위해서 단추에서 마우스 오른쪽 버튼을 눌러 [텍스트 편집]을 클릭한다.

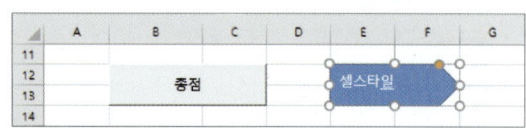

⑧ 단추에 입력된 '단추 1'을 지우고 **총점**을 입력한다.

⑨ [삽입]-[일러스트레이션] 그룹에서 [도형]-[블록 화살표]의 '화살표: 오각형(▷)'을 클릭한다.

⑩ 마우스 포인터가 '+'로 바뀌면 [E12:F13] 영역에 드래그한 후 **셀스타일**을 입력한다.

⑪ '화살표: 오각형(▷)' 도형에서 마우스 오른쪽 버튼을 눌러 [매크로 지정]을 클릭한다.

⑫ [매크로 지정]의 '매크로 이름'에 **셀스타일**을 입력하고 [기록]을 클릭한다.

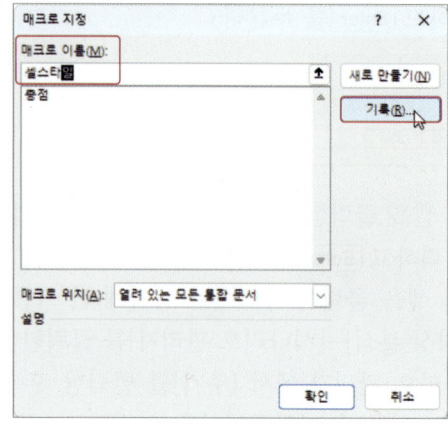

⑬ [매크로 기록]에 '셀스타일'로 매크로 이름이 표시되면 [확인]을 클릭한다.

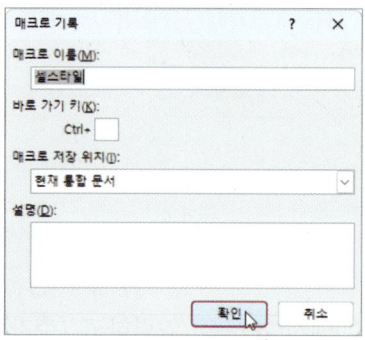

⑭ [A2:G2] 영역을 범위 지정한 후 [홈]-[스타일] 그룹의 [셀 스타일]을 클릭하여 '녹색, 강조색6'을 선택한다.

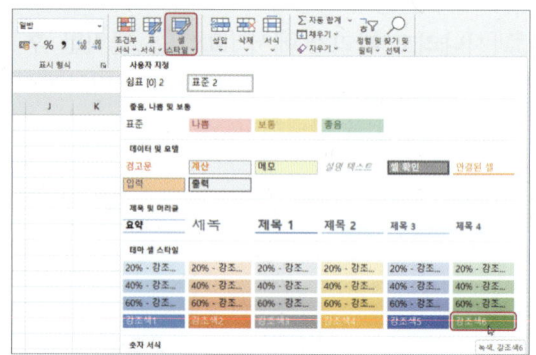

⑮ [개발 도구]-[코드] 그룹의 [기록 중지](□)를 클릭한다.

02 차트('차트작업' 시트)

① 차트에서 마우스 오른쪽 버튼을 눌러 [데이터 선택]을 클릭한다.

② 기존 '차트 데이터 범위'를 지운 후 [A2], [E2:F2], [A6:A9], [E6:F9], [A11:A12], [E11:F12] 영역으로 수정한 후 [확인]을 클릭한다.

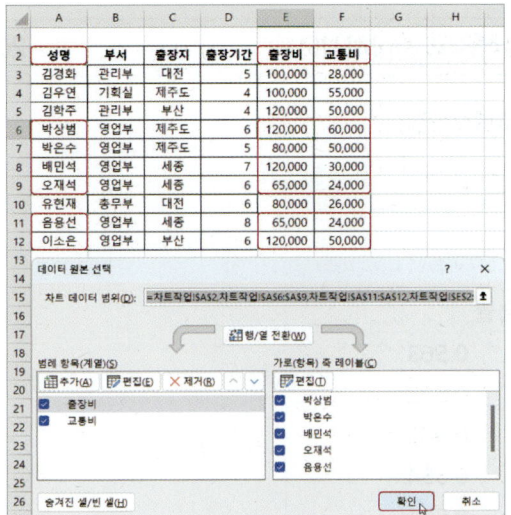

③ '출장비' 계열의 '배민석' 요소를 선택한 후 [차트 요소](+)-[데이터 레이블]-[안쪽 끝에]를 클릭한다.

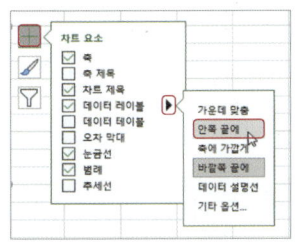

④ '교통비' 계열의 '배민석' 요소를 선택한 후 [차트 요소](+)-[데이터 레이블]-[안쪽 끝에]를 클릭한다.

⑤ 차트를 선택하고 [차트 요소](+)-[차트 제목]을 체크한 후 **영업부 출장비/교통비**를 입력하고, [서식]-[도형 스타일] 그룹의 '테마 스타일'에서 '색 윤곽선 - 파랑, 강조 1'을 선택한다.

⑥ '출장비' 계열에서 마우스 오른쪽 버튼을 눌러 [데이터 계열 서식]을 클릭하여 '계열 겹치기'에 0, '간격 너비'에 80을 입력한다.

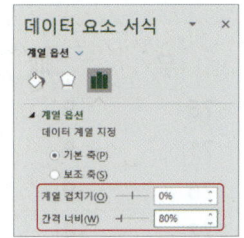

⑦ 차트 영역을 선택한 후 [효과]의 '네온'에서 '네온: 5pt, 파랑, 강조색 1'을 선택한다.

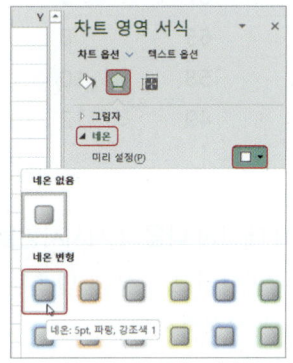

상시 기출문제 10회

작업파일 [26컴활2급₩상시기출문제] 폴더의 '상시기출문제10회' 파일을 열어서 작업하시오.

문제 ❶ 기본작업 | 주어진 시트에서 다음 과정을 수행하고 저장하시오. 20점

01 '기본작업-1' 시트에 다음의 자료를 주어진 대로 입력하시오. (5점)

	A	B	C	D	E	F
1	25년 한국 프로야구(KBO) 순위					
2						
3	팀명	승	무	패	승률	
4	KT	76	9	59	0.563	
5	두산	71	8	65	0.522	
6	삼성	76	9	59	0.563	
7	LG	72	14	58	0.554	
8	키움	70	7	67	0.511	
9	SSG	66	14	64	0.508	
10	NC	67	9	68	0.496	
11	롯데	65	8	71	0.478	
12	KIA	58	10	76	0.433	
13	한화	49	12	83	0.371	
14						

02 '기본작업-2' 시트에 대하여 다음의 지시사항을 처리하시오. (각 2점)

① [A1:H1] 영역은 '병합하고 가운데 맞춤', 글꼴 크기 '15', 글꼴 색 '표준 색 – 파랑', 밑줄 '이중 밑줄', 행의 높이를 25로 지정하시오.

② [A3:B3], [A4:B4], [A5:A8], [A9:A12], [A13:A16] 영역은 '병합하고 가운데 맞춤'을 지정하고, [C3:H3] 영역은 '가운데 맞춤', 채우기 색 '표준 색 – 노랑'으로 지정하시오.

③ [C4:H4] 영역의 이름을 '아파트합계'로 정의하시오.

④ [C4:H16] 영역은 사용자 지정 표시 형식을 이용하여 숫자 앞에 "*"을 표시하고, 숫자 뒤에 '건'을 [표시 예]와 같이 표시하시오. [표시 예 : 0 → *0건, 1200 → *1,200건]

⑤ [A3:H16] 영역은 '모든 테두리'(⊞)를 적용한 후 '굵은 바깥쪽 테두리'(□)를 적용하여 표시하시오.

03 '기본작업-3' 시트에서 다음의 지시사항을 처리하시오. (5점)

[A4:E15] 영역에서 2023년의 판매실적이 2026년의 판매실적보다 큰 경우 행 전체에 대하여 글꼴 색을 '표준 색 – 녹색', 글꼴 스타일을 '굵게'로 지정하는 조건부 서식을 작성하시오.
▶ 단, 규칙 유형은 '수식을 사용하여 서식을 지정할 셀 결정'을 사용하고, 한 개의 규칙으로만 작성하시오.

문제 ❷ 계산작업 | '계산작업' 시트에서 다음 과정을 수행하고 저장하시오. 40점

01 [표1]에서 개인점수[C3:C11]이 1위면 "1등", 2위면 "2등", 3위면 "3등", 나머지는 공백을 순위[D3:D11]에 표시하시오. (8점)
▶ 기록이 가장 높은 것이 1위
▶ IF, RANK.EQ 함수 사용

02 [표2]에서 제품코드[F3:F11], 판매량[H3:H11], 제품 단가표[K4:L6]을 이용하여 판매금액[I3:I11]을 계산하시오. (8점)
▶ 판매금액 = 판매량 × 단가
▶ 판매금액은 백의 자리에서 반올림하여 표시 [표시 예 : 75,530 → 76,000]
▶ ROUND, VLOOKUP 함수 사용

03 [표3]에서 학년[C15:C24]이 "1학년"인 학생들의 수를 [D25] 셀에 계산하시오. (8점)
▶ 계산된 학생수 뒤에는 '명'을 포함하여 표시 [표시 예 : 2명]
▶ COUNTIF, SUMIF, AVERAGEIF 함수 중 알맞은 함수와 & 연산자 사용

04 [표4]에서 평가등급[H15:H22]이 "A"인 총점[I15:I22]의 최대값과 최소값의 차이를 [G25] 셀에 계산하시오. (8점)
▶ 조건은 [F24:F25] 영역에 입력하시오.
▶ DMAX, DMIN 함수 사용

05 [표5]에서 통화명[A29:A32]가 "EUR"인 통화의 환율[B29:B32]을 찾아 [D32] 셀에 표시하시오. (8점)
▶ 결과 값은 반올림 없이 정수로 표시
▶ TRUNC, INDEX, MATCH 함수 사용

문제 ❸ **분석작업** | 주어진 시트에서 다음 과정을 수행하고 저장하시오. 20점

01 '분석작업-1' 시트에 대하여 다음의 지시사항을 처리하시오. (10점)

[부분합] 기능을 이용하여 '부서별 급여 현황' 표에 〈그림〉과 같이 부서별 '기본급', '근속수당'의 평균을 계산한 후 '실수령액'의 최대값을 계산하시오.

▶ 정렬은 '부서'를 기준으로 내림차순으로 처리하시오.
▶ 평균과 최대값은 위에 명시된 순서대로 처리하시오.

	A	B	C	D	E	F	G
1			부서별 급여 현황				
2							
3	사원코드	사원명	부서	기본급	근속년수	근속수당	실수령액
4	H9945312	김민서	홍보부	1,905,890	1	358,835	2,264,725
5	H9701007	홍다현	홍보부	2,125,600	3	168,840	2,294,440
6	H9701006	김현빈	홍보부	2,028,400	2	154,260	2,182,660
7	H9945313	이승준	홍보부	1,758,900	1	113,835	1,872,735
8	H9701005	여해경	홍보부	2,559,000	4	158,850	2,717,850
9			홍보부 최대				2,717,850
10			홍보부 평균	2,075,558		190,924	
11	P9832013	강승래	판매부	2,735,000	4	185,250	2,920,250
12	P9832015	이다혜	판매부	2,653,200	5	172,980	2,826,180
13	P9701003	안도연	판매부	1,926,500	2	138,975	2,065,475
14	P9701004	이승현	판매부	1,915,600	2	137,340	2,052,940
15	P9701005	김두아	판매부	1,897,800	1	134,670	2,032,470
16	P9701006	이승주	판매부	1,945,200	2	141,780	2,086,980
17	P9701007	김정석	판매부	1,912,500	2	136,875	2,049,375
18	P9701008	임희윤	판매부	1,890,000	1	133,500	2,023,500
19			판매부 최대				2,920,250
20			판매부 평균	2,109,475		147,671	
21	G7701003	박태석	총무부	2,403,600	4	135,540	2,539,140
22	C9832012	박민수	총무부	1,985,600	2	147,840	2,133,440
23	H9945311	이기자	총무부	2,395,600	4	134,340	2,529,940
24			총무부 최대				2,539,140
25			총무부 평균	2,261,600		139,240	
26	G7701001	오덕환	기획부	2,403,600	4	135,540	2,539,140
27	G7701002	김복용	기획부	2,256,000	3	188,400	2,444,400
28	G9701006	정민영	기획부	1,985,200	3	147,780	2,132,980
29	G9701004	김민자	기획부	2,650,000	5	172,500	2,822,500
30	G9832014	김영남	기획부	2,498,500	5	149,775	2,648,275
31	G9701005	임병호	기획부	2,120,000	3	168,000	2,288,000
32	G9832013	김광수	기획부	2,565,900	4	159,885	2,725,785
33	G9832012	김태호	기획부	2,058,200	3	158,730	2,216,930
34			기획부 최대				2,822,500
35			기획부 평균	2,317,175		160,076	
36			전체 최대값				2,920,250
37			전체 평균	2,190,658		159,763	
38							

02 '분석작업-2' 시트에 대하여 다음의 지시사항을 처리하시오. (10점)

[피벗 테이블] 기능을 이용하여 '근무지별 급여현황' 표의 업무부서는 '행', 근무지는 '열'로 처리하고, '값'에 기본급의 평균과 수당의 합계를 계산하시오.

▶ 피벗 테이블 보고서는 동일 시트의 [A26] 셀에서 시작하시오.
▶ 'Σ' 기호를 '행' 영역으로 이동하시오.
▶ 피벗 테이블 보고서는 행 및 열의 총합계를 해제하시오.

문제 ④ 기타작업 | 주어진 시트에서 다음 과정을 수행하고 저장하시오. 20점

01 '매크로작업' 시트의 [표]에서 다음과 같은 기능을 수행하는 매크로를 현재 통합 문서에 작성하고 실행하시오. (각 5점)

① [E4:E12] 영역에 납세자별 합계를 계산하는 매크로를 생성하여 실행하시오.
- ▶ 매크로 이름 : 합계
- ▶ 합계 = 자동차세 + 지방교육세
- ▶ [개발 도구]-[삽입]-[양식 컨트롤]의 '단추'(□)를 동일 시트의 [G3:H4] 영역에 생성하고, 텍스트를 '합계'로 입력한 후 단추를 클릭할 때 '합계' 매크로가 실행되도록 설정하시오.

② [B4:E12] 영역에 표시 형식을 '쉼표 스타일'로 지정하는 매크로를 생성하여 실행하시오.
- ▶ 매크로 이름 : 서식
- ▶ [도형]-[사각형]의 '사각형: 둥근 모서리'(□)를 동일 시트의 [G6:H7] 영역에 생성하고, 텍스트를 '서식'으로 입력한 후 도형을 클릭할 때 '서식' 매크로가 실행되도록 설정하시오.

※ 셀 포인터의 위치에 상관없이 현재 통합문서에서 매크로가 실행되어야 정답으로 인정됨

02 '차트작업' 시트의 차트를 지시사항에 따라 아래 그림과 같이 수정하시오. (각 2점)

※ 차트는 반드시 문제에서 제공한 차트를 사용하여야 하며, 신규로 작성 시 0점 처리됨

① 재단명별 '지원액'과 '미회수액'만 표시되도록 데이터 영역을 수정하시오.
② 차트 제목을 그림과 같이 입력하고, 범례의 위치를 위쪽으로 배치하시오.
③ 세로(값) 축의 기본 단위를 1,000으로 변경하시오.
④ '지원액' 계열에 '지수' 추세선을 설정하시오.
⑤ 차트 영역에 범례 표지가 없는 '데이터 테이블'을 지정하시오.

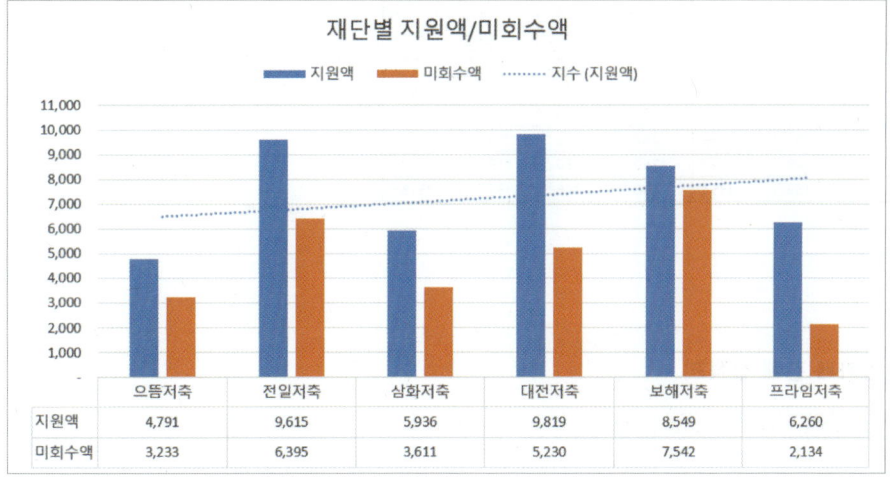

상시 기출문제 10회 정답

문제 ❶ 기본작업

01 자료 입력

	A	B	C	D	E	F
1	25년 한국 프로야구(KBO) 순위					
2						
3	팀명	승	무	패	승률	
4	KT	76	9	59	0.563	
5	두산	71	8	65	0.522	
6	삼성	76	9	59	0.563	
7	LG	72	14	58	0.554	
8	키움	70	7	67	0.511	
9	SSG	66	14	64	0.508	
10	NC	67	9	68	0.496	
11	롯데	65	8	71	0.478	
12	KIA	58	10	76	0.433	
13	한화	49	12	83	0.371	
14						

02 서식 지정

	A	B	C	D	E	F	G	H
1	서울특별시 거래 현황							
2								
3	부동산 매매		7월	8월	9월	10월	11월	12월
4	서울특별시		*4,680건	*4,065건	*2,696건	*2,194건	*1,360건	*1,124건
5	아파트	강남구	*206건	*191건	*141건	*122건	*105건	*69건
6		강동구	*171건	*186건	*118건	*120건	*73건	*64건
7		강북구	*130건	*110건	*47건	*31건	*19건	*13건
8		강서구	*373건	*316건	*146건	*117건	*75건	*59건
9	단독/다가구	강남구	*22건	*18건	*16건	*23건	*18건	*9건
10		강동구	*36건	*33건	*24건	*24건	*28건	*25건
11		강북구	*59건	*61건	*38건	*30건	*28건	*27건
12		강서구	*23건	*15건	*33건	*33건	*22건	*22건
13	다세대/연립	강남구	*131건	*159건	*91건	*64건	*62건	*71건
14		강동구	*167건	*179건	*242건	*142건	*146건	*204건
15		강북구	*249건	*264건	*262건	*230건	*171건	*172건
16		강서구	*459건	*435건	*406건	*446건	*377건	*318건

03 조건부 서식

	A	B	C	D	E
1	상공카페 판매 실적표				
2					
3	음료	2023년	2024년	2025년	2026년
4	콜드 브루 커피	8,950	9,666	7,530	8,105
5	브루드 커피	15,776	16,743	12,030	15,104
6	에스프레소	5,297	5,290	5,577	4,861
7	프라푸치노	12,192	12,826	12,222	13,078
8	블렌디드	10,220	10,670	12,089	13,029
9	피지오	6,525	6,632	6,552	7,841
10	티바나	3,750	3,599	4,470	4,814
11	밀크 티	4,400	4,309	4,652	3,922
12	티 라떼	6,288	6,373	7,124	6,738
13	시그니처 초콜릿	3,770	3,621	4,609	4,775
14	제주 라떼	7,459	7,653	8,781	8,421
15	주스(병음료)	5,189	6,784	7,515	4,998

문제 ❷ 계산작업

01 순위

	A	B	C	D	E
1	[표1]				
2	선수명	소속팀	개인점수	순위	
3	조현우	서울	85		
4	김혁진	부산	89		
5	민준수	광주	95	2등	
6	성도경	서울	87		
7	곽승호	광주	92		
8	서현국	부산	94	3등	
9	이정현	광주	89		
10	박정호	서울	99	1등	
11	공필승	부산	90		
12					

[D3] 셀에 「=IF(RANK.EQ(C3,$C$3:$C$11)=1,"1등",IF(RANK.EQ(C3,$C$3:$C$11)=2,"2등",IF(RANK.EQ(C3,$C$3:$C$11)=3,"3등","")))」를 입력하고 [D11] 셀까지 수식 복사

02 판매금액

	F	G	H	I	J	K	L	M
1	[표2]			(단위:천원)		<제품 단가표>		
2	제품코드	제품명	판매량	판매금액		제품번호	단가	
3	WAS-A	세탁기	101	76,000		WAS-A	750	
4	DRY-B	건조기	102	82,000		DRY-B	800	
5	WSM-C	세탁기	303	258,000		WSM-C	850	
6	WAS-A	세탁기	125	94,000				
7	WSM-C	세탁기	114	97,000				
8	DRY-B	건조기	127	102,000				
9	WAS-A	세탁기	106	80,000				
10	WSM-C	세탁기	298	253,000				
11	DRY-B	건조기	152	122,000				
12								

[I3] 셀에 「=ROUND(VLOOKUP(F3,$K$4:$L$6,2,0)*H3,-3)」를 입력하고 [I11] 셀까지 수식 복사

04 A등급 최대값-최소값 차이

	F	G	H	I	J
13	[표4]				
14	사원명	연수점수	평가등급	총점	
15	전수민	90	A	114	
16	이규진	89	B	106	
17	임지호	78	C	102	
18	서민준	92	A	116	
19	고우람	89	C	113	
20	민설현	92	B	109	
21	최중호	88	C	112	
22	박정환	94	A	113	
23					
24	평가등급	A등급 최대값-최소값 차이			
25	A			3	
26					

[G25] 셀에 「=DMAX(F14:I22,4,F24:F25)-DMIN(F14:I22,4,F24:F25)」를 입력

03 1학년 학생수

	A	B	C	D	E
13	[표3]				
14	학생명	성별	학년	평균점수	
15	정우진	남	1학년	75	
16	최민혁	남	2학년	128	
17	정여진	여	3학년	142	
18	공서연	여	1학년	135	
19	성정훈	남	2학년	132	
20	김현수	남	1학년	110	
21	이정훈	남	3학년	175	
22	전인지	여	3학년	163	
23	한혜진	여	2학년	142	
24	권상우	남	3학년	172	
25	1학년 학생수			3명	
26					

[D25] 셀에 「=COUNTIF(C15:C24,"1학년")&"명"」를 입력

05 환율

	A	B	C	D	E
27	[표5]				
28	통화명	환율			
29	USD	1306.00			
30	JPY	961.74			
31	EUR	1329.64		환율	
32	CNY	194.58	EUR	1,329	
33					

[D32] 셀에 「=TRUNC(INDEX(A29:B32,MATCH(C32,A29:A32,0),2))」를 입력

문제 ❸ 분석작업

01 부분합

	A	B	C	D	E	F	G	H
1			부서별 급여 현황					
2								
3	사원코드	사원명	부서	기본급	근속년수	근속수당	실수령액	
4	H9945312	김민서	홍보부	1,905,890	1	358,835	2,264,725	
5	H9701007	홍다현	홍보부	2,125,600	3	168,840	2,294,440	
6	H9701006	김현빈	홍보부	2,028,400	2	154,260	2,182,660	
7	H9945313	이승준	홍보부	1,758,900	1	113,835	1,872,735	
8	H9701005	여해경	홍보부	2,559,000	4	158,850	2,717,850	
9			홍보부 최대				2,717,850	
10			홍보부 평균	2,075,558		190,924		
11	P9832013	강승래	판매부	2,735,000	4	185,250	2,920,250	
12	P9832015	이다혜	판매부	2,653,200	5	172,980	2,826,180	
13	P9701003	안도연	판매부	1,926,500	2	138,975	2,065,475	
14	P9701004	이승현	판매부	1,915,600	2	137,340	2,052,940	
15	P9701005	김두아	판매부	1,897,800	1	134,670	2,032,470	
16	P9701006	이승주	판매부	1,945,200	2	141,780	2,086,980	
17	P9701007	김정석	판매부	1,912,500	2	136,875	2,049,375	
18	P9701008	임희윤	판매부	1,890,000	1	133,500	2,023,500	
19			판매부 최대				2,920,250	
20			판매부 평균	2,109,475		147,671		
21	G7701003	박태석	총무부	2,403,600	4	135,540	2,539,140	
22	C9832012	박민수	총무부	1,985,600	2	147,840	2,133,440	
23	H9945311	이기자	총무부	2,395,600	4	134,340	2,529,940	
24			총무부 최대				2,539,140	
25			총무부 평균	2,261,600		139,240		
26	G7701001	오덕환	기획부	2,403,600	4	135,540	2,539,140	
27	G7701002	김복용	기획부	2,256,000	3	188,400	2,444,400	
28	G9701006	정민영	기획부	1,985,200	3	147,780	2,132,980	
29	G9701004	김민자	기획부	2,650,000	5	172,500	2,822,500	
30	G9832014	김영남	기획부	2,498,500	5	149,775	2,648,275	
31	G9701005	임병호	기획부	2,120,000	3	168,000	2,288,000	
32	G9832013	김광수	기획부	2,565,900	4	159,885	2,725,785	
33	G9832012	김태호	기획부	2,058,200	3	158,730	2,216,930	
34			기획부 최대				2,822,500	
35			기획부 평균	2,317,175		160,076		
36			전체 최대값				2,920,250	
37			전체 평균	2,190,658		159,763		
38								

02 피벗 테이블

	A	B	C	D	E	F
25						
26		열 레이블				
27	행 레이블	경기지사	인천본사	제주지사	충청지사	
28	관리부서					
29	평균 : 기본급	2500000	2900000	3700000	2200000	
30	합계 : 수당	200000	280000	280000	446000	
31	생산부서					
32	평균 : 기본급	3600000			2600000	
33	합계 : 수당	656000			488000	
34	연구팀					
35	평균 : 기본급	2300000		3300000	2000000	
36	합계 : 수당	886000		220000	228000	
37	영업부서					
38	평균 : 기본급	1950000	2666666.667			
39	합계 : 수당	468000	1150000			
40						

문제 ④ 기타작업

01 매크로

	A	B	C	D	E	F	G	H
1		비영업용 상반기 자동차세						
2								
3	납세자	배기량	자동차세	지방교육세	합계		합계	
4	김대훈	1,995	199,500	59,850	259,350			
5	김세인	1,000	40,000	12,000	52,000			
6	김송희	980	39,200	11,760	50,960		서식	
7	김은지	1,150	80,500	24,150	104,650			
8	김지수	1,500	105,000	31,500	136,500			
9	박병재	2,000	200,000	60,000	260,000			
10	박준회	2,500	250,000	75,000	325,000			
11	박하늘	2,150	215,000	64,500	279,500			
12	윤경문	1,890	189,000	56,700	245,700			
13								

02 차트

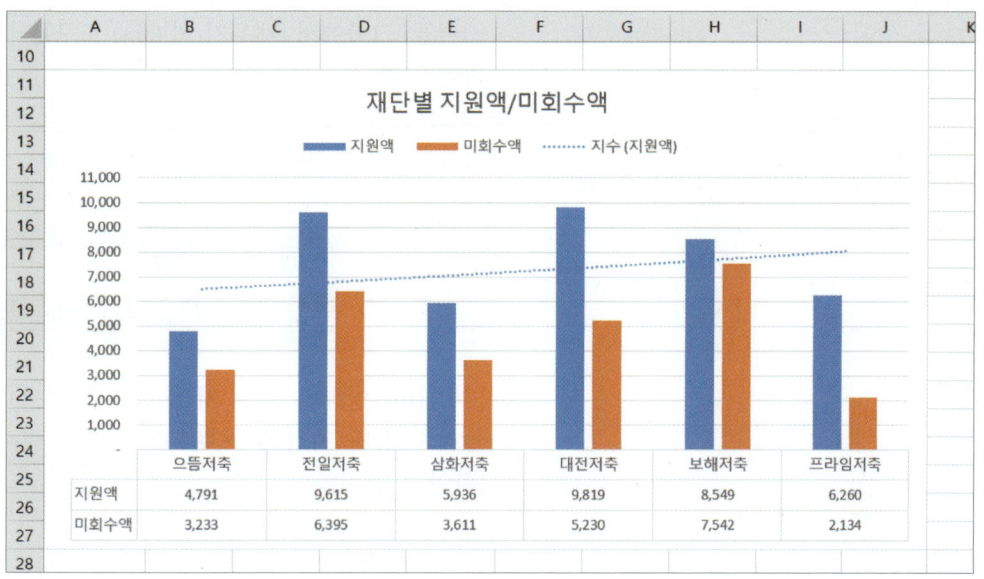

상시 기출문제 10회 해설

문제 ① 기본작업

01 자료 입력('기본작업-1' 시트)

[A3:E13] 셀까지 문제를 보고 오타 없이 작성한다.

02 서식 지정('기본작업-2' 시트)

① [A1:H1] 영역을 범위 지정한 후 [홈]–[맞춤] 그룹에서 [병합하고 가운데 맞춤](圖)을 클릭한 후 [홈]–[글꼴] 그룹에서 글꼴 크기 '15', 글꼴 색(가▼) 도구를 클릭하고 '표준 색 – 파랑', '이중 밑줄'로 지정한다.

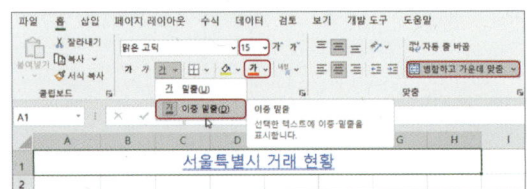

② 1행 머리글에서 마우스 오른쪽 버튼을 눌러 [행 높이]를 클릭한 후 25를 입력하고 [확인]을 클릭한다.

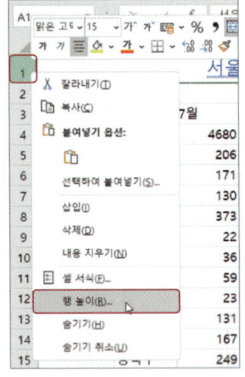

③ [A3:B3], [A4:B4], [A5:A8], [A9:A12], [A13:A16] 영역을 범위 지정한 후 [홈]–[맞춤] 그룹에서 [병합하고 가운데 맞춤](圖)을 클릭한다.

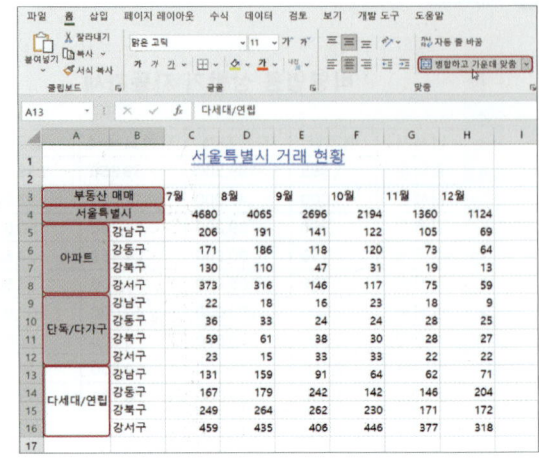

④ [C3:H3] 영역을 범위 지정한 후 [홈]–[맞춤] 그룹에서 [가운데 맞춤](≡)을 클릭한 후 [홈]–[글꼴] 그룹에서 [채우기 색](◇▼) 도구를 클릭하여 '표준 색 – 노랑'으로 지정한다.

⑤ [C4:H4] 영역을 범위 지정한 후 '이름 상자'에 **아파트합계**를 입력한 후 Enter 를 누른다.

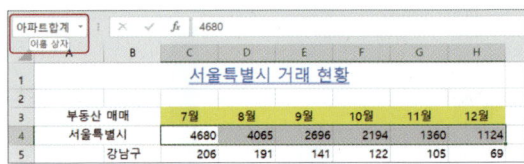

⑥ [C4:H16] 영역을 범위 지정한 후 Ctrl + 1 을 눌러 '사용자 지정'에 "*"#,##0"건"를 입력하고 [확인]을 클릭한다.

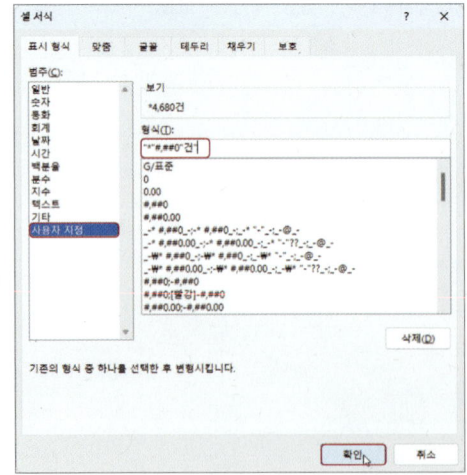

⑦ [A3:H16] 영역을 범위 지정한 후 [홈]-[글꼴] 그룹에서 [테두리](⊞▼) 도구의 [모든 테두리](⊞)를 클릭한 후 [굵은 바깥쪽 테두리](▢)를 클릭한다.

03 조건부 서식('기본작업-3' 시트)

① [A4:E15] 영역을 범위 지정한 후 [홈]-[스타일] 그룹에서 [조건부 서식]-[새 규칙]을 클릭한다.
② '▶ 수식을 사용하여 서식을 지정할 셀 결정'을 선택하여 =$B4>$E4를 입력하고 [서식]을 클릭한다.
③ [글꼴] 탭에서 '굵게', 글꼴 색은 '표준 색 - 녹색'을 선택하고 [확인]을 클릭한다.

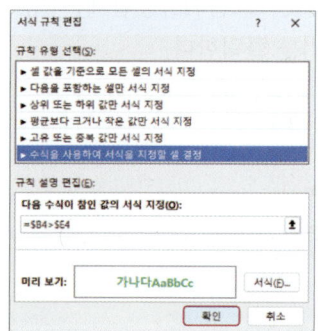

문제 ❷ 계산작업('계산작업' 시트)

01 순위[D3:D11]

[D3] 셀에 다음과 =IF(RANK.EQ(C3,$C$3:$C$11)=1,"1등",IF(RANK.EQ(C3,$C$3:$C$11)=2,"2등",IF(RANK.EQ(C3,$C$3:$C$11)=3,"3등","")))을 입력하고 [D11] 셀까지 수식을 복사한다.

> 📢 함수 설명
> ① RANK.EQ(C3,$C$3:$C$11) : [C3] 셀의 값을 [C3:C11] 영역에서 순위를 구함
>
> =IF(①=1,"1등",IF(①=2,"2등",IF(①=3,"3등",""))) : ①의 값이 1이면 '1등', 2이면 '2등', 3이면 '3등', 그 외는 공백으로 표시

02 판매금액[I3:I11]

[I3] 셀에 =ROUND(VLOOKUP(F3,$K$4:$L$6,2,0)*H3,-3)를 입력하고 [I11] 셀까지 수식을 복사한다.

> 📢 함수 설명
> ① VLOOKUP(F3,$K$4:$L$6,2,0) : [F3] 셀의 값을 [K4:L6] 영역의 첫 번째 열에서 찾아 같은 행의 2번째 열에서 값을 추출함
>
> =ROUND(①*H3,-3) : ①의 값에 [H3] 셀의 값을 곱한 값을 백의 자리에서 반올림하여 표시

03 학년이 '1학년'인 학생 수[D25]

[D25] 셀에 =COUNTIF(C15:C24,"1학년")&"명"를 입력한다.

04 A등급 최대값-최소값 차이[G25]

① [F24:F25] 영역에 조건을 입력한다.

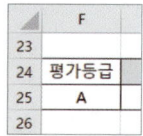

② [G25] 셀에 =DMAX(F14:I22,4,F24:F25)-DMIN(F14:I22,4,F24:F25)를 입력한다.

> 📢 함수 설명
> ① DMAX(F14:I22,4,F24:F25) : [F14:I22] 영역에서 평가등급이 'A'[F24:F25] 조건에 만족한 4번째 열의 최대값을 구함
> ② DMIN(F14:I22,4,F24:F25) : [F14:I22] 영역에서 평가등급이 'A'[F24:F25] 조건에 만족한 4번째 열의 최소값을 구함
>
> =①-② : ①-②의 값을 구함

05 환율[D32]

[D32] 셀에 =TRUNC(INDEX(A29:B32,MATCH(C32,A29:A32,0),2))를 입력한다.

> 📢 함수 설명
> ① MATCH(C32,A29:A32,0) : [C32] 셀의 값을 [A29:A32] 영역에서 정확하게 일치하는 위치 값을 구함
> ② INDEX(A29:B32,①,2) : [A29:B32] 영역에서 ①의 행과 2열 교차하는 셀의 값을 찾아 표시
>
> =TRUNC(②) : ②의 값을 정수로 표시
> * TRUNC는 정수로 표시할 때 자릿수 0을 생략할 수 있다.
>   또는 =TRUNC(②, 0)

문제 ❸ 분석작업

01 부분합('분석작업-1' 시트)

① '부서' [C3] 셀을 클릭한 후 [데이터]-[정렬 및 필터] 그룹에서 [텍스트 내림차순 정렬](힣↓)을 클릭한다.
② 데이터 안에 마우스 포인터를 두고, [데이터]-[개요] 그룹의 [부분합](圃)을 클릭한다.
③ [부분합]에서 다음과 같이 지정하고 [확인]을 클릭한다.

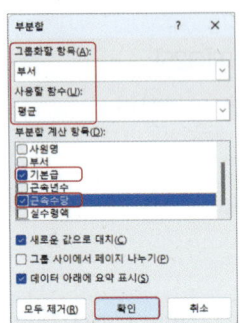

- 그룹화할 항목 : 부서
- 사용할 함수 : 평균
- 부분합 계산 항목 : 기본급, 근속수당

④ 다시 한 번 [데이터]-[개요] 그룹의 [부분합](圃)을 클릭하여 다음과 같이 [확인]을 클릭한다.

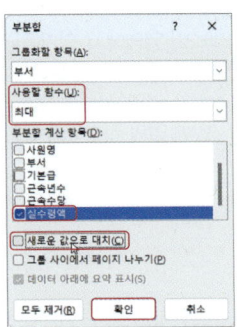

- 그룹화할 항목 : 부서
- 사용할 함수 : 최대
- 부분합 계산 항목 : 실수령액
- '새로운 값으로 대치' 체크 해제

02 피벗 테이블('분석작업-2' 시트)

① [A3:H21] 영역을 범위 지정한 후 [삽입]-[표] 그룹에서 [피벗 테이블](圃)을 클릭하여 '기존 워크시트'에 [A26] 셀을 선택하고 [확인]을 클릭한다.

② 다음과 같이 필드를 드래그하여 배치하고 'Σ 값'을 행으로 드래그한다.

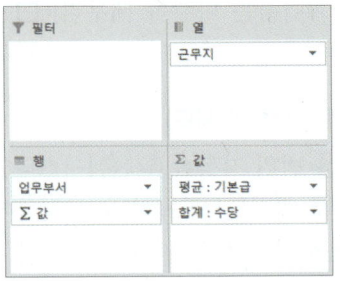

③ '합계 : 기본급' [A29] 셀에서 마우스 오른쪽 버튼을 눌러 [값 요약 기준]-[평균]을 선택한다.
④ [디자인]-[레이아웃] 그룹의 [총합계]-[행 및 열의 총합계 해제]를 클릭한다.

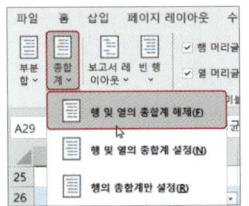

문제 ❹ 기타작업

01 매크로('매크로작업' 시트)

① [개발 도구]-[컨트롤] 그룹의 [삽입]-[단추(양식 컨트롤)](囗)을 클릭한다.
② 마우스 포인터가 '+'로 바뀌고 [G3:H4] 영역에 드래그하면 [매크로 지정] 대화상자가 나타난다.
③ [매크로 지정]에서 '매크로 이름'은 **합계**를 입력하고 [기록]을 클릭한다.

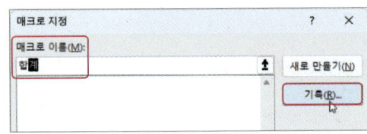

④ [매크로 기록]에 '합계'로 매크로 이름이 표시되면 [확인]을 클릭한다.
⑤ [E4] 셀에 =C4+D4를 입력하고 [E12] 셀까지 수식을 복사한다.
⑥ 임의의 셀을 클릭한 후 매크로 기록을 종료하기 위해 [개발 도구]-[코드] 그룹의 [기록 중지](囗)를 클릭한다.

⑦ 단추에 텍스트를 수정하기 위해서 단추에서 마우스 오른쪽 버튼을 눌러 [텍스트 편집]을 클릭한다.
⑧ 단추에 입력된 '단추 1'을 지우고 **합계**를 입력한다.
⑨ [삽입]-[일러스트레이션] 그룹에서 [도형]-[기본 도형]의 '사각형: 둥근 모서리(☐)'을 클릭한다.
⑩ 마우스 포인터가 '+'로 바뀌면 [G6:H7] 영역에 드래그한 후 **서식**을 입력한다.
⑪ '사각형: 둥근 모서리(☐)' 도형에서 마우스 오른쪽 버튼을 눌러 [매크로 지정]을 클릭한다.
⑫ [매크로 지정]에서 '매크로 이름'에 **서식**을 입력하고 [기록]을 클릭한다.
⑬ [매크로 기록]에 '서식'으로 매크로 이름이 표시되면 [확인]을 클릭한다.
⑭ [B4:E12] 영역을 범위 지정한 후 [홈]-[표시 형식] 그룹의 [쉼표 스타일](,)을 클릭한다.

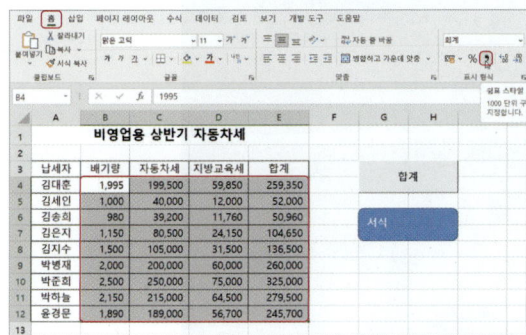

⑮ 매크로 기록을 종료하기 위해 [개발 도구]-[코드] 그룹의 [기록 중지](☐)를 클릭한다.

02 차트('차트작업' 시트)

① 차트에서 마우스 오른쪽 버튼을 눌러 [데이터 선택]을 클릭한다.
② 기존 '차트 데이터 범위'를 지운 후 [A3:B9], [D3:D9] 영역으로 수정한 후 [확인]을 클릭한다.

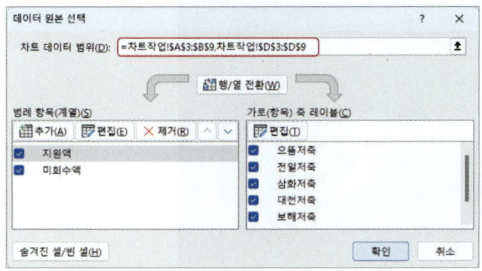

③ 차트를 선택하고 [차트 요소](+)-[차트 제목]을 체크한 후 차트 제목에 **재단별 지원액/미회수액**을 입력한다.
④ 차트를 선택하고 [차트 요소](+)-[범례]-[위쪽]을 선택한다.

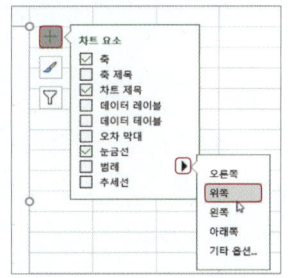

⑤ '세로(값) 축'에서 마우스 오른쪽 버튼을 눌러 [축 서식]을 클릭하여 단위 '기본'에 **1000**을 입력한다.

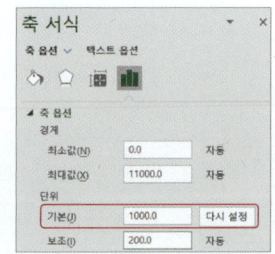

⑥ '지원액' 계열을 선택한 후 마우스 오른쪽 버튼을 눌러 [추세선 추가]를 클릭한 후 [추세선 서식]의 '추세선 옵션'에서 '지수'를 선택한다.

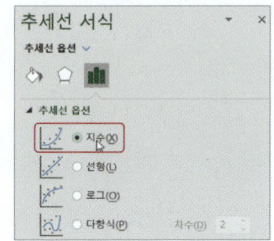

⑦ 차트를 선택하고 [차트 요소](+)-[데이터 테이블]-[범례 표지 없음]을 선택한다.

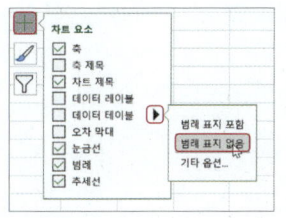

PART
02

기출 유형 문제

기출 유형 문제

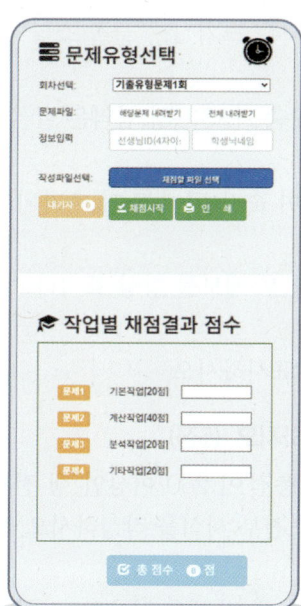

자동 채점 서비스(웹 용)

① comlicense.co.kr 접속
② '도서' 확인 후, [채점하기] 클릭
③ '회차'와 '채점할 파일' 선택
④ [채점시작] 클릭

기출 유형 문제 01회

작업파일 [26컴활2급₩기출유형문제] 폴더의 '기출유형문제1회' 파일을 열어서 작업하시오.

문제 ❶ 기본작업 | 주어진 시트에서 다음 과정을 수행하고 저장하시오. 20점

01 '기본작업-1' 시트에 다음의 자료를 주어진 대로 입력하시오. (5점)

	A	B	C	D	E	F	G
1	Books for baby						
2							
3	제품코드	도서명	출판사	가격	적정 개월수	글	그림
4	UH-101	유치원에 처음 가는 날	키다리	8500	12개월 이상	코린 드레퓌스	나탈리 슈
5	BR-203	보리의 시골벽적 유치원	뜨인돌어린이	9500	24개월 이상	김세실	양송이
6	UH-224	오, 귀여운 우리 아가!	중앙출판사	9000	12개월 이상	캐티 아펠트	제인 다이어
7	DB-504	뚱보 위고	올파소	10000	24개월 이상	발레리 베샤르 줄리아니	클로에 르제
8	CH-401	충치 괴물들의 파티	아라미	9500	12개월 이상	라이코	에브 타를레
9	LG-876	이젠 무서운 꿈을 꾸지 않아요!	밝은미래	10000	12개월 이상	안느 구트망	게오르그 할렌스레벤
10	YM-397	태어나줘서 고마워	아이세움	9500	12개월 이상	니시모토 요우	구로이 켄
11							

02 '기본작업-2' 시트에 대하여 다음의 지시사항을 처리하시오. (각 2점)

① [A1:G1] 영역은 '병합하고 가운데 맞춤', 글꼴 '궁서', 크기 '17', 글꼴 스타일 '굵게', 밑줄 '밑줄'로 지정하시오.

② [A3:G3], [A4:C10], [F4:G10] 영역은 '가운데 맞춤', [A3:G3] 영역은 글꼴 색 '표준 색 – 자주', 배경 색 '표준 색 – 노랑'으로 지정하시오.

③ [F4:F10] 영역은 사용자 지정 셀 서식을 이용하여 숫자 뒤에 '%'가 추가되어 표시되도록 지정하시오. [표시 예 : 80.0 → 80.0%]

④ [D7] 셀에 '가장 많은 회원수'라는 메모를 삽입한 후 메모를 항상 표시하고 메모 서식에서 '자동 크기'를 설정하시오.

⑤ [A3:G10] 영역은 '모든 테두리'(田)를 적용하여 표시하시오.

03 '기본작업-3' 시트에 대하여 다음의 지시사항을 처리하시오. (5점)

[B5:H13] 영역에 대해 '전공'이 '경영학과' 이거나 '총점'이 260 이상인 행 전체의 글꼴 색을 '표준 색 – 파랑', 글꼴 스타일을 '굵은 기울임꼴'로 지정하는 조건부 서식을 작성하시오.

▶ OR 함수 사용

▶ 단, 규칙 유형은 '수식을 사용하여 서식을 지정할 셀 결정'을 사용하고, 한 개의 규칙으로만 작성하시오.

문제 ❷ 계산작업 | '계산작업' 시트에서 다음 과정을 수행하고 저장하시오. 40점

01 [표1]에서 영어의 순위를 아래의 지시사항을 참조하여 영어순위[F3:F10]를 표시하시오. (8점)
- ▶ 영어 점수의 순위가 1이면 '1등', 2이면 '2등', 3이면 '3등', 나머지는 공란으로 표시
- ▶ 순위는 영어 점수가 높은 사람이 1위임
- ▶ IFERROR, CHOOSE, RANK.EQ 함수 사용

02 [표1]에서 면접점수가 70 이상이고, 수학과 영어의 합계가 120 이상이면 '합격', 그렇지 않으면 공백으로 평가 [G3:G10]에 표시하시오. (8점)
- ▶ IF, AND, SUM 함수 사용

03 [표1]에서 수학 점수가 상위 5등 이상이고, 영어 점수가 상위 5등 이상인 성적우수재[I4]를 계산하여 표시하시오. (8점)
- ▶ COUNTIFS, LARGE 함수와 & 연산자 사용

04 [표1]에서 전체 면접점수의 평균에서 소속이 '서초'인 면접점수의 평균을 뺀 차이값을 양수로 [I8]셀에 표시하시오. (8점)
- ▶ ABS, AVERAGE, DAVERAGE 함수 사용

05 [표5]의 도서 할인목록을 참조하여 [표4]의 교재명에 대한 판매가를 구하여 판매금액[D14:D20] 영역에 표시하시오. 단, 판매금액에 오류가 있을 때에는 '판매량오류'라고 표시하시오. (8점)
- ▶ 판매금액 = 판매가 × 판매량
- ▶ IFERROR와 VLOOKUP 함수 사용

문제 ❸ 분석작업 | 주어진 시트에서 다음 과정을 수행하고 저장하시오 20점

01 '분석작업-1' 시트에 대하여 다음의 지시사항을 처리하시오. (10점)

데이터 통합 기능을 이용하여 [표1]의 '매입수량', '매출수량', '재고수량'의 상품명이 W, T, S, M으로 시작하는 항목으로 분류하여 합계를 계산하여 [표2]의 서울 재고 현황 [G2:J6] 영역에 표시하시오.

02 '분석작업-2' 시트에 대하여 다음의 지시사항을 처리하시오. (10점)

[표]에서 '순이익 계산'은 제조원가, 판매가, 초기투자비용, 홍보비용, 판매량을 이용하여 순이익금[C8]을 계산한 것이다. [데이터]-[데이터 표] 기능을 이용하여 판매가와 판매량 변동에 따른 순이익금을 [D15:H20]에 계산하여 표시하시오.
- ▶ 순이익금 = (판매가-제조원가)×판매량-초기투자비용-홍보비용

문제 ④ 기타작업 | 주어진 시트에서 다음 과정을 수행하고 저장하시오. 20점

01 '매크로작업' 시트에 다음과 같은 기능을 수행하는 매크로를 현재 통합 문서에 작성하고 실행하시오. (각 5점)

① 생산비용 평균[E9]과 목표매출액 평균[F9]을 계산하는 매크로를 생성하여 실행하시오.
- ▶ 매크로 이름 : 평균
- ▶ AVERAGE 함수 사용
- ▶ [도형]-[기본 도형]의 '사각형: 빗면'(▢)을 동일 시트의 [G4:G5] 영역에 생성한 후, 텍스트를 '평균'으로 입력하고, 도형을 클릭할 때 '평균' 매크로가 실행되도록 설정하시오.

② [A2:F9] 영역에 '모든 테두리'(⊞)를 적용하고, [A2:F2] 영역을 '표준 색 – 노랑' 색으로 채우는 매크로를 생성하여 실행하시오.
- ▶ 매크로 이름 : 서식
- ▶ [도형]-[사각형]의 '사각형: 둥근 모서리'(▢)를 동일 시트의 [G7:G8] 영역에 생성한 후, 텍스트를 '서식'으로 입력하고, 도형을 클릭할 때 '서식' 매크로가 실행되도록 설정하시오.

※ 셀 포인터의 위치에 상관없이 현재 통합 문서에서 매크로가 실행되어야 정답으로 인정됨

02 '차트작업' 시트에서 다음 그림과 같이 차트를 작성하시오. (각 2점)

① '분야'별로 '학원수'와 '수강자수' 데이터를 이용하여 묶은 세로 막대형으로 [A11:I28] 영역에 차트를 작성하시오.
② '수강자수' 계열은 '표식이 있는 꺾은선형'으로 표시하고, '보조 축'으로 눈금을 표시하시오.
③ 차트 제목은 그림과 같이 표시되도록 하고, 글꼴은 '궁서체', 글꼴 스타일은 '굵게', 글꼴 크기는 '14'로 설정하시오.
④ '수강자수' 계열의 '운동'만 데이터 레이블을 '값'으로 표시되도록 설정하시오.
⑤ 차트 영역의 테두리 스타일은 '둥근 모서리'를 설정하시오.

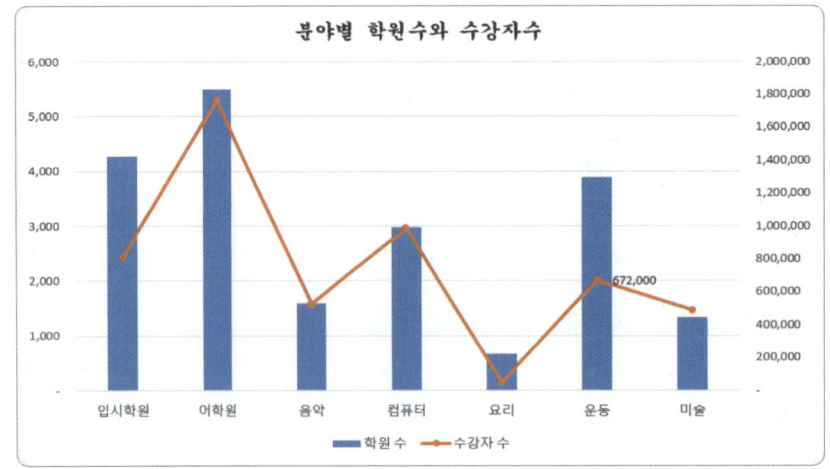

기출 유형 문제 01회 정답

문제 ① 기본작업

01 자료 입력

	A	B	C	D	E	F	G	H
1	Books for baby							
2								
3	제품코드	도서명	출판사	가격	적정 개월수	글	그림	
4	UH-101	유치원에 처음 가는 날	키다리	8500	12개월 이상	코린 드레퓌스	나탈리 슈	
5	BR-203	보리의 시끌벅적 유치원	뜨인돌어린이	9500	24개월 이상	김세실	양송이	
6	UH-224	오, 귀여운 우리 아가!	중앙출판사	9000	12개월 이상	캐티 아펠트	제인 다이어	
7	DB-504	똥보 위고	올파소	10000	24개월 이상	발레리 베샤르 줄리아니	클로에 르제	
8	CH-401	충치 괴물들의 파티	아라미	9500	12개월 이상	라이코	에브 타플레	
9	LG-876	이젠 무서운 꿈을 꾸지 않아요!	밝은미래	10000	12개월 이상	안느 구트망	게오르그 할렌스레벤	
10	YM-397	태어나줘서 고마워	아이세움	9500	12개월 이상	니시모토 요우	구로이 켄	
11								

02 서식 지정

	A	B	C	D	E	F	G	H
1			운영 중인 온라인 카페 현황					
2								
3	카페명	카페회장	개설일	카페회원	가입비	정기모임 참석비율	정기모임 요일	
4	아루 할머니의 영어 카페	김신숙	2005-10-08	5754	10000	80.0%	화요일	
5	품앗이 파워	송재영	2007-08-04	3120	0	50.6%	목요일	
6	나치 엄마들의 생각 키우기	김철수	2006-12-13	4515	5000	48.5%	금요일	
7	맘스홀 홈스쿨	박명은	2008-04-18	7349	30000	66.4%	토요일	(가장 많은 회원수)
8	녹색 자전거	이재호	2009-10-08	1250	8000	39.2%	토요일	
9	플루트 찬송	황가연	2004-06-04	850	10000	77.2%	일요일	
10	봉사의 기쁨	최한나	2010-03-08	697	3000	65.1%	수요일	
11								

03 조건부 서식

	A	B	C	D	E	F	G	H	I
1									
2		신입사원 채용 시험 결과							
3									
4		응시번호	성명	전공	필기점수	실기점수	면접점수	총점	
5		*A11-587*	*유효선*	*경영학과*	*90*	*85*	*82*	*257*	
6		*E12-201*	*이성일*	*경제학과*	*97*	*89*	*93*	*279*	
7		A20-890	조인선	무역학과	90	77	87	254	
8		*B13-850*	*손영자*	*경영학과*	*73*	*64*	*82*	*219*	
9		C45-560	박종찬	무역학과	82	91	85	258	
10		*A59-860*	*김준호*	*경영학과*	*75*	*86*	*90*	*251*	
11		*B20-963*	*정세라*	*경제학과*	*93*	*85*	*88*	*266*	
12		A34-620	최진호	무역학과	84	74	63	221	
13		A96-741	정서영	경제학과	77	90	68	235	
14									

문제 ❷ 계산작업

01~04 영어순위, 평가, 성적우수자, 전체 평균 - 서초 평균

	A	B	C	D	E	F	G	H	I	J
1	[표1]	입사 시험 평가 점수							[표2]	
2	이름	소속	수학	영어	면접점수	영어순위	평가		성적우수자	
3	고은비	서초	80	65	75		합격		4	
4	김시진	방배	60	50	90					
5	김민영	서초	60	70	75		합격			
6	조아라	방배	50	79	80	2등	합격		[표3]	
7	이성철	서초	40	50	65				전체 평균 - 서초 평균	
8	박승진	방배	70	60	95		합격		3.125	
9	김민아	서초	75	85	85	1등	합격			
10	송미준	방배	85	75	60	3등				
11										

1. [F3] 셀에 「=IFERROR(CHOOSE(RANK.EQ(D3,$D$3:$D$10),"1등","2등","3등"),"")」를 입력하고 [F10] 셀까지 수식 복사
2. [G3] 셀에 「=IF(AND(E3>=70,SUM(C3:D3)>=120),"합격","")」를 입력하고 [G10] 셀까지 수식 복사
3. [I4] 셀에 「=COUNTIFS(C3:C10,">="&LARGE(C3:C10,5),D3:D10,">="&LARGE(D3:D10,5))」를 입력
4. [I8] 셀에 「=ABS(AVERAGE(E3:E10)-DAVERAGE(A2:E10,E2,B2:B3))」를 입력

05 판매금액

[D14] 셀에 「=IFERROR(C14*VLOOKUP(B14,$F$15:$G$18,2,0),"판매량오류")」을 입력하고 [D20] 셀까지 수식 복사

문제 ❸ 분석작업

01 통합

	F	G	H	I	J	K
1	[표2]		서울 재고 현황			
2		상품명	매입수량	매출수량	재고수량	
3		W*	4,600	2,630	1,970	
4		T*	7,500	3,540	3,960	
5		S*	3,700	2,860	840	
6		M*	1,000	200	800	
7						

02 데이터 표

	A	B	C	D	E	F	G	H	I
10									
11		판매량과 판매가 변동에 따른 순이익금 계산표							
12									
13				판 매 량					
14			₩349,450	300	400	500	600	700	
15		판매가	2500	-550	-550	-550	-550	-550	
16			3000	149450	199450	249450	299450	349450	
17			3500	299450	399450	499450	599450	699450	
18			4000	449450	599450	749450	899450	1049450	
19			4500	599450	799450	999450	1199450	1399450	
20			5000	749450	999450	1249450	1499450	1749450	
21									

문제 ❹ 기타작업

01 매크로

	A	B	C	D	E	F	G	H
1	[표1]	12월 문구 생산 현황						
2	품명	수량	원가	불량률	생산비용	목표매출액		
3	사인펜	37000	100	0.03	3,700,000	4,440,000		
4	연필깎기	4500	1200	0.02	5,400,000	6,480,000	평균	
5	만년필	6500	2200	0.05	14,300,000	17,160,000		
6	자	32500	450	0.07	14,625,000	17,550,000		
7	형광펜	6600	660	0.05	4,356,000	5,227,200	서식	
8	볼펜	78000	89	0.05	6,942,000	8,330,400		
9	평 균				8,220,500	9,864,600		
10								

02 차트

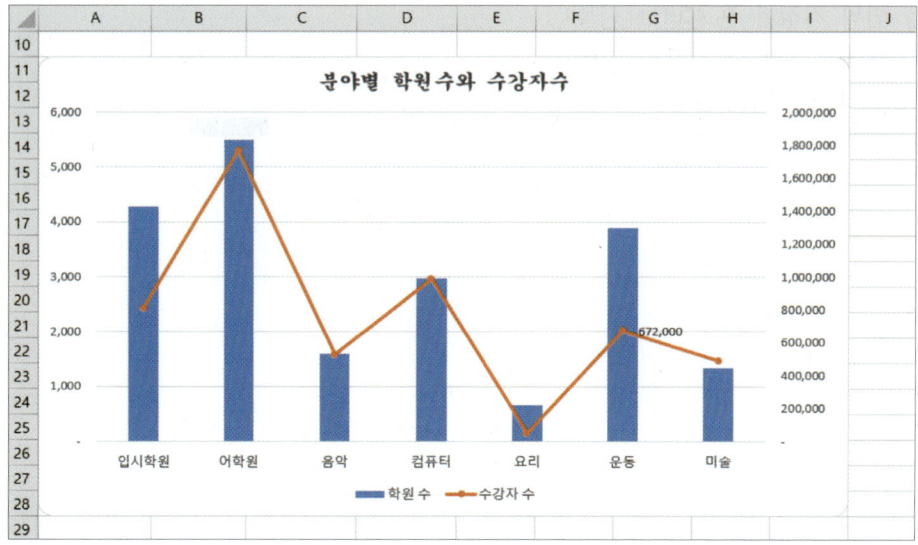

기출 유형 문제 01회 해설

문제 ❶ 기본작업

01 자료 입력('기본작업-1' 시트)

[A3:G10] 셀까지 문제를 보고 오타 없이 작성한다.

02 서식 지정('기본작업-2' 시트)

① [A1:G1] 영역을 범위 지정한 후 [홈]-[맞춤] 그룹에서 [병합하고 가운데 맞춤](圖)을 클릭하고, [글꼴] 그룹에서 글꼴 '궁서', 크기 '17', '굵게', '밑줄'을 선택한다.

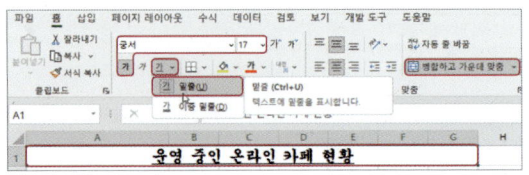

② [A3:G3], [A4:C10], [F4:G10] 영역을 Ctrl을 이용하여 범위 지정한 후 [홈]-[맞춤] 그룹에서 [가운데 맞춤](≡)을 클릭하고, [A3:G3] 영역을 지정한 후 [글꼴] 그룹에서 글꼴 색(가▼) 도구를 클릭하여 '표준 색 - 자주', 채우기 색(◇▼) 도구를 클릭하여 '표준 색 - 노랑'을 선택한다.

③ [F4:F10] 영역을 범위 지정한 후 Ctrl + 1 을 눌러 [표시 형식] 탭에서 '사용자 지정'을 선택하고 **0.0"%"**를 입력하고 [확인]을 클릭한다.

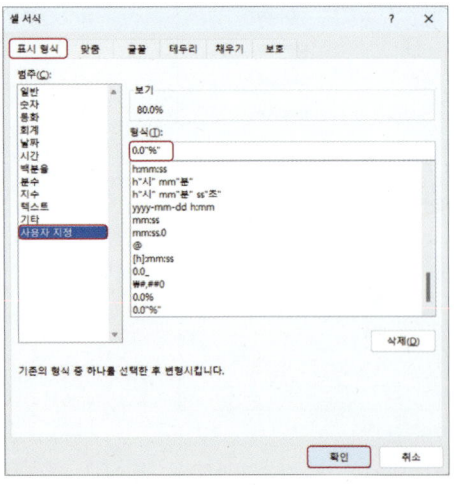

④ [D7] 셀에서 마우스 오른쪽 버튼을 눌러 [메모 삽입]을 클릭한다.

⑤ 기존 사용자 이름을 지우고 **가장 많은 회원수**를 입력한다.

⑥ [D7] 셀에서 마우스 오른쪽 버튼을 눌러 [메모 표시/숨기기]를 클릭한다.

⑦ 메모 상자의 경계라인에서 마우스 오른쪽 버튼을 눌러 [메모 서식]을 클릭한다.

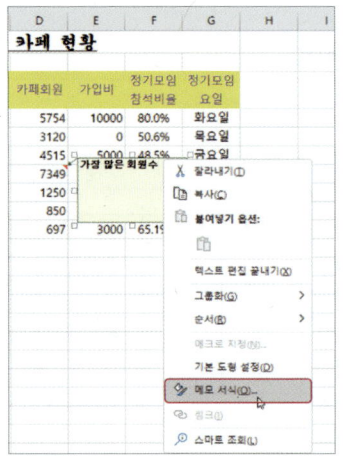

⑧ [맞춤] 탭에서 '자동 크기'를 체크하고 [확인]을 클릭한다.

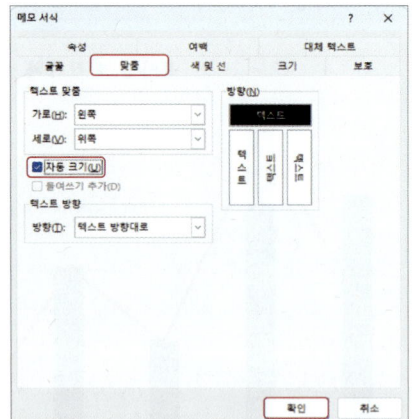

⑨ [A3:G10] 영역을 범위 지정한 후 [홈]-[글꼴] 그룹에서 [테두리](⊞▼) 도구의 [모든 테두리](⊞)를 클릭한다.

03 조건부 서식('기본작업-3' 시트)

① [B5:H13] 영역을 범위 지정한 후, [홈]-[스타일] 그룹의 [조건부 서식]-[새 규칙]을 클릭한다.

② [새 서식 규칙]에서 '▶ 수식을 사용하여 서식을 지정할 셀 결정'을 선택하고, =OR($D5="경영학과",$H5>=260)을 입력한 후 [서식]을 클릭한다.

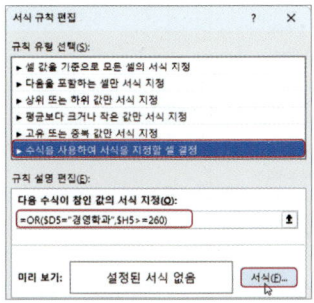

③ [글꼴] 탭에서 글꼴 스타일은 '굵은 기울임꼴', 색은 '표준 색 – 파랑'을 선택하고 [확인]을 클릭한다.

④ [새 서식 규칙]에서 [확인]을 클릭한다.

문제 ❷ 계산작업('계산작업' 시트)

01 영어순위[F3:F10]

[F3] 셀에 =IFERROR(CHOOSE(RANK.EQ(D3,$D$3:$D$10),"1등","2등","3등"),"")를 입력하고 [F10] 셀까지 수식을 복사한다.

02 평가[G3:G10]

[G3] 셀에 =IF(AND(E3>=70,SUM(C3:D3)>=120),"합격","")를 입력하고 [G10] 셀까지 수식을 복사한다.

03 성적우수자[I4]

[I4] 셀에 =COUNTIFS(C3:C10,">="&LARGE(C3:C10,5),D3:D10,">="&LARGE(D3:D10,5))를 입력한다.

04 전체 평균 – 서초 평균[I8]

[I8] 셀에 =ABS(AVERAGE(E3:E10)-DAVERAGE(A2:E10,E2,B2:B3))를 입력한다.

05 판매금액[D14:D20]

[D14] 셀에 =IFERROR(C14*VLOOKUP(B14,$F$15:$G$18,2,0),"판매량오류")를 입력하고 [D20] 셀까지 수식을 복사한다.

문제 ❸ 분석작업

01 통합('분석작업-1' 시트)

① [G3:G6] 영역에 다음 그림과 같이 조건을 입력한다.

② [G2:J6] 영역을 범위 지정한 후 [데이터]-[데이터 도구] 그룹의 [통합]( )을 클릭한다.

③ 함수는 '합계', 모든 참조 영역에 [B2:E20] 영역을 드래그하여 추가한 후 '첫 행', '왼쪽 열'을 체크하고 [확인]을 클릭한다.

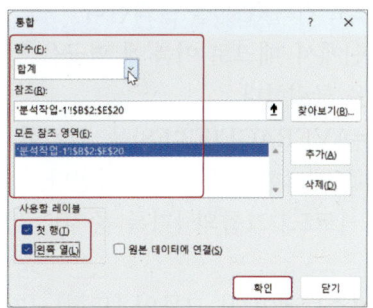

02 데이터 표('분석작업-2' 시트)

① [C14] 셀에 커서를 두고 =C8을 입력하고 Enter 를 눌러 [C8] 셀의 수식과 연결한다.

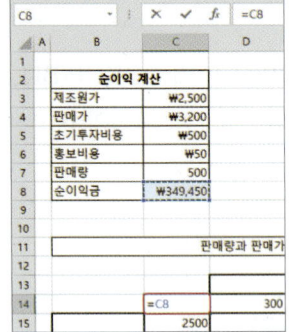

② [C14:H20] 영역을 범위 지정한 후 [데이터]-[예측] 그룹의 [가상 분석]-[데이터 표]를 클릭한다.

③ [데이터 테이블]에서 '행 입력 셀'은 [C7], '열 입력 셀'은 [C4]로 지정한 후 [확인]을 클릭한다.

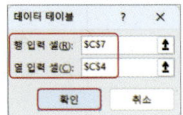

문제 ④ 기타작업

01 매크로('매크로작업' 시트)

① 표 밖 임의 셀을 클릭하고, [개발 도구]-[코드] 그룹의 [매크로 기록](🔴)을 클릭한다.

② [매크로 기록]에서 '매크로 이름'에 **평균**을 입력하고 [확인]을 클릭한다.

③ [E9] 셀에 =AVERAGE(E3:E8)을 입력한 후 [F9] 셀까지 드래그하여 수식을 복사한다.

④ [개발 도구]-[코드] 그룹의 [기록 중지](□)를 클릭한다.

⑤ [삽입]-[일러스트레이션] 그룹의 [도형]-[기본 도형]의 '사각형: 빗면'(□)을 클릭하여 [G4:G5] 영역에 Alt 를 누른 채 드래그하여 그린다.

⑥ 도형에 **평균**을 입력한 후, 도형의 경계라인에서 마우스 오른쪽 버튼을 눌러 [매크로 지정]을 클릭한다.

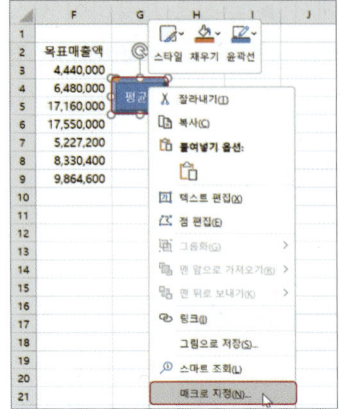

⑦ [매크로 지정]에서 '평균'을 선택하고 [확인]을 클릭한다.

⑧ 표 밖 임의 셀을 클릭하고, [개발 도구]-[코드] 그룹의 [매크로 기록](🔴)을 클릭한 후, '매크로 이름'에 **서식**을 입력하고 [확인]을 클릭한다.

⑨ [A2:F9] 영역을 범위 지정하고 [홈]-[글꼴] 그룹에서 [테두리](田▼) 도구의 [모든 테두리](田)를 클릭하고, [A2:F2] 영역을 범위 지정한 후 [글꼴] 그룹의 [채우기 색](◇▼) 도구에서 '표준 색 - 노랑'을 선택한다.

⑩ [개발 도구]-[코드] 그룹의 [기록 중지](□)를 클릭한다.

⑪ [삽입]-[일러스트레이션] 그룹의 [도형]-[사각형]의 '사각형: 둥근 모서리'(□)를 클릭하여 [G7:G8] 영역에 Alt 를 누른 채 드래그하여 그린다.

⑫ 도형에 **서식**을 입력한 후, 도형의 경계라인에서 마우스 오른쪽 버튼을 눌러 [매크로 지정]을 클릭한다.

⑬ [매크로 지정]에서 '서식'을 선택하고 [확인]을 클릭한다.

02 차트('차트작업' 시트)

① [A2:C9] 영역을 범위 지정한 후 [삽입]-[차트] 그룹의 [세로 또는 가로 막대형 차트 삽입]을 클릭하여 [2차원 세로 막대형]의 '묶은 세로 막대형'을 클릭하여 차트를 작성한다.

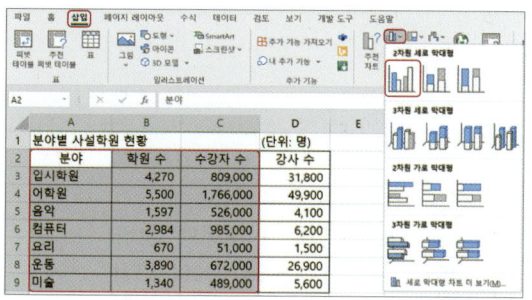

② 차트를 선택한 후 [A11] 셀로 이동한 후 [A11:I28] 영역에 위치할 수 있도록 크기를 조절한다.
③ '수강자수' 계열을 클릭한 후 마우스 오른쪽 버튼을 눌러 [계열 차트 종류 변경]을 클릭한다.
④ [차트 종류 변경]에서 '수강자수' 계열은 '표식이 있는 꺾은선형'을 선택한다.

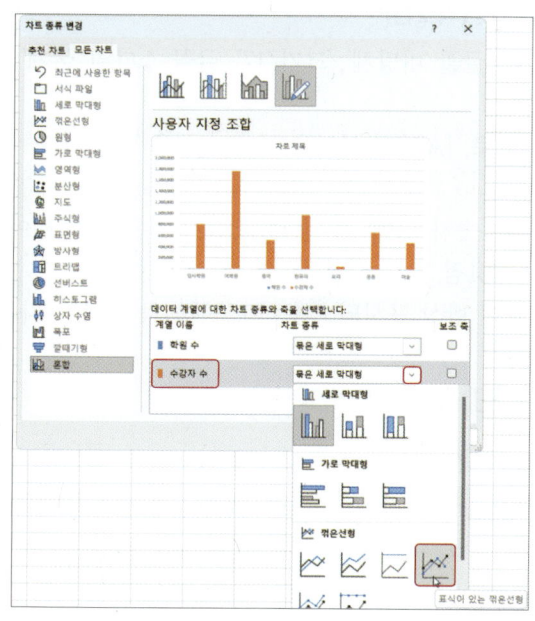

⑤ '수강자수' 계열은 '보조 축'을 선택하고 [확인]을 클릭한다.

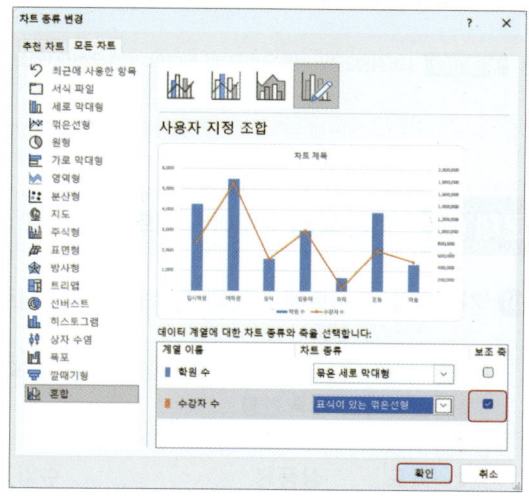

⑥ '차트 제목'을 선택한 후 **분야별 학원수와 수강자수**를 입력하고, [홈]-[글꼴] 그룹에서 '궁서체', 크기 '14', '굵게'로 지정한다.
⑦ '수강자수' 계열을 선택한 후 다시 한 번 '수강자수' 계열의 '운동'을 선택한 후 마우스 오른쪽 버튼을 클릭한 후 [데이터 레이블 추가]를 클릭한다.
⑧ 차트 영역에서 마우스 오른쪽 버튼을 눌러 [차트 영역 서식]을 클릭한다.
⑨ [차트 영역 서식]의 [채우기 및 선]에서 [테두리]를 클릭하여 '둥근 모서리'를 체크한다.

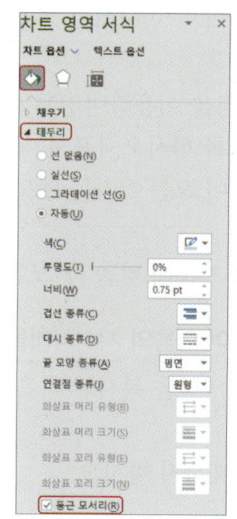

기출 유형 문제 02회

작업파일 [26컴활2급₩기출유형문제] 폴더의 '기출유형문제2회' 파일을 열어서 작업하시오.

문제 ❶ 기본작업 | 주어진 시트에서 다음 과정을 수행하고 저장하시오. 20점

01 '기본작업-1' 시트에 다음의 자료를 주어진 대로 입력하시오. (5점)

	A	B	C	D	E	F	G	H
1	천연치즈 매출현황							
2								
3	코드	상품명	수입국	지방 함유율	박스당 입수	판매금액	분류	
4	FR2-05	까망메르노르망디	프랑스	45%	6	38780000	연질	
5	IT5-08	그라나파다노	이탈리아	32%	6	8675200	경질	
6	SW8-05	라끌레뜨	스위스	40%	12	6800000	반경질	
7	FR2-08	브리	프랑스	45%	24	17650000	연질	
8	SW5-02	그뤼에르	스위스	48%	12	15870000	경질	
9	IT1-05	고르곤졸라 엘보리나또	이탈리아	43%	2	18457000	블루	
10	SW8-08	에멘탈	스위스	35%	2	22300000	반경질	
11	FR1-02	블루 데 꼬스	프랑스	50%	12	9057000	블루	
12								

02 '기본작업-2' 시트에 대하여 다음의 지시사항을 처리하시오. (각 2점)

① [A1:I1] 영역은 '셀 병합 후 가로·세로 가운데 맞춤', 글꼴 '바탕체', 크기 '17', 글꼴 스타일 '굵게' 지정하시오.
② [A4:A7], [A8:A11] 영역은 '병합하고 가운데 맞춤'으로, [A3:I3] 영역은 채우기 색은 '표준 색 – 노랑'으로 지정하시오.
③ 셀 서식의 사용자 지정을 이용하여 [D4:G11] 영역은 숫자 뒤에 '점', [H4:H11] 영역은 숫자 뒤에 '위'가 추가되어 표시되도록 하시오. [표시 예 : 231 → 231점, 5 → 5위]
④ [H11] 셀에 '성적이 많이 오름'이라는 메모를 삽입하여 항상 표시되도록 하고, 메모의 크기는 '자동 크기'로 설정하시오.
⑤ [A3:I11] 영역에 '가로 가운데 맞춤'과 '모든 테두리'(田)를 적용하여 표시하시오.

03 '기본작업-3' 시트에 대하여 다음의 지시사항을 처리하시오. (5점)

'결재란' 시트의 [A1:D2] 영역을 복사한 다음 '기본작업-3' 시트의 [E3] 셀에 '연결하여 그림 붙여넣기'를 이용하여 붙여 넣으시오.
▶ 단, 원본 데이터는 삭제하지 마시오.

문제 ❷ 계산작업 | '계산작업' 시트에서 다음 과정을 수행하고 저장하시오. 40점

01 [표1]에서 전체, 일반전형의 모집인원 최대값과 최소값 차이값을 구하여 최대 인원과 최소 인원 차이[C11:D11]에 표시하시오. (8점)
  ▶ LARGE, SMALL 함수 사용

02 [표1]에서 학교가 '과고'로 끝나는 일반전형에 모집인원 비율을 계산하여 [D12] 셀에 표시하시오. (8점)
  ▶ 모집인원 비율 = '과고' 일반전형인원 합계 / 일반전형 모집인원 합계
  ▶ SUMIF와 SUM 함수 사용

03 [표1]에서 구분이 '외국어고'인 일반전형에 모집인원 비율을 계산하여 [G5] 셀에 표시하시오. (8점)
  ▶ 모집인원 비율 = '외국어고' 일반전형인원 합계 / 일반전형 모집인원 합계
  ▶ 조건은 [F4:F5] 영역에 입력하여 사용   ▶ DSUM와 SUM 함수 사용

04 [표2]에서 주민등록번호의 앞의 6자리를 이용하여 년, 월, 일을 구하여 생년월일[D17:D23]에 표시하시오. (8점)
  ▶ [표시 예 : 851205-1256548 → 1985년 12월 05일]
  ▶ 주민등록번호의 년도에 1900을 더해서 표시   ▶ DATE, LEFT, MID 함수 사용

05 [표3]의 출발시간과 정류장 개수, 정류장당 소요시간(분)을 이용하여 도착예정시간을 계산하고 [K17:K23] 영역에 표시하시오. (8점)
  ▶ 도착예정시간 = 출발시간 + 정류장 개수 × 정류장당 소요시간(분)
  ▶ 단, 초 단위는 없는 것으로 함
  ▶ HOUR, MINUTE, TIME 함수 사용

문제 ❸ 분석작업 | 주어진 시트에서 다음 과정을 수행하고 저장하시오 20점

01 '분석작업-1' 시트에 대하여 다음의 지시사항을 처리하시오. (10점)
  '자동차 할부금 계산' 표에서 할부원금[B5], 연이율[B6], 상환기간[B7]을 이용하여 월납입금액[B8]을 계산한 것이다. [데이터]-[데이터 표] 기능을 이용하여 상환기간에 따른 월납입금액[F4:F16]을 계산하시오.

02 '분석작업-2' 시트에 대하여 다음의 지시사항을 처리하시오. (10점)
  '영진사 통조림 생산 현황'에서 '이익율[B14]'와 '불량율[B15]' 셀이 다음과 같이 변동되는 경우 매출이익합계[G13] 셀의 변동 시나리오를 작성하시오.
  ▶ [B14] 셀의 이름은 '이익율', [B15] 셀의 이름은 '불량율', [G13] 셀의 이름은 '매출이익합계'로 정의하시오.
  ▶ 시나리오 1 : 시나리오 이름은 '매출이익증가', 이익율은 30%, 불량율은 2%로 설정하시오.
  ▶ 시나리오 2 : 시나리오 이름은 '매출이익감소', 이익율은 15%, 불량율은 4%로 설정하시오.
  ▶ 시나리오 요약 시트는 '분석작업-2' 시트 바로 앞에 위치시키오.
  ※ 시나리오 요약 보고서 작성 시 정답과 일치해야 하며, 오자로 인한 부분 점수는 인정하지 않음

문제 ④ 기타작업 | 주어진 시트에서 다음 과정을 수행하고 저장하시오.   **20점**

01 '매크로작업' 시트의 다음과 같은 기능을 수행하는 매크로를 현재 통합 문서에 작성하고 실행하시오. (각 5점)

① [E13:H13] 영역에 평균을 구하는 매크로를 생성하여 실행하시오.
- 매크로 이름 : 평균
- AVERAGE 함수 사용
- [도형]-[기본 도형]의 '오각형'(⬠)을 동일 시트의 [J3:J5] 영역에 생성한 후, 텍스트를 '평균'으로 입력하고, 도형을 클릭할 때 '평균' 매크로가 실행되도록 설정하시오.

② [A3:H13] 영역에 '모든 테두리'를 적용하는 매크로를 생성하여 실행하시오.
- 매크로 이름 : 서식
- [도형]-[기본 도형]의 '배지'(▭)를 동일 시트의 [J7:J9] 영역에 생성한 후, 텍스트를 '서식'으로 입력하고 도형을 클릭할 때 '서식' 매크로가 실행되도록 설정하시오.

※ 셀 포인터의 위치에 상관없이 현재 통합 문서에서 매크로가 실행되어야 정답으로 인정됨

02 '차트작업' 시트의 차트를 지시사항에 따라 아래 그림과 같이 수정하시오. (각 2점)

※ 차트는 반드시 문제에서 제공한 차트를 사용하여야 하며, 신규로 작성 시 0점 처리됨

① '부서별 매출현황' 표에서 부서가 '영업1부'의 '목표액'과 '달성액'만 표시되도록 데이터 범위를 수정하시오.
② '달성액' 계열은 '꺾은선형'으로 지정하고 '보조 축'으로 표시하고, 차트 제목과 축 제목은 그림과 같이 입력하고, 축 제목의 텍스트 방향을 '세로'로 지정하시오.
③ '목표액'의 '김남진' 요소만 데이터 레이블을 '값'으로 설정하시오.
④ 범례 서식에서 위치를 '아래쪽'으로 변경하고, 글꼴 '돋움체', 크기 '11', 글꼴 스타일 '기울임꼴', 테두리 '그림자(오프셋 : 오른쪽 아래)'를 지정하고, '채우기'에서 '흰색, 배경1'로 지정하시오.
⑤ 차트 영역 서식은 테두리 '그림자(오프셋 : 오른쪽 아래)', '둥근 모서리'로 지정하시오.

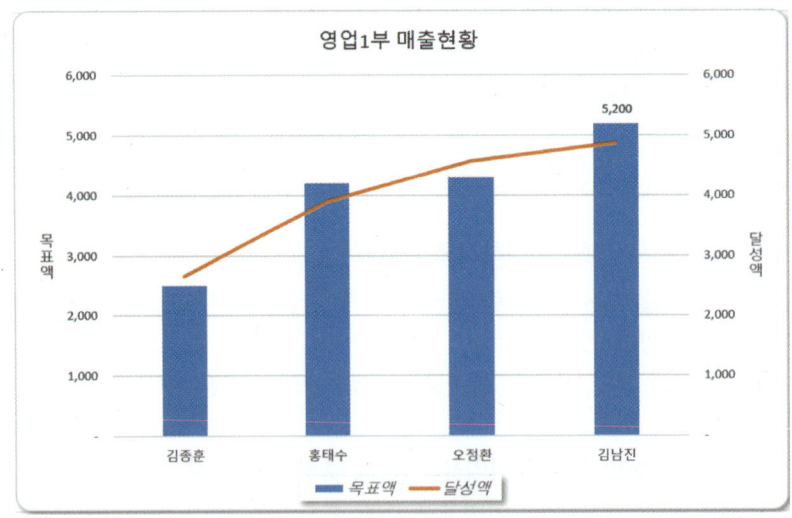

기출 유형 문제 02회 정답

문제 ① 기본작업

01 자료 입력

	A	B	C	D	E	F	G
1	천연치즈 매출현황						
2							
3	코드	상품명	수입국	지방 함유율	박스당 입수	판매금액	분류
4	FR2-05	까망메르노르망디	프랑스	45%	6	38780000	연질
5	IT5-08	그라나파다노	이탈리아	32%	6	8675200	경질
6	SW8-05	라끌레뜨	스위스	40%	12	6800000	반경질
7	FR2-08	브리	프랑스	45%	24	17650000	연질
8	SW5-02	그뤼에르	스위스	48%	12	15870000	경질
9	IT1-05	고르곤졸라 엘보리나또	이탈리아	43%	2	18457000	블루
10	SW8-08	에멘탈	스위스	35%	2	22300000	반경질
11	FR1-02	블루 데 꼬스	프랑스	50%	12	9057000	블루
12							

02 서식 지정

	A	B	C	D	E	F	G	H	I	J
1				영어 캠프 성적						
2										
3	성별	등록번호	성명	교육전 점수	말하기	쓰기	교육후 점수	순위	비고	
4		075P15	이승주	231점	153점	124점	277점	5위		
5		078P29	이민형	220점	134점	142점	276점	6위		
6	남	073L15	김민찬	314점	164점	162점	326점	4위		
7		071L19	이진서	301점	180점	176점	356점	2위	해외연수	
8		075P25	오한빛	215점	124점	102점	226점	8위		
9		075F26	이주아	313점	179점	187점	366점	1위	해외연수	
10	여	070F10	신예원	224점	143점	131점	274점	7위		
11		075F21	한찬희	250점	167점	184점	351점	3위	성적이 많이 오름	
12										

03 그림 복사

	A	B	C	D	E	F	G	H
1			주아베이커리 판매현황					
2								
3					결	담당	과장	부장
4								
5					재			
6								
7	제품번호	분류	제품명	단가	주문량	배송	판매금액	
8	C-001	생크림케익	생크림2호	29,000	305개	1일예약	8,845,000	
9	C-002	버터케익	치즈카카오	32,000	157개	2일예약	5,024,000	
10	P-001	선물류	호두파운드	19,500	189개	1일예약	3,685,500	
11	C-003	버터케익	초코펜더	24,000	287개	2일예약	6,888,000	
12	P-002	선물류	쿠키세트	25,000	111개	당일	2,775,000	
13	P-003	선물류	모카롤케익	18,000	193개	2일예약	3,474,000	
14	C-004	생크림케익	고구마3호	26,000	293개	당일	7,618,000	
15	C-005	버터케익	녹차케익	23,000	203개	2일예약	4,669,000	
16			합계				₩ 42,978,500	
17								

문제 ❷ 계산작업

01~03 최대 인원과 최소 인원 차이, 과고 일반전형 모집인원 비율, 외국어고 일반전형 모집인원 비율

	A	B	C	D	E	F	G
1	[표1]	일반전형 모집인원					
2	학교	구분	전체	일반전형			
3	세종과고	과학고	160	83			
4	서울국제고	국제고	150	75		구분	외국어고 일반전형 모집인원 비율
5	이화외고	외국어고	210	160		외국어고	66%
6	대원외고	외국어고	420	312			
7	충남과고	과학고	420	315			
8	명덕외고	외국어고	420	307			
9	한영외고	외국어고	350	275			
10	한성과고	과학고	140	70			
11	최대 인원과 최소 인원 차이		280	245			
12	과고 일반전형 모집인원 비율			29%			
13							

1. 최대 인원과 최소 인원 차이 : [C11] 셀에 「=LARGE(C3:C10,1)-SMALL(C3:C10,1)」를 입력하고 [D11] 셀까지 수식 복사
2. 과고 일반전형 모집인원 비율 : [D12] 셀에 「=SUMIF(A3:A10,"*과고",D3:D10)/SUM(D3:D10)」를 입력
3. 외국어고 일반전형 모집인원 비율 : [G5] 셀에 「=DSUM(A2:D10,D2,F4:F5)/SUM(D3:D10)」를 입력

04 생년월일

	A	B	C	D
15	[표2] 동호회 회원 명단			
16	성명	주민등록번호		생년월일
17	김가네	851205-1256548		1985년 12월 05일
18	남이사	760524-2354215		1976년 05월 24일
19	이영감	631109-2462521		1963년 11월 09일
20	최참봉	720125-2534567		1972년 01월 25일
21	박달재	830912-1254682		1983년 09월 12일
22	서섭이	700215-1237521		1970년 02월 15일
23	장사진	881231-2327110		1988년 12월 31일
24				

[D17] 셀에 「=DATE(1900+LEFT(B17,2),MID(B17,3,2),MID(B17,5,2))」를 입력하고 [D23] 셀까지 수식 복사

05 도착예정시간

	F	G	H	I	J	K
14	[표3] 수영장 셔틀버스 시간표					
15	버스번호	도착지	출발시간	정류장 개수	정류장당 소요시간(분)	도착예정시간
16						
17	1호차	서둔동	10:00	10	3	10:30
18	2호차	금호동	9:50	8	4	10:22
19	3호차	탑동	10:20	7	5	10:55
20	4호차	와우리	9:50	5	7	10:25
21	5호차	입북동	9:40	9	4	10:16
22	6호차	정자동	9:50	11	3	10:23
23	7호차	구운동	10:10	8	5	10:50
24						

[K17] 셀에 「=TIME(HOUR(H17),MINUTE(H17)+(I17*J17),0)」를 입력하고 [K23] 셀까지 수식 복사

문제 ❸ 분석작업

01 데이터 표

	A	B	C	D	E	F	G
1	자동차 할부금 계산						
2						월납입금액	
3	차량금액	₩ 20,000,000				₩ 466,593	
4	인도금	₩ 5,000,000			24개월	₩ 674,994	
5	할부원금	₩ 15,000,000			25개월	₩ 649,964	
6	연이율	7.5%		상	26개월	₩ 626,864	
7	상환기간(월)	36		환	27개월	₩ 605,479	
8	월납입금액	₩ 466,593		기	28개월	₩ 585,624	
9				간	29개월	₩ 567,142	
10				(	30개월	₩ 549,895	
11				월	31개월	₩ 533,765	
12				)	32개월	₩ 518,645	
13					33개월	₩ 504,445	
14					34개월	₩ 491,082	
15					35개월	₩ 478,487	
16					36개월	₩ 466,593	
17							

02 시나리오

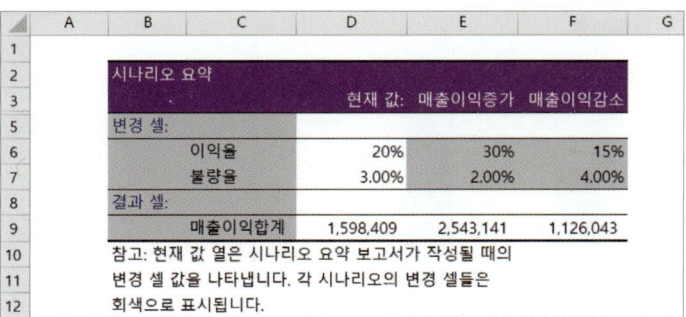

문제 ❹ 기타작업

01 매크로

	A	B	C	D	E	F	G	H
1					임금명세표			
2								
3	이름	직위	근속기간	상여율	기본급	상여금	직무수당	총급여액
4	이영숙	대리	4	20%	₩ 1,500,000	₩ 300,000	₩ 100,000	₩ 1,900,000
5	서지원	과장	8	30%	₩ 2,500,000	₩ 750,000	₩ 150,000	₩ 3,400,000
6	김민희	부장	13	40%	₩ 3,500,000	₩ 1,400,000	₩ 200,000	₩ 5,100,000
7	박영신	과장	10	40%	₩ 2,600,000	₩ 1,040,000	₩ 150,000	₩ 3,790,000
8	최영선	부장	19	50%	₩ 4,100,000	₩ 2,050,000	₩ 200,000	₩ 6,350,000
9	현인국	과장	14	40%	₩ 3,000,000	₩ 1,200,000	₩ 150,000	₩ 4,350,000
10	구민정	대리	7	30%	₩ 1,800,000	₩ 540,000	₩ 100,000	₩ 2,440,000
11	장은진	대리	9	30%	₩ 2,200,000	₩ 660,000	₩ 100,000	₩ 2,960,000
12	김은수	부장	18	50%	₩ 4,000,000	₩ 2,000,000	₩ 200,000	₩ 6,200,000
13			평균		₩ 2,800,000	₩ 1,104,444	₩ 150,000	₩ 4,054,444

평균

서식

02 차트

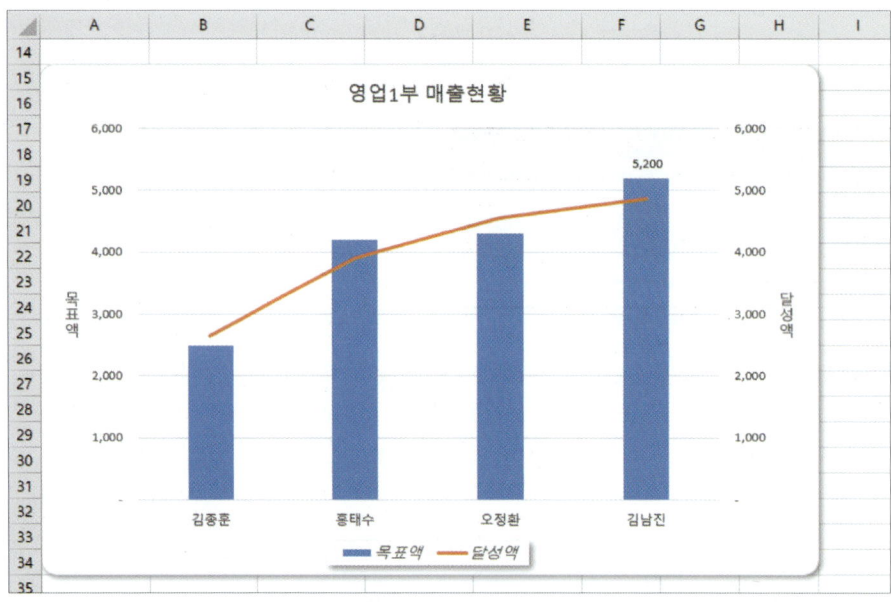

기출 유형 문제 02회 해설

문제 ❶ 기본작업

01 자료 입력('기본작업-1' 시트)

[A3:G11] 셀까지 문제를 보고 오타 없이 작성한다.

02 서식 지정('기본작업-2' 시트)

① [A1:I1] 영역을 범위 지정하고 Ctrl+1을 눌러 [맞춤] 탭에서 가로 '가운데', 세로 '가운데', '셀 병합'을 체크하고, [글꼴] 탭에서 '바탕체', '굵게', 크기는 '17'을 입력한 후 [확인]을 클릭한다.
② [A4:A7], [A8:A11] 영역을 범위 지정하고 [홈]-[맞춤] 그룹에서 [병합하고 가운데 맞춤](圉)을 클릭한다.
③ [A3:I3] 영역을 범위 지정한 후 [홈]-[글꼴] 그룹에서 [채우기 색](◇▾) 도구를 클릭하여 '표준 색 - 노랑'을 선택한다.

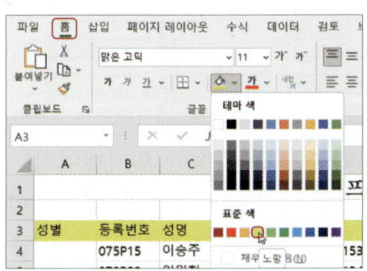

④ [D4:G11] 영역을 범위 지정한 후 Ctrl+1을 눌러 [표시 형식] 탭의 '사용자 지정'에 **#점**을 입력하고 [확인]을 클릭한다.

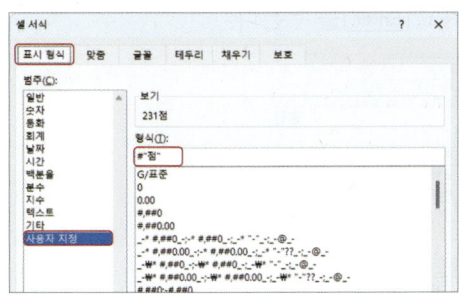

> **기적의 TIP**
> 0"점"도 가능하다.

⑤ [H4:H11] 영역을 범위 지정한 후 Ctrl+1을 눌러 [표시 형식] 탭의 '사용자 지정'에 **#위**를 입력하고 [확인]을 클릭한다.

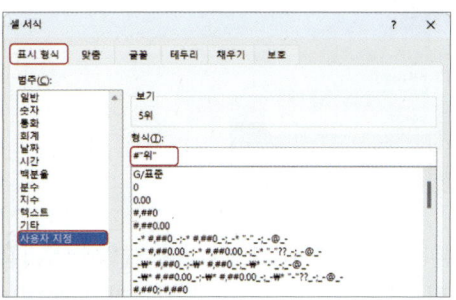

> **기적의 TIP**
> 0"위"도 가능하다.

⑥ [H11] 셀에서 마우스 오른쪽 버튼을 눌러 [메모 삽입]을 클릭하여 **성적이 많이 오름**을 입력하고, 다시 [H11] 셀에서 마우스 오른쪽 버튼을 눌러 [메모 표시/숨기기]를 클릭한다.
⑦ 메모의 경계라인에서 마우스 오른쪽 버튼을 눌러 [메모 서식]을 클릭한다.
⑧ [맞춤] 탭에서 '자동 크기'에 체크하고 [확인]을 클릭한다.

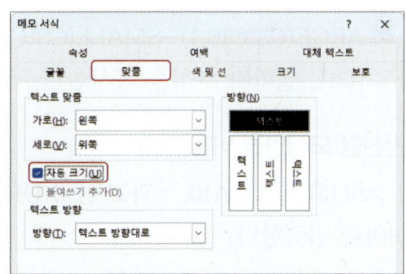

⑨ [A3:I11] 영역을 범위 지정하고 [홈]-[맞춤] 그룹에서 [가운데 맞춤](≡)을 클릭한다.
⑩ [홈]-[글꼴] 그룹에서 [테두리](⊞▾) 도구의 [모든 테두리](⊞)를 클릭한다.

03 그림 복사('기본작업-3' 시트)

① '결재란' 시트의 [A1:D2] 영역을 범위 지정한 후 [홈]-[클립보드] 그룹의 [복사] 도구를 클릭한다.

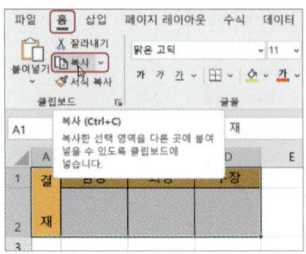

② '기본작업-3' 시트의 [E3] 셀을 클릭한 후 [홈]-[클립보드] 그룹의 [붙여넣기]-[기타 붙여넣기 옵션]-[연결된 그림]을 클릭한다.

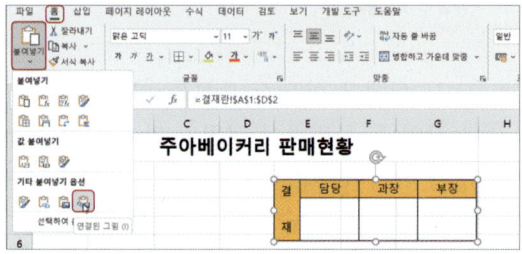

문제 ❷ 계산작업('계산작업' 시트)

01 최대 인원과 최소 인원 차이[C11:D11]

[C11] 셀에 =LARGE(C3:C10,1)-SMALL(C3:C10,1)를 입력하고 [D11] 셀까지 수식을 복사한다.

02 과고 일반전형 모집인원 비율[D12]

[D12] 셀에 =SUMIF(A3:A10,"*과고",D3:D10)/SUM(D3:D10)를 입력한다.

03 외국어고 일반전형 모집인원 비율[G5]

① [F4:F5] 영역에 아래와 같이 조건을 입력한다.

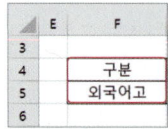

② [G5] 셀에 =DSUM(A2:D10,D2,F4:F5)/SUM(D3:D10)를 입력한다.

04 생년월일[D17:D23]

[D17] 셀에 =DATE(1900+LEFT(B17,2),MID(B17,3,2),MID(B17,5,2))를 입력하고 [D23] 셀까지 수식을 복사한다.

05 도착예정시간[K17:K23]

[K17] 셀에 =TIME(HOUR(H17),MINUTE(H17)+(I17*J17),0)를 입력하고 [K23] 셀까지 수식을 복사한다.

문제 ❸ 분석작업

01 데이터 표('분석작업-1' 시트)

① [F3] 셀에 커서를 두고 =B8을 입력하여 [B8] 셀의 수식과 연결한다.

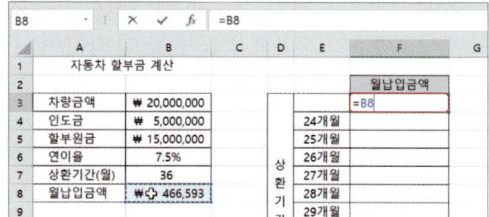

② [E3:F16] 영역을 범위 지정한 후, [데이터]-[예측] 그룹의 [가상 분석]-[데이터 표]를 클릭한다.
③ 열 입력 셀에 [B7] 셀을 지정하고 [확인]을 클릭한다.

02 시나리오('분석작업-2' 시트)

① [B14] 셀을 클릭하고 '이름 상자'에 **이익율**을 입력하고 Enter 를 누른다.

② [B15] 셀은 **불량율**, [G13] 셀은 **매출이익합계**로 이름을 정의한다.
③ [B14:B15] 영역을 범위 지정한 후, [데이터]-[예측] 그룹의 [가상 분석]-[시나리오 관리자]를 클릭한다.
④ [시나리오 관리자]에서 [추가]를 클릭한다.
⑤ '시나리오 이름'은 **매출이익증가**를 입력하고, '변경 셀'은 [B14:B15] 영역을 지정한 후 [확인]을 클릭한다.

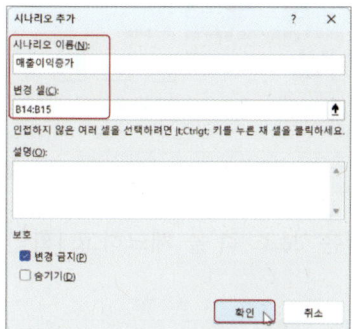

⑥ [시나리오 값]에서 '이익율'에 30%, '불량율'에 2%를 입력한 후 [추가]를 클릭한다.

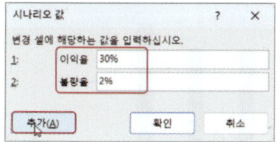

⑦ '시나리오 이름'은 **매출이익감소**를 입력하고, '변경 셀'을 확인한 후 [확인]을 클릭한다.
⑧ [시나리오 값]에서 '이익율'은 15%, '불량율'은 4%를 입력한 후 [확인]을 클릭한다.
⑨ [시나리오 관리자]에서 [요약]을 클릭한다.
⑩ [시나리오 요약]에서 '결과 셀'에 [G13] 셀을 지정하고 [확인]을 클릭한다.

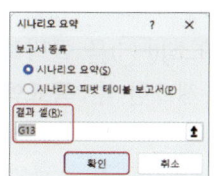

문제 ④ 기타작업

01 매크로('매크로작업' 시트)

① [개발 도구]-[코드] 그룹의 [매크로 기록]을 클릭한다.
② [매크로 기록]에서 '매크로 이름'에 **평균**을 입력한 후 [확인]을 클릭한다.
③ [E13] 셀에 =AVERAGE(E4:E12)를 입력하고 [H13] 셀까지 수식을 복사한다.
④ [개발 도구]-[코드] 그룹의 [기록 중지]를 클릭한다.
⑤ [삽입]-[일러스트레이션] 그룹의 [도형]-[기본 도형]의 '오각형'을 선택하고 [J3:J5] 영역에 Alt를 누른 채 드래그하여 그린다.
⑥ 도형에 **평균**을 입력하고 도형에서 마우스 오른쪽 버튼을 눌러 [매크로 지정]을 클릭한다.
⑦ [매크로 지정]에서 '평균'을 선택하고 [확인]을 클릭한다.
⑧ [개발 도구]-[코드] 그룹의 [매크로 기록]을 클릭한다.
⑨ [매크로 기록]에서 '매크로 이름'에 **서식**을 입력하고 [확인]을 클릭한다.
⑩ [A3:H13] 영역을 범위 지정한 후 [홈]-[글꼴] 그룹에서 [테두리] 도구의 [모든 테두리]를 선택한다.
⑪ [개발 도구]-[코드] 그룹의 [기록 중지]를 클릭한다.
⑫ [삽입]-[일러스트레이션] 그룹의 [도형]-[기본 도형]의 '배지'를 선택하고 [J7:J9] 영역에 드래그하여 그린다.

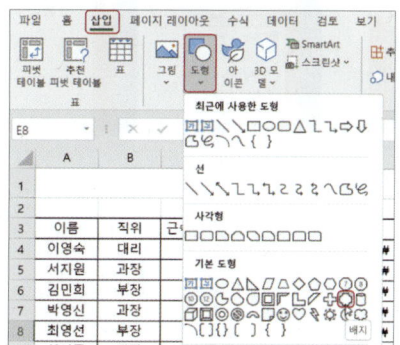

⑬ 도형에 **서식**을 입력하고 도형에서 마우스 오른쪽 버튼을 눌러 [매크로 지정]을 클릭하여 '서식'을 선택하고 [확인]을 클릭한다.

02 차트('차트작업' 시트)

① '차트 영역'에서 마우스 오른쪽 버튼을 눌러 [데이터 선택]을 클릭한다.
② [데이터 원본 선택]에서 영업1부에 해당한 사원명, 목표액, 달성액([A3:A4], [C3:D4], [A7], [C7:D7], [A10:A11], [C10:D11]) 영역으로 범위를 수정하고 [확인]을 클릭한다.

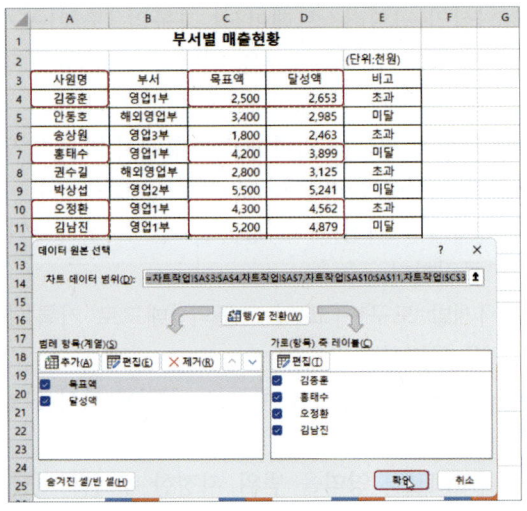

③ '달성액' 계열을 선택한 후 마우스 오른쪽 버튼을 눌러 [계열 차트 종류 변경]을 클릭한다.

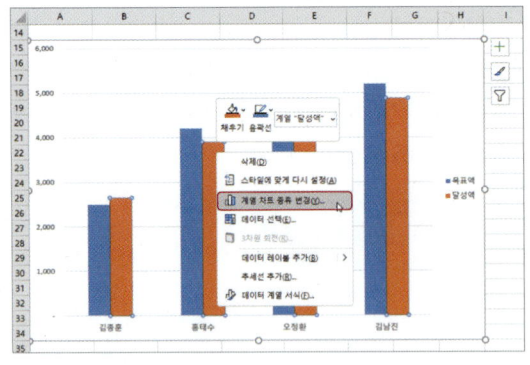

④ '달성액' 계열의 차트 종류를 '꺾은선형'을 선택한다.

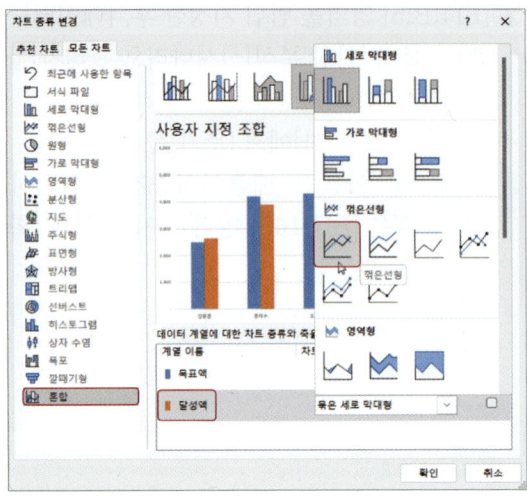

⑤ '달성액' 계열은 '보조 축'을 체크하고 [확인]을 클릭한다.

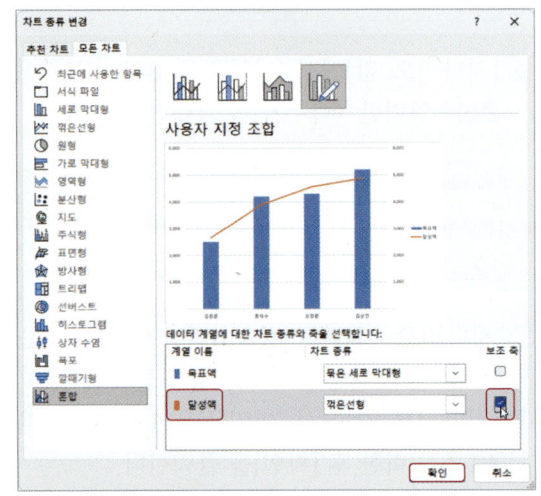

⑥ 차트를 선택한 후 [차트 요소](⊞)를 클릭하여 [차트 제목]을 체크한 후 **영업1부 매출현황**을 입력한다.
⑦ 차트를 선택한 후 [차트 요소](⊞)를 클릭하여 [축 제목]-[기본 세로]를 체크한 후 **목표액**을 입력한다.

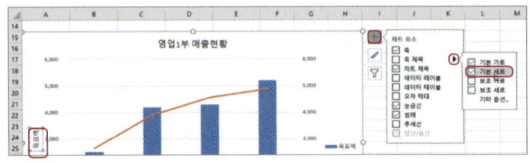

⑧ '축 제목(목표액)'을 선택한 후 마우스 오른쪽 버튼을 눌러 [축 제목 서식]을 클릭한다.

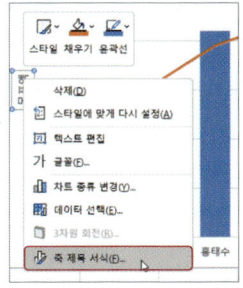

⑨ [축 제목 서식]의 [크기 및 속성]에서 [맞춤]-[텍스트 방향]에서 '세로'를 선택한다.
⑩ 차트를 선택한 후 [차트 요소](☐)를 클릭하여 [축 제목]-[보조 세로]를 선택한 후 **달성액**을 입력한다.

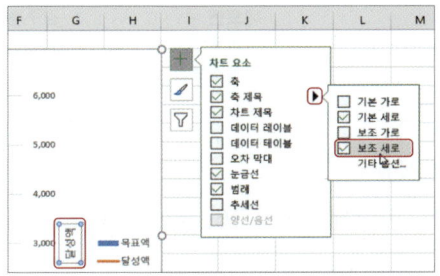

⑪ '보조 축 제목(달성액)'을 선택한 후 [축 제목 서식]의 [크기 및 속성]에서 [맞춤]-[텍스트 방향]에서 '세로'를 선택한다.
⑫ '목표액' 계열의 '김남진'을 천천히 두 번 클릭하여 '김남진' 요소만 선택한 후 마우스 오른쪽 버튼을 눌러 [데이터 레이블 추가]를 클릭한다.

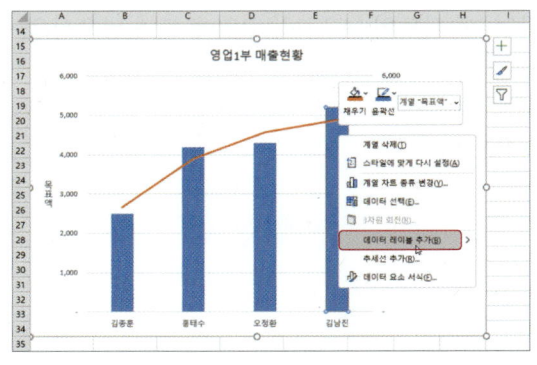

⑬ 범례를 선택한 후 마우스 오른쪽 버튼을 눌러 [범례 서식]의 [범례 옵션]에서 '아래쪽'을 선택한다.

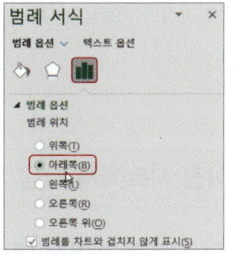

⑭ [범례 서식]에서 [효과]를 클릭하여 '그림자'를 선택한 후 '바깥쪽(오프셋 : 오른쪽 아래)'를 선택한다.
⑮ [범례 서식]에서 [채우기 및 선]을 클릭하여 [채우기]-[단색 채우기]에서 색은 '흰색, 배경1'을 선택한다.
⑯ 범례를 선택하고 [홈]-[글꼴] 그룹에서 '돋움체', 크기 '11', '기울임꼴'을 지정한다.

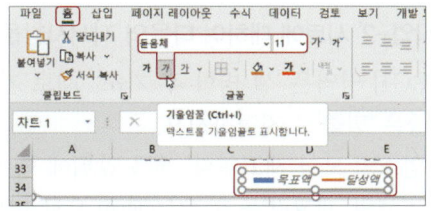

⑰ 차트 영역을 클릭한 후 [차트 영역 서식]에서 [채우기 및 선]을 클릭하여 [테두리]의 '둥근 모서리'를 체크하고, [효과]를 클릭하여 '그림자'를 선택한 후 '바깥쪽(오프셋 : 오른쪽 아래)'를 선택한다.

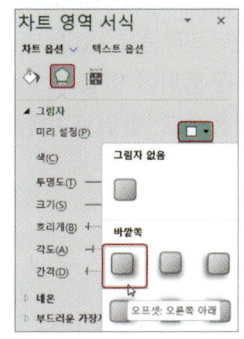

기출 유형 문제 03회

작업파일 [26컴활2급₩기출유형문제] 폴더의 '기출유형문제3회' 파일을 열어서 작업하시오.

문제 ❶ 기본작업 | 주어진 시트에서 다음 과정을 수행하고 저장하시오. 20점

01 '기본작업-1' 시트에 다음의 자료를 주어진 대로 입력하시오. (5점)

	A	B	C	D	E	F
1	금요 문화마당 음악회 안내					
2						2026년 6월
3	일자	시간	행사명	공연단체	공연내용	공연담당자
4	2026-06-05	19:30	서인 교향악단 초청음악회	서인 교향악단	서곡, 드보르작	김지형
5	2026-06-12	19:30	Korea 필 하모니 Ochestra 초청음악회	Korea 필 하모니 오케스트라	오케스트라 연주, 성악	김진수
6	2026-06-19	19:30	쉬크베어 Ochestra 연주회	쉬크베어 오케스트라	아리랑 편곡, 비틀즈	임지영
7	2026-06-26	19:30	정하정 Piano 독주회	정하정	베토벤 곡	김주용
8	2026-07-03	19:30	김성희의 Cello 연주회	김성희	그리운 금강산 편곡	김주안
9	2026-07-10	19:30	나라챔버 Ochestra 연주회	나라챔버	오케스트라 오보애	서유리
10						

02 '기본작업-2' 시트에 대하여 다음의 지시사항을 처리하시오. (각 2점)

① [B1:G1] 영역은 '셀 병합 후 가로, 세로 가운데 맞춤', 글꼴 '바탕체', 크기 '16', 글꼴 스타일은 '굵게', 밑줄은 '밑줄'로 지정하시오.

② '영업소별 모닝 재고현황' 제목 앞뒤에 특수문자 '◈'를 삽입하시오.

③ [F3] 셀의 '재고량'을 한자 '在庫量'으로 변환하시오.

④ [G11] 셀에 '승격 대상'이라는 메모를 텍스트에 맞춰 자동으로 크기가 조절되도록 삽입하고 항상 표시되도록 하시오.

⑤ [B3:G14] 영역에 '모든 테두리'(⊞)와 '굵은 바깥쪽 테두리'(⊡)를 적용하여 표시하시오.

03 '기본작업-3' 시트에 대하여 다음의 지시사항을 처리하시오. (5점)

다음의 텍스트 파일을 열고, 생성된 데이터를 '기본작업-3' 시트의 [A3:I16] 영역에 붙여 넣으시오.

▶ 외부 데이터 파일명은 '고객분류.txt'임
▶ 외부 데이터 '탭'으로 구분되어 있음
▶ 표 서식은 '밝게'의 없음으로 '범위로 변환'하여 표시하시오.

문제 ❷ 계산작업 | '계산작업' 시트에서 다음 과정을 수행하고 저장하시오. 40점

01 [표1]에서 총점[B3:B11]을 기준으로 순위를 구하여 다음과 같이 수상명[C3:C11]을 표시하시오. (8점)
- ▶ 순위가 1이면 '대상', 2~3이면 '금상', 4~6이면 '동상', 7 이상이면 공란으로 표시하시오.
- ▶ IF와 RANK.EQ 함수 사용
- ▶ 순위는 총점이 높은 사원이 1위

02 [표2]에서 결제방법[E3:E11]이 '카드'인 거래처의 입금액[G3:G11] 평균을 구하여 [I3] 셀에 표시하시오. (8점)
- ▶ 천 단위 미만은 올림하여 표시 [표시 예 : 682,264 → 683,000]
- ▶ ROUNDUP과 DAVERAGE 함수 사용
- ▶ [H2:H3] 영역에 조건을 입력하여 함수 적용

03 [표3]에서 입차시간과 출차시간을 이용하여 요금[D16:D23]을 계산하시오. (8점)
- ▶ 10분당 요금은 500원
- ▶ HOUR, MINUTE 함수 사용

04 [표4]에서 전공과목[G16:G22]과 교양과목[H16:H22]의 평균점수와 기준표[G25:J27]를 이용하여 평가[I16:I22]를 구하시오. (8점)
- ▶ 기준표의 의미 : '전공과목'과 '교양과목' 평균이 0 이상 70 미만이면 평가가 'D', 70 이상 80 미만이면 'C', 80 이상 90 미만이면 'B', 90 이상이면 'A'를 적용함
- ▶ AVERAGE와 HLOOKUP 함수 사용

05 [표5]에서 날짜 데이터가 10일 이전이면 '상순', 20일 이전이면 '중순', 31일 이전이면 '하순'으로 구분[C27:C34]에 표시하시오. (8점)
- ▶ IF, DAY 함수 이용

문제 ❸ 분석작업 | 주어진 시트에서 다음 과정을 수행하고 저장하시오 20점

01 '분석작업-1' 시트에 대하여 다음의 지시사항을 처리하시오. (10점)

'차용분석' 표는 차용금액[C3], 연이율[C4], 기간(년)[C5]을 이용하여 월납입액[C6]을 계산한 것이다. [데이터]-[데이터 표] 기능을 이용하여 차용금액 및 연이율 변동에 따른 월납입액을 [D10:I15] 영역에 계산하시오.

02 '분석작업-2' 시트에 대하여 다음의 지시사항을 처리하시오. (10점)

[목표값 찾기] 기능을 이용하여 '손익계산서' 표에서 순이익의 평균[I9]이 98,000이 되려면 연평균 성장률[C11]이 몇 %가 되어야 하는지 계산하시오.

문제 ④ 기타작업 | 주어진 시트에서 다음 과정을 수행하고 저장하시오. **20점**

01 '매크로작성' 시트의 '세목별 예산 현황' 표에서 다음과 같은 기능을 수행하는 매크로를 작성하고 실행하시오. (각 5점)

① 합계[B14:C14] 영역에 예산[B4:B13], 실적[C4:C13] 합계를 계산하는 매크로를 생성하여 실행하시오.
- ▶ 매크로 이름 : 자동합계
- ▶ SUM 함수 사용
- ▶ [개발 도구] 탭의 [삽입]–[양식 컨트롤]의 '단추'(□)를 동일 시트의 [F4:F5] 영역에 생성한 후, 텍스트를 '자동합계'로 입력하고, 도형을 클릭할 때 '자동합계' 매크로가 실행되도록 설정하시오.

② [D4:D13] 영역에 '백분율 스타일(%)'로 지정하는 매크로를 생성하여 실행하시오.
- ▶ [표시 예 : 0.2 → 20%]
- ▶ 매크로 이름 : 백분율
- ▶ [개발 도구] 탭의 [삽입]–[양식 컨트롤]의 '단추'(□)를 동일 시트의 [F8:F9] 영역에 생성한 후, 텍스트를 '백분율'로 입력하고, 도형을 클릭할 때 '백분율' 매크로가 실행되도록 설정하시오.

※ 커서가 어느 위치에 있어도 매크로가 실행되어야 정답으로 인정됨

02 '차트작성' 시트의 차트를 지시사항에 따라 아래 그림과 같이 수정하시오. (각 2점)

※ 차트는 반드시 문제에서 제공한 차트를 사용하여야 하며, 신규로 작성 시 0점 처리됨

① 차트 종류를 '묶은 세로 막대형'으로 변경하고, 가로(항목) 축 레이블을 제품명[C4:C9]만 표시되도록 하시오.
② 차트 제목은 그림과 같이 입력하고, 글꼴 스타일 '굵게', '밑줄', 크기 '14'로 지정하시오.
③ '이익금' 계열의 'TV'만 데이터 레이블을 '값'으로 지정하고, 글꼴 '굴림체', 크기 '10'으로 지정하시오.
④ 범례의 위치는 '아래쪽', 범례 테두리에 '그림자(오프셋 : 오른쪽 아래)', 채우기에 '흰색, 배경1', 테두리 색은 '표준 색 – 파랑', '실선'으로 설정하시오.
⑤ 그림 영역은 '양피지' 질감으로 지정하고, 차트 영역은 테두리 '그림자(오프셋 : 오른쪽 아래)', '둥근 모서리'로 지정하시오.

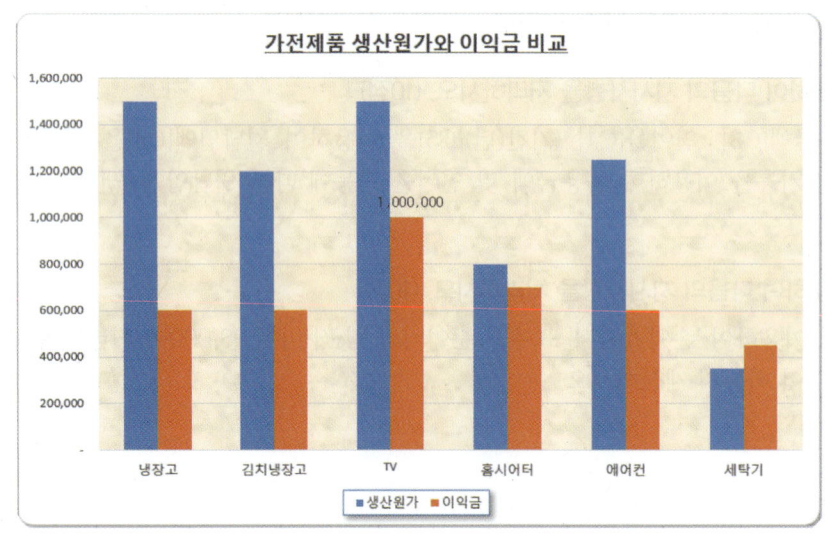

기출 유형 문제 03회 정답

문제 ① 기본작업

01 자료 입력

	A	B	C	D	E	F
1	금요 문화마당 음악회 안내					
2						2026년 6월
3	일자	시간	행사명	공연단체	공연내용	공연담당자
4	2026-06-05	19:30	서인 교향악단 초청음악회	서인 교향악단	서곡, 드보르작	김지형
5	2026-06-12	19:30	Korea 필 하모니 Ochestra 초청음악회	Korea 필 하모니 오케스트라	오케스트라 연주, 성악	김진수
6	2026-06-19	19:30	쉬크베어 Ochestra 연주회	쉬크베어 오케스트라	아리랑 편곡, 비틀즈	임지영
7	2026-06-26	19:30	정하정 Piano 독주회	정하정	베토벤 곡	김주용
8	2026-07-03	19:30	김성희의 Cello 연주회	김성희	그리운 금강산 편곡	김주안
9	2026-07-10	19:30	나라챔버 Ochestra 연주회	나라챔버	오케스트라 오보애	서유리

02 서식 지정

	A	B	C	D	E	F	G	H
1		◆영업소별 모닝 재고현황◆						
2								
3		영업소코드	영업소명	입고량	판매량	在庫量	재고율	
4		SE-001	서울	500	450	50	0.1	
5		BU-002	부산	350	320	30	0.085714	
6		DA-003	대구	300	280	20	0.066667	
7		GW-004	광주	200	175	25	0.125	
8		TA-005	대전	200	170	30	0.15	
9		SE-001	서울	150	135	15	0.1	
10		BU-002	부산	150	140	10	0.066667	승격 대상
11		DA-003	대구	300	300	0	0	
12		GW-004	광주	250	230	20	0.08	
13		TA-005	대전	250	220	30	0.12	
14		SE-001	서울	250	200	50	0.2	

03 외부 데이터 가져오기

	A	B	C	D	E	F	G	H	I
1	고객분류								
2									
3	고객번호	이름	거주지역	담당구역	성별	월평균매출액	고객분류	회원가입일	Column1
4	1001	최창식	경기	Area3	남	28000000	우수고객	1998-12-12	
5	1002	박순지	충남	Area3	남	32500000	우수고객	2002-10-05	
6	1003	박남철	서울	Area1	남	18000000	최우수고객	2001-11-12	
7	1004	강찬희	대전	Area3	남	9500000	일반고객	2006-05-01	
8	1005	이상용	부산	Area2	남	39000000	우수고객	1995-12-10	
9	1006	고순녀	경북	Area3	여	48000000	우수고객	2001-05-01	
10	1007	유진아	대전	Area3	여	30800000	우수고객	1995-12-05	
11	1008	김희정	서울	Area1	여	285000000	최우수고객	2002-05-10	
12	1009	최정숙	강원	Area3	여	36500000	우수고객	2008-12-01	
13	1010	이경미	부산	Area2	여	45600000	우수고객	2001-01-01	
14	1011	김기원	서울	Area1	남	18000000	최우수고객	2000-05-08	
15	1012	김형규	서울	Area1	남	9700000	일반고객	2007-05-08	
16	1013	정상봉	제주	Area3	남	20100000	우수고객	2000-12-12	

문제 ❷ 계산작업

01 수상명

	A	B	C	D
1	[표1] 피아토 콩쿨대회			
2	참가자	총점	수상명	
3	김유진	253	대상	
4	최광휴	181.5	동상	
5	권혁수	121		
6	박성하	183.7	동상	
7	김민창	195.8	금상	
8	장용준	148.5		
9	손재우	151.8		
10	김재수	194.7	금상	
11	성준기	193.6	동상	
12				

[C3] 셀에 「=IF(RANK.EQ(B3,$B$3:$B$11)=1,"대상",IF(RANK.EQ(B3,$B$3:$B$11)<=3,"금상",IF(RANK.EQ(B3,$B$3:$B$11)<=6,"동상","")))」를 입력하고 [C11] 셀까지 수식 복사

02 평균입금액

	E	F	G	H	I	J
1	[표2] 결제방법별 입금현황					
2	결제방법	거래처	입금액	결제방법	평균입금액	
3	어음	해터상사	2,910,945	카드	3,130,000	
4	현금	영상정밀	1,856,030			
5	어음	무선inc	5,519,915			
6	카드	원사상사	3,356,975			
7	현금	천호기계	2,876,400			
8	현금	해성섬유	2,919,405			
9	카드	한마음상사	2,901,286			
10	어음	정도정밀	23,158,216			
11	어음	한남잡화	18,554,660			
12						

[I3] 셀에 「=ROUNDUP(DAVERAGE(E2:G11,G2,H2:H3),-3)」를 입력

03 요금계산

	A	B	C	D	E
14	[표3] 주차요금 계산				
15	차량번호	입차시간	출차시간	요금계산	
16	2893	10:30	10:50	1,000	
17	7451	9:20	10:40	4,000	
18	8564	11:30	12:10	2,000	
19	3874	13:45	15:20	4,750	
20	4897	12:25	15:10	8,250	
21	5978	14:30	16:20	5,500	
22	6789	13:20	14:55	4,750	
23	2357	15:10	17:30	7,000	
24					

[D16] 셀에 「=(HOUR(C16-B16)*60+MINUTE(C16-B16))/10*500」을 입력하고 [D23] 셀까지 수식 복사

04 평가

	F	G	H	I	J	K
14	[표4] 대학 성적 평가					
15	성명	전공과목	교양과목	평가		
16	한은숙	71.5	76.8	C		
17	권민정	93.5	80	B		
18	오경희	71.5	99	B		
19	김지연	98.2	95.7	A		
20	정원욱	95.7	97.9	A		
21	문정숙	75.5	60	D		
22	이희정	99	89.4	A		
23						
24	기준표					
25	평균점수	0	70	80	90	
26	장학금	0원	100,000원	150,000원	200,000원	
27	평가	D	C	B	A	
28						

[I16] 셀에 「=HLOOKUP(AVERAGE(G16:H16),$G$25:$J$27,3)」를 입력하고 [I22] 셀까지 수식 복사

05 구분

	A	B	C	D
25	[표5] 연수일정			
26	지역	날짜	구분	
27	서울	05월 15일	중순	
28	경기	06월 10일	상순	
29	부산	07월 20일	중순	
30	광주	08월 08일	상순	
31	대전	09월 26일	하순	
32	대구	10월 31일	하순	
33	강릉	11월 11일	중순	
34	단양	12월 15일	중순	
35				

[C27] 셀에 「=IF(DAY(B27)<=10,"상순",IF(DAY(B27)<=20,"중순","하순"))」를 입력하고 [C34] 셀까지 수식 복사

문제 ❸ 분석작업

01 데이터 표

	A	B	C	D	E	F	G	H	I	J
1										
2			차용분석							
3		차용금액	50,000,000							
4		연이율	7.2%							
5		기간(년)	2							
6		월납입액	₩2,243,165							
7										
8							차용금액			
9			₩2,243,165	50,000,000	53,000,000	56,000,000	59,000,000	62,000,000	70,000,000	
10			6.5%	2,227,313	2,360,951	2,494,590	2,628,229	2,761,868	3,118,238	
11		연	6.7%	2,231,835	2,365,745	2,499,655	2,633,565	2,767,475	3,124,569	
12		이	6.9%	2,236,363	2,370,545	2,504,726	2,638,908	2,773,090	3,130,908	
13		율	7.1%	2,240,896	2,375,350	2,509,804	2,644,258	2,778,711	3,137,255	
14			7.3%	2,245,435	2,380,161	2,514,887	2,649,614	2,784,340	3,143,609	
15			7.5%	2,249,980	2,384,978	2,519,977	2,654,976	2,789,975	3,149,971	
16										

02 목표값 찾기

	A	B	C	D	E	F	G	H	I	J
1					손익계산서					
2								2026년 12월 29일		
3		년도	매출액	매출원가	매출총이익	관리비	영업이익	법인세	순이익	
4		2021	123,500	51,870	71,630	6,000	65,630	15,751	49,900	
5		2022	163,153	68,524	94,629	6,000	88,629	21,271	67,400	
6		2023	215,537	90,525	125,011	6,000	119,011	28,563	90,400	
7		2024	284,740	119,591	165,149	6,000	159,149	38,196	121,000	
8		2025	376,162	157,988	218,174	6,000	212,174	50,922	161,300	
9		평균	232,618	97,700	134,919	6,000	128,919	30,940	98,000	
10		세금 적용율	24%							
11		연평균 성장율	32%							
12		매출 원가율	42%							
13										

문제 ❹ 기타작업

01 매크로

	A	B	C	D	E	F	G
1	세목별 예산 현황						
2	세목	2026년					
3		예산	실적	증감률			
4	소득세	312,500	378,390	21%		자동합계	
5	법인세	583,000	648,890	11%			
6	법인세	9,000	74,890	732%			
7	상속증여세	33,895	99,785	194%			
8	부가가치세	24,866	90,756	265%		백분율	
9	증권거래세	25,000	90,890	264%			
10	교통세	72,000	137,890	92%			
11	주세	31,000	96,890	213%			
12	교육세	69,000	134,890	95%			
13	농특세	12,000	77,890	549%			
14	합계	1,172,261	1,831,161				
15							

02 차트

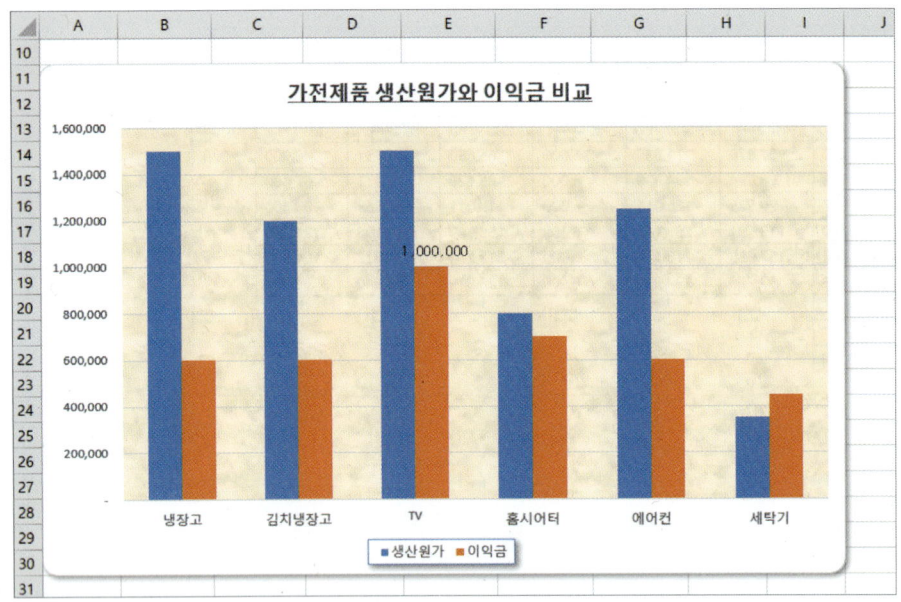

기출 유형 문제 03회 해설

문제 ① 기본작업

01 자료 입력('기본작업-1' 시트)

[A3:F9] 셀까지 문제를 보고 오타 없이 작성한다.

02 서식 지정('기본작업-2' 시트)

① [B1:G1] 영역을 범위 지정한 후 Ctrl + 1 을 눌러 [맞춤] 탭에 가로 '가운데', 세로 '가운데', '셀 병합'을 체크한다.

② [글꼴] 탭에서 '바탕체', '굵게', 크기 '16', '밑줄'을 선택하고 [확인]을 클릭한다.

③ [B1] 셀의 '영'자 앞에서 더블 클릭하여 ㅁ을 입력한 후 키보드의 한자를 눌러 [보기 변경](»)을 클릭한다.

④ '◆'를 찾아 마우스로 클릭하여 입력한다. 같은 방법으로 '황' 뒤에 커서를 두고 '◆'를 삽입한다.

⑤ [F3] 셀의 '량' 뒤에서 더블 클릭하여 커서를 두고 한자를 눌러 '在庫量'을 선택하고 [변환]을 클릭한다.

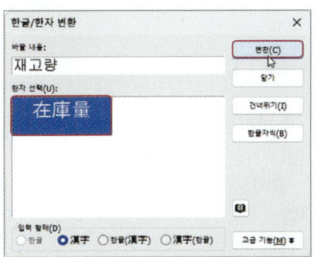

⑥ [G11] 셀에서 마우스 오른쪽 버튼을 눌러 [메모 삽입]을 클릭한 후 **승격 대상**이라고 입력한다.

⑦ [G11] 셀에서 마우스 오른쪽 버튼을 눌러 [메모 표시/숨기기]를 클릭한다.

⑧ 메모 상자의 경계라인에서 마우스 오른쪽 버튼을 눌러 [메모 서식]을 클릭한다.

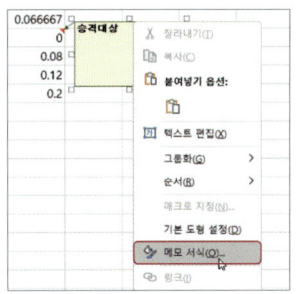

⑨ [맞춤] 탭에서 '자동 크기'에 체크하고 [확인]을 클릭한다.

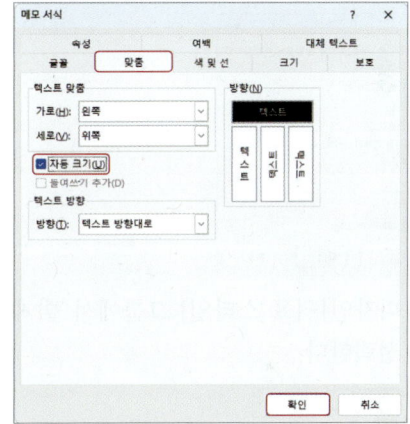

⑩ [B3:G14] 영역을 범위 지정한 후 [홈]-[글꼴] 그룹에서 [테두리](⊞ ▼) 도구의 [모든 테두리](⊞)를 클릭한 후 [굵은 바깥쪽 테두리](⊞)를 클릭한다.

03 외부 데이터 가져오기('기본작업-3' 시트)

① [A3] 셀을 클릭하고 [데이터]-[데이터 가져오기 및 변환] 그룹의 [텍스트/CSV]를 클릭한다.

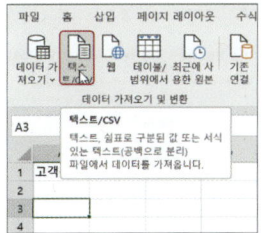

② '찾는 위치'는 '기출유형문제' 폴더에서 '고객분류.txt' 파일을 선택하고 [가져오기]를 클릭한다.
③ 구분 기호의 '탭'을 확인하고 [로드]-[다음으로 로드]를 클릭한다.

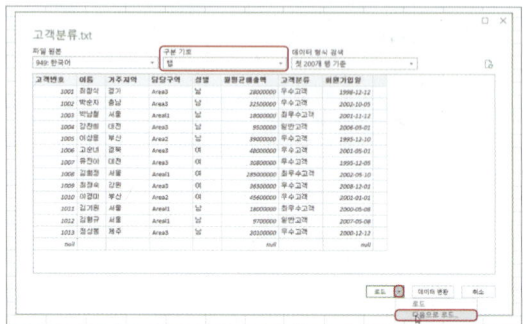

④ [데이터 가져오기]에서 '표', 기존 워크시트 [A3] 셀을 선택하고 [확인]을 클릭한다.

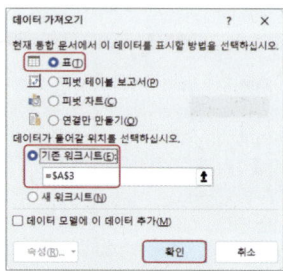

⑤ [테이블 디자인]-[표 스타일] 그룹에서 '밝게'의 '없음'을 선택한다.

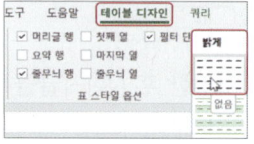

⑥ [테이블 디자인]-[도구] 그룹에서 [범위로 변환]을 클릭한 후 메시지 상자에서 [확인]을 클릭한다.

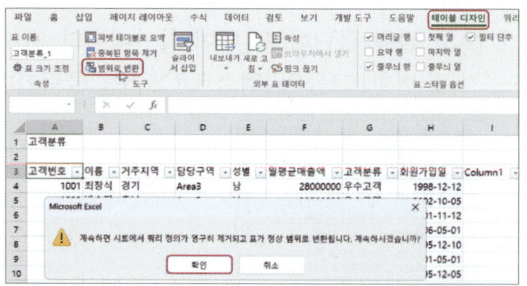

문제 ❷ 계산작업('계산작업' 시트)

01 수상명[C3:C11]

[C3] 셀에 =IF(RANK.EQ(B3,$B$3:$B$11)=1,"대상",IF(RANK.EQ(B3, $B$3:$B$11)<=3,"금상",IF(RANK.EQ(B3,$B$3:$B$11)<=6,"동상","")))를 입력하고 [C11] 셀까지 수식을 복사한다.

02 평균입금액[I3]

① [H2:H3] 영역에 다음 그림과 같이 조건을 입력한다.

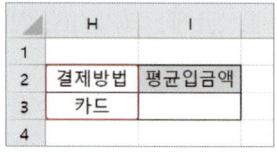

② [I3] 셀에 =ROUNDUP(DAVERAGE(E2:G11,G2,H2:H3),-3)를 입력한다.

03 요금계산[D16:D23]

[D16] 셀에 =(HOUR(C16-B16)*60+MINUTE(C16-B16))/10*500을 입력하고 [D23] 셀까지 수식을 복사한다.

> 💬 **함수 설명**
> ① HOUR(C16-B16) : 출차시간[C16]에서 입차시간[B16]을 뺀 시간에서 시를 구함
> ② MINUTE(C16-B16) : 출차시간[C16]에서 입차시간[B16]을 뺀 시간에서 분을 구함
>
> =(①*60+②)/10*500 : 1시간은 60분이라서 ①*60+②를 하고 10분단위로 계산하기 위해 /10을 하고 10분당 500원을 곱하여 표시

> 📋 **기적의 TIP**
> =HOUR(C16-B16)*3000+MINUTE(C16-B16)/10*500으로 작성해도 된다.

04 평가[I16:I22]

[I16] 셀에 =HLOOKUP(AVERAGE(G16:H16),$G$25:$J$27,3)를 입력하고 [I22] 셀까지 수식을 복사한다.

05 구분[C27:C34]

[C27] 셀에 =IF(DAY(B27)<=10,"상순",IF(DAY(B27)<=20,"중순","하순"))를 입력하고 [C34] 셀까지 수식을 복사한다.

문제 ③ 분석작업

01 데이터 표('분석작업-1' 시트)

① [C9] 셀에 =C6을 입력한다.

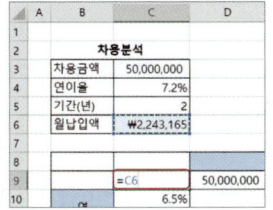

② [C9:I15] 영역을 범위 지정한 후 [데이터]-[예측] 그룹의 [가상 분석]-[데이터 표]를 클릭한다.
③ [데이터 테이블]에서 '행 입력 셀'은 [C3], '열 입력 셀'은 [C4]를 지정한 후 [확인]을 클릭한다.

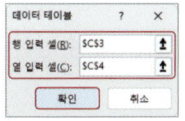

02 목표값 찾기('분석작업-2' 시트)

① [I9] 셀을 클릭한 후, [데이터]-[예측] 그룹의 [가상 분석]-[목표값 찾기]를 클릭한다.

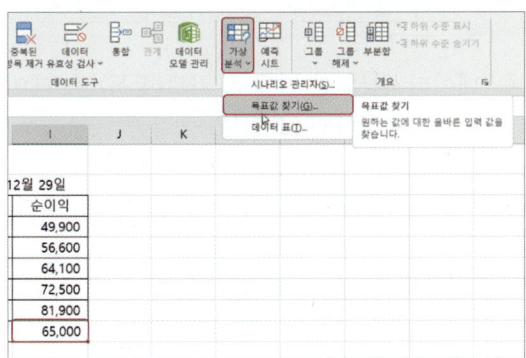

② [목표값 찾기]에서 다음과 같이 입력한 후 [확인]을 클릭한다.

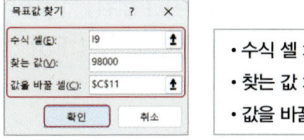

- 수식 셀 : I9
- 찾는 값 : 98000
- 값을 바꿀 셀 : C11

③ [목표값 찾기 상태]에서 [확인]을 클릭한다.

문제 ④ 기타작업

01 매크로('매크로작성' 시트)

① [개발 도구]-[코드] 그룹의 [매크로 기록](🔴)을 클릭한다.
② [매크로 기록]에서 '매크로 이름'에 **자동합계**를 입력하고 [확인]을 클릭한다.

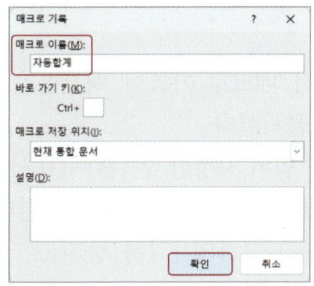

③ [B4:C14] 영역을 범위 지정한 후 [수식]-[함수 라이브러리] 그룹에서 [자동 합계](Σ)를 클릭한다.

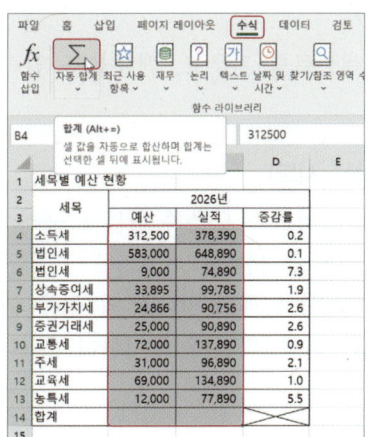

④ [개발 도구]-[코드] 그룹의 [기록 중지](□)를 클릭한다.

⑤ [개발 도구]-[컨트롤] 그룹의 [삽입]-[양식 컨트롤]에서 '단추'(□)를 선택하고 [F4:F5] 영역에 드래그하여 그린다.

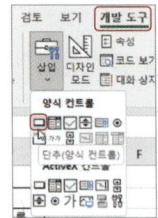

⑥ [매크로 지정]에서 '자동합계'를 선택하고 [확인]을 클릭한다.

⑦ '단추 1'의 텍스트를 지우고, **자동합계**를 입력한다.

⑧ [개발 도구]-[코드] 그룹의 [매크로 기록](□)을 클릭한다.

⑨ [매크로 기록]에서 '매크로 이름'에 **백분율**을 입력하고 [확인]을 클릭한다.

⑩ [D4:D13] 영역을 범위 지정한 후 [홈]-[표시 형식] 그룹에서 [백분율 스타일](%)을 클릭한다.

⑪ [개발 도구]-[코드] 그룹의 [기록 중지](□)를 클릭한다.

⑫ [개발 도구]-[컨트롤] 그룹의 [삽입]-[양식 컨트롤]에서 '단추'(□)를 선택하고 [F8:F9] 영역에 드래그하여 그린 후, '백분율' 매크로를 선택한다.

⑬ '단추 2'의 텍스트를 지우고, **백분율**을 입력한다.

02 차트('차트작성' 시트)

① 차트 영역에서 마우스 오른쪽 버튼을 눌러 [차트 종류 변경]을 클릭한다.

② [차트 종류 변경]의 '세로 막대형'의 '묶은 세로 막대형'을 선택하고 [확인]을 클릭한다.

③ 차트 영역에서 마우스 오른쪽 버튼을 눌러 [데이터 선택]을 클릭한다.

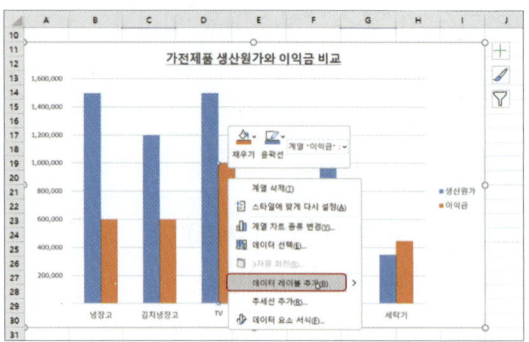

④ [데이터 원본 선택]에서 '가로(항목) 축 레이블'에서 [편집]을 클릭한다.

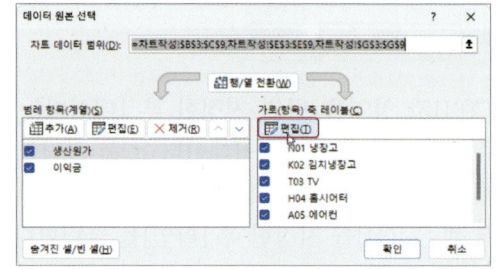

⑤ [축 레이블]에서 [C4:C9] 영역으로 수정한 후 [확인]을 클릭한다.

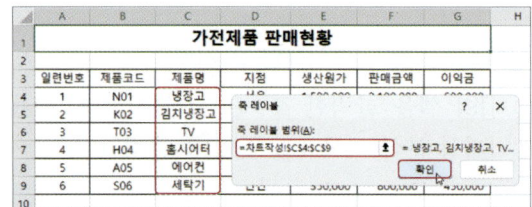

⑥ [데이터 원본 선택]에서 '가로(항목) 축 레이블'이 수정되었다면 [확인]을 클릭한다.

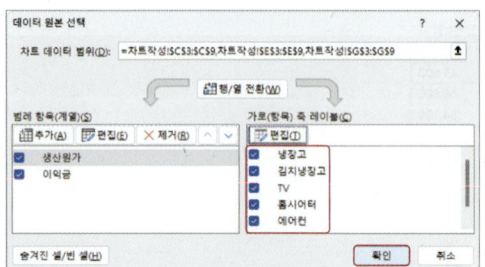

⑦ 차트를 선택한 후 [차트 요소](+)-[차트 제목]을 클릭한다.

⑧ 차트 제목에 **가전제품 생산원가와 이익금 비교**를 입력한 후 [홈]-[글꼴] 그룹에서 '굵게', 크기 '14', '밑줄'을 지정한다.

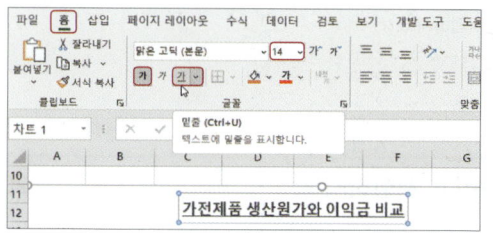

⑨ '이익금' 계열의 'TV' 요소를 천천히 두 번 클릭한 후 마우스 오른쪽 버튼을 눌러 [데이터 레이블 추가]를 클릭한다.

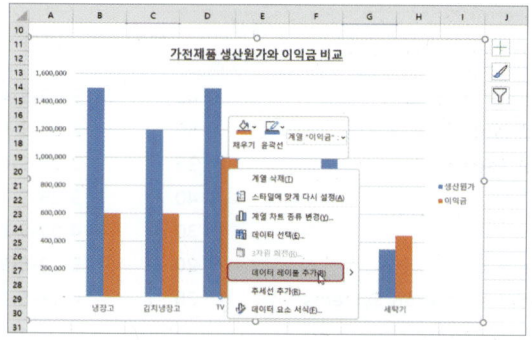

⑩ 데이터 레이블을 선택한 후 [홈]-[글꼴] 그룹에서 '굴림체', 크기 '10'으로 지정한다.
⑪ 범례에서 마우스 오른쪽 버튼을 눌러 [범례 서식]을 클릭한 후 '범례 옵션'에서 '아래쪽'을 선택한다.
⑫ [효과]의 그림자에서 '미리 설정'을 클릭하여 '바깥쪽(오프셋 : 오른쪽 아래)'을 선택한다.

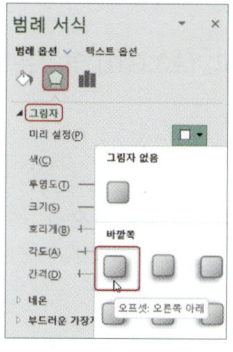

⑬ [채우기 및 선]의 '채우기'에서 '단색 채우기'를 클릭하고 '색'은 '흰색, 배경1'을 선택한다.
⑭ '테두리'에서 '실선'을 클릭하고 '색'은 '표준 색 - 파랑'을 선택한다.

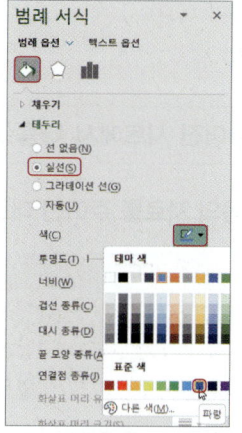

⑮ 그림 영역을 선택한 후 [그림 영역 서식]에서 '채우기'의 '그림 또는 질감 채우기'를 선택하고 '질감' 목록 상자에서 '양피지'를 클릭한다.

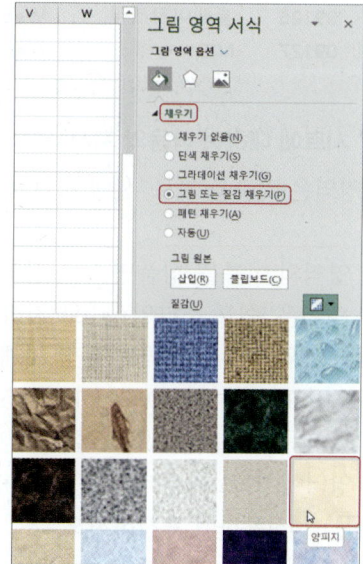

⑯ 차트 영역을 선택한 후 [차트 영역 서식]의 '테두리 스타일'에서 '둥근 모서리'를 체크하고, '그림자'에서 '미리 설정'을 클릭하여 '오프셋: 오른쪽 아래'를 선택한 후 [닫기]를 클릭한다.

기출 유형 문제 04회

작업파일 [26컴활2급₩기출유형문제] 폴더의 '기출유형문제4회' 파일을 열어서 작업하시오.

문제 ❶ 기본작업 | 주어진 시트에서 다음 과정을 수행하고 저장하시오. 20점

01 '기본작업-1' 시트에 다음의 자료를 주어진 대로 입력하시오. (5점)

	A	B	C	D	E	F	G
1	교육과정표						
2							
3	구분	과목코드	국문	영문	예상 수강생	학점	비고
4	전공선택	09124	컴퓨터프로그래밍	Computer Programming	40	3	09-S-4
5	교양선택	09125	영상기기	Video Equipment	50	2	09-S-5
6	전공선택	09128	ASP	Active Server Page	35	2	09-S-6
7	전공선택	09129	멀티미디어 실습	Multimedia	40	3	09-S-7
8	전공필수	09130	웹 디자인	Web Design	30	4	09-S-8
9	전공필수	09126	홈페이지제작	Web Site Develop	20	3	09-S-9
10	전공선택	09127	MIS	Management Information Systems	20	4	09-S-10
11							

02 '기본작업-2' 시트에 대하여 다음의 지시사항을 처리하시오. (각 2점)

① [A1:G1] 영역은 맞춤을 가로 '선택 영역의 가운데로', 글꼴 '굴림', 크기 '17', 글꼴 스타일 '굵게'로 지정하시오.
② [B4:B11] 영역의 이름을 '상품명'으로 정의하시오.
③ [D4:E11] 영역은 '쉼표 스타일'(,)로 지정하고, [F4:G11] 영역은 셀 서식의 사용자 지정 서식을 이용하여 1,000 단위 구분 기호와 소수점 첫째 자리까지 표시하고 숫자 뒤에 'EA'가 추가되어 표시되도록 지정하시오. [표시 예 : 1560.5 → 1,560.5EA]
④ [B3] 셀의 '상품명'을 '商品名'으로 한자로 바꾸시오.
⑤ [A3:G3] 영역에 '가로 가운데 맞춤'과 셀 음영 '표준 색 – 주황'으로 지정하고, [A3:G11] 영역은 '모든 테두리'(⊞)를 적용하여 표시하시오.

03 '기본작업-3' 시트에 대하여 다음의 지시사항을 처리하시오. (5점)

다음의 텍스트 파일을 열고, 생성된 데이터를 '기본작업-3' 시트의 [A3:F15] 영역에 넣으시오.
▶ 외부 데이터 파일명은 '과목코드.txt'임
▶ 외부 데이터는 '탭'으로 구분되어 있음

문제 ❷ 계산작업 | '계산작업' 시트에서 다음 과정을 수행하고 저장하시오. 40점

01 [표1]에서 신청일에서 세미나[D3]까지 남은일수를 구하여 [C3:C10] 영역에 표시하시오. (8점)
- ▶ 남은 일수 '일'을 붙여서 표시 [표시 예 : 8 → 8일]
- ▶ DAYS 함수와 & 연산자 사용

02 [표2]에서 E-MAIL 주소에서 아이디만 추출하여 [G3:G11] 영역에 표시하시오. (8점)
- ▶ 아이디는 E-MAIL 주소의 @ 앞 문자를 의미함 [표시 예 : a123@nate.com → a123]
- ▶ MID, SEARCH 함수 사용

03 [표3]에서 응시코드, 시험시작, 시험종료를 이용하여 시험시간[D14:D23] 영역에 표시하시오. (8점)
- ▶ 시험시간 : 시험종료-시험시작 (단, 응시코드가 B로 끝나면 시험시간에 10분을 추가로 제공)
- ▶ IF, RIGHT, TIME 함수 사용

04 [표4]에서 기준표[L16:L19]를 참조하여 근속기간에 따른 호봉을 구한 후에 보너스를 계산하여 [I15:I21] 영역에 표시하시오. (8점)
- ▶ 호봉은 근속기간이 0~4까지는 1, 5~9까지는 2, 10~14까지는 3, 15이상이면 4
- ▶ 보너스 = 호봉 × 100000
- ▶ MATCH 함수 사용

05 [표5]에서 매장명, 제품명, 판매량을 이용하여 판매금액[D27:D34] 영역에 표시하시오. (8점)
- ▶ 판매금액 = 판매가 × 판매량
- ▶ 판매가는 매장명과 제품명의 마지막 문자를 이용하여 〈제품가격표〉를 참조하여 계산
- ▶ HLOOKUP, RIGHT 함수와 & 연산자 사용

문제 ❸ 분석작업 | 주어진 시트에서 다음 과정을 수행하고 저장하시오. 20점

01 '분석작업-1' 시트에 대하여 다음의 지시사항을 처리하시오. (10점)

[부분합] 기능을 이용하여 '영업 현황'표에 〈그림〉과 같이 대리점명별로 '회수율'의 최대값과 '회수율'의 최소값을 계산하시오.

▶ '대리점명'에 대한 정렬 기준은 오름차순으로 하시오.
▶ 최대값과 최소값은 명시된 순서대로 처리하시오.

	A	B	C	D	E
1	영업 현황				
2					
3	대리점명	판매사원	외상매출액	회수금액	회수율
4	강남점	허혜인	2,215,200	2,000,000	90.29%
5	강남점	박동수	3,256,000	2,564,210	78.75%
6	강남점	김정민	7,451,200	5,500,000	73.81%
7	강남점	이영복	6,521,420	4,124,100	63.24%
8	강남점	한수진	8,754,200	3,562,000	40.69%
9	**강남점 최소**				40.69%
10	**강남점 최대**				90.29%
11	구로점	김명윤	6,845,200	5,421,540	79.20%
12	구로점	김영수	3,384,500	2,500,000	73.87%
13	구로점	하창수	6,345,000	4,251,000	67.00%
14	**구로점 최소**				67.00%
15	**구로점 최대**				79.20%
16	서초점	최석훈	3,332,500	2,685,000	80.57%
17	서초점	김길용	9,542,100	6,521,000	68.34%
18	서초점	함애자	6,453,000	2,500,000	38.74%
19	**서초점 최소**				38.74%
20	**서초점 최대**				80.57%
21	송파점	최영수	1,135,000	1,100,000	96.92%
22	송파점	박동수	4,451,420	3,652,000	82.04%
23	송파점	이범수	5,123,000	4,000,000	78.08%
24	송파점	이승범	2,456,000	1,500,000	61.07%
25	**송파점 최소**				61.07%
26	**송파점 최대**				96.92%
27	**전체 최소값**				38.74%
28	**전체 최대값**				96.92%
29					

02 '분석작업-2' 시트에 대하여 다음의 지시사항을 처리하시오. (10점)

[목표값 찾기] 기능을 이용하여 '클래식음반 판매현황' 표에서 이익금액의 합계[F10]가 9,500,000이 되려면 마진율[C13]이 몇 %가 되어야 하는지 계산하시오.

문제 ④ 기타작업 | 주어진 시트에서 다음 과정을 수행하고 저장하시오. 20점

01 '매크로작업' 시트에 다음과 같은 기능을 수행하는 매크로를 현재 통합 문서에 작성하고 실행하시오. (각 5점)

① [H4:H10] 영역에 총수입을 계산하는 매크로를 생성하여 실행하시오.
   ▶ 총수입 = 출연금 + 공연수입 + 전시기획 + 대관수입 + 시설운영
   ▶ 매크로 이름 : 총수입
   ▶ SUM 함수 사용
   ▶ [도형]-[기본 도형]의 '십자형'(✚)을 동일 시트의 [J3:J5] 영역에 생성한 후, 텍스트를 '총수입'으로 입력하고, 도형을 클릭할 때 '총수입' 매크로가 실행되도록 설정하시오.

② [C4:G10] 영역에 대해 회계 표시 형식으로 적용하는 매크로를 생성하여 실행하시오.
   ▶ 매크로 이름 : 서식
   ▶ [도형]-[기본 도형]의 '육각형'(⬡)을 동일 시트의 [J7:J9] 영역에 생성한 후, 텍스트를 '서식'으로 입력하고, 도형을 클릭할 때 '서식' 매크로가 실행되도록 설정하시오.

※ 셀 포인터의 위치에 상관없이 현재 통합 문서에서 매크로가 실행되어야 정답으로 인정됨

02 '차트작업' 시트의 차트를 지시사항에 따라 아래 그림과 같이 수정하시오. (각 2점)

※ 차트는 반드시 문제에서 제공한 차트를 사용하여야 하며, 신규로 작성 시 0점 처리됨

① '수입금액'이 그림과 같이 추가되도록 데이터 범위를 수정하고, 차트 종류는 '표식이 있는 꺾은선형'으로 지정하시오.
② '수입금액'의 데이터 계열은 '보조 축'으로 표시될 수 있도록 지정하고, 눈금의 표시 단위는 '천'으로 지정하고, 차트에 단위 레이블이 표시되도록 지정하시오.
③ 차트 제목 및 축 제목은 그림과 같이 설정하고, 세로(값) 축 제목, 보조 세로(값) 축 제목의 텍스트 방향을 '세로'로 설정하시오.
④ 세로(값) 축의 눈금은 그림과 같이 최소값을 10,000으로 지정하시오.
⑤ 범례의 위치를 '아래쪽'으로 변경하고, 글꼴 '돋움', 크기 '10'으로 설정하시오.

기출 유형 문제 04회 정답

문제 ① 기본작업

01 자료 입력

	A	B	C	D	E	F	G
1	교육과정표						
2							
3	구분	과목코드	국문	영문	예상 수강생	학점	비고
4	전공선택	09124	컴퓨터프로그래밍	Computer Programming	40	3	09-S-4
5	교양선택	09125	영상기기	Video Equipment	50	2	09-S-5
6	전공선택	09128	ASP	Active Server Page	35	2	09-S-6
7	전공선택	09129	멀티미디어 실습	Multimedia	40	3	09-S-7
8	전공필수	09130	웹 디자인	Web Design	30	4	09-S-8
9	전공필수	09126	홈페이지제작	Web Site Develop	20	3	09-S-9
10	전공선택	09127	MIS	Management Information Systems	20	4	09-S-10

02 서식 지정

	A	B	C	D	E	F	G
1			판매현황 분석				
2							
3	상품코드	상품명	브랜드	전월 판매량	단가	판매량 (일 평균)	재고량 (일 평균)
4	T5005U	닥터아토마일드 물티슈	유아용품	73	3,500	75.0EA	621.2EA
5	S4951U	파워 건전지AA	가전잡화	299	6,500	105.0EA	1,560.5EA
6	T4301N	구강 청결 티슈	유아용품	65	15,000	56.0EA	950.0EA
7	C3311U	퓨전면도날	목욕용품	105	1,200	111.2EA	715.4EA
8	T6975U	하기스팬티특대형	유아용품	95	45,000	46.3EA	450.0EA
9	S4555N	크로스액션바이탈	가전잡화	170	12,000	107.0EA	1,853.3EA
10	S0831U	전동칫솔	가전잡화	65	29,000	57.8EA	566.7EA
11	C0071N	세타필 바디크렌저	목욕용품	56	30,000	46.7EA	493.2EA

03 외부 데이터 가져오기

	A	B	C	D	E	F
1	과목코드					
2						
3	구분	과목코드	과목명	학점	강의	실습
4	교양선택	250005	교양영어	2	2	0
5	교양선택	250006	교양윤리	2	2	0
6	교양선택	250002	교양체육	2	2	0
7	전공선택	250047	멀티미디어 실습	3	1	2
8	전공선택	250045	시스템분석설계	2	1	2
9	교양선택	250013	영어회화	2	2	0
10	전공선택	250046	전자상거래 관리론	3	1	2
11	전공선택	250043	정보처리실습	3	1	2
12	전공선택	250044	e-비즈니스전략	3	3	0
13	전공선택	250048	ERP	3	3	0
14	전공선택	250050	Visual Basic	3	0	3
15	전공선택	250049	XML	3	0	3

문제 ❷ 계산작업

01 남은일수

	A	B	C	D
1	[표1]	세미나 참여 신청		
2	성명	신청일	남은일수	세미나
3	이정수	2026-02-12	8일	2026-02-20
4	이수현	2026-02-09	11일	
5	윤철수	2026-01-17	34일	
6	안성민	2026-01-02	49일	
7	박현	2026-01-18	33일	
8	박지연	2026-02-05	15일	
9	김준호	2026-01-19	32일	
10	강민수	2026-01-18	33일	

[C3] 셀에 「=DAYS($D$3,B3)&"일"」를 입력하고 [C10] 셀까지 수식 복사

02 아이디

	F	G	H
1	[표2]	회원 관리 현황	
2	성명	아이디	E-MAIL 주소
3	이한우	lhw1205	lhw1205@gmail.com
4	박은진	pyj1234	pyj1234@hanmail..net
5	김종규	kjg098	kjg098@naver.com
6	안영자	hyj235	hyj235@nate.net
7	서은구	syg062	syg062@gmail.com
8	한주영	hsy762	hsy762@daum.net
9	윤미라	ymr145	ymr145@naver.com
10	오안주	ooj231	ooj231@naver.com
11	최규림	kgr094	kgr094@daum.net

[G3] 셀에 「=MID(H3,1,SEARCH("@",H3,1)-1)」를 입력하고 [G11] 셀까지 수식 복사

03 시험시간

	A	B	C	D
12	[표3]	응시과목 시험시간		
13	응시코드	시험시작	시험종료	시험시간
14	01-C	10:00 AM	11:50 AM	1:50
15	02-A	01:00 PM	03:00 PM	2:00
16	03-B	09:00 AM	10:30 AM	1:40
17	04-A	01:00 PM	02:30 PM	1:30
18	05-A	01:00 PM	02:40 PM	1:40
19	05-C	10:00 AM	12:00 PM	2:00
20	02-A	01:00 PM	02:50 PM	1:50
21	01-C	10:00 AM	11:30 AM	1:30
22	04-C	10:00 AM	11:30 AM	1:30
23	03-B	09:00 AM	10:30 AM	1:40

[D14] 셀에 「=IF(RIGHT(A14,1)="B",C14-B14+TIME(,10,),C14-B14)」를 입력하고 [D23] 셀까지 수식 복사

04 보너스

	F	G	H	I	J	K	L
13	[표4]	보너스 현황					
14	이름	근속기간	기본급	보너스		[기준표]	
15	김한수	4	920,000	100,000		기간	호봉
16	장동민	5	1,020,000	200,000		0	1
17	김공민	14	1,360,000	300,000		5	2
18	이나미	10	1,180,000	300,000		10	3
19	강미선	19	1,789,000	400,000		15	4
20	조미영	15	1,643,000	400,000			
21	이은주	9	978,000	200,000			

[I15] 셀에 「=MATCH(G15,$K$16:$K$19,1)*100000」을 입력하고 [I21] 셀까지 수식 복사

05 판매금액

	A	B	C	D	E	F	G	H	I	J
25	[표5]	제품판매현황				<제품가격표>				
26	매장명	제품명	판매량	판매금액		구분	서울A	서울B	경기A	경기B
27	경기	청소기/B	12	10,680,000		매입가	1,100,000	1,060,000	1,040,000	1,090,000
28	서울	공기청정기/A	8	7,840,000		판매가	980,000	950,000	920,000	890,000
29	경기	청소기/B	6	5,340,000						
30	서울	청소기/B	11	10,450,000						
31	경기	공기청정기/A	6	5,520,000						
32	서울	공기청정기/A	9	8,820,000						
33	서울	청소기/B	7	6,650,000						
34	경기	공기청정기/A	6	5,520,000						

[D27] 셀에 「=HLOOKUP(A27&RIGHT(B27,1),$G$26:$J$28,3,FALSE)*C27」을 입력하고 [D34] 셀까지 수식 복사

문제 ❸ 분석작업

01 부분합

	A	B	C	D	E
1	영업 현황				
2					
3	대리점명	판매사원	외상매출액	회수금액	회수율
4	강남점	허혜인	2,215,200	2,000,000	90.29%
5	강남점	박동수	3,256,000	2,564,210	78.75%
6	강남점	김정민	7,451,200	5,500,000	73.81%
7	강남점	이영복	6,521,420	4,124,100	63.24%
8	강남점	한수진	8,754,200	3,562,000	40.69%
9	강남점 최소				40.69%
10	강남점 최대				90.29%
11	구로점	김명윤	6,845,200	5,421,540	79.20%
12	구로점	김영수	3,384,500	2,500,000	73.87%
13	구로점	하창수	6,345,000	4,251,000	67.00%
14	구로점 최소				67.00%
15	구로점 최대				79.20%
16	서초점	최석훈	3,332,500	2,685,000	80.57%
17	서초점	김길용	9,542,100	6,521,000	68.34%
18	서초점	함애자	6,453,000	2,500,000	38.74%
19	서초점 최소				38.74%
20	서초점 최대				80.57%
21	송파점	최영수	1,135,000	1,100,000	96.92%
22	송파점	박동수	4,451,420	3,652,000	82.04%
23	송파점	이범수	5,123,000	4,000,000	78.08%
24	송파점	이승범	2,456,000	1,500,000	61.07%
25	송파점 최소				61.07%
26	송파점 최대				96.92%
27	전체 최소값				38.74%
28	전체 최대값				96.92%
29					

02 목표값 찾기

	A	B	C	D	E	F
1			클래식음반 판매현황			
2						2026년 5월
3	판매점	매입수량	매입금액	판매수량	판매금액	이익금액
4	강남	1,853	6,298,500	1,797	8,280,504	2,170,704
5	강동	851	2,891,700	825	3,801,567	996,567
6	서초	1,349	4,584,900	1,368	6,303,689	1,652,489
7	은평	1,986	6,752,400	1,680	7,741,372	2,029,372
8	중구	1,335	4,539,000	1,148	5,287,634	1,386,134
9	면목	1,152	3,916,800	1,047	4,824,534	1,264,734
10	합계	8,525	28,983,300	7,865	36,239,300	9,500,000
11						
12	매입단가	판매단가	마진율			
13	3,400	4,608	36%			
14						

문제 ④ 기타작업

01 매크로

	A	B	C	D	E	F	G	H
1	공연장 수익 현황							
2								단위:(만원)
3	공연장	분류	출연금	공연수입	전시기획	대관수입	시설운영	총수입
4	세준문화회관	대	₩ 3,000,000	₩ 160,000	₩ 102,000	₩ 90,000	₩ 250,000	3,602,000
5	문화극장	중	₩ 1,000,000	₩ 60,000	₩ 40,000	₩ 20,000	₩ 35,000	1,155,000
6	국립극장	대	₩ 1,800,000	₩ 100,000	₩ 80,000	₩ 60,000	₩ 150,000	2,190,000
7	해오름극장	중	₩ 700,000	₩ 30,000	₩ 20,000	₩ 15,000	₩ 24,000	789,000
8	파랑새극장	소	₩ 500,000	₩ 20,000	₩ 30,000	₩ 10,000	₩ 18,000	578,000
9	예술의극장	대	₩ 2,500,000	₩ 150,000	₩ 140,000	₩ 100,000	₩ 240,000	3,130,000
10	늘푸른극장	소	₩ 250,000	₩ 40,000	₩ 5,000	₩ 4,000	₩ 15,000	314,000

(J열: 총수입, 서식)

02 차트

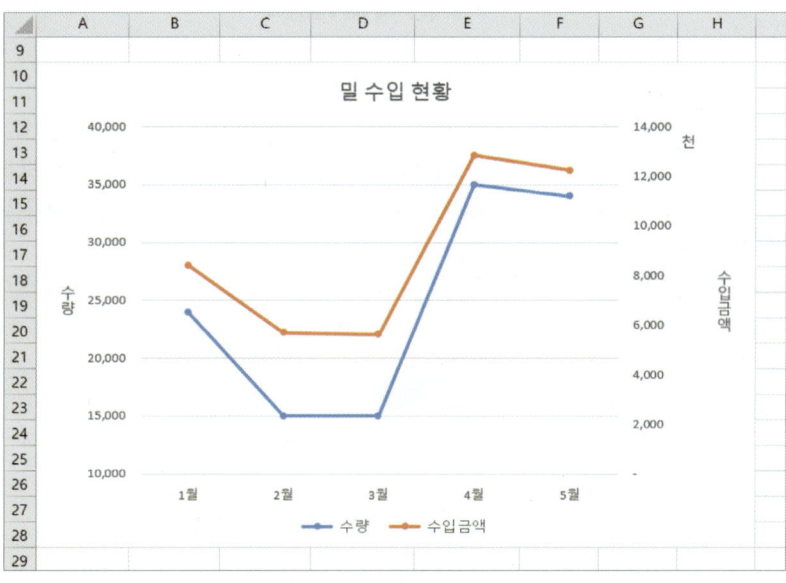

기출 유형 문제 04회 해설

문제 ① 기본작업

01 자료 입력('기본작업-1' 시트)

[A3:G10] 셀까지 문제를 보고 오타 없이 작성한다.

02 자료 입력('기본작업-1' 시트)

> **기적의 TIP**
> 09124, 09125, 09128, ... 입력할 때에는 작은 따옴표(')를 먼저 입력하고 '09124, '09125, ...으로 입력해야 0으로 시작하는 숫자를 입력할 수 있다. [B4:B10] 영역을 범위 지정한 후 셀 왼쪽 상단의 초록색 삼각형이 표시되면 목록 단추를 클릭하여 [오류 무시]를 클릭한다.

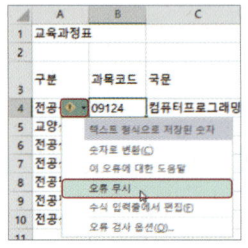

03 서식 지정('기본작업-2' 시트에서 작성)

① [A1:G1] 영역을 범위 지정하고 Ctrl + 1 을 눌러 [맞춤] 탭에서 '가로'는 '선택 영역의 가운데로'를 선택한다.
② [글꼴] 탭에서 '굴림', '굵게', 크기는 '17'을 입력한 후 [확인]을 클릭한다.
③ [B4:B11] 영역을 범위 지정하고 '이름 상자'에 **상품명**을 입력하고 Enter 를 누른다.

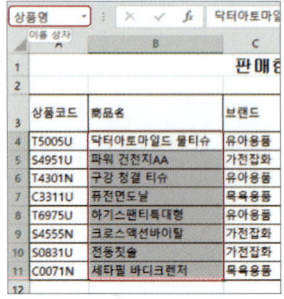

④ [D4:E11] 영역을 범위 지정하고 [홈]-[표시 형식] 그룹에서 [쉼표 스타일](,)을 클릭한다.

⑤ [F4:G11] 영역을 범위 지정한 후 Ctrl + 1 을 눌러 [표시 형식] 탭의 '사용자 지정'에 #,##0.0"EA"를 입력하고 [확인]을 클릭한다.

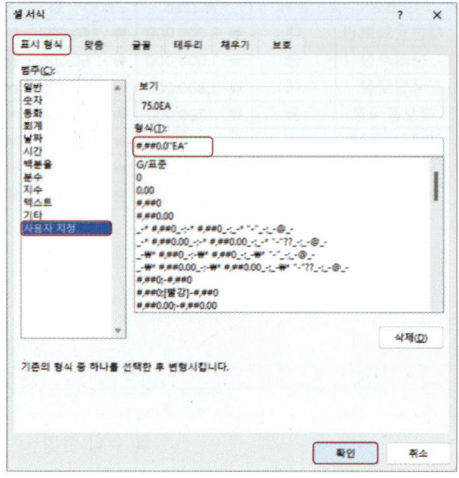

⑥ [B3] 셀의 '상품명'을 범위 지정하고, 키보드의 한자 를 누른 후, '商品名'을 선택하고 [변환]을 클릭한다.

⑦ [A3:G3] 영역을 범위 지정하고 [홈]-[글꼴] 그룹에서 [채우기 색](◇▼) 도구에서 '표준 색 - 주황'을 클릭한다.
⑧ [홈]-[맞춤] 그룹에서 [가운데 맞춤](≡)을 클릭한다.
⑨ [A3:G11] 영역을 범위 지정한 후 [홈]-[글꼴] 그룹에서 [테두리](⊞ ▼) 도구의 [모든 테두리](⊞)를 선택한다.

04 외부 데이터 가져오기('기본작업-3' 시트)

① [A3] 셀을 클릭하고 [데이터]-[데이터 가져오기 및 변환] 그룹의 [텍스트/CSV]를 클릭한다.

② '찾는 위치'는 '기출유형문제' 폴더에서 '과목코드.txt' 파일을 선택하고 [가져오기]를 클릭한다.
③ 구분 기호의 '탭'을 확인하고 [로드]-[다음으로 로드]를 클릭한다.

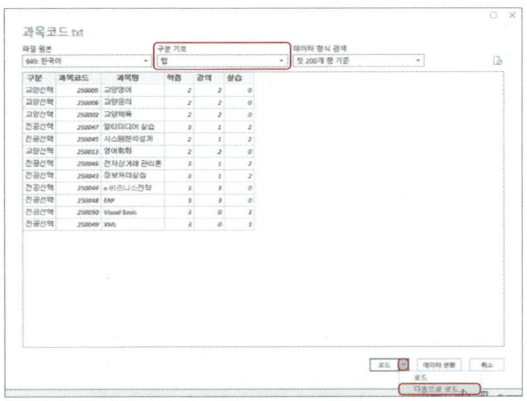

④ [데이터 가져오기]에서 '표', 기존 워크시트 [A3] 셀을 선택하고 [확인]을 클릭한다.

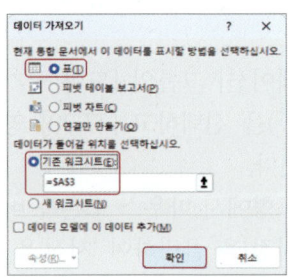

문제 ❷ 계산작업('계산작업' 시트)

01 남은일수[C3:C10]

[C3] 셀에 =DAYS($D$3,B3)&"일"를 입력하고 [C10] 셀까지 수식을 복사한다.

02 아이디[G3:G11]

[G3] 셀에 =MID(H3,1,SEARCH("@",H3,1)-1)를 입력하고 [G11] 셀까지 수식을 복사한다.

03 시험시간[D14:D23]

[D14] 셀에 =IF(RIGHT(A14,1)="B",C14-B14+TIME(,10,),C14-B14)를 입력하고 [D23] 셀까지 수식을 복사한다.

04 보너스[I15:I21]

[I15] 셀에 =MATCH(G15,$K$16:$K$19,1)*100000을 입력하고 [I21] 셀까지 수식을 복사한다.

05 판매금액[D27:D34]

[D27] 셀에 =HLOOKUP(A27&RIGHT(B27,1),$G$26:$J$28,3,FALSE)*C27을 입력하고 [D34] 셀까지 수식을 복사한다.

문제 ❸ 분석작업

01 부분합('분석작업-1' 시트)

① [A3] 셀에 커서를 두고 [데이터]-[정렬 및 필터] 그룹에서 [텍스트 오름차순 정렬]을 클릭한다.
② [A3:E18] 영역을 범위 지정한 후 [데이터]-[개요] 그룹의 [부분합]을 클릭한다.
③ [부분합]에서 그림과 같이 지정하고 [확인]을 클릭한다.

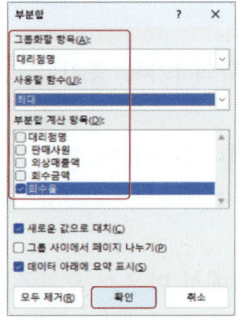

- **그룹화할 항목** : 대리점명
- **사용할 함수** : 최대
- **부분합 계산 항목** : '회수율'

④ 다시 [데이터]-[개요] 그룹의 [부분합]을 클릭한다.
⑤ [부분합]에서 그림과 같이 선택하고 '새로운 값으로 대치' 체크를 해제한 후 [확인]을 클릭한다.

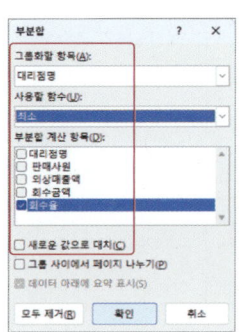

- **그룹화할 항목** : 대리점명
- **사용할 함수** : 최소
- **부분합 계산 항목** : '회수율'
- '새로운 값으로 대치' 체크를 해제

02 목표값 찾기('분석작업-2' 시트)

① [F10] 셀을 클릭하고 [데이터]-[예측] 그룹의 [가상 분석]-[목표값 찾기]를 클릭한다.
② [목표값 찾기]에서 다음과 같이 입력한 후 [확인]을 클릭한다.

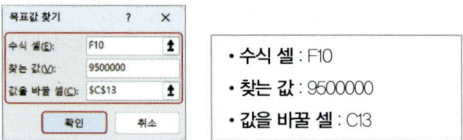

- 수식 셀 : F10
- 찾는 값 : 9500000
- 값을 바꿀 셀 : C13

③ [목표값 찾기 상태]에서 [확인]을 클릭한다.

문제 ④ 기타작업

01 매크로('매크로작업' 시트)

① [개발 도구]-[코드] 그룹의 [매크로 기록]을 클릭한다.
② [매크로 기록]에서 '매크로 이름'에 **총수입**을 입력한 후 [확인]을 클릭한다.
③ [H4] 셀에 =SUM(C4:G4)를 입력한 후 [H10] 셀까지 수식을 복사한다.
④ [개발 도구]-[코드] 그룹의 [기록 중지]를 클릭한다.
⑤ [삽입]-[일러스트레이션] 그룹의 [도형]-[기본 도형]의 '십자형'을 선택하고 [J3:J5] 영역에 드래그하여 그린다.
⑥ **총수입**을 입력하고 도형에서 마우스 오른쪽 버튼을 눌러 [매크로 지정]을 클릭한다.

⑦ [매크로 지정]에서 '총수입'을 선택하고 [확인]을 클릭한다.
⑧ [개발 도구]-[코드] 그룹의 [매크로 기록]을 클릭한다.
⑨ [매크로 기록]에서 매크로 이름'에 **서식**을 입력하고 [확인]을 클릭한다.
⑩ [C4:G10] 영역을 범위 지정한 후 [홈]-[표시 형식] 그룹에서 [회계]를 클릭한다.

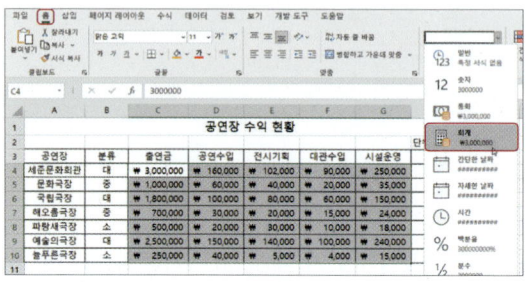

⑪ [개발 도구]-[코드] 그룹의 [기록 중지]를 클릭한다.
⑫ [삽입]-[일러스트레이션] 그룹의 [도형]-[기본 도형]의 '육각형'을 선택하고 [J7:J9] 영역에 드래그하여 그린다.
⑬ **서식**을 입력하고 도형에서 마우스 오른쪽 버튼을 눌러 [매크로 지정]을 클릭하여 '서식'을 선택하고 [확인]을 클릭한다.

02 차트('차트작업' 시트)

① [E3:E8] 영역을 범위 지정한 후 Ctrl+C를 눌러 복사한 후 '차트 영역'을 선택하고 Ctrl+V로 붙여넣기한다.

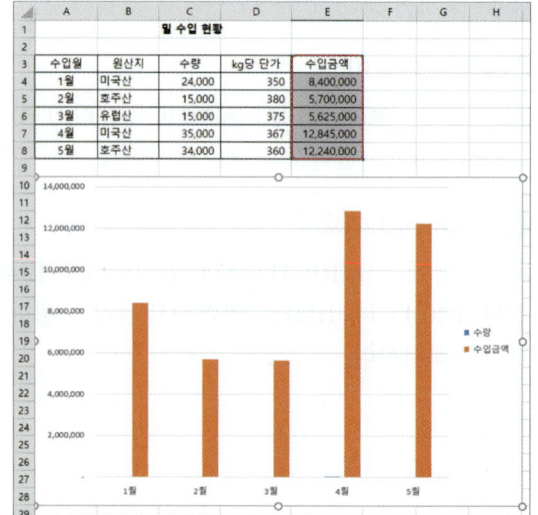

② 차트 영역에서 마우스 오른쪽 버튼을 눌러 [차트 종류 변경]을 클릭한다.
③ [모든 차트] 탭에서 '꺾은선형'의 '표식이 있는 꺾은선형'을 선택하고 [확인]을 클릭한다.

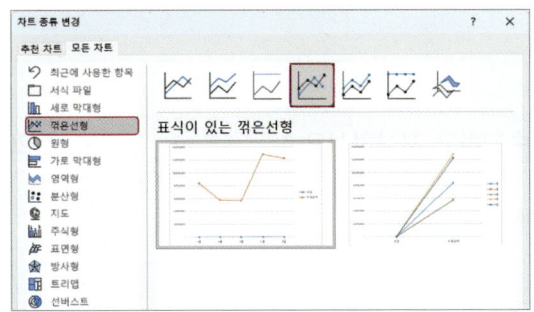

④ '수입금액'의 꺾은선형을 선택한 후 마우스 오른쪽 버튼을 눌러 [데이터 계열 서식]을 클릭한다.

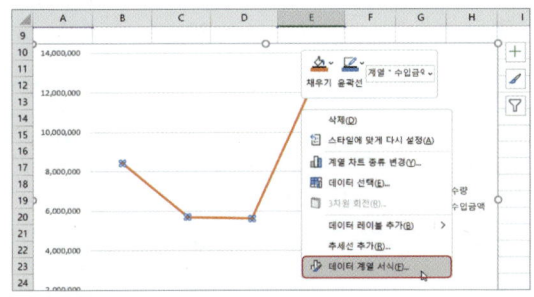

⑤ [데이터 계열 서식]의 '계열 옵션'에서 '보조 축'을 선택한다.
⑥ '보조 세로(값) 축'을 선택한 후 [축 서식]의 '축 옵션'에서 표시 단위를 '천'을 선택하고, '차트에 단위 레이블 표시'를 체크한다.

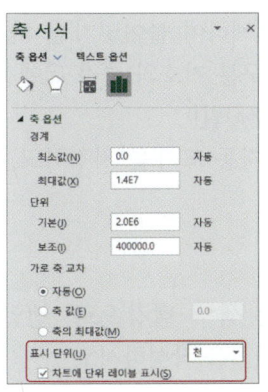

⑦ 표시 단위 '천'을 선택한 후 [표시 단위 레이블 서식]의 [레이블 옵션]에서 [크기 및 속성]을 클릭하여 '맞춤'에서 텍스트 방향 '가로'를 선택한다.
⑧ 차트를 선택한 후 [차트 요소](+)에서 '차트 제목'을 체크하고 **밀 수입 현황**을 입력한다.
⑨ 차트를 선택한 후 [차트 요소](+)에서 [축 제목]-[기본 세로]를 체크한 후 **수량**을 입력한다.

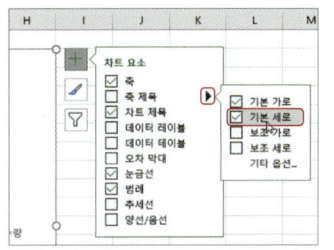

⑩ 세로 축 제목 '수량'을 선택한 후 [축 제목 서식]-[제목 옵션]-[크기 및 속성]의 '맞춤'에서 '텍스트 방향'을 '세로'를 선택한다.
⑪ 차트를 선택한 후 [차트 요소](+)에서 [축 제목]-[보조 세로]를 선택한 후 **수입금액**을 입력한다.
⑫ 보조 세로 축 제목 '수입금액'을 선택한 후 [축 제목 서식]-[제목 옵션]-[크기 및 속성]의 '맞춤'에서 '텍스트 방향'을 '세로'를 선택한다.
⑬ 세로(값) 축을 선택한 후 [축 서식]의 '축 옵션'에서 '최소값'에 10000을 입력한다.

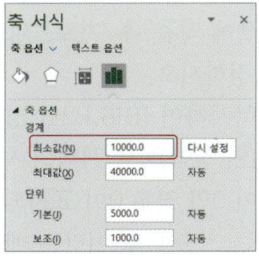

⑭ 범례를 선택한 후 [범례 서식]의 '범례 옵션'에서 '아래쪽'을 선택한다.
⑮ 범례를 선택한 상태에서 [홈]-[글꼴] 그룹에서 '돋움', 크기 '10'으로 지정한다.

기출 유형 문제 05회

작업파일 [26컴활2급₩기출유형문제] 폴더의 '기출유형문제5회' 파일을 열어서 작업하시오.

문제 ❶ 기본작업 | 주어진 시트에서 다음 과정을 수행하고 저장하시오. 20점

01 '기본작업-1' 시트에 다음의 자료를 주어진 대로 입력하시오. (5점)

	A	B	C	D	E	F	G	H
1	식기 선물 주문현황							
2							단위 : 천원	
3	제품코드	제품명	제조사	제조국가	수량	단가	금액	
4	BT$-9871	베이비 식기 세트	리첼	일본	30	35	1050	
5	DF*-01236	홈세트 플라워 42pcs	우주도자기	한국	15	350	5250	
6	CP%-05879	라라 4인 홈세트	쓰임	한국	7	89	623	
7	QW~-01238	다기세트	노리다시	일본	120	80	9600	
8	RE!-01239	다과세트 크리미	행정자기	한국	15	38	570	
9	AD#-01240	오첩반상기 드림	레녹시	미국	30	240	7200	
10	AD#-01241	주기세트	누이	한국	20	140	2800	
11	AD#-01235	홈세트 글로리아 43pcs	롯데자기	한국	10	300	3000	
12	GO^-5981	퓨어 본차이나	짱가이	중국	8	168	1344	
13	FD&-01237	칠첩반상기 슈페리얼	엔슬레	영국	35	450	15750	
14								

02 '기본작업-2' 시트에 대하여 다음의 지시사항을 처리하시오. (각 2점)

① [A1:H1] 영역은 '선택 영역의 가운데로', 글꼴 '궁서', 크기 '16', 글꼴 스타일 '굵게'로 지정하시오.
② [A3:H3] 영역은 '셀에 맞춤' 후 '가로, 세로 가운데 맞춤', 글꼴 스타일 '굵게', 크기 '12', 셀 음영 '표준 색 – 노랑'으로 지정하시오.
③ [C4:C12] 영역을 복사하여 [B16:B24] 영역에 '연산(곱하기)' 기능으로 '선택하여 붙여넣기'를 하시오.
④ [C4:C12], [H4:H12] 영역은 셀 서식의 사용자 지정을 이용하여 천 단위 구분 기호와 숫자 뒤에 '원'을 표시하되 셀의 값이 0인 경우 0이 표시되도록 지정하시오. [표시 예 : 2,000원]
⑤ [H10] 셀에 '가장 큰 지출항목' 이라는 메모를 삽입하고, 메모 서식에서 '자동 크기'를 지정하고, 항상 표시되도록 하시오.

03 '기본작업-3' 시트에 대하여 다음의 지시사항을 처리하시오. (5점)

[A3:E12] 영역에 대해 전일비가 '0' 보다 작으면 행 전체 글꼴 색을 '표준 색 – 빨강'으로, 전일비가 '2000' 이상이면 행 전체 글꼴 색을 '표준 색 – 파랑'으로 지정하는 조건부 서식을 작성하시오.
▶ 단, 조건은 '수식'으로 작성

문제 ❷ 계산작업 | '계산작업' 시트에서 다음 과정을 수행하고 저장하시오. 40점

01 [표1]에서 총결제액과 수수료비율을 이용하여 수수료[F3:F10] 영역에 표시하시오. (8점)
  ▶ 수수료 = 총결제액 × 수수료비율
  ▶ 수수료비율은 결제종류의 왼쪽의 두 글자와 〈결제수수료표〉를 참조
  ▶ INDEX, MATCH, LEFT 함수 사용

02 [표1]에서 지역이 '서초구'인 거래량의 평균을 계산하여 [I3] 셀에 표시하시오. (8점)
  ▶ 조건은 [H2:H3] 영역에 입력하여 함수 적용
  ▶ DSUM, DCOUNTA 함수 사용

03 [표1]에서 거래량이 30 이상인 총결제액의 합계를 계산하여 총결제액의 합계[K5]를 계산하시오. (8점)
  ▶ 판매금액 합계는 십의 자리에서 올림하여 백원 단위로 표시하시오. [표시 예 : 12789 → 12800]
  ▶ SUMIF와 ROUNDUP 함수 사용

04 [표2]에서 신장과 체중을 이용하여 체질량지수(BMI)[D14:D20] 영역에 표시하시오. (8점)
  ▶ 체질량지수(BMI) = 체중/(신장^2)
  ▶ 체질량지수가 20 미만이면 '저체중', 체질량지수가 25 이하이면 '정상', 그 외는 '비만'으로 표시
  ▶ IF, POWER 함수 사용

05 [표3]에서 전산, 영어, 상식 과목을 이용하여 평가[L14:L20]를 표시하시오. (8점)
  ▶ 전산, 영어, 상식 과목 모두 50 이상이고 평균이 70 이상이면 '합격', 그 이외에는 '불합격'으로 표시
  ▶ IF, COUNTIF, AVERAGE, AND 함수 사용

문제 ❸ 분석작업 | 주어진 시트에서 다음 과정을 수행하고 저장하시오 20점

01 '분석작업-1' 시트에 대하여 다음의 지시사항을 처리하시오. (10점)
  '자동차 할부금 계산표'는 할부원금[B4], 연이율[B5], 상환기간(월)[B6]을 이용하여 월납입금액을 계산한 것이다. [데이터]-[데이터 표]를 이용하여 (연)이율[A12:A22] 변동에 따른 월 납입금액[B12:B22]을 계산하시오.

02 '분석작업-2' 시트에 대하여 다음의 지시사항을 처리하시오. (10점)
  [A3:G12] 영역을 이용하여 '주문날짜'는 '행', 제조회사는 '열'로 처리하고, 값은 '생산원가', '판매가', '이익금'의 합계를 계산하는 피벗 테이블을 작성하시오.(단, Σ 값은 행 레이블 위치)
  ▶ 피벗 테이블 보고서는 동일 시트의 [A18] 셀에서 시작하시오.
  ▶ 보고서 레이아웃은 '개요 형식으로 표시'로 지정하시오.
  ▶ 주문날짜는 '월'별로 그룹화하여 표시하시오.
  ▶ 피벗 테이블 옵션을 이용하여 열의 총합계, 행의 총합계는 표시하지 않고, 빈 셀에는 '*'를 표시하시오.

문제 ④ 기타작업 | 주어진 시트에서 다음 과정을 수행하고 저장하시오. 20점

01 '매크로작업' 시트의 [표1]에서 다음과 같은 기능을 수행하는 매크로를 현재 통합 문서에 작성하고 실행하시오. (각 5점)

① 합계[F4:F12] 영역에 대하여 제품별 합계를 계산하는 매크로를 생성하여 실행하시오.
- ▶ 매크로 이름 : 합계계산
- ▶ SUM 함수 사용
- ▶ [도형]-[기본 도형]의 '타원'(◯)을 동일 시트의 [H3:H6] 영역에 생성한 후, 텍스트를 '합계'로 입력하고, 도형을 클릭할 때 '합계계산' 매크로가 실행되도록 설정하시오.

② [A3:F3] 영역은 '가로 가운데 맞춤', 글꼴 스타일 '굵게'로 적용하는 매크로를 생성하여 실행하시오.
- ▶ 매크로 이름 : 서식지정
- ▶ [도형]-[기본 도형]의 '십자형'(✚)을 동일 시트의 [H8:H11] 영역에 생성한 후, 텍스트를 '서식'으로 입력하고, 도형을 클릭할 때 '서식지정' 매크로가 실행되도록 설정하시오.

※ 셀 포인터의 위치에 상관없이 현재 통합문서에서 매크로가 실행되어야 정답으로 인정됨

02 '차트작업' 시트의 차트를 지시사항에 따라 아래 그림과 같이 수정하시오. (각 2점)

※ 차트는 반드시 문제에서 제공한 차트를 사용하여야 하며, 신규로 작성 시 0점 처리됨

① 1월-3월[B3:B10] 영역을 차트에 추가하고 그림을 참조하여 계열의 순서를 이동하시오.
② 차트 제목은 그림과 같이 입력하고, 차트 제목은 글꼴 스타일 '굵게', 글꼴 '굴림', 크기 '14'로 지정하시오.
③ 세로(값) 축 제목은 그림과 같이 입력하고, 텍스트 방향을 '세로'로 지정하시오.
④ '7월-9월' 계열의 '전등사'만 데이터 레이블을 '값'으로 지정하고, 글꼴 '굴림', 글꼴 스타일은 '굵게', 크기 '10'으로 지정하시오.
⑤ 범례의 위치는 '위쪽'으로 지정하고, 범례는 테두리에 '그림자(오프셋 : 오른쪽 아래)'를 설정한 후, 채우기에 '흰색, 배경1'로 지정하시오.

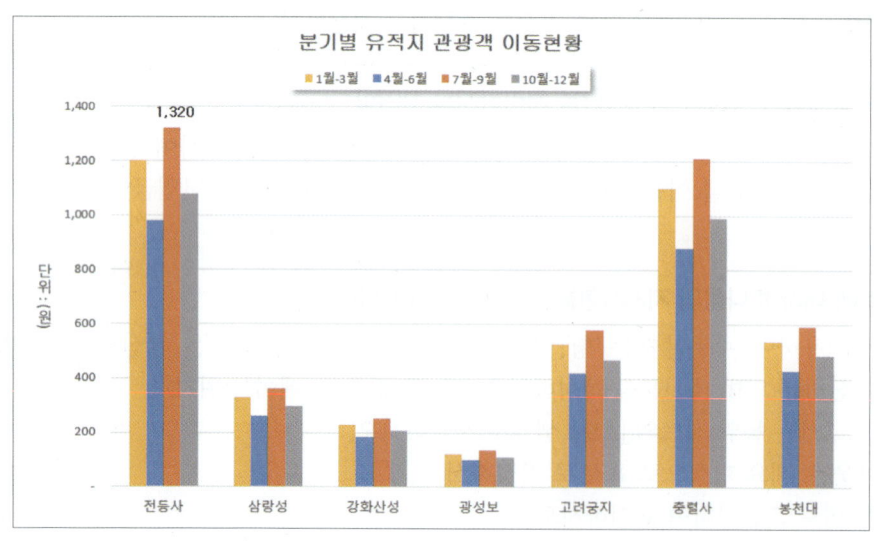

기출 유형 문제 05회 정답

문제 ① 기본작업

01 자료 입력

	A	B	C	D	E	F	G	H
1	식기 선물 주문현황							
2							단위 : 천원	
3	제품코드	제품명	제조사	제조국가	수량	단가	금액	
4	BT$-9871	베이비 식기 세트	리첼	일본	30	35	1050	
5	DF*-01236	홈세트 플라워 42pcs	우주도자기	한국	15	350	5250	
6	CP%-05879	라라 4인 홈세트	쓰임	한국	7	89	623	
7	QW~-01238	다기세트	노리다시	일본	120	80	9600	
8	RE!-01239	다과세트 크리미	행정자기	한국	15	38	570	
9	AD#-01240	오첩반상기 드림	레녹시	미국	30	240	7200	
10	AD#-01241	주기세트	누이	한국	20	140	2800	
11	AD#-01235	홈세트 글로리아 43pcs	롯데자기	한국	10	300	3000	
12	GO^-5981	퓨어 본차이나	짱가이	중국	8	168	1344	
13	FD&-01237	칠첩반상기 슈페리얼	엔슬레	영국	35	450	15750	

02 서식 지정

	A	B	C	D	E	F	G	H	I	J
1				실습실별 소모품 사용현황						
2										
3	품목코드	소모품명	단가(원)	CAD실	시각디자인실	프로그램실	멀티미디어실	총사용금액		
4	INK580	프린트 잉크	22,000원	15	30	5	20	1,540,000원		
5	CD805	공CD	1,200원	100	120	60	180	552,000원		
6	AS009	A4용지	12,000원	10	12	16	8	552,000원		
7	BS004	B4용지	15,000원	10	30	8	12	900,000원		
8	MR006	마커펜	300원	115	250	280	180	247,500원		
9	ER012	지우개	400원	35	100	120	150	162,000원		
10	HR635	외장형 하드	120,000원	10	5	8	15	4,560,000원	가장 큰 지출항목	
11	MO963	마우스	12,000원	35	30	10	18	1,116,000원		
12	KY690	키보드	8,000원	18	10	20	10	464,000원		
13										
14										
15	소모품명	Sale 가격								
16	프린트 잉크	18700								
17	공CD	900								
18	A4용지	11400								
19	B4용지	12000								
20	마커펜	246								
21	지우개	328								
22	외장형 하드	108000								
23	마우스	9600								
24	키보드	6000								

03 조건부 서식

	A	B	C	D	E	F
1	주요종목 주식시세					
2	종목	상장구분	종가	전일비	거래량	
3	제원상사	코스피	10,000	200	53,512	
4	초이마트	코스닥	32,000	1,800	112,380	
5	CT전자	코스닥	26,000	2,000	370,350	
6	다한지주	코스피	41,800	100	155,845	
7	MHK	코스닥	280,000	1,000	73,432	
8	CISOCO	코스피	245,000	- 3,000	31,134	
9	PT인터넷	코스닥	23,850	550	278,730	
10	고음닷컴	코스닥	38,200	1,700	544,479	
11	대산증권	코스피	14,850	- 500	378,937	
12	영진홈쇼핑	코스닥	297,500	3,800	431,817	

문제 ❷ 계산작업

01 ~ 03 수수료, 서초구 거래량 평균, 거래량이 30이상인 총결제액 합계

	A	B	C	D	E	F	G	H	I	J	K	L
1	[표1]	회원 현황										
2	회원코드	지역	결제종류	거래량	총결제액	수수료		지역	서초구 거래량 평균			
3	A-101	서초구	SH-02	28	7,751,250	11,627		서초구	20			
4	A-103	강남구	KB-31	30	5,641,240	11,282						
5	A-202	강동구	KB-31	20	4,815,130	9,630		거래량이 30이상인 총결제액 합계			20,447,700	
6	A-301	노원구	HA-13	35	8,459,870	21,150						
7	B-401	동작구	SH-02	37	6,346,540	9,520						
8	B-108	서초구	HA-13	17	3,176,320	7,941		<결제수수료표>				
9	C-301	서초구	KB-31	15	2,444,890	4,890		결제종류	SH	KB	HA	
10	C-220	마포구	SH-02	13	1,877,410	2,816		수수료비율	0.15%	0.20%	0.25%	
11												

1. [F3] 셀에 「=E3*INDEX($I$10:$K$10,MATCH(LEFT(C3,2),$I$9:$K$9,0))」를 입력하고 [F10] 셀까지 수식 복사
2. [I3] 셀에 「=DSUM(A2:E10,D2,H2:H3)/DCOUNTA(A2:E10,B2,H2:H3)」를 입력
3. [K5] 셀에 「=ROUNDUP(SUMIF(D3:D10,">=30",E3:E10),-2)」를 입력

04 체질량지수(BMI)

	A	B	C	D	E
12	[표2]	신체검사결과			
13	성명	신장(m)	체중(kg)	체질량지수(BMI)	
14	강성준	1.84	85	비만	
15	조윤아	1.57	55	정상	
16	허민균	1.79	75	정상	
17	박수진	1.59	65	비만	
18	김찬희	1.67	60	정상	
19	최창수	1.82	62	저체중	
20	오민아	1.65	45	저체중	
21					

[D14] 셀에 「=IF(C14/POWER(B14,2)<20,"저체중",IF(C14/POWER(B14,2)<=25,"정상","비만"))」를 입력하고 [D20] 셀까지 수식 복사

05 평가

	H	I	J	K	L
12	[표3]	진급시험 현황			
13	수험번호	전산	영어	상식	평가
14	A1001	80	75	60	합격
15	A1002	50	100	60	합격
16	A1003	75	64	70	불합격
17	A1004	90	89	90	합격
18	A1005	80	54	60	불합격
19	A1006	65	35	80	불합격
20	A1007	76	84	83	합격
21					

[L14] 셀에 「=IF(AND(COUNTIF(I14:K14,">=50")=3,AVERAGE(I14:K14)>=70),"합격","불합격")」를 입력하고 [L20] 셀까지 수식 복사

문제 ③ 분석작업

01 데이터 표

	A	B	C
1	자동차 할부금 계산표		
2	차량금액	₩ 28,000,000	
3	인도금	₩ 5,000,000	
4	할부원금	₩ 23,000,000	
5	연이율	0.0%	
6	상환기간(월)	36	
7	월납입금액	₩ 638,889	
8			
9			
10		월 납입금액	
11	(연)이율	₩ 638,889	
12	3.0%	668,868	
13	3.5%	673,948	
14	4.0%	679,052	
15	4.5%	684,179	
16	5.0%	689,331	
17	5.5%	694,506	
18	6.0%	699,705	
19	6.5%	704,927	
20	7.0%	710,173	
21	7.5%	715,443	
22	8.0%	720,736	
23			

02 피벗 테이블

	A	B	C	D	E	F
17						
18			제조회사			
19	주문날짜	값	성일전자	영진전자	영하전자	천지전자
20	1월					
21		합계 : 생산원가	*	*	*	75000
22		합계 : 판매가	*	*	*	113000
23		합계 : 이익금	*	*	*	608000
24	4월					
25		합계 : 생산원가	*	*	50000	150000
26		합계 : 판매가	*	*	128000	233000
27		합계 : 이익금	*	*	3354000	2454000
28	5월					
29		합계 : 생산원가	180000	185000	*	*
30		합계 : 판매가	253000	378000	*	*
31		합계 : 이익금	876000	5362000	*	*
32	7월					
33		합계 : 생산원가	160000	*	*	*
34		합계 : 판매가	200000	*	*	*
35		합계 : 이익금	800000	*	*	*
36	8월					
37		합계 : 생산원가	*	100000	*	*
38		합계 : 판매가	*	126000	*	*
39		합계 : 이익금	*	780000	*	*
40						

문제 ④ 기타작업

01 매크로

	A	B	C	D	E	F
1	[표1]			분유 제품별 판매 현황		
2						
3	제품명	1사분기	2사분기	3사분기	4사분기	합계
4	N임페리얼	500	300	350	240	1,390
5	P궁	102	200	150	120	572
6	N프리미엄	120	138	271	130	659
7	N사이언스	105	100	210	108	523
8	N산양	180	200	208	203	791
9	P다이아몬드	350	370	190	367	1,277
10	P에메랄드	420	450	100	390	1,360
11	M앱솔루트	380	345	120	180	1,025
12	M그랑노블	260	105	160	170	695

(합계 / 서식)

02 차트

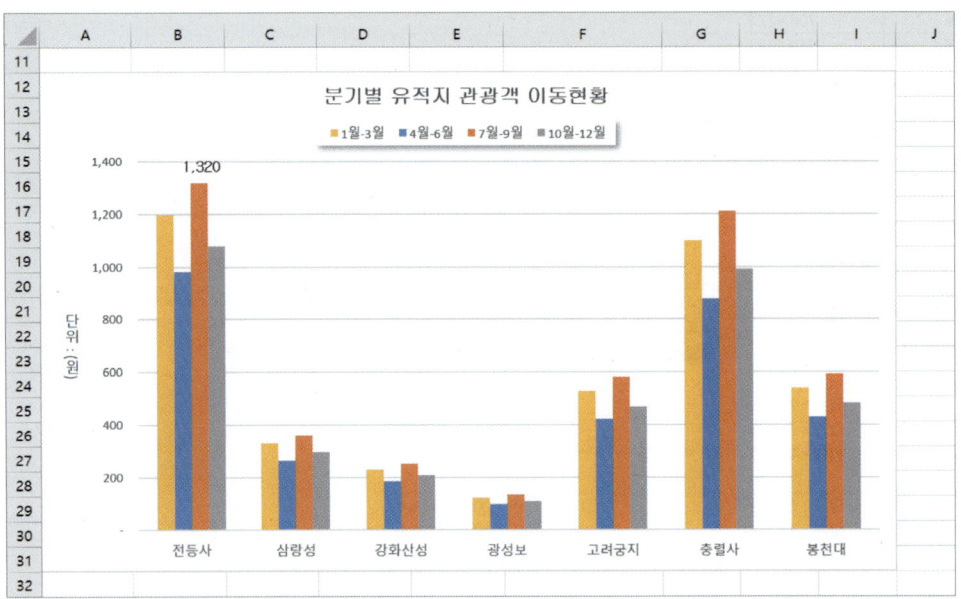

기출 유형 문제 05회 해설

문제 ❶ 기본작업

01 자료 입력('기본작업-1' 시트)
[A2:G13] 셀까지 문제를 보고 오타 없이 작성한다.

02 서식 지정('기본작업-2' 시트)
① [A1:H1] 영역을 범위 지정한 후 Ctrl + 1 을 눌러 [맞춤] 탭에서 가로 '선택 영역의 가운데로'를 선택하고, [글꼴] 탭에서 '궁서', '굵게', 크기 '16'을 선택하고 [확인]을 클릭한다.

② [A3:H3] 영역을 범위 지정한 후 Ctrl + 1 을 눌러 [맞춤] 탭에서 가로 '가운데', 세로 '가운데', '셀에 맞춤'을 체크한다.

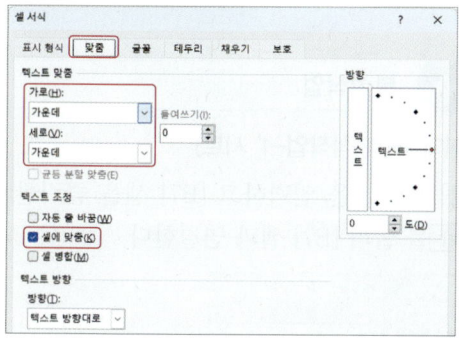

③ [글꼴] 탭에서 크기 '12', '굵게'를 지정하고, [채우기] 탭에서 '표준 색 – 노랑'을 선택하고 [확인]을 클릭한다.

④ [C4:C12] 영역을 범위 지정한 후 Ctrl + C 를 눌러 복사한 다음 [B16:B24] 영역을 범위 지정하고 마우스 오른쪽 버튼을 눌러 [선택하여 붙여넣기]를 클릭한다.

⑤ 연산 '곱하기'를 선택하고 [확인]을 클릭한다.

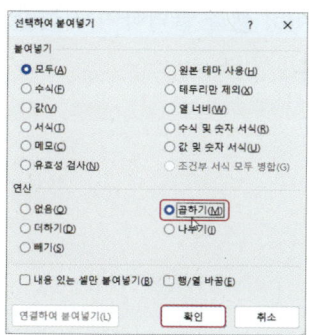

⑥ Ctrl 을 이용하여 [C4:C12], [H4:H12] 영역을 범위 지정한 후 Ctrl + 1 을 눌러 [표시 형식] 탭의 '사용자 지정'에 #,##0원을 입력하고 [확인]을 클릭한다.

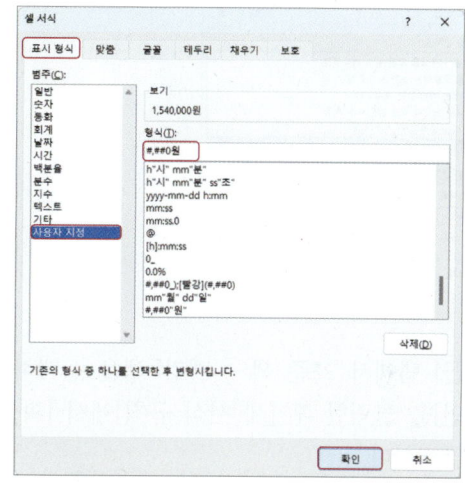

⑦ [H10] 셀에서 마우스 오른쪽 버튼을 눌러 [메모 삽입]을 클릭한다.

> **기적의 TIP**
>
> 사용자가 사용하는 엑셀 버전에 따라 [H10] 셀에서 마우스 오른쪽 버튼을 눌러 [새 노트]를 클릭하거나, [메뉴 검색]에 「메모 삽입」을 입력하여 검색해도 된다.

⑧ 기존 사용자 이름을 지우고, **가장 큰 지출항목**을 입력한다.

⑨ [H10] 셀에서 마우스 오른쪽 버튼을 눌러 [메모 표시/숨기기]를 클릭한다.

⑩ 메모 상자의 경계라인에서 마우스 오른쪽을 클릭하여 [메모 서식]을 클릭한다.

⑪ [맞춤] 탭에서 '자동 크기'를 체크하고 [확인]을 클릭한다.

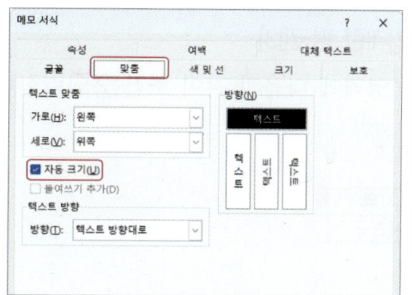

03 조건부 서식('기본작업-3' 시트)

① [A3:E12] 영역을 범위 지정한 후, [홈]-[스타일] 그룹의 [조건부 서식]-[새 규칙]을 클릭한다.
② [새 서식 규칙]에서 '▶ 수식을 사용하여 서식을 지정할 셀 결정'을 선택하고, =$D3<0을 입력한 후 [서식]을 클릭한다.

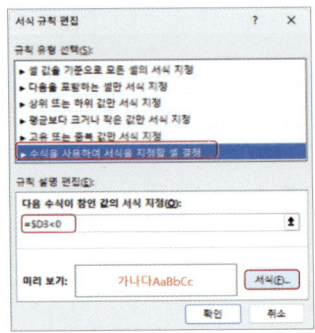

③ [글꼴] 탭에서 '표준 색 – 빨강' 색을 선택하고 [확인]을 클릭한 후 [새 서식 규칙]에서 [확인]을 클릭한다.
④ [A3:E12] 영역을 범위 지정한 후, [홈]-[스타일] 그룹의 [조건부 서식]-[새 규칙]을 클릭한다.
⑤ [새 서식 규칙]에서 '▶ 수식을 사용하여 서식을 지정할 셀 결정'을 선택하고, =$D3>=2000을 입력한 후 [서식]을 클릭한다.
⑥ [글꼴] 탭에서 '표준 색 – 파랑' 색을 선택하고 [확인]을 클릭한 후 [새 서식 규칙]에서 [확인]을 클릭한다.

문제 ❷ 계산작업('계산작업' 시트)

01 수수료[F3:F10]

[F3] 셀에 =E3*INDEX($I$10:$K$10,MATCH(LEFT(C3,2),$I$9:$K$9,0))를 입력하고 [F10] 셀까지 수식을 복사한다.

02 서초구 거래량 평균[I3]

① [H2:H3] 영역에 다음과 같이 조건을 입력한다.

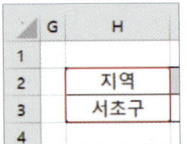

② [I3] 셀에 =DSUM(A2:E10,D2,H2:H3)/DCOUNTA(A2:E10,B2,H2:H3)를 입력한다.

03 거래량이 30이상인 총결제액 합계[K5]

[K5] 셀에 =ROUNDUP(SUMIF(D3:D10,">=30",E3:E10),-2)를 입력한다.

04 체질량지수(BMI)[D14:D20]

[D14] 셀에 =IF(C14/POWER(B14,2)<20,"저체중",IF(C14/POWER(B14,2)<=25,"정상","비만"))를 입력하고 [D20] 셀까지 수식을 복사한다.

05 평가[L14:L20]

[L14] 셀에 =IF(AND(COUNTIF(I14:K14,">=50")=3,AVERAGE(I14:K14)>=70),"합격","불합격")를 입력하고 [L20] 셀까지 수식을 복사한다.

문제 ❸ 분석작업

01 데이터 표('분석작업-1' 시트)

① [B11] 셀에 =을 입력하고 [B7] 셀을 클릭한 후 Enter 를 눌러 [B7] 셀과 연결한다.

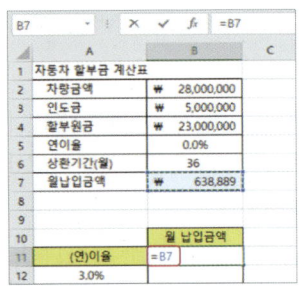

② [A11:B22] 영역을 범위 지정한 후 [데이터]-[예측] 그룹의 [가상 분석]-[데이터 표]를 클릭한다.
③ '열 입력 셀'에서 [B5] 셀을 클릭하여 지정한 후 [확인]을 클릭한다.

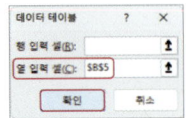

02 피벗 테이블('분석작업-2' 시트)

① [A3:G12] 영역에 커서를 두고 [삽입]-[표] 그룹의 [피벗 테이블](🞖)을 클릭한다.
② [피벗 테이블 만들기]에서 '기존 워크시트'를 선택하고 위치는 [A18] 셀을 지정한 후 [확인]을 클릭한다.

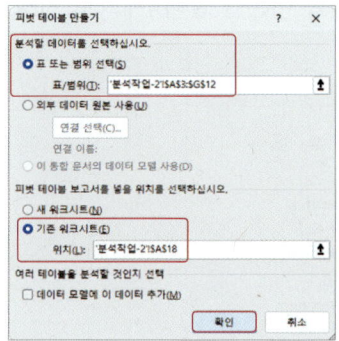

③ '주문날짜' 필드는 '행', '제조회사'는 '열', '생산원가', '판매가', '이익금' 필드는 '값'으로 드래그한다. 필드 목록을 배치한 후에 열 레이블에 있는 'Σ 값'을 행 레이블로 드래그한다.

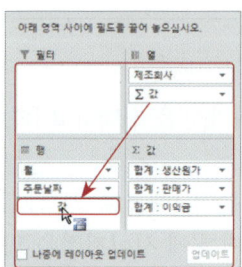

> **기적의 TIP**
> 피벗 테이블 작성 시 날짜 데이터가 있을 경우 사용하는 엑셀 버전에 따라 필드 이름이 다르게 표시될 수 있다.

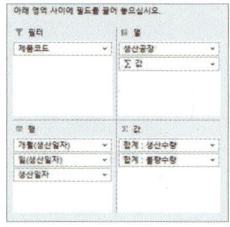

④ [디자인]-[레이아웃] 그룹에서 [보고서 레이아웃]-[개요 형식으로 표시]를 클릭한다.
⑤ 행 필드(주문날짜)[B19]에서 마우스 오른쪽 버튼을 눌러 [그룹]을 클릭한다.

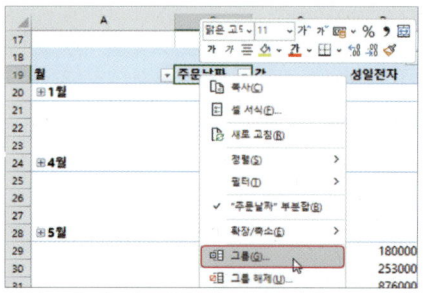

⑥ [그룹화]에서 '일'을 선택을 해제하고 '월'만 선택된 상태에서 [확인]을 클릭한다.

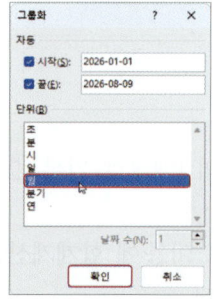

⑦ 피벗 테이블 안에서 마우스 오른쪽 버튼을 눌러 [피벗 테이블 옵션]을 클릭한다.
⑧ [레이아웃 및 서식] 탭에서 '빈 셀 표시'에 *을 입력한다.

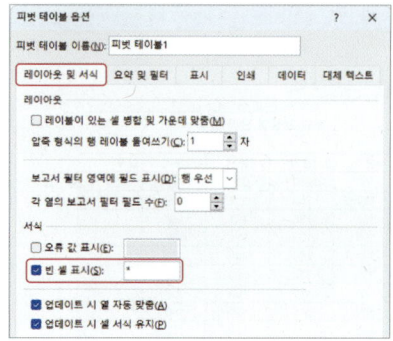

⑨ [요약 및 필터] 탭에서 '행 총합계 표시', '열 총합계 표시'의 체크를 해제하고 [확인]을 클릭한다.

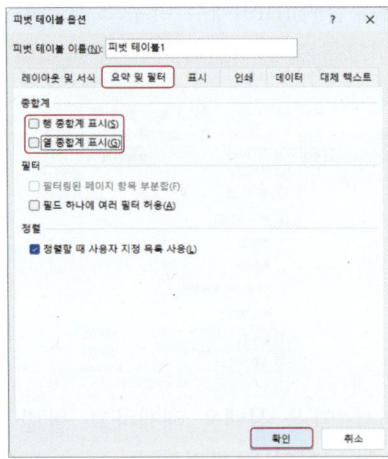

문제 ④ 기타작업

01 매크로('매크로작업' 시트)

① [개발 도구]-[코드] 그룹의 [매크로 기록](🔴)을 클릭한다.
② [매크로 기록]에서 '매크로 이름'에 **합계계산**을 입력하고 [확인]을 클릭한다.
③ [B4:F12] 영역을 범위 지정한 후 [수식]-[함수 라이브러리] 그룹에서 [자동 합계](∑) 도구를 클릭한다.

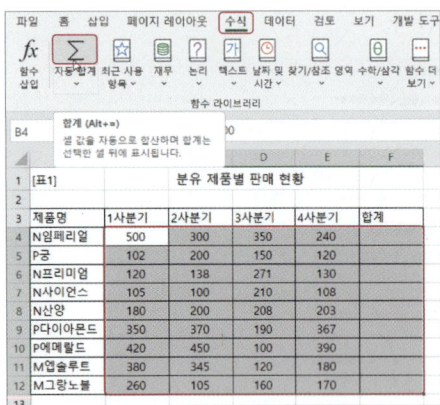

④ [개발 도구]-[코드] 그룹의 [기록 중지](□)를 클릭한다.
⑤ [삽입]-[일러스트레이션] 그룹의 [도형]-[기본 도형]의 '타원'(○)을 클릭하여 [H3:H6] 영역에 Alt 를 누른 채 드래그하여 그린다.
⑥ 도형에 **합계**를 입력한 후, 도형의 경계라인에서 마우스 오른쪽 버튼을 눌러 [매크로 지정]을 클릭한다.

⑦ [매크로 지정]에서 '합계계산'을 선택하고 [확인]을 클릭한다.
⑧ [개발 도구]-[코드] 그룹의 [매크로 기록](🔴)을 클릭한 후, '매크로 이름'에 **서식지정**을 입력하고 [확인]을 클릭한다.
⑨ [A3:F3] 영역을 범위 지정하고 [홈]-[글꼴] 그룹에서 '굵게', [홈]-[맞춤] 그룹에서 [가운데 맞춤](≡)을 클릭한다.

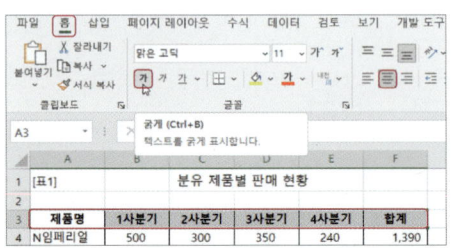

⑩ [개발 도구]-[코드] 그룹의 [기록 중지](□)를 클릭한다.

⑪ [삽입]-[일러스트레이션] 그룹의 [도형]-[기본 도형]의 '십자형'(✚)을 클릭하여 [H8:H11] 영역에 Alt를 누른 채 드래그하여 그린다.
⑫ 도형에 **서식**을 입력한 후, 도형의 경계라인에서 마우스 오른쪽 버튼을 눌러 [매크로 지정]을 클릭한다.
⑬ [매크로 지정]에서 '서식지정'을 선택하고 [확인]을 클릭한다.

02 차트('차트작업' 시트)

① [B3:B10] 영역을 범위 지정한 후 Ctrl+C를 눌러 복사하고 차트를 선택하여 Ctrl+V를 눌러 붙여넣기한다.
② 차트에서 마우스 오른쪽 버튼을 눌러 [데이터 선택]을 클릭한다.
③ '1월-3월'을 선택하고 [위로 이동](∧)을 클릭하여 맨 위로 이동한 후 [확인]을 클릭한다.

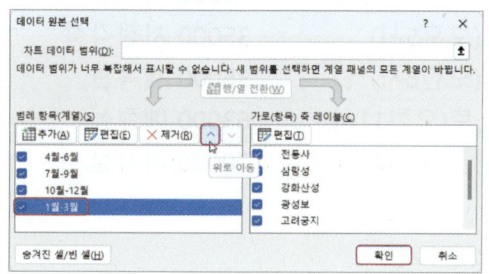

④ 차트를 선택한 후 [차트 요소](✚)에서 '차트 제목'을 체크한 후 **분기별 유적지 관광객 이동현황**을 입력한다.
⑤ '차트 제목'을 선택한 후 [홈]-[글꼴] 그룹에서 '굴림', 크기 '14', '굵게'로 지정한다.
⑥ 차트를 선택한 후 [차트 요소](✚)에서 [축 제목]-[기본 세로]를 체크한 후 **단위 : (원)**을 입력한다.
⑦ 세로(값) 축 제목 '단위 : (원)'을 선택한 후 마우스 오른쪽 버튼을 눌러 [축 제목 서식]을 클릭한 후 [축 제목 서식]-[제목 옵션]-[크기 및 속성]의 '맞춤'에서 '텍스트 방향'을 '세로'로 선택한다.

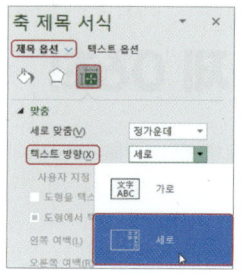

⑧ '7월-9월' 계열의 '전등사' 데이터 요소를 선택한 후 다시 한 번 클릭하여 하나의 요소만을 선택한다.
⑨ 하나의 요소만 선택된 상태에서 마우스 오른쪽 버튼을 눌러 [데이터 레이블 추가]를 선택한다.

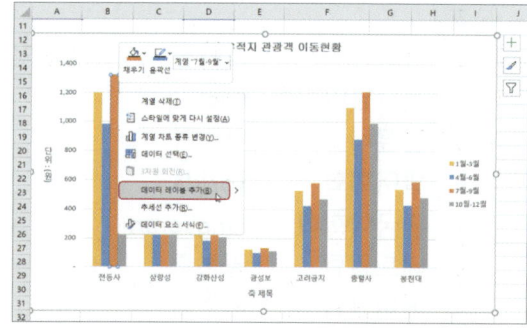

⑩ 데이터 레이블 '1320'을 선택하고 [홈]-[글꼴] 그룹에서 '굴림', '굵게', 크기 '10'으로 지정한다.

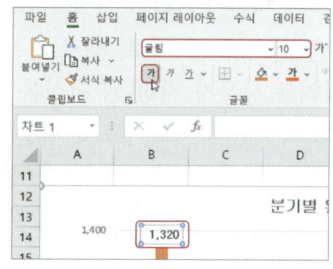

⑪ 범례를 선택한 후 [범례 서식]의 '범례 옵션'에서 '위쪽'을 선택한다.
⑫ 효과의 '그림자'에서 '미리 설정'을 클릭하여 '바깥쪽(오프셋: 오른쪽 아래)'을 선택한다.
⑬ 채우기 및 선의 '채우기'에서 '단색 채우기'를 선택하고 '색'에서 '흰색, 배경1'을 선택한 후 [단기]를 클릭한다.

기출 유형 문제 06회

작업파일 [26컴활2급₩기출유형문제] 폴더의 '기출유형문제6회' 파일을 열어서 작업하시오.

문제 ❶ 기본작업 | 주어진 시트에서 다음 과정을 수행하고 저장하시오. 20점

01 '기본작업-1' 시트에 다음의 자료를 주어진 대로 입력하시오. (5점)

	A	B	C	D	E	F
1	주민평생교육					
2						
3	강좌명	강사명	수강인원(명)	강의시간	수강료	장소
4	기본영어회화	Kristi	12	월,수,금(오후2시)	35000	교사연구실
5	컴퓨터	이주아	20	화,목,토(오전10시)	30000	Lab실
6	일어회화	Yosida	12	금,토,일(오후3시)	39000	어학실
7	중국어회화	Jangsoran	30	월,목(오후5시)	35000	시청각실
8	배드민턴	김봉주	10	토,일(오전8시)	36000	체육관
9	메이크업	이주희	25	수,금,토(오전11시)	63000	예절실
10	종이접기	강부자	15	화,수,금(오후4시)	70000	가사실

02 '기본작업-2' 시트에 대하여 다음의 지시사항을 처리하시오. (각 2점)

① [A1:I1] 영역은 '셀 병합 후 가로, 세로 가운데 맞춤', 글꼴 '궁서체', 크기 '15', 밑줄 '밑줄'로 지정하시오.
② [D4:H12] 영역은 사용자 지정 셀 서식을 이용하여 1000의 배수로 표시하고, 숫자 뒤에 '천원'이 추가되어 표시되도록 지정하시오. [표시 예 : 1500000 → 1,500천원]
③ [A4:A11] 영역을 '설계사명'으로 이름을 정의하시오.
④ [A3:I3] 영역은 '가로 가운데 맞춤', 글꼴 스타일 '굵게', 글꼴 색 '표준 색 – 파랑', 배경색 '표준 색 – 노랑'으로 지정하시오.
⑤ [A3:I12] 영역은 '모든 테두리'(⊞)를, [B12], [C12], [I12] 영역은 대각선(×) 모양을 적용하여 표시하시오.

03 '기본작업-3' 시트에 대하여 다음의 지시사항을 처리하시오. (5점)

[A4:H11] 영역에 대해 순이익이 10000 이상 40000 이하이면서 할인율이 '10%' 이상인 행 전체의 글꼴 색을 '표준 색 – 파랑', 글꼴 스타일을 '기울임꼴'로 지정하는 조건부 서식을 작성하시오.
▶ AND 함수 사용
▶ 단, 규칙 유형은 '수식을 사용하여 서식을 지정할 셀 결정'을 사용하고, 한 개의 규칙으로만 작성하시오.

문제 ❷ 계산작업 | '계산작업' 시트에서 다음 과정을 수행하고 저장하시오. 40점

01 [표1]에서 제품코드[A3:A11]의 마지막 문자를 이용하여 제품명[D3:D11]을 표시하시오. (8점)
- ▶ 제품코드의 마지막 문자가 'S'이면 '컴퓨터', 'T'이면 '프린터', 'R'이면 '스캐너'
- ▶ SWITCH, RIGHT 함수 사용

02 [표2]에서 사고보험금[H3:H11]을 이용하여 인상여부[I3:I11]를 표시하시오. (8점)
- ▶ 사고보험금이 2,000,000 이상이면 '보험료인상', 사고보험금이 1,000,000 미만이면 '보험료인하', 그 외는 공백으로 표시 ▶ IFS 함수 사용

03 [표3]에서 고객들의 생년월일[B15:B24]을 이용하여 태어난 요일[C15:C24]을 표시하시오. (8점)
- ▶ 요일의 계산방식은 월요일부터 시작하는 2번 방식으로 지정
- ▶ '월요일'과 같이 문자열 전체를 표시 ▶ IFS와 WEEKDAY 함수 사용

04 [표4]에서 부서별 실수령액[I15:I23]을 이용하여 영업부의 실수령액 평균[I24]을 구하시오. (8점)
- ▶ SUMIF와 COUNTIF 함수 사용

05 [표5]에서 지역별 판매이익[E28:E36]을 이용하여 서울지역의 판매이익 평균[G36]을 백의 자리에서 올림하여 천의 자리로 구하시오. (8점)
- ▶ 숫자 뒤에 '원'을 포함하여 표시하시오. [표시 예 : 1000 → 1000원]
- ▶ ROUNDUP과 DAVERAGE 함수와 & 연산자 사용

문제 ❸ 분석작업 | 주어진 시트에서 다음 과정을 수행하고 저장하시오. 20점

01 '분석작업-1' 시트에 대하여 다음의 지시사항을 처리하시오. (10점)

'영업 현황' 표를 이용하여 대리점명, 판매사원은 '행', 제품명은 '열'로 처리하고, '값'에 외상매출액의 평균을 계산한 후 '행의 총합계'는 나타나지 않도록 [H3] 셀부터 피벗 테이블을 작성하시오.

▶ 보고서 레이아웃은 '개요 형식으로 표시'로 설정하고, 그룹 하단에 모든 부분합을 표시하시오.
▶ 평균 서식은 값 필드 설정의 표시 형식의 숫자 범주를 이용하여 '1000 단위 구분기호 사용'과 '소수 1자리'로 지정하시오.
▶ '평균 : 외상매출액'의 총합계 기준으로 오름차순 정렬하시오.

	평균 : 외상매출액		제품명			
	대리점명	판매사원	TV	김치냉장고	에어컨	냉장고
	⊟ 강남					
		김정민		7,451,200.0		3,256,000.0
		이영복	4,521,420.0	2,521,420.0		
		한수진			5,484,700.0	
	강남 요약		4,521,420.0	4,986,310.0	5,484,700.0	3,256,000.0
	⊟ 서초점					
		김길용				9,542,100.0
		김명윤			6,845,200.0	
		이승범	5,332,500.0	2,456,000.0		
	서초점 요약		5,332,500.0	2,456,000.0	6,845,200.0	9,542,100.0
	⊟ 송파점					
		김영수		3,384,500.0		
		최영수	1,135,000.0			
		하창수			6,345,000.0	6,453,000.0
	송파점 요약		1,135,000.0	3,384,500.0	6,345,000.0	6,453,000.0
	총합계		3,877,585.0	3,953,280.0	6,039,900.0	6,417,033.3

02 '분석작업-2' 시트에 대하여 다음의 지시사항을 처리하시오. (10점)

데이터 통합 기능을 이용하여 [표1], [표2], [표3]에 대한 품명별, '판매수량', '매출액' 평균을 '1/4분기 평균 판매금액'표의 [G11:H14] 영역에 계산하시오.

문제 ④ 기타작업 | 주어진 시트에서 다음 과정을 수행하고 저장하시오. 20점

01 '매크로작업' 시트의 [표1]에서 다음과 같은 기능을 수행하는 매크로를 현재 통합 문서에 작성하고 실행하시오. (각 5점)

① [C4:D10] 영역에 대하여 '통화서식(₩)'을 지정하는 매크로를 생성하여 실행하시오.
  ▶ 매크로 이름 : 통화
  ▶ '통화' 매크로는 [도형] → [기본 도형]의 '다이아몬드(◇)'에 지정한 후 실행하도록 하며, 텍스트는 '통화'로 입력하고, 동일 시트의 [H3:I5] 영역에 위치시키시오.

② [E4:E10] 영역에 대하여 '총요금'을 계산하는 매크로를 생성하여 실행하시오.
  ▶ 매크로 이름 : 총요금
  ▶ 총요금 = 사용요금 + 세금
  ▶ '총요금' 매크로는 [도형] → [기본 도형]의 '배지(◯)'에 지정한 후 실행하도록 하며, 텍스트는 '총요금'으로 입력하고, 동일 시트의 [H7:I8] 영역에 위치시키시오.
  ※ 셀 포인터의 위치에 상관없이 현재 통합 문서에서 매크로가 실행되어야 정답으로 인정됨

02 '차트작업' 시트의 차트를 지시사항에 따라 아래 그림과 같이 수정하시오. (각 2점)

※ 차트는 반드시 문제에서 제공한 차트를 사용하여야 하며, 신규로 작성 시 0점 처리됨
① '주택예금' 데이터가 차트에 표시되도록 데이터 범위를 추가하시오.
② '보통예금' 계열의 차트 종류를 '표식이 있는 꺾은선형'으로 변경하시오.
③ 차트 종류를 변경한 '보통예금' 계열을 '보조 축'으로 지정하시오.
④ 차트 제목, 가로(항목) 축, 세로(값) 축의 제목을 그림과 같이 입력하고, 차트 제목은 글꼴 '궁서체', 크기 '15', '굵게', '밑줄'로 지정하시오.
⑤ 범례에 대하여 글꼴 '궁서', 크기 '11', 위치는 '위쪽'으로 지정하시오.

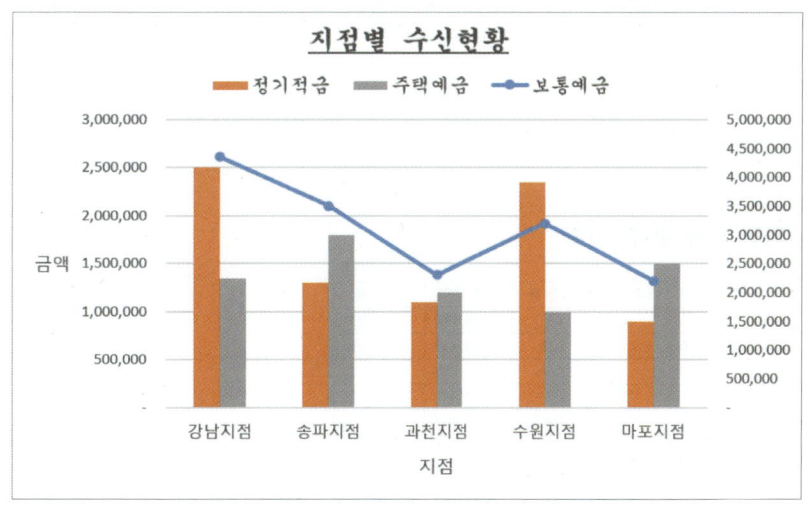

기출 유형 문제 06회 정답

문제 ① 기본작업

01 자료 입력

	A	B	C	D	E	F
1	주민평생교육					
2						
3	강좌명	강사명	수강인원(명)	강의시간	수강료	장소
4	기본영어회화	Kristi	12	월,수,금(오후2시)	35000	교사연구실
5	컴퓨터	이주아	20	화,목,토(오전10시)	30000	Lab실
6	일어회화	Yosida	12	금,토,일(오후3시)	39000	어학실
7	중국어회화	Jangsoran	30	월,목(오후5시)	35000	시청각실
8	배드민턴	김봉주	10	토,일(오전8시)	36000	체육관
9	메이크업	이주희	25	수,금,토(오전11시)	63000	예절실
10	종이접기	강부자	15	화,수,금(오후4시)	70000	가사실

02 서식 지정

	A	B	C	D	E	F	G	H	I
1	든든보험 설계사 실적 현황								
2									
3	설계사명	주영업지역	주보험분야	1분기	2분기	3분기	4분기	실적총액	실적순위
4	나신영	서울 강서	상해보험	1,250천원	1,130천원	980천원	1,280천원	4,640천원	8
5	고건희	서울 강남	종신보험	2,700천원	2,500천원	2,890천원	3,150천원	11,240천원	1
6	정성태	경기 남부	자동차보험	2,079천원	1,890천원	2,298천원	1,902천원	8,169천원	5
7	김한용	대전	화재보험	1,980천원	1,750천원	2,380천원	3,160천원	9,270천원	4
8	이태성	경기 북부	상해보험	1,682천원	1,729천원	1,924천원	2,016천원	7,351천원	6
9	최미연	서울 강동	자동차보험	974천원	1,380천원	1,732천원	1,973천원	6,059천원	7
10	주선희	대전	종신보험	2,390천원	3,120천원	2,800천원	2,450천원	10,760천원	3
11	박명숙	인천	화재보험	3,020천원	1,730천원	2,870천원	3,590천원	11,210천원	2
12	합계			16,075천원	15,229천원	17,874천원	19,521천원	68,699천원	

03 조건부 서식

	A	B	C	D	E	F	G	H
1	가전 제품 판매 현황							
2								단위 : 천원
3	제품명	판매대수	매입단가	매입금액	매출단가	할인율	매출금액	순이익
4	VTR	78	350	27,300	438	4%	35,490	8,190
5	캠코더	120	990	118,800	1,238	10%	163,350	44,550
6	*디지털카메라*	*134*	*465*	*62,310*	*581*	*11%*	*86,455*	*24,145*
7	*냉장고*	*105*	*870*	*91,350*	*1,088*	*10%*	*125,606*	*34,256*
8	HDTV	55	2,100	115,500	2,625	2%	147,263	31,763
9	김치냉장고	89	567	50,463	709	3%	64,971	14,508
10	오디오	56	345	19,320	431	0%	24,150	4,830
11	에어컨	189	950	179,550	1,188	5%	235,659	56,109

문제 ❷ 계산작업

01 제품명

	A	B	C	D
1	[표1] 지점별 제품 판매 현황			
2	제품코드	지점명	판매량	제품명
3	UT-100S	강동	184	컴퓨터
4	YI-200T	강남	99	프린터
5	PZ-150R	강서	174	스캐너
6	RU-100T	노원	86	프린터
7	OG-200S	송파	138	컴퓨터
8	AA-023T	서초	150	프린터
9	CC-123S	논현	31	컴퓨터
10	BB-567R	사당	74	스캐너
11	QW-901T	대치	167	프린터
12				

[D3] 셀에 「=SWITCH(RIGHT(A3,1),"S","컴퓨터","T","프린터","R","스캐너")」를 입력하고 [D11] 셀까지 수식 복사

02 인상여부

	F	G	H	I	J
1	[표2] 고객별 보험료 납부 현황				
2	고객코드	가입년도	사고보험금	인상여부	
3	K-1542	2010년	800,000	보험료인하	
4	P-2943	2011년	750,000	보험료인하	
5	M-3847	2012년	1,200,000		
6	G-1795	2013년	3,400,000	보험료인상	
7	F-2847	2011년	1,100,000		
8	A-3912	2013년	900,000	보험료인하	
9	S-2741	2010년	2,100,000	보험료인상	
10	K-2734	2012년	1,800,000		
11	S-1847	2011년	2,800,000	보험료인상	
12					

[I3] 셀에 「=IFS(H3>=2000000,"보험료인상",H3<1000000,"보험료인하",TRUE,"")」를 입력하고 [I11] 셀까지 수식 복사

03 태어난 요일

	A	B	C	D
13	[표3] 고객 인적 사항			
14	성명	생년월일	태어난 요일	
15	김태영	1987-06-21	일요일	
16	박술희	1985-10-17	목요일	
17	정태정	1986-08-23	토요일	
18	최돈구	1988-12-03	토요일	
19	한인수	1987-05-31	일요일	
20	지명환	1986-02-08	토요일	
21	김시찬	1988-03-25	금요일	
22	명세진	1985-06-04	화요일	
23	김국진	1992-05-05	화요일	
24	장안나	1993-06-07	월요일	
25				

[C15] 셀에 「=IFS(WEEKDAY(B15,2)=1,"월요일",WEEKDAY(B15,2)=2, "화요일", WEEKDAY(B15,2)=3, "수요일", WEEKDAY(B15,2)=4, "목요일",WEEKDAY(B15,2)=5, "금요일",WEEKDAY(B15,2)=6, "토요일",WEEKDAY(B15,2)=7, "일요일")」을 입력하고 [C24] 셀까지 수식 복사

04 영업부 실수령액 평균

	E	F	G	H	I
13	[표4] 부서별 급여 현황				
14	성명	직급	부서	기본급	실수령액
15	김진성	사원	영업부	1,750,000	2,360,000
16	서혁진	과장	자재부	2,350,000	3,170,000
17	이상흠	대리	생산부	2,000,000	2,700,000
18	김성균	과장	영업부	2,150,000	2,900,000
19	윤향기	사원	자재부	1,850,000	2,500,000
20	김필승	과장	영업부	2,300,000	3,110,000
21	한성수	대리	자재부	1,950,000	2,630,000
22	최미르	대리	영업부	1,950,000	2,630,000
23	정준영	사원	생산부	1,800,000	2,430,000
24	영업부 실수령액 평균				2,750,000
25					

[I24] 셀에 「=SUMIF(G15:G23,"영업부",I15:I23)/COUNTIF(G15:G23,"영업부")」를 입력

05 서울지역 판매이익 평균

	A	B	C	D	E	F	G	H
26	[표5] 지역별 판매 현황							
27	제품명	지역	판매가	판매량	판매이익			
28	TV	서울	700,000	88	61,600,000			
29	냉장고	서울	1,000,000	92	92,000,000			
30	사운드바	경기	450,000	86	38,700,000			
31	TV	경기	700,000	102	71,400,000			
32	사운드바	서울	500,000	86	43,000,000			
33	냉장고	경기	1,200,000	99	118,800,000			
34	TV	인천	700,000	111	77,700,000			
35	에어컨	서울	980,000	100	98,000,000			
36	냉장고	인천	1,400,000	76	106,400,000		서울지역 판매이익 평균	
37							73650000원	

[G36] 셀에 「=ROUNDUP(DAVERAGE(A27:E36,5,B27:B28),-3)&"원"」를 입력

문제 ③ 분석작업

01 피벗 테이블

	G	H	I	J	K	L	M	N
1								
2								
3		평균 : 외상매출액		제품명				
4		대리점명	판매사원	TV	김치냉장고	에어컨	냉장고	
5		⊟강남						
6			김정민		7,451,200.0		3,256,000.0	
7			이영복	4,521,420.0	2,521,420.0			
8			한수진			5,484,700.0		
9		강남 요약		4,521,420.0	4,986,310.0	5,484,700.0	3,256,000.0	
10		⊟서초점						
11			김길용				9,542,100.0	
12			김명윤			6,845,200.0		
13			이승범	5,332,500.0	2,456,000.0			
14		서초점 요약		5,332,500.0	2,456,000.0	6,845,200.0	9,542,100.0	
15		⊟송파점						
16			김영수		3,384,500.0			
17			최영수	1,135,000.0				
18			하창수			6,345,000.0	6,453,000.0	
19		송파점 요약		1,135,000.0	3,384,500.0	6,345,000.0	6,453,000.0	
20		총합계		3,877,585.0	3,953,280.0	6,039,900.0	6,417,033.3	
21								

02 통합

	F	G	H
9	[표4]	1/4분기 평균 판매금액	
10	품명	판매수량	매출액
11	모니터	44	23,580,000
12	프린터	43	3,870,000
13	외장형 하드	11	220,000
14	RAM	55	2,475,000
15			

문제 ④ 기타작업

01 매크로

	A	B	C	D	E
1	[표1]	가정용 가스 요금			
2					
3	사용자명	사용량	사용요금	세금	총요금
4	정일섭	80	₩56,000	₩5,600	₩61,600
5	김은지	100	₩70,000	₩7,000	₩77,000
6	이찬동	120	₩84,000	₩8,400	₩92,400
7	김희선	230	₩161,000	₩16,100	₩177,100
8	박성준	90	₩63,000	₩6,300	₩69,300
9	최지혜	110	₩77,000	₩7,700	₩84,700
10	박하나	180	₩126,000	₩12,600	₩138,600
11					

통화

총요금

02 차트

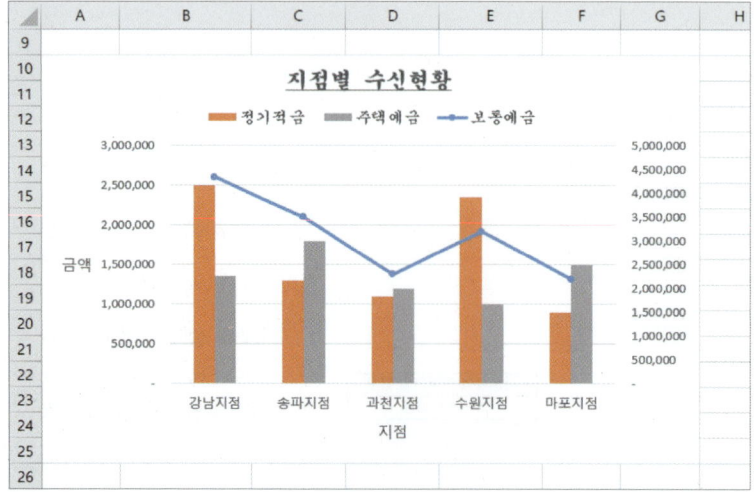

기출 유형 문제 06회 해설

문제 ❶ 기본작업

01 자료 입력('기본작업-1' 시트)

[A3:F10] 셀까지 문제를 보고 오타 없이 작성한다.

02 서식 지정('기본작업-2' 시트)

① [A1:I1] 영역을 범위 지정한 후 [홈]-[맞춤] 그룹에서 [병합하고 가운데 맞춤](圖)과 세로 [가운데 맞춤](≡)을 클릭하고 [글꼴] 그룹에서 글꼴 '궁서체', 크기 '15', '밑줄'을 선택한다.

② [D4:H12] 영역을 범위 지정한 후 Ctrl + 1 을 눌러 [표시 형식] 탭에서 '사용자 지정'을 선택하고 #,##0,"천원"을 입력하고 [확인]을 클릭한다.

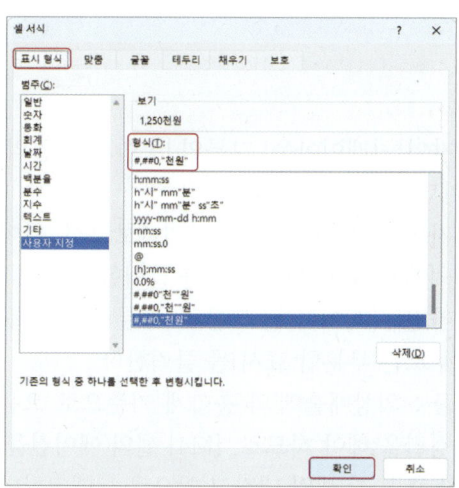

③ [A4:A11] 영역을 범위 지정한 후 '이름 상자'에 **설계사명**을 입력하고 Enter 를 누른다.

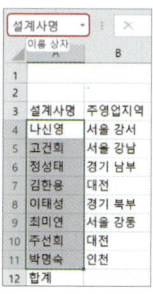

④ [A3:I3] 영역을 범위 지정한 후 [홈]-[맞춤] 그룹에서 가로 [가운데 맞춤](≡)을 클릭하고, [글꼴] 그룹에서 글꼴 스타일 '굵게', [글꼴 색](가▼) 도구를 클릭하여 '표준 색 – 파랑', [채우기 색](◇▼) 도구를 클릭하여 '표준 색 – 노랑'을 선택한다.

⑤ [A3:I12] 영역을 범위 지정한 후 [홈]-[글꼴] 그룹에서 [테두리](田▼) 도구의 [모든 테두리](田)를 클릭하고, [B12:C12], [I12] 영역을 범위 지정한 후 Ctrl + 1 을 눌러 [테두리] 탭에서 '대각선'을 선택하고 [확인]을 클릭한다.

03 조건부 서식('기본작업-3' 시트)

① [A4:H11] 영역을 범위 지정한 후, [홈]-[스타일] 그룹의 [조건부 서식]-[새 규칙]을 클릭한다.

② [새 서식 규칙]에서 '▶ 수식을 사용하여 서식을 지정할 셀 결정'을 선택하고, =AND($H4>=10000,$H4<=40000,$F4>=10%)를 입력한 후 [서식]을 클릭한다.

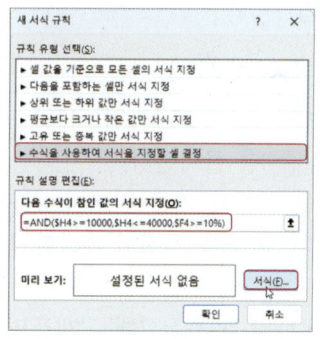

③ [글꼴] 탭에서 글꼴 스타일 '기울임꼴', 색은 '표준 색 – 파랑'을 선택하고 [확인]을 클릭한다.

④ [새 서식 규칙]에서 [확인]을 클릭한다.

문제 ❷ 계산작업('계산작업' 시트)

01 제품명[D3:D11]

[D3] 셀에 =SWITCH(RIGHT(A3,1),"S","컴퓨터","T","프린터","R","스캐너")를 입력하고 [D11] 셀까지 수식을 복사한다.

02 인상여부[I3:I11]

[I3] 셀에 =IFS(H3>=2000000,"보험료인상",H3<1000000,"보험료인하",TRUE,"")를 입력하고 [I11] 셀까지 수식을 복사한다.

03 요일[C15:C24]

[C15] 셀에 =IFS(WEEKDAY(B15,2)=1,"월요일",WEEKDAY(B15,2)=2,"화요일",WEEKDAY(B15,2)=3,"수요일",WEEKDAY(B15,2)=4,"목요일",WEEKDAY(B15,2)=5,"금요일",WEEKDAY(B15,2)=6,"토요일",WEEKDAY(B15,2)=7,"일요일")을 입력하고 [C24] 셀까지 수식을 복사한다.

04 실수령액 평균[I24]

[I24] 셀에 =SUMIF(G15:G23,"영업부",I15:I23)/COUNTIF(G15:G23,"영업부")를 입력한다.

05 판매이익 평균[G36]

[G36] 셀에 =ROUNDUP(DAVERAGE(A27:E36,5,B27:B28),-3)&"원"를 입력한다.

문제 ❸ 분석작업

01 피벗 테이블('분석작업-1' 시트)

① [A3:F18] 영역에 커서를 두고 [삽입]-[표] 그룹의 [피벗 테이블](🔲)을 클릭한다.
② [피벗 테이블 만들기]에서 '기존 워크시트'를 선택한 후 위치는 [H3] 셀을 지정한 후 [확인]을 클릭한다.
③ '대리점명', '판매사원' 필드는 '행', '제품명'은 '열', '외상매출액' 필드는 '값'으로 드래그한다.

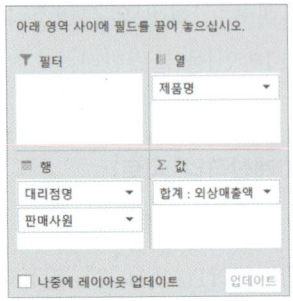

④ [H3] 셀에서 마우스 오른쪽 버튼을 눌러 [값 필드 설정]을 클릭하여 '평균'을 선택하고 [표시 형식]을 클릭하여 '숫자', '1000 단위 구분 기호(,) 사용'을 체크하고, 소수 자릿수 '1'로 지정하고 [확인]을 클릭한다.

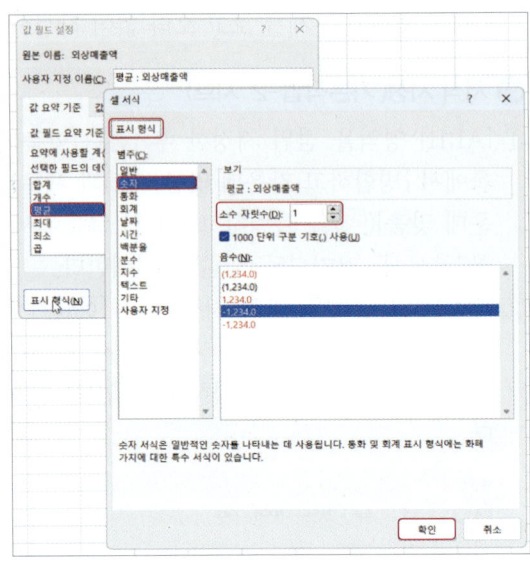

⑤ [디자인]-[레이아웃] 그룹의 [총합계]-[열의 총합계만 설정]을 클릭한다.
⑥ [디자인]-[레이아웃] 그룹의 [보고서 레이아웃]-[개요 형식으로 표시]를 클릭한다.
⑦ [디자인]-[레이아웃] 그룹의 [부분합]-[그룹 하단에 모든 부분합 표시]를 클릭한다.
⑧ '평균 : 외상매출액'의 총합계 기준으로 오름차순 정렬을 해야 하므로, [M4] 셀의 에어컨을 선택한 후 [L4] 셀의 냉장고 앞으로 드래그한다.

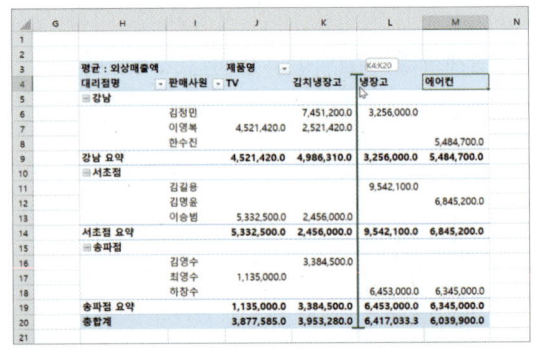

> **기적의 TIP**
> [J3] 셀의 목록 단추를 클릭하여 [기타 정렬 옵션]을 클릭하여 '오름차순 기준'을 선택하고 '평균 : 외상매출액'을 선택하고 [확인]을 클릭한다.

02 통합('분석작업-2' 시트)

① [F10:H14] 영역을 범위 지정한 후 [데이터]-[데이터 도구] 그룹의 [통합](📇)을 클릭한다.
② 함수는 '평균', 모든 참조 영역에 [A2:D6], [F2:I6], [A10:D14] 영역을 드래그하여 추가한 후 '첫 행', '왼쪽 열'을 체크하고 [확인]을 클릭한다.

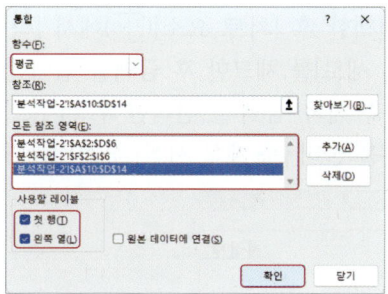

문제 ④ 기타작업

01 매크로('매크로작업' 시트)

① [개발 도구]-[코드] 그룹의 [매크로 기록](📼)을 클릭한다.

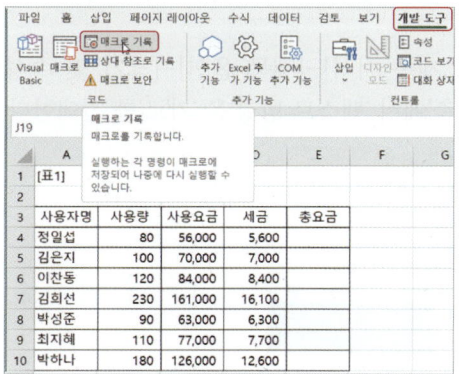

② [매크로 기록]에서 '매크로 이름'에 **통화**를 입력하고 [확인]을 클릭한다.
③ [C4:D10] 영역을 범위 지정한 후 [홈]-[표시 형식] 그룹에서 '통화'를 선택한다.

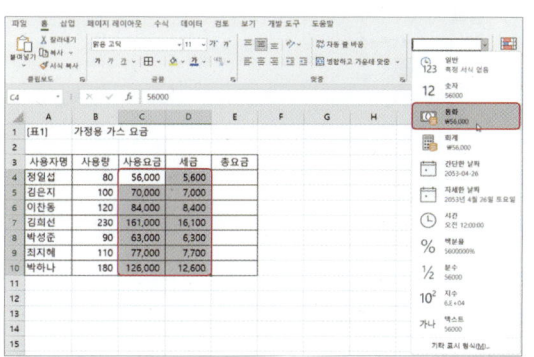

④ [개발 도구]-[코드] 그룹의 [기록 중지](□)를 클릭한다.
⑤ [삽입]-[일러스트레이션] 그룹의 [도형]-[기본 도형]의 '다이아몬드'(◇)를 클릭하여 [H3:I5] 영역에 Alt를 누른 채 드래그하여 그린다.
⑥ '다이아몬드'에 **통화**를 입력하고 마우스 오른쪽 버튼을 눌러 [매크로 지정]을 클릭한다.

⑦ [매크로 지정]에서 '통화'를 선택하고 [확인]을 클릭한다.
⑧ [개발 도구]-[코드] 그룹의 [매크로 기록](📼)을 클릭한다.
⑨ 매크로 이름에 **총요금**을 입력하고 [확인]을 클릭한다.
⑩ [E4] 셀에 =C4+D4를 입력하고 [E4] 셀의 수식을 [E10] 셀까지 복사한다.
⑪ [개발 도구]-[코드] 그룹의 [기록 중지](□)를 클릭한다.
⑫ [삽입]-[일러스트레이션] 그룹의 [도형]-[기본 도형]에서 '배지'(◯)를 클릭하여 [H7:I8] 영역에 Alt를 누른 채 드래그하여 그린다.
⑬ [매크로 기록]에서 '매크로 이름'에 '배지'에 **총요금**을 입력하고 마우스 오른쪽 버튼을 눌러 [매크로 지정]을 클릭한 후 '총요금'을 선택하고 [확인]을 클릭한다.

02 차트('차트작업' 시트)

① [D3:D8] 영역을 범위 지정한 후 Ctrl+C를 눌러 복사한 후 차트를 선택한 후 Ctrl+V를 눌러 붙여넣기를 한다.
② '보통예금' 계열에서 마우스 오른쪽 버튼을 눌러 [계열 차트 종류 변경]을 클릭한다.

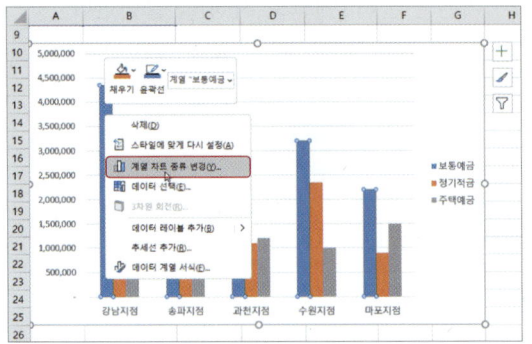

③ '보통예금' 계열을 선택한 후 '표식이 있는 꺾은선형'을 선택하고 '보조 축'을 체크하고 [확인]을 클릭한다.

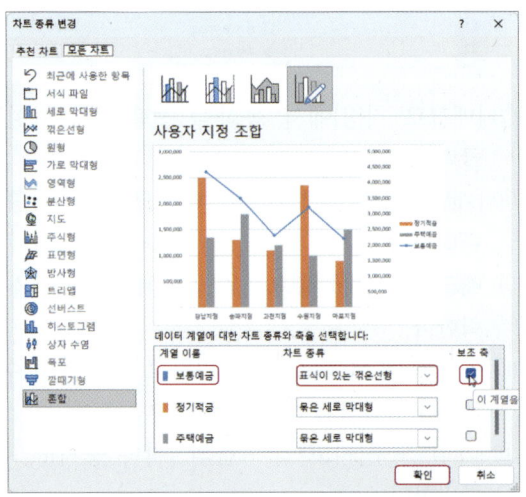

④ 차트를 선택한 후 [차트 요소](+)에서 '차트 제목'을 체크한 후 **지점별 수신현황**을 입력한다.
⑤ '차트 제목'을 선택한 후 [홈]-[글꼴] 그룹에서 '궁서체', 크기 '15', '굵게', '밑줄'을 지정한다.

⑥ 차트를 선택한 후 [차트 요소](+)에서 [축 제목]-[기본 가로]를 체크한 후 **지점**을 입력한다.

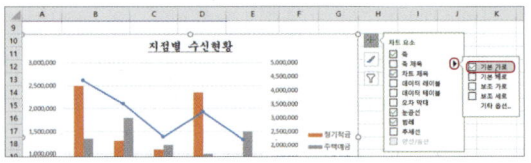

⑦ 차트를 선택한 후 [차트 요소](+)에서 [축 제목]-[기본 세로]를 체크한 후 **금액**을 입력한다.
⑧ 세로(값) 축 제목 '금액'을 선택한 후 마우스 오른쪽 버튼을 눌러 [축 제목 서식]을 선택한다.

⑨ [축 제목 서식]-[제목 옵션]-[크기 및 속성]의 '맞춤'에서 '텍스트 방향'을 '가로'를 선택한다.

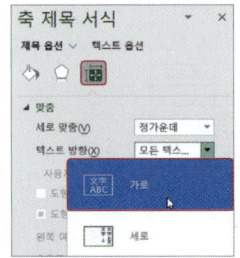

⑩ 범례를 선택한 후 [홈]-[글꼴] 그룹에서 '궁서', 크기 '11'로 지정하고, [범례 서식]의 '범례 옵션'에서 '위쪽'을 선택한다.

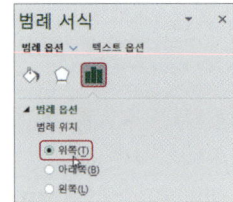

기출 유형 문제 07회

작업파일 [26컴활2급₩기출유형문제] 폴더의 '기출유형문제7회' 파일을 열어서 작업하시오.

문제 ❶ 기본작업 | 주어진 시트에서 다음 과정을 수행하고 저장하시오. 20점

01 '기본작업-1' 시트에 다음의 자료를 주어진 대로 입력하시오. (5점)

	A	B	C	D	E	F	G
1	택배 신청, 접수 현황						
2							
3	운송장번호	수령인	신청일	종류	운임	연락처	
4	KE83657	유병일	Apr. 07, 2026	초코렛픽스	17000	031-932-3861	
5	SG47282	이현정	Jun. 12, 2026	텐트릭스	8900	02-765-8721	
6	KP21762	박시연	Dec. 25, 2025	사목게임+워크북	12000	010-2375-4952	
7	CN43871	차인혁	Aug. 11, 2026	쥬니어러시아워	17000	010-1730-9472	
8	PP54872	전민수	Mar. 02, 2026	각 워크북	25000	010-3875-3742	
9	SS32763	강민아	Jul. 23, 2025	텐트릭스+워크북	11000	02-263-4855	
10	KY54738	유연선	Oct. 18, 2026	초코렛픽스+워크북	13500	010-1933-4952	
11							

02 '기본작업-2' 시트에 대하여 다음의 지시사항을 처리하시오. (각 2점)

① [A1:H1] 영역은 '병합하고 가운데 맞춤', 글꼴 '돋움체', 크기 '16', 글꼴 스타일 '굵은 기울임꼴', 밑줄 '밑줄'로 지정하시오.
② [A3:H14] 영역은 '모든 테두리'(⊞)를 적용하고, 가로 '가운데 맞춤'을 지정하시오.
③ [A3:A4], [B3:B4], [C3:C4], [D3:E3], [F3:G3], [H3:H4] 영역을 '병합하고 가운데 맞춤'으로 지정하시오.
④ [F5:G14] 영역은 숫자 '1000 단위 구분 기호'를 표시한 후 소수점 아래 1자리까지 표시되도록 하시오. [표시 예 : 26.7]
⑤ [A5:A14] 영역의 이름을 '어린이회원명단'으로 정의하시오.

03 '기본작업-3' 시트의 [A5:I13] 영역에 대하여 다음과 같은 조건부 서식을 작성하시오. (5점)

▶ '전년vs실적'과 '목표vs실적'이 모두 증가한 경우 행 전체에 대해 글꼴 색 '표준 색 – 파랑', 글꼴 스타일 '굵게'로 지정하시오.
▶ AND 함수 사용
▶ 증가한 경우란 해당 셀들의 값이 0보다 큰 경우를 말함
▶ 단, 규칙 유형은 '수식을 사용하여 서식을 지정할 셀 결정'을 사용하고, 한 개의 규칙으로만 작성하시오.

문제 ❷ 계산작업 | '계산작업' 시트에서 다음 과정을 수행하고 저장하시오. 40점

01 [표1]의 급여총액과 세금조건표[A12:D15]를 이용하여 급여총액에 대한 세금공제액을 계산하고 [E3:E9] 영역에 표시하시오. (8점)

- ▶ 세금공제액 = 급여총액 × 세율 – 누진공제
- ▶ 급여총액에 대한 세율은 [A12:D15] 영역을 참조하시오.
- ▶ 계산된 세금공제액은 일의 단위에서 버림하여 십의 단위까지 표시 [표시 예 : 166 → 160]
- ▶ VLOOKUP과 TRUNC 함수 사용

02 [표2]의 총점과 [H13:I15] 영역을 이용하여 총점의 순위에 해당하는 경품내역을 계산하고 [M3:M9] 영역에 표시하시오. (8점)

- ▶ 순위는 총점이 가장 높으면 1위임
- ▶ 순위가 1~3이면 [I13:I15] 영역의 해당하는 셀의 값이 표시되도록 하고, 나머지는 공백(절대참조 형식 사용)
- ▶ RANK.EQ와 CHOOSE 함수 사용

03 [표3]의 출발시간과 정류장 개수, 정류장당 소요시간(분)을 이용하여 도착예정시간을 계산하고 [F21:F28] 영역에 표시하시오. (8점)

- ▶ 도착예정시간 = 출발시간 + 정류장 개수 × 정류장당 소요시간(분)
- ▶ 단, 초 단위는 없는 것으로 함
- ▶ HOUR, MINUTE, TIME 함수 모두 사용

04 [표4]의 부서명과 초과근무시간을 이용하여 부서명별 초과근무시간의 합을 계산하여 [I31:I33] 영역에 표시하시오. (8점)

- ▶ SUMIF 함수 사용

05 [표5]의 공정, 제품 및 옵션을 참조하여 제품식별번호를 계산하고 [E33:E39] 영역에 대문자로 표시하시오. (8점)

- ▶ 제품식별번호 = 제품 – 옵션 – 공정의 마지막 숫자 [표시 예 : 공정(ps09), 제품(aaa), 옵션(a) → 'AAA-A-9']
- ▶ UPPER, RIGHT 함수와 & 연산자 모두 사용

문제 ③ 분석작업 | 주어진 시트에서 다음 과정을 수행하고 저장하시오. 20점

01 '분석작업-1' 시트에 대하여 다음의 지시사항을 처리하시오. (10점)

▶ [표1]에서 '거래처'별로 '지급액'의 합계와 '도착지'별 수량의 개수를 나타나도록 부분합을 작성하시오.
▶ '거래처'와 '도착지'에 대한 정렬 기준은 오름차순으로 설정하시오.
▶ 합계와 개수는 위에 명시된 순서대로 처리하시오.
▶ 부분합에 표 서식을 '녹색, 표 스타일 보통 7'로 적용하시오.

	A	B	C	D	E	F	G	H	I
2				[표1] 차량운송현황					
4	일자	차량번호	거래처	도착지	수량	협력사	청구단가	지급단가	지급액
5	2026-01-11	1416	구상공업	영천	24	자차	18,382	17,675	424,000
6	2026-01-11	1705	구상공업	영천	18	전국	19,474	18,725	337,000
7	2026-01-23	3229	구상공업	영천	12	전국	18,382	17,675	212,000
8				영천 개수	3				
9	2026-01-13	1935	구상공업	의왕	16	자차	19,450	18,702	299,000
10	2026-01-30	5326	구상공업	의왕	13	전국	24,355	23,418	304,000
11				의왕 개수	2				
12			구상공업 요약						1,576,000
13	2026-01-08	1355	초석산업	고령	12	자차	16,425	15,793	190,000
14	2026-01-08	1355	초석산업	고령	10	자차	16,425	15,793	158,000
15	2026-01-10	1343	초석산업	고령	8	한성	16,425	15,793	126,000
16	2026-01-10	1343	초석산업	고령	18	한성	16,425	15,793	284,000
17				고령 개수	4				
18	2026-01-06	1126	초석산업	구미	12	자차	16,834	16,187	194,000
19	2026-01-11	1667	초석산업	구미	24	황소	18,382	17,675	424,000
20	2026-01-16	1919	초석산업	구미	20	황소	18,557	17,843	357,000
21	2026-01-23	3629	초석산업	구미	12	자차	18,382	17,675	212,000
22	2026-01-27	4306	초석산업	구미	24	한성	18,382	17,675	424,000
23	2026-01-28	5301	초석산업	구미	16	황소	19,893	19,128	306,000
24				구미 개수	6				
25	2026-01-19	2731	초석산업	평택	24	한성	18,382	17,675	424,000
26	2026-01-19	3005	초석산업	평택	15	진성	19,075	18,341	275,000
27	2026-01-22	3130	초석산업	평택	24	자차	23,659	22,749	546,000
28				평택 개수	3				
29			초석산업 요약						3,920,000
30	2026-01-26	4009	홍신기업	대전	12	자차	19,153	18,416	221,000
31	2026-01-28	5326	홍신기업	대전	8	자차	24,355	23,418	187,000
32				대전 개수	2				
33	2026-01-06	1035	홍신기업	서울	13	자차	27,225	26,178	340,000
34	2026-01-09	1336	홍신기업	서울	12	전국	28,115	27,034	324,000
35	2026-01-27	5000	홍신기업	서울	5	전국	43,560	41,818	209,000
36				서울 개수	3				
37			홍신기업 요약						1,281,000
38				전체 개수	23				
39			총합계						6,777,000

02 '분석작업-2' 시트에 대하여 다음의 지시사항을 처리하시오. (10점)

[표1]에서 연평균성장률[D13], 원가비율[D14], 기타경비[D15]가 다음과 같이 변동하는 경우 '순이익 3개년평균'[G10]의 변동 시나리오를 작성하시오.

▶ [D13] 셀은 '연평균성장률', [D14] 셀은 '원가비율', [D15] 셀은 '기타경비', [G10] 셀은 '순이익평균'으로 셀 이름을 정의하시오.
▶ 시나리오 1 : 시나리오 이름은 '이익증가', 연평균성장률은 6%, 원가비율 35%, 기타경비 8%로 설정하시오.
▶ 시나리오 2 : 시나리오 이름은 '이익감소', 연평균성장률은 4%, 원가비율 55%, 기타경비 12%로 설정하시오.
▶ 시나리오 요약 시트는 '분석작업-2' 시트의 바로 뒤에 위치시키시오.

문제 ❹ 기타작업 | 주어진 시트에서 다음 과정을 수행하고 저장하시오. 20점

01 '매크로작업' 시트의 [표1]에서 다음과 같은 기능을 수행하는 매크로를 현재 통합 문서에 작성하고 실행하시오. (각 5점)

① [H6:H14] 영역에 사원별 가족수당금액을 구하는 매크로를 생성하여 실행하시오.
- ▶ 매크로 이름 : 가족수당
- ▶ 가족수당금액 = 인원 × 100000
- ▶ [도형]–[기본 도형]의 '타원'(◯)을 동일 시트의 [F19:G23] 영역에 생성한 후, 텍스트를 '가족수당'으로 입력하고, 도형을 클릭할 때 '가족수당' 매크로가 실행되도록 설정하시오.

② 급여합계[I4:I15] 영역에 대해 글꼴 스타일을 '기울임꼴', 채우기 색을 '표준 색 – 노랑'으로 적용하는 매크로를 생성하여 실행하시오.
- ▶ 매크로 이름 : 서식지정
- ▶ [도형]–[사각형]의 '직사각형'(▭)을 동일 시트의 [H19:I23] 영역에 생성한 후, 텍스트를 '서식지정'으로 입력하고, 도형을 클릭할 때 '서식지정' 매크로가 실행되도록 설정하시오.

※ 셀 포인터의 위치에 상관없이 현재 통합문서에서 매크로가 실행되어야 정답으로 인정됨

02 '차트작업' 시트의 차트를 지시사항에 따라 아래 그림과 같이 수정하시오. (각 2점)

※ 차트는 반드시 문제에서 제공한 차트를 사용하여야 하며, 신규로 작성 시 0점 처리됨

① '종가' 계열이 표시되지 않도록 데이터 범위를 변경하고, 'KOSPI 지수' 계열은 '표식이 있는 꺾은선형'에 '보조 축'으로 표시하시오.
② 차트 제목은 '주식거래현황'으로 입력하고, 글꼴 '궁서체', 크기 '14', 글꼴 스타일 '굵은 기울임꼴', 밑줄 '밑줄'로 지정하시오.
③ '거래량' 계열의 '2026-01-12' 요소에만 데이터 레이블을 '값'으로 지정하시오.
④ 세로(값) 축의 눈금 표시 단위를 '천'으로 지정하고, 차트에 단위 레이블이 표시되도록 지정하시오.
⑤ 범례는 서식을 이용하여 '위쪽'에 배치되도록 하고, 채우기에 '흰색, 배경1', 테두리에 '그림자(오프셋 : 오른쪽 아래)'를 지정하시오.

기출 유형 문제 07회 정답

문제 ① 기본작업

01 자료 입력

	A	B	C	D	E	F	G
1	택배 신청, 접수 현황						
2							
3	운송장번호	수령인	신청일	종류	운임	연락처	
4	KE83657	유병일	Apr. 07, 2026	초코렛픽스	17000	031-932-3861	
5	SG47282	이현정	Jun. 12, 2026	텐트릭스	8900	02-765-8721	
6	KP21762	박시연	Dec. 25, 2025	사목게임+워크북	12000	010-2375-4952	
7	CN43871	차인혁	Aug. 11, 2026	쥬니어러시아워	17000	010-1730-9472	
8	PP54872	전민수	Mar. 02, 2026	각 워크북	25000	010-3875-3742	
9	SS32763	강민아	Jul. 23, 2025	텐트릭스+워크북	11000	02-263-4855	
10	KY54738	유연선	Oct. 18, 2026	초코렛픽스+워크북	13500	010-1933-4952	
11							

02 서식 지정

	A	B	C	D	E	F	G	H	I
1	*성장클리닉 어린이회원성장결과표*								
2									
3	성명	나이	성별	키		몸무게		특이사항	
4				전년도	당해년도	전년도	당해년도		
5	하태선	9	남	121	128	26.7	30.2		
6	유연선	8	남	116	120	23.0	25.0		
7	전지윤	12	남	133	136	38.4	42.8	추가운동필요	
8	김문선	10	남	126	131	27.0	29.6		
9	권경복	8	남	115	121	24.3	26.0		
10	김대현	9	남	123	129	31.0	33.4		
11	손신애	12	여	132	134	26.4	29.0		
12	박선영	13	여	138	142	32.1	35.1		
13	공병구	10	남	124	131	32.0	34.0		
14	이종칠	9	남	120	127	29.0	31.8		
15									

03 조건부 서식

	A	B	C	D	E	F	G	H	I	J
1	[표1] 지점판매실적									
2									(단위 : 금액,백만원)	
3	성명	전년실적		목표		실적		증감(금액기준)		
4		건수	금액	건수	금액	건수	금액	전년vs실적	목표vs실적	
5	박명규	26	235	26	250	22	261	26	11	
6	성기혁	20	266	26	280	25	274	8	-6	
7	김기인	20	269	26	280	23	258	-11	-22	
8	임수지	25	246	26	260	20	267	21	7	
9	남태규	25	254	30	275	24	256	2	-19	
10	최성중	20	248	26	240	21	241	-7	1	
11	홍정선	23	259	26	280	20	251	-8	-29	
12	김병태	22	277	26	290	27	281	4	-9	
13	박두순	21	290	26	270	25	275	-15	5	
14										

문제 ❷ 계산작업

01 세금공제액

	A	B	C	D	E
1	[표1] 직원급여 내역				
2	성명	기본급	상여금	급여총액	세금공제액
3	권영기	791,900	502,260	1,294,160	79,410
4	김홍열	851,200	598,750	1,449,950	94,990
5	신해균	1,050,800	815,260	1,866,060	136,600
6	장태호	923,100	751,330	1,674,430	117,440
7	함지윤	1,500,650	1,257,580	2,758,230	263,730
8	전인아	1,150,200	936,240	2,086,440	162,960
9	류성태	505,000	409,620	914,620	45,730
10					
11	세금조건표				
12	부터	까지	세율	누진공제	
13	-	1,000,000	5%	-	
14	1,000,001	2,000,000	10%	50,000	
15	2,000,001	3,000,000	15%	150,000	
16					

[E3] 셀에 「=TRUNC(D3*VLOOKUP(D3,$A$13:$D$15,3)-VLOOKUP(D3,$A$13:$D$15,4),-1)」를 입력하고 [E9] 셀까지 수식 복사

02 경품내역

	H	I	J	K	L	M
1	[표2] 조별 단합대회 경기결과표					
2		축구	줄다리기	장기자랑	총점	경품내역
3	1조	30	17	13	60	
4	2조	21	33	33	87	외식상품권
5	3조	25	11	16	52	
6	4조	19	24	32	75	문화상품권
7	5조	27	20	18	65	
8	6조	24	30	26	80	주유권
9	7조	16	11	16	43	
10						
11						
12	순위	경품				
13	1	외식상품권				
14	2	주유권				
15	3	문화상품권				
16						

[M3] 셀에 「=CHOOSE(RANK.EQ(L3,$L$3:$L$9),$I$13,$I$14,$I$15,"","","","")」를 입력하고 [M9] 셀까지 수식 복사

03 도착예정시간

	A	B	C	D	E	F
18	[표3] 버스운행시간표					
19	차번호	도착지	출발시간	정류장 개수	정류장당 소요시간(분)	도착예정시간
20						
21	2734	도봉	7:20	27	5	9:35
22	7400	파주	8:45	32	4	10:53
23	3184	김포	9:00	28	5	11:20
24	5284	상암	10:10	16	8	12:18
25	6206	상계	9:35	42	3	11:41
26	9717	군포	11:20	25	6	13:50
27	4844	강남	8:20	35	4	10:40
28	3662	성북	8:30	23	7	11:11
29						

[F21] 셀에 「=TIME(HOUR(C21),MINUTE(C21)+(D21*E21),0)」를 입력하고 [F28] 셀까지 수식 복사

04 초과근무시간

	H	I	J	K	L
18	[표4] 외국인근로자 초과근무 지급액				
19	부서명	성명	일급	초과근무시간	지급액
20	영업부	알리칸	80,000	12	960,000
21	생산부	양진송	100,000	20	2,000,000
22	총무부	이청	75,000	8	600,000
23	생산부	탕세강	90,000	26	2,340,000
24	영업부	팽신명	80,000	15	1,200,000
25	총무부	부시	85,000	3	255,000
26	생산부	꼬쌀	90,000	5	450,000
27	생산부	히엔	95,000	12	1,140,000
28	영업부	엔더	80,000	2	160,000
29					
30	부서명	초과근무시간			
31	영업부	29			
32	생산부	63			
33	총무부	11			
34					

[I31] 셀에 「=SUMIF($H$20:$H$28,H31,$K$20:$K$28)」를 입력하고 [I33] 셀까지 수식 복사

05 제품식별번호

	A	B	C	D	E	F
31	[표5] 완제품 생산현황					
32	생산일자	공정	제품	옵션	제품식별번호	
33	2024-03-09	ps01	pgh	a	PGH-A-1	
34	2025-04-11	ps02	pgw	s	PGW-S-2	
35	2023-10-23	ps03	pgs	f	PGS-F-3	
36	2024-06-27	ps03	pgf	w	PGF-W-3	
37	2025-12-30	ps04	pgw	a	PGW-A-4	
38	2024-07-03	ps01	pgh	s	PGH-S-1	
39	2023-09-17	ps02	pgf	q	PGF-Q-2	
40						

[E33] 셀에 「=UPPER(C33)&"-"&UPPER(D33)&"-"&RIGHT(B33,1)」를 입력하고 [E39] 셀까지 수식 복사

문제 ❸ 분석작업

01 부분합

	A	B	C	D	E	F	G	H	I
2			[표1] 차량운송현황						
4	일자	차량번호	거래처	도착지	수량	협력사	청구단가	지급단가	지급액
5	2026-01-11	1416	구상공업	영천	24	자차	18,382	17,675	424,000
6	2026-01-11	1705	구상공업	영천	18	전국	19,474	18,725	337,000
7	2026-01-23	3229	구상공업	영천	12	전국	18,382	17,675	212,000
8				영천 개수	3				
9	2026-01-13	1935	구상공업	의왕	16	자차	19,450	18,702	299,000
10	2026-01-30	5326	구상공업	의왕	13	전국	24,355	23,418	304,000
11				의왕 개수	2				
12			구상공업 요약						1,576,000
13	2026-01-08	1355	초석산업	고령	12	자차	16,425	15,793	190,000
14	2026-01-08	1355	초석산업	고령	10	자차	16,425	15,793	158,000
15	2026-01-10	1343	초석산업	고령	8	한성	16,425	15,793	126,000
16	2026-01-10	1343	초석산업	고령	18	한성	16,425	15,793	284,000
17				고령 개수	4				
18	2026-01-06	1126	초석산업	구미	12	자차	16,834	16,187	194,000
19	2026-01-11	1667	초석산업	구미	24	황소	18,382	17,675	424,000
20	2026-01-16	1919	초석산업	구미	20	황소	18,557	17,843	357,000
21	2026-01-23	3629	초석산업	구미	12	자차	18,382	17,675	212,000
22	2026-01-27	4306	초석산업	구미	24	한성	18,382	17,675	424,000
23	2026-01-28	5301	초석산업	구미	16	황소	19,893	19,128	306,000
24				구미 개수	6				
25	2026-01-19	2731	초석산업	평택	24	한성	18,382	17,675	424,000
26	2026-01-19	3005	초석산업	평택	15	진성	19,075	18,341	275,000
27	2026-01-22	3130	초석산업	평택	24	자차	23,659	22,749	546,000
28				평택 개수	3				
29			초석산업 요약						3,920,000
30	2026-01-26	4009	홍신기업	대전	12	자차	19,153	18,416	221,000
31	2026-01-28	5326	홍신기업	대전	8	자차	24,355	23,418	187,000
32				대전 개수	2				
33	2026-01-06	1035	홍신기업	서울	13	자차	27,225	26,178	340,000
34	2026-01-09	1336	홍신기업	서울	12	전국	28,115	27,034	324,000
35	2026-01-27	5000	홍신기업	서울	5	전국	43,560	41,818	209,000
36				서울 개수	3				
37			홍신기업 요약						1,281,000
38				전체 개수	23				
39			총합계						6,777,000

02 시나리오

	A	B	C	D	E	F
2		시나리오 요약				
3				현재 값:	이익증가	이익감소
5		변경 셀:				
6			연평균성장률	5.0%	6.0%	4.0%
7			원가비율	45%	35%	55%
8			기타경비	10%	8%	12%
9		결과 셀:				
10			순이익평균	1,864,375	2,524,420	1,216,880
11		참고: 현재 값 열은 시나리오 요약 보고서가 작성될 때의				
12		변경 셀 값을 나타냅니다. 각 시나리오의 변경 셀들은				
13		회색으로 표시됩니다.				

문제 ④ 기타작업

01 매크로

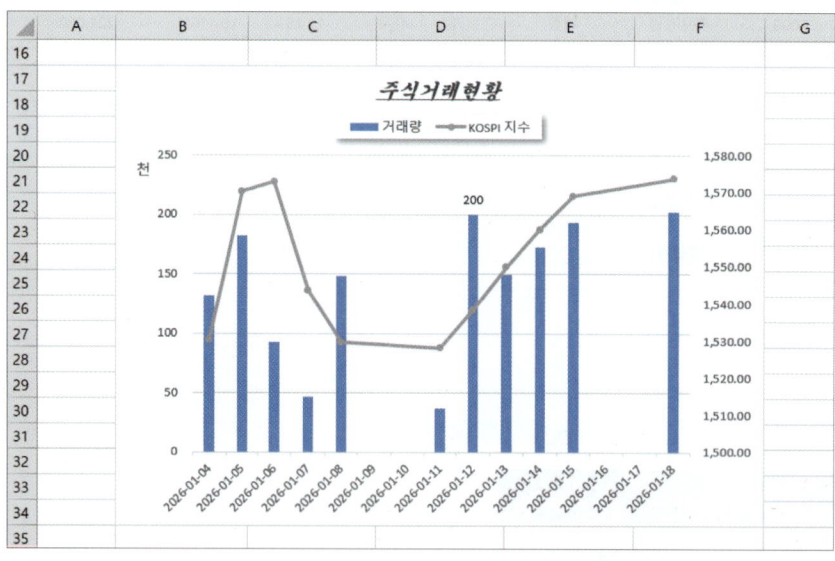

02 차트

기출 유형 문제 07회 해설

문제 ❶ 기본작업

01 자료 입력('기본작업-1' 시트)
[A3:F10] 셀까지 문제를 보고 오타 없이 작성한다.

02 서식 지정('기본작업-2' 시트)
① [A1:H1] 영역을 범위 지정한 후 [홈]-[맞춤] 그룹에서 [병합하고 가운데 맞춤](圖)을 클릭한다.
② [홈]-[글꼴] 그룹에서 글꼴은 '돋움체', 크기 '16', 글꼴 스타일은 '굵게', '기울임꼴', '밑줄'을 클릭한다.
③ [A3:H14] 영역을 범위 지정한 후 [홈]-[글꼴] 그룹에서 [테두리](⊞▼) 도구의 [모든 테두리] (⊞)를 클릭한 후 [홈]-[맞춤] 그룹에서 [가운데 맞춤](≡)을 클릭한다.
④ [A3:A4], [B3:B4], [C3:C4], [D3:E3], [F3:G3], [H3:H4] 영역을 범위 지정한 후 [홈]-[맞춤] 그룹에서 [병합하고 가운데 맞춤](圖)을 클릭한다.
⑤ [F5:G14] 영역을 범위 지정한 후 Ctrl+1을 눌러 [표시 형식] 탭의 '숫자'의 소수 자릿수는 '1'을 선택, '1000 단위 구분 기호(,) 사용'에 체크하고 [확인]을 클릭한다.
⑥ [A5:A14] 영역을 범위 지정한 후 '이름 상자'에 **어린이회원명단**을 입력하고 Enter를 누른다.

03 조건부 서식('기본작업-3' 시트)
① [A5:I13] 영역을 범위 지정한 후, [홈]-[스타일] 그룹의 [조건부 서식]-[새 규칙]을 클릭한다.
② [새 서식 규칙]에서 '▶ 수식을 사용하여 서식을 지정할 셀 결정'을 선택하고, =AND($H5>0, $I5>0)을 입력한 후 [서식]을 클릭한다.

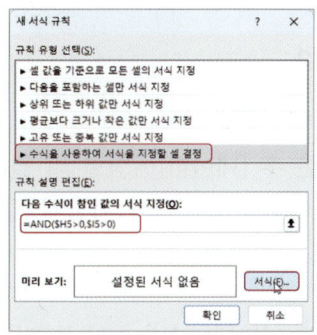

③ [글꼴] 탭에서 글꼴 스타일 '굵게', 색은 '표준색 – 파랑'을 선택하고 [확인]을 클릭한다.
④ [새 서식 규칙]에서 [확인]을 클릭한다.

문제 ❷ 계산작업('계산작업' 시트)

01 세금공제액[E3:E9]
[E3] 셀에 =TRUNC(D3*VLOOKUP(D3,$A$13:$D$15,3)-VLOOKUP(D3,$A$13:$D$15,4),-1)를 입력하고 [E9] 셀까지 수식을 복사한다.

02 경품내역[M3:M9]
[M3] 셀에 =CHOOSE(RANK.EQ(L3,$L$3:$L$9), $I$13,$I$14,$I$15,"","","","")를 입력하고 [M9] 셀까지 수식을 복사한다.

03 도착예정시간[F21:F28]
[F21] 셀에 =TIME(HOUR(C21),MINUTE(C21)+(D21*E21),0)를 입력하고 [F28] 셀까지 수식을 복사한다.

04 초과근무시간[I31:I33]

[I31] 셀에 =SUMIF($H$20:$H$28,H31,$K$20:$K$28)를 입력하고 [I33] 셀까지 수식을 복사한다.

05 제품식별번호[E33:E39]

[E33] 셀에 =UPPER(C33)&"-"&UPPER(D33)&"-"&RIGHT(B33,1)를 입력하고 [E39] 셀까지 수식을 복사한다.

문제 ③ 분석작업

01 부분합('분석작업-1' 시트)

① [A4] 셀을 클릭한 후 [데이터]-[정렬 및 필터] 그룹에서 [정렬](🔳)을 클릭하여 다음과 같이 지정하고 [확인]을 클릭한다.

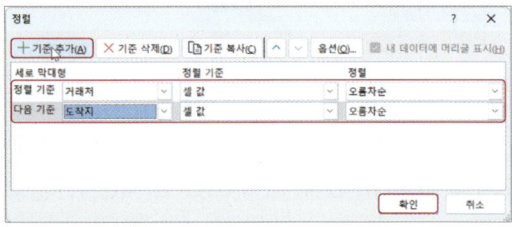

② [A4] 셀을 클릭한 후 [데이터]-[개요] 그룹의 [부분합](🔳)을 클릭한다.
③ [부분합]에서 그림과 같이 지정하고 [확인]을 클릭한다.

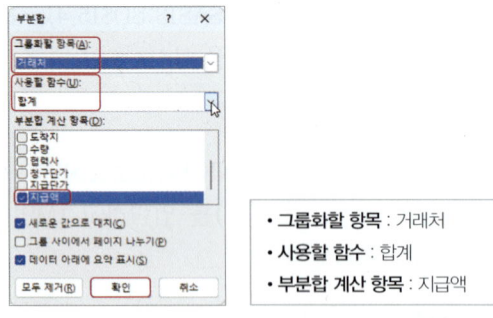

- 그룹화할 항목 : 거래처
- 사용할 함수 : 합계
- 부분합 계산 항목 : 지급액

④ [데이터]-[개요] 그룹의 [부분합](🔳)을 클릭한다.
⑤ [부분합]에서 그림과 같이 선택하고 '새로운 값으로 대치' 체크를 해제한 후 [확인]을 클릭한다.

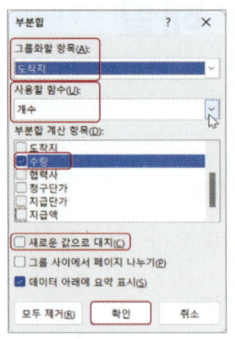

- 그룹화할 항목 : 도착지
- 사용할 함수 : 개수
- 부분합 계산 항목 : '수량'
- '새로운 값으로 대치' 체크를 해제

⑥ [A4:I39] 영역을 범위 지정한 후 [홈]-[스타일] 그룹의 [표 서식]을 클릭하여 '녹색, 표 스타일 보통7'을 선택한다.
⑦ [표 서식]에서 [확인]을 클릭한다.

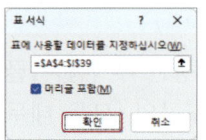

02 시나리오('분석작업-2' 시트)

① [D13] 셀을 클릭하고 '이름 상자'에 **연평균성장률**을 입력하고 Enter 를 누른다.
② 같은 방법으로 [D14] 셀은 **원가비율**, [D15] 셀은 **기타경비**, [G10] 셀은 **순이익평균**으로 이름을 정의한다.
③ [D13:D15] 영역을 범위 지정한 후 [데이터]-[예측] 그룹의 [가상 분석]-[시나리오 관리자]를 클릭하여 [시나리오 관리자]에서 [추가]를 클릭한다.
④ [시나리오 추가]에서 '시나리오 이름'은 **이익증가**를 입력하고, '변경 셀'은 [D13:D15] 영역을 지정한 후 [확인]을 클릭한다.

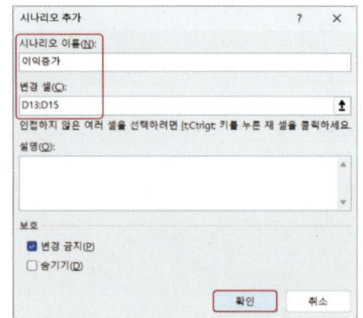

⑤ [시나리오 값]에서 '연평균성장률'에 6%, '원가비율'에 35%, '기타경비'에 8%를 입력한 후 [추가]를 클릭한다.

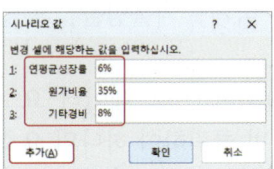

⑥ [시나리오 추가]에서 '시나리오 이름'은 **이익감소**를 입력하고, '변경 셀'을 확인한 후 [확인]을 클릭한다.

⑦ [시나리오 값]에서 '연평균성장률'에 4%, '원가비율'에 55%, '기타경비'에 12%를 입력한 후 [확인]을 클릭한다.

⑧ [시나리오 관리자]에서 [요약]을 클릭하고, [시나리오 요약]에서 '결과 셀'에 [G10] 셀을 지정하고 [확인]을 클릭한다.

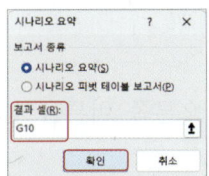

⑨ '시나리오 요약' 시트를 드래그하여 '분석작업-2' 시트 뒤로 드래그한다.

문제 ④ 기타작업

01 매크로('매크로작업' 시트)

① [개발 도구]-[코드] 그룹의 [매크로 기록]을 클릭한다.
② [매크로 기록]에서 매크로 이름에 **가족수당**을 입력하고 [확인]을 클릭한다.
③ [H6] 셀에 =G6*100000을 입력하고 [H14] 셀까지 수식을 복사한다.

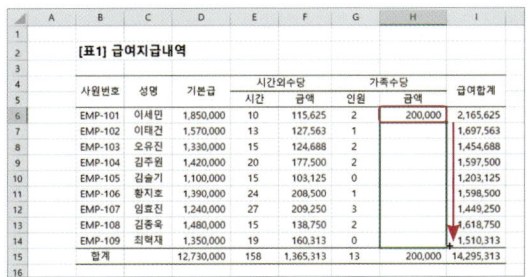

④ [개발 도구]-[코드] 그룹의 [기록 중지]를 클릭한다.
⑤ [삽입]-[일러스트레이션] 그룹의 [도형]-[기본 도형]의 '타원'을 클릭하여 [F19:G23] 영역에 Alt 를 누른 채 드래그하여 그린다.
⑥ 도형에 **가족수당**을 입력한 후, 도형의 경계라인에서 마우스 오른쪽 버튼을 눌러 [매크로 지정]을 클릭한다.

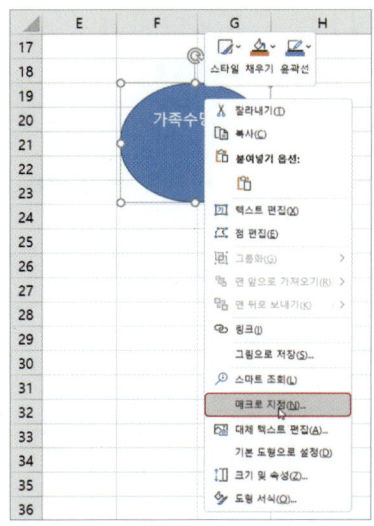

⑦ [매크로 지정]에서 '가족수당'을 선택하고 [확인]을 클릭한다.
⑧ [개발 도구]-[코드] 그룹의 [매크로 기록]을 클릭한 후, '매크로 이름'에 **서식지정**을 입력하고 [확인]을 클릭한다.
⑨ [I4:I15] 영역을 범위 지정하고 [홈]-[글꼴] 그룹에서 '기울임꼴'을 클릭하고, [채우기 색] 도구에서 '표준 색 – 노랑'을 선택한다.
⑩ [개발 도구]-[코드] 그룹의 [기록 중지]를 클릭한다.
⑪ [삽입]-[일러스트레이션] 그룹의 [도형]-[사각형]의 '직사각형'을 클릭하여 [H19:I23] 영역에 Alt 를 누른 채 드래그하여 그린다.
⑫ 도형에 **서식지정**을 입력한 후, 도형의 경계라인에서 마우스 오른쪽 버튼을 눌러 [매크로 지정]을 클릭한다.
⑬ [매크로 지정]에서 '서식지정'을 선택하고 [확인]을 클릭한다.

02 차트('차트작업' 시트)

① '종가' 계열을 선택한 후 마우스 오른쪽 버튼을 눌러 [삭제]를 클릭한다.

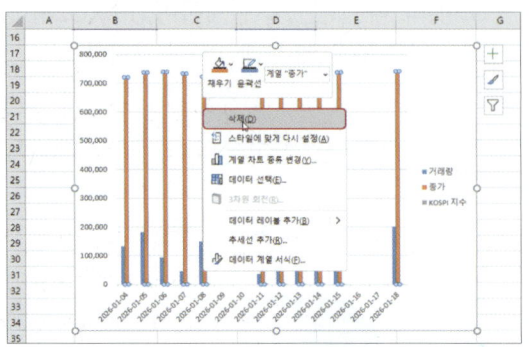

② 차트에서 마우스 오른쪽 버튼을 눌러 [차트 종류 변경]을 클릭한다.

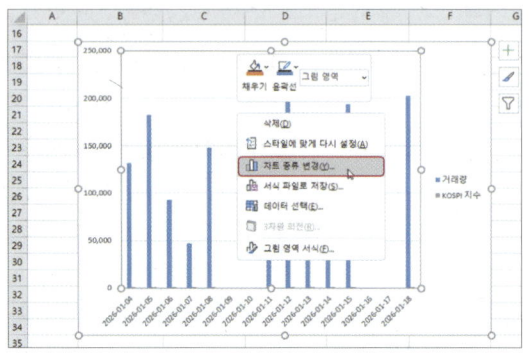

③ [차트 종류 변경]에서 '혼합'을 선택하고 'KOSPI 지수'의 차트 종류를 '표식이 있는 꺾은선형'을 선택한다.

④ 'KOSPI 지수' 계열에 '보조 축'을 체크하고 [확인]을 클릭한다.

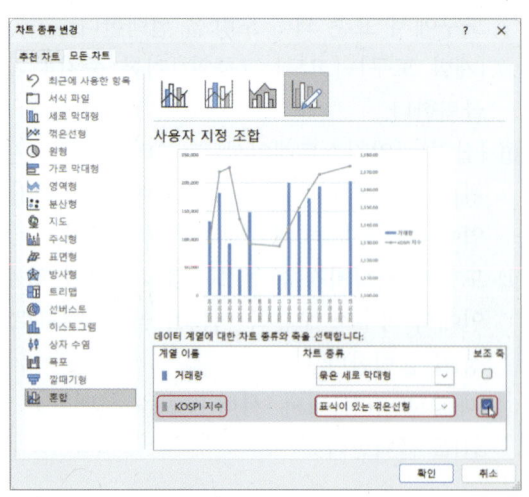

⑤ 차트를 선택한 후 [차트 요소](⊞)에서 '차트 제목'을 체크한 후 **주식거래현황**을 입력한다.

⑥ 차트 제목을 선택한 후 [홈]-[글꼴] 그룹에서 '궁서체', 크기 '14', '굵게', '기울임꼴', '밑줄'로 지정한다.

⑦ '거래량' 계열의 '2026-01-12' 데이터 요소를 선택한 후 다시 한 번 클릭하여 하나의 요소만을 선택한다.

⑧ 하나의 요소만 선택된 상태에서 마우스 오른쪽 버튼을 눌러 [데이터 레이블 추가]를 클릭한다.

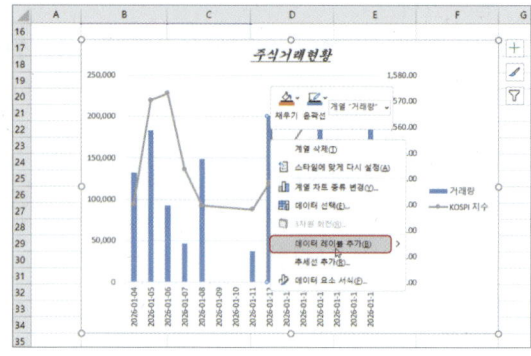

⑨ 세로(값) 축에서 마우스 오른쪽 버튼을 눌러 [축 서식]을 클릭한다.

⑩ [축 서식]의 '축 옵션'에서 표시 단위를 '천'을 선택하고, '차트에 단위 레이블 표시'를 체크한다.

⑪ 표시 단위 '천'을 선택한 후 [표시 단위 레이블 서식]의 '맞춤'에서 텍스트 방향 '가로'를 선택한다.

⑫ 범례를 선택한 후 [범례 서식]의 '범례 옵션'에서 '위쪽'을 선택하고, '그림자'에서 '미리 설정'을 클릭하여 '바깥쪽(오프셋 : 오른쪽 아래)'를 선택한다.

⑬ '채우기'에서 '단색 채우기'를 선택하여 '색'에서 '흰색, 배경1'을 선택하고 [닫기]를 클릭한다.

기출 유형 문제 08회

작업파일 [26컴활2급₩기출유형문제] 폴더의 '기출유형문제8회' 파일을 열어서 작업하시오.

문제 ❶ 기본작업 | 주어진 시트에서 다음 과정을 수행하고 저장하시오. 20점

01 '기본작업-1' 시트에 다음의 자료를 주어진 대로 입력하시오. (5점)

	A	B	C	D	E	F	G	H
1	유럽 청소기 분석							
2								
3	브랜드	모델명	본사	가격	무게	소비전력	먼지통 용량	A/S 기간
4	닐피스크	익스트림 X300C	덴마크	960000	7.7kg	2100W	3.2L	5년
5	다이슨	DC22 New Allergy	영국	858000	7.3kg	1100W	1.2L	5년
6	밀레	S5481	독일	730000	7.7kg	2200W	4.5L	2년
7	일렉트로룩스	울트라원 Z8861P	스웨덴	775000	8.2kg	2000W	5L	2년
8	지멘스	Z6 VSZ61240	독일	980000	6.3kg	1200W	5L	1년(모터 5년)
9	카처	VC6300	독일	693000	7kg	2000W	4L	1년
10								

02 '기본작업-2' 시트에 대하여 다음의 지시사항을 처리하시오. (각 2점)

① [A1:G1] 영역은 '병합하고 가운데 맞춤', 글꼴 '굴림체', 크기 '16', 글꼴 스타일 '굵게', '밑줄'로 지정하시오.
② [A3:G16] 영역은 '모든 테두리'(田)를 적용하고, [C16], [E16] 셀에는 테두리를 '×' 모양으로 채우시오.
③ [A16:B16] 영역은 '병합하고 가운데 맞춤'으로, [A16] 셀의 '합계'는 한자 '合計'로 변환하시오.
④ [A4:A15] 영역의 이름을 '비품명'으로 정의하시오.
⑤ [E4:E15] 영역은 사용자 지정 셀 서식을 이용하여 숫자 뒤에 '년'이 추가로 표시되도록 지정하시오.

03 '기본작업-3' 시트에 대하여 다음의 지시사항을 처리하시오. (5점)

[A4:F12] 영역에 대해 구분이 '수입'이면서 총교역액이 '20,000' 이상인 행 전체의 글꼴 색을 '표준 색 - 파랑', 글꼴 스타일을 '굵게'로 지정하는 조건부 서식을 작성하시오.
▶ AND 함수 사용
▶ 단, 규칙 유형은 '수식을 사용하여 서식을 지정할 셀 결정'을 사용하고, 한 개의 규칙으로만 작성하시오.

문제 ❷ 계산작업 | '계산작업' 시트에서 다음 과정을 수행하고 저장하시오. 40점

01 [표1]의 점수에 순위를 구하여 반배치표[E3:F5]를 참조하여 배정반[C3:C8]에 표시하시오. (8점)
▶ VLOOKUP, RANK.EQ, COLUMN 함수 사용

02 [표2]에서 평점 계산식을 참조하여 계산하여 평점[L3:L8]을 구하시오. 단, 점수에 오류가 있을 때에는 '입력오류'라고 표시하시오. (8점)

- ▶ 평점 계산식 = 근태점수 × 40% + 실적점수 × 30% + 연수점수 × 30%
- ▶ IFERROR 함수 사용

03 [표3]에서 학년이 1학년이고, 구분이 '과탐'인 평균점수의 최대점수와 최저점수를 구하여 [E13] 셀에 표시하시오. (8점)

- ▶ [A11:B12] 영역의 조건 이용
- ▶ DMAX, DMIN 함수와 & 연산자 사용
- ▶ [표시 예 : 90.05(최저70.26)]

04 [표4]에서 현재 행의 번호를 이용하여 1, 2, 3, 4, 5로 번호[H12:H16]를 표시하시오. (8점)

- ▶ ROW 함수 사용

05 [표5]에서 대출금액이 300,000 이상이고 500,000 이하인 대출금액의 합계를 [K20] 셀에 표시하시오. (8점)

- ▶ SUMIFS 함수 사용

문제 ❸ 분석작업 | 주어진 시트에서 다음 과정을 수행하고 저장하시오 20점

01 '분석작업-1' 시트에 대하여 다음의 지시사항을 처리하시오. (10점)

[부분합] 기능을 이용하여 '전국 연합학력평가'표에 그림과 같이 선택과목별로 모든 과목의 최대값과 모든 과목의 최소값을 계산하시오.

- ▶ '선택과목'에 대한 정렬 기준은 오름차순으로 하시오.
- ▶ 최대값과 최소값은 위에 명시된 순서대로 처리하시오.

	A	B	C	D	E	F	G	H	I	J
1				전국 연합학력평가						
2										
3	수험번호	성명	선택과목	언어	수리	외국어	선택1	선택2	선택3	총점
4	200205	박준수	과탐	91	68	79	20	15	13	286
5	200202	신재호	과탐	84	74	88	19	18	17	300
6	200203	이동수	과탐	69	70	69	12	14	13	247
7	200204	전준영	과탐	74	69	62	16	14	15	250
8	200201	황효진	과탐	68	57	40	15	14	16	210
9			과탐 최소	68	57	40	12	14	13	
10			과탐 최대	91	74	88	20	18	17	
11	100101	최동명	사탐	55	45	62	19	18	17	216
12	100102	김승일	사탐	42	32	39	16	13	14	156
13	100103	김현식	사탐	46	54	45	14	16	15	190
14	100104	박상수	사탐	98	88	92	20	19	17	334
15	100105	이승훈	사탐	85	86	75	20	18	16	300
16			사탐 최소	42	32	39	14	13	14	
17			사탐 최대	98	88	92	20	19	17	
18	300302	이명우	직탐	65	67	68	17	12	15	244
19	300303	조승구	직탐	57	62	58	15	17	16	225
20	300301	조인호	직탐	77	78	78	17	15	16	281
21	300304	강수호	직탐	67	55	54	12	11	12	211
22	300305	김호철	직탐	75	65	36	11	12	15	214
23			직탐 최소	57	55	36	11	11	12	
24			직탐 최대	77	78	78	17	17	16	
25			전체 최소값	42	32	36	11	11	12	
26			전체 최대값	98	88	92	20	19	17	
27										

02 '분석작업-2' 시트에서 대하여 다음의 지시사항을 처리하시오. (10점)

데이터 통합 기능을 이용하여 [표1]에서 1월, 2월, 3월의 '전기', '수도', '난방', '온수'의 평균을 계산하여 [표2]의 관리비내역(1/4분기 평균)[G4:H7] 영역에 표시하시오.

문제 ❹ 기타작업 | 주어진 시트에서 다음 과정을 수행하고 저장하시오. 20점

01 '매크로작업' 시트의 [표1]에서 다음과 같은 기능을 수행하는 매크로를 현재 통합 문서에 작성하고 실행하시오. (각 5점)

① 평균[D15:E15] 영역에 대하여 '판매수량', '매출액'의 평균을 계산하는 매크로를 생성하여 실행하시오.
  ▶ 매크로 이름 : 평균계산
  ▶ AVERAGE 함수 사용
  ▶ [도형]-[기본 도형]의 '해'(☼)를 동일 시트의 [G4:H7] 영역에 생성한 후, 텍스트를 '평균'으로 입력하고, 도형을 클릭할 때 '평균계산' 매크로가 실행되도록 설정하시오.

② [A4:E4] 영역은 글꼴 스타일 '굵게', 채우기 색 '표준 색 – 파랑', 글꼴 색은 '흰색, 배경1'을 적용하는 매크로를 생성하여 실행하시오.
  ▶ 매크로 이름 : 서식지정
  ▶ [도형]-[기본 도형]의 '하트'(♡)를 동일 시트의 [G9:H12] 영역에 생성한 후, 텍스트를 '서식'으로 입력하고, 도형을 클릭할 때 '서식지정' 매크로가 실행되도록 설정하시오.
  ※ 셀 포인터의 위치에 상관없이 현재 통합문서에서 매크로가 실행되어야 정답으로 인정됨

02 '차트작업' 시트에서 다음 그림과 같이 차트를 작성하시오. (각 2점)

① '보험계약자'별로 '책임보험', '자기차량손해', '대인/대물'이 표시될 수 있도록 '누적 세로 막대형'으로 [A14:G30] 영역에 차트를 작성하시오.
② 차트 제목은 그림과 같이 표시되도록 하고, 글꼴은 '궁서체', 글꼴 스타일은 '굵게', 글꼴 크기는 '14'로 설정하시오.
③ 세로(값) 축 제목은 그림과 같이 표시되도록 하고, 기본 단위를 '200'으로 설정하시오.
④ 범례는 '위쪽'으로 표시하고, 차트 영역의 테두리 스타일은 '둥근 모서리'를 설정하시오.
⑤ '대인/대물' 계열만 데이터 레이블을 '값'으로 표시되도록 설정하시오.

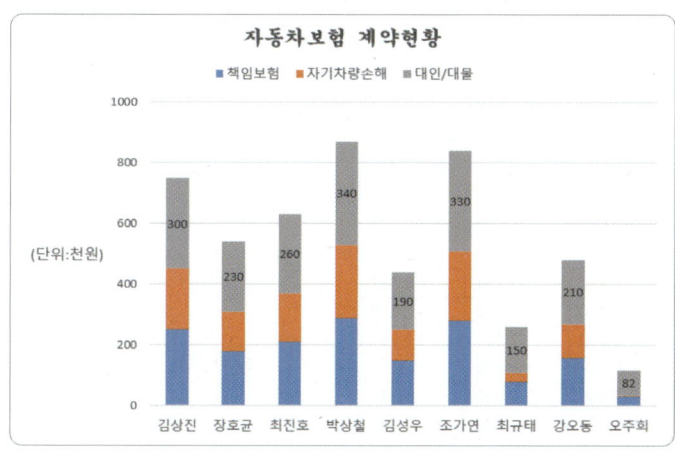

기출 유형 문제 08회 정답

문제 ❶ 기본작업

01 자료 입력

	A	B	C	D	E	F	G	H
1	유럽 청소기 분석							
2								
3	브랜드	모델명	본사	가격	무게	소비전력	먼지통 용량	A/S 기간
4	닐피스크	익스트림 X300C	덴마크	960000	7.7kg	2100W	3.2L	5년
5	다이슨	DC22 New Allergy	영국	858000	7.3kg	1100W	1.2L	5년
6	밀레	S5481	독일	730000	7.7kg	2200W	4.5L	2년
7	일렉트로룩스	울트라원 Z8861P	스웨덴	775000	8.2kg	2000W	5L	2년
8	지멘스	Z6 VSZ61240	독일	980000	6.3kg	1200W	5L	1년(모터 5년)
9	카처	VC6300	독일	693000	7kg	2000W	4L	1년

02 서식 지정

	A	B	C	D	E	F	G
1			비품관리대장				
2							
3	비품명	사용부서	수량	구입가	내용년수	잔존가격	감가상각비
4	승용차(K)	기획팀	1	20,000,000	10년	2,000,000	1,800,000
5	승용차(H)	영업팀	2	15,000,000	10년	600,000	1,440,000
6	서버 Rack	전산운용팀	1	1,000,000	10년	100,000	90,000
7	구내 교환기	전산운용팀	1	3,800,000	8년	800,000	375,000
8	Switch 허브(24)	전산운용팀	1	3,200,000	6년	500,000	450,000
9	LPB 프린터	인력관리팀	1	4,800,000	5년	450,000	870,000
10	Sun-Server	전산운용팀	1	4,200,000	5년	1,000,000	640,000
11	Switch 허브(8)	영업팀	1	1,500,000	5년	100,000	280,000
12	HP-Server	전산운용팀	2	7,500,000	4년	1,800,000	1,425,000
13	노트북[S]	인력관리팀	3	5,400,000	3년	600,000	1,600,000
14	노트북[C]	기획팀	2	5,000,000	3년	500,000	1,500,000
15	InkJet 프린터	기획팀	1	250,000	2년	0	125,000
16	합계			71,650,000		8,450,000	10,595,000

03 조건부 서식

	A	B	C	D	E	F
1			한국-칠레 간 교역동향			
2						(단위 : 만달러)
3	품목	구분	2023년	2024년	2025년	총교역액
4	구리	수입	61,772	89,200	78,812	229,784
5	펄프	수입	32,566	49,742	63,740	146,048
6	자동차	수출	13,515	21,326	27,295	62,136
7	통신기기	수출	2,354	8,247	7,751	18,352
8	포도주	수입	1,009	1,200	620	2,829
9	폴리에스터 직물	수출	5,980	6,810	7,501	20,291
10	광석	수입	5,083	8,715	12,016	25,814
11	안경테	수출	1,500	1,800	1,980	5,280
12	포도	수입	1,366	1,524	850	3,741
13			TOTAL			514,275

문제 ❷ 계산작업

01 배정반

	A	B	C	D	E	F
1	[표1] 반배정 결과				반배치표	
2	성명	점수	배정반		순위	반배정
3	김민주	98	A반		1	A반
4	이도원	75	C반		3	B반
5	김현정	88	B반		5	C반
6	이승주	79	B반			
7	우혜련	65	C반			
8	한정수	99	A반			
9						

[C3] 셀에 「=VLOOKUP(RANK.EQ(B3,$B$3:$B$8), $E$3:$F$5,COLUMN()-1)」를 입력하고 [C8] 셀까지 수식 복사

02 평점

	H	I	J	K	L	M
1	[표2] 사원 승진 심사표					
2	성명	근태점수	실적점수	연수점수	평점	
3	강선우	50	50	45	48.5	
4	김세준	가	88	70	입력오류	
5	나영림	62	76	39	59.3	
6	마수연	83	56	나	입력오류	
7	박찬우	65	50	55	57.5	
8	김준규	80	90	75	81.5	
9						

[L3] 셀에 「=IFERROR(I3*40%+J3*30%+K3*30%,"입력오류")」를 입력하고 [L8] 셀까지 수식 복사

03 1학년 과탐 최대최저

	A	B	C	D	E	F
10	[표3] 선택과목 평균					
11	학년	구분	과목명	평균		
12	1	과탐	물리	80.05	1학년 과탐 최대최저	
13	2	과탐	물리	79.45	80.05(최저71.26)	
14	3	과탐	물리	75.81		
15	1	사탐	국사	85.61		
16	2	사탐	국사	90.74		
17	3	사탐	국사	74.64		
18	1	과탐	화학	71.26		
19	2	과탐	화학	60.54		
20	3	과탐	화학	65.32		
21	1	과탐	생물	75.46		
22	2	과탐	지구과학	89.51		
23	3	과탐	지구과학	65.71		
24	1	사탐	윤리	95.41		
25	2	사탐	윤리	87.64		
26	3	사탐	윤리	58.89		
27						

[E13] 셀에 「=DMAX(A11:D26,D11,A11:B12)&"(최저"&DMIN(A11:D26,D11,A11:B12)&")"」를 입력

04 번호

	H	I	J	K
10	[표4] 체육대회 팀배정			
11	번호	이름	부서	
12	1	박인규	기획부	
13	2	서지혜	생산부	
14	3	정보석	영업부	
15	4	김은혜	인사부	
16	5	성시경	생산부	
17				

[H12] 셀에 「=ROW()-11」을 입력하고 [H16] 셀까지 수식 복사

05 300000~500000원 대출금액의 합계

	H	I	J	K	L	M	N
18	[표5] 대출금 내역		(단위 : 천원)				
19	이름	날짜	대출금액	300000~500000원 대출금액의 합계			
20	강미란	05월 02일	350,000	1,220,000			
21	김연희	05월 06일	120,000				
22	박태원	05월 08일	420,000				
23	김세연	05월 14일	450,000				
24	강우찬	05월 20일	290,000				
25	황잔희	05월 24일	570,000				
26	최윤서	05월 30일	740,000				
27							

[K20] 셀에 「=SUMIFS(J20:J26,J20:J26,">=300000",J20:J26,"<=500000")」를 입력

문제 ❸ 분석작업

01 부분합

	A	B	C	D	E	F	G	H	I	J	K
1				전국 연합학력평가							
2											
3	수험번호	성명	선택과목	언어	수리	외국어	선택1	선택2	선택3	총점	
4	200205	박준수	과탐	91	68	79	20	15	13	286	
5	200202	신재호	과탐	84	74	88	19	18	17	300	
6	200203	이동수	과탐	69	70	69	12	14	13	247	
7	200204	전준영	과탐	74	69	62	16	14	15	250	
8	200201	황효진	과탐	68	57	40	15	14	16	210	
9			과탐 최소	68	57	40	12	14	13		
10			과탐 최대	91	74	88	20	18	17		
11	100101	최동명	사탐	55	45	62	19	18	17	216	
12	100102	김승일	사탐	42	32	39	16	13	14	156	
13	100103	김현식	사탐	46	54	45	14	16	15	190	
14	100104	박상수	사탐	98	88	92	20	19	17	334	
15	100105	이승훈	사탐	85	86	75	20	18	16	300	
16			사탐 최소	42	32	39	14	13	14		
17			사탐 최대	98	88	92	20	19	17		
18	300302	이명우	직탐	65	67	68	17	12	15	244	
19	300303	조승구	직탐	57	62	58	15	17	16	225	
20	300301	조인호	직탐	77	78	78	17	15	16	281	
21	300304	강수호	직탐	67	55	54	12	11	12	211	
22	300305	김호철	직탐	75	65	36	11	12	15	214	
23			직탐 최소	57	55	36	11	11	12		
24			직탐 최대	77	78	78	17	17	16		
25			전체 최소값	42	32	36	11	11	12		
26			전체 최대값	98	88	92	20	19	17		
27											

02 통합

	E	F	G	H	I
1					
2		[표2] 관리비내역(1/4분기 평균)			
3		항목	사용량	사용요금	
4		전기	354	48,683	
5		수도	16	10,403	
6		난방	1,000	92,667	
7		온수	16	29,467	
8					

문제 ❹ 기타작업

① 매크로

	A	B	C	D	E
1					
2	[표1] 중식음식점 일일 매출현황				
3					
4	구분	식사종류	판매단가	판매수량	매출액
5	면류	자장면	3500	150	525,000
6	면류	삼선자장면	5000	100	500,000
7	면류	울면	4000	50	200,000
8	면류	짬뽕	3000	90	270,000
9	밥류	잡채덮밥	5000	100	500,000
10	밥류	볶음밥	5000	150	750,000
11	요리류	탕수육	18000	60	1,080,000
12	요리류	양장피	21000	25	525,000
13	요리류	팔보채	25000	30	750,000
14	요리류	라조기	25000	25	625,000
15	평균			78	572,500
16					

(평균, 서식 도형)

② 차트

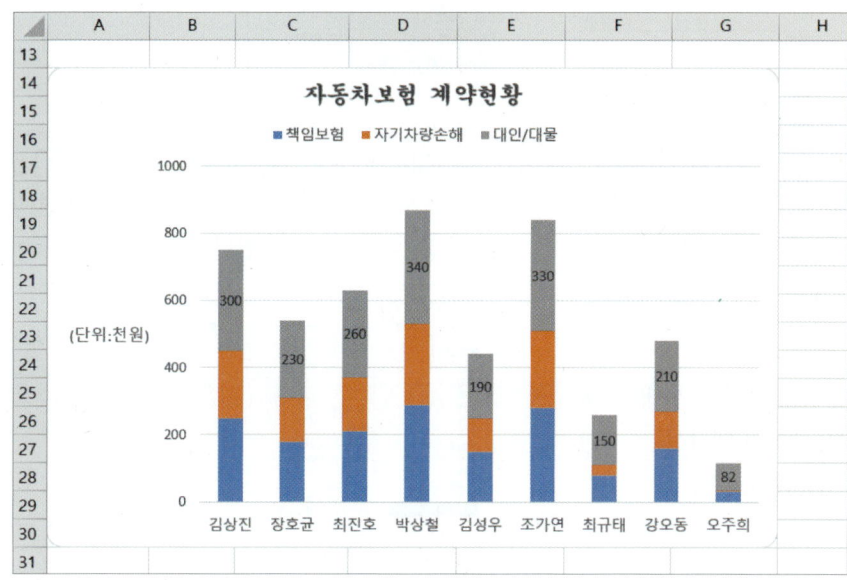

기출 유형 문제 08회 해설

문제 ① 기본작업

01 자료 입력('기본작업-1' 시트)

[A3:H9] 셀까지 문제를 보고 오타 없이 작성한다.

02 서식 지정('기본작업-2' 시트)

① [A1:G1] 영역을 범위 지정한 후 [홈]-[글꼴] 그룹에서 '굴림체', 크기 '16', '굵게', '밑줄', [홈]-[맞춤] 그룹에서 [병합하고 가운데 맞춤](圁)을 클릭한다.

② [A3:G16] 영역을 범위 지정한 후 [홈]-[글꼴] 그룹에서 [테두리](⊞ ▾) 도구에서 [모든 테두리](⊞)를 클릭한다.

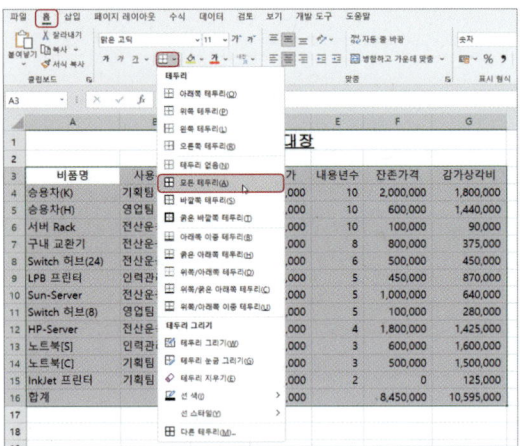

③ Ctrl 을 이용하여 [C16], [E16] 셀을 선택한 후 Ctrl + 1 을 눌러 [테두리] 탭에서 대각선(◸, ◺) 도구를 클릭한 후 [확인]을 클릭한다.

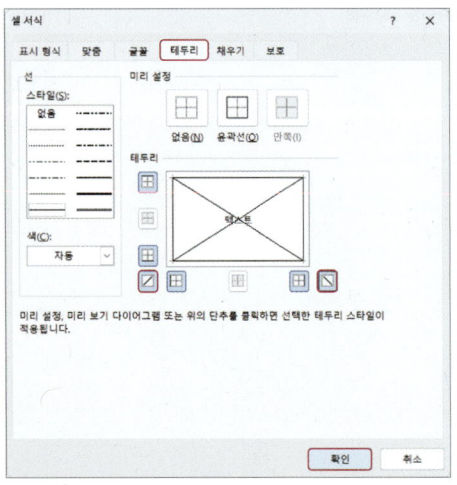

④ [A16:B16] 영역을 범위 지정한 후 [홈]-[맞춤] 그룹에서 [병합하고 가운데 맞춤](圁)을 클릭한다.

⑤ [A16] 셀의 '합계'를 범위 지정한 후 [한자]를 눌러 '合計'를 선택하고 [변환]을 클릭한다.

⑥ [A4:A15] 영역을 범위 지정한 후 '이름 상자'에 **비품명**을 입력하고 Enter 를 누른다.

⑦ [E4:E15] 영역을 범위 지정한 후 Ctrl + 1 을 눌러 [표시 형식] 탭의 '사용자 지정'에 **#년**을 입력하고 [확인]을 클릭한다.

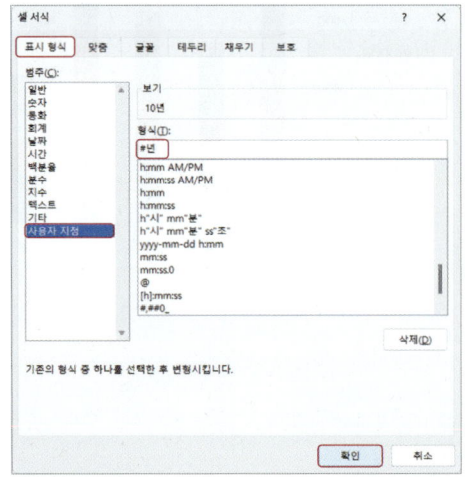

> **기적의 TIP**
>
> 0"년"도 가능하다.

03 조건부 서식('기본작업-3' 시트)

① [A4:F12] 영역을 범위를 지정한 후, [홈]-[스타일] 그룹의 [조건부 서식]-[새 규칙]을 클릭한다.
② [새 서식 규칙]에서 '▶ 수식을 사용하여 서식을 지정할 셀 결정'을 선택하고, =AND($B4="수입",$F4>=20000)을 입력한 후 [서식]을 클릭한다.

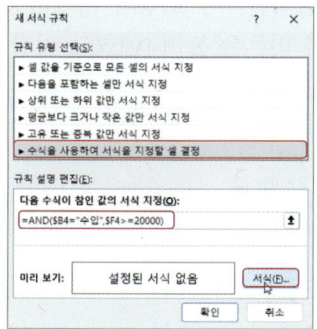

③ [글꼴] 탭에서 글꼴 스타일 '굵게', 색은 '표준색 – 파랑'을 선택하고 [확인]을 클릭한다.
④ [새 서식 규칙]에서 [확인]을 클릭한다.

문제 ❷ 계산작업('계산작업' 시트)

01 배정반[C3:C8]
[C3] 셀에 =VLOOKUP(RANK.EQ(B3,$B$3:$B$8),$E$3:$F$5,COLUMN()-1)를 입력하고 [C8] 셀까지 수식을 복사한다.

02 평점[L3:L8]
[L3] 셀에 =IFERROR(I3*40%+J3*30%+K3*30%,"입력오류")를 입력하고 [L8] 셀까지 수식을 복사한다.

03 1학년 과탐 최대최저[E13]
[E13] 셀에 =DMAX(A11:D26,D11,A11:B12)&"(최저"&DMIN(A11:D26,D11,A11:B12)&")"를 입력한다.

04 번호[H12:H16]
[H12] 셀에 =ROW()-11을 입력하고 [H16] 셀까지 수식을 복사한다.

05 300000~500000 대출금액의 합계[K20]
[K20] 셀에 =SUMIFS(J20:J26,J20:J26,">=300000",J20:J26,"<=500000")를 입력한다.

문제 ❸ 분석작업

01 부분합('분석작업-1' 시트)

① [C3] 셀을 클릭한 후 [데이터]-[정렬 및 필터] 그룹의 [텍스트 오름차순 정렬](⬇)을 클릭한다.
② 데이터 안쪽에 커서를 두고 [데이터]-[개요] 그룹의 [부분합]을 클릭한다.
③ [부분합]에서 그림과 같이 지정하고 [확인]을 클릭한다.

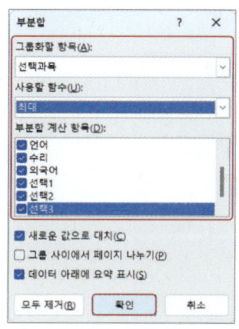

- 그룹화할 항목 : 선택과목
- 사용할 함수 : 최대
- 부분합 계산 항목 : 언어, 수리, 외국어, 선택1, 선택2, 선택3

④ 다시 [데이터]-[개요] 그룹의 [부분합]을 클릭하여 그림과 같이 지정하고 [확인]을 클릭한다.

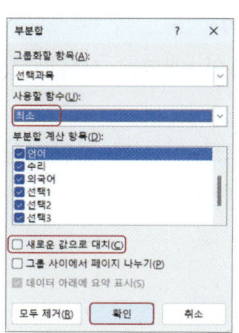

- 사용할 함수 : 최소
- '새로운 값으로 대치' 체크를 해제

02 통합('분석작업-2' 시트)

① [F4:F7] 영역에 추출할 조건을 그림과 같이 입력한 후 [F3:H7] 영역을 범위 지정하여 [데이터]-[데이터 도구] 그룹의 [통합](🗐)을 클릭한다.

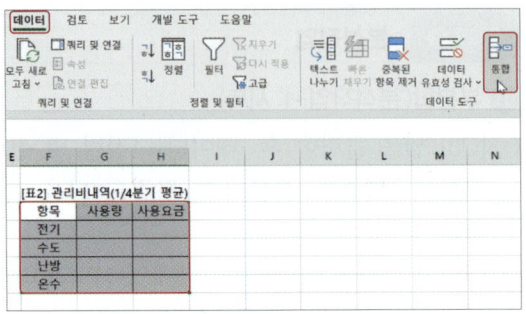

② 함수는 '평균', 모든 참조 영역에 [B3:D18] 영역을 드래그하여 추가한 후 '첫 행', '왼쪽 열'을 체크하고 [확인]을 클릭한다.

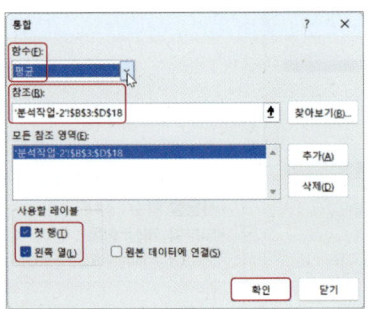

문제 4 기타작업

01 매크로('매크로작업' 시트)

① [개발 도구]-[코드] 그룹의 [매크로 기록](📄)을 클릭한다.
② [매크로 기록]에서 '매크로 이름'에 **평균계산**을 입력하고 [확인]을 클릭한다.

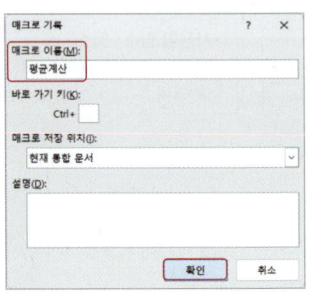

③ [D15] 셀에 =AVERAGE(D5:D14)를 입력하고 [E15] 셀까지 수식을 복사한다.
④ [개발 도구]-[코드] 그룹의 [기록 중지](□)를 클릭한다.
⑤ [삽입]-[일러스트레이션] 그룹의 [도형]-[기본 도형]의 '해'(✲)를 클릭하여 [G4:H7] 영역에 Alt 를 누른 채 드래그하여 그린다.
⑥ 도형에 **평균**을 입력한 후, 도형의 경계라인에서 마우스 오른쪽 버튼을 눌러 [매크로 지정]을 클릭한다.

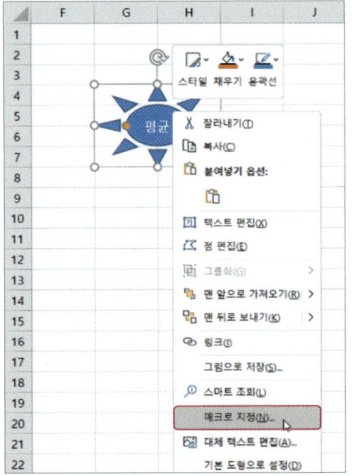

⑦ [매크로 지정]에서 '평균계산'을 선택하고 [확인]을 클릭한다.
⑧ [개발 도구]-[코드] 그룹의 [매크로 기록](📄)을 클릭하여 '매크로 이름'에 **서식지정**을 입력하고 [확인]을 클릭한다.
⑨ [A4:E4] 영역을 범위 지정하고 [홈]-[글꼴] 그룹에서 '굵게'를 클릭하고, [채우기 색](🎨▼) 도구에서 '표준 색 – 파랑', [글꼴 색](가▼) 도구에서 '흰색, 배경 1'을 선택한다.
⑩ [개발 도구]-[코드] 그룹의 [기록 중지](□)를 클릭한다.
⑪ [삽입]-[일러스트레이션] 그룹의 [도형]-[기본 도형]의 '하트'(♡)를 클릭하여 [G9:H12] 영역에 Alt 를 누른 채 드래그하여 그린다.
⑫ 도형에 **서식**을 입력한 후, 도형의 경계라인에서 마우스 오른쪽 버튼을 눌러 [매크로 지정]을 클릭한다.

⑬ [매크로 지정]에서 '서식지정'을 선택하고 [확인]을 클릭한다.

02 차트('차트작업' 시트)

① [A3:A12], [D3:F12] 영역을 범위 지정한 후 [삽입]-[차트] 그룹의 [세로 또는 가로 막대형 차트 삽입]-[2차원 세로 막대형]에서 '누적 세로 막대형'을 클릭하여 차트를 작성한다.

② 차트를 선택한 후 Alt 를 누른 채 [A14] 셀로 이동한 후 [A14:G30] 영역에 위치할 수 있도록 크기를 조절한다.

③ 차트 제목을 **자동차보험 계약현황**을 입력하고, [홈]-[글꼴] 그룹에서 '궁서체', 크기 '14', '굵게'로 지정한다.

④ 차트를 선택한 후 [차트 요소](+)에서 [축 제목]-[기본 세로]를 체크한 후 **(단위:천원)**을 입력한다.

⑤ 세로(값) 축 제목 '(단위:천원)'을 선택한 후 마우스 오른쪽 버튼을 눌러 [축 제목 서식]을 클릭한다.

⑥ [축 제목 서식]-[제목 옵션]-[크기 및 속성]의 '맞춤'에서 '텍스트 방향'을 '가로'를 선택한다.

⑦ 세로 값(축)을 선택한 후 [축 서식]의 '축 옵션'에서 단위 '기본'에 200을 입력한다.

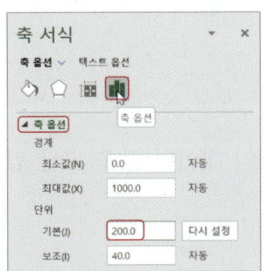

⑧ 범례를 선택한 후 [범례 서식]의 '범례 옵션'에서 '위쪽'을 선택한다.

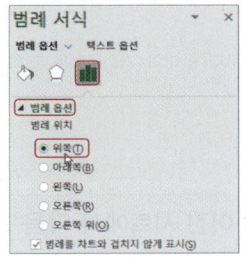

⑨ 차트 영역을 클릭한 후 [차트 영역 서식]에서 [채우기 및 선]을 클릭하여 [테두리]의 '둥근 모서리'를 체크한다.

⑩ '대인/대물' 계열을 선택한 후 마우스 오른쪽 버튼을 클릭한 후 [데이터 레이블 추가]를 선택한다.

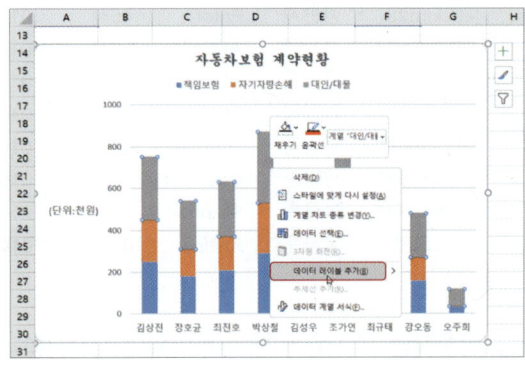

기출 유형 문제 09회

작업파일 [26컴활2급₩기출유형문제] 폴더의 '기출유형문제9회' 파일을 열어서 작업하시오.

문제 ❶ 기본작업 | 주어진 시트에서 다음 과정을 수행하고 저장하시오. 20점

01 '기본작업-1' 시트에 다음의 자료를 주어진 대로 입력하시오. (5점)

	A	B	C	D	E	F	G	H
1	사랑의 이웃돕기 회원 명단							
2								
3	회원ID	성명	세례명	나이	전화번호	주소	월회비	이체방법
4	park123	박민지	Francis	52세	010-2233-5555	서울시 서초구	10000	지로용지납부
5	lee345	이수현	Lucius	41세	010-6456-9870	서울시 마포구	12000	국민은행 자동이체
6	kim987	김현지	Peter	45세	010-2234-6545	경기도 수원시	3000	농협 자동이체
7	kang8776	강지연	Antonius	50세	010-3344-0807	경기도 안산시	50000	지로용지납부
8	choi256	최삼재	Marcian	65세	010-6789-1587	대구시 수송구	100000	국민은행 자동이체
9	jung397	정말자	Maximian	45세	010-4555-6666	대전시 중구	15000	농협 자동이체
10	lim398	임숙자	Gordianus	48세	010-9333-7777	부산시 수영구	30000	지로용지납부
11	kun879	권남순	Columba	42세	010-3699-8745	강원도 태백시	5000	지로용지납부
12	han246	한국영	Stephen	53세	010-2578-9634	인천시 서구	9000	국민은행 자동이체
13	kuk278	국자운	Justina	41세	010-2987-1254	경기도 남양주시	40000	농협 자동이체
14								

02 '기본작업-2' 시트에 대하여 다음의 지시사항을 처리하시오. (각 2점)

① [A1:F1] 영역은 '셀 병합 후 가로, 세로 가운데 맞춤', 글꼴 '궁서체', 크기 '16', 글꼴 스타일 '굵게'로 지정하시오.
② 제목 '추석 과일 선물 세트 판매 현황' 앞뒤에 특수 문자 '◆'을 삽입하고, [A12:C12], [A13:C13] 영역은 '셀 병합 후 가로, 세로 가운데 맞춤'으로 지정하시오.
③ [A4:B11] 영역은 복사하여 [A17:H18] 영역에 '행/열 바꿈' 기능으로 '선택하여 붙여넣기'를 하시오.
④ [F5:F11] 영역은 셀 서식 '백분율' 서식에서 소수 자릿수 '2'로 지정하고, [C5:E11], [D12:E13] 영역은 쉼표 스타일(,)을 적용하시오.
⑤ [A4:F13] 영역에 '모든 테두리'(⊞)를 적용하여 표시하고, [F12], [F13] 셀에는 ◨ 모양의 괘선으로 채우시오.

03 '기본작업-3' 시트에 대하여 다음의 지시사항을 처리하시오. (5점)

'출장비 지급 내역서' 표에서 직위가 '과장'이거나 지급금액이 '300,000' 이상인 데이터 값을 고급 필터를 이용하여 검색하시오.
▶ 고급 필터 조건은 [B15:I18] 범위 내에 알맞게 입력하시오.
▶ 고급 필터 결과 복사 위치는 동일 시트의 [B20] 셀에서 시작하시오.

문제 ❷ 계산작업 | '계산작업' 시트에서 다음 과정을 수행하고 저장하시오. 40점

01 [표1]에서 폐기물 비율[B3:B7]에 대한 순위를 구하여 아래 조건과 같이 상태[C3:C7]에 표시하시오. (8점)
- ▶ 상태는 1~2위에 '높음', 3~4위에 '중간', 5위는 '낮음'으로 표시하시오.
- ▶ 순위는 폐기물 비율이 높은 업종이 1위
- ▶ CHOOSE와 RANK.EQ 함수 사용

02 [표2]에서 1일차에서 4일차까지의 출석한 일자의 'ㅇ'가 3개 이상이면 '이수', 그 외는 공백으로 이수여부[J3:J7] 영역에 표시하시오. (8점)
- ▶ IF, COUNTBLANK 함수 사용

03 [표3]에서 전화번호[B11:B16]의 앞의 3자리를 이용하여 지역명[C11:C16]을 구하시오. (8점)
- ▶ 지역번호 표[B18:D19]를 이용
- ▶ HLOOKUP과 LEFT 함수 사용

04 [표4]에서 점수표[I11:I15]를 참조하여 점수에 따른 등급을 구하여 [G11:G16] 영역에 표시하시오. (8점)
- ▶ 점수가 280~241은 1등급, 240~211은 2등급, 210~181은 3등급, 180~151은 4등급, 150 이하는 5등급
- ▶ [표시 예 : 1등급]
- ▶ MATCH 함수와 & 연산자 사용

05 [표5]에서 고용형태[B23:B28]가 '비정규직'인 인원수[C23:C28]의 합계를 구하여 [E27] 셀에 표시하시오. (8점)
- ▶ 비정규직의 인원수 합계에 '명'이라고 붙임 [표시 예 : 100 → 100명]
- ▶ [E22:E23] 영역에 조건을 입력
- ▶ DSUM 함수와 문자열 연산자(&) 사용

문제 ❸ 분석작업 | 주어진 시트에서 다음 과정을 수행하고 저장하시오 20점

01 '분석작업-1' 시트에 대하여 다음의 지시사항을 처리하시오. (10점)

'출장비 현황' 표를 이용하여 부서는 '필터', 성명은 '행', 출장지는 '열'로 처리하고, 값은 총 출장비의 합계를 계산하고 행과 열의 총합계가 나타나지 않도록 피벗 테이블을 작성하시오.
- ▶ 피벗 테이블 보고서는 동일 시트의 [B21] 셀에서 시작하시오.
- ▶ 보고서 레이아웃은 '개요 형식으로 표시'로 지정하시오.
- ▶ 피벗 테이블 보고서의 빈 셀에 '*' 기호가 자동으로 표시되도록 옵션을 설정할 것('*'는 자판 입력 사용)

02 '분석작업-2' 시트에 대하여 다음의 지시사항을 처리하시오. (10점)

'추석 특별 상여금' 표에서 기본상여율[C13]이 다음과 같이 변동하는 경우 수당합계[G11]의 변동 시나리오를 작성하시오.
- ▶ 셀이름 정의 : [C13] 셀은 '기본상여율', [G11] 셀은 '수당합계'로 정의하시오.
- ▶ 시나리오1 : 시나리오 이름은 '기본 상여율 인상', 기본 상여율을 15%로 설정하시오.
- ▶ 시나리오2 : 시나리오 이름은 '기본 상여율 인하', 기본 상여율을 5%로 설정하시오.
- ▶ 시나리오 요약 시트는 '분석작업-2' 시트의 바로 앞에 위치시키시오.
- ※ 시나리오 요약 보고서 작성 시 정답과 일치하여야 하며, 오자로 인한 부분 점수는 인정하지 않음

문제 ④ 기타작업 | 주어진 시트에서 다음 과정을 수행하고 저장하시오. 20점

01 '매크로작업' 시트의 [표1]에서 다음과 같은 기능을 수행하는 매크로를 현재 통합 문서에 작성하고 실행하시오. (각 5점)

① 금액[E4:E9] 영역에 대하여 '수강생 × 수강료'로 계산하는 매크로를 생성하여 실행하시오.
  ▶ 매크로 이름 : 금액계산
  ▶ [도형]-[기본 도형]의 '육각형'(⬡)을 동일 시트의 [G3:G5] 영역에 생성한 후, 텍스트를 '금액'으로 입력하고, 도형을 클릭할 때 '금액계산' 매크로가 실행되도록 설정하시오.

② [A3:E3] 영역은 글꼴 스타일 '굵게', 채우기 색 '표준 색 – 노랑'을 적용하는 매크로를 생성하여 실행하시오.
  ▶ 매크로 이름 : 서식지정
  ▶ [도형]-[사각형]의 '사각형: 둥근 모서리'(▢)를 동일 시트의 [G7:G9] 영역에 생성한 후, 텍스트를 '서식'으로 입력하고, 도형을 클릭할 때 '서식지정' 매크로가 실행되도록 설정하시오.

  ※ 셀 포인터의 위치에 상관없이 현재 통합문서에서 매크로가 실행되어야 정답으로 인정됨

02 '차트작업' 시트의 차트를 지시사항에 따라 아래 그림과 같이 수정하시오. (각 2점)

※ 차트는 반드시 문제에서 제공한 차트를 사용하여야 하며, 신규로 작성 시 0점 처리됨

① 차트의 종류는 '3차원 원형'으로 변경하고, 차트 제목은 '2월 우수 기업 시장 점유 구성'으로 수정하시오.
② 차트 제목의 글꼴 스타일은 '굵게', 글꼴 '굴림체', 크기 '16'으로 지정하시오.
③ 범례는 표시하지 않고, 각 데이터의 계열의 항목 이름과 백분율을 바깥쪽 끝에 표시하고, 데이터 레이블은 글꼴 '굴림', 크기 '10'으로 지정하시오.
④ 데이터 계열은 첫째 조각의 각도를 45°로 회전하시오.
⑤ 가장 많이 점유하고 있는 계열(대한 18%)을 3차원 효과의 원형 차트에서 분리하시오.

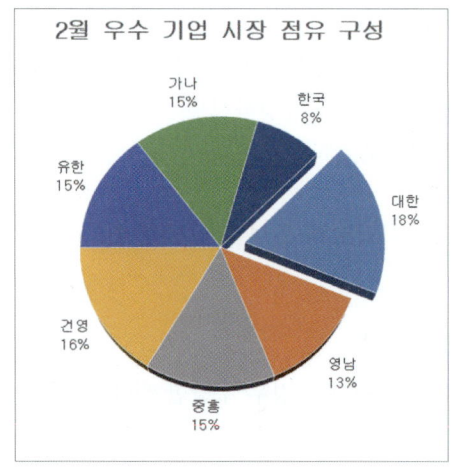

기출 유형 문제 09회 정답

문제 ① 기본작업

01 자료 입력

	A	B	C	D	E	F	G	H
1	사랑의 이웃돕기 회원 명단							
2								
3	회원ID	성명	세례명	나이	전화번호	주소	월회비	이체방법
4	park123	박민지	Francis	52세	010-2233-5555	서울시 서초구	10000	지로용지납부
5	lee345	이수현	Lucius	41세	010-6456-9870	서울시 마포구	12000	국민은행 자동이체
6	kim987	김현지	Peter	45세	010-2234-6545	경기도 수원시	3000	농협 자동이체
7	kang8776	강지연	Antonius	50세	010-3344-0807	경기도 안산시	50000	지로용지납부
8	choi256	최삼재	Marcian	65세	010-6789-1587	대구시 수송구	100000	국민은행 자동이체
9	jung397	정말자	Maximian	45세	010-4555-6666	대전시 중구	15000	농협 자동이체
10	lim398	임숙자	Gordianus	48세	010-9333-7777	부산시 수영구	30000	지로용지납부
11	kun879	권남순	Columba	42세	010-3699-8745	강원도 태백시	5000	지로용지납부
12	han246	한국영	Stephen	53세	010-2578-9634	인천시 서구	9000	국민은행 자동이체
13	kuk278	국자운	Justina	41세	010-2987-1254	경기도 남양주시	40000	농협 자동이체

02 서식 지정

	A	B	C	D	E	F	G	H	I
1		◆추석 과일 선물 세트 판매 현황◆							
2									
3						2026-09-21			
4	상품코드	상품명	단가	판매총액	목표총액	달성율			
5	10023	사과	35,000	700,000	1,050,000	66.67%			
6	10024	배	20,000	560,000	600,000	93.33%			
7	10025	곶감	70,000	230,000	2,100,000	10.95%			
8	10026	포도	15,000	200,000	270,000	74.07%			
9	10027	감	25,000	950,000	750,000	126.67%			
10	10028	메론	13,000	234,000	351,000	66.67%			
11	10029	딸기	24,000	40,000	54,000	74.07%			
12		합계		2,914,000	5,175,000				
13		평균		416,286	739,286				
14									
15									
16									
17	상품코드		10023	10024	10025	10026	10027	10028	10029
18	상품명		사과	배	곶감	포도	감	메론	딸기
19									

03 고급 필터

	A	B	C	D	E	F	G	H	I	J
14										
15		직위	지급금액							
16		과장								
17			>=300000							
18										
19										
20		사원코드	성명	직위	출발일	도착일	지급일	지급금액	출장지	
21		AS-0255	운인향	과장	2026-05-10	2026-05-12	2026-06-01	300,000	제주도	
22		FD-2378	최승은	사원	2026-07-12	2026-07-22	2026-08-11	330,000	제주도	
23		GF-1612	조선영	과장	2026-05-12	2026-05-14	2026-06-03	270,000	부산	
24										

문제 ❷ 계산작업

01 상태

	A	B	C	D
1	[표1] 폐기물 배출 조사			
2	업종	비율	상태	
3	1차금속	8.1	중간	
4	석유정제	10.5	높음	
5	섬유제품	3.5	낮음	
6	통신장비	9.4	중간	
7	화학제품	62.7	높음	
8				

[C3] 셀에 「=CHOOSE(RANK.EQ(B3,$B$3:$B$7),"높음","높음","중간","중간","낮음")」을 입력하고 [C7] 셀까지 수식 복사

02 이수여부

	E	F	G	H	I	J
1	[표2] 교육 출석 현황					
2	사원명	1일차	2일차	3일차	4일차	이수여부
3	임경숙	O		O	O	이수
4	한종수	O		O	O	이수
5	지숙경		O		O	
6	전수호	O				
7	우민구	O		O	O	이수
8						

[J3] 셀에 「=IF(COUNTBLANK(F3:I3)<=1,"이수","")」를 입력하고 [J7] 셀까지 수식 복사

03 지역명

	A	B	C	D
9	[표3] 부서 직원 현황			
10	이름	전화번호	지역명	
11	김운경	054-344-3245	경북	
12	오민송	031-233-2435	경기도	
13	오기택	032-657-0035	인천	
14	김성묵	031-655-9975	경기도	
15	허창환	054-792-3890	경북	
16	박지연	031-583-4551	경기도	
17	<지역번호 표>			
18	지역번호	054	031	032
19	지역	경북	경기도	인천
20				

[C11] 셀에 「=HLOOKUP(LEFT(B11,3),$B$18:$D$19,2,0)」를 입력하고 [C16] 셀까지 수식 복사

04 등급

	E	F	G	H	I
9	[표4] 영어학원 점수현황				
10	이름	점수	등급		점수표
11	임인정	273	1등급		280
12	탁민송	250	1등급		240
13	한대수	234	2등급		210
14	최민자	200	3등급		180
15	이택용	180	4등급		150
16	최승은	134	5등급		
17					

[G11] 셀에 「=MATCH(F11,$I$11:$I$15,-1)&"등급"」을 입력하고 [G16] 셀까지 수식 복사

05 비정규직의 인원수합계

	A	B	C	D	E	F	G	H
21	[표5] 문화산업별 고용현황							
22	문화산업	고용형태	인원수		고용형태			
23	애니메이션	정규직	2,761		비정규직			
24	애니메이션	비정규직	2,624					
25	캐릭터	정규직	5,586					
26	캐릭터	비정규직	671		비정규직의 인원수합계			
27	인터넷/모바일	정규직	8,531		6117명			
28	인터넷/모바일	비정규직	2,822					
29								

[E27] 셀에 「=DSUM(A22:C28,C22,E22:E23)&"명"」을 입력

문제 ❸ 분석작업

01 피벗 테이블

	A	B	C	D	E	F	G	H	I
18									
19		부서	(모두)						
20									
21		합계 : 총 출장비	출장지						
22		성명	강릉	대전	부산	전주	제주도	포항	
23		강나루	*	*	*	400000	*	*	
24		김미현	*	*	*	*	180000	*	
25		김우리	*	328000	*	*	*	*	
26		김태은	*	426000	*	*	*	*	
27		박소영	*	*	*	*	210000	*	
28		송나라	*	*	247000	*	*	*	
29		장만익	154000	*	*	*	*	366000	
30		정민우	*	*	647000	*	*	*	
31		최명민	*	*	170000	*	*	*	
32		황지선	*	*	*	161000	*	290000	
33									

02 시나리오

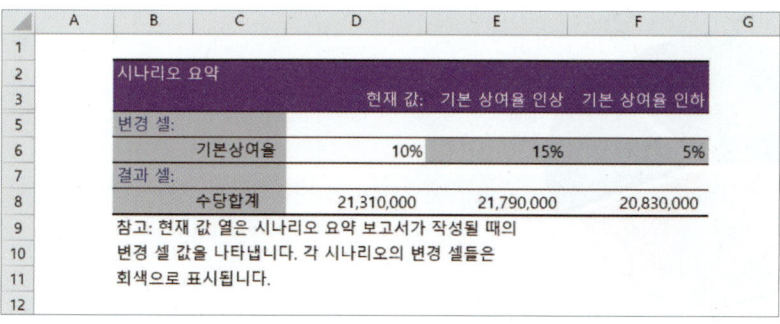

문제 ④ 기타작업

01 매크로

	A	B	C	D	E
1	[표1] 수강신청현황				
2					
3	과목	강사	수강생	수강료	금액
4	영어회화	문경주	20	90,000	1,800,000
5	토플	이찬혁	53	140,000	7,420,000
6	청취	우기만	29	110,000	3,190,000
7	토익	권정아	48	88,000	4,224,000
8	AFKN 듣기	김지윤	12	90,000	1,080,000
9	무역영어	문정황	7	90,000	630,000

금액

서식

02 차트

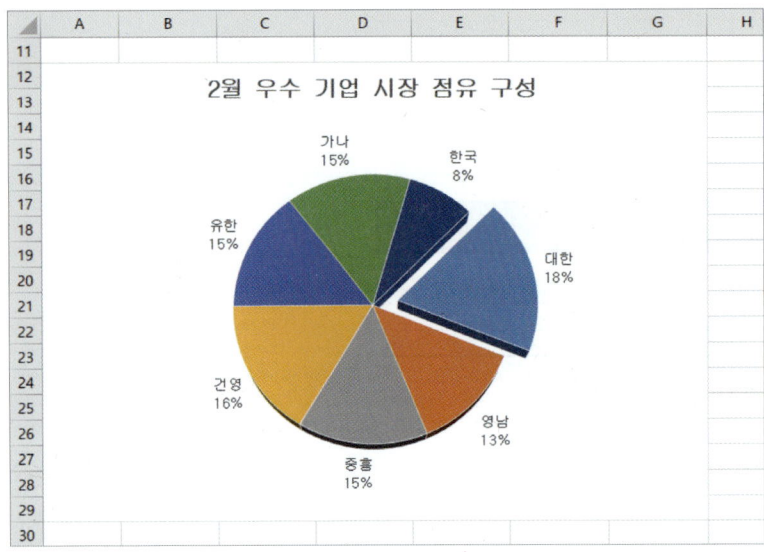

2월 우수 기업 시장 점유 구성

기출 유형 문제 09회 해설

문제 ❶ 기본작업

01 자료 입력('기본작업-1' 시트)
[A3:H13] 셀까지 문제를 보고 오타 없이 작성한다.

02 서식 지정('기본작업-2' 시트)
① [A1:F1] 영역을 범위 지정하고 Ctrl + 1 을 눌러 [맞춤] 그룹에서 가로 '가운데', 세로 '가운데', 텍스트 조정 '셀 병합'을 체크한다.
② [글꼴] 탭에서 '궁서체', '굵게', 크기는 '16'을 선택하고 [확인]을 클릭한다.
③ [A1] 셀의 '추석 과일 선물 세트 판매 현황'의 앞부분에서 더블 클릭하고 ㅁ을 입력한 후 한자를 누른다.
④ 화면에 특수문자 목록이 활성화되면 [보기 변경](圖)을 클릭하여 '◆'를 찾아서 클릭한다.
⑤ [A1] 셀의 '추석 과일 선물 세트 판매 현황'의 뒷부분에도 ◆를 입력한다.
⑥ Ctrl 을 이용하여 [A12:C12], [A13:C13] 영역을 범위 지정한 후 Ctrl + 1 을 눌러 [맞춤] 탭에서 가로 '가운데', 세로 '가운데'를 선택하고, 텍스트 조정 '셀 병합'을 체크한 후 [확인]을 클릭한다.
⑦ [A4:B11] 영역을 범위 지정하고 마우스 오른쪽 버튼을 눌러 [복사]를 클릭한다.

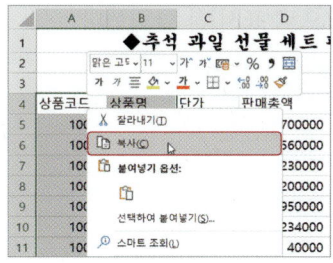

⑧ [A17] 셀을 선택하고 마우스 오른쪽 버튼을 눌러 [선택하여 붙여넣기]를 클릭한 다음, '행/열 바꿈'을 체크한 후 [확인]을 클릭한다.

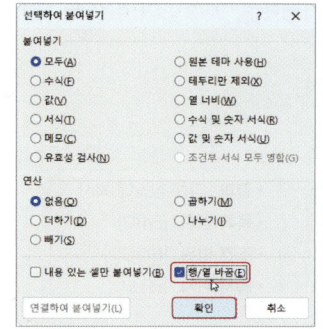

⑨ [F5:F11] 영역을 범위 지정한 후 Ctrl + 1 을 눌러 [표시 형식] 탭에서 '백분율'을 선택한 후, '소수 자릿수'에 2를 입력하고 [확인]을 클릭한다.
⑩ Ctrl 을 이용하여 [C5:E11], [D12:E13] 영역을 범위 지정한 후 [홈]-[표시 형식] 그룹의 [쉼표 스타일](,)을 클릭한다.

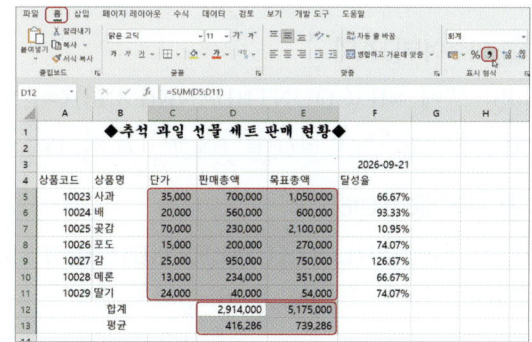

⑪ [A4:F13] 영역을 범위 지정하고 [홈]-[글꼴] 그룹에서 [테두리](田▼) 도구의 [모든 테두리](田)를 선택한다.
⑫ [F12:F13] 영역을 범위 지정하고 Ctrl + 1 을 눌러 [테두리] 탭에서 대각선(☒)을 선택한 후 [확인]을 클릭한다.

03 고급 필터('기본작업-3' 시트)
① 다음 같이 조건을 [B15:C17] 영역에 입력한다.

	A	B	C	D
14				
15		직위	지급금액	
16		과장		
17			>=300000	
18				

② [B4:I12] 영역을 범위 지정하고 [데이터]-[정렬 및 필터] 그룹에서 [고급](　)을 클릭한다.

③ [고급 필터]에서 그림과 같이 지정하고 [확인]을 클릭한다.

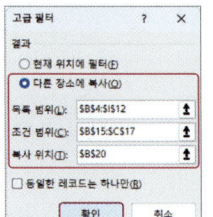

- **결과** : 다른 장소에 복사
- **목록 범위** : [B4:I12]
- **조건 범위** : [B15:C17]
- **복사 위치** : [B20]

문제 ② 계산작업('계산작업' 시트)

01 상태[C3:C7]

[C3] 셀에 =CHOOSE(RANK.EQ(B3,$B$3:$B$7), "높음","높음","중간","중간","낮음")를 입력하고 [C7] 셀까지 수식을 복사한다.

02 이수여부[J3:J7]

[J3] 셀에 =IF(COUNTBLANK(F3:I3)<=1,"이수","")를 입력하고 [J7] 셀까지 수식을 복사한다.

03 지역명[C11:C16]

[C11] 셀에 =HLOOKUP(LEFT(B11,3),$B$18:$D$19,2,0)를 입력하고 [C16] 셀까지 수식을 복사한다.

04 등급[G11:G16]

[G11] 셀에 =MATCH(F11,$I$11:$I$15,-1)&"등급"를 입력하고 [G16] 셀까지 수식을 복사한다.

05 비정규직의 인원수합계[E27]

① [E22:E23] 영역에 다음 그림과 같이 조건식을 입력한다.

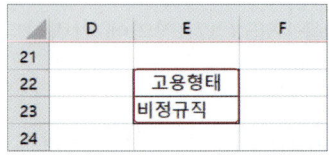

② [E27] 셀에 =DSUM(A22:C28,C22,E22:E23)&"명"를 수식을 입력한다.

문제 ③ 분석작업

01 피벗 테이블('분석작업-1' 시트)

① [B3:J15] 영역을 지정하고 [삽입]-[표] 그룹의 [피벗 테이블](　)을 클릭한다.

② [피벗 테이블 만들기]에서 '표/범위'는 [B3:J15], '기존 워크시트' [B21]을 지정하고 [확인]을 클릭한다.

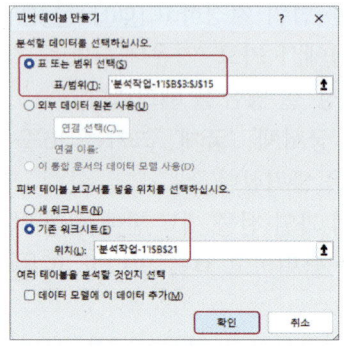

③ 다음 그림과 같이 필드를 드래그하여 배치한다.

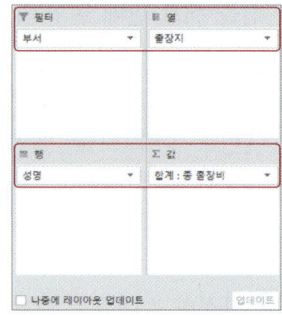

④ [디자인]-[레이아웃] 그룹에서 [보고서 레이아웃]-[개요 형식으로 표시]를 클릭한다.

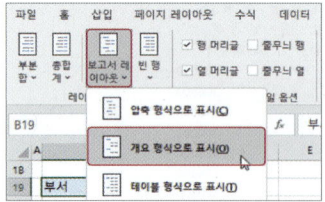

⑤ 피벗 테이블 안에서 마우스 오른쪽 버튼을 눌러 [피벗 테이블 옵션]을 클릭한다.

⑥ [레이아웃 및 서식] 탭에서 '빈 셀 표시'에 *을 입력한다.

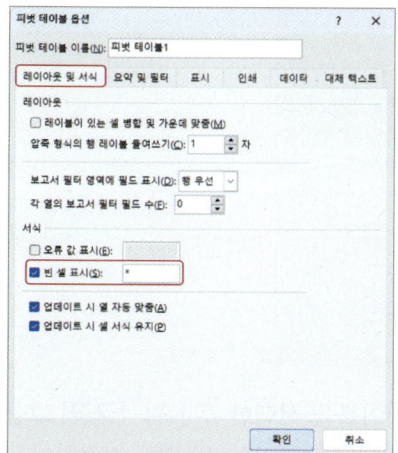

⑦ [요약 및 필터] 탭에서 '행 총합계 표시', '열 총합계 표시' 체크를 해제하고 [확인]을 클릭한다.

02 시나리오('분석작업-2' 시트)

① [C13] 셀을 클릭하고 '이름 상자'에 **기본상여율**을 입력한다.
② 같은 방법으로 [G11] 셀을 클릭하고 **수당합계**로 이름을 정의한다.
③ [C13] 셀을 선택하고 [데이터]-[예측] 그룹의 [가상 분석]-[시나리오 관리자]를 클릭한다.
④ [시나리오 관리자]에서 [추가]를 클릭한다.
⑤ [시나리오 추가]에서 '시나리오 이름'은 **기본 상여율 인상**을 입력하고, 변경 셀은 [C13] 셀을 지정한 후 [확인]을 클릭한다.

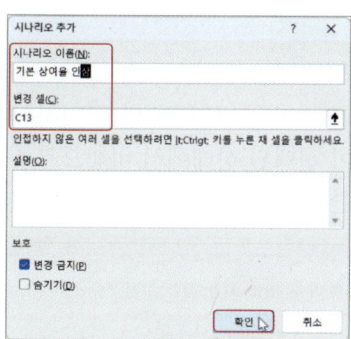

⑥ [시나리오 값]에서 기본상여율에 **15%**를 입력하고 [추가]를 클릭한다.

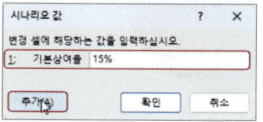

⑦ 같은 방법으로 [시나리오 추가]에서 시나리오 이름에 **기본 상여율 인하**를 입력하고, 변경 셀은 [C13] 셀을 선택한 후 [확인]을 클릭한다.
⑧ [시나리오 값]에서 '기본상여율'에 **5%**를 입력하고 [확인]을 클릭한 후 [시나리오 관리자]에서 [요약]을 클릭한다.
⑨ [시나리오 요약]에서 '시나리오 요약'을 선택하고, '결과 셀'에 [G11] 셀을 지정한 후 [확인]을 클릭한다.

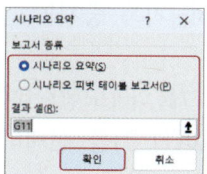

문제 ④ 기타작업

01 매크로('매크로작업' 시트)

① [개발 도구]-[코드] 그룹의 [매크로 기록](📹)을 클릭한다.
② [매크로 기록]에서 '매크로 이름'은 **금액계산**을 입력하고 [확인]을 클릭한다.

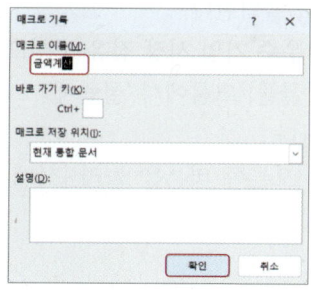

③ [E4] 셀에 =C4*D4를 입력하고 [E9] 셀까지 수식을 복사한다.
④ [개발 도구]-[코드] 그룹의 [기록 중지](□)를 클릭한다.
⑤ [삽입]-[일러스트레이션] 그룹의 [도형]-[기본 도형]의 '육각형'(⬡)을 선택하고 [G3:G5] 영역에 드래그하여 그린다.
⑥ **금액**을 입력하고, 도형에서 마우스 오른쪽 버튼을 눌러 [매크로 지정]을 클릭한다.

⑦ [매크로 지정]에서 '금액계산'을 선택하고 [확인]을 클릭한다.
⑧ [개발 도구]-[코드] 그룹의 [매크로 기록]( )을 클릭한다.
⑨ [매크로 기록]에서 **서식지정**을 입력하고 [확인]을 클릭한다.
⑩ [A3:E3] 영역을 범위 지정한 후 [홈]-[글꼴] 그룹에서 '굵게', [채우기 색]( ) 도구에서 '표준 색 - 노랑'을 선택한다.
⑪ [개발 도구]-[코드] 그룹의 [기록 중지]( )를 클릭한다.
⑫ [삽입]-[일러스트레이션] 그룹의 [도형]-[사각형]의 '사각형: 둥근 모서리'( )를 선택하고 [G7:G9] 영역에 드래그하여 그린다.
⑬ **서식**을 입력하고 도형에서 마우스 오른쪽 버튼을 눌러 [매크로 지정]을 클릭하여 '서식지정'을 선택하고 [확인]을 클릭한다.

02 차트('차트작업' 시트)

① 차트 안에서 마우스 오른쪽 버튼을 눌러 [차트 종류 변경]을 클릭한다.
② [차트 종류 변경]에서 '원형'의 '3차원 원형'을 선택하고 [확인]을 클릭한다.
③ 차트 제목을 **2월 우수 기업 시장 점유 구성**으로 수정한 후 [홈]-[글꼴] 그룹에서 '굴림체', 크기 '16', '굵게' 지정한다.
④ 범례에서 마우스 오른쪽 버튼을 눌러 [삭제]를 선택한다.

> **기적의 TIP**
> 범례를 선택하고 Delete 를 눌러도 삭제된다.

⑤ 원형 차트를 선택한 후 [차트 요소]( )-[데이터 레이블]-[기타 옵션]을 선택한다.
⑥ [데이터 레이블 서식]의 [레이블 옵션]에서 '항목 이름'과 '백분율'을 체크하고, '바깥쪽 끝에'를 선택한다.

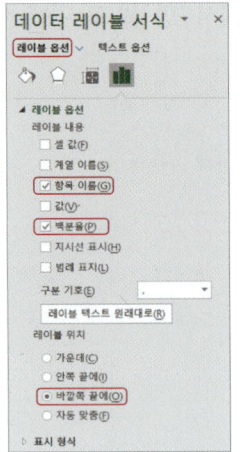

⑦ 데이터 레이블을 선택한 후 [홈]-[글꼴] 그룹에서 글꼴은 '굴림', 크기는 '10'으로 지정한다.

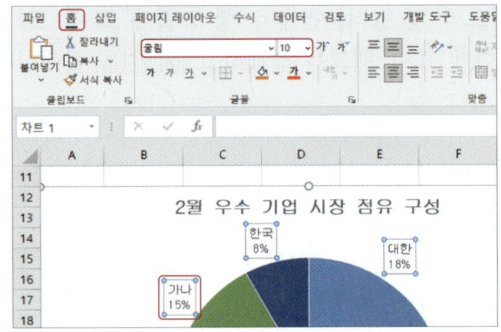

⑧ '대한 18%'를 선택한 후 [데이터 계열 서식]의 '계열 옵션'에서 첫째 조각의 각에 '45'를 입력한다.

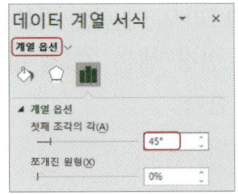

⑨ '대한 18%'의 요소만을 다시 한 번 클릭하여 하나의 요소만이 선택된 상태에서 바깥으로 드래그하여 분리한다.

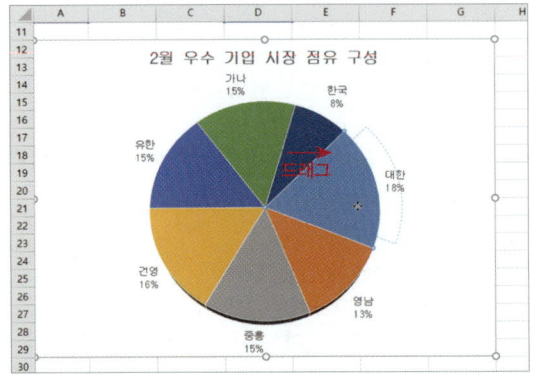

기출 유형 문제 10회

작업파일 [26컴활2급₩기출유형문제] 폴더의 '기출유형문제10회' 파일을 열어서 작업하시오.

문제 ❶ 기본작업 | 주어진 시트에서 다음 과정을 수행하고 저장하시오. 20점

01 '기본작업-1' 시트에 다음의 자료를 주어진 대로 입력하시오. (5점)

	A	B	C	D	E	F	G
1	도서구입목록						
2							
3	도서코드	책제목	저자	출판사	출판년도	구입일	정가
4	ttq-901	가장 왼쪽에서 가장 오른쪽까지	김규항	알마	2010	2025-10-05	13000
5	xuy-659	Dear John	Nicholas Sparks	Warner	2009	2024-12-09	11460
6	mng-002	마시멜로 이야기	호아킴 데 포사다	한국경제신문사	2005	2023-04-01	9000
7	psy-523	오만과 편견	제인 오스틴	민음사	2003	2026-03-22	10000
8	mng-091	긍정의 힘	조엘 오스틴	두란노	2005	2023-04-22	12000
9	psy-725	스키너의 심리상자 열기	로렌 슬레이터	에코의 서재	2005	2025-03-14	13500
10	nov-264	세상은 한 권의 책이었다	소피 카사뉴	마티	2006	2026-03-05	18000
11	lan-183	Grammar in Use Intermediate ~	Murphy raymond	Cambridge University	2000	2024-01-17	17000
12	stp-854	Outliers	Gradwell, Malcolm	Time Warner	2009	2025-03-05	11160
13							

02 '기본작업-2' 시트에 대하여 다음의 지시사항을 처리하시오. (각 2점)

① [A1:G1] 영역은 '병합하고 가운데 맞춤', 글꼴 '굴림체', 크기 '16', 글꼴 스타일 '굵게', '밑줄'로 지정하시오.
② [F2] 셀은 사용자 지정 형식을 이용하여 '2025년 05월 05일 (월요일)' 형식으로 표시되도록 지정하시오.
③ [I3:I11] 영역을 [A3:A11] 영역의 왼쪽으로 이동하시오.
④ 정가[D4:D11] 영역을 복사하여 [A14:A21] 영역에 '연산 곱하기' 기능으로 '값'만 선택하여 붙여넣기를 하시오.
⑤ [A3:H11] 영역은 '모든 테두리'(⊞)를 적용하시오.

03 '기본작업-3' 시트에 대하여 다음의 지시사항을 처리하시오. (5점)

'컴퓨터 경진대회' 표에서 '부서'가 '대리점팀'이고 '평점'이 80점대인 데이터 값을 고급 필터를 이용하여 검색하시오.
▶ 고급 필터 조건은 [A17:F20] 영역 내에 알맞게 입력하시오.
▶ 고급 필터 결과 복사 위치는 동일 시트의 [A21] 셀에서 시작하시오.

문제 ❷ 계산작업 | '계산작업' 시트에서 다음 과정을 수행하고 저장하시오. 40점

01 [표1]에서 '실적'이 전체 영업팀의 평균 실적 이상이면 '실적우수', 그렇지 않으면 '부진'으로 평가[D3:D9]에 표시하시오. (8점)
  ▶ IF와 AVERAGE 함수 사용

02 [표2]에서 국가[G3:G8]에 대해 전체 문자를 대문자로 변환하고, 수도[H3:H8]에 대해 첫문자를 대문자로 변환하여 국가(수도)[I3:I8]에 표시하시오. (8점)
  ▶ 표시 예 : 국가가 'Georgia', 수도가 'Tbilisi'인 경우 'GEORGIA(Tbilisi)'로 표시
  ▶ UPPER, PROPER 함수와 & 연산자 사용

03 [표3]에서 '유형'이 '수입'인 거래처의 최대금액과 최소금액의 차이값을 구하여 [C25] 셀에 표시하시오. (8점)
  ▶ 차이값은 십의 자리에서 절사하여 표시 [예 : 2,754 → 2,700]
  ▶ ROUNDDOWN과 DMAX, DMIN 함수 사용

04 [표4]에서 응시번호를 이용하여 응시교실[H13:H21] 영역에 표시하시오. (8점)
  ▶ 응시교실은 응시번호를 3으로 나눈 나머지가 0이면 'A반', 1이면 'B반', 2이면 'C반'으로 표시
  ▶ CHOOSE, MOD 함수 사용

05 [표4]에서 점수가 가장 높은 학생명을 찾아 [I22] 셀에 표시하시오. (8점)
  ▶ INDEX, MATCH, MAX 함수 사용

문제 ❸ 분석작업 | 주어진 시트에서 다음 과정을 수행하고 저장하시오 20점

01 '분석작업-1' 시트에 대하여 다음의 지시사항을 처리하시오. (10점)

'제품 판매 현황 보고서' 표에서 '판매일자'는 '행(항목)', 구분은 '열(계열)'로 처리하고, 값은 '금액'의 합계를 계산하는 피벗 테이블과 피벗 차트(묶은 세로 막대형)를 작성하시오.
  ▶ 피벗 테이블 보고서는 동일 시트의 [B20] 셀에서 시작하고, 피벗 차트 시트는 '분석작업-1' 시트 앞에 위치시키시오.
  ▶ 보고서 레이아웃은 '개요 형식으로 표시'로 지정하시오.
  ▶ 피벗 테이블 보고서에서 판매일자는 '분기'로 그룹으로 표시하시오.

02 '분석작업-2' 시트에 대하여 다음의 지시사항을 처리하시오. (10점)

데이터 통합 기능을 이용하여 도서 입고 상황(1월), 도서 입고 상황(2월), 도서 입고 상황(3월)에 대하여 '소설'로 끝난 품목, '잡지'로 끝난 품목, '도서'로 끝난 품목의 입고, 재고, 계에 대한 평균을 구하여 [G16:J18]에 표시하시오.

문제 ④ 기타작업 | 주어진 시트에서 다음 과정을 수행하고 저장하시오. 20점

01 '기타작업' 시트의 [표1]에서 다음과 같은 기능을 수행하는 매크로를 현재 통합 문서에 작성하고 실행하시오. (각 5점)

① [E10:G10] 영역에 1분기수출내역, 2분기수출내역, 수출액의 최대값을 계산하는 매크로를 생성하여 실행하시오.
- ▶ 매크로 이름 : 최대값
- ▶ MAX 함수 사용
- ▶ [도형]-[기본 도형]의 '다이아몬드'(◇)를 동일 시트의 [B12:C15] 영역에 생성한 후, 텍스트를 '최대값'으로 입력하고, 도형을 클릭할 때 '최대값' 매크로가 실행되도록 설정하시오.

② [B3:G3] 영역은 글꼴 스타일 '굵게', 셀 음영색을 '표준 색 – 노랑'으로 적용하는 매크로를 생성하여 실행하시오.
- ▶ 매크로 이름 : 서식
- ▶ [도형]-[기본 도형]의 '정육면체'(⬛)를 동일 시트의 [E12:E15] 영역에 생성한 후, 텍스트를 '서식'으로 입력하고, 도형을 클릭할 때 '서식' 매크로가 실행되도록 설정하시오.

02 '기타작업' 시트의 차트를 지시사항에 따라 아래 그림과 같이 수정하시오. (각 2점)

※ 차트는 반드시 문제에서 제공한 차트를 사용하여야 하며, 신규로 작성 시 0점 처리됨

① '대출이자' 데이터 계열의 차트 종류를 '표식이 있는 꺾은선형'으로 변경하고, 축은 '보조 축'으로 지정하시오.
② 차트 제목은 그림과 같이 입력하고, 글꼴 '굴림체', 글꼴 스타일 '굵게', 크기 '14'로 지정하시오.
③ 축 제목은 그림과 같이 입력하고, 텍스트의 방향 '세로 방향', 글꼴 '굴림', 크기 '11', '굵게'로 지정하시오.
④ 범례의 위치는 '아래쪽', 범례 테두리에 '그림자(오프셋 : 오른쪽 아래)', 채우기에 '흰색, 배경1', 테두리는 '실선'을 설정하시오.
⑤ '대출이자' 계열의 '김윤재'만 데이터 레이블을 '값'으로 지정하고, 글꼴 '굴림체', 크기 '10'으로 지정하시오.

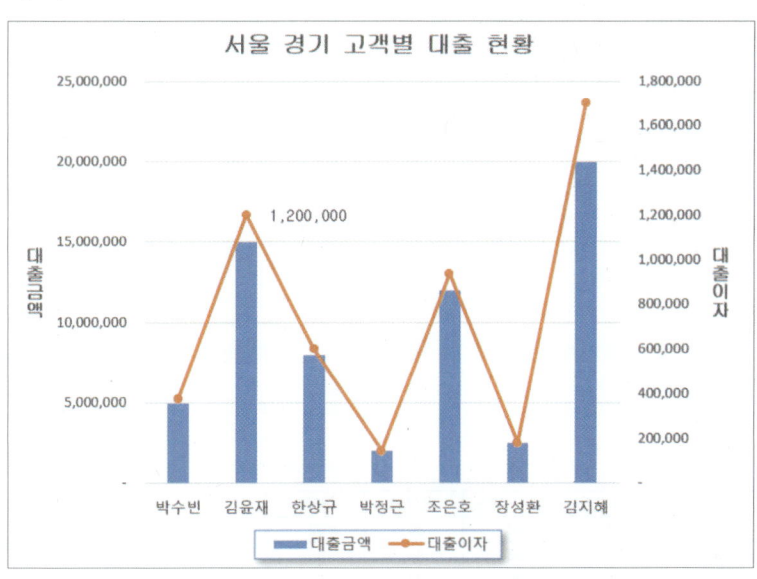

기출 유형 문제 10회 정답

문제 ① 기본작업

01 자료 입력

	A	B	C	D	E	F	G	H
1	도서구입목록							
2								
3	도서코드	책제목	저자	출판사	출판년도	구입일	정가	
4	ttq-901	가장 왼쪽에서 가장 오른쪽까지	김규항	알마	2010	2025-10-05	13000	
5	xuy-659	Dear John	Nicholas Sparks	Warner	2009	2024-12-09	11460	
6	mng-002	마시멜로 이야기	호아킴 데 포사다	한국경제신문사	2005	2023-04-01	9000	
7	psy-523	오만과 편견	제인 오스틴	민음사	2003	2026-03-22	10000	
8	mng-091	긍정의 힘	조엘 오스틴	두란노	2005	2023-04-22	12000	
9	psy-725	스키너의 심리상자 열기	로렌 슬레이터	에코의 서재	2005	2025-03-14	13500	
10	nov-264	세상은 한 권의 책이었다	소피 카샤누	마티	2006	2026-03-05	18000	
11	lan-183	Grammar in Use Intermediate ~	Murphy raymond	Cambridge University	2000	2024-01-17	17000	
12	stp-854	Outliers	Gradwell, Malcolm	Time Warner	2009	2025-03-05	11160	
13								

02 서식 지정

	A	B	C	D	E	F	G	H	I
1			도서 판매 현황						
2							2026년 12월 10일 (목요일)		
3	도서코드	도서명	저자	정가	할인율	주문수량	판매금액	주문처	
4	E-850	엑셀 2021 활용	박윤정	18000	0.3	50	270000	주아대학	
5	P-120	파워포인트 디자인	김현정	22000	0.2	35	154000	희아학원	
6	A-980	액세스 2021 초급	우혜련	21000	0.15	15	47250	경기학원	
7	E-540	엑셀 VBA	한정수	23000	0.25	25	143750	제일대학	
8	PT-623	포토샵	김인숙	25000	0.3	20	150000	전문교육원	
9	I-712	인터넷 활용	최창순	15000	0.2	10	30000	강원학원	
10	W-691	윈도우 11	강현주	16000	0.15	5	12000	서림대학	
11	H-670	한글 실무 활용 기술	이현진	17000	0.3	12	61200	경아교육원	
12									
13	교재 단가								
14	12600								
15	17600								
16	15750								
17	14950								
18	17500								
19	12000								
20	13600								
21	11900								
22									

03 고급 필터

	A	B	C	D	E	F	G	H	I
16									
17	부서	평점	평점						
18	대리점팀	>=80	<90						
19									
20									
21	부서	성명	나이	워드	엑셀	파워포인트	인터넷	평점	
22	대리점팀	남도식	45 세	88	68	90	80	82	
23	대리점팀	서연경	28 세	94	74	88	84	85	
24	대리점팀	서미련	36 세	94	74	88	84	85	
25									

문제 ❷ 계산작업

01 평가

	A	B	C	D	E
1	[표1]	팀별 영업 실적 현황			
2	팀명	팀장	실적	평가	
3	서울영업팀	이민형	50	부진	
4	인천영업팀	한찬희	90	실적우수	
5	광주영업팀	유전희	100	실적우수	
6	대구영업팀	김성수	79	실적우수	
7	부산영업팀	오안국	50	부진	
8	울산영업팀	성경용	90	실적우수	
9	포항영업팀	이광식	51	부진	
10					

[D3] 셀에 「=IF(C3>=AVERAGE($C$3:$C$9),"실적우수","부진")」를 입력하고 [D9] 셀까지 수식 복사

02 국가(수도)

	F	G	H	I
1	[표2]	세계 국가별 수도 리스트		
2	순위	국가	수도	국가(수도)
3	1	Georgia	Tbilisi	GEORGIA(Tbilisi)
4	2	Nepal	Kathmandu	NEPAL(Kathmandu)
5	3	East Timor	Dili	EAST TIMOR(Dili)
6	4	India	New Delhi	INDIA(New Delhi)
7	5	Saudi Arabia	Riyadh	SAUDI ARABIA (Riyadh)
8	6	Laos	Vientiane	LAOS(Vientiane)
9				

[I3] 셀에 「=UPPER(G3)&"("&PROPER(H3)&")"」를 입력하고 [I8] 셀까지 수식 복사

04~05 응시교실, 점수가 가장 높은 학생명

	F	G	H	I	J
11	[표4]	경시대회 결과			
12	학생명	응시번호	응시교실	점수	
13	손지우	91001	C반	91	
14	김수환	91002	A반	90	
15	기소영	91003	B반	85	
16	강옥희	91004	C반	70	
17	김수현	91005	A반	92	
18	이주아	91006	B반	89	
19	최민서	91007	C반	79	
20	최현정	91008	A반	71	
21	박채원	91009	B반	83	
22	점수가 가장 높은 학생명			김수현	
23					

4. [H13] 셀에 「=CHOOSE(MOD(G13,3)+1,"A반","B반","C반")」를 입력하고 [H21] 셀까지 수식 복사

5. [I22] 셀에 「=INDEX(F13:I21,MATCH(MAX(I13:I21),I13:I21,0),1)」를 입력

03 수입의 금액 차이

	A	B	C	D	E
11	[표3]	거래처 매출/매입현황			
12	거래처명	유형	주소	거래금액	
13	경진상사	수출	서울	127,540	
14	회사무역	수입	경기도	121,245	
15	(주)하늘	제조	서울	13,450	
16	해피무역	매입	대구	24,578	
17	거성무역	매입	부산	11,244	
18	A 백화점	수출	서울	26,550	
19	현대웅	수입	대구	112,526	
20	한성상사	수입	부산	18,800	
21	우성무역	수출	인천	54,260	
22	정성무역	수입	이천	19,088	
23					
24	유형		수입의 금액 차이		
25	수입		102,400		
26					

[C25] 셀에 「=ROUNDDOWN(DMAX(A12:D22,D12,A24:A25)-DMIN(A12:D22,D12,A24:A25),-2)」를 입력

문제 ❸ 분석작업

01 피벗 테이블

	A	B	C	D	E	F	G
19							
20		합계 : 금액	구분				
21		판매일자	PT-102	SP-103	TS-213	TS-214	총합계
22		1사분기	15300			7500	22800
23		2사분기	16275	66550			82825
24		3사분기			72000	167700	239700
25		4사분기			13500		13500
26		총합계	31575	138550	181200	7500	358825
27							

02 통합

	F	G	H	I	J
13					
14		[표4] 도서 입고 상황(1/4분기 월평균)			
15		품목	입고	재고	계
16		*소설	5,691	196	5,887
17		*간지	4,755	640	5,181
18		*도서	2,660	275	2,904
19					

문제 ❹ 기타작업

01 매크로

	A	B	C	D	E	F	G	H
1		[표1] 상반기 수출 내역						
2								
3		제품코드	단가(달러)	단가(원)	1분기수출내역	2분기수출내역	수출액	
4		A012	50	55,000	5,500,000	7,150,000	12,650,000	
5		A004	70	77,000	6,160,000	9,240,000	15,400,000	
6		A005	65	71,500	7,150,000	9,295,000	16,445,000	
7		A010	80	88,000	11,440,000	21,120,000	32,560,000	
8		A009	90	99,000	12,375,000	31,680,000	44,055,000	
9		A008	150	165,000	26,400,000	26,400,000	52,800,000	
10				최대값	26,400,000	31,680,000	52,800,000	

02 차트

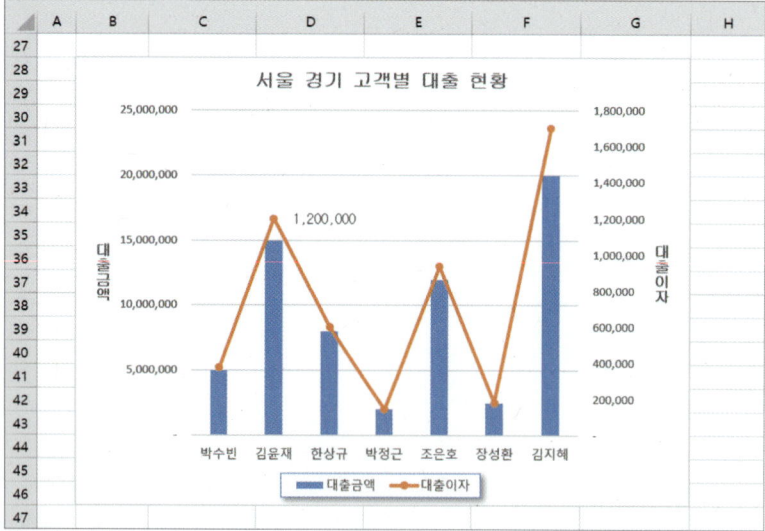

기출 유형 문제 10회 해설

문제 ① 기본작업

01 자료 입력('기본작업-1' 시트)

[A3:G12] 셀까지 문제를 보고 오타 없이 작성한다.

02 서식 지정('기본작업-2' 시트)

① [A1:G1] 영역을 범위 지정한 후 [홈]-[맞춤] 그룹에서 [병합하고 가운데 맞춤](圖), [홈]-[글꼴] 그룹에서 '굴림체', 크기 '16', '굵게', '밑줄'을 클릭한다.

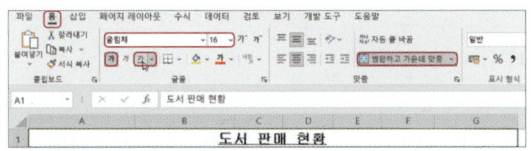

② [F2] 셀을 클릭한 후 Ctrl+1을 눌러 [표시 형식] 탭에서 '사용자 지정'을 선택하고 yyyy년 mm월 dd일 (aaaa)을 입력하고 [확인]을 클릭한다.

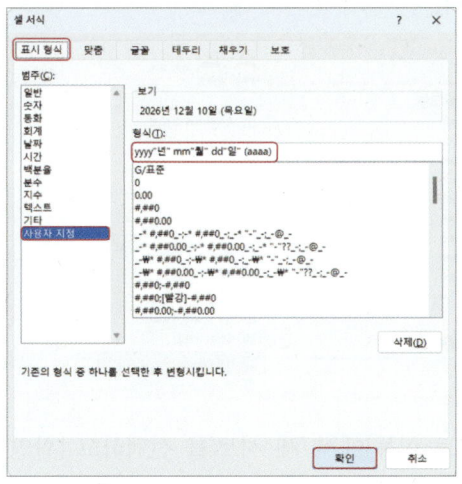

③ [I3:I11] 영역을 범위 지정한 후 Ctrl+X를 눌러 잘라내기를 한 후 [A3] 셀에서 마우스 오른쪽 버튼을 눌러 [잘라낸 셀 삽입]을 클릭한다.

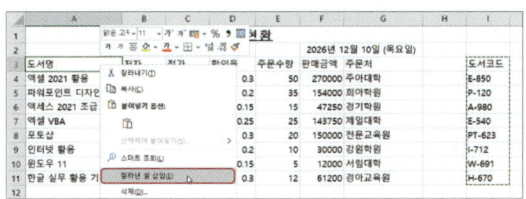

④ [D4:D11] 영역을 범위 지정한 후 Ctrl+C를 눌러 복사한 후 [A14:A21] 영역을 범위 지정한 후 마우스 오른쪽 버튼을 눌러 [선택하여 붙여넣기]를 클릭한다.

⑤ 붙여넣기 '값', 연산 '곱하기'를 선택하고 [확인]을 클릭한다.

⑥ [A3:H11] 영역을 범위 지정한 후 [홈]-[글꼴] 그룹에서 [테두리](⊞ ▼) 도구의 [모든 테두리](⊞)를 클릭한다.

03 고급 필터('기본작업-3' 시트)

① 다음 그림과 같이 조건을 입력한다.

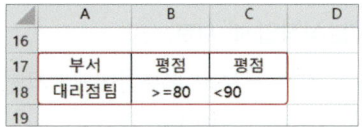

② [데이터]-[정렬 및 필터] 그룹의 [고급](▼)을 클릭하여 그림과 같이 지정하고 [확인]을 클릭한다.

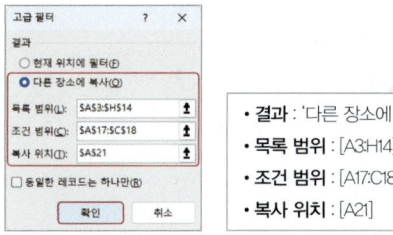

- 결과 : '다른 장소에 복사'
- 목록 범위 : [A3:H14]
- 조건 범위 : [A17:C18]
- 복사 위치 : [A21]

문제 ② 계산작업('계산작업' 시트)

01 평가[D3:D9]

[D3] 셀에 =IF(C3>=AVERAGE($C$3:$C$9),"실적우수","부진")를 입력하고 [D9] 셀까지 수식을 복사한다.

02 국가(수도)[I3:I8]

[I3] 셀에 =UPPER(G3)&"("&PROPER(H3)&")"를 입력하고 [I8] 셀까지 수식을 복사한다.

03 수입의 금액 차이[C25]

[C25] 셀에 =ROUNDDOWN(DMAX(A12:D22, D12,A24:A25)-DMIN(A12:D22,D12,A24:A25), -2)를 입력한다.

04 응시교실[H13:H21]

[H13] 셀에 =CHOOSE(MOD(G13,3)+1,"A반","B반", "C반")를 입력하고 [H21] 셀까지 수식을 복사한다.

05 점수가 가장 높은 학생명[I22]

[I22] 셀에 =INDEX(F13:I21,MATCH(MAX(I13: I21),I13:I21,0),1)를 수식을 입력한다.

문제 ❸ 분석작업

01 피벗 테이블('분석작업-1' 시트)

① 데이터 안쪽에 커서를 두고 [삽입]-[표] 그룹의 [피벗 테이블]()을 클릭한다.
② [피벗 테이블 만들기]에서 '표/범위'는 [B3:G15], '기존 워크시트'는 [B20]으로 지정하고 [확인]을 클릭한다.

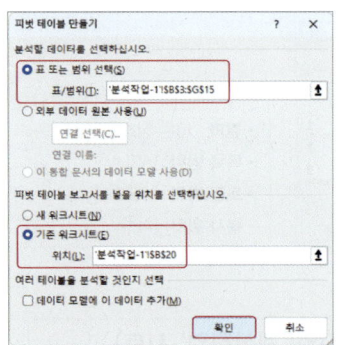

③ 다음 그림과 같이 필드를 드래그한다.

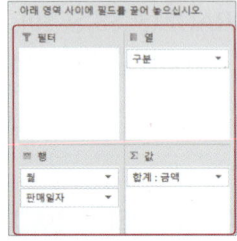

> **기적의 TIP**
> 피벗 테이블 작성 시 날짜 데이터가 있을 경우 사용하는 엑셀 버전에 따라 필드 이름이 다르게 표시될 수 있다.

④ 피벗 테이블을 선택하고 [디자인]-[레이아웃] 그룹의 [보고서 레이아웃]-[개요 형식으로 표시]를 클릭한다.
⑤ [B21] 셀에서 마우스 오른쪽 버튼을 눌러 [그룹]을 클릭한다.
⑥ [그룹화]에서 '일'과 '월'의 선택을 해제하고 '분기'를 선택한 후 [확인]을 클릭한다.

⑦ [피벗 테이블 분석]-[도구] 그룹의 [피벗 차트]를 클릭한다.
⑧ [세로 막대형]-[묶은 세로 막대형]을 선택하고 [확인]을 클릭한다. 피벗 차트를 선택한 후 마우스 오른쪽 버튼을 눌러 [차트 이동]을 클릭한다.

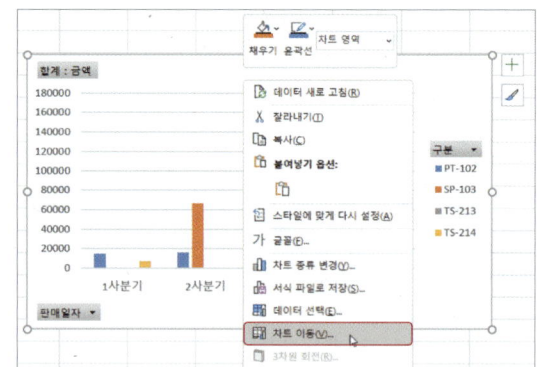

⑨ [차트 이동]에서 '새 시트'를 선택하고 [확인]을 클릭한다.

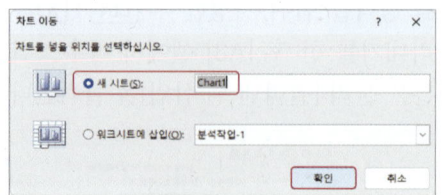

02 통합('분석작업-2' 시트)

① [G16:G18] 영역에 조건을 그림과 같이 입력한다.

	F	G	H	I	J	K
13						
14		[표4] 도서 입고 상황(1/4분기 월평균)				
15		품목	입고	재고	계	
16		*소설				
17		*간지				
18		*도서				
19						

② [G15:J18] 영역을 범위 지정한 후 [데이터]-[데이터 도구] 그룹의 [통합](📊)을 클릭한다.

③ 함수는 '평균', 모든 참조 영역에 [B3:E11], [G3:J11], [B15:E22] 영역을 드래그하여 추가한 후 '첫 행', '왼쪽 열'을 체크하고 [확인]을 클릭한다.

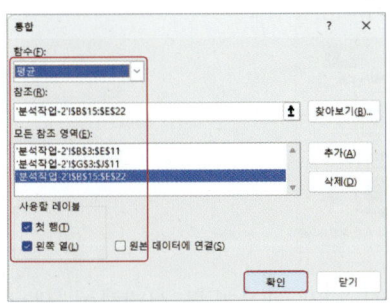

문제 ④ 기타작업

01 매크로('기타작업' 시트)

① [개발 도구]-[코드] 그룹의 [매크로 기록](🔴)을 클릭한다.

② [매크로 기록]에서 '매크로 이름'은 **최대값**을 입력하고 [확인]을 클릭한다.

③ [E10] 셀에 =MAX(E4:E9)를 입력하고 채우기 핸들을 이용해 수식을 [G10] 셀까지 복사한다.

④ [개발 도구]-[코드] 그룹의 [기록 중지](⬜)를 클릭한다.

⑤ [삽입]-[일러스트레이션] 그룹의 [도형]-[기본도형]의 '다이아몬드(◇)'를 선택하고 [B12:C15] 영역에 드래그하여 그린다.

⑥ 도형에 **최대값**을 입력하고, 도형에서 마우스 오른쪽 버튼을 눌러 [매크로 지정]을 클릭한다.

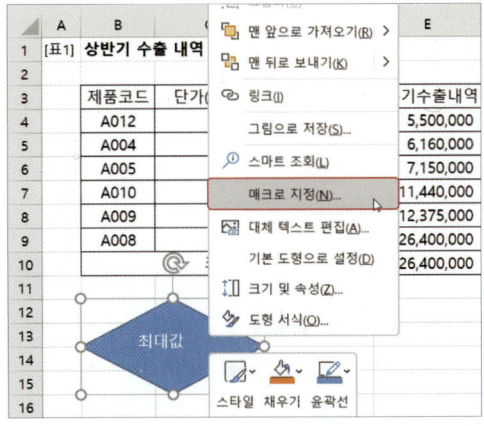

⑦ [매크로 지정]에서 '최대값'을 선택하고 [확인]을 클릭한다.

⑧ [개발 도구]-[코드] 그룹의 [매크로 기록](🔴)을 클릭한다.

⑨ [매크로 기록]에서 '매크로 이름'에 **서식**을 입력하고 [확인]을 클릭한다.

⑩ [B3:G3] 영역을 범위 지정한 후 [홈]-[글꼴] 그룹에서 '굵게', [채우기 색](🎨▼) 도구에서 '표준 색 - 노랑'을 선택한다.

⑪ [개발 도구]-[코드] 그룹의 [기록 중지](⬜)를 클릭한다.

⑫ [삽입]-[일러스트레이션] 그룹의 [도형]-[기본도형]의 '정육면체'(⬜)를 선택하고 [E12:E15] 영역에 드래그하여 그린다.

⑬ 도형에 **서식**을 입력하고 도형에서 마우스 오른쪽 버튼을 눌러 [매크로 지정]을 클릭하여 '서식'을 선택한 후 [확인]을 클릭한다.

02 차트('기타작업' 시트)

① '대출이자' 계열에서 마우스 오른쪽 버튼을 클릭하여 [계열 차트 종류 변경]을 클릭한다.

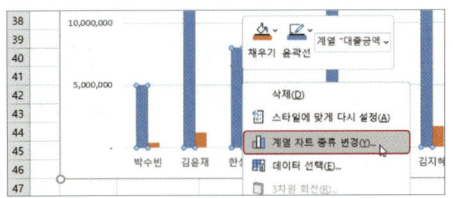

② [차트 종류 변경]에서 '대출이자' 계열을 선택한 후 '꺾은선형'의 '표식이 있는 꺾은선형'을 선택한다.

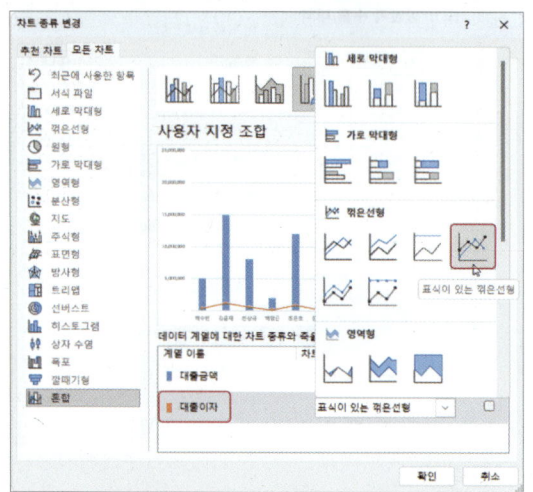

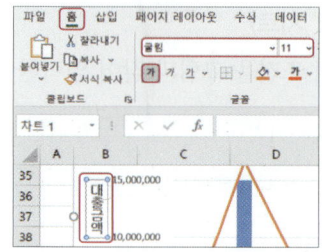

③ '대출이자' 계열에 '보조 축'을 체크하고 [확인]을 클릭한다.
④ 차트를 선택한 후 [차트 요소](+)에서 '차트 제목'을 체크한다.
⑤ 차트 제목에 **서울 경기 고객별 대출 현황**을 입력하고, [홈]-[글꼴] 그룹에서 '굴림체', 크기 '14', '굵게'로 지정한다.
⑥ 차트를 선택한 후 [차트 요소](+)에서 [축 제목]-[기본 세로]를 체크한 후 **대출금액**을 입력한다.
⑦ 축 제목의 '대출금액'을 선택한 후 마우스 오른쪽 버튼을 눌러 [축 제목 서식]을 클릭한 후 [축 제목 서식]-[제목 옵션]-[크기 및 속성]의 '맞춤'에서 '텍스트 방향'을 '세로'를 선택한다.
⑧ 차트를 선택한 후 [차트 요소](+)에서 [축 제목]-[보조 세로]를 체크한 후 **대출이자**를 입력한 후 [축 제목 서식]-[제목 옵션]-[크기 및 속성]의 '맞춤'에서 '텍스트 방향'을 '세로'를 선택한다.
⑨ 세로(값) 축 제목이 선택된 상태에서 [홈]-[글꼴] 그룹에서 '굴림', 크기 '11', '굵게'로 지정한다.

⑩ 같은 방법으로 보조 세로(값) 축 제목도 '굴림', 크기 '11', '굵게'로 지정한다.
⑪ 범례를 선택한 후 [범례 서식]의 '범례 옵션'에서 '아래쪽'을 선택한다.
⑫ '그림자'에서 '미리 설정'을 클릭하여 '바깥쪽(오프셋: 오른쪽 아래)'를 선택한다.

⑬ '채우기'에서 '단색 채우기'를 선택하여 '색'에서 '흰색, 배경1'을 선택하고, '테두리'는 '실선'을 선택한 후 [닫기]를 클릭한다.
⑭ '대출이자' 계열의 '김윤재' 요소를 천천히 두 번을 클릭한 후 마우스 오른쪽 버튼을 눌러 [데이터 레이블 추가]를 선택한다.

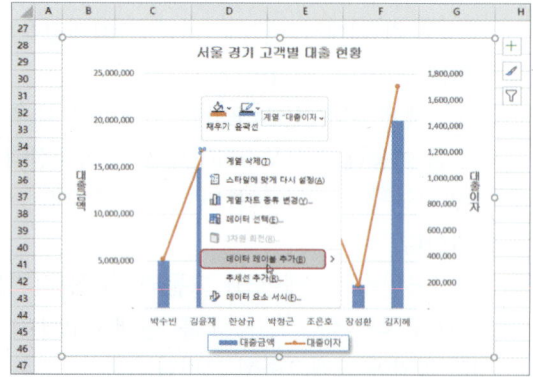

⑮ 데이터 레이블을 선택한 후 [홈]-[글꼴] 그룹에서 '굴림체', 크기 '10'으로 지정한다.